LES
ŒUVRES
COMPLETES
DE
VOLTAIRE

56A

Ouvrage publié avec le concours du Centre national du livre

VOLTAIRE FOUNDATION
OXFORD
2001

ISBN 0 7294 0729 2

Voltaire Foundation Ltd
99 Banbury Road
Oxford OX2 6JX

PRINTED IN ENGLAND
AT THE ALDEN PRESS
OXFORD

direction de l'édition

1968 · THEODORE BESTERMAN · 1974
1974 · W. H. BARBER · 1993
1989 · ULLA KÖLVING · 1998
1998 · HAYDN MASON

sous le haut patronage de

L'ACADÉMIE FRANÇAISE

L'ACADÉMIE ROYALE DE LANGUE ET DE
LITTÉRATURE FRANÇAISES DE BELGIQUE

THE AMERICAN COUNCIL OF LEARNED SOCIETIES

THE BRITISH ACADEMY

L'INSTITUT ET MUSÉE VOLTAIRE

L'UNION ACADÉMIQUE INTERNATIONALE

réalisée avec le concours gracieux de

THE NATIONAL LIBRARY OF RUSSIA
ST PETERSBURG

1762

———————

I

TABLE DES MATIÈRES

LISTE DES ILLUSTRATIONS

LISTE DES SIGLES ET ABRÉVIATIONS

Arsenal   Bibliothèque de l'Arsenal, Paris

Bengesco   *Voltaire: bibliographie de ses œuvres*, 1882-1890

BNF   Bibliothèque nationale de France, Paris

BnC   BNF, *Catalogue général des livres imprimés*, Auteurs, ccxiv [Voltaire]

Bodley   Bodleian Library, Oxford

BV   *Bibliothèque de Voltaire. Catalogue des livres*, 1961

CL   Grimm, *Correspondance littéraire*, 1877-1882

CN   *Corpus des notes marginales de Voltaire*, 1979-

D   Voltaire, *Correspondence and related documents*, éd. Th. Besterman, dans *Œuvres complètes de Voltaire / Complete works of Voltaire* 85-135, 1968-1977

ICL   Kölving et Carriat, *Inventaire de la Correspondance littéraire de Grimm et Meister*, 1984

IMV   Institut et musée Voltaire, Genève

M   *Œuvres complètes de Voltaire*, éd. Louis Moland, 1877-1885

Mln   Modern language notes

Rhl   Revue d'histoire littéraire de la France

SVEC   Studies on Voltaire and the eighteenth century

Taylor   Taylor Institution, Oxford

Trapnell   'Survey and analysis of Voltaire's collective editions, 1728-1789', 1970

OC   Œuvres complètes de Voltaire / Complete works of Voltaire, 1968- [la présente édition]

L'APPARAT CRITIQUE

L'apparat critique placé au bas des pages fournit les diverses leçons ou variantes offertes par les états manuscrits ou imprimés du texte (on en trouvera le relevé, p.62-75, 238-39, 250-52, 257-58, 294-95, 435-50). Chaque note critique est composée du tout ou d'une partie des indications suivantes:

— Le ou les numéros de la ou des lignes auxquelles elle se rapporte; comme les titres ou sous-titres, les noms de personnages dans un dialogue ou une pièce de théâtre, et les indications scéniques échappent à cette numérotation, l'indication donne dans ce cas le numéro de la ligne précédente suivi des lettres a, b, c, etc. qui correspondent aux lignes de ces textes intercalaires.

— Les sigles désignant les états du texte, ou les sources, repris dans la variante (voir p.78-79, 239, 252, 258, 295, 452). Des chiffres arabes, isolés ou accompagnés de lettres, désignent en général des éditions séparées de l'œuvre dont il est question; les lettres suivies des chiffres sont réservées aux recueils, w pour les éditions complètes, et т pour les œuvres dramatiques; après le sigle, l'astérisque signale un exemplaire particulier, qui d'ordinaire contient des corrections manuscrites.

— Des explication ou des commetntaires de l'éditeur.

— Les deux points (:) marquant le début de la variante proprement dite, dont le texte, s'il en est besoin, est encadré par un ou plusieurs mots du texte de base. A l'intérieur de la variante, toute remarque de l'éditeur est placée entre crochets.

Les signes typographiques conventionnels suivants sont employés:

— La lettre grecque bêta β désigne le texte de base.

— Le signe de paragraphe ¶ marque l'alinéa.

– Deux traits obliques // indiquent la fin d'un paragraphe ou d'une partie du texte.

– Les mots supprimés sont placés entre crochets obliques < >.

– Les mots ajoutés à la main par Voltaire ou Wagnière sont précédés, dans l'interligne supérieur, de la lettre ^{V} ou ^{W}, suivie d'une flèche verticale dirigée vers le haut $^\uparrow$ ou vers le bas $^\downarrow$, pour indiquer que l'addition est inscrite au-dessus ou au-dessous de la ligne. Le signe $^+$ marque la fin de l'addition, s'il y a lieu.

– Toute correction adoptée dans un imprimé est suivie d'une flèche horizontale → suivie du sigle désignant l'imprimé.

Exemple: 'il <allait> $^{W\uparrow}$ courait> $^{V\downarrow}\beta$' signifie que 'allait' a été supprimé, que Wagnière a ajouté 'courait' au-dessus de la ligne, que 'courait' a été supprimé, et que Voltaire a inséré la leçon du texte de base au-dessous de la ligne. Une annotation du type 'w75G*, →K' indique qu'une correction manuscrite sur l'édition encadrée a été adoptée dans les éditions de Kehl.

REMERCIEMENTS

La préparation des *Œuvres complètes de Voltaire* dépend de la compétence et de la patience du personnel de nombreuses bibliothèques de recherche partout dans le monde. Nous les remercions vivement de leur aide généreuse et dévouée.

Parmi eux, certains ont assumé une tâche plus lourde que d'autres, dont en particulier le personnel de la Bibliothèque nationale de France et de la Bibliothèque de l'Arsenal, Paris; de l'Institut et musée Voltaire, Genève; de la Taylor Institution Library, Oxford; et de la Bibliothèque nationale de Russie, Saint-Pétersbourg.

Parmi les institutions qui ont bien voulu nous fournir des renseignements ou des matériaux pour le volume présent, nous citons: British Library, Londres; Bodleian Library, Oxford; Bibliothèque municipale, Bordeaux; Bibliothèque publique et universitaire, Genève.

PREFACE

In late 1762 Voltaire wrote in a state of some trepidation to the d'Argentals: 'Il me faut à la fois faire imprimer, revoir, corriger une histoire générale, une histoire de Pierre le grand ou le cruel, et Corneille avec ses commentaires et passer de cet abime à une tragédie' (D10806, 21 November [1762]). A similar litany appears at about the same time in a letter to Cramer: 'Ah Gabriel Gabriel, j'en ay par dessus les yeux, histoire, chapitres, Pierre le grand, le g^r Corneille, téâtre, pièces à jouer, pièce à faire' (D10842, [December 1762]). These eloquent accounts of the bewilderingly multifarious nature of Voltaire's activities omit nevertheless a great deal. No mention, for instance, of *Saül*, which was beginning to circulate in manuscript form at this time, nor of the *Dictionnaire philosophique*, to which discreet allusions are appearing from November 1762. No mention, either, of the *Traité sur la tolérance*, which the philosophe was probably writing by the end of October, or of the numerous memoirs which he had already produced on behalf of Jean Calas, whose case had been at the forefront of his thoughts ever since May. By early January 1763 a first version of the *Traité* is complete and despatched to Moultou (D10877).

The reader stands amazed at the mental agility of someone able to switch, often apparently in the same day, from Corneille to Calas to Peter the Great, while yet perhaps tinkering with, say, *Olympie*. No less impressive is the energy with which each of these initiatives is being pursued. Such dynamism finds its symbolic expression above all in the slogan 'Ecrasez l'Infâme', first used in a letter to d'Alembert in May 1761 (D9771) and from 1762 a ritual accompaniment in his correspondence, particularly to Damilaville. To the latter he writes: 'Je finis toutes mes lettres par dire: *écrasez l'infâme*, comme Scipion Nasica disait toujours: *tel est mon avis, et qu'on ruine Cartage'* (D10607, 26 July [1762]). Flaubert admiringly evoked the effect which this 'cri de croisade' by Voltaire had upon him, adding that 'Toute son intelligence était une machine de guerre' (*Correspondance*, ed. J. Bruneau, Pléiade, Paris 1991, iii.72).

The battle-cry concerning 'l'Infâme' becomes inextricably linked above all with the Calas campaign: to such success that on 7 March 1763 the Conseil du Roi, in extraordinary session, voted unanimously to send back the trial documents to the Parlement of Toulouse for further clarification regarding procedure and motives in the judgment which it had passed on Calas. The first big step had been taken towards the eventual rehabilitation of his memory two years later.

Earlier in 1762 Voltaire had completed another attack on the Christian establishment in publishing his *Extrait du Testament du curé Meslier*. The priest of Etrépigny is recruited to aid in the denunciation of miracles, prophecies and Scriptural contradictions. For Voltaire, he is a strategically invaluable ally, because Meslier not only attacks the Church but does so from within. However, Voltaire's Meslier is a deist, not the radical atheist who appears in his own Memoirs.

The year 1762 also saw a struggle to complete both the Corneille commentaries and the massive *Histoire de Pierre le Grand*. On the former work, Voltaire made a further rod for his back by translating the first three acts of Shakespeare's *Julius Caesar*, proofs of which were awaited in June 1762 (D10524, D10530). But by then Cramer was so overwhelmed by the Corneille materials arriving constantly from Voltaire that, as D. Williams points out, he found great difficulty in keeping up with the indefatigable author (*OC*, t.53, p.131).

The Russian history involved Voltaire in keeping a close eye on what was happening in that land, especially as events in Saint Petersburg had their impact upon the composition of his work. In July 1762 Catherine II came to the throne, having ordered the execution of her husband Peter III. Voltaire, soon to view Catherine as an outstanding model of the philosophe-monarch, was not unduly disturbed about this manner of accession: 'Il peut résulter un très grand bien de ce petit mal. La providence [...] se sert de tout' (D10648, 13 August [1762]).

One must, however, remember that the great defender of Calas was also one who did not abandon grudges lightly. Voltaire's enemy Crébillon *père* had no sooner died in June 1762 than the patriarch published his ironically titled *Eloge de Crébillon*, which adresses itself to a wholesale criticism of his plays. Many, like d'Alembert, thought the timing tasteless in the extreme, while not necessarily dissenting from the substantive points made. Diderot went further; it shocked him that the great campaigner could be so petty. In a moment of disillusion he famously dismissed Voltaire: 'cet homme n'est que le second dans tous les genres' (*Correspondance*, ed. G. Roth and J. Varloot, iv.100). This was far from Diderot's definitive judgment. But the *Eloge* serves to show that while Voltaire had good grounds for disliking Crébillon (see P. O. LeClerc, *Voltaire and Crébillon père: history of an enmity, SVEC* 115 (1973)), his prodigious activity could be of variable nature and quality.

In 1762, then, Voltaire is at the height of his career, his output manifold and unceasing, despite being close to seventy years of age. During this year, the future appellation *l'homme aux Calas* takes its essential beginnings.

Haydn Mason

Testament de Jean Meslier

édition critique

par

Roland Desné

INTRODUCTION

Depuis que dans l'*Encyclopédie méthodique* (Philosophie, tome III, article MESLIER) Naigeon a fait imprimer cet *Extrait* sous le nom de Voltaire, je ne vois pas les raisons ni les scrupules qui pourraient empêcher de le comprendre dans la collection des Œuvres de l'auteur. Voltaire lui-même en parle très souvent de manière à donner envie à ses lecteurs de connaître cet Extrait.

C'est en ces termes que Beuchot se justifie d'avoir inséré, pour la première fois dans une édition des œuvres de Voltaire, l'*Extrait des sentiments de Jean Meslier*.[1] A vrai dire, l'attribution de cet *Extrait* à Voltaire ne faisait aucun doute, pour de nombreux lecteurs, dès sa publication,[2] et, fin 1764, des exemplaires de l'*Evangile de la raison* (aujourd'hui introuvables) comportant l'*Extrait* portaient en titre *Collection complète des œuvres de M. de Voltaire*. Toutefois, à l'exception de cette 'collection' – due à Marc-Michel Rey, qui provoquera l'indignation de Voltaire –, il faut bien attendre, trente ans plus tard, que Naigeon reproduise l'*Extrait* dans l'*Encyclopédie méthodique* en le présentant comme un 'résumé de Voltaire', pour avoir la première édition attribuée explicitement au patriarche.[3] Beuchot s'appuyait donc sur l'initiative de Naigeon ainsi que sur une demi-douzaine de passages où Voltaire donne 'envie à ses lecteurs de connaître cet Extrait' pour écarter les 'scrupules' qui avaient, sans doute, retenu les éditeurs de Kehl.

Depuis Naigeon et Beuchot, l'*Extrait* a été si bien reçu comme une production voltairienne qu'on en est même venu à douter de

---

[1] *Œuvres complètes de Voltaire*, éd. Beuchot-Perroneau (Paris 1817-1821), xxv.xiii.

[2] Grimm note le 15 octobre 1762 dans sa *Correspondance littéraire*: 'de pieux personnages ont prétendu que nous devions cet Extrait à M. de Voltaire' (*CL*, v.178).

[3] *Encyclopédie méthodique, Philosophie ancienne et moderne* (Paris an II de la République [1794]), iii.218-38.

l'existence du curé Meslier. Dès 1772, Le Franc de Pompignan se demande au sujet des pensées et de la mort de Meslier 's'il n'y a rien de supposé dans tout ceci'.[4] Nombreux seront ceux, au dix-neuvième et encore au vingtième siècle, qui feront écho à ce scepticisme, considérant l'ouvrage de Meslier et Meslier lui-même comme une invention de Voltaire.[5] D'autres, cependant, qui étaient informés des véritables idées de Meslier, soit d'après des copies complètes du manuscrit original qui circulaient dès les années 1730, soit par l'édition enfin procurée par Rudolf Charles en 1864,[6] pouvaient comparer l'œuvre au 'résumé' donné par Voltaire et juger le résumé bien infidèle. De Naigeon qui assure que 'Voltaire a cru devoir dissimuler' l'athéisme de l'auteur, à Maurice Dommanget qui reproche 'à Voltaire d'avoir défiguré le curé Meslier', 'de présenter un curé Meslier à sa convenance',[7] on a eu beau jeu de mesurer la distance entre l'original et l'extrait, ce qui revenait encore, quoique dans un esprit différent et à un tout autre niveau d'information, à créditer Voltaire, pour l'essentiel, de la brochure éditée en 1762. Pourtant, en 1912, Gustave Lanson, après avoir examiné une version manuscrite, comparable mais différente, de l'*Abrégé de la vie de l'auteur*' publié, en tête de l'*Extrait*, par Voltaire, pensait que celui-ci n'avait pas écrit cet 'Abrégé' mais qu'il s'était 'borné à en faire la toilette'. Il posait la question: 'on pourrait se demander s'il n'en est pas de même pour tout l'*Extrait*'.[8] Ira O. Wade, utilisant une plus vaste documentation,

---

[4] J.-G. Le Franc de Pompignan, *La Religion vengée de l'incrédulité par l'incrédulité elle-même* (Paris 1772), p.94.

[5] Voir, par exemple, *L'Encyclopédie des sciences religieuses* (dir. F. Lichtenberger), art. 'Meslier' (Paris 1880), ix.98-99; Léo Taxil, qui se repent d'avoir 'amplifié le mensonge de Voltaire', dans ses *Confessions d'un ex-libre-penseur* (Paris 1887), p.227-33; le *Larousse universel* (1923), etc. Encore en 1946, Maxime Leroy se déclare incapable de se prononcer sur l'existence du curé Meslier: *Histoire des idées sociales en France* (Paris 1946), i.238, 243.

[6] *Le Testament de Jean Meslier*, éd. Rudolf Charles [d'Ablaing van Giessenburg], 3 vol. (Amsterdam 1864): i, lxiv + 352 p.; ii, 400 p.; iii, 410 p.

[7] M. Dommanget, *Le Curé Meslier* (Paris 1965), p.384, 389.

[8] G. Lanson, 'Questions diverses sur l'histoire de l'esprit philosophique en France avant 1750', *Rhl* 19 (1912), p.11.

répondait en 1933: 'There are reasons to suspect that Voltaire did merely abridge further and polish a Ms copy of the *Extrait*.'[9] La présente édition vise, en approfondissant les recherches d'I. O. Wade, à donner une réponse aussi précise que possible dans l'état de nos sources d'information, au problème posé par Lanson.

1. *La vie et l'œuvre de Jean Meslier*

Lorsqu'en février 1762, Voltaire publie son *Extrait*, contribuant plus qu'aucun autre à tirer le nom de Jean Meslier 'de la poussière du tombeau',[10] la vie et l'œuvre du curé incrédule étaient déjà connues dans le monde des Lumières.

Né en 1664 au village ardennais de Mazerny, entré au séminaire de Reims, vraisemblablement en 1684, ordonné prêtre en décembre 1688, Jean Meslier curé d'Etrépigny et de Balaives pendant les quarante années de son ministère, n'a commencé à faire parler de lui qu'après sa mort, au début de juillet 1729.[11] On découvrait alors un volumineux manuscrit, rédigé par lui en trois exemplaires et intitulé: *Mémoire des pensées et des sentiments de J... M... prê*[tre] *cu*[ré] *d'Estrep*[igny] *et de Bal*[aives] *sur une partie des erreurs et des abus de la conduite et du gouvernement des hommes où l'on voit des démonstrations claires et évidentes de la vanité et de la fausseté de toutes les divinités et de toutes les religions du monde pour être adressé à ses paroissiens après sa mort et pour leur servir de témoignage de vérité, à eux et à tous leurs semblables*. L'ouvrage tient la promesse du titre

---

[9] I. O. Wade, 'The manuscripts of Jean Meslier's *Testament* and Voltaire's printed *Extrait*', *Modern philology* 30 (1933), p.393. Etude reprise et complétée dans: I. O. Wade, *The Clandestine organization and diffusion of philosophical ideas in France from 1700 to 1750* (Princeton, NJ, et Londres 1938), p.65-93.

[10] Le Franc de Pompignan, *La Religion vengée*, p.92.

[11] Sur la vie de Meslier, voir Dommanget, *Le Curé Meslier*, p.43-98. Sur quelques points on complétera et on corrigera cette étude par la préface aux *Œuvres complètes* de J. Meslier (Paris 1970-1972), i.xvii-xxxiii, ainsi que par les documents d'archives rassemblés au t.iii de cette édition. On se reportera aussi à l'annotation, ci-dessous, de l'"Abrégé de la vie de l'auteur'.

et va même au delà. [12] Meslier construit son œuvre comme une suite de 'démonstrations' – de 'preuves' qu'il numérote de I à VIII – visant à convaincre ses lecteurs de la 'fausseté' de toutes les religions et plus particulièrement du christianisme. Les longueurs, les redites et parfois la sinuosité du discours ne doivent pas en faire oublier la forte structure logique. Après trois chapitres d'introduction générale [13] où Meslier explique que la politique et la religion s'accordent pour asservir le peuple, il montre – c'est sa 'première preuve' – que les religions sont des 'inventions et des institutions purement humaines'. 'Deuxième preuve': la foi qui sert de fondement aux religions, et principalement la foi chrétienne, n'est établie que sur des incertitudes, des contradictions et des absurdités. 'Troisième preuve': les prétendues révélations divines de l'Ancien Testament sont vaines et fausses. 'Quatrième preuve': les prophéties des deux Testaments ont été contredites par l'histoire et on ne peut, sous peine de ridicule, en donner une interprétation symbolique. 'Cinquième preuve': dans sa doctrine et dans sa morale, le christianisme heurte le bon sens par une série d'"erreurs", la moins absurde n'étant pas la croyance à la présence du corps de Jésus dans les hosties consacrées, et la moins dangereuse l'indulgence excessive que cette religion recommande envers les méchants. 'Sixième preuve': le christianisme permet et favorise l'oppression et l'injustice, sources de la misère du plus grand nombre. 'Septième preuve': on ne peut croire à l'existence de Dieu; l'ordre qui se trouve dans la nature ne suppose pas nécessairement un créateur souverain (impossible d'ailleurs à concevoir et à connaître) puisque la matière et le mouvement suffisent à expliquer le monde; au reste, le désordre et le mal qui

---

[12] Pour toute étude de Meslier, on se reportera à l'édition citée des *Œuvres complètes* (préfaces et notes par J. Deprun, R. Desné et A. Soboul), i, clxvi + 541 p.; ii, 600 p.; iii, 648 p. Nous désignons toujours ici l'ouvrage de Meslier par son titre de *Mémoire*. Les autres références à la même édition sont indiquées par 'Meslier'.

[13] Le *Mémoire* ne comporte pas de division en chapitres proprement dits. C'est par commodité que les éditeurs de 1864 et de 1970 l'ont introduite en utilisant les indications fournies par la 'table des principales matières du contenu' due à Meslier lui-même.

existent sur la terre ruinent l'idée d'un Dieu bon et tout puissant. 'Huitième preuve': l'âme n'est pas une substance spirituelle et immortelle, mais une modification de la matière (chez les bêtes aussi bien que chez les hommes) et, comme telle, périssable; il n'y a donc pas d'au-delà à espérer. En conclusion, l'auteur appelle les opprimés à s'unir contre leurs oppresseurs et il invite à les aider pour cette tâche libératrice ceux de ses lecteurs qui sont les plus éclairés et les plus influents.

Si on tient compte de l'ampleur respective que Meslier a donnée à ces 'preuves' dans l'économie de son ouvrage (entre 18 pages pour la plus brève, la première, et plus de 237 pour la septième, de loin la plus développée)[14] on remarque que les cinq premières constituent un développement suivi contre le christianisme avec un nombre de pages (291) pratiquement égal à celui de l'exposé du matérialisme athée des septième et huitième preuves (298). Entre ces deux grands ensembles (qui comportent d'ailleurs exactement 37 chapitres chacun), à la charnière de l'œuvre, la dénonciation de la misère populaire et la proposition d'un nouveau régime social fondé sur la communauté des biens. Cette sixième preuve n'est pas la plus étendue mais elle est au cœur de l'argumentation du curé, comme on peut s'en convaincre par l'écho qu'on en trouve dans la 'conclusion de tout cet ouvrage'. Jusqu'à la cinquième preuve, Meslier a instruit le procès du christianisme au nom, surtout, de l'évidence rationnelle; il montre que le christianisme est trop aberrant pour être d'origine divine. Cela ne suffit pas à prouver que Dieu n'existe pas. En mettant ensuite l'accent sur la misère sociale, en expliquant qu'on a inventé des peines et des récompenses dans l'au-delà pour mieux faire supporter aux peuples leurs souffrances d'ici-bas, Meslier achève de discréditer la croyance en un être tout-puissant et bon et anéantit l'espoir d'une vie future. On s'achemine de l'anti-christianisme vers un anti-théisme. Il ne reste plus, en prenant Fénelon et Malebranche pour cibles, qu'à

---

[14] D'après la pagination du manuscrit (BNF f. fr. 19460).

s'attaquer à la notion de Dieu puis à celle d'âme spirituelle pour substituer à une conception religieuse et idéaliste du monde une conception matérialiste et athée.

Tel est le mouvement par lequel progresse la longue démonstration de Meslier. Témoin de la misère paysanne en une région particulièrement éprouvée par les guerres et les intempéries, Meslier a médité cette œuvre de contestation intellectuelle dans la solitude de son presbytère. Un seul éclat dans la vie du paisible curé de campagne, attentif, semble-t-il, à bien servir ses paroissiens: en 1716, il réprimande en chaire le seigneur d'Etrépigny. Sur la plainte de celui-ci, Meslier sera puni par son archevêque d'un mois de retraite au séminaire de Reims. Les archives du diocèse garderont la trace de l'incident, mais on ne sait si cette affaire, au demeurant banale, a eu, sur le moment, quelque écho hors du village. Autant qu'on puisse s'en assurer, les relations de Meslier n'ont pas dépassé le cadre de sa province. On doit rejeter, comme légendaire, l'anecdote apocryphe qui le présente comme un ami du père Buffier et lui fait jouer un rôle dans un dîner à Paris chez l'éminent jésuite. [15]

Après sa mort, à une date indéterminée, peut-être dès 1730 mais à coup sûr avant la fin de novembre 1735, les trois exemplaires du *Mémoire* passent dans la bibliothèque personnelle du garde des sceaux Germain-Louis de Chauvelin. [16] Des copies seront prises et circuleront. [17] Voltaire, informé de l'existence du *Mémoire* par Thiriot, lui écrit le 30 novembre 1735, de Cirey: 'Quel est donc ce curé de village dont vous me parlez? Il faut le faire évêque du diocèse de s[t] Vrain. Comment, un curé et un Français! aussi philosophe que Loke? Ne pouvez vous point m'envoyer le manuscript? Il n'y auroit qu'à l'envoyer avec les lettres de Pope, dans un

---

[15] L'anecdote figure dans les copies de l'"Abrégé de la vie de l'auteur'. Voltaire ne l'a pas retenue dans la version qu'il en a publiée.

[16] Sur l'histoire de ces exemplaires, voir Meslier, i.xlvi-lviii.

[17] D'après Voltaire (*Lettres à S. A. Mgr le Prince de* *** [Brunswick] [1767]), c'est le comte de Caylus qui, ayant eu 'quelque temps entre les mains une de ces trois copies', serait à l'origine de la diffusion manuscrite (M.xxvi.511).

petit paquet à Demoulin; je vous le rendrois très fidèlement' (D951). Il semble que Thiriot n'ait pas tardé à satisfaire son correspondant.[18]

Témoignage essentiel sur la découverte de Meslier par Voltaire, cette lettre du 25 novembre est aussi, à sa date, le premier indice qu'on possède sur la notoriété du curé ardennais et sur la diffusion de son *Mémoire*. Le deuxième émane de Thomas Pichon (1700-1781), fils de bourgeois commerçants normands, qui, à Paris, écrit le 1er juillet 1737 qu'il a eu entre les mains une copie complète du *Mémoire* qu'il commente.[19] Le troisième est fourni par les archives de la Bastille: en janvier 1743, le colporteur La Barrière, arrêté par la police, est convaincu d'avoir 'vendu dans son temps l'ouvrage du curé de Trépigny'.[20] On peut donc dater des années 1735-1740 l'entrée du *Mémoire* de Meslier dans le circuit des manuscrits clandestins. D'après les indications données rétrospectivement par Voltaire dans sa correspondance (D10315 et D12264), Meslier était connu dès 1734, et son ouvrage ('un très gros in-4°') se vendait 'huit louis d'or' vers 1742-1747.[21] Grimm, de son côté, en rendant compte de la publication de l'*Extrait* voltairien, écrit que le testament du curé 'se trouve depuis longtemps en manuscrit dans le portefeuille des curieux'.[22] Ces 'curieux', ce sont, par exemple, le roi de Prusse,[23] le président Bouhier,[24] le prince de Conti,[25] et, plus

---

[18] A en juger par les remerciements chaleureux de Voltaire, le 17 décembre (D966).

[19] Voir Geneviève Artigas-Menant, 'Quatre témoignages inédits sur le *Testament* de Meslier', *Dix-huitième siècle* 24 (1992), p.83-94.

[20] En 1743, et non 1741 comme l'indique F. Ravaisson, *Les Archives de la Bastille* (Paris 1881), xii.220. Voir Meslier, i.xlvii, note 2.

[21] Voir aussi les *Lettres à S. A. Mgr* [...]: 'bientôt après [que Caylus put utiliser une des trois copies] il y en eut plus de cent dans Paris que l'on vendait dix louis la pièce' (M.xxvi.511).

[22] *CL*, v.178.

[23] Voir M. Fontius, 'Une nouvelle copie du *Testament* de Meslier', *Etudes sur le curé Meslier* (Paris 1966), p.27-32.

[24] Acquéreur de BNF ms. f. fr. 6337.

[25] Voir note liminaire de Rouen BM ms. Mont.659 (1572).

tardivement, Malesherbes lui-même.[26] Toutefois, avant 1762, il est rare de trouver dans des textes imprimés la trace de cette connaissance de Meslier. En 1748, La Mettrie évoque dans une note de son *Ouvrage de Pénélope*, publié à Berlin, 'ce curé champenois dont bien des gens savent l'histoire'.[27] Cette célébrité du prêtre athée parmi les incrédules et leurs adversaires est confirmée par Denesle en 1754:

> Quelles pouvaient être les vues de cet *autre fanatique* de la même espèce et de la même secte [que Vanini] vulgairement connu sous le nom du *curé d'Etrépigny* qui, à la fin d'un ramas de raisonnements insensés et de conséquences impertinentes et ignorantes contre l'existence de Dieu, contre la religion, en appelle au tribunal de la vérité de toutes les procédures qui pourront être faites après sa mort contre sa mémoire, contre ses rhapsodies dont le moindre défaut est de causer un ennui insoutenable.[28]

Ainsi, bien avant 1762, on parle de Meslier. Si la correspondance de Voltaire semble muette sur le curé, cela ne signifie pas que celui-ci soit absent de l'univers voltairien entre la fameuse lettre à Thieriot et l'édition de l'*Extrait*. A Cirey, le philosophe a, selon toute probabilité, reçu le manuscrit demandé à Thiriot et sa lecture a stimulé l'examen de la Bible mené de concert avec Mme Du Châtelet. René Pomeau a rapproché des textes de Meslier les passages de l'*Examen* concernant le silence de F. Josèphe sur le massacre des innocents et le miracle de saint Gracilien.[29] Ajoutons

[26] Dans un billet non daté appartenant à un dossier des années 1759-1763 de la coll. Anisson-Duperron (BNF f. fr. 22191, f.309), Malesherbes, au moment de partir pour la campagne, demande à un destinataire non identifié de lui communiquer 'incessamment' le 'fameux manuscrit du curé d'Estrépigny sur la religion' afin de le faire copier pendant son absence. Texte reproduit par Wade, *The Clandestine organization*, p.10. Mais on ne peut savoir s'il s'agit du manuscrit complet ou d'un extrait.

[27] ii.105.

[28] Denesle, *Examen du matérialisme* (Paris 1754; 1765), ii.197. Les mots soulignés le sont par l'auteur; celui-ci précise en note: 'Il se nommait Jean Meslier et a fait des sottises manuscrites chèrement vendues aux connaisseurs de ce genre.' Ce jugement a échappé jusqu'à présent à tous les commentateurs de Meslier.

[29] R. Pomeau, *La Religion de Voltaire* (Paris 1969), p.170-72.

d'autres rapprochements possibles: sur l'intelligence des bêtes attestée par la Genèse qui contredit ainsi la théorie cartésienne;[30] sur la comparaison des miracles de Moïse et des magiciens de Pharaon;[31] sur la fausseté des promesses faites par Dieu aux Israélites;[32] sur la vanité de l'interprétation allégorique des prophètes;[33] sur l'absurdité de s'en remettre à la providence pour la satisfaction de nos besoins (Matthieu vi.25-34);[34] sur l'impuissance de l'Eglise à obtenir par ses prières 'l'extirpation des hérésies et la conversion des infidèles' (Matthieu xviii.19);[35] sur Jésus suivi 'par la plus vile populace'.[36] Ne peut-on pas voir enfin dans deux remarques sur l'impossibilité d'assurer une meilleure répartition des richesses, une réponse indirecte à la revendication égalitaire de Meslier?[37] C'est aussi, semble-t-il, pour répondre à Meslier et à son argument en faveur de l'athéisme tiré de l'existence du malheur que Voltaire compose, dans sa *Métaphysique de Newton*, la curieuse fable signalée par R. Pomeau;[38] incontestablement, il pense au curé quand, dans la réédition de cet ouvrage, il s'en prend, sur le

---

[30] *Examen de la Genèse*, Troyes, BM ms. 2376, i.13; *Mémoire*, ii.100-104.

[31] *Examen de la Genèse*, i.43-44; *Mémoire*, i.97.

[32] *Examen de la Genèse*, i.97-98; *Mémoire*, i.250 et suiv.

[33] *Examen de la Genèse*, iii.79; *Mémoire*, i.333-36, 344.

[34] *Examen des livres du Nouveau Testament* (Troyes, BM ms. 2377, i), p.31; *Mémoire*, i.307-308. Il s'agit ici, sans aucun doute, d'un emprunt à Meslier.

[35] *Examen du Nouveau Testament*, i.68; *Mémoire*, i.308-309. Le rapprochement est littéral.

[36] *Examen du Nouveau Testament*, i.77; *Mémoire*, i.394.

[37] A propos de Matthieu xix.24: '[Jésus] a donné là sur la pauvreté un précepte qu'il est impossible que tout le monde suive; car il faut bien que les richesses soient entre les mains de quelqu'un, et il est également impossible que tout le monde soit riche' (*Examen du Nouveau Testament*, i.71). A propos de Jacques ii.3: 'Il dit qu'il faut donner une place aussi honorable au pauvre qu'au riche. Cela est beau dans la spéculation, mais impossible dans la pratique. La distinction des conditions est de première nécessité dans la société, et ce serait la renverser que de les confondre' (*Examen du Nouveau Testament*, ms. 2377, ii.99).

[38] Le texte de la fable est une variante de l'édition de 1740 reprise dans l'édition de 1741 des *Eléments de la philosophie de Newton*. Voir Pomeau, *La Religion de Voltaire*, p.201-202, et *OC*, t.15, p.199-200.

même sujet, au 'grand refuge de l'athée'.[39] Nous pouvons relever d'autres traces d'une lecture de Meslier dans ces années 1740-1760. Dans le *Sottisier* (carnets de Léningrad, 1735-1750), Voltaire note: 'Le curé d'Etrepigni, près de Rheims, ayant desservi vingt ans sa cure avec baucoup de vertu a fait un testament par le quel il déclare son incrédulité, et les raisons qu'il a de ne rien croire.'[40] Il sait donc, bien avant 1750, que le curé a développé une argumentation en faveur de l'athéisme. On n'a pas remarqué que, dans le carnet de la Pierpont-Morgan (que Besterman date 'largely or wholly from 1752'), le parallèle – repris dans le carnet Piccini (1750-1755) – entre les miracles du paganisme et ceux du christianisme provient pour l'essentiel, sans aucun doute possible, de la 'deuxième preuve' du *Mémoire*.[41] C'est toutefois dans le *Sermon des cinquante*, que l'on s'accorde à considérer comme une 'mise au point de l'exégèse voltairienne vers 1749',[42] que la dette envers Meslier paraît la plus sensible. L'esprit qui anime cette véhémente prédication est l'esprit même du curé indigné: 'Je n'aurais jamais fait si je voulais entrer dans le détail de toutes les extravagances inouïes dont ce livre [l'Ancien Testament] fourmille; jamais le sens commun ne fut attaqué avec tant d'indécence et de fureur.'[43] Voltaire n'entre pas si avant que notre curé dans ce 'détail', mais il a retenu bon nombre d'exemples ou d'arguments produits par celui-ci: le dénombrement par David, les miracles de Moïse et des magiciens de Pharaon, la conservation des Juifs dans le désert, l'ânesse de Balaam, Josué et Amphion, les contradictions des évangélistes sur la généalogie du

[39] 'Qui m'a donné l'être, me doit le bien-être' (*Eléments de la philosophie de Newton*, *OC*, t.15, p.631). C'est bien ce que dit Meslier, citant un adage scolastique, dès sa deuxième preuve (*Mémoire*, i.3). L'argument sera développé dans la septième preuve.

[40] *Notebooks*, *OC*, t.81-82, i.381.

[41] *Notebooks*, i.174-75; ii.523-24. Voici la liste des parallèles tirés de Meslier: Amalthé, les filles d'Anius, Athalide, Esculape, Rémus et Romulus, le palladium de Troie, Ganimède, Romulus, Andromède, Bérénice, l'âne de Silène, Oreste, les temples d'Esculape, Iphigénie [...], Pégase, Pélops, oracles et prophéties, Caeculus, Amphion. A une inversion près, l'ordre observé est exactement celui de Meslier (*Mémoire*, i.181-85). Nous réservons, pour l'instant, le cas du cygne de Léda.

[42] R. Pomeau, *La Religion de Voltaire*, p.183.

[43] M.xxiv.447.

Christ, la fuite en Egypte, la vie de Jésus, Jésus tenté par le diable, Dieu mis dans un morceau de pâte à la merci des souris, [44] autant de railleries puisées dans le *Mémoire*, [45] principalement dans la 'deuxième preuve' et qu'on retrouvera dans l'*Extrait* de 1762. Mais on remarque aussi, dans ce *Sermon*, trois passages (sur les sacrifices humains dans la Bible, la prostituée Rahab et, surtout, les commandements de Dieu à Ezéchiel) qui seront repris plus ou moins fidèlement dans l'*Extrait*, mais qu'on chercherait en vain dans le *Mémoire*. Or ces additions au texte de Meslier figurent dans des extraits manuscrits, dont la rédaction est, de toute évidence, antérieure à 1762. Le problème qu'elles posent est celui du texte sur lequel Voltaire a travaillé pour préparer son édition. Ce problème est celui de la tradition manuscrite du *Mémoire*. Il est temps d'en donner un aperçu.

2. *Manuscrits et copies du 'Mémoire'*

Grâce à l'authentification des manuscrits autographes de Meslier et à la découverte de plusieurs copies, on est mieux informé aujourd'hui que ne l'étaient G. Lanson, I. O. Wade ou A. Morehouse. [46] Ce qui ne veut pas dire qu'on soit en mesure d'apporter toujours des réponses simples et définitives.

Les trois manuscrits autographes déposés chez Chauvelin peu après la mort du curé ont été transmis, par donation, à l'abbaye de Saint-Germain-des Prés en 1755 ou 1762, et, de là, transférés à la Bibliothèque nationale en 1795-1796. [47] A une date encore indéterminée, dans les années 1730, on commença d'établir des copies complètes (ou à peu près complètes) d'après un de ces manuscrits (coté aujourd'hui f. fr. 19458). [48] On conserve aujourd'hui neuf de

---

[44] M.xxiv.443, 446, 449-50, 452.
[45] *Mémoire*, i.254, 96-97, 163-66, 130, 185, 134-47, 410-11, 423, 436, 449.
[46] A. Morehouse, *Voltaire and Jean Meslier* (New Haven, CT, et Londres 1936).
[47] Pour plus de détails, voir Meslier, i.li-liv.
[48] L'édition du *Mémoire* dans les *Œuvres complètes* est établie d'après le ms. 19460. A une exception près, les variantes des trois manuscrits sont négligeables pour qui veut comparer, dans le détail, l'*Extrait* de 1762 au mémoire original.

ces copies;[49] on peut ajouter à cette série la copie acquise par Frédéric II et conservée à Berlin.[50]

Postérieurement ou parallèlement à l'établissement de ces copies (dans l'examen desquelles nous n'avons pas à entrer ici), des extraits ont été composés et diffusés qui retiennent, sous une forme plus ou moins condensée, mais le plus souvent dans une transcription quasi littérale, des parties de l'avant-propos et des cinq premières preuves, et qui ajoutent une conclusion déiste. On ne retenait donc que la longue et véhémente polémique contre le christianisme, en dissimulant les implications sociales et philosophiques qu'elle comportait (preuves VI, VII et VIII); à l'appel 'aux peuples' qui concluait le *Mémoire* se substituait une prière à Dieu en faveur de la 'religion naturelle'. Il existe quatre copies de ce type (Aix-en-Provence, Bibliothèque Méjanes, ms. 581; Orléans B.M. ms. 1115; Paris Arsenal ms. 2559 et coll. Léon Centner) auxquelles on peut joindre une copie figurant dans un recueil de huit textes clandestins (Sélestat, Bibliothèque humaniste, ms. 216 [3])[51] qui présente de nombreuses variantes par rapport aux quatre autres — et que, pour cette raison, nous ne retiendrons pas dans notre étude des manuscrits. On ne dispose pas d'indication pour les dater, sauf dans le cas du manuscrit d'Orléans compris dans un recueil de cinq pièces, dont trois sont datées de 1757.[52] Ces copies reprennent le

---

[49] Aix, B. Méjanes, ms. 582-3-4; Amsterdam, Institut international d'histoire sociale, section française; Fécamp, BM, ms. 302 (17-18); Gand, BU, Hs 127 (160) et Hs 1631; New Haven, Yale U. Library, ms. Vault Shelves Meslier; Paris, Arsenal, ms. 2237; BNF f. fr. 6337; Reims, B. Carnégie, ms. 652. Ces copies sont décrites dans Meslier, iii.575-77 et 610. C'est la copie d'Amsterdam que R. Charles a utilisée pour l'édition de 1864.

[50] Deutsche Staatsbibliothek, Hs Gall. f.251. Cet exemplaire qui ne comporte que l'exposé matérialiste des preuves 7 et 8 et une partie de la conclusion, a été décrit par Fontius, 'Une nouvelle copie du *Testament* de Meslier' (art. cité à la note 23).

[51] Voir Jean-Louis Quantin, 'La constitution d'un recueil de textes clandestins', *Dix-huitième siècle* 26 (1994), p.349-64.

[52] Les quatre autres pièces du recueil sont *L'Homme machine*, *Les Trois Imposteurs*, *La Religion chrétienne analysée* et *Doutes dont on recherche de bonne foi l'éclaircissement*.

titre de '*Mémoire*' sans mentionner qu'il s'agit d'un extrait. [53] Le texte de ces copies représente en étendue environ 30 pour cent du texte de la deuxième preuve, et élague abondamment la troisième (27 pour cent), la quatrième (22 pour cent) – ces deux preuves étant, chez Meslier, les plus développées des cinq premières – et surtout la cinquième (moins de 12 pour cent). [54] C'est autant et plus par la simple suppression de pages que par un effort de concision dans la réécriture que l'abréviateur a travaillé. De larges pans du *Mémoire* tombent sans laisser de traces: par exemple, dans l'avant-propos, les passages sur l'alliance de la religion et de la politique 'comme deux coupeurs de bourses', sur l'oppression des peuples, sur la nécessité de les 'désabuser', sur l'invention des religions pour les tromper. [55] De la première preuve, on écarte les développements sur les imposteurs (avec les 'raisons pourquoi les politiques se servent des erreurs et des abus des religions'), sur l'origine de l'idolâtrie; [56] de la deuxième, les pages sur le comportement incroyable d'un dieu juste et bon, l'attaque finale contre le Christ. [57] On supprime, dans la troisième, le commentaire sur l'alliance de Dieu avec les patriarches, les citations et réflexions sur les 'abominables sacrifices d'animaux', sur les sacrifices humains dans diverses religions. [58] Dans la quatrième, on retranche, par dizaine de pages, de nombreux exemples de prophéties bibliques, les commentaires sur la rédemption, dix (sur seize) des prédictions du Christ, un développement sur l'interprétation figurative des Ecritures, des exemples de ces interprétations. [59] La cinquième preuve, nous l'avons dit, est la plus malmenée. Effet de la lassitude

---

[53] *Mémoire des pensées et sentiments de Jean Meslier* (Aix 581 et Arsenal 2559); *Mémoires [sic], pensées et sentiments du S. Jean Meslier* (Centner); *Mémoire du curé de Trépigny* (Orléans 1115).

[54] Ces évaluations approximatives ont été calculées d'après Orléans 1115 et Arsenal 2559 comparés à l'édition du *Mémoire* dans Meslier, i.

[55] *Mémoire*, i.17-19, 21-22 et 25-26, 34-36, 39-41.

[56] *Mémoire*, i.44-57, 61-68.

[57] *Mémoire*, i.158 et 159-62, 168-70, 193-99.

[58] *Mémoire*, i.207-10, 213-22, 224-29, 231-37.

[59] *Mémoire*, i.258-80, 283-93, 294-98, 301-304, 304-306, 321-28, 335-43, 351-73.

de l'abréviateur? La plupart des pages de cette preuve (sur la personne et les discours du Christ, sur l'idolâtrie des chrétiens dans l'Eucharistie), tout le développement sur les erreurs de la morale chrétienne, ne laissent aucun vestige dans la nouvelle version:[60] curieusement, on maintient dans l'intitulé de ce cinquième chapitre la mention des 'erreurs de la doctrine et *de la morale*' alors que le texte ne va pas au delà de l'examen de la doctrine et ne comporte aucune critique de la morale en question.[61] D'une preuve à l'autre, des citations sont supprimées, ou amputées (la Bible, saint Jérôme, Montaigne, Naudé, La Bruyère, *L'Espion turc*, etc.).

A ne considérer que ces retranchements, la réduction opérée semble répondre à des mobiles idéologiques (l'accent de contestation politique et sociale est fortement atténué), techniques (on coupe dans les exemples, enlevant à l'œuvre son caractère de dossier, on supprime les répétitions et les gloses), littéraires enfin (on enlève une partie de la véhémence du prédicateur en colère). Si on examine le travail du rédacteur dans le détail, on remarque qu'il peut recopier littéralement les phrases de Meslier (par exemple: 'Mais rien ne prête plus beau jeu à l'imposture et au progrès qu'elle fait dans le monde que cette avide curiosité que les hommes ont ordinairement d'entendre parler des choses extraordinaires et prodigieuses, et cette grande facilité qu'ils ont de les croire'),[62] ou, le plus souvent en enlevant ici un mot, là une ou plusieurs lignes comme ailleurs il supprime des pages. Ne donnons qu'un exemple de cette réduction:

Et comme toutes les religions posent pour fondement de leurs mystères et qu'elles prennent toutes pour règle de leur doctrine et de leur morale, une créance aveugle, comme je viens de le montrer, il s'ensuit évidemment qu'il n'y a aucune véritable religion, ni aucune religion qui soit véritablement d'institution divine, et par conséquent, j'ai eu raison de dire qu'elles n'étaient toutes que des inventions humaines, et que tout ce

[60] *Mémoire*, i.393-95, 398-400, 402-10, 411-31, 433-35, 436-510.
[61] Voir les titres du chapitre 5 dans Arsenal 2559 et Centner.
[62] Orléans 1115, p.22, et *Mémoire*, i.69.

qu'elles veulent nous persuader des dieux, de leurs lois, de leurs ordonnances, de leurs mystères et de leurs prétendues révélations, ne sont que des erreurs, des illusions, des mensonges et des impostures. Tout cela suit évidemment. (Meslier, i.86)

Et comme toutes les religions posent pour fondement de leur mystère une créance aveugle, il s'ensuit qu'il n'y en a aucune véritable et que tout n'est qu'erreur, illusion etc. Tout cela suit évidemment. (Orléans 1115, p.31)

Il arrive, mais rarement, que l'abréviateur condense une ou plusieurs pages en une courte phrase de son cru, notamment pour ménager une transition. Par exemple: 'Les prétendues prophéties de l'Ancient Testament ajustées au Nouveau sont donc quelque chose de bien absurde.'[63]

En somme, cette version manuscrite, à s'en tenir au contenu tiré de l'original, se présente comme un extrait suivi qui donne une idée parfois exacte, parfois approximative, de l'argumentation de Meslier au long de son avant-propos, de ses quatre premières preuves et d'une partie de la cinquième. Le rédacteur est allé au plus vite, avec pour souci principal, semble-t-il, de faire tenir l'œuvre du curé dans un nombre limité de pages, ce qui explique sans doute qu'il ait arrêté son travail avant d'être seulement arrivé à la moitié de la cinquième preuve. Sa recherche de la brièveté s'est-elle accommodée du plaisir d'introduire quelques additions? Ou a-t-il eu pour modèle une copie dans laquelle on avait interpolé des paragraphes? Toujours est-il que cette série d'extraits manuscrits comporte des passages qu'on ne trouve pas chez Meslier et que ces passages font problème.

Voici d'abord les additions communes à nos quatre copies:

1. (En note) 'Il y a eu un curé en Angleterre, excellent géomètre, qui en 1722 quitta son bénéfice valant 200 livres sterling pour n'être pas obligé d'enseigner aux hommes des choses si monstrueuses' (Aix, p.26; Arsenal, p.28; Centner, p.12; Orléans, p.13).

---

[63] Orléans 1115, p.141. La phrase remplace le développement dans *Mémoire*, i.335-42.

2. Sur Salomon et les auteurs profanes (Aix, p.162-63; Arsenal, p.167-68; Centner, p.75; Orléans, p.59).[64]

3. Sur les sacrifices humains chez les Juifs (Lévitique xxvii) (Aix, p.308-309; Arsenal, p.342-43; Centner, p.145-46; Orléans, p.110).

4. 'Les hommes sont donc venus à ce point d'abomination qu'après avoir honoré autrefois la divinité par les sacrifices des hommes, ils immolent aujourd'hui la divinité même' (Aix, p.310; Arsenal, p.344; Centner, p.146; Orléans, p.110).

5. Sur les commandements de Dieu à Ezéchiel (Aix, p.325; Arsenal, p.359; Centner, p.154-55; Orléans, p.115-16).

6. Sur les prophéties en faveur de Jérusalem et du roi Jacques (Aix, p.346-47; Arsenal, p.380-81; Centner, p.164; Orléans, p.123).

7. Sur la royauté de Jésus (Aix, p.351; Arsenal, p.385; Centner, p.166; Orléans, p.124).

8. Sur le 'morceau de drap rouge exposé par une putain' [Rahab] (Aix, p.410; Arsenal, p.431; Centner, p.187; Orléans, p.141).

9. Sur Jésus pendu comme ceux qui ont voulu jouer le même rôle (Aix p.464; Arsenal, p.481; Centner, p.211; Orléans, p.160).

10. Sur les 'ressources' des christicoles, à la fin du dernier chapitre; et la conclusion (Aix, p.476-80; Arsenal, p.494-96; Centner, p.218-20; Orléans, p.165-66).

Telles sont les additions communes aux quatre copies. Aix 581 offre une addition supplémentaire (note marginale d'une autre main, p.259):

11. 'On sait la fable de Léda sur quoi on a fait il y a longtemps cette chanson:

> Qu'une colombe à tire d'aile
> Ait obombré une pucelle
> Ce sont contes bredi breda

---

[64] Nous ne reproduisons pas ici le texte des additions qu'on retrouvera plus loin dans les passages que nous donnons en appendice du ms. Arsenal 2559. Autrement, les additions sont reproduites d'après la version de ce même manuscrit.

On en dit autant en Lydie
Et le beau cygne de Léda
Vaut le pigeon de Marie.'

La copie Centner offre, de son côté, une série d'additions nouvelles:

12. 'Quand j'exposerais un dieu qui fait des habits de peaux pour couvrir Adam, qui l'endort pour lui tirer une côte et en bâtir une femme, l'histoire de la fourberie de Laban avec Jacob son gendre des marmouzets que Rebecca avait volés à son père, de la fourberie de Rachel pour faire passer la bénédiction à son cadet, du mensonge d'Abraham qui fait passer sa femme pour sa sœur, de peur d'être assassiné. Du second fils de Juda qui se polluait tous les jours avant de se coucher avec Thamar afin de ne point susciter d'enfants à son frère; de l'inceste de Juda avec sa bru Thamar, du dialogue de Dieu avec le diable pour tenter Job, qui abandonne enfin son ami à la plus cruelle tentation de son ennemi; d'un Dieu qui ordonne à Ezéchiel de manger de la matière fécale de l'homme et, par composition, de celle d'un cheval. De l'inceste de Loth avec ses deux filles, de sa femme changée en statue de sel, de ces tables sacrées où Dieu avait gravé lui-même avec son doigt ses lois que Moïse met en morceaux, de l'adultère et de l'homicide de David, de ce grand prophète qui dit à l'article de la mort qu'il s'en va par tout le monde: soutiendra-t-on que toutes ces sottises ont été inspirées par Dieu?' (Centner, p.73).

13. Sur la fête de l'âne à Beauvais, tirée de l'article 'Festum' dans le *Glossarium* de Du Cange (Centner, p.111-13). [65]

14. Dissertation d'Angelo Decembrio sur la conformité des cérémonies religieuses chez les païens et chez les chrétiens, tirée des manuscrits de Baluze (Centner, p.128-33).

15. '[toute l'Eglise chrétienne] cette épouse si chérie de Jésus qu'il a soin de chatouiller et qu'il honore fidèlement de sa couche, cantiq.

---

[65] Nous ne croyons pas utile de reproduire cette longue addition, ni la suivante.

misit manuum suam [s'emploie à demander...] l'a-t-elle obtenu? Non, peut-on cependant refuser quelque chose à une épouse en qui on a mis toute sa confiance?' (Centner, p.170). [66]

Revenons maintenant à Voltaire. On remarque d'abord que c'est à partir du travail rédactionnel de réduction, commun aux quatre copies, qu'il a préparé son extrait de 1762, à l'exception d'un bref paragraphe pour la première édition et de l'avant-propos pour la seconde. Il a retenu les additions 2, 3, 5, 6, 7, 8, 9 et 10, communes aux quatre copies. Mais les additions 1, 4, 12, 15 et 16, malgré leur accent et leur contenu apparemment voltairiens, n'y ont pas laissé de trace. L'addition 11 (sur la fable de Léda), si elle n'a pas été reprise par Voltaire en 1762, n'était pas ignorée de lui: il a noté dans ses carnets le 'rapprochement' du 'cygne de Léda' et du 'pigeon de Marie' dans la liste des parallèles qu'il emprunte à Meslier. [67] La source n'est probablement pas ici ce chansonnier où Voltaire avait déjà trouvé ce sixain attribué à Blot; [68] c'est, selon toute vraisemblance, une copie de l'extrait analogue à Aix 581. De même, l'addition 1 trouve un écho dans un autre texte, l'*Examen important de Milord Bolingbroke*, dont la rédaction est vraisemblablement proche ou contemporaine de la préparation de l'*Extrait* imprimé; c'est précisément à propos de Meslier que Voltaire fait dire à Bolingbroke: 'J'ai vu en Dorsetshire, diocèse de Bristol, un curé renoncer à une cure de deux cents livres sterling, et avouer à ses paroissiens que sa conscience ne lui permettait pas de leur prêcher les absurdes horreurs de la secte chrétienne.' [69] Ce 'curé' du Dorsetshire, n'est-il pas le curé géomètre de nos copies? [70]

---

[66] L'idée pouvait venir de Meslier: 'toute l'Eglise chrétienne, catholique et romaine, qui se qualifie d'épouse bien aimée de son Dieu et de son Christ n'obtient pas elle-même ce qu'elle demande tous les jours si instamment à Dieu' (i.310).

[67] *Notebooks*, i.175 et ii.524.

[68] *Notebooks*, i.291.

[69] *OC*, t.62, p.170-71.

[70] Le rapprochement a été signalé par I. O. Wade, *Voltaire and Mme Du Châtelet* (Princeton 1941), p.154.

Observons aussi, à propos de la longue addition 12, qu'il est question, dans ce même *Examen important*, du patriarche Juda et de son 'inceste avec sa bru Thamar'.[71] Nous aurons l'occasion d'attirer l'attention sur d'autres rapprochements entre l'*Extrait* de 1762 et l'*Examen important*; il suffit de remarquer ici que Voltaire a su tirer parti d'additions apocryphes qu'il n'a pas conservées dans la version qu'il donne du texte de Meslier. La remarque vaudrait encore pour l'addition 13: l'article 'Festum asinorum' de Du Cange a été utilisé par lui dans l'*Essai sur les mœurs*.[72] Notons enfin qu'aucune des copies du groupe Arsenal 2559 ne peut, à elle seule, rendre compte de l'utilisation de ces additions. On doit en déduire, à titre d'hypothèse, soit que Voltaire a eu entre les mains différentes copies du même extrait manuscrit, soit qu'il a utilisé une copie fort semblable à celle de la collection Centner sur laquelle on aurait ajouté la note d'Aix 581.

Le rapport de l'*Extrait* de 1762 à cette tradition manuscrite n'est toutefois pas aussi simple que cette hypothèse le suggère. Car il existe une autre série d'extraits dont il faut maintenant dire un mot.

Comme I. O. Wade l'avait bien vu, d'autres copies présentent un extrait beaucoup plus abrégé que celles que nous venons d'examiner, circulaient aussi à l'époque. Cette série qu'il décrivait en 1933 s'est, depuis lors, enrichie d'autres exemplaires. Six copies, au total, présentent suffisamment de traits communs pour relever d'un même modèle, celui d'un deuxième extrait (Lyon, B. de la Faculté de Théologie S.J., Fourvière, Rés.2522; Mézières, Archives départementales, I, 8; Paris, Arsenal, ms., 2558; Reims, B. Carnégie, ms. 653; id., ms. suppl[t] 254, coll. Diancourt; Sélestat,

---

[71] *OC*, t.62, p.207.
[72] *Essai sur les mœurs*, éd. R. Pomeau (Paris 1963), i.770. Toutefois R. Pomeau signale d'autres emprunts au *Glossarium* (1733-1736), ce qui laisse penser que Voltaire n'avait pas besoin de lire un extrait semblable à Centner pour puiser dans Du Cange.

Bibliothèque humaniste, ms. 216 [7]).[73] On observe d'abord que ces copies, quelles que soient les variantes de détail de l'une à l'autre, offrent, pour l'essentiel, la même rédaction et portent toutes en titre le mot 'Extrait'.[74] Toutes sont divisées en cinq chapitres (sauf Arsenal 2558 dont le copiste n'a retenu que les trois premiers) aux intitulés semblables. Lorsqu'on les compare au *Mémoire* original, leur parenté avec l'extrait primitif s'impose à l'évidence:[75] ce sont les mêmes passages qu'on a omis, qu'il s'agisse de l'avant-propos ou de chacune des cinq preuves; et (à l'exception du manuscrit de Lyon interrompu avant la fin de la cinquième preuve) c'est bien le même texte de conclusion qui sert aux copistes. Il n'est pas de doute possible: le deuxième extrait a été tiré du premier sans qu'on ait eu besoin de recourir au *Mémoire* original. Comme l'avait fait le premier abréviateur travaillant sur une copie complète du *Mémoire*, le nouveau rédacteur supprime des pages et des lignes de l'extrait primitif. Il ne fait d'ailleurs pas mystère de ses omissions: 'il y a une infinité d'autres falsifications et additions citées dans le corps de l'ouvrage qu'on peut lire et qu'on ne croit pas à propos de rapporter dans cet extrait' (Mézières, p.46);[76] et ainsi disparaît le développement sur les évangiles apocryphes que Voltaire, lui, conservera. Plus loin: 'On passe

---

[73] Sur ces six manuscrits, quatre (Lyon-Fourvière, Mézières, Reims-Diancourt et Sélestat [7]) n'ont pas été connus d'I. O. Wade. A cette catégorie il convient d'ajouter le manuscrit de Chartres, BM 775, disparu pendant la dernière guerre et très sommairement décrit par Wade (*The Clandestine organization*, p.80) et Morehouse (*Voltaire and Jean Meslier*, p.30) et aussi, selon toute probabilité, le manuscrit d'Arras, BM 253 (1301) détruit lors des bombardements de 1914 et dont la notice du catalogue est reproduite dans I. O. Wade (p.280). Le recueil de Lyon-Fourvière a été décrit par P. Vallin: 'Un témoin de la diffusion clandestine des idées philosophiques en France', *Dix-huitième siècle* 5 (1973), p.417-20. Pour le ms. de Sélestat, voir J.-L. Quantin, 'La constitution d'un recueil de textes clandestins' (voir ci-dessus, n.51). Il s'agit d'un deuxième extrait de Meslier inséré dans le recueil.

[74] Par exemple (Mézières, i.8): *Extrait des pensées et des sentimens du Sr Meslier*.

[75] Nous désignons désormais par 'extrait primitif' ou 'premier extrait' la version commune aux quatre copies du groupe Arsenal 2559, étudiées plus haut.

[76] Arsenal 2558, p.33; Lyon-Fourvière, p.87; Reims 653, p.74-75; Reims-Diancourt, p.[29].

sous silence dans cet extrait nombre de contradictions rapportées dans le corps de cet ouvrage. Il y en a ici plus qu'il n'en faut pour prouver la non-inspiration de tous ces prétendus apôtres et évangélistes' (Mézières, p.60-61).[77] Cette fois, tombe une série d'exemples et de commentaires dont Voltaire retiendra une partie. Lorsque le rédacteur se réfère au 'corps de l'ouvrage', son propos, certes, pourrait, théoriquement, se rapporter au texte original de Meslier, mais en réalité, il se rapporte à l'extrait primitif qu'il a sous les yeux.[78] Il ne s'agit donc pas, comme le pensait I. O. Wade, d'un nouvel abrégé composé directement d'après le *Mémoire* de Meslier, mais simplement d'une version réduite d'un premier extrait. Toutefois, les omissions de plusieurs pages sont rares. Le deuxième abréviateur s'est efforcé de préserver l'ensemble de l'argumentation en condensant et en paraphrasant plutôt qu'en supprimant des développements; travaillant sur une copie de l'extrait primitif, il en réécrit le texte, changeant les mots, variant les tournures de phrases, introduisant quelques remarques, bref, résumant à sa manière.

Nous avons ainsi trois étapes d'un seul processus de réduction: le *Mémoire* original, l'extrait primitif, le deuxième extrait. Bornons-nous à deux exemples pour donner une idée de la transformation du texte en ces trois étapes. Le premier exemple est tiré du passage le plus célèbre du *Mémoire* (et que Voltaire n'a pas retenu dans son édition de 1762):

1°. Meslier (ms. 19458; *Mémoire*, i.23-24):

Il me souvient à ce sujet d'un souhait que faisait autrefois un homme qui n'avait ni science ni étude, mais qui, selon les apparences, ne manquait

---

[77] Arsenal 2558, p.42; Lyon-Fourvière, p.89; Reims 653, p.88; Reims Diancourt, p.[36].

[78] Voir, pour les deux omissions signalées ici, par exemple, Orléans 1155, p.54-56 et 69-71. Dans le cas de la deuxième omission, le nouvel abréviateur a été visiblement inspiré par le propos même de Meslier, reproduit dans le premier extrait: 'Je passe sous silence quantité d'autres contrariétés et contradictions qui se trouvent dans ces prétendus saints et divins livres parce qu'il serait trop long de les rapporter toutes' (Orléans 1155, p.71). Voir *Mémoire*, i.148.

pas de bon sens pour juger sainement de tous ces détestables abus et de toutes les détestables tyrannies que je blâme ici; il paraît par son souhait, et par sa manière d'exprimer sa pensée, qu'il voyait assez loin et qu'il pénétrait assez avant dans ce mystère d'iniquité dont je viens de parler puisqu'il en connaissait si bien les auteurs et les fauteurs. Il souhaitait, disait-il par rapport au sujet dont je parle, il souhaitait que tous les grands de la terre et que tous les nobles fussent pendus et étranglés avec des boyaux de prêtre. Cette expression ne doit pas manquer de paraître rude, grossière et choquante, mais il faut avouer qu'elle est franche et naïve; elle est courte, mais elle est expressive puisqu'elle exprime assez en peu de mots tout ce que ces sortes de gens-là mériteraient.

2°. Premier extrait (Arsenal 2559, p.14):[79]

Il me souvient à ce sujet d'un souhait que faisait autrefois un homme qui n'avait ni science ni étude mais qui selon les apparences ne manquait pas de bon sens, pour juger sainement de tous les détestables abus que je blâme ici. Il paraît par son souhait et par la manière d'exprimer sa pensée qu'il voyait assez loin et qu'il pénétrait assez avant dans le mystère d'iniquité dont je viens de parler, puisqu'il en reconnaissait si bien les auteurs et les fauteurs. Il souhaitait, disait-il par rapport au sujet dont je parle, que tous les tyrans de la terre fussent pendus et étranglés avec des boyaux de prêtres. Cette expression ne manquera pas de paraître dure et grossière; mais il faut avouer qu'elle est franche et naïve.

3°. Deuxième extrait (Reims 653, p.24):[80]

Il me souvient à ce sujet du souhait d'un homme qui sans étude avait beaucoup de bon sens. Le voici: 'je souhaiterais, disait il, que tous les tyrans fussent pendus et étranglés avec des boyaux de prêtres'.

Pour l'exemple suivant, on se reportera au passage de la deuxième preuve citée plus haut dans la version du *Mémoire* et dans celle de l'extrait primitif.[81] Voici maintenant la version du

---

[79] Voir aussi Aix 581, p.13-14, Centner, p.7, Orléans 1115, p.8.
[80] Voir aussi Arsenal 2558, p.11, Lyon-Fourvière p.81, Mézières p.12, Reims-Diancourt p.[6].
[81] Voir ci-dessus p. 16–17.

deuxième extrait (Reims 653, p.53):[82] 'Concluons donc que toutes les religions n'ayant pour fondement que cette croyance aveugle ne peuvent être d'institution divine, de là qu'elles ne sont qu'humaines, qu'illusions, fables et mensonges.'

Inutile d'entrer ici dans un examen détaillé des variantes entre les six copies. Remarquons seulement que le copiste d'Arsenal 2558 n'a pas retenu les deux derniers chapitres et qu'il est passé directement de la fin de la troisième preuve à la conclusion. Le copiste de Lyon-Fourvière a arrêté son travail après l'argumentation de Meslier sur la Trinité (cinquième preuve), jugeant inutile de reproduire l'attaque finale générale contre le christianisme.[83] Dans toutes ces copies (à l'exclusion de Lyon-Fourvière) on retrouve les additions de la copie Centner (la fête de l'âne et la dissertation d'A. Decembrio). Mais l'addition 12 (sur les turpitudes de l'Ancien Testament) n'est reprise que dans Mézières. La parenté existant entre la copie Centner et Mézières peut donc retenir l'attention; elle atteste, s'il en était besoin, la filiation entre les deux types d'extrait.

3. L''Extrait' de Voltaire: sources et additions

Il est plus facile, maintenant, de situer l'édition de Voltaire par rapport à cette tradition. On ne peut concevoir qu'aucune des copies du groupe Arsenal 2559 ou du groupe Mézières ait été constituée à partir d'aucune des versions imprimées de l'*Extrait*. En revanche, il suffisait à Voltaire de posséder une copie de chaque groupe pour mettre au point la brochure de 1762.

L'observation vaut d'abord pour l''Abrégé de la vie de l'auteur'. Comme Lanson l'avait bien vu, Voltaire pouvait tirer cette notice

[82] Voir aussi Arsenal 2558, p.25; Lyon-Fourvière, p.84-85; Reims-Diancourt, p.[18]; Mézières, p.30-31.

[83] Le recueil de Lyon a probablement été composé (sans doute par un clerc) en vue d'établir un corpus de textes anti-religieux destiné à quelque réfutation. La plupart des suppressions qu'on y relève peuvent s'expliquer par le désir de ne conserver que les éléments de l'argumentation. Dans cet esprit on a pu écarter l''avis au lecteur' et l'abrégé biographique.

biographique d'une copie analogue à Arsenal 2558.[84] De fait, toutes les copies du deuxième extrait (sauf Lyon-Fourvière) sont munies de cet 'Abrégé', ainsi qu'une des copies de l'extrait primitif (Centner). C'est d'ailleurs essentiellement de cette biographie manuscrite que Voltaire, semble-t-il, a tiré son information sur la vie de Meslier. Aucun indice, dans ses œuvres, d'une recherche personnelle de renseignements. Il fallait l'imagination romantique d'un dramaturge allemand de la fin du dix-neuvième siècle pour mettre en scène le philosophe au chevet du curé agonisant![85] Voltaire a d'abord été informé par Thiriot: 'Frère Thiriot est très au fait' (D10315), assure-t-il à Damilaville en février 1762, à propos de la diffusion clandestine des copies. Thiriot était sans doute aussi 'au fait' de ce qu'on savait alors, en 1735, dans le milieu parisien sur l'homme et sur l'œuvre, et qui provenait, vraisemblablement, de l'archevêché de Reims. Voltaire aurait pu se mettre en quête de témoignages de première main: 'Il y a encore beaucoup de personnes qui ont vu le curé Meslier' (D10315). A-t-il tenté de les faire interroger? A-t-il, par exemple, mis à profit les voyages d'Helvétius dans les Ardennes en 1738 et 1739 pour recueillir quelques échos sur place, dix ans à peine après la mort du curé?[86] On en doute. La remarque de 1762 sur l'existence de témoins oculaires – d'ailleurs unique sous la plume de Voltaire – a pu lui être transmise; elle était aussi de simple bon sens. Quoiqu'il en soit, on doit constater que l'Abrégé de la vie de l'auteur' reproduit, avec

[84] Les objections opposées à Lanson par F. Lachèvre, *Le Libertinage au XVIIe siècle*, vii. *Mélanges* (Paris 1920), 'Voltaire et le curé Meslier', p.227-46, ne paraissent pas devoir retenir l'attention.

[85] A. Fitger, *Jean Meslier. Eine Dichtung* (Leipzig 1894). Voir R. Desné, 'Le curé Meslier au théâtre. Une pièce d'Arthur Fitger', *Studies in the French eighteenth century presented to John Lough*, éd. D. J. Mossop, G. E. Rodmell et D. B. Wilson (Durham 1978), p.22-38.

[86] En tant que fermier général, Helvétius a bien visité la région d'Etrépigny mais le nom du village n'est pas mentionné dans son 'Procès-verbal de tournée' de 1738 (voir *Dix-huitième siècle* 3, 1971, p.6-40). Sur les rapports étroits entre Helvétius et Voltaire dans ces années-là, voir R. Desné, 'Helvétius fermier général', *Beiträge zur franzözischen Aufklärung* [Mélanges Werner Krauss] (Berlin 1971), p.65-69.

ses erreurs et ses approximations, dans l'*Extrait* de 1762, ne comporte rien qui ne se trouve dans les 'abrégés' qui circulaient déjà et qu'il pouvait lire soit dans une copie du premier extrait (analogue à Centner), soit dans une copie du deuxième.

Préparant l'extrait proprement dit, il s'est servi d'une copie semblable à Centner ou à Arsenal 2559 pour la division des chapitres,[87] tout en la modifiant quelque peu, mais il s'est sans doute inspiré, pour le titre, d'une copie du deuxième extrait.[88] Pourquoi ne s'est-il pas borné, pour le texte, à reprendre simplement cette version très abrégée du deuxième extrait, à peine plus étendue que celle de la brochure qu'il publie? Le premier extrait, évidemment plus riche que le second, qui n'en donne qu'une version appauvrie et encombrée de deux digressions, lui permettait de mieux faire son propre choix dans l'ensemble des développements, tout en étant plus fidèle à l'argumentation littérale de Meslier dans les passages retenus. Ne donnons qu'un exemple de cette fidélité. Voltaire: 'On dit [...] que l'âme de st Benoît fût vue monter au ciel revêtue d'un précieux manteau et environnée de lampes ardentes.'[89] Deuxième extrait (Mézières, p.75): 'N'a-t-on pas vu selon eux l'âme de saint Bernard [*sic*] revêtue d'un manteau monter au ciel?' Ajoutons que pour ce chapitre des miracles, l'extrait primitif donne la liste des quarante-huit noms de saints mentionnés par Meslier, la liste de Voltaire en conserve dix-sept, celle du deuxième extrait, dix.

---

[87] Cette division en cinq chapitres (correspondant aux cinq 'preuves') n'existe pas chez Meslier ni dans aucune des copies complètes du *Mémoire*. Toutes les copies du deuxième extrait reproduisent bien les cinq chapitres mais, à la différence de Centner et d'Arsenal 2559, le mot 'preuve' ('preuve tirée des...') a disparu des intitulés; on trouve simplement: 'Ch.I. Des motifs qui ont porté les hommes à établir une religion', 'Ch.II. Des erreurs de la foi', etc. Nous revenons plus loin sur les modifications apportées par Voltaire à cette division.

[88] Nous ne considérons ici que le titre intérieur ('Extrait des sentiments [...]') qui figure *après* l'avant-propos. Le titre de *Testament*, appelé à la notoriété que l'on sait, a été introduit dans la deuxième édition.

[89] Version rigoureusement conforme aux textes de Meslier (*Mémoire*, i.172) et du premier extrait (voir, par exemple, Orléans, p.83).

Voltaire, le plus souvent, se comporte à l'égard du premier extrait comme le rédacteur de celui-ci s'était comporté à l'égard du *Mémoire* original; il procède par larges coupes, écartant, pour sa première édition, tout l'avant-propos (mais il réparera cette omission par trois paragraphes dans la seconde), ne conservant que les dernières pages de la première preuve; il laisse de côté, dans la deuxième, un long passage sur les miracles des païens et des juifs, un autre sur les promesses de Dieu aux patriarches. Si, dans l'ensemble, il épargne la troisième preuve (sur 'les visions et révélations divines') et la cinquième ('des erreurs de la doctrine'), il fait disparaître, de la quatrième, un copieux développement sur les prophètes, de longs passages sur les discours de Jésus, pratiquement toute la série des 'figures' du Nouveau Testament dans l'Ancien.[90] La plupart des citations qu'on avait maintenues (Montaigne, Naudé, *L'Espion turc*, Quesnel, etc.) disparaissent. Le résultat est que Voltaire accentue, par rapport au *Mémoire* original, le déséquilibre qu'on avait observé déjà dans l'extrait primitif. Sans doute a-t-il obtenu ce qu'il souhaitait: faire tenir les cinq preuves en une mince brochure. Son *Extrait* représente en étendue 38 pour cent de l'extrait primitif (lequel, rappelons-le, représentait 30 pour cent du texte original). Voltaire a donc été un peu moins 'réducteur' que son devancier. Mais dans cette brochure qui ne retient plus, finalement, que 10 pour cent du texte considéré, la deuxième preuve – qui n'était pas chez Meslier la plus développée des cinq occupe ici plus de la moitié de l'ensemble, avant-propos compris. On ne s'étonne pas que Voltaire ait décidé de diviser en trois ce chapitre devenu envahissant.

Tout en travaillant, pour l'essentiel, sur une copie de l'extrait primitif, Voltaire a eu à sa disposition une copie du deuxième extrait. C'est à cette copie qu'il prend le passage sur 'le détail des sacrifices d'animaux', paragraphe qui résumait une interminable série de citations bibliques, mais il l'ajoute malencontreusement

[90] Le lecteur aura une idée du nombre et de l'ampleur de ces coupures par les indications que nous avons introduites entre les passages du texte d'Arsenal 2559 reproduits dans l'appendice III.

quelques lignes trop loin sans voir qu'il avait déjà résumé, encore plus brièvement, le même passage. Lorsqu'il se décide, pour la deuxième édition, à placer en tête un extrait de l'"avant-propos', c'est à la même copie qu'il a recours, supprimant alors, par compensation, le premier paragraphe du chapitre I (qu'il avait tiré du début de la 'première preuve' dans l'extrait primitif).

Ce traitement de l'avant-propos est significatif: Voltaire a définitivement purgé le texte de Meslier de tout esprit de contestation politique. Il avait été précédé, dans cette voie, nous l'avons vu, par le premier abréviateur. Toutefois, l'extrait primitif maintenait des passages où l'alliance des princes et des prêtres était dénoncée sans ambages.[91] On y trouvait encore le 'souhait' d'étrangler les tyrans avec les boyaux des prêtres. C'est donc autant à Meslier (et même à ce Meslier édulcoré des extraits manuscrits) qu'à Boulanger que Voltaire pouvait penser en écrivant à Damilaville, le 30 janvier 1762 (D10295): 'Il semble que l'auteur ait tâché de réunir les princes et les prêtres contre lui; il faut tâcher de faire voir au contraire que les prêtres ont toujours été les ennemis des rois.' Comme Boulanger, Meslier rend 'odieux' les rois: 'Rien n'est plus dangereux, ni plus maladroit.' Voltaire sait de quoi il parle; il a mis son *Extrait* à l'abri de ce danger et de cette maladresse: pas la moindre ligne d'"avant-propos' dans la brochure qui est, à ce moment-là, précisément, sous presse. Et quand il réparera cette omission excessive, quelques mois plus tard, dans la deuxième édition, il veillera à 'respecter la morale et le trône' (D10295).

Il ajoute aussi, et dès la première édition, quelques paragraphes et quelques mots de son cru. C'est du moins ce que fait apparaître l'examen comparé de l'*Extrait* imprimé avec toutes les copies conservées. Voici la liste complète des additions propres à la version voltairienne:

1. Pour la première preuve (premier paragraphe du chapitre I), à

---

[91] Par exemple: les impostures religieuses ont été 'entretenues par l'autorité des grands et des souverains de la terre qui les ont favorisées et les ont même autorisées par leurs lois, afin de tenir par là le commun des hommes en bride, et faire d'eux tout ce qu'ils voudraient' (Orléans, p.7).

propos des religions qui sont toutes des inventions humaines: 'excepté celles [*sic*] que Dieu a mis [*sic*] dans nos cœurs'.

2. En note, pour la deuxième preuve: *Estote fortes in fide.*

3. Pour la quatrième preuve: 'Ils disent tous, *gardez-vous des faux prophètes*, comme les vendeurs de mithridate disent, *gardez-vous des pillules contrefaites.*'

4. A la suite du paragraphe précédent: 'Ces malheureux font parler Dieu d'une manière dont un crocheteur n'oserait parler. Dieu dit, au 23. *chap. d'Ezechiel*, que la jeune Oolla n'aime que ceux qui ont membre d'âne et sperme de cheval. Comment ces fourbes insensés auraient-ils connu l'avenir? Nulle prédiction en faveur de leur nation juive n'a été accomplie.'

5. Pour la quatrième preuve: 'Qu'est-ce donc qu'un Dieu qui vient se faire crucifier et mourir pour sauver tout le monde et qui laisse tant de nations damnées? Quelle pitié et quelle horreur!'

6. A la fin de la quatrième preuve: 'La prophétie la plus fausse et la plus ridicule qu'on ait jamais faite est celle de Jésus dans *Luc ch.* 21. Il est prédit qu'il y aura des signes dans le soleil, et dans la lune, et que le fils de l'homme viendra dans une nuée juger les hommes; et il prédit cela pour la génération présente. Cela est-il arrivé? Le fils de l'homme est-il venu dans une nuée?'

7. A la fin d'un paragraphe de la cinquième preuve: 'Quel abominable galimatias!'

8. *In fine*: 'Voilà le précis exact du testament in-folio de Jean Meslier. Qu'on juge de quel poids est le témoignage d'un prêtre mourant qui demande pardon à Dieu. Ce 15ᵉ mars 1742.'[92]

En accentuant la lecture déiste de l'extrait par l'addition de la note terminale, Voltaire associe Meslier à Charles Gouju dans la réfutation de ces 'théologiens fripons qui se confirment dans le crime en disant la religion chrétienne est fausse, donc il n'y a point

---

[92] On trouvera plus loin dans les notes de notre édition les rapprochements que certaines de ces additions peuvent appeler avec d'autres textes de Voltaire. Sur ces huit additions, trois (5, 6 et 8) ont été signalée par I. O. Wade (*Voltaire and Mme Du Châtelet*, p.87-88).

de Dieu' (à d'Argental, 28 septembre 1761, D10039). C'est exactement ce que disait le vrai Meslier, et Voltaire le sait. Mais 'Gouju rendrait service au genre humain s'il confondait les coquins qui font ce mauvais raisonnement.' Le Meslier de 1762 sera le frère de ce Gouju-là.[93] Curieusement, par son post-scriptum, Voltaire augmente l'écart qui sépare son édition de la version la plus répandue du deuxième extrait. Nul n'a encore remarqué que sur les quatre copies qui conservent la conclusion primitive, trois ont remplacé 'Dieu' par 'la nature':

Je finirai par implorer la nature si outragée par cette secte de daigner nous rappeler à la religion qu'elle a inspirée dans le cœur de tous les hommes, qui nous apprend à ne faire rien à autrui que ce que nous voudrions qu'on nous fasse. Alors l'univers serait composé de bons citoyens, de pères justes, d'enfants soumis, d'amis tendres. Elle nous a donné cette religion en nous donnant la raison. Puisse le fanatisme ne la plus pervertir. Je vais mourir plus rempli de ces désirs que d'espérance.[94]

Cette conclusion corrigée rapproche timidement le texte de ces copies de la véritable pensée du curé, mais il n'a pas été nécessaire, pour rendre l'extrait plus conforme à l'esprit de l'œuvre, de recourir à celle-ci.[95]

[93] 'Je maintiens que dans le nombre prodigieux des théologiens fripons, il n'y en a jamais eu un seul qui ait demandé pardon à Dieu en mourant' (D10039). La *Lettre de Charles Gouju à ses frères*, publiée vers septembre 1761, peut se lire comme une fin de non-recevoir à l'athéisme de Meslier et, par là, comme une justification du travestissement déjà opéré par l'extrait primitif et qui sera confirmé par la publication voltairienne.

[94] Reims 653, p.233. Version analogue dans Reims-Diancourt et Mézières. La phrase 'Plût à Dieu que nous n'eussions à nous plaindre que d'être trompés' a disparu de ces trois copies. En revanche dans la version écourtée d'Arsenal 2558, on finit par 'supplier Dieu si outragé par cette secte de daigner nous rappeler à la religion naturelle dont le christianisme est l'ennemi, à cette religion simple que Dieu a mise dans le cœur de tous les hommes' (p.75-76).

[95] Le correcteur savait-il que Meslier était athée, ou était-il lui-même assez incrédule pour ne pas s'accommoder d'un déisme trop fervent? Quoiqu'il en soit, cette fidélité retrouvée à Meslier est une infidélité à l'extrait primitif. On peut se demander si ce n'est pas pour répondre à cette témérité que Voltaire tient à marquer que son abrégé est le 'précis exact' du testament de Meslier.

On en dira autant de toutes les additions apportées par Voltaire au manuscrit qu'il abrégeait, additions qui apparaissent dès la première édition et qui seront maintenues par la suite (à l'exception de la première, Voltaire supprimant l'ensemble du paragraphe dans la deuxième édition): aucune n'implique une relecture du *Mémoire* original. Sans doute Meslier fait-il référence, lui aussi, à la prophétie de Luc (voir addition 6)[96] et celle-ci figure (au n° 13) dans la liste des seize 'prétendues prophéties, réclamations, ou promesses' du Nouveau Testament, qu'on trouve dans sa quatrième preuve. Toutefois le curé ne dit pas que cette prophétie est 'la plus fausse et la plus ridicule', et son commentaire de Luc xxi, selon l'ordre de l'argumentation, devrait figurer plus haut dans l'*Extrait* de Voltaire. Mais celui-ci ne pouvait le savoir (ou ne s'en souvenait plus): l'extrait manuscrit qu'il recopie n'a conservé que la trace de six prophéties (les n°s 1, 4, 5, 6, 7 et 8) sur les seize répertoriées par Meslier. Peu importe, il n'avait pas attendu le curé pour se railler de la prédiction de Luc dans la treizième remarque sur Pascal (25e *Lettre philosophique*).

Signalons enfin une dernière intervention de Voltaire: dans la deuxième édition, il introduit, en première page, le titre de *Testament*, mot par lequel nul n'avait jamais désigné l'ouvrage de Meslier avant 1762[97] et qui, dans la première édition, avait apparu, discrètement, dans le post-scriptum. Heureuse trouvaille de journaliste, et promise à un succès trop durable! Elle n'allait pas de soi, à en juger par les titres ou la présentation de toutes les copies des autres extraits, lesquelles, non plus qu'aucune des copies complètes, font de l'ouvrage un 'testament'. S'il déformait l'intention de Meslier et trahissait la nature de son œuvre (mais en 1762, par rapport au manuscrit original, nous n'en sommes plus à une trahison près), le nouveau titre désignait assez bien la mince brochure à laquelle on avait réduit le volumineux *Mémoire des pensées et sentiments de Jean Meslier*.

[96] 'Jésus-Christ disait qu'on le verrait descendre du ciel, qu'on le verrait venir dans une nuée au ciel' (*Mémoire*, i.324).

[97] Voir R. Desné, 'Le titre du manuscrit de Jean Meslier: "Testament" ou "Mémoire"?', *Approches des Lumières* [Mélanges Jean Fabre] (Paris 1974), p.155-68.

Ainsi l'édition de 1762 ne suppose que l'existence d'un seul extrait véritable dont les copies du groupe Mézières et le texte de Voltaire sont des dérivés. N'y a-t-il donc eu qu'un extrait tiré directement de l'original? On conserve une copie d'un court extrait distinct de la tradition manuscrite dont nous avons parlé et composé d'après une version sans doute complète du *Mémoire* (ou d'après une version partielle ou déjà condensée différente de l'extrait primitif). Il s'agit d'un abrégé plus bref encore que celui de Voltaire et placé à la suite d'un autre manuscrit daté de 1749.[98] Curieusement, ce manuscrit ne retient, lui aussi, que les cinq premières preuves et s'achève sur une conclusion déiste où on perçoit un écho lointain de l'extrait primitif:

De tout ceci l'auteur conclut que s'il y avait un autre culte particulier dont Dieu voulut être honoré par les hommes autre que celui de la religion naturelle, il aurait fait connaître clairement ce culte à tous les hommes, comme il convient à sa bonté et à sa sagesse; que, ne l'ayant pas fait, nous devons être persuadés qu'il n'exige que ce que la droite raison nous inspire, savoir de l'adorer, de l'aimer et de faire tout le bien que nous pouvons à notre prochain dans le dessein de lui plaire.

Sans doute postérieur à 1749, cet extrait, unique en son genre, a pu être mis au point par un rédacteur qui avait lu un des autres extraits ou en connaissait la teneur. On a signalé aussi un extrait en 12 chapitres, portant sur l'ensemble des huit Preuves, composé vers la fin des années 1740 et appartenant, en 1981, à la collection du libraire Jean Clavreuil.[99]

---

[98] *Abrégé du traité de la fausseté de la religion chrétienne par Jean Meslier, curé de Trépigny, diocèse de Reims* (Rouen, BM, ms. 659, 1572). Divisé en cinq preuves, sans intitulé de chapitre, cet extrait (p.255-312) ne comporte pas d'avant-propos. Il est suivi par un 'Abrégé ou extrait de la vie de Jean Meslier...' (conforme aux autres abrégés) (p.313-21). Voir I. O. Wade, *Voltaire and Mme Du Châtelet*, p.81-82. En étendue, l'extrait de Rouen atteint à peine le tiers de celui de Voltaire. Il est néanmoins assez précis pour donner une idée des trois erreurs de la morale chrétienne. Cette partie de la cinquième preuve est entièrement omise par les autres extraits.

[99] Voir Antonio Melo, 'Un extrait manuscrit inconnu du *Mémoire* de Meslier', *Dix-huitième siècle* 13 (1981), p.417-20.

Si nous réservons à plus tard l'examen des copies prises sur les éditions de l'extrait voltairien, nous pouvons maintenant situer celui-ci dans un schéma d'ensemble:

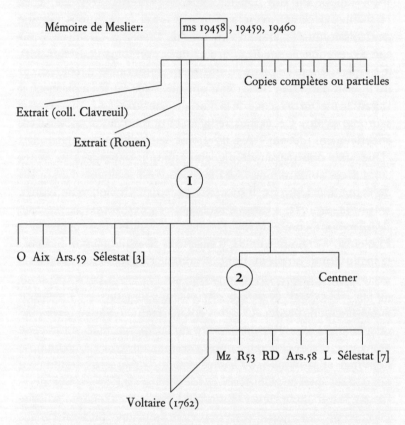

Mémoire de Meslier: ms 19458, 19459, 19460

Copies complètes ou partielles

Extrait (coll. Clavreuil)

Extrait (Rouen)

1

O Aix Ars.59 Sélestat [3]

2 Centner

Mz R53 RD Ars.58 L Sélestat [7]

Voltaire (1762)

Légende: 1: extrait primitif; 2: deuxième extrait. Aix = Aix 581; Ars.58 = Arsenal ms. 2558; Ars.59 = Arsenal ms. 2559; L = Lyon-Fourvière; Mz = Mézières I.8; O = Orléans 1115; R53 = Reims 653; RD = Reims supplément 254 (coll. Diancourt); Sélestat = Sélestat, Bibliothèque humaniste ms 216.

Où, quand et par qui ces copies antérieures à l'*Extrait* de 1762 ont-elles été faites? On ne peut que poser la première de ces questions et répondre approximativement, comme nous l'avons vu, à la seconde. Quant à la troisième, elle a été relancée – mais non résolue – par la découverte d'une note de Trublet, datée du 6 mars 1756, rapportant que Duclos, dînant avec lui, la veille, chez Helvétius, déclarait avoir 'fait un extrait et abrégé très travaillé des trois volumes manuscrits du curé de Trépigny'. Il devait s'agir soit d'une copie complète en trois tomes, soit, plus vraisemblablement, des trois exemplaires du *Mémoire* autographe. Duclos disait qu'il avait parlé de cet extrait à quelques-uns de ses amis et qu'il l'avait 'brûlé' en présence de la marquise de Surgères.[100] Nous n'en saurons pas plus. Cet extrait, rédigé sans doute avant 1756, a-t-il été effectivement détruit? A-t-il rejoint le réseau des manuscrits clandestins pour servir de modèle à une ou plusieurs des copies conservées aujourd'hui?[101] La perplexité est analogue dans le cas de l'abbé Du Laurens. Il avait été exilé de son cloître de Douai, entre 1744 et 1752, à cause d'un manuscrit des *Sentiments de Jean Meslier* dont on le croyait l'auteur. Au cours de son procès à Francfort (6-7 février 1767), il se défend en expliquant qu'il tenait le manuscrit d"un prêtre français nommé d'Aguesseau' et qu'il en avait fait une copie, 'avec la permission de ses supérieurs', pour qu'elle soit conservée dans la bibliothèque du cloître; le manuscrit aurait été remis par lui aux pères des Carmélites et aux professeurs de théologie des Récollets pour qu'ils le réfutent; c'est cette démarche, d'après lui, qui l'aurait fait soupçonner d'avoir composé l'ouvrage et provoqué son bannissement.[102] Admettons qu'il n'ait fait que recopier ce manuscrit. On doit penser qu'il reproduisait un extrait selon l'une des versions utilisées par Voltaire, puisque l'accusé précise que le texte en a été imprimé 'plus tard' dans

---

[100] J. R. Armogathe, 'Duclos auteur d'un extrait du *Mémoire* de Jean Meslier', *Rhl* 76 (1976), p.75-78.

[101] Rouen 1572 est un 'extrait' plus 'travaillé' que notre extrait primitif (dont les copies, rappelons-le, ne portent jamais le titre d"'extrait' ou d"'abrégé') et on peut, plus aisément, en brûler un exemplaire. Quant au deuxième extrait s'il est, lui aussi, 'très travaillé', il n'a été fait que sur l'extrait primitif.

[102] Voir K. Schnelle, *Aufklärung und klerikale Reaktion* (Berlin 1963), p.125-26.

l'*Evangile de la raison*; et on peut supposer que l'abbé Du Laurens a joué un rôle plus important qu'il ne l'avoue dans la diffusion des copies. Des témoignages comme le sien et celui de Trublet, s'ils ne nous permettent pas d'identifier les auteurs de nos extraits, offrent au moins des indices supplémentaires de la notoriété de Meslier dans les milieux intellectuels plusieurs années avant la publication de Voltaire.

On pourrait avancer que Voltaire lui-même n'est pas étranger à la confection de ces extraits manuscrits. Aurait-il rédigé la première version manuscrite de l'extrait? La conjecture se heurte à des objections diverses.

Si on admet qu'il a pu opérer un certain nombre de retranchements supplémentaires pour réduire le premier extrait aux dimensions d'une brochure à quatre feuilles d'impression, on est surpris qu'il ait d'abord donné un si large extrait de l'avant-propos (37 pour cent); on se demande aussi pourquoi il n'a pas, dès cette première version, rédigé les passages tels qu'il les publie en 1762. On ne comprend pas davantage pourquoi il aurait bouleversé si maladroitement la distribution en chapitres, s'il était responsable de la présentation initiale soigneusement calculée pour faire ressortir l'articulation des cinq preuves; s'il désirait diviser la volumineuse matière du deuxième chapitre, il valait mieux introduire des sections que deux nouveaux chapitres. Admettons qu'il ait composé le premier extrait sans indication de chapitres (conformément à Aix 581 et Orléans 1115) et qu'il ait simplement utilisé une copie sur laquelle on avait effectué cette division. De toute façon, les erreurs de transcription – notamment dans les noms propres – qu'on relève dans son texte de 1762 (et sur lesquelles nous revenons plus loin) obligent bien à admettre que Voltaire n'avait plus à sa disposition, en 1761-1762, l'original de l'extrait primitif, mais une copie fautive et que, par défaut de mémoire ou par inattention, il ne l'aurait pas corrigée. On se demande aussi pourquoi certaines additions dont la présence avait paru d'abord nécessaire n'ont pas été retenues pour la publication, et, surtout, pourquoi des additions nouvelles, notamment la réflexion sur la prophétie du chapitre xxi de Luc, n'apparaissent que dans la version de 1762. Voltaire y tenait, pourtant, à cette prophétie! Avant de connaître Meslier, il l'utilise dans sa treizième remarque contre Pascal et la reprendra dans l'*Examen important*[103] et ailleurs; on s'étonne, s'il avait lu attentivement le *Mémoire* pour l'abréger, qu'il n'ait pas remarqué que Meslier s'était moqué, comme lui, de ce même passage. Enfin, nulle confidence, dans sa correspondance ou dans ses carnets, sur ce premier abrégé; comment Voltaire, si bavard sur le 'testament' du bon curé, quand la publication est faite, n'a-t-il pas risqué la moindre allusion à cette rédaction antérieure si elle était de lui? Il semble plus sage de ne pas tenir Voltaire pour responsable du premier extrait.

Mais, se demandera-t-on, ces additions qui portent si évidemment la marque de Voltaire (le curé anglais de 1722, les tartines d'Ezéchiel, Rahab et son chiffon rouge, etc.), ne sont-elles pas justement de Voltaire lui-même? N'y aurait-il pas eu un premier extrait *stricto sensu*, à l'époque de Cirey, par exemple, sur lequel il aurait griffonné des remarques qui auraient ensuite été incorporées au texte par les copistes? C'est une hypothèse. Comme la précédente, elle se heurte à l'absence de tout indice permettant de l'appuyer; seule l''impression' que ces additions sont de Voltaire peut lui donner couleur de vraisemblance. 'Stylistically', affirmait Morehouse, leur paternité voltairienne serait indubitable.[104] Mais selon quels critères stylistiques décidera-t-on de l'attribution de quelques lignes? Et la question déjà posée demeure: pourquoi Voltaire n'a-t-il pas repris *toutes* les additions primitives en 1762? Et pourquoi n'avait-il pas songé plus tôt à la prophétie de Luc? On peut toujours conjecturer que la première rédaction s'est faite de connivence avec Voltaire dans les années 1740, mais saura-t-on un jour par qui et comment?

Mieux vaut s'en tenir à la seule évidence des textes en notre

---

[103] *OC*, t.62, p.246.
[104] Morehouse, *Voltaire and Jean Meslier*, p.55, 56, 59, 63. Dans son livre, Morehouse traite de l'*Extrait* de Voltaire comme si celui-ci avait travaillé directement sur le manuscrit original de Meslier.

possession et constater que Voltaire a fait son propre extrait à partir de deux manuscrits (mais surtout d'un seul) dont nous ne connaissons pas les auteurs. C'est là qu'il aura trouvé (ou retrouvé?) cette singulière présentation d'Ezéchiel dont il se réjouira pour longtemps, là aussi qu'il découvrira (ou redécouvrira?) le parti à tirer de la paillarde Rahab, [105] ou du révoltant chapitre xxvii (versets 28-29) du Lévitique, etc. Ces arguments et ces thèmes voltairiens peuvent avoir leur origine dans le premier extrait manuscrit. C'est dans cette version qu'il aura lu attentivement Meslier car, à une seule exception, on ne trouve nulle part chez lui la trace précise d'une lecture intégrale du *Mémoire* complet. [106]

4. La rédaction de l'*'Extrait'*

A quel moment Voltaire a-t-il entrepris la rédaction de son *Extrait*? La date du 15 mars 1742, placée à la dernière ligne, l'a-t-il trouvée sur le manuscrit utilisé? Si, comme on peut le supposer, il l'ajoute de son propre chef, nous ramène-t-elle à Cirey? Tout en donnant à l'*Extrait* le caractère d'un acte notarié, [107] cette date renvoie plus sûrement à l'époque où le manuscrit de Meslier, en copies complètes ou en extraits, circulait déjà un peu partout. D'autres indices permettent de penser que la mise au point du texte est beaucoup plus proche du temps de sa publication, au tout début de février 1762: le 4 février, Voltaire annonce à Damilaville que 'trois envois' des 'sentiments du curé' ont été faits 'à trois postes

---

[105] Pour Ezéchiel et Rahab, la source première est dans Tindal, *Christianity as old as the creation* (London 1730), p.255, 363.

[106] L'exception est d'ailleurs relative, puisqu'il s'agit d'un passage de l'*Examen de la Genèse* dont la responsabilité principale incombe à Mme Du Châtelet. Nous avons cité plus haut cette utilisation de la Genèse en faveur d'une théorie anticartésienne de l'intelligence animale, puisée dans la septième preuve. On pourrait mentionner également la référence, dans divers textes de Voltaire (voir M.xxiv.283, M.xxviii.118, M.xxxi.63) à l'apostrophe aux pharisiens, 'sépulcres blanchis' (Matthieu xxiii.27), comme exemple du 'fanatisme' de Jésus; le passage, dans la cinquième preuve (*Mémoire*, i.409), n'a pas été retenu dans l'extrait primitif.

[107] Voir Pomeau, *La Religion de Voltaire*, p.179.

différentes' (D10305). Précisons que Voltaire séjourne aux Délices entre le 6 décembre 1761 et le 17 février 1762.

Est-ce une lecture de l'extrait manuscrit qui a provoqué la 'plaisante découverte' qu'il a faite dans son 'ami Ezéchiel' et qu'il signale à Mme Du Deffand le 9 décembre 1760 (D9452)? Déjà, il avait évoqué le curieux déjeuner du prophète, plus d'un an auparavant, à de Brosses (3 juin 1759, D8332) et à Mme d'Epinay (19 octobre, D8546). Plus probante est l'adaptation qu'il fait subir à une phrase qu'il n'a pu trouver que dans l''Avant-propos' de Meslier; à propos des jésuites tués au Paraguay, il écrit à Mme d'Epinay le 25 avril 1760: 'Je me crois né très humain, mais quand on étranglerait deux ou trois jésuites avec les boyaux de deux ou trois jansénistes, le monde s'en trouverait-il plus mal?' (D8874). C'est la première trace, en date, d'une lecture précise de Meslier dans la correspondance. Voici la deuxième, un an plus tard: 'Quand pourrai-je voir, disait un homme assez dur, les jésuites étranglés avec des boyaux de jansénistes?' (à d'Argental, 17 avril 1761, D9742).[108] Dans les mois qui suivent, et toujours à propos du conflit entre jésuites et jansénistes, Voltaire renouvellera, à trois reprises, 'la proposition honnête et modeste', dans des lettres à D'Alembert (D9771), à Helvétius (D9777) et à Lekain (D9936). On discerne aussi dans la *Lettre de Charles Gouju à ses frères*, vers septembre 1761, comme l'écho d'une réflexion sur le cas du curé athée: c'est bien au vrai Meslier que ressemble ce 'jacobin' qui 'disait froidement: "Ma religion est fausse: or, puisque ma religion, qui est sans contredit la meilleure de toutes, n'a que des caractères de fausseté, il n'y a donc point de religion, il n'y a point de Dieu; j'ai donc fait une énorme sottise de me faire jacobin à l'âge de 15 ans"'; l'habillage déiste de l'extrait peut heureusement faire distinguer le curé champenois de ces 'petits théologiens' qui concluent 'que la divinité est une chimère parce que la théologie est chimérique'.[109]

---

[108] '...un homme assez dur'. L'expression rappelle la phrase de l'extrait cité plus haut (voir p.24: 'cette expression ne manquera pas de paraître dure...' (Meslier a écrit *rude*).

[109] *Lettre de Charles Gouju*, M.xxiv.258-59.

Ce serait donc vers ce temps-là, dans les années 1759-1761, que Voltaire, parallèlement à la préparation d'autres ouvrages – notamment du *Dictionnaire philosophique* – relit Meslier, en extraits, et songe à quelque publication. La lettre à d'Argental (D10039) que nous avons citée plus haut indique bien son projet de confondre les théologiens 'fripons' (et les autres). L'intention se précise sans doute au cours de l'hiver 1761-1762. L'idée semble alors s'imposer à lui de profiter de la situation créée par les déboires des jésuites pour faire passer le curé de campagne à l'offensive: 'Jamais le temps de cultiver la vigne du seigneur n'a été plus propice. Nos infâmes ennemis se déchirent les uns les autres' (à Damilaville, 26 janvier 1762, D10284).[110] A ce moment-là, son *Extrait* est fait, et probablement sur épreuves. Une autre lettre à Damilaville, huit jours plus tôt, fournit une indication: la citation latine de saint Pierre qu'il ajoute à l'*Extrait* (*'estote fortes in fide'*) est ironiquement paraphrasée dans la formule de salutation (18 janvier, D10272). C'est très vraisemblablement son *Extrait* qu'il annonce le 26 janvier à Thiriot comme 'un ouvrage d'un de nos frères de la propagande qui pourra lui être utile et faire prospérer la vigne du seigneur' et qu'il aura 'dans quelque temps' (D10290).

Veut-on que ce texte – sorti des presses genevoises de Cramer ou de G. Grasset[111] – ait été prêt depuis plusieurs années et que Voltaire ait pris tout son temps pour le mettre au point? Tout montre que le philosophe a travaillé à la hâte. Aux erreurs et

---

[110] Voir aussi D10295.

[111] Sur les rapports de Voltaire avec Gabriel Grasset, voir A. Brown et U. Kölving, 'Voltaire and Cramer?', *Le Siècle de Voltaire. Hommage à René Pomeau* (Oxford 1987), p.149-83; mais selon ces auteurs, la collaboration avec Grasset commencerait en 1764 avec la première édition du *Dictionnaire philosophique*. On doit écarter l'hypothèse d'une impression sur des presses installées aux Délices comme le laisserait penser une lecture hâtive d'un propos de Voltaire: 'Qui les empêcherait [les philosophes] d'avoir chez eux une petite imprimerie, et de donner des ouvrages utiles et courts [...]? C'est ainsi qu'en ont usé ceux qui ont imprimé les dernières volontez de ce bon et honnête curé' (à Helvétius, 15 mai 1763, D11208). La formule 'C'est ainsi qu'en ont usé' s'applique à la deuxième partie de la phrase qui précède ('donner des ouvrages utiles et courts').

imprécisions transmises par Meslier ('Geraris' pour 'Gerara', références bibliques fausses, renvoi obscur à 'Chron. pag. 287'), s'ajoutent les mauvaises lectures des copistes ('ajoutées' pour 'ajustées', 'des histoires' pour 'ès histoires' dans une citation de Montaigne, 'Cœculus' pour 'Caeculus', 'Etzaïtes' pour 'Elcezaïtes', 'de Hyrpicus' pour 'des Hyrpiens', 'Paul et Eustachium' pour 'Paula et Eutochium', 'Phénée' pour 'Phécée',[112] 'Santorini' pour 'Saint-Erini',[113] la secte des 'Souverains' pour celle des 'Sévériens').[114] Est-ce son inattention ou une négligence dans la copie utilisée qui lui fait attribuer à Meslier un fragment de citation de *L'Espion turc*? C'est bien lui, en tout cas, qui est responsable du désordre des chapitres: il introduit deux nouvelles divisions, marquées 'chapitre II' et 'chapitre III' sans s'apercevoir qu'il avait déjà un chapitre II; il oublie de reproduire le titre de son chapitre V, si bien que le lecteur passe de la troisième preuve (chapitre IV) à la cinquième (chapitre VI) sans savoir où est la quatrième.[115] Il ne s'agit pas seulement de la présentation: une réduction hâtive lui fait commettre un contresens sur ce que Meslier veut dire quand il écrit que 'toutes les sectes d'erreurs et d'impostures prendront honteusement fin'.

Voltaire a-t-il seulement pris la peine de réécrire son abrégé? Il pouvait utiliser directement une copie de l'extrait primitif, biffant des mots, en remplaçant d'autres, apportant des ajouts dans les marges ou entre les lignes, raturant des paragraphes, enlevant des pages, etc. Quelques heures suffisaient pour cette vigoureuse

---

[112] Dans son *Mémoire*, Meslier s'était déjà doublement trompé en écrivant 'Phécée' (ms. 19458) pour 'Céphée' et en confondant ce Céphée avec son petit-fils...

[113] Meslier écrit 'Santerini'.

[114] Il serait fastidieux de relever toutes les déformations des noms propres offertes par les copies. Quelques exemples suffiront, pris dans les copies de l'extrait primitif: Santarini (Arsenal 2559), Santirini (Centner); Elzaïtes (Arsenal, Centner, Aix 581); Hyrpicus (Arsenal), Irciniens (Orléans); Sevarians (Centner), Leucrians [*sic*] (Orléans, Aix). Mais on trouve aussi les leçons conformes à Meslier: Sant Erini (Centner); Hyrpiens (Aix, Centner); Severians (Arsenal).

[115] Les éditeurs s'y tromperont effectivement. Moland (à la suite de Naigeon et de Beuchot) présente le dernier chapitre comme traitant d'une 'quatrième preuve'.

toilette. En homme pressé, Voltaire est sans doute allé au plus vite, sachant gré, certainement, à ces premiers abréviateurs qui lui avaient si bien facilité la tâche. On ne s'étonnera pas de ses négligences et on n'en accablera pas la mémoire du philosophe. Il est trop occupé pour s'embarrasser des 'souverains' ou de 'Hyrpicus', ou se mettre en quête du problématique 'Phénée'. Il a 'tout Pierre Corneille sur les bras, et encore l'histoire générale des sottises des hommes depuis Charlemagne jusqu'à notre temps' (D10353), 'beaucoup de comédies à jouer et à faire', ses 'terres à labourer' (D10383). Et il est 'vieux et malade'... Pour autant, il ne ménagera ni son temps ni ses forces à organiser la diffusion de la brochure, mettant à la répandre le soin qu'il n'avait pas mis à la rédiger.

5. *La diffusion*

Le nombre des réclames pour Meslier dans sa correspondance des années 1762, 1763 et 1764 est impressionnant. Nul autre de ses petits écrits contre l'infâme ne fait l'objet d'une publicité comparable. Pour 1762, on dénombre vingt-six lettres dans lesquelles il annonce l'envoi du *Testament* ou en recommande la lecture; quatorze lettres pour 1763, dix pour 1764. Les premiers destinataires sont Damilaville, D'Alembert, les d'Argental, la marquise de Florian, la duchesse de Saxe-Gotha, le marquis d'Argence, auxquels s'ajoutent, en 1763, Helvétius et Marmontel. Joignons encore à ces noms ceux du duc de La Vallière, de la duchesse d'Anville et de Grimm qui diffusent la brochure,[116] de Caroline de Hesse-Darmstadt qui la recommande à Nesselrode,[117] du prince de Ligne qui l'apprécie et de Catherine II à qui on l'envoie...[118] Le public du petit *Testament* de Meslier n'est sans doute pas celui dont

---

[116] Voir D10557, D11402, D12072.

[117] Lettre de Caroline du 4 octobre 1762, dans J. Schlobach, *Correspondance inédite de Fréderic Melchior Grimm* (Munich 1972), p.227.

[118] Voir la lettre de Ligne à Voltaire d'octobre 1767 (D14488) et celle de Grimm à Voltaire du 5 septembre 1764 (D12072).

rêvait le curé ardennais; c'est celui d'une élite intellectuelle et sociale – le public de Voltaire. Public moins restreint toutefois qu'il n'y paraît à s'en tenir aux seuls noms révélés par les lettres conservées. Si Voltaire propose, dès les premiers jours, que l'*Extrait* soit édité à Paris (D10315) et, huit mois seulement après sa parution, qu'on le tire à 4 ou 5000 exemplaires (D10698), ce n'est pas pour en limiter l'audience mais pour l'étendre autant qu'il est possible. L'"excellent catéchisme de Belzébuth' (D10333) lui paraît bien propre à faire rayonner le déisme des Lumières et même – risquons le mot – à le populariser: 'C'est à peu près dans ce goût simple que je voudrais qu'on écrivît. Il est à la portée de tous les esprits' (D11208). Mais cette popularisation est contrôlée: 'Ces ouvrages sont faits pour les adeptes et non pour la multitude' (D10742); dans la même lettre, toujours à propos de Meslier, le philosophe définit l'objectif et le moyen de sa lutte contre l'infâme: 'ôter tout crédit aux fanatiques dans l'esprit des honnêtes gens. C'est bien assez et c'est tout ce qu'on peut raisonnablement espérer.' S'il encourage d'Argence, dans sa province, à servir tous les jours à sa table 'de ces jambons du curé' (il lui en a envoyé trois cents!), et qu'il lui souhaite 'toujours beaucoup de convives', il lui dit aussi: 'Vous n'admettrez pas les sots à vos festins' (D12132). Mise en garde dictée, plus, en définitive, par la simple prudence que par un conservatisme borné. Si Voltaire avait été le conservateur qu'on dit parfois, il aurait laissé le 'testament de l'antéchrist' (D10323) dans la pénombre du réseau des copies clandestines et ne se serait pas tant agité pour en stimuler la diffusion.

De cette diffusion, l'agent principal est le fidèle Damilaville. Dans la quantité des lettres concernant Meslier, il en reçoit le plus grand nombre et dans une proportion croissante (neuf sur vingt-six pour 1762, huit sur quatorze pour 1763, sept sur dix pour 1764). A lui de transmettre la brochure aux 'frères' de Paris et au libraire Merlin; les paquets partent de Ferney ou de Genève, mais la poste est lente et n'est pas sûre. A cause d'on ne sait quel 'malentendu', l'*Extrait* a mis 'près d'un mois' pour parvenir à D'Alembert (D10398). Voltaire ne sait pas encore, plus de trois mois après l'expédition, si d'Argence a reçu l'exemplaire envoyé pour lui à Damilaville (D10494, D10501, D10527, D10666). Le comte de Bruc a-t-il fini par obtenir le sien (D11198, D11204, D11225, D11235, D11267)? Bref 'il est bien douloureux que la poste soit infidèle' (D11204). Mieux vaut s'en remettre aux voyageurs de confiance; la correspondance en révèle quelques-uns: la duchesse d'Anville (D11402), le libraire Cramer (D11934, D11975, D12072), lord Abingdon (D12035, D12059) ou la femme d'un domestique des d'Argental, laquelle toutefois, n'est pas allée bien loin avec ses paquets (D13766). Tandis que Damilaville est le diffuseur parisien du *Testament*, Grimm en est l'agent pour l'Allemagne et même pour l'Europe; il ne se contente pas de le recommander dès octobre 1762 aux abonnés de la *Correspondance littéraire*, il le transporte dans ses bagages,[119] il l'envoie à la tsarine (D12702). Ajoutons d'Argence, en son château d'Angoulême, même s'il n'a pas écoulé aussi vite et aussi bien les 'trois cents pillules de Tronchin' qu'on lui a envoyées en mai 1764 (D11855),[120] et on aura une idée de la diversité des lieux où l''ouvrage édifiant' a circulé, sans oublier la Suisse et le Jura.[121]

La diffusion du *Testament* n'allait pas sans risques. Comme toutes les 'drogues' du même genre, l'*Extrait* était exposé à la répression, mais sans doute l'était-il particulièrement: 'c'est l'impiété la plus grande et la plus dangereuse qui existe', note l'inspecteur d'Hémery dans son *Journal de la Librairie*.[122] Les premières alertes sont signalées par Damilaville le 18 septembre 1762: le 'tapage' provoqué par l'*Emile* a 'arrêté' la distribution du

---

[119] Voir la lettre de Caroline de Hesse-Darmstadt à Nesselrode (4 octobre 1762), dans Schlobach, *Correspondance inédite de Grimm*. Voltaire écrit, le 1er novembre: 'Le curé Meslier fait de merveilleux efforts en Allemagne' (D10790).

[120] Il s'agit bien d'exemplaires du *Testament*. Ces 'pillules' deviennent ensuite, sous la plume de Voltaire, des 'jambons' (D12132) et des 'petits pâtés' (D12188; voir aussi D11975).

[121] Huit mois après la sortie de la première édition, 'il y a plus de Mesliers et de Sermons des cinquante dans l'enceinte de nos montagnes qu'il n'y en a dans Paris' (D10698).

[122] 19 mai 1763. BNF ms. f. fr. 22163, f.27r.

Testament; 'il a donné lieu à des recherches, à des inquisitions qui nous ont forcé à la circonspection' (D10712). Si 'le saint œuvre' est provisoirement interrompu, c'est la faute à Rousseau; mais Voltaire ne gardera pas rancune au vicaire savoyard d'avoir joué ce mauvais tour au curé champenois. Il ne semble pas, de toute façon, que le *Testament* ait été très diffusé dans le milieu parisien, du moins la première année. Grimm constate, le 15 octobre 1762, que 'cette brochure est restée fort rare et ne s'est point vendue';[123] et d'Hémery observe, le 19 mai 1763: 'par bonheur, cet ouvrage n'est point répandu'.[124] Mais le philosophe doit alors faire face à une affaire plus grave: le 14 décembre 1764, les Etats de Hollande, de Zélande et Frise ordonnent la saisie et l'autodafé d'une édition de l'*Evangile de la raison* portant en titre 'Collection complète des Œuvres de M. de Voltaire': 'Tout a été incendié à la Haye, avec le portatif. Voilà une bombe à laquelle on ne s'attendait point' (D12266). Voltaire se démène pour désavouer l'édition; pour lors le *Testament* (qui figure en bonne place dans l'*Evangile*) devient un 'abominable rogaton' (D12206) et il n'hésite pas à dénoncer lui-même aux autorités genevoises le 'ballot contenant des dictionnaires philosophiques, des *Evangiles de la raison*, et autres sottises qu'on a l'insolence de m'imputer' (D12313).[125] Est-ce à cause de l'émoi causé par cette affaire que Voltaire, après 1764, parle si peu de Meslier et de son *Extrait* dans sa correspondance? Aussi bien, il ne pouvait répéter indéfiniment le même discours à ses correspondants, et la campagne épistolaire de près de trois années par laquelle il avait soutenu le lancement de Meslier devait enfin se terminer. Mais le patriarche n'en continue pas moins à répandre le *Testament*[126] et à courir des risques. Encore en

---

[123] *CL*, v.178.

[124] Ms. cit. Première rédaction (biffée): 'Je n'en connais que peu d'exemplaires dans Paris.'

[125] 'On dit que M. de Voltaire crie et braille comme un forcené au sujet de ces deux ouvrages' (M.-M. Rey à J.-J. Rousseau, 18 janvier 1765, D12333). Sur toute l'affaire, voir J. Vercruysse, 'Voltaire et Marc-Michel Rey', *SVEC* 58 (1967), p.1722-30.

[126] Voir lettre du 8 décembre 1765 à d'Argence (D13030).

décembre 1766 un transport clandestin de livres 'en feuilles', organisé à partir de Ferney, est intercepté par la douane – et Meslier est dans le lot. Cette affaire, qui ne sera réglée qu'au début de février, aura donné à Voltaire 'un mois de transes continuelles'.[127]

6. Les rééditions

En fin de compte, l'*Extrait* aura été bien diffusé, comme l'attestent d'ailleurs le nombre et la nature des éditions successives: la première édition, vraisemblablement épuisée en moins de quatre mois, est suivie aussitôt d'une 'nouvelle édition' qui sera reproduite sans correction majeure. Au total, les éditions de l'*Extrait* conformes à la version de Voltaire de 1762 à 1768 – même si elles ne sont pas toutes de son fait – sont au nombre de neuf. On en trouvera plus loin la description. Voltaire a d'abord donné des éditions séparées, puis dès 1764, il a recueilli le *Testament* dans l'*Evangile de la raison*; la première trace de ce projet se trouve dans une lettre à Damilaville du 4 décembre 1763: 'Quand trouvera-t-on quelque bonne âme qui donne une jolie édition du Meslier, du *Sermon des cinquante*, et du *Catéchisme de l'honnête homme*' (D11535); à ces trois textes, il ajoutera l'*Examen de la religion* (attribué à Saint-Evremond), *Saül* et le *Sermon du rabbin Akib*. Voltaire aurait-il attendu onze mois avant de voir réaliser son projet?[128] A coup sûr, l'*Evangile de la raison* existe en novembre 1764 dans l'édition que Rey a eu 'l'abominable impudence' de mettre sous le nom du philosophe; mais on ne peut affirmer qu'on tienne là l'édition originale de l'*Evangile*. Quoi qu'il en soit, on n'a pas remarqué que Voltaire (ou Cramer) avait mis au point une

[127] Sur l'incident voir D13766, D13768, D13776, D13779, D13790, D13801, D13804, D13820, D13829, D13878, D13923.

[128] On apprend que l'*Examen* de Saint-Evremond et 'plusieurs autres pièces dans ce goût' sont en cours d'impression dès août 1764 (D12042) et on pourrait supposer que l'*'Evangile de Jean Meslier'*, dont parle Grimm le 5 septembre (D12072) est déjà un *Evangile de la raison*; toutefois sa lettre ne contient rien qui autorise cette supposition.

méthode de fabrication qui, pour avoir facilité la distribution de l'*Extrait* auprès des contemporains, était destinée à compliquer la tâche des bibliographes à venir. Il a fait imprimer l'*Extrait*, de même que le *Sermon des cinquante*, le *Catéchisme de l'honnête homme*, etc., de façon à ce que ces éditions puissent être, à volonté, soit brochées séparément, soit réunies ensemble pour former des *Evangiles* complets ou partiels; il existe ainsi trois éditions de l'*Evangile* qui correspondent à trois éditions distinctes (séparées ou séparables) du *Testament*. La dernière édition de ce genre – et la seule qu'on puisse dater avec certitude – a paru en 1768 (voir, plus loin, notre description des éditions, nᵒˢ 3, 7 et 9).

Pour avoir une idée de l'intérêt suscité par ces publications de Voltaire, il convient d'ajouter aux imprimés les copies faites d'après les éditions de l'*Extrait*. A. Morehouse a signalé deux copies de ce genre possédées par lui-même et par Norman Torrey (conformes au texte de la deuxième édition).[129] On a retrouvé une copie analogue dans les papiers de La Beaumelle, à Valleraugue.[130] La bibliothèque de Rouen conserve trois autres copies: la première (ms. 1573) a été faite d'après la première édition; la seconde (ms. 1574) reproduit une des versions de l'*Evangile de la raison*. La troisième (M74) est la plus curieuse:[131] le texte correspond à la deuxième édition mais des noms sont laissés en blanc (Galéates, Ebionites) ou étrangement déformés, 'curé d'Eve' pour 'curé de Va', 'Le Rintus' pour 'Cérinthus', 'benuice' pour 'Bérénice', 'Orcote' pour 'Oreste', etc. Aucun doute possible, cette copie a été faite d'après une autre copie. Issu du circuit des copies clandestines, l'*Extrait* de Voltaire y est donc retourné pour être à l'origine d'une nouvelle tradition manuscrite...[132] Signalons

---

[129] Morehouse, *Voltaire and Jean Meslier*, p.31.

[130] Information communiquée par Claude Lauriol.

[131] Dans un *Recueil de pièces* contenant *Jordanus Brunus redivivus*, la *Lettre de Mylord Bolingbrock à Pope*, le *Catéchisme de l'honnête homme* (1764), la *Religion naturelle*, 'poème de Voltaire', les *Notes de Hobbes sur le Nouveau Testament*.

[132] Wade a signalé l'existence des trois copies de Rouen (*Voltaire and Mme Du Châtelet*, p.82, 84), sans indiquer la particularité de M74.

enfin une dernière découverte: la bibliothèque de l'université Charles à Prague conserve un *Testament de Jean Meslier* manuscrit (conforme au texte de la deuxième édition d'après un imprimé ou une copie), offert à la bibliothèque impériale de Prague en 1811 'par un de ses fréquentants', lointain témoignage, dans le temps et l'espace, du rayonnement de l'extrait voltairien.[133]

En 1768, paraissait une édition nouvelle de l'*Extrait* dans le *Recueil nécessaire avec l'Evangile de la raison*, édition dont Bengesco pensait qu'elle s'était faite sans la participation de Voltaire. On pourrait même avancer qu'elle s'est faite contre lui. Elle propose, en effet, une version du *Testament* qui, sur un point important, relève d'une conception opposée à celle de 1762. Certes, le résumé des cinq preuves reproduit rigoureusement (à la numérotation des chapitres près) le texte d'une des rééditions de Voltaire. L'addition d'un 'Avis au lecteur' qu'on trouvait déjà dans des extraits manuscrits (et même sur des copies complètes) n'a pas de signification particulière et ne semble être repris ici que pour étoffer la publication tout en donnant un relief supplémentaire à la personnalité de Meslier, 'nouveau messie'; l'adoption d'une version plus complète de l'"Abrégé de la vie de l'auteur' (également conforme aux extraits manuscrits) n'indique pas une autre intention. En revanche, l'"Avant-propos' diffère maintenant tout à fait des éditions voltairiennes. On a imprimé intégralement le texte procuré par le rédacteur du deuxième extrait. Dans une note finale, l'éditeur ne se fait d'ailleurs pas faute de rappeler que 'dans l'édition qui a paru il y a quelques années [...] on a omis ou *retranché* presque la moitié de l'avant-propos'.[134] Aussi trouve-t-on maintenant les passages que Voltaire, pour les raisons que l'on connaît, s'était bien gardé de faire connaître. Par exemple ceci: 'L'autorité des rois serait bien près de sa chute si elle n'était étayée de la superstition. Le nom et l'autorité de Dieu, dont ils se servent si

---

[133] Prague, B. de l'Université Charles, VIIIH.71. A cette copie 'est joint comme pendant' le *Sermon des cinquante* 'attribué à La Mettrie'.

[134] Souligné par moi (R.D.). En fait ce n'est pas 'presque la moitié', mais plus des deux tiers du texte (dans la version du deuxième extrait) que Voltaire avait sacrifiés.

injustement les tient paisibles possesseurs d'une puissance usurpée.'[135] La phrase sur les tyrans étranglés avec les boyaux des
prêtres figure à sa place.[136] Impossible donc de tenir le philosophe
de Ferney, qui s'inquiète désormais de l'audace des athées
parisiens, pour responsable d'une telle édition. Celle-ci vise à
donner de Meslier une image plus conforme à celle qui était
répandue par les extraits manuscrits antérieurs, notamment par le
deuxième extrait.[137] Mais on ne peut en dire plus et estimer, par
exemple, que la nouvelle présentation tendrait à restituer l'authentique pensée de Meslier en la dépouillant de son travestissement
déiste.[138] Cette édition de 1768, dont l'initiative revient probablement à Du Peyrou,[139] n'en indique pas moins, à sa manière, une
réaction contre un des aspects de la simplification voltairienne. Elle
invite à s'interroger sur l'accueil fait à l'*Extrait* de 1762.

7. *La réception*

Si, comme nous l'avons vu, 'bien des gens' connaissent l'existence
de Meslier et de son œuvre dès les années 1740, on peut se
demander comment ils ont accueilli le 'petit pâté' de Ferney.
Curieusement, aucun des correspondants auxquels Voltaire fait lire
l'*Extrait* ne paraît s'émouvoir de la métamorphose du curé athée en
curé déiste. Mieux, un D'Alembert – qui n'ignorait sans doute pas
le contenu du *Mémoire* original[140] – trouve même la brochure de
1762 trop impie: 'Jésus-Christ veut être attaqué, comme Pierre

[135] *Recueil nécessaire avec l'Evangile de la raison* (Londres 1768), p.211.

[136] *Recueil nécessaire*, p.212. Le texte complet de l'avant-propos imprimé en 1768
est reproduit en annexe de la présente édition.

[137] L'édition de 1768 fait précisément références aux copies manuscrites et à leurs
variantes. Ce qui n'empêche pas le nouvel éditeur de conserver intact le texte de
Voltaire pour les cinq preuves, la conclusion et le post-scriptum.

[138] Voir la note précédente. On remarque que Naigeon, dans son article de 1794,
ne fait aucune allusion à cette version du *Recueil nécessaire* (qui sera réédité en 1776).

[139] Voir la lettre de Du Peyrou à M.-M. Rey, 18 octobre 1766 (D13616).

[140] Voltaire lui écrit comme à quelqu'un qui est déjà informé: 'Le bon grain était
étouffé dans l'ivraie de son in-folio' (D10342).

Corneille, avec ménagement' (D10622); il est vrai qu'il doit justifier son refus et celui de ses amis de réimprimer le *Testament* à Paris et d'en distribuer des exemplaires par milliers. On doit assurément faire ici sa part à la prudence vite alarmée de l'ancien codirecteur de l'*Encyclopédie*; sa réaction est tout de même révélatrice, par contraste, de la hardiesse de Voltaire. 'Si le soleil se montrait tout à coup dans une cave,' écrit D'Alembert, 'les habitants ne s'apercevraient que du mal qu'il leur ferait aux yeux; l'excès de lumière ne serait bon qu'à les aveugler sans ressource' (*ibid.*). Or, ce soleil-là, c'est celui qu'annonce l'*Extrait* de Ferney. Meslier l'aurait trouvé bien pâle! On ne s'étonne donc pas que Grimm, qui savait que le manuscrit du curé était 'depuis long-temps' chez les collectionneurs, ne cherche nullement à opposer le *Mémoire* original au résumé imprimé.[141] Et son 'zèle' pour le 'saint d'Etrépigny' participe de son zèle pour le 'saint des Délices' (D12072). Le prince de Ligne se réjouit de constater que Meslier pense comme saint Louis (dans *La Henriade*), donc comme Voltaire (D14468). Ne connaissait-on surtout de Meslier, dans le milieu philosophique des années 1760, que la version déiste déja propagée par les extraits manuscrits?[142] Peu nombreux, sans doute, étaient alors ceux qui avaient lu le *Mémoire* complet. Mais ces lecteurs existaient, et ils avaient parlé autour d'eux du manuscrit; on ne pouvait en méconnaître complètement le contenu. On devait au moins s'interroger sur ce qui se disait, contradictoirement, de Meslier, selon que l'information provenait d'une copie complète ou d'un extrait déiste. Un témoignage intéressant révèle que l'*Extrait* apportait à certains de ceux qui ne savaient que penser du mystérieux curé la réponse qu'ils souhaitaient; c'est une lettre de

[141] *CL*, v.178.

[142] On observe que les *Mémoires* de Bachaumont (30 septembre 1764) annonçant qu''on vient d'imprimer en Hollande un manuscrit que les curieux s'étaient procuré à grand frais: c'est la confession du curé d'Etrépagny [*sic*]', ne parlent pas des convictions du curé: ils se bornent à donner l''anecdote', c'est-à-dire le résumé biographique tiré de la version manuscrite de l''Abrégé de la vie de l'auteur', lequel abrégé ne figure, on l'a dit, que dans les extraits.

la duchesse de Saxe-Gotha à Voltaire: 'Vous me ferez plaisir, Monsieur, de me procurer le testament du curé de Champagne, pourvu qu'il ne soit pas athée, comme bien des gens l'en accusent, car pour ces lectures, j'avoue ingénuement que je les crains et les déteste' (D10655). Si nul ne semble, dans ces années-là, s'être soucié de relever l'écart entre le *Mémoire* et le petit livret de 1762, c'est que le Meslier déiste – que Voltaire n'avait d'ailleurs pas fait naître mais rendu plus sociable – allait à la rencontre de la sensibilité et des idées de tout un public. Caroline de Hesse-Darmstadt ne semble pas s'être posé de questions sur l'authenticité de l'*Extrait*. Elle avoue simplement son plaisir à le découvrir: 'Je suppose, peut-être à tort, que la confession de foi du vicaire savoyard a donné l'idée à Voltaire de faire cette brochure. Elle est bien forte et bien écrite.' [143]

Incontestablement, pour les lecteurs auxquels le *Testament* est destiné, c'est le Meslier de Voltaire qui est le bon. Et c'est lui qui provoquera l'irritation des défenseurs de l'Eglise. Dans l'article 'Meslier' qu'il ajoute à la troisième édition de son *Dictionnaire anti-philosophique*, le bénédictin Dom Chaudon s'en prend à Voltaire – dont le nom est un 'scandale' – responsable d'avoir répandu les idées de Meslier par son extrait et d'avoir apporté à celui-ci 'une péroraison qui est beaucoup mieux écrite que le corps de l'ouvrage'.[144] Il sait qu'il y a plusieurs extraits, mais 'le plus connu', assure-t-il, est celui qu'on trouve dans l'*Evangile de la raison*; il ne s'est pas aperçu que la 'péroraison' existe aussi dans les extraits manuscrits. Peu importe. Pour Chaudon, 'l'auteur et l'éditeur' du *Testament* ont la religion 'également' en horreur. Le

[143] A Nesselrode, 4 octobre 1762 (voir note 119). La chronologie contredit évidemment la supposition de Caroline. Mais le rapprochement entre le curé de Voltaire et le vicaire de Rousseau ne manque pas de perspicacité. A moins que Caroline n'ait eu connaissance de la lettre envoyée par Voltaire à la duchesse de Saxe-Gotha, deux mois auparavant, où le philosophe assure que le *Testament* 'est plus aprofondi que le troisième tome d'Emile' (D10626).

[144] *Dictionnaire anti-philosophique* (Avignon 1769), i.176-77. Voir aussi Meslier, iii.491-92.

bénédictin, toutefois, signale que Meslier n'en voulait pas seulement au christianisme: 'ses coups portent jusque sur la religion naturelle' (Chaudon a pu l'apprendre en lisant la dernière des *Lettres sur les Français* publiées, fin 1767, au tome vii des *Nouveaux mélanges* de Voltaire). Cela suffit pour 'prouver' que la 'révolte' du curé n'a été que 'le fruit d'un cerveau ardent, troublé par la vie solitaire et l'étude et animé par le vain espoir d'illustrer, après sa mort, la navette de son père'. Mais le lecteur ne saura pas quels sont ces 'coups portés jusque sur la religion naturelle'. Il sera encore moins bien renseigné à cet égard par Le Franc de Pompignan; dans sa *Religion vengée de l'incrédulité*, celui-ci tient à faire un sort particulier à Meslier dans la longue note consacrée à 'tous ces noms, vrais ou supposés, d'écrivains qui ne vivent plus' et à qui on attribue des ouvrages impies. Comme Chaudon, il ne connaît le manuscrit du curé que sous le titre de *Testament*: 'c'est une satire de l'Evangile et du christianisme, clandestinement composée par son auteur et soigneusement renfermée dans son portefeuille'. En somme, Le Franc ne connaît que le *Mémoire* ramené à ses cinq premières preuves. Il nous dit aussi que 'le style n'en est rien moins que séduisant', appréciation qu'on pouvait porter sur l'extrait primitif. Ce qui le révolte, c'est qu'on utilise le témoignage d'un curé contre le christianisme: 'il n'y a pas de scélérat comparable à un prêtre impie et docteur de l'impiété'. La note ajoutée par Voltaire à la fin de l'*Extrait* met le comble à son indignation: comment ce curé ose-t-il demander pardon à Dieu en mourant? 'C'est le dernier vertige d'une âme livrée à l'esprit du mensonge; le dernier aveu qu'elle fait de sa perfidie et de sa lâcheté qui durent encore, l'antidote mis par elle-même, et sans le vouloir, à côté du poison qu'elle veut laisser.'[145]

Ces réactions de lecteurs, favorables ou hostiles, montrent bien que Voltaire avait frappé fort en publiant l'*Extrait* de 1762. D'Alembert n'avait pas tort de trouver l'initiative téméraire. On

---

[145] Le Franc de Pompignan, *La Religion vengée*, p.92, 93, 94.

en pensait de même du côté de la police. [146] Voltaire était conscient de son audace. L'insistance avec laquelle il célèbre auprès de ses correspondants – et jusqu'au rabâchage – les mérites de ce 'bon et honnête curé' (D11208) est le signe d'une jubilation qui se donne libre cours. Mais est-ce seulement en cette hardiesse singulière d'oser *imprimer* un extrait de Meslier que se résume l'initiative de Voltaire? Il faut y regarder de plus près. Car si on peut s'interroger sur la façon dont les contemporains ont réagi à l'égard de l'*Extrait*, il n'est pas moins intéressant d'observer l'attitude de l'éditeur même. Qu'attendait-il, lui, du *Testament*?

8. *Le Meslier de Voltaire*

En enrôlant 'un bon prêtre plein de candeur' (D11927) dans le combat contre l'infâme, au moment jugé propice, Voltaire semble avoir une double intention. D'abord faire dire sous un autre nom ce qu'il pense – ce qui lui est facile dans la mesure où Meslier et ses premiers abréviateurs ont déjà pensé comme lui. Dans une lettre à Damilaville, avant d'en revenir 'toujours' à Meslier, il remarque: 'Helvétius a eu le malheur d'avouer un livre qui l'empêchera d'en faire d'utiles' (D10755). C'est que 'les noms nuisent à la cause, ils réveillent le préjugé' (D12128); et Voltaire de préciser: 'Il n'y a que le nom de Jean Meslier qui puisse faire du bien parce que le repentir d'un bon prêtre à l'article de la mort doit faire une grande impression.' Nous touchons là à la seconde intention, plus précise, de notre éditeur: appuyer l'argumentation déiste par le témoignage d'un 'prêtre qui demande pardon à Dieu, en mourant, d'avoir trompé les hommes' (D10755); il ne croit pas 'que rien puisse jamais faire plus d'effet'. Assurément, Meslier, confessé par Voltaire, donnait un exemple tout contraire à celui de ces libertins qui chancellent au moment ultime. Ainsi s'explique l'addition de la note finale à l'édition de 1762 et l'étonnante insistance mise par le

---

[146] Voir la note de l'inspecteur d'Hémery (dans son *Journal de la Librairie*) citée plus haut (voir note 122).

philosophe à faire valoir à ses correspondants le repentir du moribond.[147] Ce n'est pas seulement en raison de ces premières motivations de portée durable dans le monde où il vit, que Voltaire s'est tant attaché à diffuser le *Testament*. Très rapidement, une circonstance imprévue à la fin de 1761 va donner une actualité nouvelle au témoignage de Meslier: l'affaire Calas. Voltaire en est saisi après la première édition de l'*Extrait* et, naturellement, il parlera bientôt, dans les mêmes lettres et de son Meslier et des Calas. Mais dans la première lettre le lien entre les deux ordres de faits (Meslier qu'il faut lire, les Calas qu'il faut défendre) n'est pas explicite.[148] D'Alembert l'aura sans doute amené à concevoir un rapport entre le petit livre et l'événement puisque, dans sa lettre à Voltaire du 31 juillet 1762, il dissocie, lui, les deux questions, expliquant qu'on doit ménager Jésus-Christ (donc renoncer à une diffusion offensive du *Testament*) et réserver ses forces pour attaquer le Parlement de Toulouse (D10622). Dans sa réponse du 15 septembre, Voltaire établit un rapport implicite: 'Criez partout, je vous en prie, pour les Calas et contre le fanatisme, car c'est l'infâme qui fait leur malheur' (D10705). De toute évidence, le même esprit anime l'éditeur de Meslier et l'adversaire des 'ennemis de notre liberté et de notre repos' (D10690).[149] Et le 18 octobre apparaît enfin, dans une lettre à la duchesse de Saxe-Gotha, le rapprochement attendu: 'Plût à Dieu que le genre humain eût toujours pensé de même [que Meslier et l'auteur du *Sermon des cinquante*], le sang humain n'aurait pas coulé depuis le concile de Nicée jusqu'à nos jours pour des absurdités qui font frémir le sens commun. C'est cet abominable fanatisme qui a fait rouer en dernier lieu à Toulouse un

---

[147] 'Il parle au moment de la mort, au moment où les menteurs disent vrai. Voilà le plus fort de tous les arguments' (D10581). Voir aussi D10827, D11060, D11183, D11383, D11987; l'article 'Contradictions' des *Questions sur l'Encyclopédie* (1771), M.xviii.264. Voltaire n'avait pas tort de penser ainsi, à en juger par la réaction de Le Franc de Pompignan.

[148] Voir D10460, D10494, D10581, D10616, D10626.

[149] Voir aussi D10698.

père de famille innocent' (D10775). Ce commentaire de l'affaire Calas est une paraphrase de la conclusion de l'*Extrait*. Ainsi, par un détour qu'on n'attendait pas, la vie du siècle, dans son atrocité, rejoignait la spéculation du philosophe et la stimulait.

La remarque vaudrait, évidemment, pour les autres textes voltairiens qui, dans ces années-là, commencent à se multiplier pour relayer, compléter et dépasser l'*Extrait* de 1762. L'importance de celui-ci aux yeux de Voltaire, comme à ceux de ses contemporains, est d'avoir ouvert la grande campagne contre l'infâme lancée par le patriarche. Dans sa correspondance, le *Sermon des cinquante* est associé au *Testament* dès le 2 août 1762 (D10626);[150] un an après, ces deux textes sont rejoints par le *Catéchisme de l'honnête homme*.[151] Meslier n'aura pas seulement permis à Voltaire d'ouvrir cette campagne; il lui fournit, à l'occasion, des exemples, des arguments ou des canevas. Qu'il s'agisse de combattre le christianisme du point de vue de la morale rationaliste, de s'attaquer aux miracles ou aux prophéties, de railler la doctrine de l'Eglise (sur la trinité, l'incarnation, l'eucharistie), de mettre en cause l'authenticité des Evangiles (notamment en en relevant les contradictions), Voltaire, jusque dans les années 1770, comme l'a bien montré A. Morehouse, répète inlassablement et amplifie parfois les moqueries du curé contre les 'christicoles'.[152]

A ne s'en tenir qu'aux éloges prodigués au 'bon et honnête curé', il semblerait que Voltaire eût pour Meslier une vive admiration, et qu'il fût attiré vers lui par 'une sympathie de caractère'.[153] Mais de quel Meslier s'agit-il? L'auteur déiste du *Testament* est une sorte de personnage littéraire; l'affection de l'écrivain polémiste pour ce

---

[150] Et sans doute plus tôt (voir la lettre du duc de la Vallière, du 3 juillet, D10557). Voir aussi D10690, D10705, D10755, D10775, D11060, D11069, D11172. La BNF conserve un exemplaire où sont réunies la deuxième édition du *Testament* et une édition du *Sermon* faite au même moment et sur les mêmes presses (Rés. Z Beuchot, 856 (2)).

[151] D11383, D11535.

[152] Morehouse, *Voltaire and Jean Meslier*, p.66-145.

[153] D. Mornet, compte-rendu du livre de A. Morehouse, *Rhl* 43 (1936), p.594.

personnage n'exprime pas nécessairement le sentiment du philosophe et de l'historien à l'égard du véritable Jean Meslier. Le Meslier de 1762 est un enfant de Voltaire (même si c'est un enfant adopté). Voltaire se dépense en faveur de ce Meslier-là, mais il parle fort peu de l'autre, l'auteur du *Mémoire*. Il connaît assez l'ouvrage original pour pouvoir assurer qu''il est trop long, trop ennuyeux et même trop révoltant' (D10755), bref 'illisible' (D10478). Pour des raisons qui tiennent autant à ses goûts littéraires qu'à ses convictions sociales, politiques et religieuses, le châtelain de Ferney ne pouvait avoir beaucoup de sympathie pour le curé ardennais. C'est à la fin de 1767, dans sa *Lettre sur les Français*, qu'il définit le plus clairement son attitude envers Meslier. Savait-il que M.-M. Rey préparait une édition du *Testament* différente de la sienne, et craignait-il qu'on ne dévoilât les véritables pensées de l'auteur clandestin? Toujours est-il qu'il révèle alors ce qu'il pensait probablement dès sa première lecture de Meslier. L'existence même du curé le fascine; il 'est le plus singulier phénomène qu'on ait vu parmi tous ces météores funestes à la religion chrétienne'.[154] Qu'un curé, au moment de mourir, se retourne contre l'Eglise qui l'a formé et qu'il a servie, voilà un fait qui ne peut que confirmer dans leurs idées les adversaires du christianisme établi: 'Un prêtre qui s'accuse en mourant d'avoir professé et enseigné la religion chrétienne fit une impression plus forte sur les esprits que les pensées de Pascal.'[155] Pour Voltaire, Meslier est donc un allié objectif. Malheureusement le curé est allé trop loin. Trop loin en voulant éclairer les paysans de son village: 'Pourquoi adresser ce testament à des hommes qui ne savaient pas lire? Et s'ils avaient pu lire, pourquoi leur ôter un joug salutaire, une crainte nécessaire qui seule peut prévenir les crimes secrets?' Trop loin aussi parce qu'il 'voulait anéantir toute religion, et même la naturelle. Si son livre avait été bien fait, le caractère dont l'auteur était revêtu en aurait trop imposé aux lecteurs' (par chance le style

---

[154] *Lettres à S. A. Mgr le Prince de *** [Brunswick] dans *Nouveaux Mélanges* (1768), vii.301 (M.xxvi.510).

[155] *Lettres au Prince de Brunswick, NM*, vii.302, et M.xxvi.511.

en est 'très rebutant'!) et la 'vertu rigide' du curé le rendait 'plus dangereux par cette vertu même'.[156] Voltaire a seulement atténué la première audace, mais il ne l'a pas supprimée puisque dans son *Extrait* l'adresse aux 'paroissiens' est maintenue et confirmée même, à partir de la deuxième édition, par l'"Avant-propos'. Quant à la seconde audace, elle a disparu des 'petits abrégés' qui sont 'heureusement purgés du poison de l'athéisme'. Il reste que, pour lui, le curé est un cas qui relèverait de la psychiatrie: il s'interroge 'sur le travers d'esprit de ce mélancolique prêtre' qui était 'un homme sombre' et 'un enthousiaste'.[157] Jamais la distance entre Meslier et son éditeur n'a été mieux marquée que dans ce texte publié en novembre 1767, c'est-à dire vers le temps où la propagande athée se fait plus menaçante.

Voltaire a donc parfaitement conscience du caractère mythique de *son* curé champenois; s'il n'a pas réussi à substituer complètement cette image fausse – mais rassurante – à la vraie – mais dangereuse –, peut-il au moins penser que le plus grand nombre de ses lecteurs se satisferont de la version accréditée par l'*Extrait* de 1762? En un sens l'article de 1767 contient l'aveu d'un échec; dans les *Instructions à Antoine-Jacques Rustan* (1768), l'athéisme du curé est mal dissimulé: Meslier demande simplement 'pardon en mourant d'avoir enseigné le christianisme'; Voltaire n'affirme plus que ce pardon s'adresse à Dieu. Et il ajoute: 'il n'aurait pas eu ces remords s'il avait enseigné un seul Dieu, ainsi que Jésus'.[158] Voltaire semble avoir hésité alors sur l'image qu'il convenait de donner du prêtre ardennais. Dans le *Discours de l'Empereur Julien* (1769), Meslier est 'véritablement le bon pasteur' et, de nouveau, celui qui 'demanda pardon à Dieu en mourant'; Voltaire le rappelle, la même année, dans *Dieu et les hommes* – où 'le plus charitable et le plus juste des hommes' devient bizarrement un 'curé picard'.[159] Il revient encore, dans les *Questions sur l'Encyclopédie*, à

---

[156] *Lettres au Prince de Brunswick, NM*, vii.303, 304, et M.xxvi.512.
[157] *Lettres au Prince de Brunswick, NM*, vii.303, 304, et M.xxvi.511, 512.
[158] M.xxvii.117.
[159] *SVEC* 322, p.179; *OC*, t.69, p.442-43.

l'article 'Contradictions', pour le paraphraser, sur le curé qui demande pardon à Dieu et à ses paroissiens ('homme vertueux à la vérité, et très charitable, mais sombre et mélancolique'): ce 'déplorable Jean Meslier [...] parle du christianisme comme Porphyre, Jamblique, Epictète, Marc-Aurèle, Julien!'[160] Il le prend pour caution à l'article 'Miracles' et lui fait comparer Jésus à Don Quichotte et saint Pierre à Sancho Pança.[161] Le curé plus ou moins déiste acquiert ainsi une sorte d'existence autonome et Voltaire lui attribue sans vergogne, dans *La Bible enfin expliquée*, une dizaine de 'railleries indécentes' dont le *Mémoire* ne contient pas un mot.[162]

Avouons-le: ce Meslier des cinq premières preuves, ce 'merveilleux apôtre' (D11227), s'il n'avait pas existé, Voltaire aurait dû l'inventer. Mais il n'a eu qu'à l'apprivoiser pour le faire voisiner avec d'autres personnages fraternels. A côté du rabbin Akib ou du curé Théotime nés de son imagination, du vicaire savoyard né de l'imagination d'autrui ou d'un Simon Bigex 'espèce de sauvage comme le curé Meslier' (D11306) venu du monde des vivants, Jean Meslier, surgi rapidement d'outre-tombe, presque déjà passé de la chronique locale à l'histoire, avait bien sa place dans cet univers mi-fictif, mi-réel où le philosophe cultive son jardin.

9. La postérité de Meslier

Ce Meslier à demi-imaginaire devait occulter pour longtemps le souvenir du curé enterré à la sauvette dans son village et la connaissance qu'on pouvait prendre de son témoignage. Mais sans Voltaire aurait-on seulement connu le nom de Meslier? L'aurait-on introduit dans les dictionnaires et les encyclopédies?

---

[160] M.xviii.264.

[161] M.xx.90. Meslier se déchaîne contre l'Ecriture 'plus que les Acosta et tous les juifs, plus que le fameux Porphyre, les Celse, les Jamblique, les Julien, les Libanius, les Maxime, les Symmaque...' (*ibid.*).

[162] M.xxx.137, 145, 146, 174, 222, 233. Sur ces références à Meslier, voir Morehouse, *Voltaire and Jean Meslier*, p.76-81.

Il suffit de lire ces articles, dans le détail desquels il n'est pas utile d'entrer ici, pour constater que la source essentielle en est la publication de Voltaire, et même après l'édition de la copie complète découverte par Rudolf Charles.[163] L'éditeur anonyme qui, en 1791, publie le *Bon Sens* de d'Holbach sous le nom de Meslier (supercherie destinée à brouiller encore davantage la fortune de l'auteur du *Mémoire*) ne l'aurait pas fait si ce nom n'avait été déjà répandu. On s'empressa d'ailleurs, l'année suivante, de réunir le *Testament* au *Bon Sens* en une même édition; par la suite, la liste sera longue de ces éditions qui accouplent les deux textes et qu'on enrichit d'extraits de la correspondance de Voltaire.[164] Lorsque Anacharsis Cloots propose à la Convention d'ériger une statue dans le temple de la Raison au 'premier ecclésiastique abjureur [...], l'intrépide, le généreux, l'exemplaire Jean Meslier, curé d'Etrépigny en Champagne, dont le *Testament* philosophique porta la désolation dans la Sorbonne et parmi toutes les factions christicoles', il tient un discours qui ne suppose pas une autre connaissance de Meslier que celle de l'*Extrait*.[165]

Quand, enfin, un siècle après la publication voltairienne, Rudolf Charles procure l'édition intégrale du *Mémoire*, il donne à celui-ci le titre de *Testament* et tient à rappeler, dans son prospectus de souscription, que 'Voltaire a révélé au monde l'existence de

[163] Après le *Dictionnaire anti-philosophique* de Chaudon (1769), signalons le *Nouveau Dictionnaire historique* du même auteur (1772) et ses rééditions, le *Dictionnaire historique* de l'abbé Feller (1781) et ses rééditions, les *Siècles littéraires de la France* de Desessarts (1801), etc. Voir la liste des dictionnaires, encyclopédies et bibliographies où il est question de Meslier dans Meslier iii.590-92, 592-93.

[164] L'édition de 1792 reproduit la version du *Recueil nécessaire* de 1768. L'édition de '1802' [1822] qui reprend la version antérieure, donne le modèle pour au moins seize rééditions de 1829 à 1930; sans compter les traductions en allemand (1856, 1860, 1867, 1890, 1908) ou en anglais (1878, 1890, 1910, 1920). Voir J. Vercruysse, *Bibliographie descriptive des écrits du baron d'Holbach* (Paris 1971). L'*Extrait* de Voltaire a été traduit séparément en portugais (Porto 1877) et en russe (Moscou 1924); en polonais dans un volume comportant des textes choisis dans le *Mémoire*, et l'inévitable *Bon Sens* (Varsovie 1955).

[165] *Discours prononcé à la tribune de la Convention nationale*, 27 brumaire, an II [17 novembre 1793]. Dans Meslier, iii.503.

l'auteur et celle de son œuvre. L'humble curé de village immortalisé par cette volonté d'athlète a atteint les dimensions d'un athlète de première force.'[166] Le premier éditeur du vrai Meslier, loin de faire grief à Voltaire d'avoir dénaturé le message du curé, salue en lui 'ce colosse de génie' qui a su arracher l'ouvrage 'à l'oubli, à la gueule même de l'anéantissement'.[167] A partir de 1864, la fortune de Meslier va pouvoir prendre un autre cours et échapper, pour un certain nombre de lecteurs du moins, à la tradition imposée par Voltaire. Nous n'avons pas à retracer ici l'histoire de la réception de l'œuvre restituée par Rudolf Charles, œuvre qui retient très tôt l'attention du mouvement ouvrier et qui connaîtra une large renommée en Union soviétique. On pourrait penser que l'introduction de Meslier dans le patrimoine de la culture socialiste ne doit rien au seigneur de Ferney. Une découverte récente révèle que Voltaire n'est pourtant pas tout à fait étranger à cette transmission d'héritage. Quelques années après la publication de l'édition Rudolf Charles, David Friedrich Strauss publiait, en annexe aux six conférences de son *Voltaire*, la première étude historique sur Meslier ('Der Pfarrer Meslier und sein Testament');[168] cette étude fut reprise en feuilleton, pour six livraisons, dans les premiers numéros du *Volksstaat-Erzähler*, supplément littéraire hebdomadaire du quotidien *Der Volksstaat*, l'organe central du parti ouvrier social-démocrate allemand.[169]

Si, dans une large mesure, il a fallu libérer Meslier de la tradition voltairienne pour qu'on le découvre – et, à cet égard, l'étude de

---

[166] Voir J. Meslier, *Testament* (Amsterdam 1864), i.xlv. Le texte complet du prospectus (1er septembre 1860) qui comporte deux citations de Voltaire est reproduit dans [P. J. A. Meermans], *Rudolf Charles d'Ablaing van Giessenburg* (Amsterdam 1904), p.xl-xlv.

[167] Meermans, *Rudolf Charles*, p.xli.

[168] J. F. Strauss, *Voltaire. Sechs Vorträge* (Leipzig 1870). Traduction française par L. Narval (Paris 1876).

[169] *Volksstaat-Erzähler* (Leipzig), nos 1, 2, 3, 4, 5 et 6 (7 décembre 1873-1818 janvier 1874). Le sous-titre de chaque livraison indique bien que le texte est tiré du *Voltaire* de Strauss ('aus Strauss' *Voltaire*'). Je remercie Ulrich Ricken de m'avoir révélé l'existence de cette publication.

D. F. Strauss offrait, quarante ans avant Lanson, un remarquable
aperçu – on ne peut pas dire que la fortune du curé ardennais ait
porté ombrage à celle de Voltaire, puisque parler de Meslier a
obligé longtemps, et obligera sans doute encore, à parler de
Voltaire. Celui-ci a suffisamment parlé de Meslier pour qu'il n'y
ait, à cela, rien d'étonnant. Mais ce qui étonne, c'est bien que
Voltaire, si éloigné du singulier curé campagnard par sa situation
sociale et par ses idées, ait été le seul à propager son nom. A
l'exception de La Mettrie, qui mentionne, en passant, le 'curé
champenois' dans une simple note, aucun des matérialistes n'a
évoqué l'auteur du *Mémoire*. Helvétius, qui possédait pourtant une
copie des remarques de Meslier sur Fénelon, Diderot, qui a
probablement lu le *Mémoire* dans un exemplaire complet et qui
s'en inspire dans ses *Eleuthéromanes*, d'Holbach, dont le *Bon Sens*,
deux ans après sa mort, sera attribué à Meslier, tous sont
étrangement muets sur le prêtre athée. Certes, Naigeon lui
consacre enfin un article dans l'*Encyclopédie méthodique*; mais
tout en marquant l'opposition entre l'athéisme de Meslier et le
déisme de Voltaire, il construit, pour l'essentiel, le texte de son
article avec l'*Extrait* de 1762, comme s'il n'avait rien de mieux à
offrir à son lecteur de 1794 (ou comme si l'*Encyclopédie méthodique*
se devait de reproduire cet extrait-là).

Meslier existerait-il donc aujourd'hui si Voltaire ne l'avait rencontré? La question peut faire rêver ceux qui ont le goût des
reconstructions hypothétiques de l'histoire. Il semblerait, en tous
cas, qu'à la question réciproque – si Meslier n'avait pas vécu, ou s'il
n'avait rien écrit, Voltaire aurait-il été lui-même? – la réponse fût
aisément positive. Là aussi, gardons-nous de refaire l'histoire. Sans
doute l'auteur des *Lettres philosophiques* n'avait pas besoin d'un
Meslier pour instruire le procès du christianisme; mais la lecture du
curé d'Etrépigny, même en extraits, l'aura enhardi à mener, avec
aplomb, l'offensive de la libre pensée déiste tout en lui soufflant, ou
suggérant, ici et là, quelques arguments. Dans la somme immense
des lectures faites par Voltaire – sans parler des propos recueillis –

la part de Meslier ne doit pas être surestimée. Elle n'est pas pour autant négligeable. Si Voltaire a tant fait pour répandre l'*Extrait*, c'est bien qu'il désirait communiquer l'intérêt qu'il y avait pris lui-même. En somme, cet abrégé des cinq premières preuves est un moment de la réflexion et de l'action voltairiennes; il offre aussi, à l'histoire des idées, l'image, fixée par Voltaire, d'un moment de la connaissance de Meslier. A ce double titre, il appartient bien à l'œuvre du philosophe.

10. *Éditions, 1762-1822*

E62G1

Sans page de titre. Titres de départ:

* (1) * / [*double ligne*] / ABREGÉ / DE LA / VIE DE L'AUTEUR./

* (4) * / [*double ligne*] / EXTRAIT / DES SENTIMENS / *DE JEAN MESLIER*, / Adressés à ses Paroissiens, sur une partie des / abus & des erreurs en général & en / particulier. / [*ligne*] / pag. 63 [1 bl.]; sig. A-H^4

In-8°. Edition originale. [Genève (Cramer ou Grasset), 1762]

Bengesco 1895.

BNF: D^2 14968 et Z Beuchot 857 (seuls exemplaires connus).

E62G2

Sans page de titre. Titres de départ:

* (1) * / [*double ligne*] / TESTAMENT / DE JEAN MESLIER. / [*ligne*] / *NOUVELLE ÉDITION.* / [*ligne*] / ABREGÉ / DE LA / VIE DE L'AUTEUR./

* (6) * / [*double ligne*] / *EXTRAIT* / DES SENTIMENS / *DE JEAN MESLIER*, / Adressés à ses Paroissiens, sur une partie des / abus & des erreurs en général & en / particulier. / [*ligne*] pag. 64; sig. A-D^{viii}.

Deuxième édition [Genève (Cramer), 1762].

Edition signalée par Voltaire (31 mai 1762, D10478), par Grimm (*CL*, v.178, 15 octobre 1762), et par d'Hémery ('nouvelle édition, 64 pages qui est imprimée à Genève par les soins de Cramer'. *Journal de la Librairie* (19 mai 1763), BNF f. fr. 22191, f.27r). BNF: D^2 12975 et Rés. Z Beuchot 856. Dans ce dernier volume, le *Testament* est relié avec une édition du *Sermon des cinquante* (pag. 27. [5 bl.]; sig. A-B^{viii}) de même provenance Bengesco 1895.

ER64G

TESTAMENT / DE / *JEAN MESLIER.* / [*ligne*] / NOU-VELLE EDITION. /

pag. 51 [1 bl.]; sig. a-c^8, d^2

[Genève (Cramer), 1764]

BNF: D^2 14879

Edition reprise dans:
L'EVANGILE / *DE LA* / RAISON. / [*double ligne*] / Ouvrage Posthume / de M. D. M.....y. /

Sig. [ ]^2, A-B^8; A-C^8, D^6; A-C^{viii}; A^{viii}, B^{iv}; A^8; a-c^8, d^2.

Contient: Titre et table [pp.iv]; *Catéchisme de l'honnête-homme.* 1764. (pp.31); *Examen de la religion, dont on cherche l'éclaircissement de bonne foi,* attribué à M. de St. Evremond (pp.60); *Saül,* tragédie, tirée de l'écriture sainte par M. de V... MDCCLV. (pp.48); *Sermon des cinquante.* MDCCXLIX. On l'attribue a Mr. du Martaine ou du Marsay, d'autres à La Métrie; mais il est d'un grand prince très instruit. (pp.22); *Sermon du rabin Akib.* 1764. (pp.15); *Testament de Jean Meslier* (pp.51).

Coll. J.-D. Candaux, Genève; IMV: 7014-7019 (exemplaire auquel manquent la page de titre et la table).

G. Lanson a possédé l'édition séparée du *Testament* (voir *Rhl* 19, 1912, p.9) aujourd'hui conservée à Duke University Library. La BNF possède une autre partie de cette édition (D^2 14881) comportant la page de titre, la table et, uniquement, l'*Examen de la religion*. Ces éditions du *Testament* et de l'*Evangile* ne sont signalées ni par Bengesco ni par Th. Besterman. Elles serviront de modèle à deux autres publications (voir plus loin, aux n°s 7 et 9).

L'édition du *Testament* est probablement 'la nouvelle édition du curé de But...' que Voltaire annonce le 1er février 1764 (D11676), mais on ne sait à quel moment ce texte a été réuni aux cinq autres pour composer l'*Evangile*.

ER64A

Titre de départ:

(1) / [*double ligne*] / TESTAMENT / DE JEAN MESLIER. / *NOUVELLE ÉDITION*. / [*ligne*] / ABRÉGÉ / DE LA / VIE DE L'AUTEUR. /

p.1-70, dans:

Faux titre:

OUVRAGES / PHILOSOPHIQUES / POUR SERVIR / DE PREUVES à LA RELIGION / *DE L'AUTEUR*. / *LONDRES* / [*double ligne*] / MDCCLXV. /

Titre:

L'EVANGILE / DE LA / RAISON / [*ornement typographique*] / ouvrage posthume / de M. D. M.....y. /

pag. [vi]. 43 [1 bl.]. 207. [1 bl.]; sig. [ ]³, A-B⁸, C⁶; A-N⁸. Les 43 premières pages sont imprimées dans un corps différent. Contient: *Saül et David, Tragédie* (pp.43); *Testament de Jean Meslier* (p.1-70); *Catéchisme de l'honnête homme* (p.71-92); *Sermon des cinquante* (p.[93]-120); *Examen de la religion* (p.121-207).

[Amsterdam (Marc-Michel Rey), novembre 1764]

Bengesco 1897. Voir aussi J. Vercruysse, *SVEC* 58 (1967), p.1722-28.

Bordeaux, BM: D 35549/2; BNF: D² 7246 (exemplaire auquel manque le premier titre).

Il s'agit probablement du recueil annoncé par Voltaire les 9 août et 29 septembre (D12042 et D12109). D'après plusieurs témoignages (Bachaumont, *Mémoires*, 12 novembre 1764; Voltaire (D12207 et D12257), lettre de M.-M. Rey à Rousseau (D12333)), le volume possédait trois titres, le premier portant *Collection complette des œuvres de M. de Voltaire*, les deuxième et troisième correspondant au faux titre et au titre de l'exemplaire de Bordeaux. Cet exemplaire, non encore signalé par les bibliographes, est le seul qui comporte deux des trois titres primitifs. Malgré la date (MDCCLXV) indiquée sur le faux-titre conservé, nous avons adopté le sigle ER64A.

Cette édition, vivement désavouée par Voltaire (voir D12206, D12207, D12257, D12264, D12266) a été faite avec sa participation (voir D12208, D12220). Elle a été condamnée au feu avec le *Dictionnaire philosophique* par la cour des Etats de Hollande le 14 décembre 1764. (Voir Y. Z. Dubosc, *Le Livre français et son commerce en Hollande*, Amsterdam 1925, p.71, et Vercruysse, 'Voltaire et Marc-Michel Rey'.)

ER64L

Titre de départ:
[*ornement typographique*] / TESTAMENT / DE JEAN MES-LIER. / *NOUVELLE ÉDITION*. / [*ligne*] / ABRÉGÉ / DE LA / VIE DE L'AUTEUR. /

p.1-80, dans:
L'EVANGILE / DE LA / RAISON. / Ouvrage posthume. / De M.D.V. & D.F. / [*ornement typographique*] / A LONDRES, / Aux Depens de la Compagnie de Jesus. / M DCC LXIV. /

pag. [iv]. 135. [v]; sig. [ ]^2, A-E^{12}, F^8, [ ]^2.

Contient: *Testament* (p.1-80); *Catéchisme de l'honnête homme* (p.81-105); *Sermon des cinquante* (p.106-35).

Ed. hollandaise, 1764 ou 1765 (?).

BNF: Z Bengesco 376.

Voir Vercruysse, 'Voltaire et Marc-Michel Rey', p.1721-22.

Il s'agit probablement de l'édition correspondant au 'petit volume in-12, imprimé en Angleterre, sans date', signalé par Renouard, *Œuvres complètes de Voltaire* (Paris 1819), xxix.378 (voir Bengesco 1895, p.384).

L'édition du *Testament* est faite d'après ER64A. Elle est donc postérieure à novembre 1764.

La 'Table des pièces qui composent cet Evangile', à la fin du volume, indique également (sans renvoi à une pagination): Examen de la religion, Partie I [avec le détail des 11 chapitres] et Examen de la Religion, Partie II 'qui contient I. Le Philosophe. II. Réflexions sur l'argument de M. Pascal et de M. Locke concernant la possibilité d'une autre vie à venir. III. Sentimens des philosophes sur la nature de l'âme. IV Traité sur la liberté, en 4 parties. V. Réflexions sur l'existence de l'âme et sur l'existence de Dieu.'

Ces textes figurent effectivement dans deux autres volumes: EXAMEN / DE LA / RELIGION / dont on cherche l'Eclaircissement / de bonne foy. / [*ligne*] / Attribué / [*ligne*] / à / [*ligne*] / MR. DE ST. EVREMOND. / [*ligne*] / <SECONDE PARTIE> / [*trois lignes*] / A TREVOUX, / Aux dépens des Peres de la Société de Jesus. / M. D. CCXLV. /

p.135 et p.139.

Coll. J.-D. Candaux, Genève.

La série complète en trois volumes n'a été signalée ni par Bengesco ni par Th. Besterman.

Elle a fait l'objet d'une nouvelle émission, en 1773, sous la couverture du *Bon Sens portatif* (voir plus loin, ER64L*bis*).

On remarque que le premier volume, le seul à porter en titre *Evangile de la raison*, place le *Testament* en tête. Cette disposition qui met Meslier en vedette et qu'on ne retrouvera que dans une autre édition de l'*Evangile* (voir à l'édition suivant, ER65A), explique-t-elle la méprise de La Condamine (à Trublet, 16 avril

1766) parlant de 'L'Evangile de la raison qui est l'extrait d'un ouvrage contre la révélation d'un curé de Champagne que vous aurez vu déjà imprimé ou manuscrit' (voir D13259)? Il pourrait s'agir aussi d'une édition séparée du *Testament* antérieure à avril 1766, avec une couverture de l'*Evangile* (voir nᵒˢ 3 et 7). De toute manière, La Condamine commet une confusion en croyant que ce texte fait partie des trois volumes de *Mélanges* parus en 1765 (rééd. 1766).

ER65A

Titre de départ:
(iii) / [*double ligne*] / TESTAMENT / DE JEAN MESLIER. / [*double ligne*] / *NOUVELLE ÉDITION.* / [*ligne*] / ABRÉGÉ / DE LA / VIE DE L'AUTEUR. /

pag. iii-[viii], 1-55.

dans:

L'ÉVANGILE / DE LA / RAISON, / *OUVRAGE PHILO-SOPHIQUE.* / [*ornement typographique*] / [*trois doubles lignes*] / [*ornement typographique*] / M. D. CC. LXV. /

pag. viii. 254 [2 bl.]; sig. *⁴, A-Q⁸.

La p.viii est paginée (6).

Contient: *Testament* (pag. iii-[viii], 1-55); *Catéchisme de l'honnête homme* (p.58-78); *Sermon des cinquante* (p.81-102); *Examen de la religion* (p.105-99); *Saül et David*, hyperdrame (p.[202]-254).

Edition hollandaise (?).

Bengesco 1897A.

BNF: D² 7245.

L'édition du *Testament* est faite d'après ER64A.

ER65G

TESTAMENT / DE / *JEAN MESLIER* / [*ligne*] / NOU-VELLE EDITION. /

pag. 51 [1 bl.]; sig. a-c⁸, d².

Est incluse dans:

L'EVANGILE / *DE LA* / RAISON. / [*double ligne*] / Ouvrage Posthume / de M. D. M.....y. /

Mêmes textes et mêmes paginations (sauf pour le *Catéchisme*, p.[5]-32) que dans ER64A qui a servi de modèle.

Sig. A-B⁸; A-C⁸, D⁴, E²; A-Cᵛⁱⁱⁱ; Aᵛⁱⁱⁱ, Bⁱᵛ; A⁸; a-c⁸, d².

[Genève (Cramer), 1765 ou 1766?]

Non signalée par Bengesco ni par Th. Besterman.

IMV: 10279; Bodley: G Pamph. 2699; Bibliothèque de l'Académie des Lincei (Rome): Col. 203 A 63.

ER68A

Titre de départ:

[p.]89 [*double ligne*] / TESTAMENT / DE / JEAN MESLIER. / *NOUVELLE EDITION.* / [*ligne*] / ABRÉGÉ / DE LA / VIE DE L'AUTEUR. / dans:

L'EVANGILE / DE LA / RAISON. / [*ornement typographique*] / [*ligne*] / MDCCLXVIII. / [*double ligne*] /

pag. [iv], 456; sig. [ ]², A-T¹².

Contient: *Saül et David*, tragédie (p.[3]-88); *Testament* (p.89-218); *Catéchisme de l'honnête homme* (p.219-56); *Sermon des cinquante* (p.257-311); *Analyse de la religion chrétienne* par Du Marsais (p.312-416); *Le Vicaire savoyard* (p.417-56).

In-24. Edition hollandaise.

Bengesco 1897 B.

BNF: Z Beuchot 1167 (exemplaire auquel manque le dernier cahier et qui ne comporte donc que 432 p.); Laon, BM, 75 Nain (exemplaire auquel manque la page de titre).

L'édition du *Testament* est faite d'après ER64A.

Dans la 'Table des pièces contenues dans ce volume', à la place de l'*Analyse de la religion* est annoncé l'*Examen de la religion dont on cherche l'éclaircissement de bonne foi*; *Le Vicaire savoyard* ne figure pas dans cette 'Table des pièces'. Cette édition a été attribuée par Barbier, sans aucune justification, à l'abbé Du Laurens. Celui-ci, arrêté au début de janvier 1766, n'aurait pu procurer qu'une édition antérieure à cette date (par ex. ER64L ou ER65A). Sur le rôle de Du Laurens comme diffuseur et éditeur possible de l'*Evangile*, voir K. Schnelle, *Aufklärung und klerikale Reaktion*, p.99, 131-32, 148-49, 153.

ER68G

TESTAMENT / DE / *JEAN MESLIER*. / [*ligne*] / NOUVELLE EDITION. /

pag. 48; sig. A^6, B-C^8, D^2.

dans:

L'EVANGILE / *DE LA* / RAISON. / [*double ligne*] / Ouvrage posthume. / de M. D. M.....y. /

pag. 88. 46. 51. 48; sig. A-E^8, F^4; A-C^{viii}; A-C^8, D^2; A^6, B-C^8, I.

Contient: *Catéchisme de l'honnête homme* (p.[5]-29); *Examen de la religion* (p.[1]-26); *Sermon du rabin Akib* (p.27-37); *Sermon préché à Basle...* (p.38-51); *Testament de Jean Meslier* (p.48).

[Genève (Cramer) 1768].

Bibl. Vaticane: Racc. Gen. Lett. est. V 4326.

La BNF possède la première partie de cet *Evangile* (pp.88) D^2 14639 (voir Bengesco 1897 C).

Correspond à l'édition signalée dans le *Catalogue* des livres de Paulin Paris (Paris 1881), n° 3225, p.463 (à l'exception du *Sermon préché à Bâle* qui n'y est pas mentionné). Voir Bengesco 1897 E.

L'édition du *Testament* est faite d'après ER65G.

Le recueil peut être daté par le *Sermon prêché à Basle le premier jour de l'an 1768*. Par Josias Rossette...

Selon toute vraisemblance, le volume de la Bibl. Vaticane a été complété par:

L'EVANGILE / *DE LA* / RAISON. / *TOME II*. / [*double ligne*] / Ouvrage Posthume / de M. D. M.....y. /

pag. iii [1 bl.]. 60. 24. 78. [2 bl.]. 24; sig. [ ]^2, A-C^8, D^4, E^2; a^8, b^4; A-E^{viii}; A^8, B^4.

Contient: *Analyse de la religion chrétienne*, par Dumarsais (pp.60); *Dialogue du douteur et de l'adorateur* par M. l'abbé de Tilladet (p.[1]-14); *Les Dernières Paroles d'Epictète à son fils* (p.15-20); *Idées de La Mothe Le Vayer* (p.21-24); *Homélies prononcées à Londres* (pp.78); *Le Vicaire savoyard* (pp.24).

BNF: D^2 7246 bis (voir Bengesco 1897 D qui propose la date de 1767).

C'est sans doute cette 'nouvelle édition' de l'*Evangile* en '2 vol. 8° qui se vendent 6^{ll}' que signale La Bastide le 25 décembre 1768 (D15386).

RN68

Titre de départ:
(204) / [*ligne*] / *ABRÉGÉ* / De la vie du Sieur MESLIER. /

p.204-300

dans le 2e tome du

RECUEIL / NÉCESSAIRE. / AVEC / L'EVANGILE / DE LA / RAISON / [*double ligne*] / TOME PREMIER <TOME SECOND.> / [*double ligne*] / [*ornement typographique*] *LONDRES*. / [*double ligne*] / MDCCLXVIII /

pag. [ii]. VI. 276; sig. [ ]^4 A-Q^8, R^6, S^4.

pag. [ii]. 300; sig. [ ] A^4, B-T^8, V^2.

Contient:

Tome premier: *Analyse de la religion chrétienne* par Du Marsais (p.1-70); *Le Vicaire savoyard*... (p.71-98); *Catéchisme de l'honnête homme* (p.99-135); *Sermon des cinquante* (p.136-72); *Homélies prononcées à Londres en 1765* (p.173-241); *Les Questions de Zapata* (p.242-76).

Tome second: *Examen important, par Milord Bolingbroke* (p.1-168); *Traduction d'une lettre de Milord Bolingbroke*... (p.169-77); *Dialogue du douteur et de l'adorateur* (p.178-91); *Les derniers paroles d'Epictète à son fils* (p.192-99); *Idées de La Mothe Le Vayer* (p.199-203); *Testament* (p.204-300).

[Amsterdam (M.-M. Rey)]

Bengesco, 1895 et 1899. Vercruysse, 'Voltaire et Marc-Michel Rey', p.1737.

BNF: D² 10510.

Du Peyrou suggère, dès le 18 octobre 1766 (D13616), d'augmenter le volume du *Recueil nécessaire* (1765) de 'quelques uns des morceaux contenus dans l'Evangile de la raison'.

Il est indiqué (p.300) que 'cette nouvelle édition du Testament' a été faite sur 'la copie qui est en dépôt dans la bibliothèque d'un des principaux monarques de l'Europe' (allusion à Frédéric II). On peut en douter. La réédition de l'*Extrait* dans RN68 se distingue de toutes les éditions antérieures par six nouveautés: une table analytique des chapitres; un 'abrégé de la vie' plus étendu et comportant de nombreuses variantes; un 'avis au lecteur'; un 'avant-propos' considérablement augmenté; une nouvelle distribution des chapitres; une note terminale (voir notre appendice II); la table (au t.i), l''abrégé de la vie', l''avis au lecteur', les additions à l''avant propos', et la note terminale sont conformes à la version manuscrite des copies du deuxième extrait (voir notre introduction, p.21-23). Mais le nouvel éditeur a néanmoins conservé le passage de l'avant-propos tel que Voltaire l'a publié en 1762 et surtout, pour l'extrait suivi des cinq preuves, il reproduit, sans aucune variante, le texte procuré par Voltaire (dans ER64A). M.-M.

Rey a donc repris le texte publié par lui en 1764 et l'a augmenté d'éléments fournis par une des copies du groupe Mézières.

Pour les raisons indiquées plus haut (voir p.48-49), il n'est pas probable que Voltaire a participé à cette réédition de l'*Extrait*.

ER64L*bis*

Le volume de l'*Evangile de la raison* (Londres MDCCLXIV) décrit plus haut (ER64L) a été repris tel quel en 1773 sous cette couverture nouvelle:

LA BIBLIOTHEQUE / DU BON SENS / PORTATIF; / OU / RECUEIL D'OUVRAGES / SUR DIFFERENTES MATIERES / IMPORTANTES / AU SALUT. / *TOME TROISIEME.* / Qui contient: / LE TESTAMENT DE JEAN MELIER, / LE CATECHISME DE L'HONET [*sic*] HOMME, & / LE SERMON DE [*sic*] CINQUANTE. / [*ornement typographique*] / A LONDRES, / [*ligne*] / MDCCLXXIII. /

Bruxelles, BR: VH 3920 A.

Cette *Bibliothèque* comprend 8 tomes. Les deux premiers sont les deux parties de l'*Examen de la religion* qui accompagnaient l'*Evangile* de 1764. Les volumes suivants contiennent: iv: *Questions sur les miracles*; v et vi: *Le Christianisme dévoilé*; vii: *La Théologie portative*; viii: *Les Méditations philosophiques*.

RN76

Réédition de RN68 dans:

RECUEIL / NÉCESSAIRE. / AVEC / L'EVANGILE DE LA RAISON. / [*ornement typographique*] / *LONDRES.* / [*double ligne*] / MDCCLXXVI. /

pag. [vi], 280; sig. [ ]^3 A-R^8, S^4.

Contient, dans le même ordre, les mêmes textes (à l'exception de l'*Examen important...* et de la *Traduction d'une lettre...*) que ceux des tomes i et ii de RN68. Même version du *Testament de Jean Meslier*:

Abrégé de la vie de l'auteur (p.214-17), *Avis au lecteur* (p.217-18), *Avant-Propos* (p.218-23), *Extrait des sentimens* (p.223-80).

[Amsterdam (M.-M. Rey)]

IMV: 2406.

Le faux-titre porte RECUEIL / NÉCESSAIRE. /

Le premier feuillet de chaque cahier (à l'exception du cahier G) porte la mention *Tome I*.

Par rapport à RN68, la présentation du *Testament* offre les variantes suivantes: p.214, on a ajouté TESTAMENT DE JEAN MESLIER. au dessus de / Abrégé de la vie de l'auteur. / et mis en titre courant (p.214-15): ABRÉGÉ DE LA VIE / DU SIEUR MESLIER.

BS92

Réédition de la version de RN68 au tome ii de:
LE BON SENS / PUISÉ / DANS LA NATURE, / SUIVI / DU TESTAMENT / DU CURÉ MESLIER. / [*ligne*] / *Detexit quo doloso vaticinandi furore sacerdotes mysteria, / illis saepe ignota, / audacter publicant.* / PETRONII SATIRICON. / [*ligne*] / TOME PREMIER. <SECOND.> / [*ornement typographique*] / A PARIS, / Chez BOUQUETON, Libraire, vieille / rue du Temple, n° 12. / [*ligne*] / L'an Ier de la République. /

pag. [iv]. 264 + [iv]. 296; sig. [ ]^2, A-L^{12} + [ ]^2, A-M^{12}, N^4. [1792 ou 1793].

Abrégé de la vie du sieur Meslier (p.165-70), *Avis aux lecteurs* (p.171-73), *Avant-Propos* (p.174-83), *Extrait des sentimens* [...] (p.184-296).

Gand, Bibliothèque universitaire: Th. 2774.

On a fait disparaître la note terminale (sur la copie conservée 'dans la bibliothèque d'un des principaux monarques') ajoutée en 1768.

On observe que dans cette édition qui est la première à réunir le *Testament* et le *Bon Sens*, celui-ci n'est pas attribué explicitement à Meslier.

N

Extrait des sentimens de Jean Meslier, adressés à ses paroissiens, sur une partie des erreurs et des abus en général et en particulier.

dans:

MESLIER. (JEAN) (PHILOSOPHIE DE) (*Histoire de la philosophie moderne.*)

Article (p.218-39) dans:

ENCYCLOPÉDIE / *MÉTHODIQUE.* / [*triple ligne*] / PHILOSOPHIE / ANCIENNE ET MODERNE. / PAR LE CIT. NAIGEON. / [*double ligne*] / TOME TROISIÉME. / [*ornement*] / *A PARIS*, / Chez H. AGASSE, Imprimeur-Libraire, rue des Poitevins. / [*double ligne*] / L'AN DEUXIÈME DE LA RÉPUBLIQUE FRANÇAISE / UNE ET INDIVISIBLE. /

In-4°. Tome 146 de l'*Encyclopédie méthodique.*

BNF: Z 8591.

L'*Extrait* (p.219-38) est précédé du texte de l''abrégé de la vie' auquel est incorporé l'extrait de l'avant-propos (p.218-19) et suivi par un commentaire de Naigeon (p.238-39). Ces textes sont conformes, aux variantes près, à l'édition E62G2.

BEUCHOT 1819

EXTRAIT / DES / SENTIMENS DE JEAN MESLIER. / 1762. /

Dans *Œuvres complètes de Voltaire*, tome xxv, Paris 1819.

p.623-88 ('Abrégé de la vie de Jean Meslier': p.625-29; 'Extrait...': p.631-88).

Texte conforme à la version de Naigeon. Division en chapitres ajoutée.

Notice de Beuchot, p.xii-xv.

BS 1822

TESTAMENT / DU CURÉ / J. MESLIER. /

Titre de départ: EXTRAIT / du / TESTAMENT / DE J. MESLIER, / Par VOLTAIRE, / ou / Sentimens du curé d'Étrépigny et de But, / adressés a ses paroissiens. / [*ligne*] /

dans:

LE / BON SENS / DU CURÉ / J. MESLIER, / suivi de son / TESTAMENT. / [*ligne*] / Detexit quo doloso vaticanandi furore sacer- / dotes mysteria, illis saepè ignota, audacter / publicant. (Petron. Satyr.) / [*ligne*] / [*filet anglais*] / PARIS. / AU PALAIS DES THERMES DE JULIEN / 1802. /

pag. 380; sig. 1-47[4], 48[2].

In-8°. [1822].

'Préface de l'éditeur' [avec des passages de dix-sept lettres de la correspondance de Voltaire], p.5-12.

'Vie de J. Meslier, d'après Voltaire', p.13-20 [avec le décret de la Convention, p.20].

'Le Bon Sens du curé Meslier', p.21-294.

'Testament du curé Meslier', p.295-365.

BNF: 8° D 180.

La date réelle de cette édition est donnée par Vercruysse (*Bibliographie descriptive des écrits du baron d'Holbach*, Paris 1971). Le texte de l'*Extrait* a été établi d'après l'édition Beuchot. La 'Vie de J. Meslier' est une version très remaniée de l'"Abrégé de la vie de l'auteur'. Cette édition fournit le modèle des nombreuses rééditions du dix-neuvième au vingtième siècle qui réunissent le *Bon Sens* et le *Testament* en un seul volume. (Voir Vercruysse, *Bibliographie d'Holbach*, et Meslier, iii.586-87.)

Editions non retrouvées

a) *Recueil nécessaire avec l'Evangile de la raison*, Londres 1778. 2 vol in-8°.

Signalé dans le *Bulletin du bibliophile* 13 (janvier 1835), au n° 1279.

75

Ne faudrait-il pas lire 1768 au lieu de 1778? Dans ce cas, cette édition ne serait autre que RN68.

b) *L'Evangile de la raison*. Ouvrage posthume de M...D...V... et D...F... Se trouve chez tous les imprimeurs et libraires, a X, in-8°, xvi-224 pp.

Ce volume contient:
1. *Testament de Jean Meslier*. / 2. *Examen dont on cherche l'éclaircissement de bonne foi*, attribué à M. de Saint-Evremond. / 3. *Le Philosophe* (par Du Marsais). / 4. *Réflexions sur l'argument de MM Locke et Pascal, concernant la possibilité d'une autre vie à venir*. / 5. *Sentiments des philosophes sur la nature de l'âme*. / 6. *Traité sur la liberté*. / 7. *Réflexions sur l'existence de l'âme et sur l'existence de Dieu*.

Signalé par Barbier, *Dictionnaire des ouvrages anonymes* (Paris 1874), col. 327-328. Voir aussi Bengesco 1897 F.

Cette édition a manifestement été faite d'après ER64L (ou ER64L*bis*).

D'après les descriptions des éditions répertoriées ci-dessus et l'étude des variantes qu'elles proposent, on peut faire les constatations suivantes:

La deuxième édition (E62G2) comporte des modifications et des corrections qui sont dues à Voltaire. De toutes les éditions qu'on peut lui attribuer, c'est celle qu'il a le plus retouchée.

Cette deuxième édition (imprimée par Cramer) est reproduite par une série de trois éditions à double usage (en brochures séparées ou en recueils avec les autres pièces de l'*Evangile*), toutes faites par Cramer, de 1764 (?) à 1768. Ces éditions paraissent avoir été imprimées hâtivement; elles comportent de nombreuses coquilles, et de menues variantes dont Voltaire ne paraît pas être responsable (ER64G, ER65G, ER68G). La deuxième édition a été également reproduite par Naigeon (N) – à moins que celui-ci n'ait utilisé une édition encore inconnue, établie, de toute manière, d'après ER62G2.

En 1764, Voltaire a corrigé une seconde fois, mais sur des points de détail, le texte du *Testament*. Cette version corrigée est celle de l'*Evangile* publié par M.-M. Rey en novembre (ER64A). C'est la version qui est reprise par plusieurs éditeurs de l'*Evangile* de la fin de 1764 – ou du début de 1765 – à 1768 (ER64L, ER65A, ER68A) ainsi que par M.-M. Rey dans le *Recueil nécessaire* de 1768, pour les passages correspondant à la version voltairienne (rééd. en 1776).

Sous la Révolution, la popularisation de l'*Extrait* va prendre un cours nouveau avec le jumelage du *Bon Sens* et du *Testament*. C'est d'abord la version de RN68 (ou RN76) qu'on adopte; mais, au dix-neuvième siècle, on revient à la version strictement voltairienne transmise par Naigeon à Beuchot. C'est également la version Naigeon-Beuchot qui sera reprise par Moland.

On peut donc résumer la filiation des diverses éditions de l'*Extrait* par ce tableau (en italiques, les éditions comportant des corrections plus ou moins importantes):

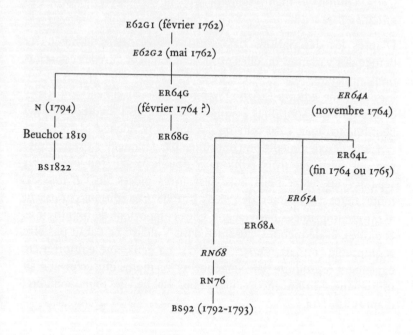

11. *Principes de cette édition*

Choix du texte de base et variantes

D'après la description des éditions donnée ci-dessus, la dernière édition du *Testament* dont on puisse, avec la plus forte probabilité, attribuer les corrections à Voltaire est celle de M.-M. Rey parue en novembre 1764 (ER64A). On observe que la plupart de ces corrections n'ont pas été reprises dans les rééditions genevoises (ER64G, ER65G, ER68G); étant donné le nombre des fautes qu'on relève dans ces éditions, force est de constater que Voltaire n'a pas profité de l'avantage qu'il pouvait tirer, à l'en croire, de faire éditer ses textes par les Cramer: 'sur l'inspection d'une feuille imprimée, je corrige toujours vers et prose' (à d'Argental, 30 mai 1766, D13325). Il n'aura pas – ou aura fort mal – inspecté les feuilles en question.

Si nous laissons de côté les éditions faites d'après ER64A sans corrections notables (et auxquelles le philosophe ne paraît pas avoir participé), ainsi que les éditions qu'on ne peut, de toute évidence, lui imputer, il reste une édition (ER65A), d'origine hollandaise ou peut-être allemande, qui présente quelques corrections de style (dont certaines ne sont pas heureuses) et qui a été faite d'après ER64A. Elle se distingue par l'adoption de l'orthographe 'Montaigne' et 'de Trépigny', alors que Voltaire écrit constamment et fait imprimer 'Montagne' et 'd'Etrépigny' (ou 'd'Etrépigni'). On peut donc difficilement la lui attribuer.

Le texte pris pour base de notre édition est donc ER64A. Nous respectons la ponctuation; nous modernisons l'orthographe sauf celle des noms propres. Nous avons respecté la division des chapitres voulue par Voltaire tout en corrigeant la bévue qu'il a commise dans leur numérotation (correction également faite par l'éditeur de ER64L).

	Notre édition	Voltaire	RN68	Moland
Chapitre	I	I	I	I
„	II	II	II	
„	III	II		II
„	IV	III		III
„	V	IV	III	IV
„	VI	V	IV	V
„	VII	VI	V	VI

Nous donnons les variantes des autres éditions (à l'exception de RN76, BS92, Beuchot et BS1822) parce qu'elles peuvent permettre de repérer l'origine de copies faites d'après les versions imprimées de l'*Extrait* (on peut établir, par exemple, que la copie de Rouen 1574, mentionnée dans notre introduction – voir p.47 – a été entreprise sur ER64A).

Textes d'accompagnement

Une édition critique idéale de l'*Extrait* de Voltaire offrirait au moins trois niveaux de textes: l'avant-propos et les cinq premières preuves dans la version originale intégrale du *Mémoire* de Meslier; l'extrait primitif, également dans sa version intégrale pour qu'on puisse, d'une part, apprécier l'écart entre l'original et la version déjà abrégée sur laquelle Voltaire a travaillé, et, d'autre part, connaître avec précision les passages omis par Voltaire; enfin, l'extrait publié par Voltaire. Mais comme celui-ci a aussi utilisé une version du deuxième extrait manuscrit, on devrait reproduire également – et ce serait un quatrième niveau! – une copie complète de ce deuxième extrait. Qu'on imagine l'épaisseur d'un tel volume où serait noyée la brochure voltairienne, et on conclura que cette édition critique idéale n'est pas une édition raisonnable.

Nous avons donc adopté une solution plus pratique, en sachant gré au comité directeur des *Œuvres complètes* de nous avoir généreusement concédé la place suffisante pour que cette édition tende vers l'idéal autant qu'il est possible.

a) Pour la comparaison avec le *Mémoire* original nous renvoyons, au début de chaque chapitre de l'extrait, aux pages de l'édition des *Œuvres complètes* de Meslier (Paris 1970, tome i). Cette édition comportant, en note, les références précises à l'*Extrait* voltairien (dans l'édition Moland – qui est elle-même reproduite, avec sa pagination, au tome iii), il sera facile au lecteur de confronter les deux textes. Voltaire lui-même, rappelons-le, n'a pas eu ce souci. . .

b) Pour la comparaison avec l'extrait primitif, nous nous bornons à reproduire tous les passages qui correspondent à l'*Extrait* imprimé, nous faisons de même pour les passages du deuxième extrait manuscrit. Les copies utilisées par Voltaire ayant disparu, nous avons reproduit, pour ces extraits, *les versions les plus proches du texte voltairien*, c'est-à-dire Arsenal 2559 pour l'extrait primitif et Reims 653 pour le deuxième extrait. Nous avons également tiré de Reims 653 la version de l'"Abrégé de la vie de l'auteur'. Nous voulons permettre au lecteur d'avoir une idée précise du travail 'éditorial' de Voltaire. C'est pourquoi nous avons indiqué les variantes des autres copies qui rapprochent encore davantage la version manuscrite de la version imprimée par Voltaire. Mais nous n'avons pas signalé les autres variantes.

Nous avons renoncé à reproduire les passages manuscrits non retenus par Voltaire, mais nous indiquons sommairement, entre crochets, leur contenu, lorsqu'il ne s'agit pas d'un simple développement de ce qui précède; dans tous les cas nous donnons la référence, pour ces passages, au *Mémoire* original.

Dans le texte d'Arsenal 2559 nous avons corrigé ou ajouté, toujours entre crochets, quelques mots pour réparer des erreurs évidentes du copiste: 'annoncée' (pour 'avancée', Ars., p.84); 'histoires' (pour 'historiens', p.142); 'ravi' (pour 'ainsi', p.327); 'en' (omis, p.329); 'prophéties' (pour 'prophètes', p.355) et 'comme' (omis, p.447). Nous avons également rétabli la plupart des abréviations ('conséquemment' pour 'conseq^t', 'qu'ils' pour 'q^{ls}', 'royaume' pour 'roy^e', 'susdites' pour 'susd.', etc.).

Abréviations utilisées dans les notes et les variantes

Aux abréviations couramment utilisées pour la présente édition des *Œuvres complètes* de Voltaire, et aux sigles déjà mentionnés dans notre description des éditions, nous ajoutons:

Aix: ms. Aix 581
Ars.58:   ms. Arsenal 2558
Ars.59:   ms. Arsenal 2559
C: ms. collection personnelle Léon Centner (Paris)
O: ms. Orléans 1115
Mémoire: *Mémoire* dans *Œuvres complètes* de Meslier
             (Paris 1970, tome i)
Meslier: pour les autres textes publiés dans l'édition citée
             ci-dessus
Mz: ms. Charleville-Mézières (Archives départementales)
             I.8
R53:   ms. Reims 653
RD: ms. Reims, Supl[t]. 254 (coll. Diancourt)
éd. Villey: *Essais* de Montaigne, éd. P. Villey, rééd.
             V.-L. Saulnier (Paris 1965).

TESTAMENT DE JEAN MESLIER

ABRÉGÉ DE LA VIE DE L'AUTEUR

Jean Meslier curé d'Etrépigny et de But en Champagne,[1] natif du village de Mazerni[2] dépendant du duché de Mazarin, était le fils d'un ouvrier en serge;[3] élevé à la campagne, il a néanmoins fait ses études et est parvenu à la prêtrise.

Etant au séminaire[4] où il vécut avec beaucoup de régularité, il ⁙ s'attacha au système de Descartes.[5] Ses mœurs ont paru irréprochables, faisant souvent l'aumône; d'ailleurs très sobre, tant sur sa bouche que sur les femmes.

MM. Voiry et Delavaux, l'un curé de Va et l'autre curé de Boutzicourt,[6] étaient ses confesseurs, et les seuls qu'il fréquentait. 10

Il était seulement rigide partisan de la justice, et poussait quelquefois ce zèle un peu trop loin. Le seigneur de son village

---

[1] Meslier était curé d'Etrépigny, à une douzaine de kilomètres au sud de Charleville-Mézières (actuellement canton de Flize, département des Ardennes); à ce titre il desservait la paroisse de Balaives, à 3 km d'Etrépigny. C'est une erreur de transcription qui a fait lire 'But' pour Balaives, ce dernier nom étant écrit 'Bal ...' sur les manuscrits autographes (d'où 'Bul' et 'But' sur les copies). Erreur facilement accréditée puisque la paroisse voisine de Balaives se nomme Butz.

[2] A une quinzaine de kilomètres au sud-ouest d'Etrépigny.

[3] D'après l'acte de baptême de Jean, son père (Gérard Mellier) était 'marchand'. Dans sa *Biographie ardennaise* (Paris 1830), Boulliot le désigne comme 'propriétaire et marchand de laine'. Voir M. Dommanget, *Le Curé Meslier* (Paris 1964), p.15-16.

[4] Ordonné prêtre en décembre 1688, Meslier a été formé par le séminaire de Reims (où il est probablement entré en octobre 1684), fondé par l'archevêque Charles-Maurice Le Tellier (voir Meslier, i.xix-xx).

[5] Voir J. Deprun, 'Meslier et l'héritage cartésien', *SVEC* 24 (1963), p.443-55; 'Meslier philosophe', dans Meslier, i.lxxxviii-xcv.

[6] Lire: Boulzicourt (village voisin d'Etrépigny) et Warcq (village sur la Meuse, aux portes de Mézières). Delavaux a été nommé curé de Boulzicourt à l'âge de 27 ans (il y demeurera jusqu'en 1750). On ne peut pas confirmer la présence d'un curé Voiry à Warcq; mais il a existé, au temps de Meslier, un Jacques Wairy (ou Wuary, Vuary), originaire du Luxembourg, curé de Chalandry et Flize, localités voisines d'Etrépigny.

nommé le sieur de Touilly,[7] ayant maltraité quelques paysans, il ne voulut pas le recommander nommément au prône: M. de Mailly archevêque de Reims,[8] devant qui la contestation fut portée, l'y 15 condamna. Mais le dimanche qui suivit cette décision, ce curé monta en chaire et se plaignit de la sentence du cardinal. 'Voici, dit-il, le sort ordinaire des pauvres curés de campagne; les archevêques, qui sont de grands seigneurs, les méprisent et ne les écoutent pas. Recommandons donc le seigneur de ce lieu. Nous 20 prierons Dieu pour Antoine De Touilly; qu'il le convertisse, et lui fasse la grâce de ne point maltraiter le pauvre et dépouiller l'orphelin.'

Ce seigneur présent à cette mortifiante recommandation, en porta de nouvelles plaintes au même archevêque, qui fit venir le 25 sieur Meslier à Donchery,[9] où il le maltraita de paroles.[10]

Il n'a guère eu depuis d'autres événements dans sa vie ni d'autre bénéfice que celui d'Etrépigny.

Les principaux de ses livres étaient la Bible, un Moréri, un Montagne et quelques Pères;[11] et ce n'est que dans la lecture de la 30 Bible et des Pères qu'il puisa ses sentiments.[12] Il en fit trois copies

---

30 E62G1, E62G2, ER64G, ER65G, ER68G, N: Pères; et ce n'est

---

[7] Antoine de Toully de Cléry, seigneur d'Etrépigny en 1694, mort en 1722. (Voir Dommanget, p.78-83, et A. Soboul, 'Le critique social devant son temps', dans Meslier, i.cxvii-cxx). L'incident date de 1716.

[8] François de Mailly, archevêque de Reims de 1710 à sa mort en 1721; cardinal en 1719. (Voir Meslier, i.xxvi-xxxi.)

[9] Sur la rive droite de la Meuse, à quelques kilomètres d'Etrépigny.

[10] Meslier fut aussi condamné à 'un mois de séminaire'. Voir le procès-verbal de la visite de 1716, reproduit dans Meslier, iii.416-20.

[11] Indication exacte si l'on ne retient que le plus grand nombre des citations produites par Meslier. Mais celui-ci a utilisé de nombreux autres livres. Voir R. Desné, 'Les lectures du curé Meslier', Mélanges [...] René Pintard (Strasbourg, Paris 1975), p.613-28.

[12] Formulation excessive. Cette lecture est orientée par une réflexion critique que d'autres lectures ont nourrie et fortifiée (voir ci-dessus, n.11). Il n'empêche que Meslier a trouvé dans les prophètes bibliques un modèle et une justification de son

de sa main, l'une desquelles fut portée au garde des sceaux de
France, [13] sur laquelle on a tiré l'Extrait suivant. [14] Son MS est
adressé à M. Le Roux procureur et avocat en Parlement, à
Mézières. [15]   35

Il est écrit à l'autre côté d'un gros papier gris qui sert
d'enveloppe, [16] 'J'ai vu et reconnu les erreurs, les abus, les vanités,
les folies et les méchancetés des hommes; je les ai haïs et détestés, je
ne l'ai osé dire pendant ma vie, mais je le dirai au moins en
mourant et après ma mort; et c'est afin qu'on le sache, que je fais   40
et écris le présent Mémoire, afin qu'il puisse servir de témoignage
de vérité à tous ceux qui le verront et le liront si bon leur semble.' [17]

On a aussi trouvé parmi les livres de ce curé, un imprimé des
Traités de M. de Fénelon archevêque de Cambray (*Edit. de 1718*)
sur l'existence de Dieu et sur ses attributs, et les Réflexions du   45

---

42 N: et qui le liront
44 ER64G, ER65G, ER68G: de M. Fénelon

---

discours. Voir J. Proust, 'Meslier prophète', *Etudes sur le curé Meslier* (Paris 1966),
p.107-21.

[13] Germain-Louis de Chauvelin. En realité, les trois exemplaires originaux lui ont
été transmis. Sur l'histoire des manuscrits, voir Meslier, i.l-lviii.

[14] On sait (voir notre introduction) que l'"extrait suivant' a été fait d'après un
extrait manuscrit antérieur. On peut douter que l'extrait original, auquel s'applique
cette phrase, ait été tiré d'un des manuscrits autographes. Le premier abréviateur
aura certainement utilisé une des copies complètes.

[15] Rémi Leroux, procureur et avocat au Parlement de Mézières, était aussi le
notaire des gens d'Etrépigny (voir Meslier, ii.393). D'après les versions manuscrites
de l'"Abrégé' (et celle de RN68) c'est le 'manuscrit original' qui aurait été adressé à
Leroux.

[16] Ce 'gros papier gris' a disparu. Meslier n'en fait pas mention dans ses lettres aux
curés.

[17] Le texte cité ici résume fidèlement l'argumentation développée dans l'avant-
propos du *Mémoire* (i.1-9, 36-37), la conclusion (iii.172-75) et dans les lettres aux
curés (notamment iii.185-86). On remarque que le titre exact de l'ouvrage ('le
présent *Mémoire*') figure, exceptionnellement, dans cette page de l'"Abrégé de la
vie'. (Voir notre introduction, p.5 et, ci-dessous, ch.7, n.26.)

P. Tournemine jésuite sur l'athéisme, auxquels traités il a mis ses notes en marge signées de sa main.[18]

Il avait écrit deux lettres aux curés de son voisinage, pour leur faire part de ses sentiments etc.[19] Il leur dit qu'il a consigné au greffe(*a*) de la justice de sa paroisse une copie de son écrit en 366   50 feuillets *in-8°*, mais qu'il craint qu'on ne la supprime, suivant le mauvais usage établi d'empêcher que les simples ne soient instruits, et ne connaissent la vérité.(*b*)[20]

(*a*) Sainte Menoult.
(*b*) On dit que le grand-vicaire de Reims s'est emparé de la troisième copie.

51   ER68G: ne le supprime
53   N: la vérité. ¶On trouve à la tête de son testament, une espèce de préface ou d'avant-propos, dans lequel il demande pardon à ses paroissiens de leur avoir prêché longtemps des mensonges qu'il détestait au fond du cœur. [suit le texte de l'Avant-propos] ¶Meslier mourut

[18] Fénelon, *Œuvres philosophiques* (Paris 1718), 559 p. L'ouvrage comportait une *Démonstration de l'existence de Dieu*, en deux parties, et des *Réflexions du père Tournemine, jésuite, sur l'athéisme*. Seules subsistent des copies des notes de Meslier (transcrites sur des exemplaires de l'édition de 1718). Cet '*Anti-Fénelon*' a fait l'objet d'une édition critique, par Jean Deprun, dans Meslier, iii.209-388. Naigeon a placé ici la note suivante: 'Il existe un grand nombre d'exemplaires de ce traité de Fénelon, avec les notes de Meslier: il en passe assez souvent dans les ventes de livres: dans tous ceux que j'ai vus, les notes sont écrites de la même main, et d'une écriture très fine et très nette.'

[19] Voir le texte de ces deux lettres dans Meslier, iii.181-206.

[20] 'Pourra qui voudra voir là ce qui en est, pourvu qu'on les y laisse, car ce n'est point l'ordinaire de la politique de notre France, de souffrir que des écrits de cette nature deviennent publics ni qu'ils demeurent entre les mains des peuples, parce qu'ils leur feraient trop clairement voir l'abus que l'on fait d'eux, et l'indignité et l'injustice avec laquelle on les traite' ('Lettre [...] à MM. les curés de son voisinage', dans Meslier, iii.186).

Ce curé a travaillé toute sa vie en secret pour attaquer toutes les opinions qu'il croyait fausses. [21]

Il mourut en 1733 âgé de 55 ans: [22] on a cru que dégoûté de la vie il s'était exprès refusé les aliments nécessaires, parce qu'il ne voulut rien prendre, pas même un verre de vin.

Par son testament, [23] il a donné tout ce qu'il possédait, qui n'était pas considérable, à ses paroissiens, et il a prié qu'on l'enterrât dans son jardin.

55

60

56   ER65G, ER68G: on cru

[21] Ce paragraphe est probablement une addition de Voltaire.
[22] En réalité, en 1729 (vers le 29 juin), âgé de 65 ans. Voir Dommanget, p.85.
[23] Ce testament *stricto sensu* a disparu. Sur les circonstances de la mort du curé et son inhumation, voir Dommanget, p.85-92, et Meslier, i.xxxii.

AVANT-PROPOS [1]

Vous connaissez, mes frères, mon désintéressement; je ne sacrifie point ma croyance à un vil intérêt. Si j'ai embrassé une profession si directement opposée à mes sentiments, ce n'est point par cupidité; j'ai obéi à mes parents. Je vous aurais plus tôt éclairés, si j'avais pu le faire impunément. Vous êtes témoins de ce que j'avance. Je   5
n'ai point avili mon ministère en exigeant des rétributions qui y sont attachées.

J'atteste le ciel, que j'ai aussi souverainement méprisé ceux qui se riaient de la simplicité des peuples aveuglés, lesquels fournissaient pieusement des sommes considérables pour acheter   10
des prières. Combien n'est pas horrible cette monopole! [2] Je ne blâme pas le mépris que ceux qui s'engraissent de vos sueurs et de vos peines, témoignent pour leurs mystères et leurs superstitions: mais je déteste leur insatiable cupidité et l'indigne plaisir que leurs

---

a-40   E62G1, absent
1-40   RN68, voir appendice II
1   N: Connaissez, leur dit-il, mes frères
9   ER68G: peuples aveugles, lesquels
11   ER65A, ER68A: horrible ce monopole
14   N: et l'insigne plaisir

---

[1] Voir *Mémoire*, p.24, 26-30, 31-34. Bien que l'"avant-propos' fasse partie intégrante du *Mémoire des pensées et sentiments* de Meslier et que le résumé qu'on en donne ici doive, logiquement, constituer le début de l'*Extrait*, nous avons maintenu la disposition adoptée par Voltaire qui place ce texte avant le titre de l'*Extrait*, conformémént, d'ailleurs, aux copies du deuxième extrait. Cette disposition est suivie par toutes les éditions que nous avons décrites.

[2] Cette phrase ne figure dans aucun des manuscrits. *Monopole* ('trafic illicite et odieux', Trévoux 1771) est masculin dans tous les dictionnaires consultés. 'C'est un terme odieux qui appartient au style chagrin et satirique' (Féraud, *Dictionnaire critique*, 1787).

pareils prennent à se railler de l'ignorance de ceux qu'ils ont soin   15
d'entretenir dans cet état d'aveuglement. [3]

Qu'ils se contentent de rire de leur propre aisance; mais qu'ils
ne multiplient pas du moins les erreurs en abusant de l'aveugle
piété de ceux qui par leur simplicité leur procurent une vie si
commode. Vous me rendez, sans doute, mes frères, la justice qui   20
m'est due. La sensibilité que j'ai témoignée pour vos peines me
garantit du moindre de vos soupçons. Combien de fois ne me suis-
je point acquitté gratuitement des fonctions de mon ministère?
Combien de fois aussi ma tendresse n'a-t-elle pas été affligée de
ne pouvoir vous secourir aussi souvent et aussi abondamment que   25
je l'aurais souhaité? Ne vous ai-je pas toujours prouvé que je
prenais plus de plaisir à donner qu'à recevoir? J'ai évité avec soin
de vous exhorter à la bigoterie; et je ne vous ai parlé qu'aussi
rarement qu'il m'a été possible de nos malheureux dogmes. Il
fallait bien que je m'acquittasse, comme curé, de mon ministère.   30
Mais aussi combien n'ai-je pas souffert en moi-même, lorsque j'ai
été forcé de vous prêcher ces pieux mensonges que je détestais
dans le cœur! Quel mépris n'avais-je pas pour mon ministère, et
particulièrement pour cette superstitieuse messe, et ces ridicules
administrations de sacrements, surtout lorsqu'il fallait les faire   35
avec cette solennité qui attirait votre piété et toute votre bonne
foi? Que de remords ne m'a point excités votre crédulité! Mille
fois sur le point d'éclater publiquement, j'allais dessiller vos yeux,
mais une crainte supérieure à mes forces me contenait soudain, et
m'a forcé au silence jusqu'à ma mort.   40

22   N: garantit des moindres soupçons
37   ER65A: remords n'a point excités en moi votre

[3] Comme cet évêque Lavardin: 'un voluptueux qui riait de tout', que Voltaire
compare à Meslier dans les *Lettres à Mgr le prince de ***, vii, Sur les Français (NM7,
1768, p.303-304; M.xxvi.512). 'Comment aimerions-nous les hauts bénéficiers qui,
du sein de l'orgueil, de l'avarice et de la volupté, écrasent ceux qui portent le poids
du jour et de la chaleur' (*Homélie du pasteur Bourn*, M.xxvii.234).

EXTRAIT DES SENTIMENTS DE JEAN MESLIER,

Adressés à ses paroissiens, sur une partie des abus et des erreurs en général et en particulier.

CHAPITRE I[1]

I[e] Preuve, tirée des motifs qui ont porté les hommes à établir une religion.[2]

Comme il n'y a aucune secte particulière de religion, qui ne prétende être véritablement fondée sur l'autorité de Dieu et entièrement exempte de toutes les erreurs et impostures qui se trouvent dans les autres, c'est à ceux qui prétendent établir la vérité de leur secte à faire voir qu'elle est d'institution divine, par des preuves et des témoignages clairs et convaincants; faute de quoi il faudra tenir pour certain qu'elle n'est que d'invention humaine, pleine d'erreurs et de tromperies; car il n'est pas croyable

---

d   N: [absent (rappelons une fois pour toutes que N ne présente aucune division en chapitres)]
1   E62G1:   [voir appendice I]
4   ER68G: dans toutes les autres
6   ER64A: et convaincains; faute
7-8   E62G1:   certain qu'elles ne sont toutes que [...] pleines d'erreurs

---

[1] Correspond aux dernières pages de la 'Première Preuve de la vanité, et de la fausseté des religions qui ne sont toutes que des inventions humaines'. Voir *Mémoire*, p.75-78.

[2] Ce titre ne correspond pas au contenu du chapitre: il n'y est fait allusion à aucun des divers 'motifs' qui, selon Meslier, expliquent l'origine et le maintien des religions. Dans la première édition, Voltaire avait commencé ce chapitre par un paragraphe qui mentionnait l'un de ces motifs, d'ordre politique (voir appendice I).

qu'un Dieu tout-puissant, infiniment bon, aurait voulu donner des
lois et des ordonnances aux hommes, et qu'il n'aurait pas voulu 10
qu'elles portassent des marques plus sûres et plus authentiques de
vérité, que celles des imposteurs qui sont en si grand nombre. Or
il n'y a aucun de nos christicoles,[3] de quelque secte qu'il soit, qui
puisse faire voir par des preuves claires, que sa religion soit
véritablement d'institution divine; et pour preuve de cela c'est que 15
depuis tant de siècles qu'ils sont en contestation sur ce sujet les
uns contre les autres, même jusqu'à se persécuter à feu et à sang
pour le maintien de leurs opinions, il n'y a eu cependant encore
aucun parti d'entre eux, qui ait pu convaincre et persuader les
autres par de tels témoignages de vérité; ce qui ne serait certaine- 20
ment point, s'il y avait de part ou d'autre des raisons ou des
preuves claires et sûres d'une institution divine; car comme
personne d'aucune secte de religion, éclairée et de bonne foi, ne
prétend tenir et favoriser l'erreur et le mensonge, et qu'au contraire
chacun de son côté prétend soutenir la vérité, le véritable moyen 25
de bannir toutes erreurs, et de réunir tous les hommes en paix
dans les mêmes sentiments et dans une même forme de religion,
serait de produire ces preuves et ces témoignages convaincants de
la vérité, et de faire voir par là que telle religion est véritablement
d'institution divine, et non pas aucune des autres. Alors chacun se 30
rendrait à cette vérité, et personne n'oserait entreprendre de

14   ER68G: que la religion
16   ER68G: siècles qui sont
27-28   E62G1, E62G2, ER64G, ER65G, ER68G: religion, on devrait produire
29   E62G1, E62G2, ER64G, ER65G, ER68G: et faire voir
29   ER68A: que cette religion

---

[3] Mot absent des dictionnaires du dix-huitième siècle, mais attesté aux quinzième
et seizième siècles et antérieurement dans le latin d'Eglise (*christicola*). Meslier
semble être le premier à l'utiliser dans un sens ironique (voir lexique dans Meslier
iii.525-26). Voltaire en use de même dans l'*Examen important* où 'christicoles' est
employé douze fois.

combattre ces témoignages, ni soutenir le parti de l'erreur et de
l'imposture, qu'il ne fût en même temps confondu par des preuves
contraires: mais comme ces preuves ne se trouvent dans aucune
religion, cela donne lieu aux imposteurs d'inventer et de soutenir   35
hardiment toutes sortes de mensonges.

Voici encore d'autres preuves qui ne feront pas moins clairement
voir la fausseté des religions humaines, et surtout la fausseté de la
nôtre.

33   E62G1, E62G2, ER64G, ER65G, ER68G, N: qu'il ne soit en
36-39   ER68A: mensonges.//

CHAPITRE II[1]

IIe Preuve, tirée des erreurs de la foi.

Toute religion qui pose pour fondement de ses mystères, et qui prend pour règle de sa doctrine et de sa morale un principe d'erreurs, et qui est même une source funeste de troubles et de divisions éternelles parmi les hommes, ne peut être une véritable religion, ni être d'institution divine. Or les religions humaines, et 5 principalement la catholique, pose pour fondement de sa doctrine et de sa morale un principe d'erreurs. Donc, etc. Je ne vois pas qu'on puisse nier la première proposition de cet argument; elle est trop claire et trop évidente pour pouvoir en douter. Je passe à la preuve de la seconde proposition, qui est que la religion chrétienne 10 prend pour règle de sa doctrine et de sa morale ce qu'ils appellent foi; c'est-à-dire, une créance aveugle, mais cependant ferme et assurée, de quelques lois, ou de quelques révélations divines, et de quelque divinité. Il faut nécessairement qu'elle le suppose ainsi; car c'est cette créance de quelque divinité et de quelques révélations 15 divines qui donne tout le crédit et tout l'autorité qu'elle a dans le monde, sans quoi on ne ferait aucun état de ce qu'elle prescrirait. C'est pourquoi il n'y a point de religion qui ne recommande expressément à ses sectateurs(*a*) d'être fermes dans leur foi. De là

(*a*) *Estote fortes in fide.*[2]

n.*a*   E62G2, ER64G, ER65G, ER68G: *Estote ortes in fide.*

---

[1] Extrait de la 'Deuxième Preuve' ('La foi qui est une créance aveugle et qui sert de fondement à toutes les religions, n'est qu'un principe d'erreurs, d'illusions et d'impostures'). Voir *Mémoire*, p.79-80, 82-84, 85-88, 89-91, 92-94, 99-100, 101-102, 104-105, 106-107, 108-10, 111-13, 114, 116-28, 130-45, 147-48.
[2] Note probablement ajoutée par Voltaire, inspirée de I Pierre v.8-9 (*Sobrii estote*

vient que tous les christicoles tiennent pour maximes, que la foi   20
est le commencement et le fondement du salut, et qu'elle est la
racine de toute justice et de toute sanctification, comme il est
marqué dans le Concile de Trente, *Sess. 6, chap.* 8.[3]

Or il est évident qu'une créance aveugle de tout ce qui se
propose sous le nom et l'autorité de Dieu, est un principe d'erreurs   25
et de mensonges. Pour preuve, c'est que l'on voit qu'il n'y a aucun
imposteur en matière de religion qui ne prétende se couvrir du
nom de l'autorité de Dieu, et ne se dise particulièrement inspiré et
envoyé de Dieu. Non seulement cette foi et cette créance aveugle
qu'ils posent pour fondement de leur doctrine, est un principe   30
d'erreurs etc. mais elle est aussi une source funeste de troubles et
de divisions parmi les hommes, pour le maintien de leurs religions.
Il n'y a point de méchancetés qu'ils n'exercent les uns contre les
autres, sous ce spécieux prétexte.

Or il n'est pas croyable, qu'un Dieu tout-puissant, infiniment   35
bon et sage, voulût se servir d'un tel moyen ni d'une voie si
trompeuse, pour faire connaître ses volontés aux hommes; car ce
serait manifestement vouloir les induire en erreur et leur tendre
des pièges, pour leur faire embrasser le parti du mensonge. Il n'est
pareillement pas croyable qu'un Dieu qui aimerait l'union et la   40
paix, le bien et le salut des hommes, eût jamais établi pour
fondement de sa religion, une source si fatale de troubles et de
divisions éternelles parmi les hommes. Donc des religions pareilles
ne peuvent être véritables, ni avoir été instituées de Dieu.

22   ER68G: racine de toute sanctification
25-26   ER68A: principe d'erreur et de mensonge. Pour

---

et vigilate [...] *cui restite fortes in fide*). Voltaire adapte la formule dans deux lettres à
Damilaville (18 janvier et 9 mars 1762): *estote fortes in Lucrecio et in philosophia*
(D10272); *estote fortes contra fanaticos* (D10367).
[3] Meslier utilise *Le Saint Concile de Trente œcuménique et général*, trad. Martial
Chanut (Paris 1674), dans l'une des éditions de 1680 à 1705; Meslier donne 'la racine
de toute justice' pour 'la racine de toute justification'.

Mais je vois bien que nos christicoles ne manqueront pas de   45
recourir à leurs prétendus motifs de crédibilité, [4] et qu'ils diront
que quoique leur foi et leur créance soit aveugle en un sens, elle
ne laisse pas néanmoins d'être appuyée par de si clairs et si
convaincants témoignages de vérité, que ce serait non seulement
une imprudence, mais une témérité et une grande folie, de ne pas   50
vouloir s'y rendre. Ils réduisent ordinairement tous ces prétendus
motifs à trois ou quatre chefs.

Le premier, ils le tiennent de la prétendue sainteté de leur
religion, qui condamne le vice et qui recommande la pratique de
la vertu. Sa doctrine est si pure, si simple, à ce qu'ils disent, qu'il   55
est visible qu'elle ne peut venir que de la pureté et de la sainteté
d'un Dieu infiniment bon et sage.

Le second motif de crédibilité, ils le tirent de l'innocence et de
la sainteté de la vie de ceux qui l'ont embrassée avec amour, et
défendue jusqu'à souffrir la mort et les plus cruels tourments,   60
plutôt que de l'abandonner: n'étant pas croyable, que de si grands
personnages se soient laissés tromper dans leur créance, qu'ils
aient renoncé à tous les avantages de la vie, et se soient exposés à
de si cruelles persécutions pour ne maintenir que des erreurs et
des impostures.   65

Ils tirent leur troisième motif de crédibilité des oracles et des
prophéties qui ont été depuis si longtemps rendues en leur faveur,
et qu'ils prétendent accomplies d'une façon à n'en point douter.

Enfin leur quatrième motif de crédibilité, qui est comme le
principal de tous, se tire de la grandeur et de la multitude des   70
miracles faits en tout temps et en tous lieux en faveur de leur
religion.

47-48   ER68A: créance soient aveugles [...] elles ne laissent [...] appuyées par
67-68   ER68A: longtemps rendus [...] accomplis d'une

---

[4] Voir art. 'Foi' (1771) des *Questions sur l'Encycopédie* ('ils ont des motifs de
crédibilité', M.xix.156).

Mais il est facile de réfuter tous ces vains raisonnements, et de faire connaître la fausseté de tous ces témoignages. Car 1° les arguments que nos christicoles tirent de leurs prétendus motifs de crédibilité, peuvent également servir à établir et confirmer le mensonge comme la vérité; car l'on voit effectivement qu'il n'y a point de religion, si fausse qu'elle puisse être, qui ne prétende s'appuyer sur de semblables motifs de crédibilité; il n'y en a point qui ne prétende avoir une doctrine saine et véritable, et au moins en sa manière qui ne condamne tous les vices et ne recommande la pratique de toutes les vertus. Il n'y en a point qui n'ait eu de doctes et de zélés défenseurs, qui ont souffert de rudes persécutions pour le maintien et la défense de leur religion; et enfin il n'y en a point qui ne prétende avoir des prodiges et des miracles qui ont été faits en leur faveur.

Les mahométans, les Indiens, les païens en allèguent en faveur de leurs religions, aussi bien que les chrétiens. Si nos christicoles font état de leurs miracles et de leurs prophéties, il ne s'en trouve pas moins dans les religions païennes que dans la leur. Ainsi l'avantage que l'on pourrait tirer de tous ces prétendus motifs de crédibilité, se trouve à peu près également dans toutes sortes de religions.

Cela étant, comme toutes les histoires et la pratique de toutes les religions le démontrent, il s'ensuit évidemment que tous ces prétendus motifs de crédibilité dont nos christicoles veulent tant se prévaloir, se trouvent également dans toutes les religions, et par conséquent ne peuvent servir de preuves et de témoignages assurés de la vérité de leur religion, non plus que de la vérité d'aucune; la conséquence est claire.

2° Pour donner une idée du rapport des miracles du paganisme avec ceux du christianisme, ne pourrait-on pas dire, par exemple,

82-83   E62GI: eu des doctes
86   ER68A: en sa faveur
101   E62GI: idée des miracles

99

qu'il y aurait plus de raison de croire Philostrate, en ce qu'il récite dans le 8ᵉ livre de la vie d'Apollonius,[5] que de croire tous les évangélistes ensemble, dans ce qu'ils disent des miracles de J. C., ce que l'on sait au moins que Philostrate était un homme d'esprit, éloquent et disert, qu'il était secrétaire de l'impératrice Julie, femme de l'empereur Sévère, et que ç'a été à la sollicitation de cette impératrice, qu'il écrivit la vie et les actions merveilleuses d'Apollonius? marque certaine que cet Apollonius s'était rendu fameux par de grandes et extraordinaires actions, puisqu'une impératrice était si curieuse d'avoir sa vie par écrit; ce que l'on ne peut nullement dire de J. C. ni de ceux qui ont écrit sa vie; car ils n'étaient que des ignorants, gens de la lie du peuple, de pauvres mercenaires, des pêcheurs, qui n'avaient pas seulement l'esprit de raconter de suite et par ordre les faits dont ils parlent, et qui se contredisent même très souvent et très grossièrement.

A l'égard de celui dont ils décrivent la vie et les actions, s'il avait véritablement fait les miracles qu'ils lui attribuent, il se serait infailliblement rendu très recommandable par ses belles actions; chacun l'aurait admiré, et on lui aurait érigé des statues, comme on a fait en faveur des dieux: mais au lieu de cela on l'a regardé comme un homme de néant, un fanatique, etc.

Joseph l'historien, après avoir parlé des plus grands miracles rapportés en faveur de sa nation et de sa religion, en diminue aussitôt la créance, et la rend suspecte, en disant qu'il laisse à chacun la liberté d'en croire ce qu'il voudra; marque bien certaine

103-104   N: récite de la vie
107   ER64L: et discret, qu'il
109   E62G1:   qu'il écrit la vie
114   E62G1, E62G2, ER64G, ER65G, ER68, N: peuple, des pauvres
122   ER68A: on l'a fait

[5] F. Philostrate, *Vie d'Apollonius de Tyane*. Information tirée par Meslier de l'art. 'Philostrate' du *Dictionnaire* de Moréri.

qu'il n'y ajoutait pas beaucoup de foi.[6] C'est aussi ce qui donne lieu aux plus judicieux, de regarder les histoires qui parlent de ces sortes de choses comme des narrations fabuleuses. Voyez Montagne[7] et l'auteur de l'Apologie des grands hommes.[8] On peut aussi voir la relation des missionnaires de l'île de Santorini: il y a trois chapitres de suite sur cette belle matière.[9]

    Tout ce que l'on peut dire à ce sujet nous fait clairement voir que les prétendus miracles se peuvent également imaginer en faveur du vice et du mensonge comme en faveur de la justice et de la vérité.

    Je le prouve par le témoignage de ce que nos christicoles mêmes appellent la Parole de Dieu, et par le témoignage de celui qu'ils adorent; car leurs livres qu'ils disent contenir la Parole de Dieu, et le Christ lui-même qu'ils adorent comme un dieu fait homme, nous marquent expressément, qu'il y a non seulement de faux prophètes, c'est-à-dire des imposteurs, qui se disent envoyés de Dieu et qui parlent en son nom, mais nous marquent expressément encore qu'ils font et qu'ils feront de si grands et de si prodigieux miracles, que peu s'en faudra que les justes n'en soient séduits. *Voyez Math. 24. 5. 11. 27. et ailleurs.*[10]

130

135

140

145

---

129   ER64G, ER65G, ER68G: regarder des histoires
144   E62G1, E62G2, ER64G, ER65G, ER68G: mais qui nous marquent
145   ER64G, ER65G, ER68G: encore qu'ils feront de

[6] F. Josèphe, *Histoire des juifs*, trad. Arnauld d'Andilly (1e éd. 1666), l.ii, ch.8 (Amsterdam 1681, p.61). Voltaire fait écho à ce passage de l'*Extrait* dans *De la paix perpétuelle* (1769; M.xxviii.115). Voir aussi *La Philosophie de l'histoire*, ch.45 ('De Josèphe').

[7] Meslier cite (i.103-104) des passages du chapitre 'Des boiteux' (*Essais*, III, 11; éd. Villey, p.1027 et 1029).

[8] G. Naudé, *Apologie pour tous les grands personnages qui ont été faussement soupçonnés de magie* (Paris 1625). Meslier cite l'ouvrage – sans jamais nommer l'auteur – dans l'édition de 1669 (t.i, ch.13, p.244, 248).

[9] François Richard, S.J., *Relation de ce qui s'est passé de plus considérable à Saint Erini* (Paris 1657), ch.13, 14 et 15.

[10] Matthieu xxiv.5, 11, 23-26; 'et ailleurs': Meslier cite Thessaloniciens ii.9-10.

De plus ces prétendus faiseurs de miracles veulent qu'on y ajoute foi, et non à ceux que font les autres d'un parti contraire au leur, se détruisant les uns les autres.　　　　　　　　　　　　150

Un jour un de ces prétendus prophètes nommé Sédécias, se voyant contredit par un autre appelé Michée, celui-là donna un soufflet à celui-ci, et lui dit plaisamment(b), 'Par quelle voie l'esprit de Dieu a-t-il passé de moi pour aller à toi?' *Voyez encore 3. Reg. 18. 40. et autres.* [11]　　　　　　　　　　　　　　　　155

Mais comment ces prétendus miracles seraient-ils des témoignages de vérité, puisqu'il est clair qu'ils n'ont pas été faits? car il faudrait savoir 1° si ceux que l'on dit être les premiers auteurs de ces narrations le sont véritablement; 2° s'ils étaient gens de probité, dignes de foi, sages et éclairés, et s'ils n'étaient point prévenus en　160 faveur de ceux dont ils parlent si avantageusement; 3° s'ils ont bien examiné toutes les circonstances des faits qu'ils rapportent, s'ils les ont bien connues, et s'ils les rapportent bien fidèlement; 4° si les livres ou les histoires anciennes qui rapportent tous ces grands miracles, n'ont pas été falsifiés et corrompus, dans la suite　165 du temps, comme quantité d'autres l'ont été.

Que l'on consulte Tacite [12] et quantité d'autres célèbres historiens, au sujet de Moïse et de sa nation, on verra qu'ils sont regardés comme une troupe de voleurs et de bandits. La magie et

(b) II. *Paral.* 18. 23.

157　E62G1:　puisqu'il n'est pas certain qu'ils ont été

[11] Dans la nomenclature moderne: I Rois xviii.40; 'et autres': Meslier cite les Nombres xii.2. Nombreuses références de Voltaire à cette rivalité des deux prophètes; voir, par exemple, *La Philosophie de l'histoire* (ch. 'Des prophètes juifs'), l'*Examen important* (*OC*, t.62, p.206).

[12] Cette référence à Tacite est contenue, chez Meslier, dans une longue citation de *L'Espion turc* de Marana (t.iii, lettre 83). Les lignes 183-189 ('... leur donner') résument la citation.

l'astrologie étaient pour lors les seules sciences à la mode; et   170
comme Moïse était, dit-on, instruit dans la sagesse des Egyptiens,
il ne lui fut pas difficile d'inspirer de la vénération et de
l'attachement pour sa personne aux enfants de Jacob, rustiques
et ignorants, et de leur faire embrasser dans la misère où ils étaient,
la discipline qu'il voulut leur donner. Voilà qui est bien différent de   175
ce que les juifs et nos christicoles nous en veulent faire accroire. Par
quelle règle certaine connaîtra-t-on qu'il faut ajouter foi à ceux-ci
plutôt qu'aux autres? Il n'y en a certainement aucune raison
vraisemblable.

Il y a aussi peu de certitude, et même de vraisemblance, sur les   180
miracles du Nouveau Testament que sur ceux de l'Ancien, pour
pouvoir remplir les conditions précédentes.

Il ne servirait de rien de dire que les histoires qui rapportent les
faits contenus dans les Evangiles ont été regardées comme saintes
et sacrées, qu'elles ont toujours été fidèlement conservées sans   185
aucune altération des vérités qu'elles renferment, puisque c'est
peut-être par là même qu'elles doivent être plus suspectes, et
d'autant plus corrompues par ceux qui prétendent en tirer avantage
ou qui craignent qu'elles ne leur soient pas assez favorables;
l'ordinaire des auteurs qui transcrivent ces sortes d'histoires   190
étant d'y ajouter, d'y changer ou d'en retrancher tout ce que bon
leur semble pour servir à leur dessein.

C'est ce que nos christicoles mêmes ne sauraient nier puisque
sans parler de plusieurs autres graves personnages qui ont reconnu
les additions, les retranchements et les falsifications qui ont été   195
faites en différents temps à ce qu'ils appellent leur Ecriture sainte,
leur St Jérôme, fameux docteur parmi eux, dit formellement en
plusieurs endroits de ses prologues, qu'elles ont été corrompues
et falsifiées, étant déjà de son temps entre les mains de toutes sortes
de personnes, qui y ajoutaient et en retranchaient tout ce que bon   200

178   ER68G: n'y a
194   E62G1:   plusieurs auteurs graves personnages

leur semblait, en sorte qu'il y avait, dit-il, autant d'exemplaires différents qu'il y avait de différentes copies.

Voyez ses prologues à Paulin, sa préface sur Josué, son Epître à Galéate,[13] sa préface sur Job, celle sur les Evangiles au pape Damase, celle sur les Psaumes à Paul et à Eustachium, etc.[14]   205

Touchant les livres de l'Ancien Testament en particulier, Esdras, prêtre de la Loi témoigne lui-même avoir corrigé et remis dans leur entier les prétendus livres sacrés de sa Loi, qui avaient été en partie perdus et en partie corrompus. Il les distribua en XXII livres selon le nombre des lettres hébraïques, et composa plusieurs autres   210 livres dont la doctrine ne devait se communiquer qu'aux seuls sages. Si ces livres ont été partie perdus, partie corrompus, comme le témoignent Esdras et le docteur St Jérôme, en tant d'endroits, il n'y a donc aucune certitude sur ce qu'ils contiennent; et quant à ce qu'Esdras dit les avoir corrigés et remis en leur entier par   215 l'inspiration de Dieu même, il n'y a aucune certitude de cela, et il n'y a point d'imposteur qui n'en puisse dire autant.

Tous les livres de la Loi de Moïse et des prophètes qu'on put trouver, furent brûlés du temps d'Antiochus. Le Talmud regardé par les juifs comme un livre saint et sacré, et qui contient toutes   220 les lois divines, avec les sentences et dits notables des rabbins, leur exposition tant sur les lois divines qu'humaines, et une quantité

203-204 E62G1:   Epître Galéate
212   ER68G: été en partie perdus
221   ER64G, ER65G, ER68G: et édits notables

[13] Contresens. Meslier a bien écrit 'Prologue galéate'. 'Il s'agit du prologue surnommé Galeatus par saint Jérôme même. Ce mot signifie armé d'un casque, c'est-à-dire qu'il sert de casque ou de tête et de préface au corps de toutes les Ecritures saintes, et qu'il les distingue des livres supposés ou apocryphes' (Le Maître de Sacy, *La Sainte Bible*, 1717, iii.268). Seule la leçon de E62G1 est acceptable.

[14] Il faut lire Paula (ou Paule) et Eustochium (ou Eustochie), noms des dames romaines qui accompagnaient saint Jérôme en Terre sainte et auxquelles celui-ci adressa plusieurs écrits. Les divers textes de saint Jérôme mentionnés ici (mais cités et commentés chez Meslier) étaient reproduits en appendice dans les éditions courantes de la Vulgate.

prodigieuse d'autres secrets et mystères de la langue hébraïque, est regardé par les chrétiens comme un livre farci de rêveries, de fables, d'impostures et d'impiétés. En l'année 1559, ils firent brûler 225 à Rome, par le commandement des inquisiteurs de la foi, douze cents de ces talmuds trouvés dans une bibliothèque de la ville de Crémone.[15]

Les pharisiens qui faisaient parmi les Juifs une fameuse secte, ne recevaient que les cinq livres de Moïse, et rejetaient tous les 230 prophètes. Parmi les chrétiens, Marcion[16] et ses sectateurs rejetaient les livres de Moïse et les prophètes, et introduisaient d'autres écritures à la mode. Carpocrate[17] et ses sectateurs en faisaient de même, et rejetaient tout l'Ancien Testament, et maintenaient que Jésus-Christ n'était qu'un homme comme les autres. Les 235 marcionites et les souverains[18] réprouvaient aussi tout l'Ancien Testament comme mauvais, et rejetaient aussi la plus grande partie des quatre Evangiles et les Epîtres de St Paul.

Les ébionites[19] n'admettaient que le seul Evangile de St Matthieu, rejetant les trois autres, et les Epîtres de St Paul. Les 240

233   ER68A: à leur mode

[15] Meslier rapporte l'événement (en indiquant 'douze mil de ces thalmuds', *Mémoire*, p.124) et donne pour référence le *Dictionnaire* de Moréri – dans lequel nous n'avons pas trouvé mention de cette affaire. On ne sait donc pas quelle est la source de Meslier mais on est bien informé sur la répression des inquisiteurs contre les juifs de Crémone qui était devenu un centre européen d'études talmudiques. 'In April or May 1559, between 10 000 and 12 000 books were publicly burned' (*The Jewish encyclopedia*, New York 1901-1906, art. 'Cremona'). Voir aussi Heinrich Graetz, *History of the Jews*, t.iv (Philadelphia, Jewish Publication Society, 1949), p.582-83. On observera que le nombre des volumes brûlés ne correspond pas à autant de talmuds (l'édition d'un talmud pouvant compter plusieurs tomes) et que parmi eux se trouvaient probablement d'autres livres hébraïques. Précisons enfin que toute l'action s'est déroulé à Crémone et non pas à Rome. (Note rédigée avec le concours de B. E. Schwarzbach.)

[16] Hérétique du deuxième siècle.

[17] Gnostique de la deuxième moitié du deuxième siècle.

[18] Lire: sévériens (dans Meslier: severians ou sevarians). Disciples d'un certain Severius, hérésiarque du deuxième siècle. (Voir art. 'Sévère' dans Moréri.)

[19] Secte de judéo-chrétiens hérétiques du premier siècle.

marcionites publiaient un Evangile sous le nom de St Matthias, pour confirmer leur doctrine. Les apostoliques[20] introduisaient d'autres Ecritures, pour maintenir leurs erreurs, et pour cet effet se servaient de certains actes, qu'ils attribuaient à St André et à St Thomas.

Les manichéens, *Chron., pag.* 287,[21] écrivirent un Evangile à leur mode, et rejetaient les écrits des prophètes et des apôtres. Les etzsaïtes[22] débitaient un certain livre, qu'ils disaient être venu du ciel; ils tronçonnaient les autres Ecritures à leur fantaisie. Origène même avec tout son grand esprit, ne laissait pas que de corrompre les Ecritures, et forgeait à tous coups des allégories hors de propos et se détournait par ce moyen du sens des prophètes et des apôtres; et même avait corrompu quelques-uns des principaux points de la doctrine. Ses livres sont maintenant mutilés et falsifiés, ce ne sont plus que pièces cousues et ramassées par d'autres qui sont venus depuis; aussi y rencontre-t-on des erreurs et des fautes manifestes.

Les allogiens[23] attribuaient à l'hérétique Cérinthus,[24] l'Evangile et l'Apocalypse de St Jean; c'est pourquoi ils les rejetaient. Les hérétiques de nos derniers siècles rejettent comme apocryphes plusieurs livres que les catholiques romains regardent comme saints et sacrés, comme sont les livres de Tobie, de Judith, d'Esther, de Baruc, le cantique des trois enfants dans la fournaise, l'histoire de Suzanne, et celle de l'idole de Bel,[25] la Sapience de Salomon,

246 ER68A: 287, écrivaient un

[20] Hérétiques du troisième siècle.

[21] Cette référence, donnée par Meslier, renvoie de toute évidence à l'*Histoire de l'Eglise* (ou *Histoire ecclésiastique*) d'Eusèbe et non à la *Chronique* du même auteur. On n'a pu identifier l'édition à laquelle Meslier se réfère ainsi, plusieurs fois (voir *Mémoire*, p.74, 124, 125, 126).

[22] Lire: elcesaïtes (dans Meslier: elsesaïtes). Secte judeo-chrétienne (deuxième-troisième siècles) fondée par Elxaï et combattue par Origène.

[23] Lire: alogiens (ou aloges, 'négateurs du Logos'), secte asiate de la fin du deuxième siècle, condamnée par Epiphane.

[24] Ou Cérinthe, judéo-chrétien du premier siècle.

[25] Les trois enfants dans la fournaise: Daniel iii.24-90. Les histoires de Suzanne et de Bel: Daniel xiii et xiv.

l'Ecclésiastique, le premier et le second livre des Machabées; auxquels livres incertains et douteux on pourrait encore en ajouter   265 plusieurs que l'on attribuait aux autres apôtres, comme sont, par exemple, les Actes de saint Thomas, ses Circuits, son Evangile et son Apocalypse; l'Evangile de saint Barthélemy, celui de saint Matthias, celui de saint Jacques, celui de saint Pierre, et celui des apôtres; comme aussi les Gestes de saint Pierre, son livre de la   270 Prédication et celui de son Apocalypse; celui du Jugement, celui de l'Enfance du Sauveur, et plusieurs autres de semblable farine, qui sont tous rejetés comme apocryphes par les catholiques romains, [26] même par le pape Gélase [27] et par les SS. PP. de la communion romaine.   275

Ce qui confirme d'autant plus qu'il n'y a aucun fondement de certitude touchant l'autorité que l'on prétend donner à ces livres, c'est que ceux qui en maintiennent la divinité sont obligés d'avouer qu'ils n'auraient aucune certitude pour les fixer, si leur foi, disent-ils, ne les en assurait et ne les obligeait absolument de le croire   280 ainsi. Or, comme la foi n'est qu'un principe d'erreur et d'imposture, comment la foi, c'est-à-dire une créance aveugle, peut-elle rendre certains les livres qui sont eux-mêmes le fondement de cette créance aveugle? Quelle pitié et quelle démence!

Mais voyons si ces livres portent en eux-mêmes quelque   285 caractère particulier de vérité, comme par exemple, d'érudition, de sagesse, et de sainteté, ou de quelques autres perfections qui ne puissent convenir qu'à un Dieu, et si les miracles qui y sont cités s'accordent avec ce que l'on devrait penser de la grandeur, de la bonté, de la justice et de la sagesse infinie d'un Dieu tout-puissant.   290

269   ER65G, ER68G: Pierre, celui
279   ER68A: pour le fixer
284   ER64A: qu'elle démence

[26] Sur les apocryphes, voir l'*Examen important* (*OC*, t.62, p.232-35) et surtout *Collection d'anciens évangiles* (1769; *OC*, t.69, p.47-245).
[27] Gélase Ier, pape (492-496), réunit un synode de 70 évêques en 494 pour distinguer les écrits canoniques et les apocryphes (décret gélasien).

Premièrement, on verra qu'il n'y a aucune érudition, aucune pensée sublime, ni aucune production qui passe les forces ordinaires de l'esprit humain. Au contraire, on n'y verra d'un côté, que des narrations fabuleuses, comme sont celles de la formation de la femme tirée d'une côte de l'homme, du prétendu paradis terrestre, 295 d'un serpent qui parlait, qui raisonnait, et qui était même plus rusé que l'homme; d'une ânesse qui parlait et qui reprenait son maître de ce qu'il la maltraitait mal à propos;[28] d'un déluge universel, et d'une arche où des animaux de toute espèce étaient renfermés; de la confusion des langues et de la division des nations; sans parler 300 de quantité d'autres vains récits particuliers sur des sujets bas et frivoles, et que des auteurs graves mépriseraient de rapporter. Toutes ces narrations n'ont pas moins l'air de fables que celles que l'on a inventées sur l'industrie de Prométhée, sur la boîte de Pandore, ou sur la guerre des géants contre les dieux, et autres 305 semblables que les poètes ont inventées pour amuser les hommes de leur temps.

D'un autre côté, on n'y verra qu'un mélange de quantité de lois et d'ordonnances ou de pratiques superstitieuses touchant les sacrifices, les purifications de l'ancienne Loi, le vain discernement 310 des animaux, dont elle suppose les uns purs et les autres impurs. Ces lois ne sont pas plus respectables que celles des nations les plus idolâtres.

On n'y verra encore que de simples histoires, vraies ou fausses, de plusieurs rois, de plusieurs princes ou particuliers qui auront 315 bien ou mal vécu, ou qui auront fait quelques belles ou mauvaises actions, parmi d'autres actions basses et frivoles qui y sont rapportées aussi.

295   ER68G: tirée d'un côté de
298-99   ER68G: universel, d'une
314   ER68G: On y verra encore des simples
314   E62G1, E62G2, ER64G, ER65G, N: que des simples
316   ER68G: bien mal vécu

[28] L'ânesse de Balaam: Nombres xxii.28-30 et II Pierre ii.16.

Pour faire tout cela, il est visible qu'il ne fallait pas avoir un grand génie, ni avoir des révélations divines. Ce n'est pas faire honneur à un Dieu. 320

Enfin on ne voit dans ces livres, que les discours, la conduite et les actions de ces renommés prophètes, qui se disaient être tout particulièrement inspirés de Dieu. On verra leur manière d'agir et de parler, leurs songes, leurs illusions, leurs rêveries; et il sera 325 facile de juger qu'ils ressemblaient beaucoup plus à des visionnaires et à des fanatiques qu'à des personnes sages et éclairées.

Il y a cependant dans quelques-uns de ces livres plusieurs bons enseignements, et de belles maximes de morale, comme dans les Proverbes attribués à Salomon, dans le livre de la Sagesse et de 330 l'Ecclésiastique; mais ce même Salomon, le plus sage de leurs écrivains, est aussi le plus incrédule. Il doute même de l'immortalité de l'âme, et il conclut ses ouvrages par dire qu'il n'y a rien de bon que de jouir en paix de son labeur, et de vivre avec ce que l'on aime.[29] 335

D'ailleurs combien les auteurs qu'on nomme profanes, Xénophon, Platon, Cicéron, l'empereur Antonin, l'empereur Julien, Virgile etc. sont-ils au-dessus de ces livres, qu'on nous dit inspirés de Dieu![30] Je crois pouvoir dire que quand il n'y aurait, par exemple, que les fables d'Esope, elles sont certainement beaucoup 340 plus ingénieuses et plus instructives, que ne le sont toutes ces

328-29 ER68G: plusieurs enseignements
331 ER68A: mais le même

[29] La dernière remarque sur Salomon (lignes 383-388: 'mais ce même Salomon...') n'est pas dans Meslier. Ce n'est pas dans la conclusion de 'ses ouvrages' qu'on doit chercher le propos ici rapporté mais dans l'Ecclésiaste ix.9. Ce propos est répété dans l'art. 'Salomon' du *Dictionnaire philosophique* (1764 et 1765). Il est repris et dénoncé dans l'*Histoire de Jenni* (ch.4) comme un argument dangereux en faveur de l'athéisme.

[30] Cette phrase n'est pas dans Meslier. Celui-ci ne cite aucun nom et se borne à évoquer 'les livres des philosophes des historiens et des orateurs profanes' (*Mémoire*, p.132).

grossières et basses paraboles, qui sont rapportées dans les Evangiles.

Mais ce qui fait encore voir que ces sortes de livres ne peuvent venir d'aucune inspiration divine, c'est qu'outre la bassesse et la grossièreté du style, et le défaut d'ordre dans la narration des faits particuliers, qui y sont très mal circonstanciés, on ne voit point que les auteurs s'accordent, ils se contredisent en plusieurs choses; ils n'avaient pas même assez de lumières ni de talents naturels pour bien rédiger une histoire.

Voici quelques exemples des contradictions qui se trouvent entre eux. L'évangéliste Matthieu fait descendre J. Ch. du roi David par son fils Salomon, jusqu'à Joseph, père au moins putatif de J. Ch., et Luc le fait descendre du même David par son fils Nathan jusqu'à Joseph.[31]

Matthieu dit, parlant de Jésus, que le bruit s'étant répandu dans Jérusalem qu'il était né un nouveau roi des Juifs, et que des mages étant venus le chercher pour l'adorer, le roi Hérode craignant que ce prétendu roi nouveau ne lui ôtât quelque jour la couronne, fit égorger tous les enfants nouvellement nés depuis deux ans, dans tous les environs de Bethléem, où on lui avait dit que ce nouveau roi devait naître, et que Joseph et la mère de Jésus ayant été avertis en songe par un ange, de ce mauvais dessein, ils s'enfuirent incontinent en Egypte, où ils demeurèrent jusqu'à la mort d'Hérode, qui n'arriva que plusieurs années après.[32]

Au contraire Luc marque que Joseph et la mère de Jésus

345

350

355

360

365

351   ER68G: exemples de contradictions
356   E62GI: L'évangéliste saint Matthieu dit, parlant du Christ, que
357   ER68G, N: que les mages
359   ER64L: nouveau-né lui

[31] Matthieu i.1-7 et Luc iii.31. La contradiction des deux généalogies est celle que Voltaire a le plus souvent signalée. Il la mentionne déjà dans sa 25ᵉ *Lettre philosophique* (17ᵉ remarque).

[32] Matthieu ii.3-9, 13-20.

demeurèrent paisiblement durant six semaines dans l'endroit où leur enfant Jésus fut né, qu'il y fut circoncis suivant la loi des Juifs, huit jours après sa naissance, et que lorsque le temps prescrit par cette loi pour la purification de sa mère fut arrivé, elle et Joseph 370 son mari le portèrent à Jérusalem pour le présenter à Dieu dans son temple, et pour offrir en même temps un sacrifice, ce qui était ordonné par la loi de Dieu; après quoi ils s'en retournèrent en Galilée dans leur ville de Nazareth, où leur enfant Jésus croissait tous les jours en grâce et en sagesse, et que son père et sa mère 375 allaient tous les ans à Jérusalem, aux jours solennels de leur fête de Pâques. Si bien que Luc ne fait aucune mention de leur fuite en Egypte, ni de la cruauté d'Hérode envers les enfants de la province de Bethléem.[33]

A l'égard de la cruauté d'Hérode, comme les historiens de ce 380 temps-là n'en parlent point, non plus que Joseph l'historien qui écrit la vie de cet Hérode,[34] et que les autres évangélistes n'en font aucune mention, il est évident que le voyage de ces mages conduits par une étoile, ce massacre des petits enfants, et cette fuite en Egypte, ne sont qu'un mensonge absurde. Car il n'est pas croyable 385 que Joseph, qui a blâmé les vices de ce roi, eût passé sous silence une action si noire et si détestable, si ce que cet évangéliste dit eût été vrai.

Sur la durée du temps de la vie publique de J. C., suivant ce que disent les trois premiers évangélistes, il ne pouvait y avoir eu 390 guère plus de trois mois depuis son baptême jusqu'à sa mort, en supposant qu'il avait trente ans lorsqu'il fut baptisé par Jean,

---

368   ER68A: Jésus était né
381-382   ER64L, ER68A, ER68G: qui a écrit la
       N: qui écrivit la
384   ER64L: massacre de petits
385   E62GI: qu'un mensonge. Car

---

[33] Luc ii.21-23, 39-41.
[34] Dans son *Histoire des Juifs*.

comme dit Luc, [35] et qu'il ait été né le 25 décembre. Car depuis ce
baptême qui fut l'an 15 de Tibère César, et l'année qu'Anne et
Caïphe étaient grands prêtres, jusqu'au premier Pâques suivant,   395
qui était dans le mois de mars, il n'y avait qu'environ trois mois;
suivant ce que disent les trois premiers évangélistes, il fut crucifié
la veille du premier Pâques suivant, après son baptême, et la
première fois qu'il vint à Jérusalem avec ses disciples; car tout ce
qu'ils disent de son baptême, de ses voyages, de ses miracles, de   400
ses prédications, et de sa mort et passion, se doit rapporter
nécessairement à la même année de son baptême, puisque ces
évangélistes ne parlent d'aucune autre année suivante, et qu'il
paraît même, par la narration qu'ils font de ses actions, qu'il les a
toutes faites immédiatement après son baptême, consécutivement   405
les unes après les autres, et en fort peu de temps, pendant lequel
on ne voit qu'un seul intervalle de six jours avant sa transfiguration,
pendant lesquels six jours on ne voit pas qu'il ait fait aucune chose.

On voit par là qu'il n'aurait vécu après son baptême qu'environ
trois mois; desquels si l'on vient à ôter six semaines de 40 jours et   410
40 nuits qu'il passa dans le désert immédiatement après son
baptême, il s'ensuivra que le temps de sa vie publique, depuis ses
premières prédications jusqu'à sa mort, n'aura duré qu'environ six
semaines; et suivant ce que Jean dit, il aurait au moins duré trois
ans et trois mois, parce qu'il paraît par l'Evangile de cet apôtre,   415
qu'il aurait été pendant le cours de sa vie publique, trois ou quatre
fois à Jérusalem à la fête de Pâques, qui n'arrivait qu'une fois l'an.

Or s'il est vrai qu'il y ait été trois ou quatre fois depuis son

---

393   ER68A: qu'il fût né
395   ER68A: premier de Pâque suivant
398   ER68A: premier de Pâque suivant
403   ER64G, ER65G, ER68G: d'aucune année
407   ER68G: avant la transfiguration

---

[35] Luc iii.21, 23.

baptême, comme Jean le témoigne,[36] il est faux qu'il n'ait vécu
que trois mois après son baptême, et qu'il ait été crucifié la première   420
fois qu'il alla à Jérusalem.

Si l'on dit que ces trois premiers évangélistes ne parlent
effectivement que d'une seule année, mais qu'ils ne marquent
pas distinctement les autres qui se sont écoulées depuis son
baptême, ou que Jean n'entend parler que d'une seule Pâques,   425
quoiqu'il semble qu'il parle de plusieurs, et que ce n'est que par
anticipation qu'il répète plusieurs fois que la fête de Pâques des
Juifs était proche, et que Jésus alla à Jérusalem, et par conséquent
qu'il n'y a qu'une contrariété apparente sur ce sujet entre ces
évangélistes, je le veux bien; mais il est constant que cette   430
contrariété apparente ne viendrait que de ce qu'ils ne s'expliquent
pas avec toutes les circonstances qui auraient été à remarquer dans
le récit qu'ils font. Quoi qu'il en soit, il y a toujours lieu de tirer
cette conséquence, qu'ils n'étaient donc pas inspirés de Dieu,
lorsqu'ils ont écrit leurs histoires.   435

Autre contradiction au sujet de la première chose que Jésus-
Christ fit incontinent après son baptême; car les trois premiers
évangélistes disent qu'il fut aussitôt transporté par l'Esprit dans
un désert, où il jeûna quarante jours et quarante nuits, et où il fut
plusieurs fois tenté par le diable:[37] et suivant ce que dit Jean, il   440
partit deux jours après son baptême pour aller en Galilée, où il fit
son premier miracle, en y changeant l'eau en vin aux noces de
Cana, où il se trouva, trois jours après son arrivée en Galilée, à
plus de trente lieues de l'endroit où il était.[38]

A l'égard du lieu de sa première retraite après sa sortie du   445
désert, Matthieu dit, *ch.* 4. v. 13, qu'il s'en vint en Galilée, et que

426   N: que c'est par

[36] Jean ii.13, v.1, vii.10 (les Tabernacles), xii.12.
[37] Matthieu iv.1-10; Marc i.12-13; Luc iv.1-8.
[38] Jean ii.1-11.

laissant la ville de Nazareth, il vint demeurer à Capharnaum ville maritime. Et Luc, *ch.* 4. v. 16 et 41,[39] dit qu'il vint d'abord à Nazareth, et qu'ensuite il vint à Capharnaum.

Ils se contredisent sur le temps et la manière dont les apôtres se mirent à sa suite; car les trois premiers disent que Jésus passant sur le bord de la mer de Galilée, il vit Simon et André son frère, et qu'un peu plus loin il vit Jacques et Jean son frère avec leur père Zébédée.[40] Jean au contraire dit que ce fut André, frère de Simon Pierre, qui se joignit premièrement à Jésus, avec un autre disciple de Jean-Baptiste, l'ayant vu passer devant eux, lorsqu'ils étaient avec leur maître sur les bords du Jourdain.[41]

Au sujet de la Cène, les trois premiers évangélistes marquent que Jésus-Christ fit l'institution du sacrement de son corps et de son sang, sous les espèces et apparences du pain et du vin, comme parlent nos christicoles romains:[42] et Jean ne fait aucune mention de ce mystérieux sacrement. Jean dit, *ch.* 13. v. 5, qu'après cette Cène Jésus lava les pieds à ses apôtres, qu'il leur commanda expressément de se faire les uns aux autres la même chose, et rapporte un long discours qu'il leur fit dans ce même temps.[43] Mais les autres évangélistes ne parlent aucunement de ce lavement de pieds, ni d'un long discours qu'il leur fit pour lors. Au contraire ils témoignent qu'incontinent après cette Cène, il s'en alla avec ses apôtres, sur la montagne des Oliviers, où il abandonna son âme à la tristesse; et qu'enfin il tomba en agonie, pendant que ses apôtres dormirent un peu plus loin.

450

455

460

465

470

452   ER65G, ER68G: mer en Galilée
       ER68A: Galilée, vit
457   ER65G, ER68G: sur le bord du

[39] Plus exactement, iv.16 et 31.
[40] Matthieu iv.18-22; Marc i.16-20; Luc v.2-11.
[41] Jean i.35-38, 40-42.
[42] Matthieu xxvi.26-28; Marc xiv.22-25; Luc xxii.14-20.
[43] Jean xiii.12-20.

Ils se contredisent eux-mêmes sur le jour qu'ils disent qu'il fit cette Cène; car d'un côté ils marquent qu'il la fit le soir de la veille de Pâques, c'est-à-dire le soir du premier jour des Azymes, ou de l'usage des pains sans levain, comme il est marqué dans l'*Exode*, 12. 18; *Lévit.*, 25. 5; dans les *Nomb.*, 28. 16;[44] et d'un autre côté ils disent qu'il fut crucifié le lendemain du jour qu'il fit cette Cène, vers l'heure de midi, après que les Juifs lui eurent fait son procès pendant toute la nuit et le matin. Or suivant leur dire, le lendemain qu'il fit cette Cène, n'aurait pas dû être la veille de Pâques. Donc, s'il est mort la veille de Pâques vers le midi, ce n'était point le soir de la veille de cette fête, qu'il fit cette Cène. Donc il y a erreur manifeste.

Ils se contredisent aussi sur ce qu'ils rapportent des femmes qui avaient suivi Jésus depuis la Galilée; car les trois premiers évangélistes disent que ces femmes et tous ceux de sa connaissance, entre lesquelles étaient Marie Madeleine, et Marie mère de Jacques et de Joses et la mère des enfants de Zébédée, regardaient de loin ce qui se passait, lorsqu'il était pendu et attaché à la croix.[45] Jean dit au contraire, 19. 25, que la mère de Jésus et la sœur de sa mère, et Marie Madeleine, étaient debout auprès de la croix, avec Jean son apôtre. La contrariété est manifeste; car si ces femmes et ce disciple étaient près de lui, elles n'étaient donc pas éloignées, comme disent les autres.

Ils se contredisent sur les prétendues apparitions qu'ils rapportent que Jésus-Christ fit après sa prétendue résurrection; car Matthieu, *ch.* 28. v. 16, ne parle que de deux apparitions; l'une, lorsqu'il s'apparut à Marie Madeleine, et à une autre femme

475

480

485

490

495

480-81 ER68G: être la veille de Pâques vers le midi, ce n'était
488 ER68G: et Joses
498 ER65G, ER68G: lorsqu'il apparut à

[44] Plus exactement, Lévitique xxiii.6 et Nombres xxviii.16-17.
[45] Matthieu xxvii.55-56; Marc xv.40-41; Luc xxiii.49.

nommée aussi Marie; et lorsqu'il s'apparut à ses onze disciples, qui s'étaient rendus en Galilée sur la montagne qu'il leur avait marquée pour le voir. [46] Marc parle de trois apparitions, la première lorsqu'il apparut à Marie Madeleine, la seconde lorsqu'il apparut à ses deux disciples qui allaient à Emmaüs, et la troisième lorsqu'il apparut à ses onze disciples, à qui il fit reproche de leur incrédulité. [47] Luc ne parle que des deux premières apparitions comme Matthieu, [48] et Jean l'évangéliste parle de quatre apparitions, et ajoute aux trois de Marc, celle qu'il fit à sept ou huit de ses disciples, qui pêchaient sur la mer de Tybériade. [49]

Ils se contredisent encore sur le lieu de ces apparitions; car Mathieu dit que ce fut en Galilée sur une montagne; Marc dit que ce fut lorsqu'ils étaient à table; Luc dit qu'il les mena hors de Jérusalem, et qu'il les mena jusques en Béthanie, où il les quitta en s'élevant au ciel: et Jean dit que ce fut dans la ville de Jérusalem, dans une maison dont ils avaient fermé les portes; et une autre fois sur la mer de Tybériade.

Voilà bien de la contrariété dans le récit de ces prétendues apparitions. Ils se contredisent au sujet de sa prétendue ascension au ciel; car Luc et Marc disent positivement qu'il monta au ciel en présence de ses onze apôtres; [50] mais ni Matthieu ni Jean ne font aucune mention de cette prétendue ascension. Bien plus, Matthieu témoigne assez clairement qu'il n'est point monté au ciel, puisqu'il

499   ER65G, ER68G: lorsqu'il apparut à
503   E62G1, E62G2, ER64G, ER65G, ER68G, N: allaient en Emaüs
505   ER65G, ER68G: que de deux
511   ER65G, ER68G: lorsqu'il était à
521   ER68G: n'est pas monté

[46] Matthieu xxviii.9-10, 16-20.
[47] Marc xvi.9-14.
[48] Luc xxiv.16-31, 36-51.
[49] Jean xx.14-17, 19-23, 26-29; xxi.1-23.
[50] Luc xxiv.50-51; Marc xvi.14-19.

dit positivement que Jésus-Christ assura ses apôtres qu'il serait et qu'il demeurerait toujours avec eux jusqu'à la fin des siècles. 'Allez donc, leur dit-il dans cette prétendue apparition, enseignez toutes les nations, et soyez assurés que je serai toujours avec vous jusqu'à la fin des siècles.'[51]   525

Luc se contredit lui-même sur ce sujet: car dans son Evangile, *ch.* 24. v. 50, il dit que ce fut en Béthanie qu'il monta au ciel en présence de ses apôtres; et dans ses Actes des apôtres, supposé qu'il en soit l'auteur, il dit que ce fut sur la montagne des Oliviers.[52]   530
Il se contredit encore lui-même dans une autre circonstance de cette ascension; car il marque dans son Evangile que ce fut le jour même de sa resurrection, ou la première nuit suivante, qu'il monta au ciel;[53] et dans ses Actes des apôtres, il dit que ce fut 40 jours après sa résurrection.[54] Ce qui ne s'accorde certainement pas.   535

Si tous les apôtres avaient véritablement vu leur maître monter glorieusement au ciel, comment Matthieu et Jean qui l'auraient vu comme les autres, auraient-ils passé sous silence un si glorieux mystère, et si avantageux à leur maître, vu qu'ils rapportent quantité d'autres circonstances de sa vie et de ses actions, qui sont   540
beaucoup moins considérables que celle-ci? Comment Matthieu ne fait-il pas mention expresse de cette ascension, et n'explique-t-il pas clairement de quelle manière il demeurerait toujours avec eux, quoiqu'il les quittât visiblement pour monter au ciel? Il n'est pas facile de comprendre par quel secret il pouvait demeurer avec   545
ceux qu'il quittait.

Je passe sous silence quantité d'autres contradictions;[55] ce que

---

[51] Matthieu xxviii.19-20.

[52] Actes i.4-9. On n'y précise pas que ce fut sur la Montagne des Oliviers. Meslier a commis une confusion avec Actes i.12.

[53] Luc xxiv.13-51.

[54] Actes i.3: 'leur apparaissant *durant* quarante jours' (trad. Le Maître de Sacy).

[55] Voltaire a repris plusieurs des contradictions signalées par Meslier. Voir, en particulier, *Questions sur les miracles* (M.xxv.375-76), la *Cinquième homélie* (1769; M.xxvii.563), art. 'Contradiction' (1771) des *Questions sur l'Encyclopédie*. Le 4 octobre 1763, il invitait Helvétius à écrire la 'belle histoire' des contradictions (D11444).

je viens de dire suffit pour faire voir que ces livres ne viennent d'aucune inspiration divine, ni même d'aucune sagesse humaine, et par conséquent qu'ils ne méritent pas qu'on y ajoute aucune foi. 550

CHAPITRE III[1]

Mais par quel privilège ces quatre Evangiles et quelques autres semblables livres passent-ils pour saints et divins, plutôt que plusieurs autres qui ne portent pas moins le titre d'Evangile, et ont autrefois été comme les premiers publiés sous le nom de quelques autres apôtres? Si l'on dit que les Evangiles réfutés sont supposés et faussement attribués aux apôtres, on en peut dire autant des premiers; si l'on suppose les uns falsifiés et corrompus, on en peut supposer autant pour les autres. Ainsi il n'y a point de preuve assurée pour discerner les uns d'avec les autres, en dépit de l'Eglise qui veut en décider, elle n'est pas plus croyable.

Pour ce qui est des prétendus miracles rapportés dans le Vieux Testament, ils n'auraient été faits que pour marquer de la part de Dieu une injuste et odieuse acception de peuples et de personnes, et pour accabler de maux, de propos délibéré, les uns, et pour favoriser tout particulièrement les autres. La vocation et le choix que Dieu fit des patriarches Abraham, Isaac et Jacob, pour de leur postérité se faire un peuple qu'il sanctifierait et bénirait par-dessus tous les autres peuples de la terre, en est une preuve.

Mais, dira-t-on, Dieu est le maître absolu de ses grâces et de ses bienfaits, il peut les accorder à qui bon lui semble, sans qu'on ait droit de s'en plaindre ni l'accuser d'injustice. Cette raison est

---

a   E62G1, E62G2, ER64G, ER64A, ER65A, ER65G, ER68A, ER68G: CHAPITRE II
    RN68: [absent]
3-4   E62G1, E62G2, ER64G, ER65G, ER68G, N: et qui ont
7-8   ER68A: et rompus, on
14   E62G1, E62G2, ER64G, ER65G, ER68G, N: les uns pour
21   N: ni de l'accuser

---

[1] Extrait, comme le précédent, de la 'Deuxième Preuve'. Voir *Mémoire*, p.149, 150-51, 154-55, 158-59, 162, 166, 167-68, 170-77, 180.

vaine; car Dieu, l'auteur de la nature, le père de tous les hommes, doit également les aimer tous, comme ses propres ouvrages; et par conséquent, il doit également être leur protecteur, et leur bienfaiteur; car celui qui donne l'être, doit donner les suites et les conséquences nécessaires pour le bien-être;[2] si ce n'est que nos christicoles veuillent dire que leur Dieu voudrait faire exprès des créatures pour les rendre misérables, ce qu'il serait certainement indigne de penser d'un être infiniment bon.[3]

De plus, si tous les prétendus miracles, tant du Vieux que du Nouveau Testament, étaient véritables, on pourrait dire que Dieu aurait eu plus de soin de pourvoir au moindre bien des hommes qu'à leur plus grand et principal bien; qu'il aurait voulu plus sévèrement punir dans de certaines personnes, des fautes légères, qu'il n'aurait puni dans d'autres de très grands crimes; et enfin qu'il n'aurait pas voulu se montrer si bienfaisant dans les plus

27-28 ER64L: des créateurs pour
28 ER68A: ce qui serait

[2] 'C'est là le grand refuge de l'athée: si j'admets un Dieu, dit-il, ce Dieu doit être la bonté même: qui m'a donné l'être me doit le bien être [...] On répond à cet athée: le mot de bon, de *bien-être* est équivoque' (*Eléments de la philosophie de Newton*, 1748, *OC*, t.15, p.631-32).

[3] On voit poindre, dans ce paragraphe, l'athéisme de Meslier, et Voltaire ne s'y est pas trompé (voir ci-dessus, n.2). Meslier consacre toute sa 6e Preuve à dénoncer la misère sociale et il développera inlassablement l'argument tiré de l'existence du mal dans sa 7e Preuve (voir *Mémoire*, ii.303-33, 374-89 et surtout 475-525). C'est sans doute en pensant à de tels passages – ou seulement au passage de l'extrait qu'il réfute en 1748 – que Voltaire explique d'abord, dans une page de la *Métaphysique de Newton* (éd. 1740, *OC*, t.15, p.199), que des 'êtres raisonnables' vivant dans un monde en proie au malheur ne peuvent croire 'volontiers des arguments métaphysiques qui prouvent un être souverainement sage et bienfaisant' (voir R. Pomeau, *La Religion de Voltaire*, Paris 1969, p.201-202). On sait que pour Voltaire 'la question du bien et du mal demeure un chaos indébrouillable' (*Dictionnaire philosophique*, art. 'Bien', 1764); dans l'*Histoire de Jenni*, l'existence du mal sera encore le premier argument de l'athée Birton (ch.7) et fera l'objet d'une discussion (ch.9).

pressants besoins, que dans les moindres. C'est ce qu'il est facile
de faire voir, tant par les miracles qu'on prétend qu'il a faits, que
par ceux qu'il n'a pas faits, et qu'il aurait néanmoins plutôt faits
qu'aucun autre, s'il était vrai qu'il en eût fait. Par exemple, dire   40
que Dieu aurait eu la complaisance d'envoyer un ange pour
consoler et secourir une simple servante,[4] pendant qu'il aurait
laissé et qu'il laisse encore tous les jours languir et mourir de misère
une infinité d'innocents: qu'il aurait conservé miraculeusement
pendant quarante ans les habillements et les chaussures d'un   45
misérable peuple,[5] pendant qu'il ne veut pas veiller à la
conservation naturelle de tant de biens si utiles et nécessaires
pour la subsistance des peuples, et qui se sont néanmoins perdus et
se perdent encore tous les jours par différents accidents. Quoi! il
aurait envoyé aux premiers chefs du genre humain, Adam et Eve,   50
un démon, un diable, ou un simple serpent, pour les séduire, et
pour perdre par ce moyen tous les hommes? Cela n'est pas croyable.
Quoi! il aurait voulu, par une grâce spéciale de sa providence,
empêcher que le roi de Géraris païen ne tombât dans une faute
légère avec une femme étrangère,[6] faute cependant qui n'aurait eu   55
aucune mauvaise suite; et il n'aurait pas voulu empêcher qu'Adam
et Eve ne l'offensassent, et ne tombassent dans le péché de
désobéissance, péché qui, selon nos christicoles, devait être fatal,
et causer la perte de tout le genre humain? Cela n'est pas croyable.

Venons aux prétendus miracles du Nouveau Testament. Ils   60
consistent, comme on le prétend, en ce que Jésus-Christ et
ses apôtres guérissaient divinement toutes sortes de maladies et

---

37   ER65G, ER68G: ce qui est facile
44   ER65G, ER68G: d'innocents: il aurait

---

[4] Genèse xvi.7-13.
[5] Deutéronome xxix.4.
[6] Genèse xx.3-7. Abimélech, roi de Gérare (ou Gérara) et non de 'Géraris'.
Meslier qui traduit dans la Vulgate 'Abimelech rex Gerarae' (Genèse xx.2), a sans
doute été égaré par la lecture du verset précédent ('... peregrinatus est in Geraris').

d'infirmités; en ce qu'ils rendaient, quand ils voulaient, la vue aux aveugles, l'ouïe aux sourds, la parole aux muets, qu'ils faisaient marcher droit les boiteux, qu'ils guérissaient les paralytiques, qu'ils 65 chassaient les démons des corps des possédés, et qu'ils ressuscitaient les morts.

On voit plusieurs de ces miracles dans les Evangiles mais on en voit beaucoup plus dans les livres que nos christicoles ont faits des vies admirables de leurs saints; car on y lit, presque partout, 70 que ces prétendus bienheureux guérissaient les maladies et les infirmités, chassaient les démons presque en toute rencontre, et ce au seul nom de Jésus, ou par le seul signe de la croix; qu'ils commandaient, pour ainsi dire, aux éléments; que Dieu les favorisait si fort, qu'il leur conservait même après leur mort son divin 75 pouvoir, et que ce divin pouvoir se serait communiqué jusqu'au moindre de leurs habillements, et même jusqu'à l'ombre de leurs corps et jusqu'aux instruments honteux de leur mort. Il est dit que la chaussette de saint Honoré ressuscita un mort au six de janvier; que les bâtons de saint Pierre, de saint Jacques et de saint Bernard 80 opéraient des miracles. On dit de même de la corde de saint François, du bâton de saint Jean de Dieu et de la ceinture de sainte Mélanie. Il est dit, de saint Gracilien qu'il fut divinement instruit de ce qu'il devait croire et enseigner, et qu'il fit, par le mérite de son oraison, reculer une montagne, qui l'empêchait de bâtir une 85 église. Que du sépulcre de saint André il en coulait sans cesse une liqueur, qui guérissait toutes sortes de maladies. Que l'âme de St Benoît fut vue monter au ciel: revêtue d'un précieux manteau, et environnée de lampes ardentes. St Dominique disait que Dieu ne l'avait jamais éconduit de choses qu'il lui eût demandées. Que 90 St François commandait aux hirondelles, aux cygnes et autres oiseaux, qu'ils lui obéissaient; et que souvent les poissons, les

80-81   E62G1, E62G2, ER64G, ER64A, ER64L, ER65G: Bernard, opérait des
81   ER68A: On dit la même chose de
90   E62G1, E62G2, ER64G, ER65G, ER68G: choses qui lui
92   ER68G: oiseaux qui lui obéissaient

lapins et les lièvres venaient se mettre entre ses mains et dans son giron. Que St Paul et St Pantaléon ayant eu la tête tranchée, il en sortit du lait au lieu de sang. Que le bienheureux Pierre de Luxembourg dans les deux premières années d'après sa mort, 1388 et 1389, fit 2400 miracles, entre lesquels il y eut 42 morts ressuscités, non compris plus de trois mille autres miracles qu'il a faits depuis; sans ceux qu'il fait encore tous les jours. Que les cinquante philosophes que Ste Catherine convertit, ayant tous été jetés dans un grand feu, leurs corps furent après trouvés entiers, et pas un seul de leurs cheveux brûlé; que le corps de Ste Catherine fut enlevé par les anges après sa mort, et enterré par eux sur le mont Sinaï. Que le jour de la canonisation de St Antoine de Padoüe toutes les cloches de la ville de Lisbonne sonnèrent d'elles-mêmes sans que l'on sût d'où cela venait; que ce saint étant un jour sur le bord de la mer, et ayant appelé les poissons pour les prêcher, ils vinrent devant lui en foule, et mettant la tête hors de l'eau ils l'écoutaient attentivement. On ne finirait point s'il fallait rapporter toutes ces balivernes: il n'y a sujet si vain et si frivole, et même si ridicule, où les auteurs de ces vies de saints ne prennent plaisir d'entasser miracles sur miracles, tant ils sont habiles à forger de beaux mensonges. Voyez aussi le sentiment de Naudé sur cette matière dans son Apologie des grands hommes, *Tom.* 2, *p.* 13. [7]

Ce n'est pas sans raison en effet que l'on regarde ces choses comme de vains mensonges; car il est facile de voir que tous ces prétendus miracles n'ont été inventés qu'à l'imitation des fables des poètes païens; c'est ce qui paraît assez visiblement par la conformité qu'il y a des uns aux autres.

[7] Voir, ci-dessus, ch.2, n.8. La référence exacte: i.13. Meslier cite, sur le sujet des 'beaux mensonges', plusieurs passages de l'*Apologie* pris dans ch.1 (i.13-14), ch.2 (i.85-88) et ch.22 (i.466-68).

CHAPITRE IV[1]

Conformité des anciens et nouveaux miracles.

Si nos christicoles disent que Dieu donnait véritablement pouvoir à ses saints de faire tous les miracles rapportés dans leurs vies, de même aussi les païens disent que les filles d'Anius grand prêtre d'Apollon avaient véritablement reçu du dieu Bacchus la faveur et le pouvoir de changer tout ce qu'elles voudraient en blé, en vin, en huile etc.[2]

Que Jupiter donna aux nymphes qui eurent soin de son éducation une corne de la chèvre qui l'avait allaité dans son enfance, avec cette propriété qu'elle leur fournissait abondamment tout ce qui leur venait à souhait.

Si nos christicoles disent que leurs saints avaient le pouvoir de ressusciter les morts, et qu'ils avaient des révélations divines, les païens avaient dit avant eux, qu'Athalide fils de Mercure[3] avait obtenu de son père le don de pouvoir vivre, mourir et ressusciter quand il voudrait, et qu'il avait aussi la connaissance de tout ce

---

a   E62G1, E62G2, ER64G, ER64A, ER65A, ER65G, ER68A, ER68G: CHAPITRE III
RN68: [absent]

9-10   E62G1, E62G2, ER64G, ER65G, ER68G, N: abondamment de tout ce qui leur viendrait à

---

[1] Extrait, comme les précédents, de la 'Deuxième Preuve'. Voir *Mémoire*, p.180-86, 190-91, 192-93.

[2] Voltaire évoque ces filles d'Anius dans l'*Examen important* (*OC*, t.62, p.274). C'est probablement en pensant à l'ensemble de ce chapitre qu'il note: 'le parallèle est très long et très exact des deux côtés'. Voir ci-dessous, n.17.

[3] Lire: Aethalides. Ce fils de Mercure, rarement mentionné, est évoqué par Appolonius de Rhodes (*Les Argonautiques*, I, v.641-649) et, comme une incarnation de Pythagore, par Diogène Laërce, *De la vie des philosophes* (l.viii). Aethalides, après sa mort, revenait vivre avec les hommes pour de courtes périodes et s'en retournait aux enfers.

qui se faisait au monde, et en l'autre vie; et qu'Esculape, fils
d'Apollon, avait ressuscité des morts, et entre autres qu'il ressuscita
Hypolite fils de Thésée à la prière de Diane, et qu'Hercule
ressuscita aussi Alceste femme d'Admet roi de Thessalie pour la
rendre à son mari.   20

Si nos christicoles disent que leur Christ est né miraculeusement
d'une vierge, sans connaissance d'homme, les païens avaient déjà
dit avant eux, que Rémus et Romulus fondateurs de Rome, étaient
miraculeusement nés d'une vierge vestale nommée Ilia, ou Silvia,
ou Réa Silvia; ils avaient déjà dit que Mars, Arge, Vulcain et   25
autres, avaient été engendrés de la déesse Junon, sans connaissance
d'homme, et avaient déjà dit aussi que Minerve déesse des sciences
avait été engendrée dans le cerveau de Jupiter, et qu'elle en sortit
tout armée, par la force d'un coup de poing, dont ce dieu se frappa
la tête.   30

Si nos christicoles disent que leurs saints faisaient sortir des
fontaines d'eau des rochers, les païens disent de même que Minerve
fit jaillir une fontaine d'huile, en récompense d'un temple qu'on
lui avait dédié.

Si nos christicoles se vantent d'avoir reçu miraculeusement des   35
images du ciel, comme par exemple celle de Notre Dame de
Lorette et de Liesse, et plusieurs autres présents du ciel, comme la
prétendue Ste ampoule de Rheims, comme la chasuble blanche
que St Ildefonse reçut de la Vierge Marie, et autres choses
semblables; les païens se vantaient avant eux d'avoir reçu un   40
bouclier sacré, pour marque de la conservation de leur ville
de Rome; et les Troyens se vantaient avant eux d'avoir reçu
miraculeusement du ciel leur palladium,[4] ou leur simulacre de

---

19   ER65G, ER68G: ressuscita Alceste
40   ER65G, ER68G: se vantaient avec eux
42   ER68G: se vantaient d'avoir

[4] Le palladion, statue de la déesse Pallas, qui garantit l'intégrité de la ville qui la
possède et lui rend un culte. Elle aurait préservé Troie pendant dix ans.

Pallas, qui vint, disaient-ils, prendre sa place dans le temple qu'on
avait édifié à l'honneur de cette déesse.   45

Si nos christicoles disent que leur Jésus-Christ fut vu par ses
apôtres monter glorieusement au ciel, et que plusieurs âmes de
leurs prétendus saints furent vues transférées glorieusement au
ciel par les anges; les païens romains avaient déjà dit avant eux
que Romulus leur fondateur fut vu tout glorieux après sa mort;   50
que Ganimède fils de Tros roi de Troye fut par Jupiter transporté
au ciel pour lui servir d'échanson; que la chevelure de Bérénice
ayant été consacrée au temple de Vénus, fut après transportée au
ciel:[5] ils disent la même chose de Cassiopée[6] et d'Andromède, et
même de l'âne de Silène.[7]   55

Si nos christicoles disent que plusieurs corps de leurs saints ont
été miraculeusement préservés de corruption après leur mort, et
qu'ils ont été retrouvés par des révélations divines, après avoir été
un fort long temps perdus sans savoir où ils pouvaient être; les
païens en disent de même du corps d'Oreste, qu'ils prétendent   60
avoir été trouvé par l'avertissement de l'oracle etc.

Si nos christicoles disent que les Sept-Frères-Dormants
dormirent miraculeusement pendant 177 ans, qu'ils furent enfermés
dans une caverne;[8] les païens disent qu'Epiménides le philosophe
dormit pendant 57 ans dans une caverne où il s'était endormi.   65

Si nos christicoles disent que plusieurs de leurs saints parlaient

---

[5] Bérénice, femme de Ptolémée, avait voué sa chevelure à Vénus pour obtenir la
victoire dans la guerre contre Séleucus. La chevelure placée dans le temple avant
disparu, l'astrologue Conon déclara qu'elle avait été transportée au ciel par la déesse
et changée en étoile.

[6] Cassiopée, mère d'Andromède, persécutée par Junon, a été transformée en
constellation.

[7] D'après la version de Natale Conti, propagée par son traducteur Jean Baudoin
(1627), l'âne de Silène, engagé dans la guerre contre les géants, aurait, par ses
braiements effroyables, contribué à la victoire des dieux. Ceux-ci le récompensèrent
en le plaçant parmi les astres.

[8] Pendant la persécution de Dèce (248-250), sept fidèles se réfugièrent dans une
caverne où ils furent enterrés vivants. Ils se réveillèrent sous Théodose II (408-450)
pour témoigner en faveur du Christ, puis ils se rendormirent.

encore miraculeusement après avoir eu la tête ou la langue coupées; les païens disent que la tête de Gabienus chanta un long poème, après avoir été séparée de son corps.[9]

Si nos christicoles se glorifient de ce que leurs temples et églises 70
sont ornés de plusieurs tableaux et riches présents, qui montrent les guérisons miraculeuses qui ont été faites par l'intercession de leurs saints; on voit aussi, ou du moins on voyait autrefois, dans le temple d'Esculape, en Epidaure, quantité de tableaux des cures et guérisons miraculeuses qu'il avait faites. 75

Si nos christicoles disent que plusieurs de leurs saints ont été miraculeusement conservés dans les flammes ardentes, sans y recevoir aucun dommage dans leurs corps, ni dans leurs habits; les païens disaient que les religieuses du temple de Diane marchaient sur les charbons ardents pieds nus, sans se brûler et sans se blesser 80 les pieds, et que les prêtres de la déesse Féronie et de Hyrpicus[10] marchaient de même sur des charbons ardents, dans les feux de joie que l'on faisait à l'honneur d'Apollon.

Si les anges bâtirent une chapelle à saint Clément au fond de la mer, la petite maison de Baucis et de Philémon fut miraculeuse- 85 ment changée en un superbe temple en récompense de leur piété.

Si plusieurs de leurs saints, comme saint Jacques, saint Maurice etc. ont plusieurs fois paru dans leurs armées, montés et équipés à l'avantage, combattre en leur faveur; Castor et Pollux ont paru plusieurs fois en bataille combattre pour les Romains contre leurs 90 ennemis.

Si un bélier se trouva miraculeusement pour être offert en sacrifice à la place d'Isaac, lorsque son père Abraham le voulait

---

[9] Egorgé dans une bataille contre Sextus Pompée, Gabiénus, officier d'Auguste, n'aurait pas, avant d'expirer, 'chanté un long poème' mais rapporté des enfers un message favorable à Pompée (voir Pline, *Histoire naturelle*, vii.52).

[10] Lire: 'Hirpiens', 'famille ancienne d'Italie [...] considérée des Romains, à cause que dans le sacrifice que l'on faisait tous les ans à Apollon, ou selon d'autres à Féronie, déesse des bois [...] on dit que tous ceux qui portaient ce nom marchaient au travers des feux allumés sans se brûler' (Moréri). Voir aussi art. 'Féronie' dans Moréri.

sacrifier; la déesse Vesta envoya aussi une génisse pour lui être sacrifiée à la place de Métella fille de Métellus;[11] la déesse Diane envoya de même une biche à la place d'Iphigénie, lorsqu'elle était sur le bûcher pour lui être immolée, et par ce moyen Iphigénie fut délivrée.

Si saint Joseph fuit en Egypte, sur l'avertissement de l'ange; Simonides le poète évita plusieurs dangers mortels, sur un avertissement miraculeux qui lui en fut fait.

Si Moïse fit sortir une source d'eau vive d'un rocher en le frappant de son bâton; le cheval Pégase en fit autant, en frappant de son pied un rocher, il en sortit une fontaine.

Si saint Vincent Ferrier ressuscita un mort haché en pièces, et dont le corps était déjà moitié cuit et moitié rôti, Pélops fils de Tantale roi de Phrygie ayant été mis en pièces par son père, pour le faire manger aux dieux, ils en ramassèrent tous les membres, les réunirent et lui rendirent la vie.[12]

Si plusieurs crucifix et autres images ont miraculeusement parlé et rendu des réponses, les païens disent que leurs oracles ont divinement parlé, et rendu des réponses à ceux qui les consultaient, et que la tête d'Orphée et celle de Policrates[13] rendaient des oracles après leur mort.

Si Dieu fit connaître par une voix du ciel que Jésus-Christ était son fils comme le citent les évangélistes, Vulcain fit voir par

95

100

105

110

115

100-101   ER68G: avertissement miraculeusement qui
103   ER68G: autant, frappant

---

[11] Lucius Caecilius Metellus, souverain pontife de 243 à sa mort, en 221. Cette légende peu connue est mentionnée dans les *Œuvres morales* de Plutarque (*Parallèles des histoires grecques et romaines*, 14) où elle est rapprochée de l'histoire d'Iphigénie.

[12] L'exemple de Pélops et ceux, plus haut, d'Athalide, Esculape et Hercule sont repris dans le *Dictionnaire philosophique*, art. 'Résurrection' (1764).

[13] Ou Polycritos (fils de). Voir P. Grimal, *Dictionnaire de la mythologie grecque et romaine* (Paris 1969). Polycritos avait eu un enfant monstrueux possédant le sexe féminin et le sexe masculin. L'enfant, chassé par les Etoliens, fut dévoré par son père revenu des enfers, sauf la tête qui roula par terre et se mit à prophétiser.

l'apparition d'une flamme miraculeuse que Cœculus[14] était véritablement son fils.

Si Dieu a miraculeusement nourri quelques-uns de ses saints; les poètes païens disent que Triptolème fut miraculeusement nourri d'un lait divin par Cérès, qui lui donna aussi un char attelé de deux dragons,[15] et que Phénée fils de Mars étant sorti du ventre de sa mère déjà morte, fut néanmoins miraculeusement nourri de son lait.[16]

Si plusieurs saints ont miraculeusement adouci la cruauté et la férocité des bêtes les plus cruelles; il est dit qu'Orphée attirait à lui par la douceur de son chant et l'harmonie de ses instruments, les lions, les ours et les tigres, et adoucissait la férocité de leur nature; qu'il attirait à lui les rochers, les arbres, et même les rivières arrêtaient leur cours pour l'entendre chanter.

Enfin pour abréger, car on en pourrait rapporter bien d'autres, si nos christicoles disent que les murailles de la ville de Jéricho tombèrent par le son des trompettes; les païens disent que les murailles de la ville de Thèbes furent bâties par le son des instruments de musique d'Amphion, les pierres, disent les poètes, s'étant agencées d'elles-mêmes, par la douceur de son harmonie;

120

125

130

135

129   ER65A: même que les

[14] Lire: Caeculus. Ce héros, fils de Vulcain, au moment où il fonde la ville de Préneste (Palestrina) obtient de son père un prodige: des flammes entourent la foule et s'éteignent sur l'ordre de Caeculus; ce miracle fit la fortune de Préneste.

[15] Triptolème, roi d'Eleusis. Cérès lui avait donné un char traîné par deux dragons ailés en récompense de l'hospitalité qu'elle avait reçue chez ses parents.

[16] Il s'agit, en fait, d'Aéropos (ou Aéropus), fils de Mars et d'Aéropé, elle-même fille de Céphée (voir Pausanias, viii.44). Meslier (ou sa source) a confondu les noms du fils et du grand-père et tranformé, par métathèse, Céphée en Phécée (ms.19458 et 19459; Phicée dans 19460) qui devient Phinée, Phénée, Phanée, etc. sous la plume des copistes. Aéropé, aimée de Mars, mourut en donnant le jour à Aéropos; mais Mars fit que l'enfant pût continuer à boire le lait de sa mère.

ce qui serait encore bien plus miraculeux et plus admirable, que de voir tomber des murailles par terre.[17]

Voilà certainement une grande conformité de miracles de part et d'autre. Comme ce serait une grande sottise d'ajouter foi à ces prétendus miracles du paganisme, ce n'en est pas moins une d'en ajouter à ceux du christianisme, puisqu'ils ne viennent tous que d'un même principe d'erreur. C'était pour cela aussi que les manichéens et les ariens, qui étaient vers le commencement du christianisme, se moquaient de ces prétendus miracles, faits par l'invocation des saints, et blâmaient ceux qui les invoquaient après leur mort, et qui honoraient leurs reliques.

Revenons à présent à la principale fin que Dieu se serait proposée en envoyant son Fils au monde, qui se serait fait homme; ç'aurait été, comme il est dit, d'ôter les péchés du monde et de détruire entièrement les œuvres du prétendu démon etc. C'est ce que nos christicoles soutiennent, comme aussi que Jésus-Christ aurait bien voulu mourir pour l'amour d'eux, suivant l'intention de Dieu son père, ce qui est clairement marqué dans tous les prétendus saints livres.

Quoi! un Dieu tout-puissant et qui aurait voulu se faire homme mortel pour l'amour d'eux, et répandre jusqu'à la dernière goutte de son sang pour les sauver tous, aurait voulu borner sa puissance à guérir seulement quelques maladies et quelques infirmités du corps, dans quelques infirmes qu'on lui aurait présentés, et il n'aurait pas voulu employer sa bonté divine à guérir toutes les infirmités de nos âmes, c'est-à-dire à guérir tous les hommes de leurs vices et de leurs dérèglements, qui sont pires que les maladies du corps? Cela n'est pas croyable. Quoi! un Dieu si bon aurait voulu miraculeusement préserver des corps morts de pourriture et de corruption, et il n'aurait pas voulu de même préserver de la

---

[17] Voltaire a relevé ce dernier parallèle et la plupart de ceux qui précèdent dans ses *Carnets* (Léningrad et Piccini). Voir *Notebooks*, *OC*, t.81 et *OC*, t.82, p.174-75 et 523-24. Ils sont repris dans l'art. 'Miracles' du *Dictionnaire philosophique* (1764) et plus brièvement dans *L'Epître aux Romains* (1768; M.xxvii.89). Comparer avec la liste des douze parallèles dans *Dieu et les hommes* (*OC*, t.69, p.400-401).

contagion et de la corruption du vice et du péché, les âmes d'une infinité de personnes qu'il serait venu racheter au prix de son sang, et qu'il devait sanctifier par sa grâce? Quelle pitoyable contradiction![18]

170

---

[18] Cette dernière exclamation n'est pas dans Meslier mais figure dans les extraits manuscrits (voir appendice III, p.209).

CHAPITRE V[1]

*IIIe Preuve de la fausseté de la religion, tirée des prétendues
visions et révélations divines.*

Venons aux prétendues visions et révélations divines, sur lesquelles
nos christicoles fondent et établissent la vérité et la certitude de
leur religion.

Pour en donner une juste idée, je ne crois pas qu'on puisse
mieux faire que de dire en général, qu'elles sont telles que si   5
quelqu'un osait maintenant se vanter d'en avoir de semblables et
qu'il voulût s'en prévaloir, on le regarderait infailliblement comme
un fol, un fanatique.

Voici quelles furent ces prétendues visions et révélations divines.

Dieu, disent les prétendus saints livres, s'étant pour la première   10
fois apparu à Abraham, lui dit: 'Sortez de votre pays (il était alors
en Chaldée), quittez la maison de votre père, et allez-vous-en au
pays que je vous montrerai.' Cet Abraham y étant allé, Dieu, dit
l'histoire, *Gen.* 12. 1, s'apparut une seconde fois à lui, et lui dit: 'Je
donnerai tout ce pays-ci où vous êtes, à votre postérité.'[2] En   15
reconnaissance de cette gracieuse promesse Abraham lui dressa
un autel.

Après la mort d'Isaac, son fils Jacob allant un jour en Mésopota-

a   E62G1, E62G2, ER64G, ER64A, ER68A, ER65G, ER68A, ER68G: CHAPITRE IV
    RN68:   CHAPITRE III

---

[1] Extrait de la 'Troisième Preuve'. Voir *Mémoire*, p.201-202, 203-207, 210, 222-
23, 238-42.
[2] En réalité, Genèse xii.7. C'est la première apparition qui est mentionnée dans
Genèse xii.1. La confusion est commise par Meslier. Sur les promesses faites par Dieu à
Abraham, voir art. 'Abraham' du *Dictionnaire philosophique* (1764), *A Warburton*
(1767; *OC*, t.64, p.464), *Discours de l'Empereur Julien* (1769; *SVEC* 322, p.205-208).

mie, pour chercher une femme qui lui fût convenable, ayant
marché tout le jour, se sentant fatigué du chemin, il voulut se   20
reposer sur le soir; couché par terre, sa tête appuyée sur quelques
pierres pour s'y reposer, il s'endormit, et pendant son sommeil il
vit en songe une échelle dressée de la terre à l'extrémité du ciel,
et il lui semblait voir les anges monter et descendre par cette
échelle, et qu'il voyait Dieu lui-même s'appuyer sur le plus haut   25
bout, lui disant: 'Je suis le Seigneur, le Dieu d'Abraham et le Dieu
d'Isaac votre père; je vous donnerai à vous et à votre postérité,
tout le pays où vous dormez; elle sera aussi nombreuse que
la poussière de la terre; elle s'étendra depuis l'Orient jusqu'à
l'Occident, et depuis le Midi jusqu'au Septentrion; je serai votre   30
protecteur partout où vous irez; je vous ramènerai sain et sauf de
cette terre, et je ne vous abandonnerai point que je n'aie accompli
tout ce que je vous ai promis.' Jacob s'étant éveillé dans ce songe,
fut saisi de crainte, et dit: 'Quoi! Dieu est vraiment ici, et je n'en
savais rien! Ah! que ce lieu-ci est terrible, puisque ce n'est autre   35
chose que la maison de Dieu et la porte du ciel!' Puis s'étant levé,
il dressa une pierre, sur laquelle il répandit de l'huile en mémoire
de ce qui venait de lui arriver, et fit en même temps vœu à Dieu
que s'il revenait sain et sauf, il lui offrirait la dîme de tout ce qu'il
aurait. [3]   40

Voici encore une autre vision. Gardant les troupeaux de son beau-
père Laban, qui lui avait promis que tous les agneaux de diverses
couleurs que les brebis produiraient, seraient sa récompense, il
songea une nuit qu'il voyait les mâles sauter sur les femelles, et
qu'elles lui produisaient toutes des agneaux de diverses   45
couleurs. Dans ce beau songe Dieu lui apparut et lui dit(*a*):
'Regardez et voyez comme les mâles montent sur les femelles, et
comme ils sont de diverses couleurs; car j'ai vu la tromperie et

(*a*) *Gen.* 31. 12.

[3] Genèse xxviii.11-18.

l'injustice que vous fait Laban votre beau-père; levez-vous donc maintenant, sortez de ce pays-ci, et retournez dans le vôtre.' 50 Comme il s'en retournait avec toute sa famille, et avec ce qu'il avait gagné chez son beau-père, il eut, dit l'histoire, en rencontre pendant la nuit un homme inconnu, contre lequel il lui fallut combattre toute la nuit jusqu'au point du jour; et cet homme ne l'ayant pu vaincre, il lui demanda qui il était. Jacob lui dit son 55 nom: 'Vous ne serez plus appelé Jacob, mais Israël; car puisque vous avez été fort en combattant contre Dieu, à plus forte raison serez-vous fort en combattant contre les hommes.' *Gen.*, 32, 25. 28.

Voilà quelles furent en partie les premières de ces prétendues 60 visions et révélations divines. Il ne faut pas juger autrement des autres que de celles-ci. Or quelle apparence de divinité y a-t-il dans des songes si grossiers et dans des illusions si vaines? Si quelques personnes venaient maintenant nous conter de pareilles sornettes, et les crussent pour de véritables révélations divines; 65 comme par exemple, si quelques étrangers, quelques Allemands venus dans notre France, et qui auraient vu toutes les plus belles provinces du royaume, venaient à dire que Dieu leur serait apparu dans leur pays, qu'il leur aurait dit de venir en France, et qu'il leur donnerait à eux et à tous leurs descendants, toutes les belles terres, 70 seigneuries et provinces de ce royaume, qui sont depuis les fleuves du Rhin et du Rhône jusqu'à la mer Océane; qu'il ferait une éternelle alliance avec eux, qu'il multiplierait leur race, qu'il rendrait leur postérité aussi nombreuse que les étoiles du ciel et que les grains de sable de la mer etc., qui ne rirait de telles sottises, 75 et qui ne regarderait ces étrangers comme des fous? Il n'y a certainement personne qui ne les regardât comme tels, et qui ne se moquât de toutes ces belles visions et révélations divines.

Or il n'y a aucune raison de juger ni de penser autrement de tout ce qu'on fait dire à ces grands prétendus Sts patriarches 80 Abraham, Isaac et Jacob sur les prétendues révélations divines qu'ils disaient avoir eues.

A l'égard de l'institution des sacrifices sanglants, les livres sacrés

l'attribuent manifestement à Dieu. Comme il serait trop ennuyant de faire les détails dégoûtants de ces sortes de sacrifices, je renvoie   85
le lecteur à l'*Exode*, *ch.* 25. 1; 27. 1 et 21; 28. 3; 29. 1; *ibid.*, v. 2. v. 4. 5.
6. 7. 8. 9. 10. 11.[4]

Mais les hommes n'étaient-ils pas bien fous et bien aveuglés de croire faire honneur à Dieu, de déchirer, tuer et brûler ses propres créatures sous prétexte de lui en faire des sacrifices? Et maintenant   90
encore comment est-ce que nos christicoles sont si extravagants que de croire faire un plaisir extrême à leur dieu le père de lui offrir éternellement en sacrifice son divin fils en mémoire de ce qu'il aurait été honteusement et misérablement pendu à une croix où il serait expiré? Certainement cela ne peut venir que d'un   95
opiniâtre aveuglement d'esprit.

A l'égard du détail des sacrifices d'animaux, il ne consiste qu'en des vêtements de couleurs, en sang, fressures, foies, jabots, rognons, ongles, peaux, fiente, fumée, gâteaux, certaines mesures d'huile et de vin; le tout offert, et infecté de cérémonies sales et aussi   100
pitoyables que des opérations de magie les plus extravagantes.[5]

Ce qu'il y a de plus horrible, c'est que la loi de ce détestable peuple juif ordonnait aussi que l'on sacrifiât des hommes. Les barbares (tels qu'ils soient) qui avaient rédigé cette loi affreuse, ordonnaient, *Lévit.*, *ch.* 27, que l'on fît mourir sans miséricorde   105
tout homme qui avait été voué au dieu des Juifs, qu'ils nommaient Adonaï, et c'est selon ce précepte exécrable que Jephté immola sa fille, que Saül voulut immoler son fils.[6]

---

103   ER68G: ordonnait que
108   ER68G: fille, et que

---

[4] Plus exactement, Exode xxv.4-5, xxvii.1-8, xxix.1-34 (surtout 11-23).

[5] Ce paragraphe résume plusieurs pages de citations bibliques (*Mémoire*, p.211-15) prises dans Exode xxv, xxvii et xxix; Lévitique i et v; Nombres xv. Sur la particularité du paragraphe, voir l'extrait manuscrit (appendice III) et notre introduction. Voltaire revient sur ces 'cérémonies' ('y a-t-il rien de plus dégoûtant, de plus révoltant') dans la *Profession de foi des théistes* (1768; M.xxvii.59-60).

[6] Jephté: Juges xi.30-31 et 34-40. Saül: I Samuel xiv.39-45. Ce paragraphe ne

Mais voici encore une preuve de la fausseté de ces révélations, dont nous avons parlé. C'est le défaut d'accomplissement des grandes et magnifiques promesses qui les accompagnaient; car il est constant que ces promesses n'ont jamais été accomplies.

La preuve de cela consiste en trois choses principales: 1° A rendre leur postérité plus nombreuse que tous les autres peuples de la terre etc. 2° A rendre le peuple qui viendrait de leur race, le plus heureux, le plus saint et le plus triomphant de tous les peuples de la terre etc. 3° Et aussi à rendre son alliance éternelle, et qu'ils posséderaient à jamais le pays qu'il leur donnerait. Or il est constant que ces promesses n'ont jamais été accomplies.

Premièrement. Il est certain que le peuple juif, ou le peuple d'Israël, qui est le seul qu'on puisse regarder comme descendant des patriarches Abraham, Isaac et Jacob, et le seul dans lequel ces promesses auraient dû s'accomplir, n'a jamais été si nombreux pour qu'il puisse être comparable en nombre aux autres peuples de la terre, beaucoup moins par conséquent aux grains de sable etc.; car l'on voit que dans le temps même qu'il a été le plus nombreux et le plus florissant, il n'a jamais occupé que les petites provinces stériles de la Palestine et des environs, qui ne sont presque rien en comparaison de la vaste étendue d'une multitude de royaumes florissants qui sont de tous côtés sur la terre.[7]

Secondement. Elles n'ont jamais été accomplies touchant les grandes bénédictions dont ils auraient dû être favorisés; car quoiqu'ils aient remporté quelques petites victoires sur de pauvres

110

115

120

125

130

---

120   ER68A: que ce peuple
128   ER65A: et les environs
133   E62G1, E62G2, ER64G, ER65G, ER68G, N: sur des pauvres

---

correspond à aucun passage dans Meslier. On y trouve probablement l'origine d'un des thèmes de l'exégèse voltairienne. Voir, par exemple, le *Sermon des cinquante* (M.xxiv.441), art. 'Idole' et 'Jephté' du *Dictionnaire philosophique* (1764), *La Philosophie de l'histoire* (ch.36).
[7] Voir art. 'Judée' du *Dictionnaire philosophique* (1767).

peuples qu'ils ont pillés, cela n'a pas empêché qu'ils n'aient été le
plus souvent vaincus et réduits en servitude; leur royaume détruit   135
aussi bien que leur nation par l'armée des Romains: et maintenant
encore nous voyons que le reste de cette malheureuse nation n'est
regardé que comme le peuple le plus vil et le plus méprisable
de toute la terre, n'ayant en aucun endroit ni domination ni
supériorité.[8]   140

Troisièmement. Enfin ces promesses n'ont point été non plus
accomplies à l'égard de cette alliance éternelle que Dieu aurait dû
faire avec eux; puisque l'on ne voit maintenant et que l'on n'a
même jamais vu aucune marque de cette alliance; et qu'au contraire
ils sont, depuis plusieurs siècles, exclus de la possession du petit 145
pays qu'ils prétendent leur avoir été promis de la part de Dieu
pour en jouir à tout jamais. Ainsi toutes ces prétendues promesses
n'ayant point eu leur effet, c'est une marque assurée de leur
fausseté. Ce qui prouve manifestement encore que ces prétendus
saints et sacrés livres qui les contiennent, n'ont pas été faits par 150
l'inspiration de Dieu. Donc c'est en vain que nos christicoles
prétendent s'en servir comme d'un témoignage infaillible pour
prouver la vérité de leur religion.

---

[8] Comme Voltaire, et avant lui, Meslier tire argument contre la révélation judéo-
chrétienne du fait que les juifs sont considérés comme 'le peuple le plus vil, le plus
misérable et le plus méprisable' (*Mémoire*, p.241).

CHAPITRE VI[1]

De l'Ancien Testament.

Nos christicoles mettent encore au rang des motifs de crédibilité et des preuves certaines de la vérité de leur religion, les prophéties, qui sont, prétendent-ils,[2] des témoignages assurés de la vérité des révélations ou inspirations de Dieu, n'y ayant que Dieu seul qui puisse certainement prédire les choses futures si longtemps avant qu'elles soient arrivées, comme sont celles qui ont été prédites par les prophètes.

Voyons donc ce que c'est que ces prétendus prophètes, et si l'on en doit faire tant d'état que nos christicoles le prétendent.

Ces hommes n'étaient que des visionnaires et des fanatiques, qui agissaient et parlaient suivant les impulsions ou les transports de leurs passions dominantes, et qui s'imaginaient cependant que c'était par l'esprit de Dieu qu'ils agissaient et qu'ils parlaient; ou bien c'était des imposteurs qui contrefaisaient les prophètes, et qui, pour tromper plus facilement les ignorants et les simples, se vantaient d'agir et de parler par l'esprit de Dieu.[3]

Je voudrais bien savoir comment serait reçu un Ezéchiel qui

---

a   E62G1, E62G2, ER64G, ER64A, ER65A, ER65G, ER68A, ER68G: CHAPITRE V
a-c   RN68:   CHAPITRE IV / *Des prophéties et des écritures saintes.*
3   ER64G, ER65G, ER68G: qui y sont

---

[1] Extrait de la 'Quatrième Preuve'. Voir *Mémoire*, p.243-45, 246, 281-83, 293-94, 298-99, 308, 312-14, 315-16, 330-31, 333-34, 344-45. Voltaire (ou le copiste du manuscrit qu'il utilise) a omis le titre du chapitre.

[2] Meslier se réfère ici à la 2e Epitre de saint Pierre i.19-21.

[3] Meslier cite – ou renvoie à – Isaïe i.23, xxviii.14; Lamentations de Jérémie ii.14; Sophonie iii.4; Epître de Jude xviii.

dit, *ch.* 3 et 4,[4] que Dieu lui a fait manger à son déjeuner un livre de parchemin, lui a ordonné de se faire lier comme un fou, lui a prescrit de se coucher 390 jours sur le côté droit et 40 sur le 20 gauche; lui a commandé de manger de la merde sur son pain, et ensuite par accommodement de la fiente de bœuf? Je demande comment un pareil extravagant serait reçu chez les plus imbéciles mêmes de tous nos provinciaux?[5]

Quelle plus grande preuve encore de la fausseté de ces préten- 25 dues prédictions, que les reproches violents que ces prophètes se faisaient les uns aux autres, de ce qu'ils parlaient faussement au nom de Dieu; reproches mêmes qu'ils se faisaient, disaient-ils, de la part de Dieu. Voyez *Ezéch.* 13. 1; *Sophon.* 3. 4; et *Jérem.* 2. 8.[6]

Ils disent tous, *gardez-vous des faux prophètes*, comme les 30 vendeurs de mithridate disent, *gardez-vous des pilules contrefaites.*[7]

Ces malheureux font parler Dieu d'une manière dont un

---

29   E62G1, E62G2, ER64G, ER64A, ER65A, ER65G, ER68A, ER68G, N: et *Erem.* 2.
4.//

---

[4] Plus exactement, Ezéchiel ii.8-10; iii.1-3, 25; iv.4-8, 12-15.

[5] Ce paragraphe ne correspond à aucun passage dans Meslier qui cite d'autres versets d'Ezéchiel dans sa Quatrième Preuve. La source en est Tindal, *Christianity as old as the creation*, p.255. On remarque que Voltaire donne 'provinciaux' là où les extraits manuscrits donnent 'chrétiens' (Ars.59, Aix, Mz, RD et R53) ou 'christicoles' (O et C). Les commandements de Dieu à Ezéchiel sont pour Voltaire un thème favori. Voir surtout *Sermon des cinquante* (M.xxiv.448), *Examen important* (*OC*, t.62, p.207), art. 'Ezéchiel' du *Dictionnaire philosophique* (1764), 46ᵉ *Question de Zapata* (*OC*, t.62, p.396-97), *Homélies prononcées à Londres* (1767; *OC*, t.62, p.475), *Instructions à Rustan* (1768; M.xxvii.120), *Instruction [...] à frère Pédiculoso* (1768; M.xxvii.305-306).

[6] Référence exacte pour Sophonie, mais non pour Ezéchiel (en fait, xiii.3), ni, surtout, pour Jérémie: il faudrait lire xxiii.9-40 et xxvii.14-15. Sur les reproches entre prophètes, voir ci-dessus, ch.2, n.11.

[7] Ce paragraphe et le suivant ne se trouvent que dans l'*Extrait* de Voltaire (voir notre introduction, ci-dessus, p.30). Le mot des 'vendeurs de mithridate' est un slogan publicitaire de 'notre apothicaire Moore' dans l'*Examen important* (*OC*, t.62, p.205).

crocheteur n'oserait parler. Dieu dit au 23ᵉ *chap. d'Ezéchiel*, que la
jeune Oolla n'aime que ceux qui ont membre d'âne et sperme de
cheval. [8] Comment ces fourbes insensés auraient-ils connu l'avenir?   35
Nulle prédiction en faveur de leur nation juive n'a été accomplie.

Le nombre des prophéties qui prédisent la félicité et la grandeur
de Jérusalem, est presque innombrable; [9] aussi dira-t-on, il est très
naturel qu'un peuple vaincu et captif se console dans ses maux
réels par des espérances imaginaires, comme il ne s'est pas passé   40
une année depuis la destitution du roi Jacques, que les Irlandais
de son parti n'aient forgé plusieurs prophéties en sa faveur. [10]

Mais si ces promesses faites aux Juifs se fussent effectivement
trouvées véritables, il y aurait déjà longtemps que la nation juive
aurait été et serait encore le peuple le plus nombreux, le plus   45
puissant, le plus heureux et le plus triomphant.

DEUXIÈME SECTION

Du Nouveau Testament.

Il faut maintenant examiner les prétendues prophéties contenues
dans les Evangiles.

Premièrement. Un ange s'étant apparu en songe à un nommé
Joseph, père au moins putatif de Jésus fils de Marie, lui dit: 'Joseph   50
fils de David, ne craignez point de prendre chez vous Marie votre

---

40   ER65G, ER68G: il n'est pas

---

[8] Sur la lubricité d'Oolla, voir art. 'Ezéchiel' du *Dictionnaire philosophique*,
l'*Examen important* (*OC*, t.62, p.207-208), etc.

[9] Meslier cite longuement ces 'belles prétendues prophéties' (*Mémoire*, p.259-80).

[10] Jacques II (1663-1701) renversé par Guillaume d'Orange en 1688 et qui tente
de ressaisir le pouvoir en 1690 à partir de l'Irlande. Les lignes 38-42 (depuis
'aussi...') ne correspondent à aucun passage dans Meslier mais figurent dans l'extrait
manuscrit (Ars., p.380-81).

épouse; car ce qui est dans elle est l'ouvrage du Saint-Esprit.(*a*)
Elle vous enfantera un fils que vous appellerez Jésus, parce que ce
sera lui qui délivrera son peuple de ses péchés.'[12]

Cet ange dit aussi à Marie: 'Ne craignez point, parce que vous   55
avez trouvé grâce devant Dieu. Je vous déclare que vous concevrez
dans votre sein, et que vous enfanterez un fils que vous nommerez
Jésus. Il sera grand, sera appelé le fils du Très-Haut. Le Seigneur
Dieu lui donnera le trône de David son père; il régnera à jamais
dans la maison de Jacob, et son règne n'aura point de fin.' *Matth.*   60
I. 20. et *Luc.* I. 3.[13]

Jésus commença à prêcher et à dire: 'Faites pénitence, car le
royaume du ciel approche.' *Matth.* 4. 17. 'Ne vous mettez pas en
peine, et ne dites pas, que mangerons-nous? ou que boirons-nous?
ou de quoi serons-nous vêtus? car votre père céleste sait que toutes   65
ces choses vous sont nécessaires. Cherchez donc premièrement le
royaume de Dieu et sa justice, et toutes ces choses vous seront
données pour surcroît.' *Matth.* 6. 31. 32. 33.

Or maintenant que tout homme qui n'a pas perdu le sens
commun, examine un peu, si ce Jésus a été jamais roi, si ses   70
disciples ont eu toutes choses en abondance.[14]

(*a*) *Combien,* dit Montagne, *y a-t-il d'histoires de semblables cocuages
procurés par les dieux, contre les pauvres humains, etc. Ess.,* p. 500.[11]

---

64 ER68A: mangerons-nous? et que boirons-nous?
    N: mangerons-nous? ou boirons-nous?

---

[11] La citation de Montaigne ('Apologie de R. Sebond', *Essais,* II, 12, éd. Villey,
p.532) figure également en note, plus complète et plus exacte (lire: *y a-t-il ès
histoires*), avec la même référence, dans Meslier.

[12] Matthieu i.20-21.

[13] Plus exactement, Luc i.30-33. La référence à Matthieu se rapporte à la citation
précédente.

[14] Ce paragraphe ajouté dans l'extrait primitif commente le texte de Matthieu,
simplement cité par Meslier (i.283).

Ce Jésus promet souvent qu'il délivrera le monde du péché. Y a-t-il une prophétie plus fausse? et notre siècle n'en est-il pas une preuve parlante?

Il est dit que ce Jésus est venu sauver son peuple. Quelle façon de le sauver? C'est la plus grande partie qui donne la dénomination à une chose: une douzaine ou deux, par exemple, d'Espagnols ou de Français, ne sont pas le peuple français ou le peuple espagnol; et si une armée de cent vingt mille hommes était faite prisonnière de guerre par une plus forte armée d'ennemis, et si le chef de cette armée rachetait seulement quelques hommes, comme dix à douze soldats ou officiers en payant leur rançon, on ne dirait pas pour cela qu'il aurait délivré ou racheté son armée. Qu'est-ce donc qu'un dieu qui vient se faire crucifier et mourir pour sauver tout le monde, et qui laisse tant de nations damnées?[15] Quelle pitié et quelle horreur![16]

Jésus-Christ dit qu'il n'y a qu'à demander et qu'on recevra, qu'à chercher et qu'on trouvera.[17] Il assure que tout ce qu'on demandera à Dieu en son nom, on l'obtiendra, et que si l'on avait seulement la grosseur d'un grain de moutarde de foi, l'on ferait par une seule parole transporter des montagnes d'un endroit à un autre.[18] Si cette promesse eût été véritable, rien ne paraîtrait impossible à nos christicoles qui ont la foi à leur Christ. Cependant tout le contraire arrive.

Si Mahomet eût fait de semblables promesses à ses sectateurs

75

80

85

90

95

76   ER64G, ER65G, ER68A, ER68G: de sauver!
92   N: promesse est véritable

[15] Cette phrase interrogative ne se trouve ni dans Meslier ni dans les extraits manuscrits. Elle résume et commente l'argumentation de Meslier.

[16] Cette exclamation n'est ni dans Meslier ni dans les extraits manuscrits.

[17] Matthieu vii.7.

[18] Matthieu xvii.20. Voir aussi Marc xi.23-24 et Luc xvii.6. Sur la foi, les montagnes et la moutarde, voir *Questions sur les miracles* (12e lettre; M.xxv.414-16).

que le Christ en a fait aux siens sans aucun succès, que ne dirait-on pas? On crierait, ha le fourbe! ha l'imposteur! ha les fous de croire un tel imposteur! Les voilà ces christicoles eux-mêmes dans le cas; il y a longtemps qu'ils y sont sans revenir de leur aveuglement. Au contraire ils sont si ingénieux à se tromper, qu'ils 100 prétendent que ces promesses ont eu leur accomplissement dès le commencement du christianisme; étant pour lors, disent-ils, nécessaire qu'il y eût des miracles, afin de convaincre les incrédules de la vérité de la religion; mais que cette religion étant suffisamment établie, les miracles n'ont plus été nécessaires: où est donc la 105 certitude de cette proposition?

D'ailleurs celui qui a fait ces promesses ne les a pas restreintes seulement pour un certain temps ni pour certains lieux, ni pour certaines personnes en particulier; mais il les a faites généralement à tout le monde. 'La foi de ceux qui croiront, dit-il, sera suivie de 110 ces miracles-ci: ils chasseront les démons en mon nom; ils parleront diverses langues; ils toucheront les serpents etc.'[19]

A l'égard du transport des montagnes, il dit positivement que quiconque dira à une montagne, ôte-toi de là, et te jette dans la mer, pourvu qu'il n'hésite pas en son cœur, mais qu'il croie; tout 115 ce qu'il commandera, sera fait. Ne sont-ce pas des promesses qui sont tout à fait générales, sans restriction de temps, de lieux ni de personnes?

Il est dit que toutes les sectes d'erreurs et d'impostures prendront honteusement fin.[20] Mais si Jésus-Christ entend seulement dire 120 qu'il a fondé et établi une société de sectateurs, qui ne tomberaient

---

[19] Marc xvi.17-18.
[20] En fait, Meslier, commentant Matthieu xvi.18 ('Jésus-christ dit à ses disciples qu'il fondait son Eglise sur la pierre, qu'elle subsisterait toujours et que les portes de l'enfer ne prévaudraient jamais contre elle'), met en doute la pérennité du christianisme en pensant que les hommes reviendront de leur aveuglement en matière de religion: 'et pour lors toutes ces sectes d'erreurs et d'impostures prendront honteusement fin' (*Mémoire*, p.315-16; voir en appendice III la version d'Ars.59). L'allusion aux 'sectes d'erreurs et d'impostures' peut faire écho à II Pierre ii.1.

point dans le vice, ni dans l'erreur; ces paroles[21] sont absolument fausses, puisqu'il n'y a dans le christianisme aucune secte, ni société et Eglise, qui ne soit pleine d'erreurs et de vices, principalement la secte ou société de l'Eglise romaine, quoiqu'elle se dise la plus 125 pure et la plus sainte de toutes. Il y a longtemps qu'elle est tombée dans l'erreur; elle y est née; pour mieux dire, elle y a été engendrée et formée; et maintenant elle est même dans des erreurs qui sont contre l'intention, les sentiments et la doctrine de son fondateur, puisqu'elle a contre son dessein aboli les lois des Juifs qu'il 130 approuvait, et qu'il était venu lui-même, disait-il, *pour les accomplir et non pour les détruire*,[22] et qu'elle est tombée dans les erreurs et l'idolâtrie du paganisme, comme il se voit par le culte idolâtrique qu'elle rend à son dieu de pâte, à ses saints, à leurs images et à leurs reliques. 135

Je sais bien que nos christicoles regardent comme une grossièreté d'esprit, de vouloir prendre au pied de la lettre les promesses et prophéties comme elles sont exprimées; ils abandonnent le sens littéral et naturel des paroles, pour leur donner un sens qu'ils appellent mystique et spirituel, et qu'ils nomment allégorique et 140 tropologique; disant, par exemple, que par le peuple d'Israël et de Juda, à qui ces promesses ont été faites, il faut entendre, non les Israélites selon la chair, mais les Israélites selon l'esprit, c'est-à-dire les chrétiens, qui sont l'Israël de Dieu, le vrai peuple choisi.

Que par la promesse faite à ce peuple esclave de le délivrer de 145 la captivité, il faut entendre, non une délivrance corporelle d'un

123-124 ER65G, ER68G: société ni Eglise
128 ER68G: formée; maintenant
132-133 ER68A: erreurs et l'idolâtries du
137 ER65G, ER68G: vouloir prétendre au

[21] Ces 'paroles' sont, dans Meslier, celles de Matthieu xvi.18 (voir ci-dessus, note 20).
[22] Matthieu v.17.

seul peuple captif, mais la délivrance spirituelle de tous les hommes, de la servitude du démon, qui se devait faire par leur divin Sauveur.

Que par l'abondance des richesses, et toutes les félicités temporelles promises à ce peuple, il faut entendre l'abondance des grâces spirituelles; et qu'enfin par la ville de Jérusalem il faut entendre, non la Jérusalem terrestre, mais la Jérusalem spirituelle, qui est l'Eglise chrétienne. 150

Mais il est facile de voir que ces sens spirituels et allégoriques n'étant qu'un sens étranger, imaginaire, un subterfuge des interprètes; il ne peut nullement servir à faire voir la vérité ni la fausseté d'une proposition ni d'une promesse quelconque. Il est ridicule de forger ainsi des sens allégoriques, puisque ce n'est que par rapport au sens naturel et véritable que l'on peut juger de la vérité ou de la fausseté. Une proposition, par exemple, une promesse qui se trouve véritable dans le sens propre et naturel des termes dans lesquels elle est conçue, ne deviendra pas fausse en elle-même, sous prétexte qu'on voudrait lui donner un sens étranger qu'elle n'aurait pas: de même que celles qui se trouvent manifestement fausses dans leur sens propre et naturel, ne deviendront pas véritables en elles-mêmes, sous prétexte qu'on voudrait leur donner un sens étranger qu'elles n'auraient pas. 155 160 165

On peut dire que les prophéties de l'Ancien Testament ajoutées[23] au Nouveau, sont des choses bien absurdes et bien puériles. Par exemple, Abraham avait deux femmes, dont l'une qui n'était que servante figurait la Synagogue, et l'autre qui était épouse figurait l'Eglise chrétienne. Et sous prétexte encore que cet Abraham avait eu deux fils, dont l'un qui était de la servante figurait le Vieux 170

155   ER68A: n'étaient qu'un
165   ER68A: ne deviendraient pas

[23] Lire: ajustées. Erreur imputable à Voltaire ou au copiste qu'il reproduit. La phrase, qu'on ne trouve pas chez Meslier, résume une dizaine de pages du *Mémoire* (i.335-44).

Testament, et l'autre qui était de son épouse figurait le Nouveau
Testament. Qui ne rirait d'une si ridicule doctrine?(b)   175
N'est-il pas encore plaisant qu'un morceau de drap rouge exposé
par une putain, pour servir de signal à des espions, dans l'Ancien
Testament,[25] soit la figure du sang de Jésus-Christ répandu dans
le Nouveau?

Si suivant cette manière d'interpréter allégoriquement tout ce   180
qui s'est dit, fait et pratiqué dans cette ancienne loi des Juifs, on
voulait interpréter de même allégoriquement tous les discours,
toutes les actions et toutes les aventures du fameux Don Quichote
de la Manche; on y trouverait certainement autant de mystères et
de figures.[26]   185

C'est néanmoins sur ce ridicule fondement que toute la religion
chrétienne subsiste. C'est pourquoi il n'est presque rien dans cette
ancienne loi, que les docteurs christicoles ne tâchent d'expliquer
mystiquement.

La prophétie la plus fausse et la plus ridicule qu'on ait jamais   190
faite est celle de Jésus, dans *Luc, ch.* 22.[27] Il est prédit qu'il y aura

(b) *Spectatum admissi risum teneatis amici.* De Arte poetica Horat. 5.
vers.[24]

---

[24] 'Pourriez-vous, introduits pour contempler l'œuvre, vous empêcher de rire,
mes amis?' (Horace, *Art poétique*, v.5, trad. F. Villeneuve). Cette citation est prise
par Meslier dans l'*Apologie pour les grands personnages* de Naudé.

[25] Il s'agit de Rahab. Voir Josué ii.18 et Hébreux xi.31. Ce paragraphe ne
correspond à aucun passage dans Meslier. L'origine en remonte à Tindal
(*Christianity as old as the creation*, p.363). Voltaire reprend presque littéralement
ce paragraphe dans l'*Examen important* (*OC*, t.62, p.250).

[26] Voltaire fait fidèlement écho à ce paragraphe dans *Dieu et les hommes* (*OC*, t.69,
p.242).

[27] En fait, Luc xxi.25-27. L'ensemble du paragraphe est une addition probable de
Voltaire (voir notre introduction, ci-dessus, p.30 et 32). Celui-ci cite et commente la
même prophétie dans la 25ᵉ *Lettre philosophique* (13ᵉ remarque); il y revient souvent,
se demandant 'si on peut pousser plus loin l'imposture et la bêtise du fanatisme'
(*Examen important*, *OC*, t.62, p.246). Voir *La Philosophie de l'histoire* (ch.32), la 58ᵉ
Question de Zapata, Le Dîner du comte de Boulainvilliers (*OC*, t.63A, p.367-68), *Dieu
et les hommes* (*OC*, t.69, p.450-51), etc.

des signes dans le soleil, et dans la lune, et que le fils de l'homme viendra dans une nuée juger les hommes; et il prédit cela pour la génération présente. Cela est-il arrivé? Le fils de l'homme est-il venu dans une nuée? 195

CHAPITRE VII[1][a]

Ve Preuve, tirée des erreurs de la doctrine et de la morale.[2]

La religion chrétienne, apostolique et romaine, enseigne et oblige de croire, qu'il n'y a qu'un seul Dieu, et en même temps qu'il y a trois personnes divines, chacune desquelles est véritablement Dieu. Ce qui est manifestement absurde; car s'il y en a trois qui soient véritablement Dieu, ce sont véritablement trois dieux. Il est faux   5
de dire qu'il n'y ait qu'un seul dieu; ou s'il est vrai de le dire, il est faux de dire qu'il y en ait véritablement trois qui sont Dieu, puisqu'un et trois ne se peut véritablement dire d'une seule et même chose.

Il est aussi dit que la première de ces prétendues personnes   10
divines, qu'on appelle le Père, a engendré la seconde personne qu'on appelle le Fils, et que ces deux premières personnes ensemble ont produit la troisième que l'on appelle le Saint-Esprit, et

---

a   E62G1, E62G2, ER64G, ER64A, ER65A, ER65G, ER68A, ER68G: CHAPITRE VI
    RN68:   CHAPITRE V
b   ER64L, N: *Quatrième preuve*
1-2   ER64G, ER65G, ER68G: oblige à croire
7   ER64G, ER65G, ER68G: faux de le dire
    ER68A: qui soient Dieu
13   N: appelle Saint-Esprit

---

[1] Extrait de la 'Cinquième Preuve de la vanité et fausseté de la religion chrétienne tirée des erreurs de sa doctrine et de sa morale'. Voir *Mémoire*, p.376-82, 386-87, 388-92, 396, 400-402, 410-11, 431-32, 433, 435-36.

[2] L'auteur de l'extrait reprend pour intituler son chapitre un titre qui vaut pour l'ensemble de la 5e Preuve (selon l'indication fournie par Meslier dans sa table des matières). Mais il n'a rien retenu du développement sur les 'Trois principales erreurs de la morale chrétienne' par lequel s'achève cette 'preuve' (*Mémoire*, p.498-510); et ce chapitre VII ne critique aucune erreur de 'morale'.

néanmoins que ces trois prétendues divines personnes ne dépendent point l'une de l'autre, et ne sont pas même plus anciennes l'une que l'autre. Cela est encore manifestement absurde, puisqu'une chose ne peut recevoir son être d'une autre, sans quelque dépendance de cette autre, et qu'il faut nécessairement qu'une chose soit, pour qu'elle puisse donner l'être à une autre. Si donc la seconde et la troisième personnes divines ont reçu leur être de la première, il faut nécessairement qu'elles dépendent dans leur être, de cette première personne, qui leur aurait donné l'être, ou qui les aurait engendrées; et il faut nécessairement aussi que cette première qui aurait donné l'être aux deux autres, ait été avant, puisque ce qui n'est point, ne peut donner l'être à rien. D'ailleurs il répugne et est absurde de dire, qu'une chose qui aurait été engendrée ou produite n'aurait point eu de commencement. Or selon nos christicoles, la seconde et la troisième personnes ont été engendrées ou produites; donc elles ont eu un commencement; et si elles ont eu un commencement, et que la première personne n'en ait point eu, comme n'ayant point été engendrée, ni produite d'aucune autre, il s'ensuit de nécessité que l'une ait été avant l'autre.

Nos christicoles qui sentent ces absurdités, et qui ne peuvent s'en parer par aucune bonne raison, n'ont point d'autre ressource que de dire qu'il faut pieusement fermer les yeux de la raison humaine, et humblement adorer de si hauts mystères sans vouloir les comprendre. Mais comme ce qu'ils appellent foi est ci-devant solidement réfuté, lorsqu'ils nous disent qu'il faut se soumettre,

15

20

25

30

35

---

17 ER68G: d'un autre
18 E62G1, E62G2, ER64G, ER64A, ER64L, ER65G, ER68A, ER68G, N: de cet autre
19-20 ER68A: donc les seconde et troisième
26 ER65G, ER68A, ER68G: et il est absurde
29 ER68G: commencement; et que
32 ER68A: l'une a été

c'est comme s'ils disaient, qu'il faut aveuglément croire ce qu'on ne croit pas. [3]

Nos déichristicoles [4] condamnent ouvertement l'aveuglement des anciens païens qui adoraient plusieurs dieux. Ils se raillent de la généalogie de leurs dieux, de leurs naissances, de leurs mariages et de la génération de leurs enfants; et ils ne prennent pas garde qu'ils disent des choses beaucoup plus ridicules et plus absurdes.

Si les païens ont cru qu'il y avait des déesses aussi bien que des dieux, que ces dieux et ces déesses se mariaient, et qu'ils engendraient des enfants; ils ne pensaient en cela rien que de naturel: car ils ne s'imaginaient pas encore que les dieux fussent sans corps ni sentiments; ils croyaient qu'ils en avaient aussi bien que les hommes. Pourquoi n'y en aurait-il point eu de mâle et de femelle? On ne voit point qu'il y ait plus de raison de nier ou de reconnaître plutôt l'un que l'autre; et en supposant des dieux et des déesses, pourquoi n'engendreraient-ils pas en la manière ordinaire? Il n'y aurait certainement rien de ridicule ni d'absurde dans cette doctrine, s'il était vrai que leurs dieux existassent.

Mais dans la doctrine de nos christicoles, il y a quelque chose de bien plus ridicule et de plus absurde; car outre ce qu'ils disent d'un dieu qui en fait trois, et de trois qui n'en font qu'un, ils disent que ce dieu triple et unique n'a ni corps, ni forme, ni figure; que

51-52 ER65A, ER68A: de mâles et de femelles? On
53 ER64G, ER65G, ER68G: l'un et l'autre
58 ER64G, ER65G, ER68G: bien ridicule
59 E62G1:   trois, ou de trois

[3] Meslier cite ici Montaigne en ces termes: 'C'est pour eux une raison de croire, que de rencontrer une chose incroyable et elle est selon eux d'autant plus selon raison, qu'elle est contre l'humaine raison' (*Mémoire*, p.379-80; voir *Essais* II, 12, éd. Villey, p.499).
[4] Mot forgé par Meslier à partir de *déicole* (du latin d'Eglise *deicola*, adorateur de Dieu) – mot qu'il emploie toujours ironiquement – et de *christicole* (voir, ci-dessus, ch.I, n.3).

la première personne de ce dieu triple et unique, qu'ils appellent le Père, a engendré toute seule une seconde personne qu'ils appellent le Fils, et qui est tout semblable à son père, étant comme lui sans corps, sans forme et sans figure. Si cela est, qu'est-ce qui fait que la première s'appelle le père plutôt que la mère? et que la seconde se nomme plutôt le fils que la fille? Car si la première est véritablement plutôt père que mère, et si la seconde est plutôt fils que fille, il faut nécessairement qu'il y ait quelque chose dans l'une et dans l'autre de ces deux personnes, qui fasse que l'un soit père plutôt que mère, et l'autre plutôt fils que fille. Or qui pourrait faire cela, si ce n'est qu'ils seraient tous deux mâles et non femelles? Mais comment seront-elles plutôt mâles que femelles, puisqu'elles n'ont ni corps, ni forme, ni figure? Cela n'est pas imaginable et se détruit de soi-même. N'importe, ils disent toujours que ces deux personnes sans corps, forme ni figure, et par conséquent sans différence de sexe, sont néanmoins père et fils, et qu'ils ont produit par leur mutuel amour une troisième personne qu'ils appellent le Saint-Esprit; laquelle personne n'a non plus que les deux autres ni corps, ni forme, ni figure. Quel abominable galimatias![5]

Puisque nos christicoles bornent la puissance de Dieu le père à n'engendrer qu'un fils, pourquoi ne veulent-ils pas que cette seconde personne, aussi bien que la troisième, aient comme la première la puissance d'engendrer un fils qui soit semblable à elles? Si cette puissance d'engendrer un fils est une perfection dans la première personne, c'est donc une perfection et une puissance qui n'est point dans la seconde ni dans la troisième personne. Ainsi ces deux personnes manquant d'une perfection et d'une puissance

65

70

75

80

85

72 ER68G: comment seraient-elles
83-84 E62G1, E62G2, ER64G, ER64A, ER64L, ER65G, ER68A, ER68G, N: à elle? Si

[5] Cette exclamation est une addition probable de Voltaire. Sur le 'galimatias de la Trinité', voir *Examen important* (*OC*, t.62, p.263-64), art. 'Anti-trinitaire' et 'Arius' du *Dictionnaire philosophique* (1767), *Dieu et les hommes* (*OC*, t.69, p.288).

qui se trouvent dans la première, elles ne seraient certainement pas égales entre elles: si au contraire ils disent que cette puissance d'engendrer un fils n'est pas une perfection, ils ne devraient donc pas l'attribuer à la première personne non plus qu'aux deux autres, parce qu'il ne faut attribuer que des perfections à un être qui serait souverainement parfait. 90

D'ailleurs ils n'oseraient dire que la puissance d'engendrer une divine personne, ne soit pas une perfection; et s'ils disent que cette première personne aurait bien pu engendrer plusieurs fils et plusieurs filles, mais qu'elle n'aurait voulu engendrer que ce seul fils, et que les deux autres personnes pareillement n'en auraient point voulu engendrer d'autres, on pourrait 1° leur demander, d'où ils savent que cela est ainsi; car on ne voit point dans leurs prétendues Ecritures saintes, qu'aucune de ces divines personnes se soient positivement déclarées là-dessus. Comment donc nos christicoles peuvent-ils savoir ce qui en est? Ils n'en parlent donc que suivant leurs idées et leurs imaginations creuses. 95 100

2° On pourrait dire que si ces prétendues divines personnes avaient la puissance d'engendrer plusieurs enfants et qu'elles n'en voulussent cependant rien faire, il s'ensuivrait que cette divine puissance demeurerait en elles sans effet. Elle serait tout à fait sans effet dans la troisième personne, qui n'en engendrerait et n'en produirait aucune, et elle serait presque sans effet dans les deux autres, puisqu'elles voudraient la borner à si peu. Ainsi cette puissance qu'elles auraient d'engendrer et de produire quantité d'enfants, demeurerait en elles comme oisive et inutile, ce qu'il ne serait nullement convenable de dire de divines personnes. 105 110

Nos christicoles blâment et condamnent les païens de ce qu'ils attribuaient la divinité à des hommes mortels, et de ce qu'ils les adoraient comme des dieux après leur mort; ils ont raison en cela, mais ces païens ne faisaient que ce que font encore maintenant nos 115

97   ER68A: que le seul
102   ER65A: se soit positivement déclarée là-dessus.
118   N: encore nos

christicoles, qui attribuent la divinité à leur Christ, en sorte qu'ils devraient eux-mêmes se condamner aussi, puisqu'ils sont dans la même erreur que ces païens, et qu'ils adorent un homme qui était mortel, et si bien mortel, qu'il mourut honteusement sur une croix.

Il ne servirait de rien à nos christicoles de dire qu'il y aurait une grande différence entre leur Jésus-Christ et les dieux des païens, sous prétexte que leur Christ serait, comme ils disent, vrai dieu et vrai homme tout ensemble, attendu que la divinité se serait véritablement incarnée en lui; au moyen de quoi la nature divine se trouvant jointe et unie hypostatiquement, comme ils disent, avec la nature humaine, ces deux natures auraient fait dans Jésus-Christ un vrai dieu et un vrai homme. Ce qui ne s'était jamais fait, à ce qu'ils prétendent, dans les dieux des païens.

Mais il est facile de faire voir la faiblesse de cette réponse; car d'un côté n'aurait-il pas été aussi facile aux païens qu'aux chrétiens de dire que la divinité se serait incarnée dans les hommes qu'ils adoraient comme dieux? D'un autre côté si la divinité avait voulu s'incarner et s'unir hypostatiquement à la nature humaine dans leur Jésus-Christ, que savent-ils si cette même divinité n'aurait pas bien voulu aussi s'incarner et s'unir hypostatiquement à la nature humaine dans ces grands hommes, et dans ces admirables femmes, qui par leur vertu, par leurs belles qualités, ou par leurs belles actions, ont excellé sur le commun des hommes, et se sont fait ainsi adorer comme dieux et déesses? Et si nos christicoles ne veulent pas croire que la divinité se soit jamais incarnée dans ces grands personnages, pourquoi veulent-ils nous persuader qu'elle se soit incarnée dans leur Jésus? Où en est la preuve? Leur foi et leur créance, qui étaient dans les païens comme dans eux. Ce qui fait voir qu'ils sont également dans l'erreur les uns comme les autres.

Mais ce qu'il y a en cela de plus ridicule dans le christianisme que dans le paganisme, c'est que les païens n'ont ordinairement attribué la divinité qu'à de grands hommes, auteurs des arts et des

151   E62G1, E62G2, ER64G, ER65G, ER68G, N: qu'à des grands

sciences, et qui avaient excellé dans des vertus utiles à leur patrie; mais nos déichristicoles à qui attribuent-ils la divinité? A un homme de néant, vil et méprisable, qui n'avait ni talent, ni science, ni adresse, né de pauvres parents, et qui depuis qu'il a voulu   155 paraître dans le monde et faire parler de lui, n'a passé que pour un insensé et pour un séducteur; [6] qui a été méprisé, moqué, persécuté, fouetté, et enfin qui a été pendu comme la plupart de ceux qui ont voulu jouer le même rôle, quand ils ont été sans courage et sans habileté. [7]   160

De son temps il y eut encore plusieurs autres semblables imposteurs qui se disaient être le vrai messie promis par la Loi, entre autres un certain Juda Galiléen, [8] un Théodor, [9] un Barcon [10] et autres, qui sous un vain prétexte abusaient les peuples et tâchaient de les faire soulever pour les attirer à eux; mais qui sont   165 tous péris. [11]

152-153   ER64G, N: leur partie; mais
          ER65G, ER68G: leur parti; mais
153   ER68G: mais les déichristicoles
157-158   ER68G: persécuté et fouetté

[6] Voltaire répondra à Meslier, en 1769, que Jésus ('Socrate rustique') n'a pu exercer sa 'domination sur les esprits sans des talents, sans des mœurs exemptes de vices honteux [...] il fallait qu'il eût de l'activité, de la force, de la douceur, de la tempérance, l'art de plaire et surtout de bonnes mœurs' (*Dieu et les hommes*, *OC*, t.69, p.435). Mais il est arrivé aussi à Voltaire de parler du Christ ('homme de la lie du peuple') en des termes proches de ceux de Meslier (voir ci-dessous, n.7). Sur Voltaire et Jésus, voir A. Morehouse, *Voltaire and Jean Meslier*, p.109-18, R. Pomeau, *La Religion de Voltaire*, p.577-82, et, surtout, M.-H. Cotoni, *L'Exégèse du Nouveau Testament dans la philosophie française du dix-huitième siècle*, *SVEC* 220 (1984), p.353-57.

[7] La fin de la phrase (depuis 'comme la plupart...') ne figure pas dans Meslier. On trouve un écho de ce paragraphe et du suivant dans la fin du ch.10 et le ch.11 ('De la personne de Jésus') de l'*Examen important* (*OC*, t.62, p.209, 212, 215).

[8] Voir Actes v.37.

[9] Lire: Théodas (comme l'écrit Meslier) ou Theudas. Voir Actes v.36.

[10] Lire: Barcochébas (Meslier écrit 'Barcosbas'). Ce messie a été tué en 134 (art. dans Moréri).

[11] Ce paragraphe est une note dans le *Mémoire* (p.396). Les trois faux messies sont évoqués dans l'art. 'Messie' (1764) du *Dictionnaire philosophique*.

Passons à ses discours et à quelques-unes de ses actions qui sont des plus remarquables et des plus singulières dans leurs espèces. 'Faites pénitence, disait-il aux peuples, car le royaume du ciel est proche; croyez cette bonne nouvelle':[12] et il allait courir toute la 170 Galilée, prêchant ainsi la prétendue venue prochaine du royaume du ciel. Comme personne n'a encore vu aucune apparence de la venue de ce royaume, c'est une preuve parlante qu'il n'était qu'imaginaire.

Mais voyons dans ses autres prédications l'éloge et la descrip- 175 tion de ce beau royaume.

Voici comme il parlait aux peuples: 'Le royaume des cieux est semblable à un homme qui a semé du bon grain dans son champ, mais pendant que les hommes dormaient, son ennemi est venu qui a semé la zizanie parmi le bon grain. Il est semblable à un trésor 180 caché dans un champ: un homme ayant trouvé le trésor, le cache de nouveau, et il a eu tant de joie de l'avoir trouvé qu'il a vendu tout son bien, et il a acheté ce champ. Il est semblable à un marchand qui cherche de belles perles, et qui en ayant trouvé une de grand prix, va vendre tout ce qu'il a, et achète cette perle. Il est 185 semblable à un filet qui a été jeté dans la mer, et qui renferme toutes sortes de poissons: étant plein, les pêcheurs l'ont retiré, et ont mis les bons poissons ensemble dans des vaisseaux, et jeté dehors les mauvais. Il est semblable à un grain de moutarde qu'un homme a semé dans son champ: il n'y a point de grain si petit que 190 celui-là, néanmoins quand il est crû, il est plus grand que tous les légumes etc.'[13] Ne voilà-t-il pas des discours dignes d'un dieu?

On fera encore le même jugement de lui, si l'on examine de

168-169   N: dans leurs espèce. 'Faites
190   ER65G, ER68G: dans un champ
191   ER65G, ER68G: crû qui est plus

[12] Matthieu iv.17 et Marc i.15.
[13] Discours reconstitué par Meslier à partir de Matthieu xiii.24-32 et 44-49.

près ses actions. Car 1° courir toute une province, prêchant la venue prochaine d'un prétendu royaume; 2° avoir été transporté par le diable sur une haute montagne, d'où il aurait cru voir tous les royaumes du monde; cela ne peut convenir qu'à un visionnaire;[14] car il est certain qu'il n'y a point de montagne sur la terre d'où l'on puisse voir seulement un royaume entier, si ce n'est le petit royaume d'Yvetot, qui est en France. Ce ne fut donc que par imagination qu'il vit tous ces royaumes, et qu'il fut transporté sur cette montagne, aussi bien que sur le pinacle du temple. 3° lorsqu'il guérit le sourd et le muet, dont il est parlé dans saint Marc,[15] il est dit qu'il le tira en particulier, qu'il lui mit ses doigts dans les oreilles, et qu'ayant craché, il lui tira la langue; puis jetant les yeux au ciel, il poussa un grand soupir, et lui dit, *eppheta*. Enfin qu'on lise tout ce qu'on rapporte de lui, et qu'on juge s'il y a rien au monde de si ridicule.[16]

Ayant mis sous les yeux une partie des pauvretés attribuées à Dieu par les christicoles, continuons à dire quelques mots de leurs mystères.[17] Ils adorent un dieu en trois personnes, ou trois personnes en un seul dieu, et ils s'attribuent la puissance de faire

195

200

205

210

---

212 ER65G, ER68G: en un dieu

---

[14] Matthieu iv.8 et Luc iv.5. Voltaire a souvent mentionné cette 'première aventure de Jésus' (*Sermon des cinquante*, M.xxiv.450; *Examen important*, *OC*, t.62, p.215; 54ᵉ *Question de Zapata*, *OC*, t.62, p.402; *Homélie du pasteur Bourn*, M.xxvii.232; *Dieu et les hommes*, *OC*, t.69, p.457, etc.). Voir H. Kellenberger, 'Voltaire's treatment of the miracle of Christ's temptation in the wilderness', *Mln* 46 (1936), p.17-21. Meslier a, sans aucun doute, indiqué l'argument à Voltaire. Mais celui-ci, curieusement, l'attribue à Woolston – qui n'en dit pas un mot – (dans les *Questions sur les miracles*, M.xxv.364 et les *Lettres à S. A. Mgr le Prince*, M.xxvi.485), voire à Boulainvilliers et à Bolingbroke (*La Bible enfin expliquée*, M.xxx.306). Voir A. Morehouse, p.91-92.

[15] Marc v.32-34.

[16] Cette dernière phrase, qu'on ne trouve pas dans Meslier, remplace un long développement du *Mémoire* (i.411-20).

[17] Cette phrase de transition ne figure pas dans Meslier.

des dieux de pâte et de farine, et même d'en faire tant qu'ils veulent. Car suivant leurs principes, ils n'ont qu'à dire seulement quatre paroles sur telle quantité de verres de vin, ou de ces petites 215
images de pâte, ils en feront autant de dieux, y en eût-il des millions. Quelle folie! Avec toute la prétendue puissance de leur Christ, ils ne sauraient faire la moindre mouche, et ils croient pouvoir faire des dieux à milliers. Il faut être frappé d'un étrange aveuglement pour soutenir des choses si pitoyables, et cela sur un 220
si vain fondement que celui des paroles équivoques d'un fanatique.

Ne voient-ils pas, ces docteurs aveuglés, que c'est ouvrir une porte spacieuse à toutes sortes d'idolâtries, que de vouloir faire adorer ainsi des images de pâte, sous prétexte que des prêtres auraient le pouvoir de les consacrer et de les faire changer 225
en dieux? [18] Tous les prêtres des idoles n'auraient-ils pu et ne pourraient-ils pas maintenant se vanter d'avoir un pareil caractère?

Ne voient-ils pas aussi que les mêmes raisons qui démontrent la vanité des dieux ou des idoles de bois, de pierre etc. que les païens adoraient, démontrent pareillement la vanité des dieux et 230
des idoles de pâte et de farine que nos déichristicoles adorent? Par quel endroit se moquent-ils de la fausseté des dieux des païens? n'est-ce point parce que ce ne sont que des ouvrages de la main des hommes, des images muettes et insensibles? Et que sont donc

232 ER68G: des dieux païens

[18] 'C'est la plus monstrueuse et la plus ridicule idolâtrie qui ait jamais déshonoré la nature humaine' (*Dîner du comte de Boulainvilliers*, *OC*, t.63A, p.365). Voir *Sermon des cinquante* (M.xxiv.270), *Examen important* (*OC*, t.62, p.338, 349), art. 'Transsubstantiation' (1767) du *Dictionnaire philosophique* (*OC*, t.36, p.574-78).

nos dieux que nous tenons enfermés dans des boîtes, de peur des   235
souris? [19]

Quelles seront donc les vaines ressources des christicoles? Leur
morale? Elle est la même au fond que dans toutes les religions;
mais des dogmes cruels en sont nés et ont enseigné la persécution
et le trouble. [20] Leurs miracles? Mais quel peuple n'a pas les siens,   240
et quels sages ne méprisent pas ces fables? Leurs prophéties? N'en
a-t-on pas démontré la fausseté? Leurs mœurs? Ne sont-elles
pas souvent infâmes? L'établissement de leur religion? Mais le
fanatisme n'a-t-il pas commencé, l'intrigue n'a-t-elle pas élevé, la
force n'a-t-elle pas soutenu visiblement cet édifice? La doctrine?   245
Mais n'est-elle pas le comble de l'absurdité? [21]

---

[19] Avec cette interrogation inspirée par une remarque faite dans le *Mémoire* en
trois endroits ('ils ont soin [...] de conserver précieusement ces dieux-là dans des
boîtes de peur que les rats et les souris ne les mangent', *Mémoire*, p.423; voir aussi
p.429, 449), s'achève l'extrait suivi des cinq premières 'Preuves'. Voltaire évoque le
'morceau de pâte que vous enfermez dans une boîte de peur des souris' dans *Le
Dîner du comte de Boulainvilliers* (*OC*, t.63A, p.364).

[20] On remarque que loin de critiquer la morale chrétienne (voir ci-dessus, n.2),
l'auteur de l'extrait est enclin à la défendre. Dans le même esprit, Voltaire invitera à
révérer en Jésus 'un théiste israëlien, ainsi que nous louons Socrate qui fut un théiste
athénien' (*Profession de foi*, M.xxvii.69). Jésus a prêché 'une bonne morale'; on voit
dans ses maximes 'l'amour de Dieu et du prochain, la morale universelle' (*Dieu et les
hommes*, *OC*, t.69, p.421, 424). Ce sont 'les dogmes [qui] font du monde un antre de
chicane et un théâtre de carnage. Les dogmes n'ont été inventés que par des fourbes
et des fanatiques: la morale vient de Dieu' (*De la paix perpétuelle*, M.xxviii.127).

[21] Norman Torrey cite l'ensemble de ce paragraphe comme le meilleur aperçu
qu'on puisse donner sur la réflexion des déistes anglais: 'no more concise summary
could be made of the main points of the English controversy' (*Voltaire and the
English deists*, New Haven, London 1930, p.205). Le passage n'est qu'un résumé
approximatif et parfois infidèle de l'argumentation de Meslier. Celui-ci est sévère
pour la morale chrétienne dont il dénonce plusieurs 'erreurs', critiquant ses 'maximes'
'si contraires au droit naturel [...] à la droite raison et [...] au bon et légitime
gouvernement des hommes' (*Mémoire*, p.506). Si les miracles, les prophéties et la
doctrine font l'objet de ses railleries (2e, 4e et 5e Preuves), s'il explique (*Mémoire*,
p.415-20) que 'le christianisme n'était dans son commencement qu'un vil et méprisable
fanatisme' – après avoir, dans son avant-propos, montré le rôle 'de la force et de la

Je crois, mes chers amis, vous avoir donné un préservatif suffisant contre tant de folies. Votre raison fera plus encore que mes discours et plût à Dieu que nous n'eussions à nous plaindre que d'être trompés! Mais le sang humain coule depuis le temps de   250
Constantin, pour l'établissement de ces horribles impostures. [22]
L'Eglise romaine, la grecque, la protestante, tant de disputes vaines, et tant d'ambitieux hypocrites, ont ravagé l'Europe, l'Afrique et l'Asie. [23] Joignez, mes amis, aux hommes que ces querelles ont fait égorger, ces multitudes de moines et de nonnes,   255
devenus stériles par leur état. Voyez combien de créatures sont perdues, et vous verrez que la religion chrétienne a fait périr la moitié du genre humain. [24]

Je finirai par supplier Dieu si outragé par cette secte, de daigner nous rappeler à la religion naturelle, dont le christianisme est   260
l'ennemi déclaré; à cette religion simple que Dieu a mise dans le cœur de tous les hommes, qui nous apprend à ne rien faire à autrui, que ce que nous voudrions être fait à nous-mêmes. Alors l'univers serait composé de bons citoyens, de pères justes, d'enfants soumis, d'amis tendres. Dieu nous a donné cette religion en nous donnant   265

---

261   N: religion sainte que

---

violence' et de 'toutes sortes de ruses et d'artifices' (p.10 ss.) – il ne dit rien, en revanche, sur les mœurs 'infâmes' des christicoles.

[22] Voir l'écho de cette phrase, à propos de l'affaire Calas, dans une lettre à la duchesse de Saxe-Gotha (D10775).

[23] Voir *Sermon du rabbin Akib* (M.xxiv.279). Thème développé par Voltaire, notamment dans les *Questions sur les miracles* (M.xxv.381) et les *Conseils* [...] *à M. Bergier* (1768; M.xxvii.37-38, 49-52) et repris dans la conclusion du chapitre 2 du *Traité sur la tolérance*: 'On sait assez ce qu'il en a coûté depuis que les chrétiens disputent sur le dogme; le sang a coulé, soit sur les échafauds, soit dans les batailles, dès le quatrième siècle jusqu'à nos jours' (*OC*, t.56c, p.140).

[24] Ce paragraphe ne correspond à aucun développement précis dans Meslier, bien que l'inspiration générale (à l'exception du 'plût à Dieu!') soit analogue à celle de l'avant-propos du *Mémoire*. Mais nulle part Meslier ne parle de Constantin; nulle part il ne s'en prend à la 'stérilité' des moines et des nonnes: il critique leur richessse et leur oisiveté (voir 'Sixième Preuve', *Mémoire*, ii.32-57).

la raison. Puisse le fanatisme ne la plus pervertir! Je vais mourir plus rempli de ces désirs que d'espérances.[25]

Voilà le précis exact du Testament in-folio[26] de Jean Meslier. Qu'on juge de quel poids est le témoignage d'un prêtre mourant qui demande pardon à Dieu.[27]

Ce 15ᵉ mars 1742.[28]

270

---

270 RN68: Dieu. *Voir appendice II, 5.//*

[25] Sur cette conclusion déiste, voir notre introduction, ci-dessus, p.30-31, 53-54, 57-58. Comparer avec la conclusion du *Sermon des cinquante*. A la fin de son *Mémoire*, Meslier lançait un dernier appel 'aux gens d'esprit et d'autorité', aux 'plumes savantes', pour qu'ils combattent 'toutes ces détestables superstitions et toutes ces détestables tyrannies'. Il terminait par ces mots: 'les morts avec lesquels je suis sur le point d'aller ne s'embarassent plus de rien, ils ne se mêlent plus de rien et ne se soucient plus de rien. Je finirai donc ceci par le rien, aussi ne suis-je guère plus qu'un rien, et bientôt je ne serai rien' (*Mémoire*, iii.176-77).

[26] Rappelons que le titre du ms. de Meslier n'est pas *Testament* mais *Mémoire*, comme l'indique d'ailleurs l'*Abrégé de la vie de l'auteur* (voir ci-dessus, p.87). Sur le format du manuscrit, les variations de Voltaire sont curieuses: l'*Abrégé*, qu'il reproduit, ne parle pas d''in-folio' mais d''in-8°' (voir ci-dessus, p.88); mais il dit à Damilaville que 'c'était un très gros in-4°' (D10315), et deux semaines après, à D'Alembert, il parle de l''ivraie de son in-folio' (D10342; voir aussi D10478).

[27] Sur ce post-scriptum, certainement ajouté par Voltaire, voir ci-dessus, p.30 et 57 de l'introduction.

[28] Sur cette date, voir l'introduction, ci-dessus, p.38.

APPENDICES

I

Début du chapitre I dans l'édition originale[1]

Il est clair et évident que c'est abus et imposture que de vouloir faire passer des lois et des institutions purement humaines, pour des lois et des institutiions divines. Or il est certain que toutes les religions qui sont dans le monde, excepté celles que Dieu a mis [*sic*] dans nos cœurs,[2] ne sont que des inventions purement humaines, et que ceux qui les ont inventées, ne se sont servis du nom et de l'autorité de Dieu que pour faire plus facilement recevoir les lois et les ordonnances qu'ils voulaient établir: que cela soit vrai, au moins à l'égard de la plupart des religions, il faut nécessairement en convenir, ou il faut reconnaître que la plupart des religions sont véritablement instituées de Dieu: ce qu'on ne peut pas admettre; car comme elles sont toutes opposées les unes aux autres, et qu'elles se condamnent réciproquement, il est évident qu'elles ne peuvent[3] en même temps être véritables, ni par conséquent venir d'un même principe de vérité qui serait Dieu. C'est pourquoi aussi nos christicoles romains sont obligés de reconnaître, qu'il ne peut y avoir au plus qu'une seule et véritable religion, qu'ils prétendent être la leur; comme aussi qu'il n'y a qu'un seul Seigneur, une seule foi, un seul baptême, un seul Dieu et une seule Eglise catholique apostolique et romaine, hors de laquelle ils prétendent qu'il n'y a point de salut.

Mais comme il n'y a [. . .]

---

[1] Ce paragraphe correspond quasi-littéralement au début de l'extrait de la Première Preuve dans les copies de l'extrait primitif (voir Ars.59, p.37-40). Nous ne signalons en note que les variantes intéressantes.

[2] Le membre de phrase *excepté celles que Dieu a mis dans nos cœurs* ne se retrouve dans aucune copie. On doit certainement lire *celle* pour 'celles'.

[3] Ars.59: *il est évident qu'étant contraires dans leurs maximes et leurs principes, elles ne peuvent* [...]

II

L'*Extrait* dans le *Recueil nécessaire* (1768).[1]

1. *Extrait de la 'Table des pièces contenues dans ce Recueil'* (i.v-vi)

AVANT-PROPOS

CHAPITRE I.

Première Preuve de la fausseté de la religion chrétienne, tirée des motifs qui ont porté les hommes à établir une religion. (L'auteur fait voir les raisons qu'ont eues les politiques de se servir des abus et des erreurs des religions.[2])

CHAPITRE II.

Seconde Preuve, tirée des Erreurs de la Foi. (L'auteur traite, dans ce chapitre, des motifs de crédibilité, de l'incertitude des miracles, de l'incertitude des Ecritures saintes, des contradictions des Evangiles, de la fausseté des miracles rapportés dans les Evangiles, de la conformité des miracles du christianisme avec ceux du paganisme, et de la conformité des cérémonies religieuses du paganisme avec celles du christianisme.[3])

---

[1] Voir plus haut, p.48-49.

[2] C'est dans la nouvelle version de l'"Avant-propos' qu'on laisse entrevoir les 'raisons' des politiques. Il n'en est pas parlé, non plus que des 'motifs' qui expliqueraient l'invention des religions, dans cet extrait de la Première Preuve (voir appendice I). Mais le résumé de cette Preuve dans le deuxième extrait manuscrit fait état de ces 'motifs' et de ces 'raisons'.

[3] Il n'est nullement question de la 'conformité des *cérémonies* religieuses du paganisme avec celles du christianisme' dans l'extrait de la Deuxième Preuve, dont la version reproduite par RN68 est strictement conforme, rappelons-le, au texte procuré par Voltaire. Meslier ne parle pas davantage de cette 'conformité des cérémonies'. En fait, la table des matières de RN68 correspond à la version du deuxième extrait

CHAPITRE III.

Troisième Preuve de la fausseté de la religion chrétienne, tirée des prétendues révélations divines. (On y fait voir la folie qu'il y a d'attribuer à Dieu, l'institution des sacrifices de bêtes innocentes, et la fausseté des promesses faites de la part de Dieu aux anciens patriarches.)

CHAPITRE IV.

Des Prophéties et des Ecritures saintes. (Ce chapitre contient deux sections, l'une sur l'Ancien Testament, l'autre sur le Nouveau. On y démontre la fausseté et l'absurdité des sens spirituels, allégoriques et mystiques que les chrétiens donnent aux Ecritures saintes et aux prophéties.)

CHAPITRE V.

Cinquième Preuve, tirée des erreurs de la doctrine et de la morale chrétienne. (Ces erreurs concernent la Trinité, et l'adoration que les chrétiens rendent aux dieux de pâte et de farine dans leur saint sacrement. Analyse et conclusion de l'ouvrage.)

2. *L''Abrégé de la vie du sieur Meslier' (ii.204-207)*

Il ne paraît pas utile de reproduire *in extenso* cet 'Abrégé' qui reproduit, plus littéralement que Voltaire, le texte des manuscrits (dans une version très proche de Mézières, i.8). Parmi les nombreuses variantes de détail. on remarque la suppression de l'indication d'origine ('sur laquelle on a fait l'extrait suivant') qui se rapportait à la copie conservée chez le garde des sceaux. Cette

---

manuscrit qui comporte, sur le sujet, une importante addition tirée d'une dissertation d'Angelo Decembrio, addition ainsi introduite: 'On vient de voir la conformité qu'il y a dans le merveilleux du paganisme et du christianisme; essayons, pour finir ce chapitre, de démontrer celle qui se trouve aussi dans les cérémonies anciennes et dans les modernes. Je la tire d'une dissertation [...]' (Mézières, i.8, p.98).

suppression a été entrainée, logiquement, par l'adjonction de la note terminale (voir, plus loin, n° 5).

On remarque surtout le maintien du paragraphe suivant (p.205-206), supprimé dans la version voltairienne:

Dans un voyage qu'il fit à Paris, vers le temps que parut la première fois le traité de M. l'abbé Houtteville sur la religion, le père Bassier, ami du curé, lui proposa de lire cet ouvrage, afin qu'il lui en dit son sentiment: le Sr. Meslier y consentit, à condition qu'ils le liraient ensemble. Quelques jours après, étant à diner chez ce jésuite en la compagnie d'un jeune homme de ces esprits-forts, qui le sont encore plus par vanité que par principes, la conversation roula sur le traité en question: ce jeune homme s'abandonnant à des pointes malignes, le Sr. Meslier répliqua d'un grand sang froid, qu'il ne fallait pas avoir braucoup d'esprit pour se railler de la Religion; mais qu'il en fallait beaucoup plus pour la soutenir et la défendre.

Cette anecdote figure dans toutes les copies de l'"Abrégé'. Elle avait été déjà citée en 1764 dans les *Mémoires* de Bachaumont, à l'occasion de la publication 'en Hollande' de 'La *Confession du curé d'Etrépagny*'.[4]

3. L'"*Avis au lecteur*'

L'"Abrégé de la vie...' est suivi par un 'avis au lecteur' (p.207-208) qu'on retrouve, avec plus ou moins de variantes, dans une copie de l'extrait primitif (Centner) et toutes les copies du deuxième extrait (à l'exception de Lyon-Fourvière).

AVIS AU LECTEUR

Cet ouvrage est de tous ceux de l'Auteur celui qui est le plus utile et le plus instructif. Il combat les préjugés de l'éducation, qui, en nous

---

[4] A la date du 30 septembre: 'un jour qu'il se trouvait à Paris, dans une compagnie, où l'on parlait du nouveau *Traité de la religion* fait par l'abbé Houtteville, un jeune libertin ayant voulu plaisanter: *Monsieur*, lui dit le curé d'un ton sévère, *il est fort aisé de tourner la religion en ridicule, mais il faut beaucoup plus d'esprit pour la défendre*' (*Mémoires secrets*, Londres 1777, ii.106).

faisant respecter le mensonge et le vice, nous privent des lumières de la raison. Il y a eu avant lui des auteurs aussi respectables par leurs écrits que par leur probité, qui ont entrepris, mais en tremblant, d'éclairer les mortels: ils ont dissipé quelques nuages, mais ils ne nous ont pas donné un ciel entièrement serein; tels sont *Montagne*, *Spinoza* et *Bayle*, qui ont été pour ainsi dire, les précurseurs de ce nouveau Messie.

Cet illustre personnage nous laisse des armes pour foudroyer l'imposture qui nous a précipités dans l'esclavage. Ce n'est point un *Moyse* ambitieux, un *Jésus* rempli de ses visions et de ses rêveries, un *Mahomet* sensuel; non, c'est le seul et véritable *Adam*, qui n'a d'autre guide que la raison; c'est enfin l'homme que *Diogène* a si longtemps cherché et qu'il n'a pu trouver.

Ne soyez pas, mon cher lecteur, du nombre de ces insensés qui avant de lire ses ouvrages crient, ah! le détestable, ah! l'exécrable! Remontez, s'il est possible, à l'état d'ignorance des deux enfants que *Psamméticus* roi d'Egypte qui vivait 640 ans avant Jésus-Christ, avait fait abandonner dans les forêts et que deux chèvres allaitèrent[a]. Sortez tout isolé de ces forêts, ignorant les hommes et leurs impostures, cherchez à découvrir ce que vous êtes: pour y parvenir, lisez les maximes des Egyptiens, la loi de *Moyse*, celle de *Jésus*, celle de *Mahomet*: occupez vous des pensées de notre curé *anti-christicole*, comparez-les ensemble, et décidez-vous alors sans préjugés, avec désintéressement, et en un mot comme n'appartenant qu'à vous-mêmes; vous deviendrez, je suis sûr, le plus zélé prosélyte du nouveau missionnaire. Puissiez-vous l'écouter avec attention! C'est la seule raison qui vous parle dans ses écrits.

(a) *Bayle*, dans son Dictionnaire, dit que ce prince, pour découvrir quel était le plus ancien peuple du monde, fit élever deux enfants de telle sorte qu'ils n'entendirent parler personne: et parce qu'à l'âge de deux ans ils prononcèrent le mot *Ecchus*, qui signifiait le pain dans la langue de Phrygie, il fallut que les Egyptiens cessassent de s'attribuer la première antiquité, et la cédassent aux Phrygiens. [5]

[5] Cette note, qu'on ne retrouve dans aucune des copies, a été probablement ajoutée par l'éditeur de 1768.

4. L'"Avant-Propos" (p.209-16)

Texte conforme, aux inévitables variantes près, à la version procurée par les copies du deuxième extrait manuscrit. Mais, pour le passage correspondant à l'avant-propos de l'*Extrait* de Voltaire, l'éditeur a rigoureusement reproduit le texte de la version voltairienne.

AVANT-PROPOS

Mes chers amis, comme j'aurais beaucoup risqué pendant ma vie de dire mon sentiment sur les gouvernements, la religion et les mœurs des hommes, je vous laisse sans crainte après ma mort un préservatif contre leurs erreurs: c'est le présent le plus cher que vous puissiez exiger de ma tendresse. *Hoc sentite in vobis: sentez-en tout le prix.*

Voici ingénûment ce qui m'a inspiré cet ouvrage. Sentant toute la douceur de la paix, de l'équité, de la vérité, sources de tous les véritables biens, je conçus une horreur indicible de la division, du mensonge, de l'injustice, de la tyrannie, fléaux de la liberté qui est l'attribut essentiel de l'homme.

Dès ma plus tendre jeunesse, je découvris la cause de tous ces maux. Quoique mon état m'ait éloigné du monde, je puis cependant dire avec Salomon, *Ecclés.* iii.16, que 'j'ai vu avec horreur l'impiété régner sur toute la terre, l'injustice assise à son côté, et ceux qui étaient préposés pour rendre les hommes justes, marcher eux-mêmes dans la voie de l'iniquité: j'ai vu les docteurs et les sages du siècle encenser eux-mêmes l'erreur et la superstition'.

Il ne suffit pas toujours de connaître les erreurs pour les abandonner. La religion, par exemple, a les siennes; elles sont du nombre de celles qu'on ne quitte pas aisément, puisqu'on ne le pourrait faire sans hasarder la perte de ses biens, et même sa vie, l'intérêt étant l'unique mobile de l'homme terrestre.

La religion du monarque est toujours la plus scrupuleusement suivie, parce qu'elle est plus propre à seconder l'ambition. Comme les charges et les dignités dans tous les Etats sont l'ouvrage de la superstition, il n'est pas étonnant que les personnes qui les occupent ne s'attachent point à dissiper les erreurs qui servent de fondement à leur élévation. De plus, la perfidie et la méfiance sont les appuis du mensonge. Les ministres de la vérité ne peuvent allumer son flambeau sans s'exposer à la trahison de leurs amis, de leurs frères même.

N'attendez pas, mes frères, que, proscrivant toutes les religions, j'excepte la religion chrétienne. Celle-là comme les autres n'a puisé son origine que dans les entrailles de l'erreur. Je dis et je soutiens qu'il n'y a de vraie religion que la religion naturelle qui consiste dans la morale.

Désabusez-vous donc, et méprisez les discours intéressés de vos savants. Méfiez-vous de leur doctrine, qui n'est pas moins fausse dans ses principes qu'ils disent divins, ni moins absurde dans ses dogmes et ses maximes. Les chrétiens sont idolâtres comme les païens; ils ne diffèrent que de nom. Laissez vos docteurs préconiser la grandeur, l'excellence, la sainteté des mystères, la certitude des miracles. Ecoutez-les tranquillement vous menacer des peines éternelles, ou vous promettre des récompenses qui ne finissent point. N'espérez ni ne craignez rien d'eux. Toutes ces fables sont l'ouvrage de la politique et des séducteurs, de l'aveuglement des peuples. L'ignorance de ceux-ci, et l'autorité des souverains les soutiennent aux dépens de la raison.

L'autorité des rois serait bien près de sa chute si elle n'était étayée de la superstition. Le nom et l'autorité de Dieu dont ils se servent si injustement, les tiennent paisibles possesseurs d'une puissance usurpée. Ce n'est qu'à l'ombre de la piété qu'ils en imposent. Voilà comment, au lieu de procurer partout la paix, la vérité et la justice, ils établissent au contraire l'iniquité.

Que je vous plains, mes frères, dans votre aveuglement! Ouvrez enfin les yeux, la lumière se présente, profitez-en: voyez comment, victimes de l'autorité qu'on a usurpée sur vous, vous êtes adorateurs de ce qui ne mérite que votre mépris. Il me souvient à ce sujet du souhait d'un homme qui sans étude avait beaucoup de bon sens: le voici: *Je souhaiterais*, dit-il, *que tous les tyrans fussent pendus et étranglés avec les boyaux des prêtres.*[6] Ce souhait est presque semblable à ce que pratiqua Erganes, roi d'Ethyopie. (Voyez *Dictionnaire historique.*) Le roi de Babylone fit la même chose aux prêtres de Baal.

Peut-on en effet user de trop de cruauté envers des personnes qui abusent ainsi de la bonne foi des nations? Ne punirait-on pas sévèrement un charlatan qui, mettant à profit la crédulité du peuple, lui vendrait du poison pour de bons remèdes?

[...][7]

Je me mets donc à présent au-dessus de toutes craintes, à couvert des entreprises de mes adversaires et de la vile cupidité de vos prédicateurs superstitieux. Je vous expose hardiment la lumière de la raison et de la vérité pour écarter, s'il est possible, les épaisses ténèbres où vous a plongés votre faiblesse et votre aveugle soumission.

Qu'on me traite d'impie, de blasphémateur, et qu'on fasse de mon corps tout ce qu'on voudra; que toutes ces invectives que je n'entendrai pas, affligent le chimérique honneur de mes parents, peu m'importe: vous êtes mes brebis, rien ne m'est plus cher que votre tranquillité et votre bonheur. Puissiez-vous être sensibles à ma tendresse et pratiquer par reconnaissance les avis désintéressés que je vous donne!

Je suis assuré que si mon ouvrage passait dans le public, il aurait autant d'approbateurs que de censeurs; les gens de probité et d'esprit l'applaudiraient. Le magistrat lui-même engagé par son ministère à le foudroyer, en deviendrait intérieurement le plus zélé apologiste. Il s'agit donc de tenir ma parole et de vous prouver évidemment qu'on vous entretient dans l'erreur. Je vais vous donner des raisons si intelligibles que, pour peu que vous fassiez usage de votre bon sens, vous conviendrez aisément qu'on vous en

[6] Dans la réédition de 1776: '*les* boyaux des prêtres'. Meslier a écrit: 'des boyaux de prêtres'.

[7] Nous n'avons pas reproduit ici les trois paragraphes qui figurent déjà, littéralement identiques, dans l'édition de Voltaire (voir plus haut p.91).

impose sur l'article de la religion, et que tout ce qu'on vous oblige de croire par foi divine, est indigne même d'une foi humaine.

5. La note terminale (p.300)

On a suivi, dans cette nouvelle édition du Testament de Jean Meslier, la copie qui est en dépôt dans la bibliothèque d'un des principaux monarques de l'Europe. Aussi peut-on assurer que les chapitres y sont beaucoup mieux distribués que dans l'édition qui a paru il y a quelques années, et où d'ailleurs on a omis ou retranché presque la moitié de l'avant-propos.

III

La version des extraits manuscrits

[p.3]

1. *Abrégé de la vie de l'auteur*[1]

Jean Meslier, curé d'Etrépigny et de But en Champagne, natif du village de Mazerny dépendant du duché de Mazarin, était le fils d'un ouvrier en soie; élevé à la campagne, il a néanmoins fait ses études et est parvenu à la prêtrise sans vocation.

Etant au séminaire où il vécut avec beaucoup de régularité, il 5
s'attacha au système de Descartes.

Ses mœurs ont paru [p.4] irréprochables, faisant souvent l'aumône; d'ailleurs très sobre tant sur sa bouche que sur les femmes.

MM. Voiri et Delavaux l'un curé de Va et l'autre curé de 10
Boutzicourt étaient ses confesseurs, et les seuls qu'il fréquentait.

Il était extrèmement rigide partisan de la justice, et poussait quelquefois ce zèle un peu trop loin. Le seigneur de son village nommé le sieur Touilly ayant maltraité quelques paysans; il ne voulut pas le recommander nommément au prône: M. de Mailly, archevêque de Reims [p.5] devant qui la contestation fut portée l'y 15
condamna. Mais le dimanche qui suivit cette décision, ce curé monta en chaire et se plaignit de la sentence du prélat. 'Voici, dit-il, le sort ordinaire des pauvres curés de campagne, les archevêques qui sont de grands seigneurs, les méprisent et ne les écoutent pas; ils n'ont des oreilles que pour la noblesse. Recommandons donc le 20
seigneur de ce lieu. Nous prierons Dieu pour Antoine de Touilly

---

[1] D'après Reims 653, p.3-12. Pour les textes reproduits dans cette Annexe III voir l'introduction, p.79-80. Nous indiquons dans la marge les numéros des lignes dans la présente édition du *Testament*.

qu'il le convertisse, et lui fasse la grâce de ne point [p.6] maltraiter le pauvre et depouiller l'orphelin'(*).

Ce seigneur présent à cette mortifiante recommandation en porta de nouvelles plaintes au même archevêque, qui fit venir le Sr 25 Meslier à Donchery où il le maltraita de paroles.

Il n'est point mention qu'il ait eu dans la suite d'autres événements, ni d'autres bénéfices que celui d'Etrépigny.

Dans un voyage qu'il fit à Paris vers le temps [p.7] que parut pour la première fois le Traité de M. l'abbé Houteville sur la religion, le père Buffier, ami du curé, lui proposa de lire cet ouvrage pour lui en dire son sentiment. M. Meslier y consentit aux conditions qu'ils le liraient ensemble. Quelques jours après, étant à diner chez le jésuite à la compagnie d'un jeune homme, de ces libertins qui le sont encore plus par vanité que par principe, la conversation roula sur le traité en question, ce jeune homme s'abandonna à ces pointes critiques où l'on prétend [p.8] par la raison foudroyer les moyens de crédibilité. M. Meslier répliqua d'un grand sang froid 'qu'il ne s'agissait pas toujours d'avoir de l'esprit pour se railler de la religion; mais qu'il en fallait beaucoup pour la défendre'.

Les principaux de ses livres étaient la Bible, les Mémoires de Comine, un Montagne, et quelques Pères; et ce n'est que dans la 30 lecture de la Bible et des Pères qu'il puisa ses sentiments. Il en fit trois copies de sa main, l'une desquelles fut portée au garde des sceaux de France [p.9] sur laquelle on a tiré l'extrait suivant. Ce manuscrit original qui contient 274 feuillets in 8° d'une écriture très menue, est adressé à M. Le Roux procureur et avocat du Parlement, à Mézière. 35

Il est écrit à l'autre côté d'un gros papier qui sert d'enveloppe 'J'ai vu et reconnu les erreurs, les abus, les vanités, les folies et les méchancetés des hommes; je les ai hais et détestés, je ne l'ai osé dire pendant ma vie mais je le dirai au moins en mourant et après ma

---

* On dit que ce même M. de Touilly était un homme de fortune et que le curé détailla ses qualités anciennes et modernes.

[p.10] mort, et c'est afin qu'on le sache que je fais et écris le présent   40
Mémoire, afin qu'il puisse servir de témoignage de vérité à tous
ceux qui le verront, et qui le liront si bon leur semble.'

On a aussi trouvé parmi les livres de ce curé, un imprimé des
traités de M. de Fénelon, archevêque de Cambray (édition de 1718)
sur l'existence de Dieu et sur ses attributs, et les réflexions du père   45
Tournemine jésuite, sur l'athéïsme, auxquels traités, il a mis ses
notes [p.11] et réponses en marge, signées de sa main.

Il avait écrit deux lettres aux curés de son voisinage pour leur
faire part de ses sentiments etc. (elles sont trop longues pour les
rapporter dans cet extrait). Il leur déclare qu'il a consigné au greffe
de la justice de Ste Menhoult une copie de son écrit en 366 feuillets   50
in 8°, mais il craint qu'on ne la supprime suivant le mauvais usage
établi d'empêcher que les peuples ne soient instruits, et ne
connaissent la vérité (on dit que M. Le Begue, grand [p.12] vicaire
de Reims s'est emparé de la 3ᵉ copie).

Ce curé mourut en 1733, âgé de 55 ans: on a cru que dégoûté de la   56
vie il s'était exprès refusé les aliments nécessaires, parce qu'il ne
voulut rien prendre, pas même un verre de vin.

Par son testament il a donné tout ce qu'il possédait (qui n'était
pas considérable) à ses paroissiens, et il a prié qu'on l'enterrat dans   60
son jardin.

2. *Avant-propos*[2]

[Reims 653, p.17-25 (Arsenal 2559, p.1-17; *Mémoire*, p.5-26)]

Vous voyez mes frères, mon désintéressement. Je ne sacrifie point
ma croyance à un vil intérêt. Si j'ai embrassé une profession si
directement opposée à mes sentiments, ce n'est [p.26] point par
cupidité, j'ai obéi à mes parents. Je vous aurais plutot éclairés, mes
frères,[3] si j'avais pu le faire impunément. Vous êtes témoins de ce   5

---

[2] Le passage de l'Avant-propos reproduit ici est pris dans Reims 653, p.25-26.
[3] Mes frères *omis dans* RD.

que j'avance, je n'ai point avili mon ministère en exigeant des
rétributions qui y sont attachées.

J'atteste le ciel que j'ai aussi souverainement méprisé ceux qui se
riaient de la simplicité des peuples, qui, aveuglés, fournissaient
pieusement des sommes considérables pour acheter des prières. 10
Combien n'est pas horrible par exemple, la plaisanterie [p.27] de
Boniface VIII qui disait 'que nous nous sommes enrichis par cette
fable de Christ'. Jules III qui se riait de sa propre dignité est à mes
yeux détestable. Je ne blâme pas le mépris qu'ils ont eu pour les
mystères et les superstitions, mais je déteste leur insatiable cupidité
et l'indigne plaisir qu'ils prennent à se railler de l'ignorance de ceux 15
qu'ils ont soin d'entretenir dans cet aveuglement.[4]

Qu'ils se contentent de rire de leur aisance, mais qu'ils ne
multiplient [p.28] pas du moins les erreurs en abusant de l'aveugle
piété de ceux qui par leur simplicité leur procurent une vie si
commode.

Vous me rendez, sans doute, mes frères, la justice qui m'est due. 20
La sensibilité que j'ai témoignée pour vos peines me garantit du
moindre de vos soupçons. Combien de fois ne me suis-je point
acquitté gratuitement des fonctions de mon ministère? Combien de
fois aussi ma tendresse n'a-t-elle pas été affligée de ne pouvoir
[p.29] vous secourir aussi souvent et aussi abondamment que je 25
l'aurais souhaité? Ne vous ai-je pas toujours prouvé que je prenais
plus de plaisir à donner qu'à recevoir? J'ai évité avec soin de vous
exhorter à la bigoterie et je ne vous ai parlé qu'aussi rarement qu'il
m'a été possible de votre religion, il fallait bien que je m'acquittasse, comme curé, de mon devoir. Mais aussi combien n'ai-je point 30
souffert en moi-même lorsque j'ai été forcé de [p.30] vous prêcher
ces pieux mensonges que je détestais dans le cœur! Quel mépris
n'avais-je pas pour cette superstitieuse messe, et ces ridicules
administrations de sacrements, surtout lorsqu'il fallait les faire 35
avec cette solennité qui attirait votre piété et toute votre bonne foi!
Que de remords ne m'a point excités votre crédulité? Mille fois sur

---

[4] Mz, Ars.58, RD: dans cet état d'aveuglement.

le point d'éclater publiquement, j'allais dessiller vos yeux, j'allais
vous rendre à votre propre raison: mais une crainte supérieure
[p.31] à mes forces me contentait soudain et m'a forcé au silence
jusqu'à ma mort.   40

Chapitres I à VII[5]

Chapitre I

Première Preuve de la fausseté de la religion tirée des motifs
qui ont porté les hommes à établir une religion

[p.37-63: *Les religions sont des inventions humaines. Citations de
Montaigne et de Pline. Le rôle de la politique. Citations de Montaigne
et de Lucien* (*Mémoire*, p.43-44, 57-61, 68-74)]

Mais comme il n'y a aucune secte particulière de religion, qui ne
prétende être véritablement fondée sur l'autorité de Dieu, et
entièrement exempte de toutes les erreurs etc. qui se trouvent
dans les autres, c'est à faire à ceux qui prétendent établir ou
maintenir la vérité de leur secte, de faire voir qu'elle est
d'institution divine, et c'est ce que [p.64] chacun d'eux doit   5
respectivement prouver par des témoignages si clairs, si sûrs et si
convaincants, qu'on n'en puisse raisonnablement et prudemment
douter, parce que si les témoignages qu'ils en pourraient donner
n'étaient pas tels, ils seraient toujours suspects d'erreurs et de
tromperie, et par conséquent n'étant pas de suffisante preuve de
vérité, personne ne serait obligé d'y ajouter foi. De sorte que si
aucun de ceux qui disent que leur religion est d'institution divine,   10
ne sauraient en donner des preuves claires et convaincantes, c'est
un témoignage qu'il n'y en a aucune [p.65] qui soit d'institution
divine, et par conséquent il faudra dire et tenir pour certain qu'elles
ne sont toutes que d'invention humaine pleines d'erreurs et de

---

[5] Pour ces chapitres de l'*Extrait* de Voltaire, nous reproduisons la version
d'Arsenal 2559, en renvoyant, entre parenthèses, aux passages correspondants dans
le *Mémoire* de Meslier.

tromperies, car il n'est nullement à croire ni à présumer, qu'un
Dieu tout-puissant, et qui serait, comme on dit, infiniment sage et
bon, aurait voulu donner des lois et des ordonnances aux hommes
et qu'il n'aurait pas voulu qu'elles portassent des marques et des
témoignages plus sûrs et plus authentiques de vérité, que celles des
imposteurs, qui sont en si grand nombre dans le monde. Or il n'y a
aucun de nos christicoles, de [p.66] quelque bande, ou de quelque
secte de religion que ce puisse être, [6] qui puisse faire voir par des
preuves claires, que leur religion soit véritablement d'institution   15
divine; et pour preuve de cela, c'est que depuis si longtemps et
depuis tant de siècles qu'ils sont en débat et en contestation sur ce
sujet, les uns contre les autres, et même jusqu'à se persécuter à feu
et à sang pour le maintien de leurs opinions, il n'y a eu cependant
encore aucun parti d'entre eux qui ait pu convaincre et persuader
les parties adverses, [7] par de tels témoignages de vérité, ce qui ne   20
serait certainement [p.67] point, s'il y avait de part ou d'autre des
raisons, c'est-à-dire des preuves claires et sûres d'une institution
divine. Car comme il n'y a personne dans aucun parti, ni dans
aucune secte de religion (je dis personne de ceux qui sont sages et
éclairés, et qui agissent de bonne foi) qui prétende favoriser ni
soutenir [8] l'erreur et le mensonge, et qu'ils prétendent au contraire
chacun de leur côté, soutenir la vérité; le véritable moyen de bannir   25
toutes erreurs, et de réunir tous les hommes en paix dans les mêmes
sentiments, et dans une même forme de religion, serait de produire
ces [p.68] preuves et ces témoignages convaincants de la vérité, et
leur faire voir par cette voie que c'est une telle ou telle religion qui
est véritablement d'institution divine, et non pas aucune des autres,
alors chacun, ou du moins toutes les personnes sages se rendraient à   30
cette vérité, et personne n'oserait entreprendre de combattre ces
témoignages, ni soutenir le parti de l'erreur et de l'imposture, qu'il
ne fût en même temps confondu par des preuves contraires; mais
comme ces preuves claires sûres et convaincantes d'institution

---

[6] C: de quelque secte qu'ils soient qui puissent.
[7] O, C: les autres partis adverses.
[8] O, Aix, C: soutenir et favoriser.

divine, ne se trouvent dans aucune religion, et pas plus [p.69] d'un côté que de l'autre, cela donne lieu aux imposteurs d'inventer et de 35 soutenir hardiment toutes sortes de mensonges.

Voilà la première preuve que j'avais à vous à donner, laquelle preuve est certainement dans son genre aussi claire et aussi forte qu'on en puisse avoir; mais en voici encore d'autres qui ne seront pas moins convaincantes, et qui ne feront pas moins voir[9] la fausseté des religions, et surtout la fausseté de la nôtre. Voici comme je m'y prends.

[p.70]

Chapitre II

Seconde Preuve de la fausseté de la religion tirée des erreurs de la foi.

Toute religion qui pose pour fondement de ses mystères, et qui prend pour règle de sa doctrine, ou de sa morale, un principe d'erreurs etc., et qui est même une source funeste de troubles et de divisions éternelles parmi les hommes, ne peut être une véritable [p.71] religion, ni être d'institution divine. Or toutes les religions, 5 et principalement la religion chrétienne, pose pour fondement de sa doctrine et de sa morale un principe d'erreurs etc. Donc etc.

Je ne vois pas qu'on puisse nier la première proposition de cet argument. Elle est trop claire et trop évidente pour pouvoir en douter.

Je passe donc à la preuve de la seconde proposition qui est que 10 toutes les religions, et surtout la religion chrétienne, prennent pour règle de leur doctrine et de leur morale ce qu'ils appellent la foi, c'est-à-dire une créance [p.72] aveugle, mais cependant ferme et assurée de quelques lois, ou de quelque révélation divine et de quelque divinité. Il faut nécessairement qu'elles le supposent ainsi, car c'est cette créance de quelque divinité, et de quelques 15 révélations divines qui leur donne tout le crédit, et toute l'autorité

---

[9] O, Aix, C: clairement voir.

178

qu'elles ont dans le monde, sans quoi on ne ferait aucun état de ce
qu'elles enseigneraient ni de ce qu'elles ordonneraient de faire et de
pratiquer.

C'est pourquoi il n'y a point de religion qui ne recommande par-
dessus tout à ses sectateurs, d'être fermes dans [p.73] leur foi, c'est-
à-dire immobiles dans leur créance. De là vient que tous les
christicoles tiennent pour maxime que 'la foi est le commencement   20
et le fondement du salut, et qu'elle est la racine de toute justice et de
toute sanctification' (Conc. De Tr. Sess. 6 C.8)[10]

[p.73-76: *on ne doit pas chercher les raisons de ce qu'on doit croire*
(*Mémoire*, p.81-82)]

Or il est évident qu'une créance aveugle de tout ce qui se
propose, sous le nom et l'autorité de Dieu, est un principe d'erreurs   25
etc. Pour preuve de quoi, c'est que l'on voit qu'il n'y a aucune
imposture en matière de religion qui ne prétende se couvrir du nom
et de l'autorité de Dieu, et il n'y a aussi aucun de ces imposteurs qui
ne prétende être tout particulièrement inspiré, et envoyé de Dieu.
Non seulement cette foi et cette créance [p.77] aveugle qu'elles
posent pour fondement de leur doctrine, est un principe d'erreurs   30
etc., mais elle est aussi une source funeste de troubles et de
divisions parmi les hommes pour le maintien de leurs folles
créances et religions, et il n'y a point de maux, ni de méchancetés
qu'ils n'exercent les uns contre les autres, sous ce beau et spécieux
prétexte.

[p.77-79: *citations de Montaigne, Juvénal, La Bruyère* (*Mémoire*,
p.84-85)]

Or il n'est pas croyable qu'un Dieu tout-puissant qui serait   35
infiniment bon et sage, voulût jamais se servir d'un tel moyen ni
d'une voie si trompeuse pour établir ses lois et ses ordonnances, ou
[p.80] pour faire connaître ses volontés aux hommes, car ce serait
manifestement vouloir les induire en erreur, et leur tendre des
pièges, pour leur faire prendre le parti du mensonge, aussi tôt que

---

[10] O, C: sanctification, comme il est marqué dans le concile de Trente, sec. 6 ch. 8.

celui de la vérité; ce qui n'est certainement pas croyable d'un Dieu tout-puissant etc. Il n'est pareillement pas croyable qu'un Dieu qui aimerait l'union et la paix, le bien et le salut des hommes, tel que serait un Dieu infiniment parfait, et que nos christicoles qualifient eux-mêmes de Dieu de paix, d'amour, de charité, de père de miséricorde, et de Dieu de toute consolation etc., il n'est pas croyable, dis-je, qu'un tel Dieu [p.81] eût voulu jamais établir, et mettre pour fondement de sa religion, une source si fatale de troubles et de divisions éternelles parmi les hommes, comme est cette créance aveugle qui serait mille et mille fois plus funeste aux hommes, que ne fut jamais cette fatale pomme d'or que la déesse Discorde jeta malicieusement dans l'assemblée des dieux, aux noces de Pelée et de Thétis, et qui fut cause de la ruine de la ville et du royaume de Troye, suivant les poètes. Donc des religions pareilles ne peuvent être véritables, ni avoir été instituées de Dieu. [p.81-82] [. . .]

Mais je vois bien que nos christicoles ne manqueront pas de recourir ici à leurs prétendus motifs de crédibilité, et diront que quoique leur foi et leur créance soit aveugle en un sens, elle ne laisse pas néanmoins d'être appuyée par de si clairs et convaincantes[11] témoignages de vérité, que ce serait non seulement une imprudence, mais une témérité, une opiniâtreté, une folie très grande, de ne [p.83] pas vouloir s'y rendre. Ils réduisent ordinairement tous ces prétendus motifs à trois ou quatre chefs.

Le premier, ils le tirent de la pureté et de la prétendue sainteté de leur religion, qui condamne toutes sortes de vices, et qui recommande la pratique de toutes les vertus. Sa doctrine est si pure, si sainte,[12] à ce qu'ils disent, qu'il est visible par là qu'elle ne peut venir que de la pureté et de la sainteté d'un Dieu infiniment bon et sage.

Second motif de crédibilité. Ils le tirent de l'innocence et de la sainteté de vie de ceux qui l'ont premièrement [p.84] embrassée

---

[11] O, Aix: et si convaincants.
[12] Première rédaction (conforme à O, Aix et C): si simple.

avec amour, de ceux qui l'ont [annoncée] avec tant de zèle, qui l'ont maintenue si constamment, et qui l'ont généreusement défendue au péril de leur vie, jusqu'à l'effusion de leur sang, et même jusqu'à souffrir la mort, et les plus cruels tourments, plutôt que de 60 l'abandonner, n'étant pas croyable, continuent-ils, que tant de si grands personnages, si saints, si éclairés, si sages, se soient laissés tromper dans leur créance, et qu'ils aient voulu renoncer, comme ils ont fait, à tous les plaisirs, les avantages, les commodités de la vie, et s'exposer à tant de peines et de travaux, à de si [p.85] cruelles et si rigoureuses persécutions, pour maintenir seulement des erreurs et des impostures. 65

Ils tirent leur 3ᵉ motif de crédibilité des oracles et des prophéties qui ont été en différents temps, et depuis si longtemps, rendus en leur faveur. Tous lesquels se trouvent à ce qu'ils prétendent si clairement et si manifestement accomplis dans leur religion, qu'il n'est pas possible de douter, qu'ils viennent véritablement d'une inspiration ou d'une révélation toute divine, n'y ayant qu'un seul Dieu qui puisse si sûrement prévoir l'avenir et prédire les choses [p.86] futures.

Enfin leur 4ᵉ motif de crédibilité, et qui est comme le principal de tous, se tire de la grandeur et de la multitude des miracles et 70 prodiges surnaturels et extraordinaires qui ont été faits en tout temps et en tous lieux en faveur de leur religion.

[p.86-89: *sur les miracles. Citations de Pic de La Mirandole et Richard de Saint-Victor (Mémoire*, p.88-89)]

Mais il est facile de réfuter tous ces vains raisonnements, et de faire clairement voir la vanité des prétendus motifs de crédibilité, et de tous ces prétendus miracles que nos christicoles appellent des témoignages assurés de la vérité de [p.90] leur religion. Car 1º il est évident que c'est une erreur de prétendre que des arguments et des preuves qui peuvent également servir à établir ou à confirmer le mensonge et l'imposture, comme à établir ou confirmer la vérité, puissent être des témoignages assurés de vérité. Or les arguments que nos christicoles tirent de leurs prétendus motifs de crédibilité 75 peuvent également servir à établir et à confirmer le mensonge comme la vérité. On voit[13] effectivement qu'il n'y a point de religions si fausses qu'elles puissent être qui ne prétendent s'appuyer sur de semblables motifs de crédibilité. Il [p.91] n'y en a point qui ne prétende avoir une doctrine saine et véritable, et, au moins en sa manière, condamner tous les vices et recommander la pratique de toutes les vertus. Il n'y en a point qui n'ait eu de doctes et zélés défenseurs qui ont souffert de rudes persécutions et la mort même pour le maintien et la défense de leur religion, et enfin, il n'y en a point qui ne prétendent avoir des prodiges et des miracles qui ont été faits en leur faveur. Les mahométans, par exemple, en allèguent en faveur de leur fausse religion, aussi bien que les chrétiens. Les Indiens en allèguent en faveur de la [p.92] leur, et tous les païens en alléguaient quantité, témoin toutes ces merveilleuses et miraculeuses métamorphoses d'Ovide, lesquelles sont comme autant de miracles qui se seraient faits, en faveur des religions païennes. Si nos christicoles font état de leurs miracles et de leurs prophéties, il ne s'en trouve pas moins dans les religions païennes que dans la leur. Ainsi l'avantage qu'on pourrait[14] espérer de tirer de tous ces prétendus motifs de crédibilité, se trouve à peu près également dans toutes sortes de religions.

[p.92-95: *citations de Montaigne. Sur les miracles du paganisme* (*Mémoire*, p.91-92)]

Cela étant, comme toutes les histoires et la pratique de toute les religions le démontrent, il s'ensuit évidemment que tous ces prétendus motifs de crédibilité dont nos christicoles veulent tant [p.96] se prévaloir, se trouvent également dans toutes les religions et par conséquent ne peuvent servir de preuves et de témoignages assurés de la vérité de leur religion non plus que de la vérité d'aucune autre. La conséquence en est claire.

80

85

90

95

100

---

[13] O, première rédaction d'Aix, C: c'est que l'on voit.
Correction d'Aix: puisque l'on voit.
[14] O, Aix, C: que l'on pourrait.

[p.96-109: *les miracles du paganisme* (*Mémoire*, p.93-98)]

On pourrait dire, par exemple, [p.110] qu'il y a plus d'apparence de raison de croire Philostrate en ce qu'il récite dans le 8e livre de la Vie d'Apollonius, que de croire tous les évangélistes ensemble, dans ce qu'ils racontent [15] des miracles de J.Chr., parce que l'on sait au moins que Philostrate était un homme d'esprit, éloquent et disert, qu'il était secrétaire et favori de l'impératrice Julie, femme de l'empereur Sévère, et que ç'a été à la sollicitation de cette impératrice, qu'il a écrit la vie et les actions merveilleuses d'Apollonius, marque certaine que cet Apollonius s'était [p.111] rendu fameux par quelques grandes et extraordinaires actions, puisqu'une impératrice était si curieuse d'avoir sa vie et ses actions par écrit; ce que l'on ne peut nullement dire de J. Ch. ni de ceux qui ont écrit sa vie, car ils n'étaient que des ignorants, des gens de la lie du peuple, des pauvres mercenaires, et des pauvres pêcheurs qui n'avaient pas seulement l'esprit de raconter de suite et par ordre les faits dont ils parlent, et qui se contredisent même très souvent et très grossièrement.

A l'égard de celui dont ils décrivent la vie et les actions, s'il avait [p.112] véritablement fait tous les miracles qu'ils disent, il se serait infailliblement rendu recommandable et illustre par toutes ses belles actions, et n'aurait pas manqué de s'attirer par là, la gloire et l'admiration des peuples, comme ont fait tous les grands hommes, et notamment cet Apollonius et ce Simon qu'on regardait comme des hommes divins, et auxquels on érigeait des statues comme à des dieux, mais au lieu de cela le Christ des chrétiens n'a été regardé pendant sa vie que comme un homme de néant, comme un homme méprisable [p.113] et insensé, un fanatique, et enfin comme un malheureux pendard.

[p.113-15: *sur les miracles de Moïse et des magiciens de Pharaon* (*Mémoire*, p.100-101)]

Joseph lui-même, fameux historien des Juifs, après avoir parlé

[15] O, Aix, C: ce qu'ils disent.

des plus grands miracles que l'on disait, et que l'on croyait avoir été faits en faveur de sa nation et de sa religion, [p.116] il en diminue 125 aussitôt la créance et la rend suspecte en disant qu'il laisse à chacun la liberté d'en croire ce qu'il voudra; marque bien certaine qu'il n'ajoutait pas beaucoup de foi lui-même à ce que l'on en disait. C'est aussi ce qui donne lieu aux plus judicieux de regarder les histoires qui parlent de ces sortes de choses comme des narrations fabuleuses. Voici comme l'auteur de l'Apologie des grands 130 hommes en parle.

[p.116-17: *citation de l'Apologie* (*Mémoire*, p.102)]

Il faut voir la relation des [p.118] missionnaires de l'île de Santarini. Il y a trois chapitres de suite sur cette belle matière.

[p.118-21: *citations de Montaigne* (*Mémoire*, p.103-104)]

Toutes ces raisons et tous ces exemples que je viens de joindre nous font voir clairement que les miracles prétendus [p.122] se 135 peuvent également imaginer par des méchants comme par des bons, et en faveur du vice et du mensonge comme en faveur de la justice et de la vérité.

Je vais le prouver encore évidemment par le témoignage de ce que nos christicoles mêmes appellent la parole de Dieu, et par le 140 témoignage de celui qu'ils adorent comme leur Dieu et comme leur sauveur, car les livres qu'ils disent contenir la parole de Dieu, et le Christ lui-même qu'ils adorent comme un Dieu fait homme, nous marquent expressément qu'il y a non seulement de faux prophètes, c'est-à-dire des imposteurs qui faussement se [p.123] disent envoyés de Dieu, et qui parlent faussement en son nom, mais nous marque[nt] expressément encore qu'ils font et qu'ils feront de 145 si grands et de si prodigieux miracles que peu s'en faudra que les justes n'en soient séduits (Matt. 25.5.11.27)

[p.123-25: *citations de St Matthieu et St Paul* (*Mémoire*, p.105-106)]

Ce qu'il y a encore de particulier à remarquer en cette occasion, c'est que tous ces prétendus faiseurs de miracles, veulent qu'ont y ajoute foi, et ne veulent pas qu'on en ajoute aucune à ceux que font les autres d'un parti opposé et contraire au leur. Pareillement tous les prétendus prophètes veulent qu'on ajoute foi à leur parole et qu'on regarde tous les autres qui leur sont opposés comme de faux prophètes et des imposteurs. Par là, on voit manifestement qu'ils se condamnent, et se détruisent [p.126] les uns les autres; ainsi c'est folie d'ajouter foi à pas un d'eux. 150

Un jour un de ces prétendus prophètes nommé Sedecias, se voyant contredit par un autre qui se nommait Michée, il lui donna un soufflet, et en même temps lui dit plaisamment ces paroles: Par quelle voie l'esprit de Dieu a-t-il passé de moi pour aller à toi? (2. Paral. 18.23).

[p.126-28: *citations de 3. Reg. 18.40 et de Nombres xii.2* (*Mémoire*, p.107)]

Mais comment ces prétendus [p.129] miracles seraient-ils des témoignages assurés de vérité, puisqu'il n'est pas certain qu'ils ont véritablement été faits, qu'il n'y a pas de certitude dans les récits qu'on en fait; car pour qu'il y en eût, il faudrait savoir 1° si ceux que l'on dit, ou que l'on croit être les premiers auteurs de ces narrations le sont véritablement. [...] 156

2° Il [p.130] faudrait savoir si ceux qui sont, ou qui ont été véritablement les premiers auteurs de ces sortes de narrations étaient des personnes de probité et dignes de foi, s'ils étaient sages et éclairés, et s'ils n'étaient point prévenus en faveur de ceux dont ils parlent si avantageusement [...]. [p.131] [...] 160

3° Il faudrait savoir si ceux qui rapportent ces prétendus miracles ont bien examiné toutes les circonstances des faits qu'ils rapportent, s'ils les ont bien connues, et s'ils les rapportent toutes comme elles sont [...]. [p.132] [...]

4° Il faudrait savoir si les livres ou les histoires anciennes qui rapportent tous ces grands miracles, n'ont pas été falsifiés et corrompus dans la suite du temps, comme quantité d'autres livres ou histoires qui ont été indubitablement corrompus, 165 [p.133] et comme on en falsifie encore tous les jours dans le siècle où nous sommes.

[p.133-36: *incertitude sur les miracles de Moïse. Citation d'un judicieux auteur*' [*L'Espion turc*] (*Mémoire*, p.110-11)]

Tacite, historien romain, d'une autorité incontestable, ajoute que Moyse, l'un de ces lépreux exilés, étant un homme d'esprit et qui avait parmi eux de la [p.137] réputation, voyant la confusion et l'accablement de ses frères, les pria d'avoir bon courage et ne se confier, ni aux dieux des Egyptiens, ni aux Egyptiens mêmes, mais de se fier seulement à lui, et d'obéir à ses conseils, qu'il était envoyé du Ciel pour être leur conducteur, et pour les tirer de la calamité sous laquelle ils gémissaient. Sur cela le peuple ne sachant que faire, s'abandonna entièrement à sa conduite, et dès lors il fut leur capitaine et leur législateur. Il les fit passer par les déserts de l'Arabie, où ils commirent de grands vols et brigandages; ils passèrent au fil de l'épée les hommes, les [p.138] femmes, et les enfants, brûlèrent les villes et ruinèrent tous les lieux où ils purent mettre le pied. Que pourrait-on dire de pis d'une troupe de voleurs et de bandits? La magie et l'astrologie étaient pour lors les seules sciences à la mode, et comme Moyse était parfaitement versé dans tous les mystères et secrets de la sagesse des Egyptiens, il ne lui fut pas difficile d'inspirer de la vénération et de l'attachement pour sa personne aux enfants de Jacob, rustiques et ignorants, et leur faire embrasser, dans la misère où ils étaient, la discipline qu'il voulut leur donner. Voilà qui est bien différent [p.139] de ce que les juifs et nos christicoles nous en veulent faire accroire. Par quelle règle certaine connaîtra-t-on qu'il faut ajouter foi à ceux-ci plutôt qu'aux autres? Il n'y en a certainement aucune raison vraisemblable.

Il y a aussi peu de certitude, et aussi peu de vraisemblance sur les prétendus miracles du Nouveau Testament que sur ceux de l'ancien.

[p.139-42: *on ne peut être certain de ce que rapportent les évangélistes* (*Mémoire*, p.112-14)]

Il ne servirait de rien de dire ici comme on fait quelquefois que les [histoires] qui rapportent ces sortes de faits ont toujours été regardé[e]s comme saint[e]s et sacré[e]s, et par conséquent qu'elles ont toujours été fidèlement et inviolablement conservées sans aucune altération des vérités qu'elles renferment. Il ne servirait de rien, dis-je, d'alléguer [p.143] cette raison en leur faveur, puisque c'est peut-être par là même qu'elles doivent être plus suspectes, et d'autant plus falsifiées et corrompues par ceux qui prétendent en tirer quelque avantage, ou qui craignent qu'elles ne leur soient pas assez favorables. L'ordinaire des auteurs qui transcrivent ou qui font imprimer ces sortes d'histoires, étant d'y ajouter, d'y changer, ou d'en retrancher tout ce que bon leur semble pour servir à leur dessein.

C'est ce que nos christicoles eux-mêmes ne sauraient nier, puisque sans parler de plusieurs autres graves personnages qui ont reconnu les additions, les [p.144] retranchements et les falsifications qui y ont été[16] faites en différents temps (à ce qu'ils appellent leur Ecriture sainte). Leur saint Jérôme, fameux docteur parmi eux, dit formellement en plusieurs endroits de ses prologues qu'elles ont été corrompues et falsifiées, étant déjà de son temps entre les mains de toutes sortes de personnes qui y ajoutaient et qui en retranchaient tout ce que bon leur semblait, en sorte qu'il y avait, dit-il, autant d'exemplaires différents qu'il y avait de différentes copies.

[p.144-52: *citations des textes de St Jérôme (Mémoire p.119-23)*]

Touchant les livres de l'Ancien Testament en particulier, Esdras prêtre de la loi, témoigne lui-même avoir corrigé et remis dans leur entier les prétendus livres sacrés de sa loi qui avaient été en partie perdus et en partie corrompus. Il les distribua en vingt-deux livres selon le nombre des lettres hébraïques, et composa plusieurs autres livres dont la doctrine ne devait se communiquer qu'aux seuls sages. Si ces livres ont été partie perdus, partie corrompus, comme

---

[16] O, Aix, C: qui ont été.

le témoigne Esdras et le docteur St Jérôme en tant d'endroits, il n'y a donc aucune certitude [p.153] sur ce qu'ils contiennent; et quant à ce que ce même Esdras dit les avoir corrigés et remis en leur entier par l'inspiration de Dieu même, il n'y a aucune certitude de cela et il n'y a point d'imposteur qui n'en puisse dire autant. 215

Tous les livres de la loi de Moyse et des prophètes qu'on pût trouver furent brûlés du temps d'Antiochus.

Le Talmud qui est regardé par les juifs comme un livre saint et sacré, et qui contient toutes les lois divines, ensemble les sentences et dits notables des rabbins, avec leur exposition tant sur les lois divines qu'humaines, et infinis autres [p.154] secrets et mystères de la langue hébraïque, est regardé par les chrétiens comme un livre farci de rêveries, de fables, d'impostures et d'impiétés. En l'année 1559 ils firent brûler à Rome par le commandement des inquisiteurs de la foi, douze cents de ces talmuds, trouvés dans une bibliothèque de la ville de Crémone. 220

225

Les pharisiens qui faisaient chez les Juifs [17] une fameuse secte ne recevaient que les cinq livres de Moyse, et rejetaient tous les prophètes. 230

Parmi les chrétiens, Marcion et ses sectateurs rejetaient les livres de Moyse et les prophètes, et introduisaient d'autres [p.155] écritures à la mode. Carpocrate et ses sectateurs en faisaient de même, et rejetaient tout l'Ancien Testament, et maintenaient que J. Ch. n'était qu'un homme comme les autres. 235

Les marcionites et les severians réprouvaient aussi tout l'Ancien Testament comme mauvais, et rejetaient aussi la plus grande partie des quatre Evangiles et les Epîtres de St Paul.

Les ébionites n'admettaient que le seul Evangile de St Mathieu, rejetant les trois autres, et les Epîtres de St Paul. 240

Les marcionites publiaient un évangile sous le nom de St Mathias pour [p.156] confirmer leur doctrine.

Les apostoliques introduisaient d'autres écritures pour main-

[17] O, Aix, C: parmi les Juifs.

tenir leurs erreurs, et pour cet effet se servaient de certains actes
qu'ils attribuaient à St André et à St Thomas. 245

Les manichéens (Chron. p.287) écrivirent un Evangile à leur
mode, et rejetaient les écrits des prophètes et des apôtres.

Les etzaïtes débitaient un certain livre qu'ils disaient être venu
du ciel, ils tronçonnaient les autres écritures à leur fantaisie.

Origène lui-même avec tout son grand esprit, ne laissait pas que 250
de corrompre les Ecritures, et forgeait à tout coup des allégories
hors de propos, et se détournait [p.157] par ce moyen du vrai sens
des prophètes et des apôtres, et même avait corrompu quelques uns
des principaux points de la doctrine. Ses livres sont maintenant
mutilés et falsifiés, ce ne sont plus que pièces cousues et ramassées 255
par d'autres qui sont venus depuis; aussi y rencontre-t-on des
erreurs et des fautes manifestes.

Les alogiens attribuaient à l'hérétique Cerinthus l'Evangile et
l'Apocalypse de St Jean, c'est pourquoi ils les rejetaient.

Les hérétiques de nos derniers siècles rejettent comme apocryphes plusieurs livres que les catholiques romains regardent 260
comme saints et sacrés, comme [p.158] sont les livres de Tobie, de
Judith, d'Esther, de Baruc, le Cantique des trois enfants dans la
fournaise, l'histoire de Suzanne, et celle de l'idole de Bel, la
Sapience de Salomon, l'Ecclésiastique, le premier et le second
des Machabées, auxquels livres incertains et douteux on pourrait 265
encore ajouter[18] plusieurs autres d'aussi peu de valeur qu'on
attribuait aux autres apôtres, comme sont par exemple les Actes
de St Thomas, ses Circuits, son Evangile et son Apocalypse,
l'Evangile de St Barthélemy, celui de St Mathias, celui de St Jaques,
celui de St Pierre et ceux des apôtres, comme aussi les Gestes de St
Pierre, son Livre de [p.159] la prédication et celui de son 270
Apocalypse, celui du Jugement, celui de l'Enfance du sauveur
etc., et plusieurs autres de semblable farine qui sont tous rejetés
comme apocryphes par les catholiques romains, même par le pape
Gelase et par les saints pères de la communion romaine. 275

---

[18] O, C: encore en ajouter.

189

Cela étant ainsi, comme nos christicoles ne le sauraient nier, il est constant qu'il n'y a aucun fondement de certitude touchant l'autorité que l'on prétend donner à ces livres, ni la vérité des faits qui y sont contenus, et les prétendus miracles qui y sont rapportés ne peuvent servir de preuves de la vérité d'aucune [p.160] religion.

Ce qui le confirme d'autant plus, c'est que ceux-mêmes qui maintiennent le plus fortement l'autorité divine de ces prétendus saints et sacrés livres sont obligés de reconnaître et d'avouer qu'ils n'auraient aucune certitude de l'autorité divine de leurs livres si leur foi, comme ils disent, ne les en assurait, et ne les obligeait   280
absolument de le croire ainsi. Or la foi étant, comme j'ai dit, une créance aveugle des choses que l'on ne voit pas, et que l'on ne connaît point, elle est aussi un principe d'erreurs et d'imposture, de sorte que les susdits miracles et livres, n'ayant [p.161] de l'aveu même de ceux qui les soutiennent, aucune certitude de vérité, il est constant qu'ils ne peuvent servir de témoignage certain de la vérité d'aucune religion.

Mais voyons si ces prétendus saints et divins livres, portent en   285
eux-mêmes quelque caractère particulier de vérité, comme par exemple, d'érudition, de sagesse et de sainteté, ou de quelques autres perfections qui ne puisse convenir qu'à un Dieu, et si les prétendus miracles qui y sont contenus s'accordent avec ce que l'on devrait penser de la grandeur de la bonté, de la justice et de la sagesse infinie d'un Dieu tout-puissant [. . .]. [p.162-63] [. . .]   290

Premièrement pour ce qui est des susdits prétendus saints et divins livres dont j'ai parlé, il est facile à toute personne tant soit peu éclairée de s'en convaincre soi-même. Il n'y a qu'à les lire, et on verra qu'il n'y a aucune érudition, aucune pensée sublime, ni aucune production de l'esprit qui passe les forces ordinaires de l'esprit humain. Au contraire, on n'y verra d'un côté que des histoires ou narrations fabuleuses, comme sont celles de la création du monde; celle de la formation, et multiplication des hommes; celle du [p.164] prétendu paradis terrestre; celle d'un serpent qui   295
parlait, qui raisonnait, et qui était même plus fin et plus rusé que l'homme; celle d'une ânesse qui parlait et qui reprenait son maître

de ce qu'il la maltraitait mal à propos; celle d'un déluge universel, et d'une arche où des animaux de toute espèce étaient renfermés; celle de la confusion des langues et de la division des nations, sans   300
parler de quantité d'autres vains récits particuliers sur des sujets bas et frivoles, et que des auteurs graves mépriseraient de rapporter.

Toutes ces histoires ou narrations, n'ont pas moins l'air de fables que celles [p.165] que l'on a inventées sur l'industrie de Prométhée, sur la boîte de Pandore, ou sur la guerre des géants contre les dieux,   305
et autres semblables que les poètes ont inventées pour amuser les hommes de leur temps. D'un autre côté on n'y verra qu'un mélange de quantité de lois ou d'ordonnances [19] ou de pratiques superstitieuses et vaines touchant les sacrifices et les purifications de l'ancienne loi, et touchant le vain discernement des animaux, dont   310
elle suppose les uns purs et les autres impurs. Ces lois ne sont pas plus respectables que celles des nations les plus idolâtres. On n'y verra encore que de [p.166] simples histoires vraies ou fausses, de plusieurs rois, de plusieurs princes ou particuliers qui auront bien   315
ou mal vécu, ou qui auront fait quelques belles ou mauvaises actions, parmi d'autres actions basses, indifférentes et frivoles qui y sont rapportées aussi. Pour faire tout cela, il est visible qu'il ne fallait pas avoir un grand génie, ni avoir des révélations divines. Ce   320
n'est pas faire honneur à un Dieu, que de le faire auteur de si sottes et si vaines narrations. Il s'amuserait à bien peu de chose, [20] s'il s'occupait à révéler des choses si frivoles. Enfin on ne voit dans ces livres que les [p.167] discours, la conduite, et les actions de ces tant renommés prophètes, qui se disaient être tout particulièrement inspirés de Dieu. On y verra leurs manières d'agir et de parler, leurs songes, leurs illusions, leurs rêveries, et il sera facile de juger   325
qu'ils ressemblaient beaucoup plus à des visionnaires et à des fanatiques, qu'à des personnes sages et éclairées.

Il y a cependant dans quelques-uns de ces livres plusieurs bons enseignements et de belles et bonnes maximes de morale, comme

---

[19] O, Aix, C: et d'ordonnances.
[20] de chose *biffé sur le ms.*

dans les Proverbes de Salomon, dans le livre de la Sagesse et de 330
l'Ecclésiastique; mais ce même Salomon [p.168] le plus sage de
leurs écrivains, est aussi le plus incrédule, il doute même de
l'immortalité de l'âme, et il conclut ses ouvrages par dire qu'il
n'y a rien de bon que de jouir en paix de son labeur et de vivre avec
ce que l'on aime. 335

D'ailleurs combien les auteurs qu'on nomme profanes, Xénophon, Platon, Cicéron, l'empereur Antonin, l'empereur Julien,
Virgile, etc. sont-ils au-dessus de ces livres qu'on nous dit inspirés
de Dieu? Je crois pouvoir dire que quand il n'y aurait, par exemple,
que les Fables d'Esope, elles sont certainement beaucoup plus 340
ingénieuses et plus instructives [p.169] que ne le sont toutes ces
grossières et basses paraboles, qui sont rapportées dans les
prétendus saints Evangiles.

Mais ce qui fait encore d'autant plus clairement voir que ces
sortes de livres ne peuvent venir d'aucune inspiration divine, c'est
qu'outre la bassesse et la grossièreté du style de ces Evangiles, et 345
outre le défaut d'ordre et de suite qu'il y a dans la narration des faits
particuliers, qui y sont très mal circonstanciés, on ne voit point que
les auteurs s'accordent, puisque les uns rapportent leurs histoires
d'une façon, les autres d'une autre. On voit même [p.170] qu'ils se
contredisent manifestement en plusieurs choses, ce qui prouve
qu'ils n'étaient pas inspirés de Dieu, et qu'ils n'avaient pas même
assez de lumières ni de talents naturels pour rédiger une histoire. 350

Voici quelques exemples des contrariétés et des contradictions
qui se trouvent entre eux. 1º L'Evangéliste St Mathieu fait
descendre J. Ch. du roi David par son fils Salomon et par tous
les descendants dudit Salomon, jusqu'à Joseph, père au moins
putatif de J. Ch., et St Luc le fait descendre du même David par son
fils Nathan jusqu'à Joseph. 355

[p.170-73: *sur la généalogie du Christ. Citation de St Paul (Mémoire*
p.134-35)]

2º Il y a contrarié et contradiction dans ce qu'ils disent touchant
ce qui arriva, ou qui se fit peu de temps après la naissance de ce

Christ; car St Mathieu dit qu'aussitôt le bruit s'étant répandu dans Jerusalem qu'il était né un nouveau roi des Juifs, et que des magiciens étaient venus le chercher pour l'adorer, le roi Hérodes craignant [p.174] que ce prétendu roi nouveau né[21] ne lui otât quelque jour la couronne, fit massacrer et égorger tous les enfants nouvellement nés depuis deux ans dans tous les environs de   360 Bethléem, où on lui avait dit que ce nouveau roi devait naître, et que Joseph et la mère de Jésus ayant été avertis en songe par un ange de ce mauvais dessein, ils s'enfuirent incontinent en Egypte, où ils demeurèrent jusqu'à la mort du roi Hérodes qui n'arriva que plusieurs années après. Au contraire St Luc marque que Joseph et   365 la mère de Jésus demeurèrent paisiblement durant six semaines dans l'endroit [p.175] où leur enfant Jésus fut né, qu'il y fut circoncis suivant la loi des Juifs, huit jours après sa naissance, et que lorsque le temps prescrit par cette loi pour la purification de sa mère   370 fut arrivé, elle et Joseph son mari le portèrent à Jérusalem pour le présenter à Dieu, dans son temple, et pour offrir en même temps en sacrifice ce qui était ordonné par la susdite loi de Dieu, après quoi ils s'en retournèrent en Galilée dans leur ville de Nazareth, où leur enfant Jésus croissait tous les jours en grâce, et en sagesse, et que   375 son père et sa mère allaient tous les ans à Jérusalem, aux jours solennels [p.176] de leur fête de Pâques. Si bien que St Luc ne fait aucune mention de leur fuite en Egypte, ni de la cruauté d'Hérodes envers les enfants de la province de Bethléem [...].

A l'égard de la cruauté [p.177] d'Hérodes, comme les historiens   380 de ce temps-là n'en parlent point, non plus que Joseph historien juif, qui a décrit la vie et les méchancetés de cet Hérodes et que les autres évangélistes n'en font aucune mention, il y a toute apparence de croire que ce que dit St Mathieu n'est qu'une imposture, et que la fuite en Egypte n'est qu'un mensonge. Car il n'est pas croyable que   385 Joseph qui a blâmé les vices de ce roi, eût passé sous silence une action si noire et si détestable, si ce que dit cet évangéliste[22] eut été vrai.

[21] né *est une addition dans* Ars.59. Aix, C: roi nouveau ne lui.
[22] Aix, C: si ce que cet évangéliste dit.

3° Il y a contrariété et contradiction [p.178] entre les susdits évangélistes, sur la durée du temps de la vie publique de J. Ch. car suivant ce que disent les trois premiers, il ne pouvait y avoir eu guère plus de trois mois, depuis son baptême jusqu'à sa mort, en supposant qu'il avait trente ans, ou approchant, lorsqu'il fut baptisé par St Jean, comme dit St Luc, et qu'il ait été né le 25e décembre selon l'opinion reçue communément parmi nos christicoles. Car depuis ce baptême, qui fut l'an 15 de Tibère-César, et l'année qu'Anne et Caïphe étaient grands prêtres, jusqu'au premier pâques suivant [p.179] qui était dans le mois de mars, il n'y avait qu'environ 3 mois, suivant ce que disent les 3 premiers évangélistes, il fut crucifié la veille du premier pâques suivant, après son baptême et la première fois qu'il vint à Jérusalem avec ses disciples; car tout ce qu'ils disent de son baptême, de ses voyages, de ses miracles, de ses prédications et de sa mort et passion se doit rapporter nécessairement à la même année de son baptême puisque ces évangélistes ne parlent d'aucune autre année suivante, et qu'il paraît même, par la narration qu'ils font de ses actions, qu'ils les a toutes faites immédiatement après son [p.180] baptême, et consécutivement les unes après les autres, et en fort peu de temps, pendant lequel on ne voit qu'un seul intervalle de six jours, avant sa transfiguration; pendant lesquels six jours, on ne voit pas qu'il ait fait aucune chose.

On voit clairement par là qu'il n'aurait vécu après son baptême qu'environ trois mois, desquels si on vient à ôter six semaines de quarante jours et quarante nuits qu'il passa dans le désert immédiatement après son baptême, il s'ensuivra que le temps de sa vie publique depuis ses premières prédications jusqu'à sa mort n'aura duré qu'environ six semaines, et [p.181] suivant ce que dit St Jean, il aurait au moins duré trois ans et trois mois, parce qu'il paraît par l'Evangile de cet apôtre, qu'il aurait été pendant le cours de sa vie publique trois ou quatre fois à Jérusalem à la fête de Pâques, qui n'arrivait qu'une fois l'an.

Or s'il est vrai qu'il y ait été trois ou quatre fois depuis son baptême, comme St Jean le témoigne, et comme les christicoles le prétendent, il est faux qu'il n'ait vécu que trois mois après son baptême, et qu'il ait été crucifié la première fois qu'il alla à 420 Jérusalem. Si on dit que ces trois premiers évangélistes ne parlent [p.182] effectivement que d'une seule année, mais qu'ils ne marquent pas distinctement les autres qui se sont écoulées depuis son baptême, ou que St Jean n'entend véritablement parler que 425 d'un seul pâques quoiqu'il semble qu'il parle de plusieurs, et que ce n'est que par anticipation qu'il répète plusieurs fois que la fête de Pâques des Juifs était proche, et que Jésus alla à Jérusalem, et par conséquent qu'il n'y a qu'une contrariété apparente sur ce sujet entre les susdits évangélistes, je le veux bien, mais il est constant 430 que cette contrariété apparente ne viendrait que de ce qu'ils ne s'expliquent [p.183] pas bien; et qu'ils ne marquent pas suffisamment toutes les circonstances qui auraient été à remarquer dans le récit qu'ils font. Mais quoi qu'il en soit, il y a toujours lieu de tirer cette conséquence qu'ils n'étaient donc pas inspirés de Dieu lorsqu'ils ont écrit leurs histoires [. . .]. 435

[p.184] 4° On ne peut nier même qu'ils se contredisent encore en plusieurs autres occasions. Ils le font sur la première chose que J. Ch. fit incontinent après son baptême, car les trois premiers évangélistes disent qu'il fut aussitôt transporté par l'esprit, dans un désert, où il jeûna 40 jours et 40 nuits, et où il fut plusieurs fois tenté par le diable, et suivant ce que dit St Jean, il partit 2 jours après son 440 baptême pour aller en Galilée, où il fit, dit-il, son premier miracle, en y changeant l'eau en vin à des noces [23] de Cana, où il se trouva trois jours après son arrivée en Galilée, a plus de trente lieues de l'endroit où il était. [. . .] [p.185] [. . .]

5° Ils se contredisent sur le lieu de sa première retraite après sa 445 sortie du désert. Car St Mathieu (c.4 v.13) dit qu'il s'en vint en Galilée et que laissant la ville de Nazareth, il vint demeurer à Capharnaum ville maritime, et St Luc (c.4 v.16 et 41) dit qu'il vint d'abord à Nazareth et qu'ensuite il vint à Capharnaum.

6° Ils se contredisent sur le temps et la [p.186] manière dont les 450

---

[23] O, Aix, C: aux noces.

apôtres se mirent à sa suite; car les trois premiers disent que Jésus passant sur le bord de la mer de Galilée, il vit Simon et André son frère qui pêchaient sur ladite mer, et qu'un peu plus loin il vit Jaques et Jean son frère avec leur père Zébédée qui raccommodaient leurs filets, parce qu'ils étaient aussi pêcheurs, et que les ayant appelés, ils laissèrent incontinent leurs filets et le suivirent. St Jean au contraire dit que ce fut André, frère de Simon Pierre, qui se joignit premièrement à Jésus avec un autre disciple de Jean 455 Baptiste, l'ayant vu passer devant eux, pendant qu'ils étaient avec [p.187] leur maître sur les bords du Jourdain, et qu'ils se joignirent à lui [...].

7° Ils se contredisent sur le récit qu'ils [p.188] font de ce qui se passa dans la dernière cène que J. Ch. fit avec ses apôtres. Les 3 premiers marquent qu'il y fit l'institution du sacrement de son corps et de son sang, sous les espèces et apparences du pain et du vin, 460 comme parlent nos christicoles romains, et St Jean ne fait aucune mention de ce mystèrieux sacrement. Jean dit (c.13 v.5) qu'après cette cène Jésus lava les pieds à ses apôtres, qu'il leur recommanda expressément de se faire les uns les autres la même chose, et rapporte un long discours qu'il leur fit, dans ce même temps; mais les autres 465 évangélistes ne parlent aucunement de ce lavement de pieds, ni du long discours [p.189] qu'il leur fit pour lors. Au contraire, ils témoignent qu'incontinent après cette cène, il s'en alla avec ses apôtres sur la montagne des Oliviers, que là s'étant un peu éloigné d'eux, il se mit tout seul en prière, qu'il abandonna son âme à la tristesse, et qu'enfin, il tomba en agonie pendant que ses apôtres 470 dormirent un peu plus loin. [...] [p.190-91] [...]

8° Ils se contredisent eux-mêmes sur le jour qu'ils disent qu'il fit cette cène; car d'un côté, ils marquent qu'il la fit le soir de la veille de Pâques, c'est-à-dire le soir du premier jour des azimes, ou de l'usage des pains sans levain, comme il est marqué dans l'Exode 475 12.18; Levit. 25.5, Nombres 28.16, et d'un autre côté, ils [p.192] disent qu'il fut crucifié le lendemain du jour qu'il fit cette cène, vers l'heure de midi après que les Juifs lui eurent fait son procès pendant toute la nuit et le matin. Or suivant leur dire, le lendemain qu'il fit

cette cène, n'aurait pas dû être la veille de Pâques. Donc s'il est 480
mort la veille de Pâques vers le midi, ce n'était point le soir de la
veille de cette fête qu'il fit cette cène. En quoi il est manifeste qu'il
ya de l'erreur de part et d'autre [. . .]. [p.193] [. . .]

9° Ils le font aussi sur ce qu'ils rapportent des femmes qui avaient
suivi Jésus depuis la Galilée; car les trois premiers disent que ces 485
femmes et tous ceux de sa connaissance entre lesquelles étaient
Marie Madelaine et Marie mère de Jaques et de Joseph, et la mère
des enfants de Zébédée, regardaient de loin ce qui se passait,
lorsqu'il était pendu et attaché à la croix. St Jean dit au contraire
(19.25), que la mère de Jésus, et la sœur de sa mère, et Marie 490
Madelaine étai[en]t debout auprès de la croix [p.194] avec Jean son
apôtre; que Jésus voyant sa mère, et auprès d'elle le disciple qu'il
aimait, il dit à sa mère: femme voilà votre fils, et qu'il dit à son
disciple: voilà votre mère. En quoi il y a contrariété, car si ces
femmes et ce disciple étaient près de lui, elles n'étaient donc pas
éloignées comme disent les autres.

10° Ils se contredisent sur les prétendues apparitions qu'ils 495
rapportent que J. Ch. fit après sa prétendue résurrection; car
Mathieu (c.28. v.16) ne parle que de deux apparitions, l'une
lorsqu'il s'apparut à Marie Madelaine, et à une autre femme
nommée aussi Marie, et l'autre lorsqu'il s'apparut à ses onze
[p.195] disciples qui s'étaient rendus en Galilée sur la montagne 500
qu'il leur avait marquée pour le voir. Marc parle de trois
apparitions, la première lorsqu'il apparut à Marie Madelaine; la
seconde, lorsqu'il apparut à ses deux disciples qui allaient en
Emaüs, et la troisième lorqu'il apparut à ses onze disciples, à qui il
fit reproche de leur incrédulité. Luc ne parle que des deux
premières apparitions comme St Mathieu, et Jean l'évangéliste
de 4 apparitions, et ajoute aux trois de St Marc, celle qu'il fit à 7 ou 8
de ses disciples qui pêchaient sur la mer Tibériade.

11° Ils se contredisent encore sur le lieu [p.196] de ces
apparitions, car Mathieu dit que ce fut en Galilée sur une 510
montagne, Marc dit que ce fut lorsqu'ils étaient à table. Luc dit
qu'il les mena hors de Jérusalem, et qu'il les mena jusques en

Bethanie où il les quitta en s'élevant au ciel, et Jean dit que ce fut dans la ville de Jérusalem, dans une maison dont ils avaient fermé les portes, et une autre fois sur la mer de Tibériade.   515

Voilà bien de la contrariété dans le récit de ces prétendus apparitions. Elles ne peuvent être toutes véritables. [...] [p.197-99] [...]

12° Ils se contredisent au sujet de sa prétendue ascension au ciel, car Luc et Marc disent positivement qu'il monta au ciel en présence de ses onze apôtres, mais ni Mathieu ni Jean ne font aucune [p.200] mention de cette prétendue ascension. Bien plus, Mathieu   520 témoigne assez clairement qu'il n'est point monté au ciel; puisqu'il dit positivement que J. Ch. assura ses apôtres dans cette apparition, qu'il serait et qu'il demeurerait toujours avec eux jusqu'à la fin des siècles. Allez donc, leur dit-il, dans cette prétendue apparition, enseignez toutes les nations, et soyez assurés que je serai toujours   525 avec vous jusqu'à la consommation des siècles.

Luc se contredit lui-même sur ce sujet, car dans son Evangile (c.24 v.50), il dit que ce fut en Bethanie qu'il monta au ciel en présence de ses apôtres, et dans ses Actes [p.201] des apôtres, supposé qu'il en soit l'auteur, il dit que ce fut sur la montagne des   530 Oliviers. Il se contredit encore lui-même dans une autre circonstance de cette ascension; car il marque dans son Evangile que ce fut le jour même de sa résurrection, ou la première nuit suivante, qu'il monta au ciel, et dans ses Actes des apôtres, il dit que ce fut 40 jours après sa résurrection, ce qui ne s'accorde certainement pas.   535

Si tous les apôtres avaient véritablement vu leur maître monter glorieusement au ciel, comment Mathieu et St Jean qui l'auraient vu comme les autres, auraient-ils passé sous silence un si glorieux [p.202] mystère et si avantageux à leur maître, vu qu'ils rapportent quantité d'autres circonstances de sa vie et de ses actions qui sont   540 beaucoup moins considérables que celle-ci? Comment Mathieu ne fait-il pas mention expresse de cette ascension, et n'explique-t-il pas clairement de quelle manière, il demeurerait toujours avec eux, quoiqu'il les quittât visiblement pour monter au ciel? Il n'est pas

facile de comprendre par quel secret il pouvait demeurer avec ceux   545
qu'il quittait.

Je passe sous silence quantité d'autres contrariétés et contradictions [p.203] qui se trouvent dans ces prétendus saints et divins
livres, parce qu'il serait trop long de les rapporter toutes, mais ce
que je viens de dire suffit pour faire clairement voir que ces livres
ne viennent d'aucune inspiration divine, ni même d'aucune sagesse
humaine, et par conséquent qu'ils ne méritent pas qu'on y ajoute   550
aucune foi.

[24]Mais par quel privilège ces quatre Evangiles et quelques autres
semblables livres passent-ils pour saints et divins, plutôt que
plusieurs autres qui portent comme ceux-ci le titre d'Evangile, et
qui ont autrefois été comme [p.204] eux publiés sous le nom de
quelques autres apôtres?

[p.204-206: *Les Evangiles apocryphes* (*Mémoire*, p.149-50)]

Si on dit que les Evangiles de ceux-ci sont supposés, et   5
faussement attribués aux apôtres, on serait en droit de demander
par quelle règle et par quel témoignage on le sait. Si les uns de ces
apôtres se sont vantés faussement d'avoir été inspirés de Dieu, les
autres peuvent bien s'en être vantés aussi faussement que leurs
compagnons; enfin si les uns de ces Evangiles ont été falsifiés et
corrompus, aussi facilement les autres le peuvent-ils avoir été.
Ainsi il n'y a point de preuve assurée par où on puisse discerner en
cela les uns d'avec les autres.

[p.207] Mais dira-t-on c'est l'Eglise elle-même qui fait ce discerne-   10
ment, et qui a levé tout sujet de doute sur cette matière.

[p.207-208: *citations du 3e Concile de Carthage et du Concile de
Trente* (*Mémoire*, p.151)]

Il est vrai que l'Eglise l'a déterminé ainsi, mais de bonne foi,
peut-on dire et se persuader pour cela que les livres qu'elle s'est

---

[24] Début du chapitre III dans l'*Extrait* de Voltaire.

ainsi choisis et qu'elle veut qu'on regarde [p.209] comme saints aient été véritablement inspirés de Dieu?

[p.210-12: *on ne doit penser de la grandeur d'un être infiniment parfait que ce qui peut s'accorder avec ses perfections* (*Mémoire*, p.152-53)]

Or les prétendus miracles et surtout ceux qui sont rapportés dans le Vieux Testament, n'auraient été faits, suivant leur rapport, que pour marquer de la part de Dieu, une injuste et odieuse acception de peuples et de personnes, et pour détruire et accabler de maux et de misère, comme de sang-froid et de propos délibéré, les uns, pour favoriser tout particulièrement les autres. Cela est notamment [p.213] et manifestement rapporté dans les livres du vieux Testament, qui parlent de la vocation et du choix qu'ils disent que Dieu fit des patriarches Abraham, Isaac, et Jacob, pour de leur postérité se faire tout particulièrement un peuple qu'il sanctifierait et qui bénirait par-dessus tous les autres peuples de la terre.

[p.213-21: *Les promesses de Dieu à Abraham, à Isaac et à Jacob. Citations de la Bible* (*Mémoire*, p.155-58)]

Mais Dieu,[25] dira-t-on, est le maître absolu de ses grâces et de ses bienfaits, il peut les accorder à qui il lui plaît sans que personne ait droit de s'en plaindre, [p.222] ni l'accuser d'aucune injustice. Cette raison serait très vaine, car si Dieu est véritablement l'auteur de la nature, le père de tous les peuples[26] comme le disent nos christicoles, il doit également les aimer tous comme ses propres ouvrages et par conséquent, il doit également être aussi leur protecteur et leur bienfaiteur, car celui qui donne l'être doit donner aussi suivant la maxime qui est véritable les suites et les conséquences nécessaires pour le bien être. *Qui dat esse debet consequentia adesse.* Si ce n'est que nos christicoles veulent dire que leur Dieu voudrait faire [p.223] exprès des créatures pour les rendre misérables, ce qu'il serait certainement encore indigne de penser d'un être qui serait infiniment bon. Par conséquent, si c'est

15

20

25

---

[25] O: Mais, dira-t-on, Dieu.
[26] O, Aix, C: père de tous les hommes et de tous les peuples.

un Dieu qui a donné l'être à tous les hommes, et à tous les peuples, il doit aussi leur donner également à tous le bien-être, et les favoriser également tous de sa divine bienveillance et de ses bonnes grâces, sans faire aucune injuste et odieuse acception de personne.

De plus, si tous les prétendus miracles du vieux et du nouveau Testament, étaient véritables, on pourrait [p.224] dire que Dieu aurait eu plus de soin de pourvoir au moindre bien des hommes qu'à leur plus grand et principal bien, qu'il aurait voulu plus sévèrement punir dans de certaines personnes des fautes légères qu'il n'aurait point puni dans d'autres de très grands crimes, et enfin qu'il n'aurait pas voulu se montrer si bienfaisant aux hommes dans les plus pressants besoins que dans les moindres. C'est ce qu'il est facile de faire voir, tant par les miracles que l'on prétend qu'il a faits, que par ceux qu'il n'a pas faits, et qu'il aurait néanmoins certainement plutôt faits qu'aucun [p.225] autre, s'il était vrai qu'il en eût fait aucun. 30 35 40

[p.225-32: *sur les miracles de Moïse, de Josué. Sur diverses interventions de Dieu dans l'Ancien Testament (Mémoire*, p.162-65)]

Enfin, il se serait montré plus bienfaisant [p.233] dans de légères occasions qu'il ne l'aurait fait dans une infinité d'autres incomparablement plus pressantes et plus importantes; puisqu'il aurait eu, d'un côté, la complaisance d'envoyer un ange pour consoler et secourir une simple servante, pendant qu'il aurait laissé, et qu'il laisse encore tous les jours, languir et mourir de misères une infinité d'innocents, sans secours et sans assistance de personne dans leurs besoins. Il aurait conservé par un miracle pendant 40 ans les habillements et les chaussures d'un vil et misérable peuple, et il ne voudrait pas encore maintenant [p.234] veiller à la conservation naturelle de tant de biens et de tant de richesses qui seraient si utiles et nécessaires pour la subsistance des peuples, et qui se sont néanmoins perdus et qui se perdent encore tous les jours par tant d'accidents. Quoi! il aurait envoyé aux premiers chefs du genre humain, Adam et Eve, un démon, un diable, ou un simple serpent pour les séduire, et pour perdre par ce moyen tout le genre humain? 45 50

Cela n'est pas croyable. Quoi! il aurait voulu par une grâce spéciale de sa providence empêcher que le roi de Geraris [p.235] païen ne l'offensât et ne tombât dans une faute légère avec une femme étrangère; faute cependant qui n'aurait eu aucune mauvaise suite, 55 et il n'aurait pas voulu empêcher qu'Adam et Eve ne l'offensassent, et ne tombassent dans le péché de désobéissance, péché néanmoins qui, selon nos christicoles, devait être fatal, et causer la perte de tout le genre humain? Cela n'est pas croyable!

Venons aux prétendus miracles du Nouveau Testament. Ils 60 consistent, comme on le prétend, principalement en ce que J. Ch. et ses apôtres guérissaient [p.236] miraculeusement et divinement toutes sortes de maladies et d'infirmités, en ce qu'ils rendaient, par exemple, quand[27] ils voulaient, la vue aux aveugles, l'ouïe aux sourds, la parole aux muets; qu'ils faisaient marcher droit les 65 boiteux, qu'ils guérissaient les paralytiques, qu'ils chassaient les démons des corps des possédés, et qu'ils ressuscitaient les morts.

On voit plusieurs de ces miracles dans les prétendus saints Evangiles, mais on en voit beaucoup plus dans les livres que nos christicoles ont faits des vies admirables de leurs saints; [p.237] car 70 on voit, si on les veut croire, presque une infinité de choses divines, et toutes miraculeuses, en toutes sortes de manières. On y voit comme ils guérissaient toutes maladies[28] et infirmités, comme ils chassaient les démons presque en toute rencontre, et ce, au seul nom de Jésus, ou par le seul signe de la croix. Ils commandaient, pour ainsi dire, aux éléments qui obéissaient à leurs voix. Ils n'avaient qu'à dire et tout était fait. Dieu les favorisait si bien de ce divin pouvoir qu'il le leur conservait même après leur mort, 75 rendant la santé à ceux qui allaient et venaient pieusement [p.238] honorer leurs tombeaux, leurs os et leurs cendres.

Bien plus. Si on croit tous ces livres, ce pouvoir de faire ainsi des miracles se serait communiqué jusqu'aux moindres de leurs

---

[27] C: qu'ils rendaient quand.
[28] O: toutes les maladies.

habillements, et même jusqu'à l'ombre de leur corps, et jusques aux instruments honteux de leur mort et de leurs souffrances.

[p.238-40: *miracles de St Pierre et de la Croix du Christ* (*Mémoire*, p.171)]

Il est dit que la chaussette de St Honnoré ressuscita un mort au 6 de janvier; [p.241] que les bâtons de St Pierre, de St Jacques et de St 80 Bernard opéraient des miracles. On en dit de même de la corde de St François, du bâton de St Jean de Dieu et de la ceinture de Ste Mélanie. Il est dit de St Gracilien qu'il fut divinement instruit de ce qu'il devait croire et enseigner, et qu'il fit par le mérite et la puissance de son oraison, reculer une montagne qui l'empêchait de 85 bâtir une église.

[*St Hommebon* (*Mémoire*, p.172)]

Il est dit du sépulcre de St André, qu'il en coulait [p.242] sans cesse une liqueur qui guérissait toutes sortes de maladies; que l'âme de St Benoist fut vue monter au ciel revêtue d'un précieux manteau, et environnée de lampes ardentes.

[*Sts Christophe, Clément, Damascène* (*Mémoire*, p.172)]

St Dominique disait que jamais Dieu [p.243] ne l'avait jamais éconduit des choses qu'il lui eut demandées. 90

[*Sts Ferréol et Ferrucien* (*Mémoire*, p.172)]

Que St François commandait aux hirondelles, aux cygnes et aux autres oiseaux; qu'ils lui obéissaient, et que souvent les poissons, les lapins et les lièvres venaient se mettre entre ses mains et dans son giron.

[p.243-45: *Stes Editrude, Thérèse, Rose de Viterbe, Godeline Hedwige, Sts Thomas d'Aquin, Ildefonse, Antonin, Laurent, Lucie, N.-D. de Liesse, St Melon* (*Mémoire*, p.172-73)]

Que St Paul et St Pantaleon [p.246] ayant eu leur tête tranchée, il en sortit du lait au lieu de sang; que le bienheureux Pierre de 95

Luxembourg dans les deux premières années d'après sa mort, 1388 et 1389, il fit[29] 2400 miracles, entre lesquels il y eut 42 morts ressuscités, non compris plus de 3000 autres miracles qu'il a faits depuis, et ceux qu'il fait encore tous les jours.

Que les cinquante philosophes que Ste Catherine convertit   100
ayant tous été jetés dans un grand feu, leurs corps furent après trouvés tous entiers, et pas un seul de leurs cheveux brûlé; que le corps de Ste Catherine fut enlevé par des anges après sa mort, et enterré par eux sur le mont Sinay.

[p.246-88[30]: *St Quentin, Ste Reine, Sts Vincent Ferrier, Julien évêque, Yves, Julien de Brioude (Mémoire, p.174)*]

Que le jour de la canonisation de St Antoine de Padouë, toutes les cloches de la ville de Lisbonne sonnèrent d'elles-mêmes sans   105
que l'on sût d'où cela venait; que ce saint étant un jour allé sur le bord de la mer et ayant appelé des poissons[31] pour les prêcher, ils vinrent devant lui en foule et mettant la tête hors de l'eau, ils l'écoutaient attentivement.

[p.288-93: *Sts Isidore, Albert, Eléazar, Ennemond, Hyacinthe, François, François de Paule (Mémoire, p.175-76)*]

Enfin il n'y a sujet si vain, si frivole, ni même si ridicule, où ces   110
auteurs de ces vies de saints ne prennent plaisir d'entasser miracles sur miracles, tant ils sont habiles forgeurs de ces beaux mensonges.

Voici comme un auteur judicieux parle de ces sortes d'auteurs et de leurs pieuses et fabuleuses histoires de la vie de leurs saints [...] [p.294] [...] Voici ce qu'il dit [...] (Apologie des grands hommes t.II. p.13.)[32]

---

[29] O, Aix, C: 1389, fit.

[30] Par erreur, le copiste a paginé 288, 289 (et suivantes) au lieu de 248, 249 (et suivantes). Nous reproduisons sa pagination.

[31] O, Aix, C: les poissons.

[32] Aix: *référence à Naudé ajoutée d'une autre main. C'est le seul endroit où Naudé est nommé dans les copies du premier extrait.*

[p.294-96: *citation de l'Apologie (Mémoire*, p.177-78)]

Ce n'est pas sans raison en effet qu'on regarde[33] tout cela   115
comme de vains mensonges. Car il est facile de voir que tous ces
prétendus miracles n'ont été inventés qu'à l'imitation des fables des
poètes païens. C'est ce qui paraît assez visiblement par la
conformité qu'il y a des uns aux autres.

[34]Si nos christicoles disent que Dieu donnait véritablement
pouvoir à ses saints de faire tous ces miracles qui sont rapportés
dans leurs vies; de même aussi les païens disent que les filles [p.297]
d'Anius grand prêtre d'Apollon avaient véritablement reçu du dieu
Bacchus la faveur et le pouvoir de changer tout ce qu'elles   5
voudraient en blé, en vin, en huile etc.

Que Jupiter donna aux nymphes qui eurent soin de son
éducation, une corne de la chèvre qui l'avait allaité dans son
enfance avec cette propriété qu'elle leur fournissait abondamment
de tout ce qu'il leur viendrait à souhait. Ne voilà-t-il pas de beaux   10
miracles?

Si nos christicoles disent que leurs saints avaient le pouvoir de
ressusciter les morts, et qu'ils avaient des révélations divines, les
païens avaient dit avant eux qu'Athalide fils de Mercure avait
obtenu de son père, le don de pouvoir vivre, [p.298] mourir et
ressusciter quand il voudrait, et qu'il avait aussi la connaissance de   15
tout ce qui se faisait au monde et en l'autre vie, et qu'Esculape fils
d'Apollon avait ressuscité des morts, et entre autres qu'il ressuscita
Hypolite fils de Thésée à la prière de Diane, et qu'Hercule
ressuscita aussi Alceste femme d'Admete roi de Thessalie pour
la rendre à son mari.   20

Si nos christicoles disent que leur Christ est né miraculeusement
d'une vierge, sans connaissance d'hommes, les païens avaient déjà
dit avant eux, que Remus et Romulus fondateurs de Rome étaient
miraculeusement nés d'une vierge vestale nommée Ilia, ou Sylvia,

---

[33] O: que l'on regarde.
[34] Début du chapitre IV dans l'*Extrait* de Voltaire.

ou Rhea Sylvia; ils avaient[35] déjà dit que Mars, [p.299] Arge, 25
Vulcain et autres, avaient été engendrés de la déesse Junon, sans
connaissance d'homme; ils avaient déjà dit aussi que Minerve,
déesse des sciences, avait été engendrée dans le cerveau de Jupiter,
et qu'elle en sortit toute armée par la force d'un coup de poing dont
ce dieu se frappa la tête. 30

Si nos christicoles disent que leurs saints faisaient sortir des
fontaines d'eau des rochers, les païens disent de même que Minerve
fit jaillir une fontaine d'huile en récompense d'un temple qu'on lui
avait dédié.

Si nos christicoles se vantent d'avoir reçu miraculeusement des 35
images du ciel, comme par exemple celle de Notre-Dame de
Lorette et [p.300] de Liesse, et plusieurs autres présents du ciel
comme la prétendue Ste Ampoule de Reims, comme la chasuble
blanche que St Ildefonce reçut de la Vierge Marie, et autres choses
semblables; les païens se vantaient avant eux d'avoir[36] un bouclier 40
sacré, pour marque de la conservation de leur ville de Rome, et les
Troyens se vantaient avant eux d'avoir reçu miraculeusement du
ciel leur palladium, ou leur simulacre de Pallas qui vint, disaient-
ils, prendre sa place dans le temple qu'on avait édifié à l'honneur de
cette déesse. 45

Si nos christicoles disent que leur J. Ch. fut vu par ses apôtres
monter glorieusement au ciel, et que plusieurs âmes de leurs
prétendus [p.301] saints furent vues transférées glorieusement au
ciel par les anges; les païens romains avaient déjà dit avant eux que
Romulus l'un de leurs fondateurs[37] fut vu tout glorieux après sa 50
mort; que Ganimede, fils de Tros roi de Troyes, fut par Jupiter
transporté au ciel pour lui servir d'échanson; que la chevelure de
Bérénice ayant été consacrée au temple de Vénus fut après
transportée au ciel. Ils disent la même chose de Cassiopée et
d'Andromède, de même[38] de l'âne de Sylène. 55

35 O, Aix: ils avaient.
36 O, Aix, C: d'avoir reçu.
37 Première rédaction (conforme à O, Aix, C): Romulus leur fondateur.
38 O: et même.

Si nos christicoles disent que plusieurs corps de leurs saints ont
été miraculeusement préservés de corruption après leur mort, et
qu'ils ont été retrouvés par des révélations divines, [p.302] après
avoir été un fort long temps perdus sans savoir où ils pouvaient
être, les païens en disent de même du corps d'Orestes qui fut,   60
comme ils disent, trouvé par l'avertissement de l'oracle.

Si nos christicoles disent que les sept frères dormants dormirent
miraculeusement pendant cent soixante dix-sept ans qu'ils furent
enfermés dans une caverne, les païens disent qu'Epiménides le
philosophe dormit pendant 107 [39] ans dans une caverne où il s'était   65
endormi.

Si nos christicoles disent que plusieurs de leurs saints parlaient
encore miraculeusement après voir eu la tête ou la langue coupée,
les païens disent que la tête de Gabienus [p.303] chanta un long
poème après être séparée de son corps.

Si nos christicoles se glorifient de ce que leurs temples et églises   70
sont ornés de plusieurs tableaux et riches présents qui montrent les
guérisons miraculeuses qui ont été faites par l'intercession de leurs
saints, on voit aussi, ou du moins on voyait autrefois dans le temple
d'Esculape en Epidaure, quantité de tableaux des cures et guérisons
miraculeuses qu'il avait faites.   75

Si nos christicoles disent que plusieurs de leurs saints ont été
miraculeusement conservés dans les flammes ardentes, sans y
recevoir aucun dommage dans leur corps ni dans leurs habits,
[p.304] les païens disaient que les religieuses du temple de Diane,
marchaient sur les charbons ardents pieds nus sans se brûler et sans   80
se blesser les pieds, et que les prêtres de la déesse Féronie et de
Hyrpicus marchaient de même sur des charbons ardents, dans les
feux de joie que l'on faisait à l'honneur d'Apollon.

Si les anges, comme disent nos christicoles, bâtirent une chapelle
à St Clément au fond de la mer, les païens disent que la petite
maison de Baucis et de Philemon fut miraculeusement changée en   85
un superbe temple en récompense de leur piété.

---

[39] Correction en surcharge. O, Aix, C: 57.

Si nos christicoles se vantent d'avoir leurs saints pour protecteurs, et que plusieurs d'entre [p.305] eux comme St Jaques, St Maurice et autres ont plusieurs fois paru dans leurs armées montés et équipés à l'avantage, combattre en leur faveur entre leurs ennemis, les païens disent que Castor et Pollux ont paru plusieurs fois en bataille combattre pour les Romains contre leurs ennemis. 90

Si nos christicoles disent qu'un bélier se trouva miraculeusement pour être offert en sacrifice à la place d'Isaac, lorsque son père Abraham le voulait sacrifier, les païens disent que la déese Vesta envoya miraculeusement une génisse pour lui être sacrifiée à la place de Metella fille de Metellus; que la déese Diane envoya de 95 même une biche à la place d'Iphigénie, [p.306] lorsqu'elle était sur le bûcher pour lui être immolée, au moyen de quoi Iphigénie fut délivrée.

Si nos christicoles disent que St Joseph s'enfuit en Egypte, sur l'avertissement qu'il en reçut du ciel par un ange, les païens disent que Simonides le poète évita plusieurs dangers mortels sur un 100 avertissement miraculeux qui lui en fut fait.

Si Moyse fit sortir une source d'eau vive d'un rocher en le frappant de son bâton, le cheval Pegase disent les païens, en fit autant, puisqu'en frappant de son pied un rocher il en sortit une fontaine.

Si nos christicoles disent que St Vincent Ferrier ressuscita un 105 mort qui avait été haché en pièces, et dont le corps était déjà [p.307] moitié cuit et moitié rôti, les païens disent que Pelops fils de Tantale roi de Phrigie, ayant été mis en pièces par son père pour le faire manger aux dieux, eux ayant reconnu cette barbare cruauté d'un père envers son fils, ramassèrent tous les membres, les réunirent et lui rendirent la vie.

Si nos christicoles disent que plusieurs de leurs crucifix et autres 110 de leurs images [40] ont miraculeusement parlé et rendu des réponses, les païens disent que leurs oracles ont divinement parlé, et qu'ils ont rendu [41] des réponses à ceux qui les consultaient, et que la tête

[40] O: autres images.
[41] Aix, C: et rendu.

d'Orphée et celle de Policrates rendaient des oracles après leur mort.

[p.308] Si Dieu fit connaître par une voix du Ciel que J. Chr. était son fils, comme le citent les évangélistes, les païens disent que Vulcain fit voir par l'apparition d'une flamme miraculeuse que Coeculus était véritablement son fils.

Si nos christicoles disent que Dieu a miraculeusement nourri quelques-uns de ses saints, les poètes païens disent que Triptoleme fut miraculeusement nourri d'un lait divin par Cerés, qui lui donna aussi un char attelé de deux dragons et que Phenée fils de Mars, étant sorti du ventre de sa mère déjà morte, fut néanmoins miraculeusement nourri de son lait.

Si nos christicoles disent que plusieurs de leurs saints ont miraculeusement adouci la [p.309] cruauté et la férocité des bêtes les plus féroces et les plus cruelles, les païens disent qu'Orphée attirait à lui par la douceur de son chant et de l'harmonie de ses instruments, les lions, les ours et les tigres et adoucissait la férocité de leur nature; qu'il attirait à lui des rochers, les arbres, et même les rivières arrêtaient leur cours pour l'entendre chanter.

Enfin pour abréger et passer sous silence quantité d'autres semblables exemples que l'on pourrait rapporter, si nos christicoles disent que les murailles de la ville de Jericho tombèrent par le son des trompettes, les païens disent que les murailles de la ville de Thêbes, furent bâties par le son des instruments [p.310] de musique d'Amphion, les pierres, disent les poètes, s'étant agencées d'elles-mêmes, par la douceur de son harmonie, ce qui serait encore bien plus miraculeux et bien plus admirable que de voir tomber des murailles par terre.

Voilà certainement une grande conformité de miracles de part et d'autre. Comme ce serait une grande sottise maintenant d'ajouter foi à ces prétendus miracles du paganisme, c'en est pareillement une d'en ajouter à ceux du christianisme, puisqu'ils ne viennent tous que d'un même principe d'erreur. C'était pour cela aussi que les manichéens et les ariens qui étaient vers le commencement du christianisme, se moquaient de ces prétendus [p.311] miracles, faits par l'invocation des saints, et blâmaient ceux qui les invoquaient après leur mort et qui honoraient leurs reliques.

[p.311-17: *Fénelon sur les miracles. Le principal fondement du christianisme est le sacrifice de Dieu pour sauver tous les hommes. Citations du Nouveau Testament (Mémoire* p.186-90)]

Cela étant, il est manifeste que la principale fin que Dieu et que leur sauveur J. Chr. s'étaient proposée[42], l'un en envoyant son fils au monde et l'autre en se faisant homme, aurait été de sauver le monde, comme il est dit, d'ôter les péchés du monde et de détruire 150 entièrement les œuvres du prétendu démon etc. Nos christicoles en peuvent nier que ce soit là, la [p.318] fin principale que leur divin sauveur J. Ch. se serait proposée en se faisant homme comme eux, et en voulant bien mourir, comme ils disent, pour l'amour d'eux; et que ce soit été [*sic*] l'intention de Dieu son père, puisqu'elle est si clairement marquée dans tous les prétendus sts livres. 155

[p.318-19: on *ne voit aucun effet de cette rédemption (Mémoire* p.191-92)]

Quoi! un Dieu tout-puissant et qui aurait voulu se faire homme mortel pour l'amour des hommes, et répandre jusqu'à la dernière goutte de son sang pour les sauver tous, aurait voulu borner sa puissance, à guérir seulement quelques malades[43] et quelques [p.320] infirmités du corps, dans quelques infirmes qu'on lui aurait 160 présentés; et il n'aurait pas voulu employer sa divine bonté à guérir toutes les infirmités de nos âmes, c'est-à-dire à guérir tous les hommes de leurs vices et de leurs dérèglements, qui sont pires que les maladies du corps? Cela n'est pas croyable. Quoi! un Dieu si bon, aurait voulu miraculeusement préserver des corps morts de 165 pourriture et de corruption, et il n'aurait pas voulu de même, préserver de la contagion et de la corruption du vice et du péché, les âmes d'une infinité de personnes qu'il serait venu racheter au prix

---

[42] Aix, C: se serait proposée.
[43] O, Aix: quelques maladies.

de son sang, et qu'il devait sanctifier par sa grâce? Quelle pitoyable
contradiction!   170
[p.321]

Chapitre III

Troisième Preuve de la fausseté de la religion tirée
des prétendues visions et révélations divines.

Venons aux prétendus visions et révélations divines, sur lesquelles
nos christicoles fondent et établissent la vérité et la certitude de leur
religion.

Pour en donner une juste et véritable idée, je ne crois pas qu'on
puisse mieux faire que de dire en [p.322] général, qu'elles sont telles   5
que si quelqu'un osait maintenant se vanter d'en avoir de
semblables, et qu'il voulût s'en prévaloir, on le regarderait
infailliblement comme un fou, un fanatique, etc.

Voici quelles furent ces prétendues visions et révélations
divines.

Dieu, disent ces prétendus[44] sts Livres, s'étant pour la première   10
fois apparu à Abraham, il lui dit ceci: 'Sortez de votre pays (il était
en Caldée), quittez la maison de votre père et allez-vous en au pays
que je vous montrerai'. Cet Abraham y étant allé, dit l'histoire
(Gen. 12.1), Dieu[45] s'apparut une seconde fois à lui et lui dit: 'Je
donnerai tout ce pays-ci où [p.323] vous êtes à votre postérité.' En   15
reconnaissance de cette gracieuse promesse Abraham lui dressa un
autel.

[p.323-24: *deux autres apparitions à Abraham. Apparition à Isaac*
(*Mémoire*, p.202-203)]

Après la mort de cet Isaac, son fils Jacob allant un jour en
Mésopotamie, pour chercher une femme qui lui soit[46] convenable,

---

[44] O: les prétendus.
[45] Dieu, *qui avait été omis, est ajouté ici au dessus de la ligne.*
[46] O: qui lui fût.

après [p.325] avoir marché tout le jour, se sentant fatigué du   20
chemin, il voulut se reposer sur le soir, et s'étant couché par terre et
ayant mis sa tête sur quelques pierres pour s'y reposer, il s'y
endormit, et pendant son sommeil il vit en songe une échelle
dressée sur la terre dont l'extrémité allait toujours[47] jusqu'au ciel,
et il lui semblait voir que les anges de Dieu montaient et
descendaient par cette échelle, et qu'il voyait Dieu lui-même qui
s'appuyait sur le plus haut bout de l'échelle, et qu'il lui disait: 'Je   25
suis le Seigneur, le Dieu d'Abraham et le Dieu d'Isaac votre père; je
vous donnerai à vous et à votre postérité, tout le pays où vous
dormez, elle sera aussi nombreuse que la poussière [p.326] de la
terre, elle s'étendra depuis l'orient jusqu'à l'occident, et depuis le
midi jusqu'au septentrion, je serai votre protecteur partout où vous   30
irez; je vous ramènerai sain et sauf de cette terre, et je ne vous
abandonnerai point que je n'aie accompli tout ce que je vous ai
promis.' Jacob s'étant éveillé dans ce songe, il fut saisi de crainte et
dit: 'Quoi! Dieu est vraiment ici, et je n'en savais rien. Ah! dit-il
que ce lieu-ci est terrible, puisque ce n'est autre chose que la maison
de Dieu, et la porte du Ciel.' Puis s'étant levé, il dressa une pierre
sur laquelle il répandit de l'huile en mémoire de ce qui venait de lui
arriver, et fit en même temps un vœu à Dieu, que s'il revenait sain et
sauf, il lui [p.32] offrirait la dîme de tout ce qu'il aurait.   40

Voici encore une belle vision qu'il eut quelques années après.
Comme il gardait les troupeaux de son beau-père Laban, avec
lequel il était convenu qu'il aurait pour récompense de son service
tout ce que les brebis produiraient d'agneaux de diverses couleurs,   45
étant grandement désireux de son profit, comme il est assez naturel,
il souhaitait que ces brebis fissent beaucoup d'agneaux de diverses
couleurs. Ayant donc passionnément ce désir dans le cœur, il
songea agréablement une nuit, qu'il voyait les mâles sauter sur les
femelles, et qu'elles lui produisaient toutes des agneaux de diverses
couleurs. Ainsi [p.328] qu'il était dans un si beau songe, Dieu lui

---

[47] O, Aix, C: allait toucher.

apparut et lui dit (Gen. 31.12): 'Regardez et voyez comme les mâles montent sur les femelles, et comme ils sont de diverses couleurs, car j'ai vu la tromperie et l'injustice que vous fait Laban votre beau-père. Levez-vous donc maintenant, sortez de ce pays-ci et retournez dans le vôtre.' 50

Comme il s'en retournait avec toute sa famille et avec tout qu'il avait gagné chez son beau-père, il eut, dit l'histoire ou la fable, en rencontre pendant la nuit un homme inconnu contre lequel il lui fallut combattre toute la nuit jusqu'au point du jour, et cet homme ne l'ayant pu vaincre, il lui demanda [p.329] qui il était. Jacob lui dit 55 son nom. Alors cet inconnu lui dit: 'Vous ne serez plus appelé Jacob mais Israël, car puisque vous avez été fort [en] combattant contre Dieu, à plus forte raison serez-vous fort en combattant contre les hommes.' (Gen. 32.25.28.)

Voilà quelles furent les premières de ces prétendues visions et 60 révélations divines. Il ne faut pas juger autrement des autres que de celles-ci. Or quelle apparence de divinité y a-t-il dans des songes si grossiers, et dans des illusions si vaines? [. . .] [p.330] [. . .] Si, dis-je, quelque personne venait maintenant nous conter telles [p.331] sornettes, et que ceux qui nous les conteraient crussent véritable- 65 ment avoir eu quelques visions divines de ce qu'ils nous diraient, ne regarderions-nous pas ces gens-là comme des sots, comme des visionnaires. Si quelques étrangers, quelques Allemands, par exemple, ou quelques Suisses qui seraient venus dans notre France, et qui auraient vu toutes les plus belles provinces du royaume, venaient à dire que Dieu leur serait apparu dans leur pays, qu'il leur aurait dit de venir en France, et qui [sic] leur donnerait à eux et à tous leurs descendants, toutes les belles terres, 70 seigneuries et provinces de ce royaume, qui sont depuis les fleuves [p.332] du Rhin et du Rhône jusqu'à la mer Oceane qu'il ferait une éternelle alliance avec eux, qu'il multiplierait leur race, qu'il rendrait leur postérité aussi nombreuse que les étoiles du ciel et que les grains de sables de la mer etc., qui est-ce encore qui ne rirait 75 de telles sottises, et qui ne regarderait ces étrangers comme des fous? Il n'y a certainement personne qui ne les regardât comme tels, et qui ne rît et qui ne se moquât de toutes ces belles visions et prétendues révélations divines.

Or il n'y a aucune raison de juger autrement ni de penser favorablement, de tout ce que disaient ces grands prétendus [p.333] saints patriarches Abraham, Isaac et Jacob, sur les prétendues révélations divines qu'ils disaient avoir eues. Ainsi elles ne méritent pas qu'on en fasse plus d'état que de celles dont je viens de parler des étrangers.   80

A l'égard de l'institution des sacrifices sanglants des bêtes innocentes, les sacrés livres[48] l'attribuent manifestement à Dieu.   84

[p.333-40: *les sacrifices d'animaux dans l'Ancien Testament* (*Mémoire* [p.210-13])]

Mais les hommes n'étaient-ils pas bien fous et bien aveuglés de croire faire honneur et plaisir en cela à Dieu? [. . .]. Et maintenant encore comment est-ce que nos christicoles sont si fous et si   90
aveuglés que de croire faire un extrême plaisir à leur Dieu le père, que de lui présenter et de lui offrir même tous les jours [p.341] en sacrifice son divin fils, en mémoire de ce qu'il aurait été honteusement et misérablement pendu à une croix, où il aurait expiré? Comment est-ce, dis-je, qu'ils peuvent avoir une telle pensée que de croire faire honneur à un Dieu, de lui offrir ainsi son propre fils en sacrifice? Certainement cela ne peut venir que d'un extrême   95
aveuglement d'esprit.

[p.341-42: *citation de Montaigne* (*Mémoire* p.223-24)]

[On saura par ce ce qui vient d'être dit que le détail de ces sacrifices d'animaux ne consiste qu'en des vêtements de couleur, en sang, fressures, foies, jabots, rognons, ongles, peaux, fientes, fumées, gâteaux, certaines mesures d'huile et de vin, le tout offert et infecté de cérémonies sales, dégoûtantes et aussi pitoyables que   100
des opérations de magie les plus extravagantese qui se puissent.][49]

---

[48] O: les livres sacrés.
[49] Nous reproduisons entre crochets un paragraphe de Reims 653 (p.157) qui figure également dans Mz (p.118) et RD (p.[69-70]).

Ce qu'il y a de plus horrible, c'est que la loi de ce détestable peuple juif ordonnait aussi qu'on sacrifiât des hommes. Les barbares, tels qu'ils soient, qui avaient rédigé cette loi affreuse, ordonnaient [p.343] (Levit. c.27) que l'on fît mourir sans mis-   105
éricorde, tout homme qui avait été voué au Dieu des juifs qu'ils nommaient Adonaï, et c'est selon ce précepte exécrable que Jephté immola sa fille, que Saül voulut immoler son fils [. . .] [p.344] [. . .]

Mais voici encore une preuve de la fausseté de ces révélations dont nous avons parlé. C'est le défaut d'accomplissement des   110
grandes et magnifiques promesses qui les accompagnaient. [. . .] [p.345] [. . .] Or il est constant et très visible par le témoignage des histoires de leurs prétendus sts livres, que les promesses ci-dessus rapportées, et que l'on suppose avoir été faites de la part de Dieu même aux susdits patriarches n'ont jamais été accomplies.

Pour voir clairement ce défaut d'accomplissement, et la force de cette preuve, il faut remarquer que ces promesses consistent principalement en 3 choses. 1° à rendre leur postérité plus nombreuse que tous les autres peuples de la terre [. . .] [p.346] [. . .] 2° à rendre ce peuple qui viendrait de leur race, le plus   115
heureux, le plus saint, le plus puissant, et le plus triomphant de tous les peuples de la terre [. . .] [p.347] [. . .] 3° ces promesses consistaient de la part de Dieu à rendre son alliance éternelle, et qu'ils posséderaient à jamais le pays qu'il leur donnerait. Or il est constant qu'elles n'ont jamais été accomplies.

Premièrement il est certain que le peuple juif ou le peuple   120
d'Israël, qui [p.348] est le seul qu'on puisse regarder comme descendant des susdits patriarches Abraham, Isaac et Jacob, et le seul dans lequel ses promesses auraient dû s'accomplir, n'a jamais été si nombreux pour qu'il puisse être comparable en nombre aux autres peuples de la terre, beaucoup moins, par conséquent aux   125
grains de sable de la mer; ni aux grains de poussière qui sont sur la terre [. . .] [p.349] [. . .] et on voit que dans le temps même qu'il a été le plus nombreux et le plus florissant, il n'a jamais occupé que les petites provinces de la Palestine et des environs, qui ne sont presque rien en comparaison de la vaste étendue d'une multitude de

provinces, de royaumes, et d'empires florissants qui sont de tous 130
côtés sur la terre [...] [p.350] [...]

Secondement elles n'ont jamais été accomplies non plus,
touchant les grandes et abondantes bénédictions, dont ils auraient
dû être favorisés, par-dessus tous les autres peuples de la terre; car
[p.351] quoiqu'ils aient eu quelques petites victoires sur quelques
pauvres peuples qu'ils ont pillés, et qu'ils aient ravagé leurs
campagnes et pris plusieurs de leurs villages, et qu'ils aient
même usurpé ou conquis à la pointe de l'épée, les petites province
de la Palestine et des environs, cela n'a pas empêché qu'ils n'aient
été le plus souvent, presque en tous temps, vaincus par leurs
ennemis, et réduits misérablement sous leur servitude [...] Cela n'a
pas empêché que leur royaume n'ait été détruit [p.352] qu'ils n'aient 135
même été en captivité, et que leur nation n'ait été presque
entièrement détruite par l'armée des Romains, sous les empereurs
Tite et Vespasien, et maintenant encore nous voyons que ce qui
reste de cette malheureuse nation, n'est regardé que comme le
peuple le plus vil et le plus méprisable de toute la terre, n'ayant
nulle part nulle domination, ni aucune supériorité. Ainsi il est 140
encore évident de ce côté-là, que les susdites promesses divines
n'ont jamais été accomplies.

Troisièmement enfin, elles ne l'ont point été non plus à l'égard
de cette alliance [p.353] éternelle que Dieu aurait dû faire avec eux,
puisque l'on ne voit maintenant, et que l'on n'a même jamais vu
aucune marque de cette alliance, et qu'au contraire, on voit
manifestement qu'ils sont depuis beaucoup de siècles exclus de la 145
possession des terres et pays qu'ils prétendent leur avoir été promis
et données de la part de Dieu, pour en jouir à tout jamais. [*citation
latine*] Ainsi ces prétendues promesses n'ayant point eu leur effet,
comme il est évident, c'est une marque assurée de [p.354] leur
fausseté et une preuve évidente qu'elles ne venaient pas de Dieu, ce
qui prouve manifestement encore que les susdits prétendus saints et
sacrés livres qui les contiennent n'ont pas été faits par l'inspiration 150
de Dieu, et ne peuvent servir de témoignage assuré de vérité. Ainsi
c'est en vain que nos christicoles prétendent s'en servir comme

d'un témoignage infaillible pour prouver la vérité de leur religion. Venons à la quatrième preuve et à l'examen des prophéties. [p.355]

Chapitre IV

Quatrième Preuve de la fausseté de la religion tirée des prétendues promesses et prophéties des prétendues Ecritures saintes.

Nos christicoles mettent encore au rang des motifs de crédibilité et des preuves certaines de la vérité de leur religion, les prophéties qui sont, prétendent-ils, des témoignages assurés de la vérité [p.356] des révélations ou inspirations de Dieu, n'y ayant que Dieu seul qui puisse certainement prévoir et prédire les choses futures, si   5 longtemps avant qu'elles soient arrivées comme celles qui ont été prédites par les prophètes. [...] [p.357] [...]
Voyons donc ce que c'est de ces prétendus prophètes[50] et si on doit en faire tant d'état que nos christicoles le prétendent.

[p.358] Ces hommes, à proprement parler, n'étaient certainement   10 que des visionnaires et des fanatiques, qui agissaient et parlaient suivant les impulsions ou les transports de leurs passions dominantes, et qui s'imaginaient cependant que c'était par l'esprit de Dieu qu'ils agissaient et qu'ils parlaient, ou bien c'étaient des imposteurs qui contrefaisaient les prophètes, et qui, pour tromper plus facilement les ignorants et les simples, se vantaient d'agir et de   15 parler par l'esprit de Dieu.

Il ferait maintenant beau voir et entendre dire à ces prétendus prophètes, des [p.359] *haec dicit Dominus.* Je voudrais bien savoir comment serait reçu un Ezechiel (ch.3 et 4) qui dit que Dieu lui a fait manger à son déjeuner un livre de parchemin, lui a ordonné de se faire lier comme un fou, lui a prescrit de se coucher 390 jours sur   20 le côté droit et 40 sur le gauche, lui a commandé de manger de la

---

[50] O, Aix, C: que ces prétendus.

merde sur son pain, et ensuite, par accomodement, de la fiente de
bœuf? Je demande comment un pareil extravagant serait reçu chez
les plus imbéciles mêmes de nos chrétiens.

Quelle plus grande preuve encore de la fausseté de ces   25
prétendues prédictions, que les reproches violents que ces prophètes [p.360] se faisaient les uns aux autres, de ce qu'ils parlaient
faussement au nom de Dieu, reproches mêmes qu'ils se faisaient,
disaient-ils, de la part de Dieu.

[p.360-80: *citations de la Bible sur les faux prophètes. Les prophéties
dans l'Ancien Testament (Mémoire*, p.247, 249-252, 25, 258)]

Le nombre des prophéties qui prédisent la félicité et la grandeur   37
de Jerusalem, est presque innombrable. Car il est très naturel qu'un
peuple vaincu et captif se console dans ses maux [p.381] réels par
des espérances imaginaires. Il ne s'est pas passé une année depuis la 40
destitution du roi Jaques que les Irlandais de son parti n'aient forgé
plusieurs prophéties en sa faveur.

Si ces promesses faits aux Juifs se fussent effectivement trouvées
véritables, il y a déjà longtemps que la nation juive aurait été et
serait encore maintenant le peuple le plus nombreux, le plus fort, le
plus puissant, le plus heureux, et le plus triomphant de tous les   45
peuples [...] [p.382] [...]

Il faut maintenant examiner les prophéties prétendues contenues
dans les Evangiles.

Premièrement un ange s'étant apparu en songe à un nommé
Joseph, père au moins putatif de J. Chr. fils de Marie, il lui dit: 50
'Joseph fils de David, ne craignez pas de prendre chez vous Marie
votre épouse, car ce qui est dans elle, est l'ouvrage du st Esprit.'
(Combien, dit le sr de Montagne, y a-t-il [p.383] d'histoires de
semblables cocuages procurés par les dieux contre les pauvres
humains; en la religion de Mahomet il se trouve par la croyance de
ce peuple, assez de merlins, c'est-à-dire des enfants sans pères nés
divinement au ventre des pucelles ...) [51] (Essais page 500) 'Elle

---

[51] Cette parenthèse est une note dans O et C, conformément a *Mémoire*.

vous enfantera un fils que vous appellerez Jésus, parce que ce sera lui qui délivrera son peuple de ses péchés'.

Cet ange dit aussi à Marie: 'Ne craignez point, parce que vous avez trouvé grâce devant Dieu. Je vous déclare que vous concevrez dans votre sein, et que vous enfanterez un fils que vous nommerez Jesus. Il sera grand et [p.384] sera appelé le fils du Très-haut. Le Seigneur Dieu lui donnera le trône de David son père. Il règnera à jamais dans la maison de Jacob, et son règne n'aura point de fin.' (Math. 1.20. Luc 1.30.) 55 60

Jesus commença à prêcher et à dire: 'Faites pénitence, car le royaume du Ciel approche (Math. 4.17). Ne vous mettez pas en peine, et ne dites pas, que mangerons-nous et que boirons-nous, ou de quoi serons-nous vêtus; car votre père céleste sait que toutes ces choses vous sont nécessaires. Cherchez donc premièrement le royaume de Dieu et sa justice, et toutes choses vous seront données par surcroît' (Math. 6.31). 65

[p.385] Or maintenant que tout homme qui n'a pas perdu le sens commun examine un peu si ce Jesus a été jamais roi, si ses disciples ont eu toutes choses en abondance. 70

Ce Jesus promet souvent qu'il délivrera le monde du péché. Y a-t-il une prophétie plus évidemment fausse, et notre siècle n'est-il pas une preuve parlante de cette fausseté?

Il est dit que Jésus est venu sauver son peuple. Quelle façon de le sauver? C'est la plus grande partie qui donne la dénomination à une chose. Une douzaine ou deux, par exemple, d'Espagnols [p.386] ou de Français ne sont pas le peuple français ou le peuple espagnol; et si une armée, par exemple, de 100 ou 120 000 hommes, était faite prisonnière de guerre par une plus forte armée d'ennemis, et si le chef ou le roi de cette armée[52] rachetait seulement quelques hommes, comme 10 ou 12 soldats ou officiers, en payant leur rançon, on ne dirait pas pour cela qu'il aurait délivré ou racheté son armée. 75 80 83

---

[52] Aix: si le chef de cette armée.

[p.387-94: *Sur la venue du royaume du Ciel. Pour pourvoir à leurs besoins les hommes font mieux de compter sur leur travail que sur la providence* (*Mémoire*, p.306-308)]

J. Chr. dit qu'il n'y a qu'à demander et qu'on recevra, qu'il n'y a qu'à heurter[53] et qu'on trouvera. Il assure que tout ce qu'on demandera à Dieu en son nom, qu'on l'obtiendra, et que si l'on avait seulement la grandeur d'un grain de moutarde de foi, que l'on ferait[54], par une seule parole, transporter des montagnes d'un endroit à un autre. Si cette promesse était véritable, ou qu'elle eut eu véritablement son effet, personne et particulièrement [p.395] personne de nos christicoles ne devrait jamais manquer de rien de ce qui lui serait nécessaire [...], rien ne devrait leur être impossible puisqu'ils ont la foi à leur Christ. Cependant on ne voit aucun effet de ces belles promesses, au contraire, on voit tous les jours parmi eux, une infinité de pauvres malheureux qui sont dans le besoin.

[p.396-400: *Les christicoles ne peuvent pas prouver la vérité des promesses de leur Christ* (*Mémoire*, p.310-12)]

Si Mahomet par exemple eût fait de semblables promesses à ses sectateurs et qu'ils ne pussent en faire voir aucun effet, non plus que nos christicoles, ces derniers ne manqueraient pas [p.401] de crier, ah! le fourbe! ah! l'imposteur! ah! les fous de croire un tel imposteur! Les voilà eux-mêmes dans le cas; il y a longtemps qu'ils y sont, encore ne veulent-ils pas ou ne sauraient-ils pas reconnaître ni avouer leur erreur et leur aveuglement, et comme ils sont ingénieux à se tromper eux-mêmes, et qu'ils se plaisent à s'entretenir et à se confirmer eux-mêmes dans leurs erreurs, ils disent pour raison que les susdites promesses ont eu leur effet et leur accomplissement dans le commencement du christianisme, étant pour lors, disent-ils, nécessaire qu'il y eût des miracles [p.402] afin de convaincre les infidèles et les incrédules de la vérité de la

---

[53] O, Aix, C: qu'à chercher.
[54] O, Aix, C: nom, on l'obtiendra [...] foi, l'on ferait.

religion chrétienne; mais que depuis que leur religion[55] est
suffisamment établie, les susdits miracles n'ayant plus été néces-   105
saires, il n'a aussi par conséquent plus été besoin que Dieu laissât à
ses fidèles croyants la puissance de faire des miracles, ce qui
n'empêche pas suivant ce qu'ils prétendent que les susdites
promesses ne soient très véritables, puisqu'elles ont suffisamment
eu autrefois leur accomplissement. Mais que savent-ils si effectivement elles les ont eu? [...] [p.403] [...]

D'ailleurs celui qui a fait les susdites promesses, ne les a pas
restreintes seulement pour un certain temps, ou certains lieux, ni
pour certaines personnes en particulier, mais il les a faites
générales, et sans restriction de temps ni de lieu etc. 'La foi de
ceux qui croiront dit-il sera suivie de ces miracles-ci; ils chasseront   110
les démons en mon nom, ils parleront diverses langues, ils
toucheront les serpents, etc.' [...] [p.404] [...]

A l'égard du transport des montagnes, il dit positivement que
quiconque dira à une montagne: ôte-toi de là et te jette dans la mer,
pourvu qu'il n'hésite [p.405] point en son cœur mais qu'il croie,   115
tout ce qu'il commandera sera fait, il lui sera accordé. [...] Voilà
des promesses qui sont tout à fait générales, sans restriction de
temps, de lieux ni de personnes.

[p.405-408: *fausseté des promesses faites par le Christ à ses disciples*
(*Mémoire*, p.314-15)]

J. Ch. dit à ses disciples qu'il fondait son Eglise sur la pierre,   120
qu'elle subsisterait toujours, et que les portes de l'enfer ne
prévaudraient point contre elle. Si par [p.409] ces paroles il
entendait que sa secte subsistera toujours et qu'elle ne sera
jamais détruite, c'est ce que l'on verra dans la suite du temps; car
quoiqu'il y en ait déjà beaucoup qu'elle subsiste, ce n'est pas une
preuve assurée qu'elle subsistera toujours. Les hommes ne seront
pas toujours si sots et si aveugles qu'ils sont au sujet de la religion.
Ils ouvriront peut-être quelque jour les yeux et reconnaîtront

[55] O: cette religion.

quelque tard que ce soit leurs erreurs. Si cela arrive, ce sera pour lors qu'ils rejetteront avec indignation et avec mépris, ce qu'ils auront plus religieusement adoré; et pour lors toutes ces sortes[56] d'erreurs et [p.410] d'impostures prendront honteusement fin.

Mais si par ces paroles il entend seulement dire qu'il a fondé et établi une secte ou société de sectateurs, qui ne tomberaient point dans le vice ni dans l'erreur, ces paroles sont absolument fausses, puisqu'il n'y a dans le christianisme aucune secte, ni aucune société et Eglise qui ne soit pleine d'erreurs et de vices, principalement la secte ou société de l'Eglise romaine, quoiqu'elle se dise la plus pure 125 et la plus sainte de toutes. Il y a longtemps qu'elle est tombée dans l'erreur, elle y est née. Pour mieux [p.411] dire elle y a été engendrée et formée, et maintenant elle est même dans des erreurs qui sont manifestement contre l'intention et contre les sentiments et la doctrine de son fondateur, puisqu'elle a, contre son dessein, aboli les lois des Juifs qu'il approuvait, et qu'il était venu, disait-il 130 lui-même, pour les accomplir, et non pour les détruire, et qu'elle est tombée dans les erreurs et dans les idolâtries du paganisme, ou semblables à celles du paganisme, comme il se voit manifestement par l'idolâtrique culte qu'elle rend à son dieu de pâte, à ses saints, à leurs images et à leurs reliques. 135

[p.411-18: *citation d'un 'judicieux auteur' (l'Espion turc). Sur les promesses faites aux Juifs par le Christ (Mémoire p.316-17, 328-30)*]

Je sais bien que nos christicoles regardent comme une grossièreté d'esprit de vouloir prendre au pied de la lettre les susdites promesses et prophéties comme elles sont exprimées, et croient eux bien faire les subtils et les ingénieux interprètes des desseins et des volontés de leur Dieu, de laisser le sens littéral et naturel des paroles, pour leur donner un sens qu'ils appellent mystique et spirituel, et qu'ils nomment allégorique et tropologique, disant, par 140 exemple, que par le peuple d'Israël [p.419] et de Juda à qui ces promesses ont été faites, il faut entendre non les Israëlites selon la

---

[56] O, Aix, C: ces sectes.

chair; mais les Israelites selon l'esprit, comme ils disent, c'est-à-dire les chrétiens qui sont l'Israël de Dieu, le vrai peuple choisi. [...]

Que par la promesse faite à ce peuple de le délivrer de la captivité de tous ses ennemis, il faut entendre non une délivrance corporelle d'un seul peuple captif mais la délivrance sprituelle de tous les hommes de la servitude du démon [p.420] et du péché, qui se devait faire par J. Ch. leur divin sauveur qui s'est livré lui-même, comme ils disent, pour le salut des hommes. 145

Que par l'abondance des richesses, toutes les félicités temporelles promises à ce peuple, il faut entendre l'abondance des grâces et bénédictions spirituelles [...], et qu'enfin par la ville de Jerusalem dont il est si avantageusement parlé, il faut entendre non la Jerusalem terrestre, mais la Jerusalem spirituelle qui est l'Eglise [p.421] chrétienne, ou la Jerusalem céleste qui est le ciel même. 150

[p.421-25: *promesses de Dieu à Israël* (*Mémoire* p.331-33)]

Mais il est facile de voir que ce prétendu sens spirituel et allégorique n'étant qu'un sens étranger, un sens imaginaire, un sens forgé à la fantaisie des interprètes, il ne peut nullement servir à faire voir [p.426] la fausseté, ni la vérité[57] d'une proposition ni d'une promesse ou prophétie quelconque; il est même ridicule de forger ainsi des sens spirituels. Car il est constant que ce n'est que par rapport au sens naturel et véritable d'une proposition, d'une promesse ou d'une prophétie que l'on peut juger de sa vérité ou de sa fausseté. Une proposition par exemple, une promesse ou une prophétie qui se trouve véritable dans le sens propre et naturel des termes dans lesquels elle est conçue, ne deviendra pas fausse en elle-même sous prétexte qu'on voudrait lui donner un sens étranger qu'elle n'aurait pas. De même une proposition, une promesse ou [p.427] une prophétie, qui se trouve manifestement fausse dans le sens propre et naturel des termes dans lesquels elle est 155 160 165

[57] O, Aix, C: la vérité ni la fausseté.

conçue, ne deviendra pas véritable en elle-même sous prétexte qu'on voudrait lui donner un sens étranger qu'elle n'aurait pas.

[p.427-30: *les christicoles forgent des sens imaginaires aux prophéties* (*Mémoire*, p.334-35)]

Les prophéties prétendues de l'Ancien Testament ajustées au Nouveau sont donc quelque chose de bien absurde; par exemple Abraham avait deux femmes dont l'une qui n'était que servante figurait la synagogue, et l'autre qui était épouse, figurait l'Eglise chrétienne, et sous prétexte encore que cet Abraham avait eu deux fils, dont l'un qui était de la servante, figurait le Vieux Testament, et l'autre qui était de son épouse figurait le Nouveau Testament. Qui est-ce qui ne rirait d'une si ridicule doctrine? [p.431] 170 175

Spectatum admissi risum tenestis amici.

N'est-il pas encore plaisant qu'un morceau de drap rouge, exposé par une putain pour servir de signal à des espions dans l'Ancien Testament soit la figure du sang de J. Chr. répandu dans le Nouveau.

Si suivant cette manière d'interpréter allégoriquement tout ce qui s'est dit, fait et pratiqué dans cette ancienne loi des Juifs, on voulait interpréter allégoriquement tous les dicours, toutes les actions et toutes les aventures du fameux D. Guichote de la Manche, on y trouverait certainement autant de mystères et de figures. 180 185

[p.432] C'est néanmoins sur ce vain et ridicule fondement que toute la religion chrétienne subsiste [...]. C'est pourquoi il n'est presque rien dans toute cette ancienne loi que leurs docteurs ne tâchent d'expliquer mystiquement de quelque chose qui se fait dans la leur.

[p.432-46: *exemples d'interprétations figuratives par les pères de l'Eglise* (*Mémoire* p.345-51)]
[p.447]

Chapitre V

Cinquième Preuve de la fausseté de la religion tirée des erreurs de sa doctrine et de sa morale

Premièrement, La religion chrétienne, apostolique et romaine, enseigne et oblige de croire qu'il n'y a qu'un seul Dieu, et en même temps elle enseigne aussi et oblige de croire, qu'il y a trois personnes divines chacune desquelles est véritablement Dieu. *Trinum* [p.448] *deum unicumque cum fervore praedicat*, Dedic. Ce qui est manifestement absurde, car s'il y en a trois qui soient véritablement Dieu, ce sont véritablement trois dieux. Il est faux de   5
dire qu'il n'y ait qu'un seul Dieu. Ou s'il est vrai de le dire, il est faux de dire qu'il y en ait véritablement trois qui sont Dieu, puisqu'un et trois ne se peut véritablement dire d'une seule et même chose.

La même religion chrétienne enseigne et oblige de croire que la première de ces prétendues personnes divines qu'elle appelle le   10
Père a engendré la seconde personne qu'elle appelle le Fils, et que ces deux premières personnes ensemble ont produit la troisième qu'elle appelle [p.449] le saint Esprit, et néanmoins elle enseigne et oblige de croire, que ces trois prétendues divines personnes, ne dépendent nullement l'une de l'autre, et qu'elles ne sont pas même   15
plus anciennes l'une que l'autre, l'une n'ayant jamais été avant l'autre. Cela est encore manifestement absurde puisqu'une chose ne peut recevoir son être d'une autre, sans quelque dépendance de cette autre, et qu'il faut nécessairement qu'une chose soit pour qu'elle puisse donner l'être à une autre. Si donc la seconde et la troisième personnes divines ont reçu leur être de la première il faut   20
nécessairement qu'elles dépendent dans leur être, de cette première personne qui leur aurait donné [p.450] l'être, ou qui les aurait engendrées ou produites, et il faut nécessairement aussi que cette première qui aurait donné l'être aux deux autres, ait été avant puisque ce qui n'est point ne peut donner l'être à rien.   25
[...] D'ailleurs il répugne et il est absurde de dire qu'une chose

qui aurait été engendrée ou produite n'aurait point eu de commencement. Or selon nos christicoles, la [p.451] seconde et la troisième personne ont été engendrées ou produites, donc elles ont eu un commencement, et si elles ont eu un commencement et que la première personne n'en ait point eu, comme n'ayant point été engendrée ni produite d'aucune autre, il s'ensuit nécessairement que l'une ait été avant l'autre, c'est-à-dire que la première ait été avant la seconde et la seconde avant la troisième, étant absurde de dire qu'elles soient produites l'une de l'autre sans aucune priorité ni postériorité. Que si cela est absurde, il ne l'est pas moins de dire qu'il n'y ait véritablement qu'un seul Dieu, et qu'il y ait cependant [p.452] trois personnes en Dieu.

Nos christicoles qui sentent ces absurdités et qui ne peuvent s'en parer par aucune bonne raison, n'ont point d'autres ressources que de dire qu'il faut pieusement fermer les yeux de la raison humaine, et captiver son esprit sous l'obéissance de la foi et humblement adorer de si hauts et de si adorables mystères sans vouloir les comprendre. Mais comme ce qu'ils appellent foi n'est véritablement qu'un principe d'erreurs et d'impostures, comme je l'ai démontré ci-devant, lorsqu'ils nous disent qu'il faut se soumettre à tout ce que leur foi leur enseigne [p.453] et leur oblige de croire, c'est comme s'ils disaient qu'il faut pieusement et aveuglément recevoir toutes sortes d'erreurs par un principe même d'erreurs.

[p.453-56: *citation de Quesnel sur le mystère de la Trinité. Citation de Montaigne (Mémoire, p.379-80)*]

Nos déichristicoles condamnent ouvertement l'aveuglement des anciens païens qui adoraient plusieurs dieux. Ils se raillent de ce qu'ils disaient de la généalogie de leurs dieux, de leurs naissances, de leurs mariages et de la génération de leurs enfants, et ils ne prennent pas garde, eux, qu'ils disent des choses qui sont beaucoup plus ridicules et plus absurdes [...]. [p.457] [...]

Si ces même païens ont cru qu'il y avait des déesses aussi bien que des dieux, et que ces dieux et ces déesses, se mariaient ensemble et qu'ils engendraient des enfants, ils ne pensaient en cela rien que

30

35

40

45

de naturel; car ils ne s'imaginaient pas encore [p.458] que les dieux
fussent sans corps et sans sentiments, et croyant[58] qu'ils avaient des   50
corps et des sentiments aussi bien que les hommes, il ne faut pas
s'étonner s'ils croyaient qu'il y eût des dieux mâles et des déesses
femelles, car s'il y en avait effectivement quelqu'uns, pourquoi n'y
en aurait-il point de l'un et de l'autre sexe? On ne voit point qu'il y
ait plus de raison de nier ou de reconnaître plutôt l'un que l'autre et
supposant comme faisaient les païens qu'il y avait des dieux et des
déesses, pourquoi ne se marieraient-ils pas? et pourquoi ne
prendraient-ils pas leurs plaisirs ensemble? en engendrant[59] des
enfants et [p.459] cela en la même manière que font les hommes. Il
n'y aurait certainement rien de ridicule, ni d'absurde dans cette   55
doctrine, et dans cette croyance des païens, si le fondement de leur
croyance et de leur doctrine était vrai, c'est-à-dire, s'il était vrai que
leurs dieux existassent.

Mais dans la doctrine, et dans la croyance de nos déichristicoles
il y a quelque chose de bien ridicule et de plus absurde, car outre ce
qu'ils disent d'un Dieu qui en fait trois, ou de trois qui n'en font
qu'un; ils disent que ce dieu triple et unique n'a ni corps, ni forme,   60
ni aucune figure. Que la première personne de ce dieu triple et
[p.460] unique, qu'ils appellent le père, a engendré tout seul par sa
propre pensée et par sa propre connaissance une seconde personne
qu'ils appellent le fils, et qui est tout semblable à son père, étant
comme lui sans corps sans forme et sans figure aucune.

Mais si ces deux prétendues premières personnes sont sans
forme etc., qui est-ce qui fait que la première s'appelle le père plutôt   65
que la mère, et que la seconde se nomme plutôt le fils que la fille.
Car si la première est véritablement plutôt père que mère, et si la
seconde est plutôt fils que fille, il faut nécessairement qu'il y ait
quelque chose dans l'une et dans [p.461] l'autre de ces deux
personnes qui fasse que l'un[e] soit père plutôt que mère, et l'autre
plutôt fils que fille. Or qui est-ce qui pourrait faire cela, si ce n'est   70

[58] O, Aix, C: et croyaient.
[59] C: et engendreraient.

qu'ils seraient tous deux mâles et non femelles; mais comment seront-elles plutôt mâles que femelles? puisqu'elles n'ont ni corps, ni forme, ni figure? Cela n'est pas imaginable et se détruit de soi-même; mais n'importe, ils disent, et il leur plaît toujours de dire à bon compte, que ces deux personnes qui sont aussi sans corps, sans forme et sans figure, et qui par conséquent ne peuvent être d'aucun sexe, sont néanmoins père et fils, et qu'ils ont produit par leur mutuel [p.462] amour une troisième personne qu'ils appellent le st Esprit, laquelle personne n'a non plus que les deux autres ni corps, ni forme, ni figure [...]. [p.463-64] [...] Mais par quelle raison nos christicoles veulent-ils borner la puissance générative de leur Dieu le père à la génération d'un seul fils?[...] [p.465] [...]

Mais pourquoi encore ne veulent-ils pas que la seconde et la troisième personne de leur triple et unique divinité aient comme la première la puissance d'engendrer un fils chacune, qui soit semblable à elle? Si cette puissance d'engendrer un fils, est une perfection dans la première personne, c'est donc une perfection et une puissance qui n'est point dans la seconde ni dans la troisième personne. Ainsi ces deux personnes manquant d'une perfection et d'une puissance qui se trouve dans la première, elles ne seraient certainement [p.466] pas égales entre elles comme nos christicoles prétendent qu'elles le soient. Si au contraire ils disent que cette puissance d'engendrer un fils n'est pas une perfection, ils ne devraient donc pas l'attribuer à la première personne non plus qu'aux deux autres, parce qu'il ne faut attribuer que des perfections à un être qui serait souverainement parfait.

D'ailleurs, ils n'oseraient dire que la puissance d'engendrer une divine personne ne soit pas une perfection. D'un autre côté s'ils disent que cette première personne aurait bien pu engendrer plusieurs fils, et plusieurs filles, mais qu'elle n'aurait [p.467] voulu engendrer que ce seul fils, et que les deux autres personnes pareillement n'en auraient pas voulu engendrer d'autres, on pourrait 1° leur demander d'où ils savent que cela est ainsi, car on ne voit point dans leurs prétendues Ecritures saintes, qu'aucune de ces divines personnes se soit positivement déclarée là-dessus.

Comment donc nos christicoles peuvent-ils savoir ce qui en est? Ils n'en parlent donc que suivant leurs idées et leurs imaginations creuses [...] [p.468] [...] 2° On pourrait dire que si ces divines personnes avaient la puissance d'engendrer plusieurs fils et plusieurs filles, et qu'elles n'en voulussent cependant rien faire, il s'ensuivrait que cette divine puissance demeurerait en elle sans effet, et comme inutile. Elle serait tout à fait sans effet dans la 3e personne qui n'en engendrerait ni n'en produirait aucune, et elle serait presque sans effet dans les deux autres, puisqu'elles voudraient la borner à si peu. Ainsi cette puissance qu'elles auraient d'engendrer et de produire quantité de fils et de filles demeurerait en elle comme oisive [p.469] et inutile, ce qui ne serait nullement convenable de dire de divines personnes.

[p.469-71: *on peut regretter que les trois divines personnes aient eu si peu d'inclination à l'amour* (*Mémoire* p.386-88)]

Nos déichristicoles ou christicoles blâment et condamnent les païens de ce qu'ils attribuaient la divinité à des hommes mortels, et de ce qu'ils les adoraient comme des dieux après leur mort; ils ont raison certainement de les condamner en cela, mais ces [p.472] païens ne faisaient que ce que font encore maintenant nos christicoles eux-mêmes qui attribuent la divinité à leur Christ qui n'était qu'un homme comme les autres, de sorte qu'ils devraient eux-mêmes se condamner aussi puisqu'ils sont dans la même erreur que ces païens étaient et qu'ils adorent comme leur Dieu un homme qui était mortel, et si bien mortel qu'il mourut honteusement sur une croix après avoir été condamné à la mort.

Il ne servirait de rien à nos christicoles de dire qu'il y aurait une grande différence entre leur J. Ch. et les dieux des païens, sous prétexte que leur Christ [p.473] serait comme ils disent vrai Dieu et vrai homme tout ensemble, attendu que la divinité se serait véritablement incarnée en lui, au moyen de quoi la nature divine se trouvant jointe et unie hypostatiquement comme ils disent avec la nature humaine, ces deux natures auraient fait dans J. Ch. un vrai Dieu et un vrai homme, ce qui ne s'étant jamais fait à ce qu'ils

105

110

115

120

125

130

prétendent dans les dieux prétendus des païens, c'était manifestement erreur et folie en eux de les adorer comme des dieux,
puisqu'ils n'étaient que des hommes faibles et mortels comme les
autres.

Mais il est facile de faire voir la faiblesse [p.474] et la vanité de
cette réponse et de cette prétendue différence de l'un aux autres; car
d'un côté n'aurait-il pas été aussi facile aux païens qu'aux chrétiens
de dire que la divinité, ou la nature divine, se serait incarnée dans
les hommes qu'ils adoraient comme dieux, et qu'elle se serait
véritablement incarnée dans leur Saturne, leur Jupiter, leur Mars,
leur Apollon, leur Mercure, leur Bacchus, leur Esculape et dans
tous les autres qu'ils adoraient comme dieux? [...] [p.475] [...]
D'un autre côté si la divinité avait bien voulu s'incarner et s'unir   135
hypostatiquement comme disent nos christicoles à la nature
humaine dans leur J. Ch. que savent-ils si cette même divinité
n'aurait pas bien voulu aussi s'incarner et s'unir hypostatiquement
à la nature humaine dans ces grands hommes et dans ces admirables
femmes qui par leurs vertus, leurs belles qualités ou par leurs belles   140
actions ont excellé par dessus le commun des hommes et se sont
faits [p.476] ainsi adorer comme dieux et déesses: car certainement
la divinité aurait pu aussi facilement s'incarner dans les dieux des
païens comme dans le Christ des chrétiens; et si nos déichristicoles
ne veulent pas croire que la divinité se soit jamais incarnée dans ces
grands personnages, pourquoi veulent-ils nous faire croire qu'elle
se soit incarnée dans leur Christ? Quelle raison et quelle preuve   145
ont-ils? Point d'autre que leur foi et leur créance aveugle qui est
comme j'ai dit un principe d'erreur etc. qui était dans les païens
comme dans eux. Ce qui fait voir manifestement qu'ils sont à deux
de jeu à [p.447] cet égard, et qu'ils sont également dans l'erreur les
uns [comme] les autres.

Mais ce qu'il y a en cela de plus ridicule dans le christianisme que
dans le paganisme, c'est que les païens n'ont ordinairement attribué   150
la divinité qu'à des grands hommes qui ont inventé les arts et les
sciences, qui ont excellé en quelque vertu, qui ont rendu quelque
signalé service au public etc. Mais nos déichristicoles à qui

attribuent-ils la divinité? A un homme de néant qui n'avait ni
talent, ni esprit, ni science[60] ni adresse, et qui était tout á fait   155
méprisé dans le monde [...] [p.478-79]

Vous savez qu'il est venu au monde dans une étable, qu'il est né
de pauvres parents, qu'il a toujours été pauvre, qu'il n'était que fils
d'un charpentier, et que depuis qu'il a voulu paraître dans le monde
et faire parler de lui, qu'il n'a passé que pour un insensé et pour un
séducteur, qu'il a toujours été méprisé, moqué, persécuté, fouetté
et enfin qu'il a été pendu comme la plupart de ceux qui ont voulu
jouer le même rôle quand ils ont été sans courage et sans adresse.   160

[p.479-82: *ce que le Christ imaginait faire* (*Mémoire*, p.395-97)]

(De son temps il y eut encore plusieurs autres semblables
imposteurs qui se disaient être aussi le vrai Messie promis par la
loi, comme était entre autres, un certain Juda galiléen, un
Theodor, un Barcon et autres, qui sous un [p.483] vain prétexte
abusaient les peuples et tâchaient de les faire soulever pour les   165
attirer à eux mais qui sont tous péris.)

[p.483-85: *le Christ n'était qu'un visionnaire* (*Mémoire* p.397-98)]

Passons à ses autres discours et quelques-unes[61] de ses actions
qui sont des plus remarquables et des plus singulières dans leurs
espèces. 'Faites pénitence, dit-il[62] aux peuples, car le royaume du
ciel est proche; croyez cette bonne nouvelle', et il allait par toute la   170
province de Galilée prêchant ainsi dans les villes, bourgs et
villages, cette bonne nouvelle de la prétendue venue prochaine
du royaume [p.486] du ciel. Comme personne n'a encore vu et
qu'on ne voit aucune apparence de la venue de ce prétendu
royaume, c'est une preuve évidente qu'il n'était qu' imaginaire
[...]
Mais voyons comme il faisait dans ses autres prédications l'éloge   175

---

[60] C: ni talents, ni science.
[61] O, Aux, C: et à quels unes.
[62] O, Aix, C: disait-il.

et la description de ce beau royaume pour en faire connaître l'excellence et la grandeur.

Voici comme il parlait aux peuples: 'Le royaume des cieux est semblable à un homme qui a semé du [p.487] bon grain dans son champ, mais pendant que les hommes dormaient, son ennemi est venu, qui a semé la zizanie parmi le bon grain. Il est semblable à un trésor caché dans un champ, un homme ayant trouvé le trésor le cache de nouveau, et il a tant de joie de l'avoir trouvé qu'il a vendu tout son bien, et il a acheté ce champ. Il est semblable à un marchand qui cherche de belles perles, et qui en ayant trouvé une de grand prix va vendre tout ce qu'il a et achète cette perle. Il est semblable à un filet qui a été jeté dans la mer et qui renferme toutes sortes de poissons; étant plein les pêcheurs l'ont retiré [p.488] et ont mis les bons poissons ensemble dans des vaisseaux, et jeté dehors les mauvais. Il est semblable à un grain de moutarde qu'un homme a semé dans son champ. Il n'y a point de grain si petit que celui-là; néanmoins quand il est crû, il est plus grand que toutes les légumes etc.' Ne voilà-t-il pas des discours dignes d'un Dieu?

On fera encore le même jugement de lui si on examine de près ses actions. Car 1° courir par toute une province prêchant la venue prochaine d'un prétendu royaume des cieux, cela n'appartient qu'à un fanatique. 2° avoir été transporté par le diable sur une haute montagne [p.489] d'où il aurait cru voir tous les royaumes du monde, cela ne peut convenir qu'à un visionnaire car il est certain qu'il n'y a point de montagne sur la terre d'où on puisse voir seulement un royaume tout entier, si ce n'est le petit royaume d'Yvetot qui est en notre France. Ce ne fut donc que par l'imagination, qu'il vit tous ces royaumes et qu'il fut transporté sur cette montagne, aussi bien que sur le pinacle du temple. 3° lorsqu'il guérit le sourd et muet dont il est parlé dans st Marc, il y est dit[63] qu'il le tira en particulier, qu'il lui mit ses doigts dans les oreilles, et qu'ayant craché, il lui tira la [p.490] langue, puis jetant les yeux au ciel, il poussa un grand soupir et lui dit *Eppheta*. Enfin

[63] O, C: le sourd et le muet [...] il est dit.

qu'on lise tout ce qu'on rapporte de lui et qu'on juge s'il n'y a rien au monde de plus ridicule.

Ayant mis sous les yeux une partie des pauvretés attribuées à Dieu par les christicoles, continuons à dire quelques mots de leurs mystères. Ils adorent un Dieu en trois personnes, ou trois personnes en un seul Dieu, et ils s'attribuent la puissance de faire des dieux de pâte et de farine, et même d'en faire tant qu'ils veulent, car suivant leurs principes ils n'ont qu'à dire seulement quatre paroles sur telle [p.491] quantité qu'ils voudront de verres de vin, ou de ces petites images de pâte, ils en feront autant de dieux, y en eût-il des milliers et des millions. Quelle folie! Ils ne sauraient, ces hommes vains, ces prêtres, ces abuseurs de peuples avec toute la prétendue puissance de leur Dieu Christ, faire la moindre mouche, ni le moindre ver de terre, et ils croient pouvoir faire des dieux à milliers. Il faut être frappé d'un étrange aveuglement pour croire et vouloir soutenir des choses si pitoyables et cela sur un si vain fondement que celui de quelques paroles équivoques d'un fanatique. [p.492] [...]

Ne voient-ils pas ces docteurs aveuglés que c'est ouvrir une porte spacieuse à toutes sortes d'idolâtrie, que de vouloir faire adorer ainsi des images de pâte, sous prétexte que des prêtres auraient le pouvoir de les consacrer et de les faire changer en dieux? Tous les prêtres des idoles, n'auraient-ils pas pu et ne pourraient [p.493]-ils pas maintenant encore se vanter d'avoir un semblable pouvoir?

Ne voient-ils pas aussi ces habiles et subtils docteurs que les mêmes raisons qui démontrent la vanité des dieux, ou des idoles de bois, etc. que les païens adoraient, démontrent pareillement, la vanité des dieux et des idoles de pâte et de farine que nos déichristicoles adorent? Par quel endroit, par quel exemple, nos docteurs se moquent-ils de la fausseté des dieux des païens? N'est-ce point parce que ce ne sont que des ouvrages de la main des hommes, des images muettes et insensibles? Et que [p.194] sont donc nos dieux que nous tenons enfermés dans des boîtes de peur des souris?

Quelles seront donc les vaines ressources des christicoles? Leur morale? Elle est la même au fond que dans toutes les religions; mais des dogmes cruels l'ont corrompue, et ont enseigné la persécution et le trouble. Leurs miracles? Mais quel peuple n'a pas les siens, et quels sages ne méprisent pas ces fables? Leurs prophéties? N'en a-t-on pas démontré la fausseté. Leurs mœurs? Ne sont-elles pas souvent infâmes. L'établissement de leur religion? Mais le fana-tisme n'a-t-il pas commencé, l'intrigue [p.495] n'a-t-elle pas élevé, la force n'a-t-elle pas soutenu visiblement cet édifice. La doctrine? Mais n'est-elle pas le comble de l'absurdité?

Conclusion

Je crois mes chers amis vous avoir donné un préservatif suffisant contre tant de folies. Votre raison fera plus encore que mes discours, et plût à Dieu que nous n'eussions à nous plaindre que d'être trompés. Mais le sang humain coule depuis le temps de Constantin, pour l'établissement de ces horribles impostures. L'Eglise romaine, la grecque, la protestante, tant de disputes vaines et tant d'ambitieux hypocrites ont ravagé l'Europe [p.496] l'Afrique et l'Asie: joignez, mes amis, aux hommes que ces querelles ont fait égorger, ces multitudes de moines et de nonnes devenus stériles par leur état. Voyez combien de créatures la nature redemande à l'Eglise et vous verrez que la religion chrétienne a fait périr plus de la moitié du genre humain.

Je finirai par supplier Dieu si outragé par cette secte de daigner nous rappeler à la religion naturelle, dont le christianisme est l'ennemi déclaré, à cette religion simple que Dieu a mis [*sic*] dans les cœurs de tous les hommes, qui nous apprend à ne rien faire à autrui, [p.497] que ce que nous voudrions être fait à nous-mêmes. Alors l'univers serait composé de bons citoyens, de pères justes, d'enfants soumis, d'amis tendres. Dieu nous a donné cette religion en nous donnant la raison. Puisse le fanatisme ne la plus pervertir: je vais mourir plus rempli de ces désirs que d'espérances.

Balance égale

édition critique

par

Diana Guiragossian Carr

INTRODUCTION

Comme on le sait, les relations de Voltaire avec les jésuites remontent à 1704, lorsqu'il entra à leur collège de Louis-le-Grand. Reconnaissant de leur excellent système d'éducation, il entretiendra des rapports d'affectueux respect avec ses anciens maîtres tels que le père Porée (1674-1741) et l'abbé d'Olivet (1682-1768). Cependant sa liberté d'esprit, sa haine de l'intolérance, son horreur des troubles causés par les factions religieuses dans les Etats, éclateront très tôt dans ses œuvres. A partir de *La Henriade*, en passant par les *Lettres philosophiques*, et surtout dans les œuvres historiques, les attaques de Voltaire contre la religion organisée, la religion chrétienne en particulier et ses divers représentants, dont les jésuites, iront s'amplifiant. A partir des années 60, durant la lutte contre l'infâme, les attaques se font de plus en plus virulentes, dans l'artillerie lourde – *Dictionnaire philosophique*, les contes et les romans, les *Questions sur les miracles...* – ainsi que dans les petits pamphlets, fusées volantes et facéties dont il crible l'adversaire. Parmi celles-ci, la cocasse *Relation de la maladie, de la confession, de la mort et de l'apparition du jésuite Berthier* (1759), dénonçant le rôle des jésuites dans la condamnation de l'*Encyclopédie*, marque la première escarmouche. Les trois facéties de 1762 font partie de la campagne contre les jésuites.

Ce libelle anti-jésuitique, probablement composé en février 1762, fut écrit aux heures les plus noires de l'histoire de la Société de Jésus: par arrêt des parlements, les collèges des jésuites seront fermés le 1ᵉʳ avril 1762 et la Compagnie supprimée le 6 août. Nous retrouvons dans ce texte les griefs traditionnels de Voltaire – les jésuites sont coupables d'avoir encouragé le régicide et d'avoir semé le trouble dans les Etats et dans les familles – et la litanie des jésuites notoires pour leurs infamies. Mais le philosophe est loin d'applaudir sans réserve à la ruine de la Société. Il ne faut pas chasser les jésuites du royaume car ils servent de contrepoids aux jansénistes. Il faut maintenir la balance entre les deux factions rivales. Le pamphlet se termine par une dénonciation générale de l'intolérance, de l'esprit de sédition et par une affirmation des principes les plus chers à Voltaire.

Selon Bengesco (ii.104) et BnC, cette facétie de 11 pages serait une édition vraisemblablement faite à Paris et non à Genève par Cramer. Mais en ce cas pourquoi Voltaire aurait-il demandé à Gabriel Cramer de ne pas la distribuer? En effet, il lui écrit vers le 25 février: 'Pour dieu ne donnez de ballance à personne' (D10346). Peut-être s'agit-il là de l'édition in-8° aujourd'hui perdue?

Le 26 février Voltaire envoie ce 'petit mémoire en faveur des jésuites' au marquis d'Argence (D10347) ainsi qu'à Chauvelin (D10349). Il a aussi dû l'envoyer à d'autres de ses amis et correspondants car dans le courant du mois de mars trois d'entre eux lui écrivent pour l'en remercier: le duc de La Vallière (24 mars; D10384), D'Alembert (31 mars; D10398) et Sébastien Dupont, ce dernier en termes quelque peu exagérés: 'La balance *égale* est à mon goût, la plus ingénieuse satyre qui ait été faitte depuis Lucien' (17 mars; D10376). Ce pamphlet semble avoir circulé assez rapidement car Grimm l'insère dans la livraison du 1er mars de la *Correspondance littéraire* (ICL, 62:060) et il en est fait mention dans les *Mémoires secrets* du 10 mars (i.268).

Manuscrits et éditions

CL

La *Balance égale* fut insérée par Grimm dans la livraison du 1er mars de la *Correspondance littéraire*. Il en existe deux manuscrits: G1 D, f.236v-38, Sm 3, p.63-66 (voir ICL, 62:060). Le texte présente d'infimes variantes.

BE

BALANCE / *ÉGALE*. / [Genève, Cramer?]
12°. sig. A⁶; pag. 11; $3 signé, chiffres romains (– A1).

[1] titre; [2] bl; 3-11 Balance égale.

La première publication de la *Balance égale* et la dernière à paraître du vivant de Voltaire.

BNF: 8° Ld^{39} 419.

K

Œuvres complètes de Voltaire. [Kehl], Société littéraire-typographique, 1784-1789. 70 vol. 8°. Bengesco 2142; BnC 164-193.

Volume 46: 102-106 Balance égale.

Taylor: VF.

Principes de cette édition

Nous avons choisi comme texte de base la première édition connue (BE), dont le texte a également été reproduit par K qui ne présente pas de variantes. Nous respectons la ponctuation; nous modernisons l'orthographe sauf celle des noms propres.

Traitement du texte de base

Le texte de BE a fait l'objet d'une modernisation portant sur la graphie, l'accentuation et la grammaire. Les particularités du texte de base sont les suivantes: absence de la consonne *t* dans les finales en *-ans* et en *-ens*: 'sentimens', 'mandemens', etc.; emploi du pluriel en *-x* dans: 'loix'; utilisation systématique de la perluette; l'orthographe moderne a été rétablie dans les mots suivants: 'collége', 'conclud', 'duement', 'entr'eux', 'frippon', 'problême', 'sçachent', 'très-grand'.

BALANCE ÉGALE

On veut empêcher les frères nommés *jésuites*, d'enseigner la jeunesse, et de remplir les vues de nos rois qui les ont admis à cette fonction. Les raisons qu'on apporte pour les exclure, sont:

1. Que quelques-uns d'entre eux ont abusé de quelques beaux garçons.

2. Que plusieurs ont été d'ennuyeux écrivains.

3. Que les frères jésuites, depuis leur fondation, ont excité des troubles en Europe, en Asie et en Amérique; et que, s'ils n'ont pas fait de mal en Afrique, c'est qu'ils n'y ont pas été.

4. Que le recteur frère Varade, retiré chez les ennemis de l'Etat, fut condamné à être roué en effigie, pour avoir persuadé, en confession, le nommé Barrière d'assassiner le grand Henri IV.[1]

5. Que frère Guignard fut pendu et brûlé, pour avoir inspiré à Jean Châtel les sentiments exécrables qui lui mirent à la main le couteau dont il frappa Henri IV à la bouche.[2]

---

[1] Voir *Essai sur les mœurs*, ch.174, 'De Henri IV': 'Le premier qui voulut attenter à sa vie [...] fut un malheureux de la lie du peuple, nommé Pierre Barrière. Il eut quelque scrupule quand le roi eut abjuré; mais il fut confirmé dans son dessein par le plus furieux des ligueurs, Aubry, curé de Saint-André des Arcs; [...] et par Varade, recteur du collège des jésuites. Le célèbre Etienne Pasquier [...] proteste qu'il a su de la bouche même de ce Barrière que Varade l'avait encouragé à ce crime. Cette accusation reçoit un nouveau degré de probabilité par la fuite de Varade et du curé Aubry, qui se réfugièrent chez le cardinal légat, et l'accompagnèrent dans son retour à Rome [...] Varade et Aubry furent depuis écartelés en effigie, par un arrêt du parlement de Paris' (ii.549-50).

[2] C'est le 27 décembre 1594 que Jean Châtel tenta d'assassiner Henri IV. Voir *Essai sur les mœurs*, ch.174: 'On sait que, dans le Louvre même, il donna un coup de couteau au roi, et qu'il ne le frappa qu'à la bouche, parce que ce bon prince [...] se baissait alors pour embrasser Montigny' (ii.551). Sur le rôle attribué à Jean Guignard, voir ii.552-54.

6. Que frère Oldecorn, et frère Garnet, furent mis en quartiers à Londres, pour la fameuse *conspiration des poudres*.[3]

7. Que cinquante-deux de leurs auteurs ont enseigné le parricide.[4]

8. Que frère le Tellier trompa Louis XIV, en faisant signer à des évêques des mandements qu'ils n'avaient pas faits; que le confesseur de Louis XIV n'était en effet qu'un faussaire de Vire.[5]

9. Que ledit le Tellier, faussaire, rédigea, avec frère Doucin et frère Lallemand,[6] cette malheureuse bulle, composée de cent trois propositions, dont la *sacrée consulte* ne retrancha que deux, et laquelle a troublé l'Etat, parce qu'on n'a pas eu encore en France assez de raison pour mépriser ces disputes ridicules, autant qu'elles sont méprisables.

20

25

26 CL: n'a pas encore

[3] Sur le rôle joué par les jésuites Edward Oldcorne (1561-1606) et Henry Garnett (1555-1606) dans ce complot formé en 1605 pour faire sauter le Parlement et tuer le roi Jacques Ier, voir *Essai sur les mœurs*, ch.179 (ii.651-52).

[4] D'où Voltaire tient-il le chiffre de cinquante-deux? Dans les carnets il en énumère un certain nombre: Francisco de Toledo, Roberto Bellarmino, Juan de Mariana, Manoel Sa, etc. (*OC*, t.81, p.158-59).

[5] Le jésuite Michel Le Tellier (1643-1719), confesseur de Louis XIV, était à l'origine de la bulle *Unigenitus*. Voltaire l'évoque dans *Le Siècle de Louis XIV*, ch.37. Dans la *Relation de la maladie, de la confession, de la mort et de l'apparition du jésuite Berthier* (1759), il écrit: 'il avait trompé son roi, il avait allumé le flambeau de la discorde, supposé des lettres d'évêques' (M.xxiv.105); dans l'article 'Philosophe' du *Dictionnaire philosophique*, Le Tellier est qualifié de 'digne fils d'un faussaire, procureur de Vire, et reconnu faussaire lui-même' (*OC*, t.36, p.444).

[6] Louis Doucin (1652-1726), jésuite, fut très mêlé aux controverses suscitées par le livre de Quesnel et la bulle *Unigenitus*. Jacques-Philippe Lallemant (1660-1748), jésuite, proche du père Le Tellier, participa activement aux différentes étapes de la lutte anti-janséniste. Voir le *Mandement du révérendissime père en Dieu Alexis* (1765): 'Nous sommes assez instruit de l'histoire de nos alliés les Franks pour savoir que ces trois jésuites, Le Tellier, Doucin et Lallemand, fabriquèrent dans Paris, au collège de Louis le Grand, une bulle dans laquelle le pape devait condamner cent trois passages tirés pour la plupart de nos saints Pères' (M.xxv.350).

10. Qu'en dernier lieu ils se sont déclarés eux-mêmes banqueroutiers,[7] et qu'ils ont ruiné plusieurs familles. 30

11. Que leur institut est visiblement contraire aux lois de l'Etat;[8] et que c'est trahir l'Etat, que de souffrir dans son sein des gens qui font vœu d'obéir en certains cas à leur général, plutôt qu'à leur prince.

12. Que l'exemple du Portugal doit inviter toutes les nations à 35 l'imiter; et qu'une société, convaincue d'avoir fait révolter une province du Paraguai,[9] et d'avoir trempé dans l'assassinat de son souverain,[10] doit être exterminée de la terre.

On conclut, de ces raisons, que les flammes qui ont fait justice des frères Guignard et Malagrida doivent mettre en cendres les 40 collèges où des frères jésuites ont enseigné ces parricides, lesquels d'autres frères jésuites ont commis dans les palais des rois. Nous ne dissimulons, ni n'affaiblissons aucun de ces reproches; nous avouons même qu'ils sont tous fondés.

Toutes ces raisons dûment pesées, nous concluons à garder les 45 jésuites:

1. Parce qu'il ne leur est pas enjoint par leur règle d'exercer le péché dont est question; et qu'ils chassent d'ordinaire ceux d'entre eux qui font un grand scandale, quand ils leur sont inutiles.

2. Parce qu'ils élèvent la jeunesse en concurrence avec les 50 universités, et que l'émulation est une belle chose.

----

40 CL: en cendre les

[7] Sur la banqueroute du père La Valette, supérieur des missions à la Martinique, qui provoqua l'examen de la constitution de la Société de Jésus, voir *Histoire du parlement de Paris*, ch.68.

[8] Voir le titre de l'ouvrage de Christophe Coudrette, *Idée générale des vices principaux de l'institut des jésuites, tirée de leurs constitutions et des autres titres de leur société* (En France 1761; BV879), que Voltaire avait dans sa bibliothèque.

[9] Voir *Essai sur les mœurs*, ch.154 (ii.386-93).

[10] Allusion à l'attentat du 3 septembre 1758 contre Joseph Ier, dans lequel fut impliqué le père Gabriel Malagrida. Ce dernier fut condamné au feu et les jésuites furent expulsés du Portugal. Voir *Précis du siècle de Louis XV*, ch.38.

3. Parce qu'on peut les contenir quand on peut les soutenir, comme a dit un sage.

4. Parce que, s'ils ont été parricides en France, ils ne le sont plus; et qu'il n'y a pas aujourd'hui un seul jésuite qui ait proposé d'assassiner la famille royale. 55

5. Parce que, s'ils ont des constitutions impertinentes et dangereuses, on peut aisément les soustraire à un institut réprouvé par les lois, les rendre dépendants de supérieurs résidant en France et non à Rome, et faire des citoyens de gens qui n'étaient que jésuites. 60

6. Parce qu'on peut défendre à frère la Valette de faire le commerce, et ordonner aux autres d'enseigner le latin, le grec, la géographie et les mathématiques, en cas qu'ils les sachent.

7. Parce que, s'ils contreviennent aux lois, on peut aisément les mettre au carcan, les envoyer aux galères, ou les pendre, selon l'exigence du cas. 65

Ayant humblement proposé ces conditions, je passe à la raison de la balance. On veut la tenir entre les nations; il faut la tenir entre les molinistes et les jansénistes.

Toute société veut s'étendre. Le conseil a été longtemps partagé 70 entre les tailleurs et les boutonniers: le procès des savetiers et des cordonniers a été sur le bureau plusieurs années. Il faut encourager et réprimer toutes les compagnies. L'université est aussi modeste que fourrée, sans doute: mais elle s'éleva contre François Ier, et ordonna qu'on n'obéît point à l'édit qui établissait le concordat; [11] 75

---

[11] Voltaire revient à plusieurs reprises sur la conduite de l'Université de Paris dans l'affaire du Concordat. Ainsi, dans l'*Histoire du parlement de Paris*, ch.15, il rappelle: 'François Ier, qui avait besoin du pape Léon X, [...] fit, à l'exemple de Frédéric III, un concordat [...]. Le parlement, après plusieurs séances, conclut à rejeter le concordat jusqu'à l'acceptation de l'Eglise de France. L'université défendit aux libraires, qui alors dépendaient d'elle, d'imprimer le concordat' (M.xv.485-86). Voir aussi *Essai sur les mœurs*, ch.138 (ii.270-71).

mais elle déclara Henri III déchu de la couronne;[12] mais elle
empêcha qu'on ne priât Dieu pour Henri IV.[13] C'est lui faire un
très grand bien que de lui opposer des ennemis qui la contiennent,
comme c'est faire un très grand bien aux frères jésuites de protéger
l'université, qui aura l'œil ouvert sur toutes les sottises qu'ils   80
pourront faire.

   Si vous donnez trop de pouvoir à un corps, soyez sûr qu'il en
abusera. Que les moines de la Trappe soient répandus dans le
monde, qu'ils confessent des princesses, qu'ils élèvent la jeunesse,
qu'ils prêchent, qu'ils écrivent, ils seront au bout de dix ans   85
semblables aux jésuites, et on sera obligé de les réprimer.

   Lisez l'histoire; et nommez-moi la compagnie, la société, qui ne
se soit pas écartée de son devoir dans les temps difficiles.

   L'esprit convulsionnaire est-il aussi dangereux que l'esprit
jésuitique? c'est un grand problème.   90

   Celui-ci a toujours cherché à tromper l'autorité royale, pour en
abuser; celui-là s'élève contre l'autorité royale. L'un veut ty-
ranniser avec souplesse; l'autre fouler aux pieds les petits et les
grands avec dureté. Les jésuites sont armés de filets, d'hameçons,
de pièges de toute espèce; ils s'ouvrent toutes les portes en minant 95
sous terre: les convulsionnaires veulent renverser les portes à force
ouverte. Les jésuites flattent les passions des hommes, pour les
gouverner par ces passions mêmes: les St Médardiens s'élèvent

---

[12] Dès 1727, dans son *Essay upon the civil wars of France*, Voltaire rappelle ce
décret de la Sorbonne contre Henri III: 'The Doctors of Sorbonne were not so
cautious, seventy of that Society issued forth a Writ, by which Henry de Valois was
deprived of his Right to the Crown, and the Oaths of Allegiance were dissolv'd'
(*OC*, t.3B, p.71). Voir aussi *Histoire du Parlement de Paris*, ch.31 (M.xv.540) et *Essai
sur les mœurs*, ch.173 (ii.526).

[13] Parmi les décrets aussi ridicules qu'effrayants de la Sorbonne contre Henri IV,
signalons celui qui stipulait 'qu'il n'était pas même permis de traiter avec Henri de
Béarn, hérétique et relaps; que ceux qui le reconnaissaient pour roi *étaient en péché
mortel*', ou bien encore le décret du 7 mai 1590, promettant 'la couronne du martyre
à quiconque avait le bonheur de mourir en combattant contre Henri IV' (*Histoire du
Parlement de Paris*, ch.32; M.xv.543-44). Voir aussi *Essai sur les mœurs*, ch.174.

contre les goûts les plus innocents, pour imposer le joug affreux du
fanatisme. 100

Les jésuites cherchent à se rendre indépendants de la hiérarchie;
les St Médardiens à la détruire; les uns sont des serpents, et les
autres des ours: mais tous peuvent devenir utiles; on fait de bon
bouillon de vipère, et les ours fournissent des manchons.

La sagesse du gouvernement empêchera que nous ne soyons 105
piqués par les uns, ni déchirés par les autres.

Mes frères, soyons de bons citoyens, de bons sujets du roi.
Fuyons les sots et les fripons, et, pour Dieu, ne soyons ni
jansénistes ni molinistes.

Extrait de la Gazette de Londres

édition critique

par

Diana Guiragossian Carr

INTRODUCTION

Dans sa polémique anti-religieuse, Voltaire, on le sait, s'est acharné à attaquer sans répit les abus de l'Eglise de France. La richesse du second ordre de l'Etat est une de ses cibles préférées. Alors que les curés de campagne se débattent dans la misère, les prélats, les dignitaires de l'Eglise, la majorité des ordres religieux, disposent de revenus immenses et vivent dans une opulence ostentatoire. Si encore cette richesse était mise au profit des nécessiteux. Mais non. Ceux qui ont fait vœu de pauvreté passent leur vie à la poursuite des plaisirs les plus raffinés – et à se bâtir des palais.

La facétie qui suit fut écrite à l'occasion de l'annonce, dans le supplément de la *Gazette de France* du 8 février 1762, des vaisseaux offerts au roi (p.57). La liste des vaisseaux donne l'origine des contributions: Etats de Languedoc, de Bourgogne, de Flandre, d'Artois; Chambre de commerce de Marseille; Ville de Bordeaux; Ville de Paris; les fermiers généraux; les receveurs généraux; les six corps des marchands de Paris; les banquiers de la cour, etc. Les ordres religieux ne figurent pas dans cette liste. Voltaire en profite et revient à l'attaque d'une manière ingénieuse. Ce prétendu extrait de la 'Gazette' de Londres nous apprend que les divers ordres religieux de France, unis dans un zèle patriotique inouï, se proposent de renflouer la marine française qui vient de subir de lourdes pertes – nous sommes pendant la guerre de Sept Ans – en faisant bâtir des navires pour la gloire de la nation. Ce subterfuge lui permet de dévoiler les richesses des ordres religieux, d'asséner en passant quelques coups à une de ses bêtes noires, les jésuites, et de faire acte de patriotisme, le tout sans colère, ni indignation, mais avec une cocasserie pleine de malice.

L'*Extrait de la Gazette de Londres* fut sans doute composé à la fin du mois de février ou au début du mois de mars, après lecture de l'article de la *Gazette de France*. La date indiquée – le 20 février –

peut être la véritable date de composition. Grimm, qui l'inséra dans la *Correspondance littéraire* à la date du 1er avril 1762, l'annonce ainsi: 'La plaisanterie suivante arrive des Délices; j'aurais mieux aimé qu'on eût mis la Gazette sous l'article de Paris et qu'on eût annoncé les dons des moines comme une chose faite, en conservant les formules que la gazette de France a employées pour annoncer au public les vaisseaux offerts au Roi. Cela aurait je crois donné un tour plus original à cette plaisanterie qui telle qu'elle est, est encore très bonne.' Les *Mémoires secrets* publient aussi intégralement le texte, mais un peu plus tard, à la date du 28 avril 1762 (i.79-81). Cependant Voltaire ne l'envoie que le mois suivant à deux de ses correspondants, à La Chalotais vers le 15 mai (D10447) et à Ruffey le 26 mai. Avec sa circonspection accoutumée, il écrit à ce dernier: 'Tenez, voilà une gazette de Londre, vous pouvez la montrer, et même à l'abbé de Cîteaux, pourvu que vous ne disiez point de qui vous la tenez, de peur que je ne sois èxcommunié, et que je meure déconfès' (D10471).

Manuscrits et éditions

CL

L'*Extrait de la Gazette de Londres* fut inséré par Grimm dans la livraison du 1er avril de la *Correspondance littéraire*. Il en existe deux manuscrits: G1 D, f.253, Sm 3, p.93-94 (voir ICL, 62:087). Le texte est conforme à l'imprimé.

MS

L'*Extrait de la Gazette de Londres* paraît dans les *Mémoires secrets* à la date du 28 avril 1762. Le texte est conforme à l'imprimé.

E

[*titre de départ*] [*filet gras-maigre, 62 mm*] / EXTRAIT / DE LA GAZETTE / DE LONDRES. / *du 20. Février* 1762. / [*filet, 43 mm*] / [Genève, Cramer, 1762] / Nous apprenons que nos / [...]
12°. sig. A⁴; pag. 6; $2 signé, chiffres arabes.

La première édition.
BNF: Y2 p 585.

NM

Nouveaux mélanges philosophiques, historiques, critiques, &c. &c. &c.
[Genève, Cramer], 1765-1776. 19 vol. 8°. Bengesco iv.230-39; Trapnell
NM; BnC 111-135.
Volume 10 (1770): 369-371 Extrait de la Gazette de Londres.
Taylor: VF.

w68 (1771)

Collection complette des œuvres de M. de Voltaire. [Genève, Cramer;
Paris, Panckoucke], 1768-1777. 30 vol. 4°. Bengesco iv.73-83; Trapnell
68; BnC 141-144.
Volume 18 (1771): 460-461 Extrait de la Gazette de Londres.
Taylor: VF.

w70L (1773)

Collection complette des œuvres de M. de Voltaire. Lausanne, Grasset,
1770-1781, 57 vol. 8°. Bengesco iv.83-89; Trapnell 70L; BnC 149-150.
Volume 33 (1773): 148-150 Extrait de la Gazette de Londres.
Taylor: V1 1770 /2 (22).

w71 (1774)

Collection complète des œuvres de M. de Voltaire. Genève [Liège, Plom-
teux], 1771-1777. 32 vol. 8°. Bengesco iv.89-91; Trapnell 71; BnC 151.
Volume 18 (1774): 393-394 Extrait de la Gazette de Londres.
Universitetsbiblioteket, Uppsala.

w75G

La Henriade, divers autres poèmes et toutes les pièces relatives à l'épopée.
[Genève, Cramer & Bardin], 1775. 37 vol. (40 vol. avec les *Pièces
détachées*). 8°. Bengesco iv.94-105; Trapnell 75G; BnC 158-161.
Volume 13: 102-103 Extrait de la Gazette de Londres.
Taylor: VF.

w75x

Œuvres de Mr de Voltaire. [Lyon?], 1775. 37 vol. (40 vol. avec les *Pièces détachées*). 8°. Bengesco 2141; BnC 162-163.

Volume 13: 102-103 Extrait de la Gazette de Londres.

Taylor: VF.

K

Œuvres complètes de Voltaire. [Kehl], Société littéraire-typographique, 1784-1789. 70 vol. 8°. Bengesco 2142; BnC 164-193.

Volume 46: 79-81 Extrait de la Gazette de Londres.

Taylor: VF.

Principes de cette édition

Nous avons choisi comme texte de base l'édition originale (e), dont le texte a été reproduit par les éditions suivantes qui ne présentent pas de variantes. Nous respectons la ponctuation; nous modernisons l'orthographe sauf celle des noms propres.

Traitement du texte de base

Le texte de e a fait l'objet d'une modernisation portant sur la graphie, l'accentuation et la grammaire. Les particularités du texte de base étaient les suivantes: absence de la consonne *t* dans les finales en *-ans* et en *-ens*: 'arpens'; utilisation systématique de la perluette; l'orthographe moderne a été rétablie dans les mots suivants: 's'acquiter', 'cottisés', 'déja', 'demontré', 'encor', 'frére', 'milion', 'solle'; majuscules supprimées dans: 'Bénédictins', 'Carmes', 'Célestins', 'Chartreux', 'Jésuite', 'Juifs', 'Loi', 'Prémontrés', 'Roi'; majuscule rétablie dans: 'état (l')'.

EXTRAIT DE LA GAZETTE DE LONDRES

du 20 février 1762.

Nous apprenons que nos voisins les Français sont animés autant que nous, au moins, de l'esprit patriotique. Plusieurs corps de ce royaume signalent leur zèle pour le roi et pour la patrie. Ils donnent leur nécessaire pour fournir des vaisseaux, et on nous apprend que les moines, qui doivent aussi aimer le roi et la patrie, donneront 5 de leur superflu.

On assure que les bénédictins, qui possèdent environ neuf millions de livres tournois de rente dans le royaume de France, fourniront au moins neuf vaisseaux de haut bord.

Que l'abbé de Cîteaux, homme très important dans l'Etat, 10 puisqu'il possède sans contredit les meilleures vignes de Bourgogne, et la plus grosse tonne, augmentera la marine d'une partie de ses futailles.[1] Il fait bâtir actuellement un palais dont le devis est d'un million sept cent mille livres tournois, et il a déjà dépensé quatre cent mille francs à cette maison pour la gloire de Dieu.[2] Il 15 va faire construire des vaisseaux pour la gloire du roi.

On assure que Clairvaux suivra cet exemple, quoique les vignes de Clairvaux soient très peu de chose; mais, possédant quarante

---

[1] Dans une note (ajoutée justement en 1762) du chant XXI de *La Pucelle*, Voltaire évoque la grosse tonne de Cîteaux: 'Il y a dans Citeaux et dans Clervaux une grosse tonne semblable à celle d'Heidelberg. C'est la plus belle relique du couvent' (*OC*, t.7, p.580).

[2] Le 26 janvier 1762, Voltaire écrit à Fyot de La Marche: 'Votre cochon d'abbé de Citeaux [dom Lenfant], qui a l'insolence d'entreprendre un bâtiment de dix sept cent mille Livres, ferait bien mieux de donner au Roy deux vaisseaux, à condition que ses moines y servissent de Mousses, afin qu'il fût dit, que depuis la fondation de la monarchie, les moines ont été bons à quelque chose' (D10285); cf. D10447 et D11122. Il sera de nouveau question de ces bâtiments ajoutés à Cîteaux dans le *Potpourri*, XV.

mille arpents de bois, il est très en état de faire construire de bons navires.[3]　　　　　　　　　　　　　　　　　　　　　　　　　　　　20

Il sera imité par les chartreux, qui voulaient même le prévenir, attendu qu'ils mangent la meilleure marée, et qu'il est de leur intérêt que la mer soit libre. Ils ont trois millions de rente en France, pour faire venir des turbots, et des soles. On dit qu'ils donneront trois beaux vaisseaux de ligne.　　　　　　　　　　　　　　　　25

Les prémontrés et les carmes, qui sont aussi nécessaires dans un Etat que les chartreux, et qui sont aussi riches qu'eux, se proposent de fournir le même contingent. Les autres moines donneront à proportion. On est si assuré de cette oblation volontaire de tous les moines, qu'il est évident qu'il faudrait les regarder comme ennemis　30 de la patrie, s'ils ne s'acquittaient pas de ce devoir.

Les juifs de Bordeaux se sont cotisés.[4] Des moines qui valent bien des juifs, seront jaloux, sans doute, de maintenir la supériorité de la nouvelle loi sur l'ancienne.

Pour les frères jésuites, on n'estime pas qu'ils doivent se saigner　35 en cette occasion, attendu que la France va être incessamment purgée desdits frères.[5]

P. S. Comme la France manque un peu de gens de mer, le prieur des célestins a proposé aux abbés réguliers, prieurs, sous-prieurs, recteurs, supérieurs qui fourniront les vaisseaux, d'envoyer leurs　40 novices servir de mousses, et leurs profès servir de matelots. Ledit célestin a démontré dans un beau discours, combien il est contraire à l'esprit de charité de ne songer qu'à faire son salut, quand on doit s'occuper de celui de l'Etat: ce discours a fait un grand effet, et tous les chapitres délibéraient encore au départ de la poste.　　　　　45

---

[3] Dans une lettre à l'abbé d'Olivet, Voltaire fait allusion aux 'cent mille écus de rente des moines de Clervaux mes voisins' (8 mai 1744; D2969).

[4] Voir *Gazette de France*, 26 février 1762 (p.78).

[5] Allusion à la suppression imminente de la Société de Jésus par décret du Parlement le 6 août de cette même année 1762.

Petit avis à un jésuite

édition critique

par

Diana Guiragossian Carr

INTRODUCTION

Ce *Petit avis à un jésuite*, écrit à l'occasion de la guerre de pamphlets qui mit aux prises jésuites et parlementaires pendant la période qui précéda la suppression de la Compagnie de Jésus, réitère une fois de plus les récriminations du philosophe contre les jésuites. 'C'est une plaisanterie légère', affirment les *Mémoires secrets* du 16 juin 1762 (i.103). La *Correspondance littéraire* l'insère sans commentaire le 1ᵉʳ juin. Ce libelle nous semble manquer d'esprit et de verve. Est-ce parce que Voltaire est malade et déprimé à cette époque? Sa lettre du 17 avril 1762 à Damilaville, qui a peut-être accompagné justement un exemplaire du *Petit avis*, le laisserait penser: 'Damiens, Calas, Malagrida, une guerre de sept années sans savoir pourquoi, des convulsions, des billets de confession, des jésuites, le discours et le réquisitoire de Joli de Fleuri, la perte de nos colonies, de nos vaisseaux, de notre argent, voilà donc notre siècle! Ajoutez y l'opéra comique, et vous aurez le tableau complet' (D10417). Griefs qui reviendront maintes fois dans les écrits polémiques de cette période.

Manuscrits et éditions

CL

Le *Petit avis à un jésuite* fut inséré par Grimm dans la livraison du 1ᵉʳ juin de la *Correspondance littéraire*. Il en existe un manuscrit: G1 D, f.289-90; cf. Sm 3, p.149 (voir ICL, 62:141, 142).

P

[*titre de départ*] [*ornement*] (1) [*ornement*] / [*filet gras-maigre, 62 mm*] / PETIT AVIS / *A UN JESUITE*. / [Genève, Cramer, 1762] / IL vient de paraître une petite brochure / [...]

12°. sig. *²; pag. 4; $1 signé.

La première édition et la seule à paraître du vivant de Voltaire.
BNF: Ld³⁹ 878.

K

Œuvres complètes de Voltaire. [Kehl], Société littéraire-typographique,
1784-1789. 70 vol. 8°. Bengesco 2142; BnC 164-193.
Volume 46: 107-110 Petit avis à un jésuite.
Taylor: VF.

Principes de cette édition

Nous avons choisi comme texte de base l'édition originale (P), dont
le texte a également été reproduit par K, avec une variante. Nous
respectons la ponctuation; nous modernisons l'orthographe sauf
celle des noms propres.

Traitement du texte de base

Le texte de P a fait l'objet d'une modernisation portant sur la graphie,
l'accentuation et la grammaire. Les particularités du texte de base sont les
suivantes: absence de la consonne *t* dans les finales en *-ans* et en *-ens*; utilisation
systématique de la perluette; l'orthographe moderne a été rétablie dans les mots
suivants: 'apopléxie', 'bon homme', 'Collége', 'dépends', 'encor', 'épithétes',
'grossiéreté', 'hazardé', 'nouri', 'raporter', 'repliques', 'plutôt (pour: plus tôt),
'tems'; majuscules supprimées dans: 'Ciel', 'Collége', 'Conseiller', 'Eucharistie',
'Evêque', 'Jacobins', 'Jésuites', 'Juges', 'Libelle', 'Marquise', 'Parlement', 'Paroisse', 'Procureur'; majuscule rétablie dans: 'état (l')'.

PETIT AVIS À UN JÉSUITE

Il vient de paraître une petite brochure édifiante d'un frère de la troupe de Jesu, intitulée, *Acceptation du défi hasardé par l'auteur des Répliques aux apologies des jésuites. A Avignon aux dépens des libraires.*[1]

Il traite le respectable et savant auteur de ces Répliques de   5
faiseur de libelles. Le prétendu libelle que le frère de la troupe de Jesu attaque, est un ouvrage très solide et très lumineux d'un conseiller au parlement de Paris, et ce prétendu libelle ne contient rien dont la substance ne se retrouve dans les arrêts des parlements qui ont condamné les jésuites.[2] On cherche d'ordinaire à fléchir   10
ses juges; mais notre frère leur parle comme s'ils étaient sur la sellette, et lui sur le grand banc.[3]

---

[1] Le père André-Christophe Balbany (1723-1788), jésuite, professeur de philosophie et de théologie à Aix et à Marseille, semble être l'auteur de l'ouvrage que Voltaire critique ici: *Acceptation du défi hasardé par l'auteur d'un libelle intitulé 'Réplique aux apologies des jésuites'* (Avignon, aux dépens des libraires, 1762), ainsi que de plusieurs autres ouvrages consacrés à la défense des jésuites de France aux alentours de 1762 et 1763. Le *Dictionnaire de biographie française* (iv.1410), l'un des rares ouvrages de ce genre à lui consacrer une notice, hésite sur toute attribution catégorique. L'auteur de la *Réplique aux apologies des jésuites* (s.l. 1761; BV738) serait, selon Voltaire (D10469), Henri-Philippe de Chauvelin (1716-1770), chanoine de Notre-Dame et conseiller au parlement, qui se signala par ses attaques virulentes contre les jésuites, leurs constitutions et leur doctrine. Sommervogel attribue l'ouvrage à Ripert de Monclar. Jean-Pierre-François de Ripert, marquis de Monclar (1711-1773), procureur au parlement de Provence, magistrat de haute intégrité, fut chargé de l'exposition des doctrines de la Société de Jésus.

[2] Voltaire était pleinement conscient de l'audace de cet ouvrage qu'il a dû recevoir fin janvier 1762. Dans une lettre à Thiriot, il parle de 'la réplique foudroyante de L'abbé Chauvelin aux Jesuites' (26 janvier, D10290). Le même jour, il s'exclame: 'Per deos immortales c'est une philippique' (à d'Olivet, D10287).

[3] Le 26 mai, Voltaire écrit à Fyot de La Marche: 'Il y a une réponse d'un jésuite à l'abbé Chauvelin écrite du ton insolent dont les jésuittes écrivaient du temps de frère le Tellier. Il y a quelques bonnes raisons mais il les gâte par son audace

Notre frère (page 5) appelle le conseiller, *Médée, Don-Quichotte, Goliath, Miphiboseth, Ésope.*[4] Il est difficile qu'un conseiller au parlement soit tout cela ensemble. Notre frère prodigue un peu les épithètes.

Il dit (page 6): loin de moi ces grossièretés indécentes, ces injures audacieuses. Notre frère n'a pas de mémoire.

Il prend (page 8) le parti de Suarez, de Vasquez, de Lessius,[5] etc. etc. Notre frère n'est pas adroit.

Il prétend (page 15) que ceux qui condamnent les jésuites, détestent le ciel, *Oui le ciel*, dit-il, *qui a signalé par des miracles la sainteté de quelques jésuites.*[6] Je voudrais bien, mon cher frère, que tu nous disses quels sont ces miracles, Jesu a nourri une fois cinq mille hommes avec cinq pains etc.: comme il est rapporté; et frère Lavalette a ôté le pain à près de cinq mille personnes par sa banqueroute.[7] Sont-ce là les miracles dont tu veux parler?

---

monacale et par l'air victorieux qu'il prend. Ce n'est pas le ton dont parle la modeste innocence qui veut toucher' (D10470).

[4] Voir 'Je crois que m^r l'abbé le coadjuteur [Chauvelin], sera bien étonné d'avoir été comparé à la fois à Esope et à Goliath' (aux d'Argental, 31 mai 1762; D10478).

[5] Francisco Suarez (1548-1617), théologien et philosophe espagnol, généralement considéré comme le représentant le plus éminent de la philosophie scolastique après Thomas d'Aquin. Son livre, *De defensione fidei* (1613), écrit contre le roi d'Angleterre Jacques Ier, fut condamné par le Parlement de Paris en 1614 pour la raison qu'il contenait des doctrines contraires au pouvoir des souverains. Gabriel Vasquez (1549 ou 1551-1604), théologien espagnol renommé, rival de Suarez qu'il qualifiait de 'moderne'. Leonard Leys, dit Lessius (1554-1623), théologien et juriste flamand de grande réputation, fut l'élève de Suarez à Rome. Tous trois, membres éminents de la Société de Jésus, exercèrent une influence considérable par leurs écrits et leur enseignement.

[6] Raccourci voltairien bien plus frappant que l'original pesant de Balbany: 'oui le Ciel, qui, en signalant par des miracles, la sainteté de quelques-uns de ceux qui ont observé cet Institut, a approuvé par là même, a autorisé, a glorifié cet Institut et son observation' (*Acceptation du défi*, p.13).

[7] Voltaire reviendra à maintes reprises sur la fameuse banqueroute de La Valette qui a déclenché la ruine de la Société de Jésus en France. Le père La Valette (1708-1762), jésuite, supérieur général des missions françaises pour l'Amérique, avait fait une banqueroute de deux millions de francs en 1756. Voir en particulier l'*Histoire du Parlement de Paris*, ch.68, 'De l'abolissement des jésuites'; voir aussi ci-dessus, *Balance égale*, p.243.

Frère Bouhours dans la première édition de la Vie du bonhomme Ignace, écrit que ce GRAND HOMME, après s'être fait fesser au collège de Ste Barbe, alla se confesser à un habitué de paroisse. Le 30 confesseur émerveillé de la sainteté du personnage, s'écria, *O mon Dieu, que ne puis-je écrire la vie de ce saint!* Ignace qui entendit ces paroles, et qui était fort malade, craignit qu'en effet son confesseur ne trahît sa modestie après sa mort; il pria le bon Dieu de faire mourir l'habitué le plus tôt que faire se pourrait, et le pauvre diable 35 mourut d'apoplexie. [8]

Le même frère Bouhours assure dans la Vie de frère François Xavier, qu'un jour son crucifix étant tombé dans la mer, un cancre vint le lui rapporter. [9]

Le même Bouhours assure que frère Xavier était dans deux 40 endroits à la fois: [10] et comme cela n'appartient qu'à l'eucharistie, le trait m'a paru gaillard.

De quoi t'avises-tu frère, de parler (page 57) de frère Malagrida, et de dire que la marquise de Tavora lui apparut plusieurs fois après son exécution? [11] Est-ce encore là un de tes miracles? 45

---

32   CL: ce grand saint
39-43 CL: rapporter. ¶De quoi

---

[8] Voltaire vise une de ses cibles préférées, le jésuite Dominique Bouhours et son ouvrage *La Vie de saint Ignace, fondateur de la compagnie de Jesus* (Paris 1679). Nous n'avons pas trouvé dans l'ouvrage de Bouhours ces épisodes de la vie du saint au collège Sainte-Barbe à Paris que le philosophe se plaît à évoquer. Il y a cependant des passages qui rappellent l'usage de la fessée, punition courante dans les collèges de l'époque, ainsi que celui de la confession d'Ignace qui provoque la confession et le repentir de son confesseur, un prêtre immoral. Voltaire aurait-il inventé la résolution de l'épisode qu'il relate à partir de ces données?

[9] *La Vie de saint François Xavier de la Compagnie de Jésus, apostre des Indes et du Japon*, nouv. éd. (Paris 1754; BV502), i.236-37, avec note marginale: 'belle histoire d'un cancre' (*CN*, i.418).

[10] *La Vie de saint François Xavier*, ii.157-58, avec note marginale: 'delicieux' (*CN*, i.423-24).

[11] 'Le P. Malagrida a déclaré que la marquise de Tavora lui avait apparu plusieurs fois; que l'ayant réprimandée d'avoir concouru à un attentat impie et sacrilège,

Tu conviens (page 71) que plusieurs jésuites ont enseigné la doctrine du parricide, et pour les disculper, tu prouves qu'ils ont pris cette doctrine dans St Thomas D'Aquin, et que plus de vingt jacobins, quoique grands ennemis de Thomas, ont précédé les jésuites dans cette charitable doctrine. [12] Que veux-tu inférer de là? que la Somme de Thomas est un fort mauvais livre, et qu'il faut chasser les jacobins comme les jésuites? On pourra te répondre, *Très volontiers*; lis attentivement l'excellent discours de M. le procureur général de Rennes, [13] tu verras à quoi sont bons la plupart des moines dans un Etat policé.

Tu ne passes pas Jacques Clément et Bourgoin [14] aux jacobins; mais songe que les jacobins ne te passeront pas frère Guignard, frère Varade, frère Garnet, frère Oldecorn, frère Girard, [15] frère Malagrida, etc. etc. etc. etc. etc. On disait que les jésuites étaient de grands politiques, mais tu ne me parais pas trop habile en attaquant à la fois les moines tes confrères, et les parlements tes juges.

50

55

60

48   κ: D'Aquin, quoique grands ennemis de Thomas, et que plus de vingt jacobins ont

---

ladite dame lui avait répondu, que privée des pères de la Compagnie, elle avait été abandonnée avec son mari à l'exécution de ce crime' (*Arrêt des Inquisiteurs contre le P. Gabriel Malagrida*, p.26 et 27; cité en note par Balbany, *Acceptation du défi*, p.51-52).

[12] Voltaire donne ses sources sur la doctrine du parricide et sur saint Thomas d'Aquin dans une longue note du chapitre XI du *Traité sur la tolérance* (*OC*, t.56c, p.187).

[13] Louis-René de Caradeuc de La Chalotais (1701-1785), procureur général au Parlement de Bretagne, fut un des adversaires des jésuites. Il avait prononcé, en décembre 1761, un virulent réquisitoire contre la Société: *Compte rendu des Constitutions des jésuites* [...] *les 1, 3, 4 et 5 décembre 1761, en l'exécution de l'arrêt de la cour du 17 août précédent* (s.l. 1762: BV634).

[14] Les dominicains Jacques Clément (1567-1589), assassin de Henri III, et Edmond Bourgoin, son prieur, qui prit sa défense et qui excita le peuple contre Henri IV.

[15] Sur ces jésuites, voir ci-dessus, *Balance égale*, p.241-43.

Quand nous aurons le bonheur de voir en France quelque nouveau Le Tellier qui fera une constitution, qui l'enverra signer à Rome, qui trompera son pénitent, qui recevra les évêques dans son antichambre, qui prodiguera les lettres de cachet, tu pourras alors écrire hardiment, et te livrer à ton beau génie. Mais à présent les temps sont changés; ce n'est pas le tout d'être chassé, mon frère, il faut encore être modeste.

Eloge de M. de Crébillon

édition critique

par

Jeroom Vercruysse

INTRODUCTION

1. *Crébillon ou Voltaire?*

Comparer deux personnages célèbres, relève aujourd'hui de l'exercice scolaire quelque peu désuet. Depuis les *Vies parallèles* de Plutarque ce type de confrontations a engendré nombre de pamphlets. Dans le monde littéraire, et surtout à la scène, l'inévitable parallèle Corneille–Racine a engagé les contemporains de Crébillon et de Voltaire à suivre cette pratique. Il convient d'en retracer l'histoire, ne fût-ce que brièvement.

Chacun eut ses fidèles et les avis plus ou moins impartiaux furent assez rares.

En 1750 le duc de Luynes ne veut pas se prononcer.[1] En 1752, J.-B. Dupuy-Demportes proclame sa neutralité et réussit plus ou moins son pari.[2] En 1754, l'auteur anonyme des *Huit philosophes errants* évite le dialogue entre les deux auteurs tandis que celui du *Testament de monsieur de Voltaire* (1762)[3] réussit la même gageure que Dupuy-Demportes. Plus tard, J.-P. d'Açarq évitera de même la comparaison pour marquer sa préférence envers Racine.[4]

La solution facile des éloges combinés fut également pratiquée. Cette voie fut suivie par l'auteur d'une 'Lettre sur les tragédies de Catilina, et de Rome sauvée, par Voltaire, ou comparaison de ces deux pièces' publiée en 1762 dans *L'Année littéraire*,[5] ou encore par Voisenon dans son discours de réception à l'Académie française prononcé le 22 janvier 1763. Succédant à Crébillon, l'abbé se

[1] *Mémoires du duc de Luynes sur la cour de Louis XV*, éd. L. Dussieux et E. Soulié (Paris 1863), x.227, à la date du 7 mars 1750.

[2] J.-B. Dupuy-Demportes, *Parallèle de Catilina et Rome sauvée* (s.l. 1752).

[3] *Testament de monsieur de Voltaire trouvé dans ses papiers après sa mort* (Genève 1762), p.19.

[4] *Observations sur Boileau, sur Racine, sur Crébillon, sur monsieur de Voltaire et sur la langue françoise en général* (Paris 1770), p.189.

[5] *L'Année littéraire*, juillet 1762, vii.122-38.

trouva coincé entre l'éloge de son prédécesseur et son amitié pour Voltaire: il s'en tira en louant l'un et l'autre.[6] D'Alembert manqua de finesse, d'abord dans le 'Discours préliminaire' de l'*Encyclopédie* (Paris 1751, i.xxxii) puis dans l'éloge de Voltaire[7] prononcé devant l'Académie le 25 août 1778 seulement, quoiqu'il ait prétexté de son décès pour s'interdire tout jugement. Le jeu était évident comme l'a remarqué Métra: cet 'éloge' contenait 'plusieurs vues très fines' mais aussi 'un grand nombre d'assertions fausses'.[8]

Chez ses contemporains comparatistes Voltaire l'emporte généralement sur son rival. En 1750 déjà G.-H. Gaillard proclamait sa supériorité,[9] tout comme La Morlière,[10] et aussi les auteurs de la *Lettre à Mr...*[11] et des *Observations sur Catilina et Rome sauvée*.[12]

Le décès de Crébillon (juin 1762) semble accentuer la tendance. Favart, dans sa lettre du 14 juillet 1762 au comte de Durazzo va dans ce sens.[13] La Harpe, nonobstant les années et sa 'conversion', ne changera jamais d'avis. Evoquant une nouvelle édition des œuvres de Crébillon (1772) il souligne les contradictions de *L'Année littéraire* pour trancher en faveur de son ancien maître.[14] Et plus tard, il tente de placer Crébillon entre Racine et Voltaire et s'il essaie de justifier les succès du premier, il ne peut s'empêcher de lui préférer le second: si la cabale a triomphé un moment, c'est parce que 'cette époque était le règne de l'injustice:

---

[6] C.-H. de Fusée de Voisenon, *Œuvres complètes* (Paris 1781), iii.467-80; cf. iv.49-50.

[7] Jean Le Rond D'Alembert, 'Discours préliminaire', *Encyclopédie* (Paris 1751), i.xxxii; réimprimé dans *Œuvres complètes* (Paris 1821-1822), iii.544-77.

[8] *Correspondance secrète, politique et littéraire* du 8 septembre 1763 (Londres 1787), vi.422.

[9] G.-H. Gaillard, *Parallèle des quatre Electres* (La Haye 1750), p.106-24.

[10] C.-J. de La Morlière, *Réflexions sur la tragédie d'Oreste; où se trouve placé naturellement l'essai d'un parallèle de cette pièce avec l'Electre de M. de C**** (s.l.n.d.), p.23-47.

[11] s.l.n.d; BNF Z Beuchot 909-11.

[12] s.l.n.d, p.32.

[13] C.-S. Favart, *Mémoires et correspondances littéraires* (Paris 1808), ii.6-10.

[14] J.-F. de La Harpe, *Œuvres* (Paris 1778), v.158-61.

elle triompha'.[15] Le même sentiment reviendra dans le *Cours de littérature*, à propos d'*Electre* et d'*Oreste*, et d'une façon plus générale à propos du théâtre de Voltaire.[16] Le marquis de Luchet se refuse au parallèle mais ne peut s'empêcher de répéter que Voltaire surpasse Crébillon en plus d'un endroit: *Zaïre*, *Sémiramis* et *Oreste* en offrent des exemples nombreux.[17]

On ne s'étonnera pas non plus des préférences de Marmontel dans ses *Mémoires*,[18] de Condorcet dans sa *Vie de Voltaire*[19] ou de Goethe pour qui le théâtre de Crébillon offre le comble du maniérisme et celui de Voltaire, le comble du naturel.[20]

Le dix-neuvième et le vingtième siècles ont suivi: citons pour mémoire L. Fontaine,[21] Houssaye et Larroumet qui évitent l'oiseux parallèle[22] ou encore Bidou,[23] et Naves qui estime, mais en passant, que Voltaire surpasse Crébillon dans 'son propre domaine'.[24]

Au-delà du parallèle littéraire, voire esthétique, deux camps se sont affrontés, opposant les tenants de la philosophie aux partisans de l'ordre établi. Au-delà de leurs talents dramatiques, réels ou

---

[15] La Harpe, *Eloge de Voltaire* (Genève, Paris 1780), p.3-4, 90-95.

[16] La Harpe, *Cours de littérature* (Paris 1880), ii.323-51, 398-439.

[17] Luchet, *Histoire de M. de Voltaire* (Cassel 1780), iii.57-58, iii.109, 140-41, 154-56.

[18] *Œuvres* (Paris 1819), i.134.

[19] M.i.216, 226-28.

[20] Lettre à Schiller du 19 mars 1802; *Correspondance entre Schiller et Goethe*, éd. L. Heer (Paris 1923), iv.203.

[21] L. Fontaine, *Le Théâtre et la philosophie au XVIIIe siècle* (Versailles 1879), p.16-19.

[22] A. Houssaye, *Galerie du XVIIIe siècle* (Paris 1858), iii.1-27; G. Larroumet, 'Le théâtre de Crébillon', *Revue des cours et conférences* 8 (1900), p.641-49, 777-85.

[23] H. Bidou, 'La tragédie: Crébillon, Voltaire', *Conferencia* (1921), xv.265-77.

[24] R. Naves, *Le Goût de Voltaire* (Paris 1938), p.480. On pourrait de la sorte épuiser toutes les biographies de Voltaire, les manuels scolaires pas trop récents, les histoires du théâtre, des lettres. En général, on ne peut oublier Crébillon, et l'on accorde plus d'importance à Voltaire. Un bon exemple de cette évolution peut être trouvé dans M. Delon et P. Malandain, *Littérature française du XVIIIe siècle* (Paris 1996), particulièrement p.109-10, 151, 200, 420.

supposés, Crébillon et Voltaire devinrent en quelque sorte des symboles de deux options.

Les partisans de Crébillon, nombreux, ne demeurèrent pas inactifs. Dès 1745, L'Affichard prend parti dans ses *Caprices romanesques*.[25] Puis, en 1752, comparant *Rome sauvée* et *Catilina* P.-H. Larcher lui emboîte le pas.[26] Quoiqu'il n'aime guère Crébillon, Collé prend son parti dans son *Journal* d'octobre 1749.[27] En 1761 J. Dubois (alias Sélis) fait annoncer à Voltaire par la déesse de la Renommée que Crébillon sera l'égal de Corneille et de Racine.[28] Dix ans plus tard le propos est répété dans le même pamphlet.[29]

L'"Eloge historique de M. Jolyot de Crébillon' publié dans le *Mercure de France* de juillet 1762 et dû à P.-A. de La Place (et non pas à Crébillon fils) ne ménage ni les éloges du défunt ni les critiques contre ses adversaires, mais se garde bien d'attaquer Voltaire de front. *L'Année littéraire* du même mois va plus loin dans sa lettre intitulée 'Mort de M. de Crébillon'.[30] On ne s'en étonnera pas. Ces deux textes seront d'ailleurs imprimés dans l'édition des *Œuvres* de Crébillon donnée par l'abbé J. de La Porte dix ans plus tard.[31] C'est le même ton quasi hagiographique que l'on trouvera au dix-neuvième siècle chez ceux qui ont parlé longuement de Crébillon. Pour A. Vitu, Voltaire est envieux, jaloux, rancunier, intolérant et menteur mais ce critique ne répugne pas de le citer quand ses propos portent sur l'excellence du vieux rival.[32] Cette attitude sera également celle de l'auteur de la seule monographie

---

[25] Amsterdam 1745, p.61-62.

[26] Pierre-Henri Larcher, *Mélange littéraire* (1752), p.217-28.

[27] Voir Charles Collé, *Journal et mémoires* (Paris 1868), i.103-104, 362.

[28] *Relation de la maladie, de la confession, de la fin de M. de Voltaire, et de ce qui s'ensuivit* (Genève 1761), p.15.

[29] Devenu *Maladie, confession, mort de M. de Voltaire* (Genève 1771), p.15.

[30] *L'Année littéraire*, vii.122-38.

[31] Crébillon, *Œuvres* (Paris 1772), i.1-50; iii.244-324.

[32] A. Vitu, 'Notice sur Crébillon', datée du 7 octobre 1884, dans le *Théâtre complet* (Paris 1885), recueil souvent republié sans date jusque dans les premières décennies du vingtième siècle.

solide consacrée jusqu'aujourd'hui à Crébillon, M. Dutrait qui, au terme de son volumineux ouvrage conclut que son personnage est 'presque toujours égal à Voltaire et le plus souvent supérieur à ce brillant et bruyant rival'.[33] Il est fréquent, aujourd'hui encore, de trouver dans les rares études consacrées à Crébillon, des tentatives de parallèle. Le débat, qui sent l'école, mourra peut-être un jour par sa propre inanité.

2. *Voltaire et Crébillon*

Les jugements de Voltaire sur la personne et l'œuvre de son aîné sont fort nombreux: parfois généraux, parfois ponctuels, ils suivent une courbe assez expressive qu'il est nécessaire de rappeler. Chez Voltaire ce type d'attitude constitue l'indice d'un profond impact dû aux personnes, soit aux événements.

Alors qu'il débutait à peine dans la carrière littéraire, Voltaire s'est intéressé à l'œuvre de Crébillon dont le prestige était alors aussi considérable que celui d'un autre futur ennemi, Jean-Baptiste Rousseau. Ils seront d'ailleurs associés un jour dans la même vindicte par leur jeune successeur et rival.

Dès 1718 Voltaire juge *Sémiramis*. Sa correspondance abondera en remarques, signe d'un intérêt marqué pour l'œuvre de Crébillon.[34] Les deux hommes se côtoient, se rencontrent dans les salons, chez les Hoeger par exemple. Voltaire mène Crébillon chez Richelieu,[35] demande à Moncrif de le saluer (D451). Mais un contemporain, Pierre Laujon, remarque que les Tournehem évitent de les recevoir en même temps.[36] L'admiration de Voltaire pour Crébillon est cependant encore entière à cette époque. Dans

---

[33] M. Dutrait, *Etude sur la vie et le théâtre de Crébillon (1674-1762)* (Bordeaux 1895), p.496. Une seconde monographie, plus mince, due à P. O. LeClerc, *Voltaire and Crébillon père: history of an enmity*, *SVEC* 115 (1973), se limite au rappel des faits.

[34] A Moncrif, 24 septembre 1723, D164.

[35] A Cideville, 19 août 1731, D426.

[36] P. Laujon, *Œuvres choisies* (Paris 1811), i.75.

sa 'Préface à Cideville' pour *Le Temple du goût* Voltaire reconnaît que Crébillon est l'auteur le plus indiqué pour évoquer 'la terreur qui doit animer le théâtre'.[37] Dans le 'Discours préliminaire' qui introduit *Alzire* en 1736 Voltaire proclame qu'il est entré dans la carrière dramatique à l'exemple de Crébillon, qu'il a pleuré à ses pièces et qu'elles ont fait naître en lui 'de l'émulation et de l'amitié'.[38] Ces propos, et les même mots, reparaîtront dans le *Discours de M. de Voltaire en réponse aux invectives et outrages de ses détracteurs*. L'aveu des larmes revient aussi dans la *Vie de M. Jean Baptiste Rousseau* et dans la 'Lettre sur les inconvénients attachés à la littérature' que Theodore Besterman estimait avoir été écrite vers 1740 (D.app.57). Voltaire réaffirme sa dette solennellement le 9 mai 1746 dans son *Discours de réception à l'Académie* en disant que Crébillon est le 'génie véritablement tragique qui m'a servi de maître'.[39] Condorcet dira dans sa *Vie de Voltaire* que ces propos furent prononcés 'avec la générosité d'un homme qui ne craint point d'honorer le talent dans un rival, et de donner des armes à ses propres détracteurs'.[40]

Il ne convient pas d'étudier ici l'influence de Crébillon sur l'œuvre de Voltaire. M.-L. Dufresnoy a cru en déceler des traces dans *Zadig* mais on retiendra qu'à l'époque Crébillon ne possède certes pas le monopole littéraire des rêves prémonitoires et celui de peindre l'éclosion de l'amour.[41] Par contre O. R. Taylor a montré de manière irréfutable des réminiscences de *Rhadamiste et Zénobie* (I.i) et d'*Idoménée* (I.ii).[42]

Le quotidien de Crébillon tient Voltaire à cœur: trente ans durant il répétera que sa demi-misère est honteuse,[43] et il n'enviera

---

[37] *OC*, t.9, p.209.
[38] *OC*, t.14, p.122-23.
[39] M.xxiii.213.
[40] M.i.225.
[41] M.-L. Dufresnoy, *L'Orient romanesque en France* (Montréal 1946), i.310.
[42] *La Henriade*, chant vi.65-66, viii.260; éd. O. R. Taylor, *OC*, t.2, p.161, 493, 558.
[43] A Cideville, 19 août 1731, D426; cf. D2969, D11309.

pas les secours qui lui seront octroyés à la longue (D4828). En 1769, lorsqu'il ne négligera plus aucune occasion de critiquer l'œuvre de son rival décédé, il reprochera durement à Fleury dans son *Epître à Boileau* de lui avoir refusé 'du pain'. Dans ses carnets de 1735-1740 il note ce vers des épîtres d'Horace: 'Spiret tragicum satis et feliciter audet.'[44]

C'est vers 1748 que l'attitude de Voltaire envers Crébillon, d'abord respectueuse et flatteuse, commence à se modifier. 'Il y a longtemps que j'aurois dédié une tragédie à Crébillon, s'il avoit été un homme comme un autre', confie-t-il le 25 février 1748 à la comtesse d'Argental (D3624). *Un homme comme un autre...* qu'est-ce à dire? un homme sans parti pris? Lekain lui prête un propos éclairant: 'Je lui ai entendu dire mille fois qu'il était au désespoir de n'avoir pu être l'ami de Crébillon: qu'il avait toujours estimé son talent plus que sa personne; mais qu'il ne lui pardonnerait jamais d'avoir refusé d'approuver *Mahomet*.'[45] Mais comme on le verra plus loin, le refus de Crébillon censeur ne fut sans doute pas le seul motif du revirement de Voltaire.

C'est au cours de cette même année que Voltaire se lança dans la critique de *Sémiramis* mais le propos reste confiné dans le secret, tout relatif, de sa correspondance. Le mouvement est lancé: 'On ne s'acharne point contre Crébillon en disant ainsi avec tout le monde que ce qui est mauvais est mauvais. On luy rend justice quand on loue les très belles choses qui sont dans Electre et dans Radamiste. Je vous parle de luy avec la même vérité que je parle à votre majesté de vous même', écrit Voltaire à Frédéric II le 25 avril 1749 (D3914). Le ton encore mesuré évolue rapidement: la lettre à Vionnet du 14 décembre (D4074) révèle un adversaire déclaré. Mais dans le catalogue des écrivains du *Siècle de Louis XIV* on peut lire la même année: 'Il faut ranger Crébillon parmi les génies qui illustrèrent le siècle de Louis XIV.' Le propos est cette fois destiné au grand

---

[44] Voltaire, *Notebooks, OC*, t.82, p.322.
[45] *Mémoires de Mlle Clairon, de Lekain, de Préville, de Dazincourt, de Molé, de Garrick, de Goldoni*, éd. F. Barrière (Paris 1878), p.112.

public. Celui-ci enregistrera avec quelque retard les marques d'hostilité: on en trouve l'écho dans une lettre de Hénault à d'Argenson le 31 décembre 1751 (D4641) et ce n'est que bien plus tard que Voltaire en fera mention.[46]

L'opinion publique a dressé les deux hommes l'un contre l'autre: Voltaire y verra sur le tard une manœuvre de ses adversaires (voir sa lettre à Damilaville du 1er décembre 1765, D13706). Marmontel sera du même avis: 'Le nom de Crébillon était le mot de ralliement de tous les ennemis de Voltaire',[47] des ennemis tels que Marivaux qui réussirent à le discréditer à la Cour qui préféra ostensiblement l'aîné au cadet.

La critique voltairienne du théâtre de Crébillon, d'abord quelque peu éparse, prit donc petit à petit corps: ponctuelle, elle fut rejointe par celle de propos plus généraux. Si Voltaire n'est pas mécontent de voir son portrait figurer à côté de celui de Crébillon,[48] il n'hésitera pas à dire à Duclos, secrétaire de l'Académie (22 octobre 1760, D9340) que son honorable confrère est un radoteur. Il ira même jusqu'à se déclarer (ironiquement?) son égal en médiocrité.[49] Mais c'est quelque peu anticiper.

Le décès de Crébillon, survenu le 17 juin 1762, éliminera les dernières retenues de Voltaire. Sur la foi de sa fausse nouvelle, il le traite de 'boursouflé' le 14 (à Damilaville, D10507); la réalité de l'événement ne le fera pas changer d'avis.[50] Toutefois lorsque l'archevêque de Paris, Beaumont, suspend un prêtre qui a célébré un service funèbre à la demande des comédiens, il en est indigné.[51] Mais le projet d'ériger un superbe monument funéraire au défunt, voire une statue, ne lui sourit pas et donnera lieu à maints propos désabusés entre 1762 et 1764.[52]

[46] A d'Argental, 1er avril 1756, D6811.
[47] *Mémoires*, dans Marmontel, *Œuvres* (Paris 1819), i.132-33.
[48] A d'Olivet, 22 août 1757, D7353; cf. D7357.
[49] Aux d'Argental, 9 mars 1763, D11078.
[50] A La Marche, 9 juillet, D10574; aux d'Argental, 25 avril 1763; D11174.
[51] Aux d'Argental, 4 août 1763, D10630; cf. D10635.
[52] Aux d'Argental, 16 décembre 1762, 25 avril 1763, 1er mai; D10843, D11174, D11850; cf. D10849, D12150.

L'annonce prématurée du décès de Crébillon engagea également Voltaire à rédiger l'*Eloge* qui nous occupe ici. La confirmation de l'événement déclenchera en outre des réflexions qui furent sévèrement jugées, même par ses plus intimes partisans. On ne piétine pas le cadavre d'un rival.

L'*Eloge de M. de Crébillon* suit pas à pas l'œuvre du vieux dramaturge: autant de chapitres pour autant de pièces et en supplément, des détails biographiques. Citons en particulier le développement, plutôt inattendu, sur les fameux couplets attribués à Jean-Baptiste Rousseau: l'essentiel de la *Vie de M. Jean Baptiste Rousseau* et les articles consacrés au même et à La Motte dans le catalogue des écrivains du *Siècle de Louis XIV* remonte à la surface et livre quelques détails nouveaux dont Voltaire fut le témoin ou qu'il recueillit sans doute de vive voix. L'*Eloge* s'achève néanmoins sur cette conclusion qui insiste sur l'absence de toute velléité d'ordre personnel. Ce type éculé de précaution oratoire ne trompa personne.

La question est cependant loin d'être claire. S'il faut en croire Favart,[53] Crébillon sentant sa fin prochaine se serait réconcilié avec l'Eglise, son fils et Voltaire. Si le propos est authentique on peut l'interpréter soit comme l'aveu d'une inimitié regrettée, soit comme une belle formule, peut-être rhétorique, *in articulo mortis*. Aucun autre témoignage ne vient corroborer, ou infirmer, le propos de Favart.

La facture de l'*Eloge* est tout aussi rhétorique. On débute par des propos initiaux élogieux précédés de quelques mots sur l'histoire de la pièce examinée; puis la critique prend le relais, parfois détaillée, destinée à souligner les invraisemblances, les fautes relatives aux sujets, aux personnages, au style, à la versification. Deux ans plus tard, le *Commentaire sur Corneille* en retiendra la forme améliorée et moins négative. S'il faut choisir un exemple éloquent de cette hargne typique, le développement sur l'adjectif 'funeste' à propos d'*Atrée et Thyeste* convaincra tout le monde.

---

[53] Favart au comte de Durazzo, 19 janvier 1762; *Mémoires*, i.237.

L'*Eloge* sera la première et unique synthèse que Voltaire a consacrée à Crébillon et à son théâtre. L'*Eloge* tient une place de relais, résumant à la fois des propos antérieurs et futurs qui s'étalent sur une cinquantaine d'années. Au-delà de la polémique personnelle et de coups de griffes aux admirateurs de Crébillon[54] on y décèle la présence d'un corpus doctrinal qui s'énonce, toujours selon les canons rhétoriques, par l'*ab contrario*. Tout n'est donc pas négatif comme il peut le paraître au premier abord: critiquer Crébillon c'est s'encenser adroitement, sans en avoir l'air.

Il n'en demeure pas moins que Voltaire ambitionne de régler, une fois pour toutes, la vieille dispute. Le reproche majeur est celui de l'*emphase*, de l'outrance (et à lire Crébillon aujourd'hui on ne peut s'empêcher de la constater). Ce style 'boursouflé' (cf. plus haut, D10574) est un véritable 'galimatias'[55] qui enrobe des intrigues mal composées et mal écrites[56] et affecte finalement l'œuvre entière: Voltaire le souligne encore dix ans plus tard dans sa lettre du 1er février 1773 à Chabanon (D18166).

Un autre thème qui revient fréquemment sous la plume de Voltaire c'est la *barbarie* de son rival: le terme doit sans doute être entendu dans son sens initial, *exotique, de mauvais goût, de mauvaise forme*. On retrouve le qualificatif maintes fois dans la correspondance entre 1764 et 1771 (D12075, D14405, D17005, 17040) sans oublier la publicité accordée à l'*Epître à M. d'Alembert* de 1771. Le sommet est atteint la même année dans le paragraphe 'Langue française' de l'article 'Franc. France' des *Questions sur l'Encyclopédie*: citons en quelques-uns: 'phrases obscures [...], termes impropres [...], fautes de syntaxe [...], langage inintelligible [...], pensées si fausses et si mal exprimées [...]; un style boursouflé et plat à la fois, hérissé d'épithètes inutiles, de maximes monstrueuses exprimées en vers dignes d'elles [...]; pièces

---

[54] Voir aux d'Argental, 8 août 1762, 13 juillet et 1er août 1763; D10639, D11309, D11335.

[55] A Damilaville, 21 mai 1764, D11879.

[56] A Chamfort, mars 1764, D11781.

visigothes et vandales'. L'année suivante les mêmes imprécations reviennent dans l'article 'Tonnerre' cette fois à propos des discours académiques de Crébillon. Il existe un lien évident entre ces considérations hargneuses et les nombreuses notes marginales dont Voltaire a couvert son exemplaire des *Œuvres* dans l'édition du Louvre (BV907, cf. D906). Voltaire a lu avec attention, passion et une exactitude douloureuse cette belle édition comme l'a souligné le premier éditeur de ces notes marginales.[57] La véhémence s'apaise ensuite: notons que dans deux lettres à Grimm et La Harpe Voltaire estime que la comparaison entre Crébillon et Racine ne tient pas.[58] Une dernière attaque encore surgit lorsque rentré triomphalement à Paris, Voltaire publie sa *Lettre de monsieur de Voltaire à l'Académie française* (1778). L'auteur ne désigne pas nommément Crébillon mais il est clair que ses propos sur le succès et l'oubli de certaines tragédies écrites en vers 'allobroges', ou 'vandales', dues à un 'délire' ou mieux à une 'maladie passagère qui attaque une nation, et qui se guérit enfin de soi-même' désignent l'œuvre de Crébillon décédé depuis seize ans déjà. Le temps, estimait-il, avait fait son œuvre. Il ne se doutait nullement que la plupart de ses propres pièces disparaîtraient un jour dans les oubliettes de la mémoire théâtrale.

Si Voltaire s'est donné également la peine d'examiner toutes les pièces de Crébillon, il n'a pas accordé à toutes le même intérêt. *Idoménée* est une 'malheureuse' tragédie dont il s'étonne qu'elle ait pu être traduite en italien[59] et s'interroge auprès de Damilaville pour savoir si la tragédie de Lemierre sur le même sujet ne vaut pas mieux après tout que celle de Crébillon (D11683; cf. D11892).

Electre a eu droit à une critique plus étendue et moins tardive. Si vers 1740 encore Voltaire avoue qu'il a pleuré en l'écoutant

---

[57] V. S. Ljublinski, *Voltaire Studien* (Berlin 1961), p.86-111. Ces notes marginales ont été reproduites dans le *Corpus de notes marginales de Voltaire* (Berlin, Oxford 1979-) (*CN*) et on les trouvera dans l'apparat critique du texte même de l'*Eloge*.

[58] 1er novembre 1770 et 11 décembre 1774; D16735, D17052.

[59] A Capacelli, 25 août et 27 octobre 1762, 3 mai 1764, 29 juillet 1765; D10670, D10780, D11854, D12815.

(D.app.57), il serinera ensuite, pendant trente-cinq ans, de 1738 à 1773, le même refrain: l'intrigue est une 'partie carrée'.[60] Son auteur fut victime de la mode.[61] La pièce est vraiment tragique et contient de 'très belles choses' (au même, 25 avril, D3914) mais elle pèche par trop de galanterie.[62] Quelques années plus tard il confiera à Sainmore que la tragédie a quelques 'beaux endroits' mais dans l'ensemble elle est très mauvaise (4 septembre 1764, D12075). Sa traduction italienne l'étonne autant que celle d'*Idoménée* (D11469). Quant aux vers, Voltaire note déjà dans ses carnets de 1735-1750[63] que c'est une honte pour la France que de les avoir soufferts: ils sont 'ostrogoths' (D4010), 'durs et hérissés' dans des dialogues 'où personne ne répond à propos' (D11891). On ne saurait comparer *Electre* aux tragédies de Corneille et de Racine (D15988) et encore moins la préférer à celle de Sophocle: le propos est offert au public dans la troisième partie de la *Dissertation sur les principales tragédies anciennes et modernes qui ont paru sur le sujet d'Electre* (1750). C'est la préface qui est visée avant tout. Dans ses carnets déjà cités, Voltaire s'était défendu de l'examiner en détail, la jugeant 'aussi ridicule que la pièce'.[64]

Raillé par Crébillon lui même (lettre du 10 janvier 1750, D4092), Voltaire a souffert du succès de son rival et il le confie à La Harpe[65] surtout du fait que la tragédie sera jouée, mais tardivement, à Fontainebleau. Le dépit est évident et ressassé.[66]

Son *Oreste* permit à Voltaire de faire des comparaisons critiques (D9711) et il a prétendu qu'il n'entendait pas nuire à Crébillon

---

[60] A Frédéric, 5 février 1738, D1444; voir D3990, D4010, D9933, D10302, D11891, D18528, D18555.

[61] A d'Olivet, 20 août 1761, D9959. Cette lettre sera imprimée dans le *Journal encyclopédique* du 1er octobre suivant, vii.113-26.

[62] A Frédéric II, 17 mars 1749, D3893; 31 décembre 1749, D4081.

[63] *OC*, t.82, p.456.

[64] *Ibid.*

[65] 25 mai et 19 octobre 1765; D11891, D12944.

[66] A Mme de Saint-Julien, 19 mai 1773, D18381; à Richelieu, 26 août et 30 septembre, D18528, D18555; à d'Argental, 26 septembre; D18566.

(D9865). A l'entendre, ce fut Crébillon, jaloux d'*Oreste*, qui voulut se venger (D10069, D10071).

Rhadamiste et Zénobie, appréciée un moment,[67] est souvent associée à *Electre* (D3893, D3914, D12075, D.app.57). Non sans ironie Voltaire estime que son succès durera aussi longtemps que celui des mandements de l'archevêque de Paris (D10635), car il est dû à un style quelquefois 'barbare' mais d'un 'très grand intérêt'.[68] Il approuvera, mais tardivement, la condamnation sans retour formulée par Boileau: il la justifiera en 1774 dans l'article 'Vers et poésie' des *Questions sur l'Encyclopédie*. Un détail de la pièce semble l'avoir particulièrement frappé: les soldats de Corbulon (I.iii; II.i, ii; III.iii etc.) signalés par Cideville le 25 février 1752 (D4818). Voltaire les citera proverbialement pendant dix ans comme un exemple parfait de la stupidité.[69]

Atrée et Thyeste a été nommée, mais tardivement, le 'tombeau du sens commun, de la grammaire et de la poésie'[70] mais bien plus tôt déjà Voltaire avait relevé les invraisemblances et les incongruités de caractères et de situations qu'il croyait voir dans cette tragédie.[71]

Les Pélopides de Voltaire aborde le même sujet: il a insisté sur ce point.[72] L'accueil flatteur que le roi de Prusse réserva à cette tragédie conforta Voltaire dans l'idée qu'elle était supérieure à celle de son rival.[73]

Sémiramis a eu droit, elle aussi, à des critiques prolongées. En 1718 déjà Voltaire estime que son audition est une vraie péni-

---

[67] *Vie de M. Jean Baptiste Rousseau*, §7.

[68] A Sainmore, 7 septembre 1764, D12075.

[69] Aux d'Argental, 1er août 1763, D11335; cf. D13944, D15059, D17005, D17747, D17769; cf. à Thibouville, 22 février 1771, D17036.

[70] A d'Argental, 11 janvier 1771, D16955.

[71] A Mlle Dumesnil, 4 juillet 1743, D2783; voir D16953, D17007 et l'*Epître à M. d'Alembert*, 1771.

[72] Aux d'Argental, 19 décembre 1770, D16842; cf. D16935, D16955, D17005, D17033, D17450, D17563.

[73] Frédéric II à Voltaire, 22 avril 1772, D17708; cf. D17733.

tence. [74] Trente ans plus tard il dira que Crébillon a traité ce sujet d'une façon malheureuse et que par conséquent il a échoué. [75] Cette tragédie que son auteur estimait le plus (D6935) ne 'vaut rien du tout'. L'échec s'explique par le caractère de l'héroïne (D3914, D11781) créé par un 'auteur barbare', [76] étoffé de 'sentences dignes de la Grève' ajoute Voltaire publiquement dans ses *Commentaires sur Corneille*. Ici encore il a repris le sujet, et le titre, de la pièce de son rival parce que celle-ci était 'absolument abandonnée'. [77] C'est pour cette raison sans doute qu'il redoute l'attitude de Crébillon censeur (D3679), quoiqu'il ait été convaincu, de ne lui avoir par conséquent causé aucun tort (D4074).

Pyrrhus et *Xerxès* n'ont eu droit qu'à de brèves appréciations négatives: ces tragédies sont d'un 'auteur barbare'. [78] La seconde sera d'ailleurs associée à *Sémiramis* dans les commentaires sur Corneille. Le trio reçoit *Catilina* en complément dans les virulentes critiques de l'article déjà cité, 'Franc. France' des *Questions sur l'Encyclopédie*.

Le Triumvirat, la dernière pièce de Crébillon, suscitera plus d'attention. Voltaire se fait tenir au courant des représentations. [79] Son échec réussira à semer quelque doute dans son esprit (D6055): il n'a rien compris à cette tragédie, reconnaît-il le 29 janvier 1755 en écrivant à la duchesse de Saxe-Gotha (D6115). Deux jours plus tôt Voltaire et sa nièce avaient écrit à Lekain (D6111) l'un, que *Le Triumvirat* contenait de 'très belles choses', et l'autre qu'elle était 'détestable'. S'inspirant de *Pantagruel* (IV.xlii) à propos des vers, Voltaire dira que 'si on se torchait le derrière avec eux, on aurait des hémorroïdes'. [80] Le propos est fort trivial, mais déjà banal à l'époque. Voltaire ne démordra pas de sa hargne: parvenu à l'âge de son rival en 1778, il parlera encore de 'ce vieux fou'

[74] A Louis Racine, octobre 1718, D68.
[75] A Ravenoville, 24 octobre 1748, D3797.
[76] A Sainmore, 7 septembre 1764, D12075.
[77] A Frédéric II, 17 mars 1749, D3893.
[78] A Sainmore, 7 septembre 1764, D12075.
[79] A d'Argental, 4 décembre 1754, D6011; cf. D6137.
[80] A Ximenès, 13 février 1755, D6160.

(D21008) qui se mêlait d'écrire, 'barbare' déjà dénoncé quatorze ans plus tôt (D11781, D12075). Le patronage que Mme de Pompadour accorda au vieil auteur le vexera vivement.[81]

Quand le bruit se répandit qu'il traitait un sujet identique, Voltaire tint des propos qui ne concordent pas selon les correspondants. On connaît assez ses capacités d'orchestrer des campagnes par sa correspondance. Mme Denis écrit à Lambert le 18 août 1754 (D5908), et Voltaire à Thibouville le 27 (D5920), que la nouvelle est sans fondement. Mais Mme de Fontaine et d'Argental[82] ont droit à des allusions voilées voire équivoques qui aboutiront finalement à son propre *Octave et le jeune Pompée ou le triumvirat*.

Pour être complet, ajoutons que Voltaire ne fera attention à *Cromwell* que pour s'informer si un certain Du Clairon n'a pas traité le sujet, ce qui fut effectivement le cas.[83]

De toutes les tragédies de Crébillon, c'est *Catilina* (1749) qui a retenu le plus l'attention de Voltaire qui lui dédiera d'ailleurs un désopilant *Factum de Rapterre* inspiré peut-être, du moins pour les anagrammes, du 'conte indien' de Desforges, *Natilica* (Amsterdam 1749), mettant en présence Lovatire, Rebnocill et sa femme Gepear qui mit quarante-deux ans à accoucher de Natilica. Celui-ci est un enfant discors, mêlé, qui sera néanmoins accepté vu l'âge de son père et les qualités de ses frères et sœurs aînés. (Nous traitons le *Factum* dans le tome 32 des *Œuvres complètes*.)

La tragédie mit en effet beaucoup de temps à paraître sur la scène et les critiques ne furent pas toutes favorables, celles de Voltaire mises à part. Citons les sévères propos de C. Dumolard-Bert dont les vues sont si proches de celles de Voltaire qu'on lui attribua un instant la paternité de ce violent pamphlet.[84] Condorcet et La Harpe vont, tardivement il est vrai, dans le même sens.[85]

---

[81] Aux d'Argental, 1er mai 1764, D11850; cf. D11881.
[82] 22 août, 6 septembre, 6 octobre 1754; D5911, D5922, D5941.
[83] Aux d'Argental, 11 juin 1764, D11918; Brenner 5890.
[84] C. Dumolard-Bert, *Lettre d'un académicien de province* (s.l. 1749).
[85] M.i.226-27; La Harpe, *Lycée* (Paris 1817), iii.555-63.

Voltaire revint souvent sur *Catilina*. La première mention remonte à 1731: il raconte à Cideville le 19 août (D426) qu'ayant conduit Crébillon la veille chez le duc de Richelieu, l'auteur avait récité plusieurs passages qui parurent 'très beaux'. Deux ans plus tard, Voltaire lâchera même le qualificatif 'divin'.[86] Comme bien des contemporains il déplorera le temps mis par Crébillon pour achever sa tragédie.[87] Mais ces propos devancent la publication de *Catilina*. Après, le ton change. La longue gestation de la tragédie sera cette fois envisagée sous un angle tout à fait différent (D3980, D3988, D4010), et jusqu'en 1778.[88] Dans ses carnets il parlera d'un 'insecte qui est trois ans à se former pour ne vivre qu'un jour'.[89]

Il est certain que Voltaire fut aux aguets des premiers échos de la première qui eut lieu le 20 décembre 1748. Il en parle dès le 24 aux d'Argental (D3829) et il évoque le même jour un éventuel retrait (à Cideville, D3828); le lendemain il parle de chute (D3832). En fait *Catilina* parvint à 20 représentations, un succès assez honorable (D4185). Voltaire s'efforcera de minimiser ce succès pendant quinze ans.[90] Quand il est question en 1752 d'une reprise, Voltaire se montre sceptique (D4257). Quand il apprend que *Catilina* sera imprimé sur les presses du Louvre, sa vanité en sera mortifiée pendant des années[91] tout comme lorsqu'elle sera jouée à Rambouillet en 1773 (D18365, D18381). Il ressassera la protection de Mme de Pompadour pendant vingt ans.[92] Il en fut tellement outré qu'il trouvera l'attitude de ses approbateurs blessante et hostile. C'est ce qui ressort de plusieurs lettres de 1763 (D11163, D14202). Pire: la favorite a voulu l'humilier (D11309).

Voltaire s'informe également des représentations auprès d'Arnaud et insinue: 'On m'en écrit beaucoup de mal' (2 janvier

---

[86] A Moncrif, 11 avril 1733, D590.
[87] D2783, D3801, D3813.
[88] A d'Argental, 30 janvier, D21018.
[89] *OC*, t.81, p.419.
[90] D4561, D4760, D11309, D12497, D13698, D15321.
[91] A d'Argental, 29 mai 1751, D4480; cf. D4518, D11314.
[92] A Richelieu, 31 août 1750, D4206; cf. D10301, D10302, D11799, D11843, D11849, D11850, D11881, D14202, D15540.

1749, D3837), tout en se donnant des excuses, car le public est mauvais connaisseur. Le ton s'affermit vers la mi-janvier: Voltaire a manifestement lu *Catilina* puisqu'il écrit alors à sa nièce que le succès est immérité: 'la conduitte est le comble du ridicule [...] le stile paroit être du temps de Henri trois [...] C'est la honte de la nation.' C'est 'une pièce qui n'est pas digne de la foire' (D3848). Frédéric II a également lu la tragédie et envoie à Voltaire le 13 février ses remarques essentiellement négatives: incohérences, caractères déformés mais le tout était néanmoins 'divinement rimé'. Le roi eut bien garde de dire que le 5 ou le 8 il avait envoyé à Crébillon une lettre fort élogieuse (D3866n). Les deux lettres coururent Paris et donnèrent lieu à bien des propos dont les *Nouvelles littéraires* se firent l'écho (i.280). Ce n'est que bien plus tard que Frédéric reprochera à Voltaire d'avoir laissé courir sa lettre (D5263).

La campagne de dénigrement se poursuivit allègrement: *Catilina* manque de pureté et d'élégance, répond Voltaire au roi (17 mars, D3893); à la duchesse du Maine il parlera de 'farce monstrueuse' (D3979; cf. D3992). Auprès de madame Du Bocage il mesure plutôt ses appréciations (D3991) mais sa nièce aura droit aux 'vers énigmatiques et visigoths' (11 août 1750; D4185), appréciation à rapprocher de la 'farce allobroge' pour le duc de Richelieu (D4206), épithète qui sera resservie aux d'Argental (D4518). Cela tournera à l'idée fixe avec le temps: les Suisses, voisins des Allobroges, auraient sifflé la tragédie (D7208; cf. D4525, 11781). Voltaire sort d'ailleurs de la confidence toute relative de sa correspondance pour attaquer publiquement le style 'boursouflé et inintelligible' dans la *Lettre à messieurs les auteurs des Etrennes de la Saint-Jean* (1751).

Catilina n'est donc pas un chef-d'œuvre répète Voltaire à d'Argental[93] et pour que le public puisse juger lui-même, il propose à son éditeur Conrad Walther de publier les deux tragédies parallèlement (6 mars 1752, D4826). Nous pourrions accumuler

---

[93] 13 novembre 1751, 6 février 1752; D4604, D4787.

les propos invariablement négatifs empilés dans la correspondance jusqu'en 1773[94] et dans les écrits jusqu'à l'année suivante encore: citons l'*Epître à monsieur d'Alembert* (1771), les *Questions sur l'Encyclopédie* (article 'Franc. France') et le *Sentiment d'un académicien de Lyon sur quelques endroits des commentaires de Corneille*. Voltaire prétendra même que le succès de *Catilina* fut le motif de son départ pour la Prusse (D10302, D13986): on sait assez que des raisons plus importantes causèrent cet événement.

Voltaire a toujours considéré sa *Rome sauvée* comme une réponse à *Catilina*. Mais elle contient également, comme la plupart de ses tragédies, des bouffées de propagande philosophique dont il ne faudrait cependant pas exagérer l'importance.[95] Ce qui domine, c'est la réplique: 'Tuum tibi mitto Ciceronem quem relegi ut barbari Crebillonii scelus expiarem', écrit Voltaire au cicéronien d'Olivet dès le 5 mars 1749 (D3883); il répète le même propos à sa nièce les 12 et 28 août (D3975, D3996). Sa propre tragédie a été écrite à l'emporte-pièce en une semaine.[96] Voltaire se présente en vengeur de l'Histoire ou plus familièrement comme un 'raccomodeur de moules dans la maison de Crébillon' (D4010). Plus signifiant peut-être est l'aveu que *Catilina* a ôté à *Rome sauvée* 'la fleur de sa nouveauté' (D4827). En un mot comme en cent, Voltaire a vivement été vexé, sinon blessé par son rival. Cette rivalité n'est pas du goût de tout le monde. Ayant promis de lire *Rome sauvée* contre Crébillon chez les d'Argental, il préféra la lecture de son *Oreste*. Collé note en novembre: 'C'est une misère que ses contemporains ni ceux qui nous suivront ne comprendront point, et sur laquelle on se travaillera beaucoup pour lui donner des motifs.'[97]

---

[94] D3954, D6908, D10301, D11309, D12075, D18462.

[95] R. S. Ridgway, *La Propagande philosophique dans les tragédies de Voltaire* (Genève 1961), p.169. L'idée a été reprise et développée par A. G. Bourassa, 'Polémique et propagande dans *Rome sauvée* et *Les Triumvirs*', *SVEC* 60 (1968), p.73-103. L'auteur s'appuie sur des textes de seconde main, glisse sur l'*Eloge*, ignore le *Factum* et néglige Dutrait.

[96] A Hénault, 14 août, D3980; cf. D3988, D4010.

[97] Collé, *Journal*, i.108-109.

3. *Pourquoi?*

Collé avait sans doute raison. Si l'on ne se donne pas la peine d'étudier l'affaire en détail, textes à l'appui, la rivalité des dramaturges peut paraître injustifiée, voire obsolète. C'est ignorer la vanité littéraire et en particulier celle des deux antagonistes. Ce qui mérite d'être relevé en premier lieu, c'est la courbe parcourue par Voltaire: de l'éloge à la hargne méchante et démesurée. Ce n'est pas le seul exemple qu'on lui connaisse en la matière: si l'on examine son attitude vis-à-vis de Jean-Baptiste Rousseau, et celle plus célèbre, à l'égard de Shakespeare, on reconnaîtra la même complexité des motifs à ses singuliers revirements.

En octobre 1749 déjà, Collé parle de 'basse jalousie et une envie mortelle'.[98] Desnoiresterres s'en est fait l'écho[99] tout comme Vitu déjà cité plus haut, ou Deschanel.[100] Ridgway estime que Voltaire a eu l'intention 'sinon d'écraser l'auteur d'*Atrée*, du moins de le remettre à sa place' mais cette nuance ne néglige ni le dénigrement, ni la vengeance.[101] Bourassa entreprend de classer les motifs: Crébillon censeur, auteur protégé et choyé des grands: on en revient au dépit, à la jalousie.[102] Besterman remarque qu'en se mesurant à son vieux rival, Voltaire a déclenché chez Crébillon un nouvel appétit pour la scène.[103] Les mêmes propos affleurent dans les pages consacrées à Crébillon dans la biographie de Voltaire dirigée par Pomeau.[104] La question gagnerait à être examinée dans un contexte plus large que celui du parcours événementiel de cette rivalité. Il est bon de se rappeler par exemple ce que Voltaire pense

---

[98] *Journal*, i.103-104, 362.

[99] G. Desnoiresterres, *Voltaire à la cour* (Paris 1871), p.199-202.

[100] Pour A. Vitu, voir note 32; E. Deschanel, *Le Théâtre de Voltaire* (Paris 1888), p.233-34.

[101] Ridgway, *La Propagande philosophique*, p.144, 157, 169.

[102] Bourassa, 'Polémique et propagande'.

[103] Th. Besterman, *Voltaire* (Londres 1969), p.288.

[104] *Voltaire en son temps*, sous la direction de R. Pomeau, 2e éd. (Paris, Oxford 1995), voir la table, ii.822. On regrettera que l'*Eloge* et le *Factum* manquent à l'appel.

d'une manière générale de l'émulation. Certes, entre celle-ci et la rivalité, la distance est fort courte. Il y a aussi la vanité d'un écrivain qui veut être reconnu comme le meilleur de son temps dans le genre dramatique. Notons également dans cette perspective l'affirmation maintes et maintes fois ressassée du complot. Il est vrai que Crébillon en tant que censeur dramatique n'a pas négligé l'emploi des armes que son arsenal pouvait lui offrir. On ne saurait l'innocenter[105] entièrement. Citons un exemple moins voyant mais révélateur. En 1749, au moment où *Catilina* paraît, Crébillon accorde sa permission à *L'Amant percepteur* de Jacques Duvaure, une pièce satirique qui deviendra plus tard *Le Faux Savant*. Voltaire estime qu'elle contient des vers contre lui et il a raison: le texte parle de lui-même. Il s'en plaint aux d'Argental (23 août, D3992) et remercie sa nièce le même jour (D3993) pour son intervention auprès du censeur. Collé qui ignore évidemment tout de cette démarche, approuve les suppressions ordonnées par Crébillon. Mais celles-ci sont de faible aloi, car en dépit de tout, le personnage de Polimatte reste facilement reconnaissable. Une preuve plus nette encore est fournie par l'approbation des *Philosophes* de Palissot: Voltaire en fera part à Duclos (22 octobre 1760, D9340), et il en gardera un souvenir cuisant (D11174).

C'est évidemment, s'il faut en croire Voltaire, contre ses propres pièces que sévit la censure de Crébillon. Déjà en 1730 il l'accuse de comploter la chute de *Brutus* avec le concours de Rohan (à Thiriot, janvier, D371) mais le propos demeure éphémère. Trois ans plus tard, il redoute Crébillon à cause du *Temple du goût* (D588, D590) et il n'a pas tort, car Crébillon a effectivement usé de ses prérogatives (D595). Nouvelles accusations lorsque Voltaire lance *La Mort de César*: Crébillon veut garder le champ libre pour son *Catilina* encore inachevé.[106] Il est établi que Crébillon a voulu corriger la tragédie de son rival: les lettres de Maurepas à

---

[105] P.-M. Conlon, *Voltaire's literary career from 1728 to 1750* (Genève 1961), p.87, 91-93, 204, 273; voir aussi les propos de R. S. Ridgway et A. G. Bourassa.
[106] A Mlle Dumesnil, 4 juillet 1743, D2783.

Marville du 12 juillet (D2786) et de Maurepas à Crébillon lui-même (le 15, D2789; cf. D2816) le prouvent clairement. Le ton ne fera que s'amplifier par la suite. La correspondance fait largement état des appréhensions de Voltaire en 1748 pour sa *Sémiramis*.[107] Voltaire prétendra que Crébillon a supprimé des vers et lorsqu'il apprend que Crébillon a approuvé une parodie de *Sémiramis*, la mesure sera comble (D3797, D3801, D3805, D3832). On ne s'étonnera donc pas de voir resurgir les mêmes craintes à propos de *Rome sauvée*, même pour la reprise de 1762, mais le décès de Crébillon permet d'éviter l'affrontement (D4620, D9506). L'alerte avait également été chaude à propos de *Mahomet*. Selon Voltaire et sa nièce Crébillon refusa son approbation par pure jalousie et ce propos tout subjectif sera ressassé pendant vingt ans.[108] Collé a noté dans son *Journal* en novembre 1751 (i.349-50) le refus du censeur et la permission tacite accordée par le lieutenant de police. Crébillon renouvela son refus, alléguant qu'il était inutile d'autoriser une pièce déjà représentée.

La nomination de D'Alembert comme censeur changea les données: il approuva la pièce et défia Crébillon en le menaçant de réfuter tout propos hostile qu'il ferait connaître. Collé ne juge pas, il note les faits. Il faut également se rappeler les propos de Lekain qui vont dans le même sens. Les partisans de Voltaire jugeront sévèrement, comme il se doit, l'attitude de Crébillon: Condorcet le trouvera plus 'scrupuleux' que le pape,[109] Luchet le trouve 'ombrageux'[110] et selon les éditeurs de Kehl, ce fut la jalousie qui guida Crébillon.[111] Répétons-le, la querelle ne se limita pas aux seuls mérites littéraires.

Cependant, au fil du temps les appréhensions de Voltaire iront en s'amenuisant quelque peu sans disparaître entièrement. Signalons encore une légère inquiétude à propos de *Pandore* en 1755

---

[107] A Ravenoville, 27 juin, 30 août, D3679, D3737.
[108] A Cideville, 22 septembre 1751, D4576; cf. D10069, D10070, D17614, D17619.
[109] *Vie de Voltaire*, M.i.216.
[110] *Histoire littéraire*, i.173-75.
[111] 'Avertissement des éditeurs', à *Mahomet*; voir M.iv.95.

(D6094), puis il finira par rire des avis du 'radoteur Licofron' quand Mme de Pompadour approuvera *L'Orphelin de la Chine* la même année (D6403). Il néglige l'hostilité du censeur à propos du personnage de Frélon dans *L'Ecossaise* rapportée par d'Argental (D9031). Un dernier éclat survient à propos du *Droit du seigneur* en 1761 lorsque Crébillon entreprend des corrections de son propre chef. Favart, à qui le censeur avait lu la scène de sa façon la trouve 'remplie de vivacité et de bonnes plaisanteries'.[112] Voltaire prendra son temps pour s'apaiser.[113]

On peut arguer en faveur de Crébillon qu'il n'intervint pas à propos du *Discours en vers sur les événements de l'année 1744*[114] et de *La Bataille de Fontenoy* (D3118n). Mais il aurait eu mauvaise grâce de s'attaquer aux éloges patriotiques répandus par l'historiographe de France. Notons qu'il ne s'opposa pas non plus à l'*Oreste* de Voltaire qui manœuvra adroitement pour obtenir l'approbation (D4087), ce qui lui valut un billet ironique de son rival le 10 janvier 1760 (D4092). Les partisans des deux rivaux se firent face au cours de la première: Marmontel en a donné la relation détaillée dans ses *Mémoires*[115] tout comme La Harpe.[116]

Il reste à établir la part des responsabilités: qui fut l'initiateur de la rivalité? Crébillon, auteur fêté et vieillissant, supportant mal la montée d'un jeune et talentueux rival? Voltaire, imbu de sa supériorité et décidé à en finir avec la fausse (à son avis) gloire de son prédécesseur? Le dernier mot ne sera peut-être jamais dit, mais il est certain que l'attitude de Voltaire, qui *brûla ce qu'il avait adoré et n'adora pas ce qu'il a brûlé,* évolua au gré de l'attitude de Crébillon.

Il éprouva du reste la satisfaction de voir ses pièces plus

---

[112] Favart, *Mémoires*, 13 novembre, i.209.

[113] A d'Argental, 11 octobre, D10069; cf. D10070, D10108, D10110, D10125, D10251, D10313, D10607.

[114] A Marville, 22 octobre 1744, D3038.

[115] *Œuvres*, i.134.

[116] La Harpe, *Commentaire sur le théâtre de Voltaire* (Paris 1814), p.250.

fréquemment jouées que celles de son adversaire. Un coup d'œil au tableau de Versailles pour les années 1723 à 1757 montre qu'en un quart de siècle les Comédiens donnèrent devant la Cour (le public le plus envié, faut-il le dire?) 59 représentations de pièces de Voltaire contre 36 pour celles de Crébillon.[117] Il en alla de même pour le Théâtre-Français.[118] Mais cela suffisait-il pour le consoler? Il est permis d'en douter.

4. L'Eloge de M. de Crébillon

Nous ne reviendrons pas ici sur le contenu, largement évoqué plus haut, de ce texte qui relie en 1762 le passé au futur d'une critique qui s'étalera sur plus d'un demi-siècle. L'*Eloge* n'est pas seulement une œuvre de polémique personnelle comme l'a dit Naves:[119] il expose aussi *a contrario* la doctrine dramatique de Voltaire, tout comme ce sera le cas des *Commentaires sur Corneille* et d'autres écrits moins étendus. L'équation est simple, même si ses données sont inversées.

Nous bornerons donc ici notre propos à l'histoire du texte: sa gestation, sa publication et son accueil:

Voici un petit ouvrage auquel je n'ai d'autre part que d'en avoir retranché une page de louanges injustes qu'on m'y donnait. Je serais très fâché qu'on crût que j'en aie eu la moindre connaissance; mais je serais très aise qu'il parût, parce qu'il est d'un bout à l'autre de la vérité la plus exacte, et que j'aime la vérité. Il faut qu'on le connaisse jusque dans les plus petites choses. Il n'y a qu'à donner à imprimer à Granger ou à Duchesne.[120]

Le lecteur familiarisé avec la phraséologie voltairienne sent immédiatement qu'il s'agit d'un brûlot de taille; mais il importe aussi de savoir quel texte est confié à l'intime correspondant. Les

---

[117] S. Pitou, 'The players' return to Versailles, 1723-1757', *SVEC* 73 (1970), p.7-145.

[118] Conlon, *Voltaire's literary career*, p.115.

[119] Naves, *Le Goût de Voltaire*, p.187.

[120] A Damilaville le 4 avril 1762 (D10406).

avis diffèrent: Beuchot (lx.227n) voit une allusion aux *Pièces originales concernant la mort des sieurs Calas*. Charrot[121] et Besterman pensent qu'il s'agit de l'*Eloge de M. de Crébillon*. L'interprétation est plausible car il s'agit d'un texte qui ne se rattache pas à un thème (comme les écrits sur l'affaire Calas), qu'une part personnelle (vraie ou fausse peu importe) a été gommée et que c'est Damilaville qui est chargé de jouer les intermédiaires. On fera remarquer également que le faux bruit du décès de Crébillon venait de se répandre (il surviendra réellement le 17 juin) et que Voltaire a cru bon de monter en ligne tout aussitôt. Bien plus probant encore est le fait que l'impression du texte expédié le 4 avril semble rencontrer des difficultés, car le 4 juin Voltaire écrit clairement à son confident: 'On ne veut donc pas imprimer l'*Eloge de Crébillon*? J'étais curieux de le voir' (D10484). Paris ne répondant pas à ses espérances, Voltaire s'adresse lui-même à Gabriel Cramer en juillet (D10589): 'Vous pouriez caro Gabriele tirer d'icelle pancarte quelques exemplaires. Tous ces petits chapitres réunis feront incessamment un recueil de facéties curieuses.' Une 'pancarte' (une plaisanterie selon le *Dictionnaire de l'Académie française*) comprenant plusieurs chapitres: c'est bien le ton et la structure de l'*Eloge*. Puis un écrit de Palissot, mal imprimé, lui étant tombé sous les yeux, Voltaire écrit le 26 à Damilaville: 'J'espère que l'éloge de Crébillon le sera mieux' (D10607).

Une tentative d'impression à Paris, une autre à Genève? La bibliographie matérielle montre qu'il existe deux éditions de l'*Eloge* publiées en 1762 par deux officines distinctes. Des exemplaires se répandirent à Paris dès le début du mois d'août. L'abbé de Bernis en parle déjà le 7 à Voltaire (D10637), Favart le lendemain,[122] Diderot le 12 à Sophie Volland,[123] la *Correspondance littéraire* le 15,[124] et bien d'autres par la suite.

---

[121] C. Charrot, 'Quelques notes sur la correspondance de Voltaire', *Rhl* 19 (1912), p.653-92.

[122] Favart, *Mémoires*, ii.13.

[123] Diderot, *Œuvres complètes*, éd. R. Lewinter (Paris 1970), v.712.

[124] *CL*, v.154.

L'accueil fut sévère, même dans le camp voltairien. On peut comprendre que Favart dise que cet écrit 'ne fait pas honneur à M. de Voltaire', mais que dire de Diderot? 'Le bonhomme a fait un papier qu'il appelle un *Eloge de Crébillon*. Vous verrez le plaisant éloge que c'est. C'est la vérité; mais la vérité m'offense dans la bouche de l'envie. Je ne saurais passer cette petitesse-là à un si grand homme.'[125] Et quand le philosophe envoie un exemplaire à son amie le 22,[126] il n'ajoute pas un mot de commentaire. La *Correspondance littéraire* du 15 estime, tout comme Diderot, que Voltaire avait dit la vérité au sujet de l'œuvre de Crébillon et certes il pouvait 'dire encore le double' mais on regrette ces propos sur un auteur qui ne peut lui être comparé, et par dessus tout, on regrette la fâcheuse évocation des fameux couplets attribués jadis à Jean-Baptiste Rousseau. Mais 'ces torts sont bien petits quand on les compare à tout ce que la raison et les lettres doivent à M. de Voltaire, et au bien qu'il fait généralement.' On retrouve à peu près les mêmes idées chez Bachaumont les 18 et 29 août et 3 mars 1763.[127]

L'Année littéraire consacra une lettre entière à la défense de Crébillon.[128] Citons les premières lignes pour illustrer le ton évidemment hostile: 'Un impudent anonyme dans l'instant que M. *de Crébillon* reçoit les hommages de la Nation, & que sa cendre est à peine refroidie, s'élance du sein de la méchanceté pour souffler ses poisons contre la mémoire de ce grand homme.' Et la conclusion ne manque pas de perfidie: 'Le dégoûtant écrivain, qui a vomi de son mauvais cœur cette diatribe affreuse contre M. *de Crébillon*, n'a pas lu sans doute les ouvrages de M. *de Voltaire*. Il y auroit appris qu'il faut respecter la mémoire des grands génies, & que c'est outrager l'humanité que d'aller attacher un libelle sans pudeur & sans esprit au cercueil d'un illustre mort.' Le ton est aussi violent sous la plume d'un mystérieux abbé S*** qui adresse une

---

[125] A Sophie Volland, le 12 août 1762; Lewinter, v.712.
[126] Lewinter, v.723.
[127] Voir les *Mémoires secrets*, i.127, 129, 201.
[128] *L'Année littéraire*, 1762, vii.217-36.

longue 'Réponse à l'*Eloge de M. de Crébillon* ou lettre à M. de Voltaire' à un journal éphémère, *La Renommée littéraire* des frères Ecouchard Le Brun, Ponce Denis et Jean Etienne, dit de Granville. [129] Le dernier extrait s'arrête à *Xerxès* et la suite n'a sans doute pas été publiée, car le journal cessa de paraître après le second volume. D'Alembert fut quelque peu étonné du propos et fit part à Voltaire le 12 janvier 1763 (D10906) des critiques de ce journal 'où on dit que vous êtes assez maltraité [...] Que de chenilles qui rongent la littérature! Par malheur ces chenilles durent toute l'année, & celle des bois n'ont qu'une saison.' Voltaire s'enquiert auprès de Damilaville le 24 (D10943; cf. D10974) de savoir si ce Le Brun qui l'a incité à recueillir et doter Marie Corneille est 'un petit perfide'. Le Brun démentit mais ne parvint pas à convaincre.

Du reste, d'Alembert lui-même s'était plaint auprès de Voltaire dès le 8 septembre 1762 (D10697):

Qu'est ce qu'un Eloge de Crebillon, ou plutot une satyre sous le nom d'Eloge, qu'on vous attribue? Quoique je pense absolument comme l'auteur de cette brochure sur le mérite de Crébillon, je suis très fâché qu'on ait choisi le moment de sa mort pour jeter des pierres sur son cadavre; il falloit le laisser pourrir de lui même, & cela n'eût pas été long.

Politesse pour politesse, Voltaire ne répondit, assez sèchement, que le 4 février 1763 (D10980) en déployant son habituelle tactique du rideau de fumée: 'Je ne sais ce que c'est que le petit libelle dont vous me parlez, où l'on me dit des injures à propos d'un examen de quelques pièces de Crébillon. Je ne connais ni cet examen ni ces injures.' La lettre sera insérée dans les *Mémoires secrets* du 9 mars [130] et imprimée à part sous ce titre, *Lettre de M. de Voltaire à M. Dalembert.* Le 5 décembre précédent Sainmore lui avait dit carrément sa désapprobation: 'Comme je parle à un philosophe, vous ne devez pas être étonné de ma franchise. Oui, Monsieur, je me sens assez de courage pour vous dire la vérité, par ce que je vous

---

[129] *Mémoires secrets*, 1762, i.22-62, 129-42.
[130] *Mémoires secrets*, i.185-87.

en crois assez pour l'entendre' (D10828). Voltaire lui répondra le 28 février 1763 (D11049) comme à D'Alembert: 'Je ne connais ni l'examen de Crébillon, ni la platitude périodique dont vous me parlez.' Ce bout de phrase fait sans doute allusion à la critique d'un journal. Palissot parle encore en 1764 dans une note de sa *Dunciade* de cette 'brochure [...] au titre perfide'. Voltaire tenta donc de se rattraper et c'est sans doute de cette manœuvre que Meister parle le 8 juin 1764 (D11916) à un correspondant non identifié:

Lorsque Crébillon mourut, on vit une lettre des plus fortes contre lui. On l'y traitait comme le dernier des auteurs. Elle était de Voltaire. Il y répondit d'abord lui même, une lettre très bien écrite, mais beaucoup plus faible que la première qu'il publia sous son nom. Il y fait l'éloge de Crébillon, il fait semblant d'y vouloir excuser tous les défauts qu'il lui avait reprochés dans la précédente. L'effet de la première fut très puissant. Dans la seconde, on admira la générosité de m. de Voltaire. 'Que cela est beau,' dit on, 'de prendre ainsi le parti de son rival.' Il a fait un tour analogue à l'occasion de la *Mérope* de Maffei.

On prendra avec beaucoup de sel, comme l'a dit Besterman, le propos de Perey et Maugras [131] selon lequel Meister se faisait l'écho de Jean-Jacques Rousseau.

Par la suite l'*Eloge de Crébillon* fut apprécié au gré des admirateurs de l'un et des détracteurs de l'autre rival. Des Sablons copiera presque textuellement Fréron dans *Les Grands Hommes vengés*,[132] et Aublet de Maubuy ne ménagera pas non plus ses critiques dans son *Histoire des troubles et démêlés littéraires*.[133]

Ce jeu finira par s'amenuiser, sinon disparaître un jour. Le seul intérêt que l'on peut porter encore aujourd'hui à cette querelle où les torts furent largement partagés, c'est qu'elle fut exemplaire à plus d'un titre.

---

[131] L. Perey et G. Maugras, *La Vie intime de Voltaire* (Paris 1885), p.293.
[132] Amsterdam 1769, p.85-89.
[133] Amsterdam 1779, ii.69.

5. *Editions*

A défaut d'un manuscrit, quatre éditions méritent d'être prises en considération pour établir le texte de l'*Eloge de Crébillon*.

G (1762)

ELOGE / DE / M. DE CREBILLON. / [*ornement typographique*] / A PARIS. / [*double ligne*] / M.DCC.LXII
[ii] 34; sig. A-B8, C; cm. 20.
Imprimé sur auvergne raisin, filigrane non identifié. Bengesco (n° 1674) lui assigne Genève comme lieu d'impression. L'apparat typographique est semblable à celui des productions de Cramer. Nous avons retenu son texte-ci comme texte de base.
BNF Ln27 5128.

P (1762)

ELOGE / DE / *MONSIEUR* / DE CREBILLON. / [*ornement typographique*] / A PARIS. / [*double ligne*] / *1762.*
32; sig. A-D4; cm. 19,7.
Imprimé sur raisin, filigrane non identifié. Il s'agit probablement de l'édition confiée à Damilaville et dans ce cas elle sort d'un atelier parisien.
BNF Ln27 5128A.

W70L

ELOGE / DE MONSIEUR / *DE CREBILLON,* / ET LA CRI-TIQUE DE SES OUVRAGES, / *fait en* 1762. / Avec le Factum pour la nombreuse famille du / Rapterre (*); / Contre le nommé GIOLOT TICALANI, / PAR MR. *DE VOLTAIRE* / (*) Parterre. / *Théâtre.* Tom. X. A
40; sig. A-B8, C4; cm. 20.
Brochure détachée du tome x du *Théâtre complet*, et sous le faux-titre du tome liv de la *Collection complette des œuvres de Mr. de Voltaire*, s.l. 1770-Lausanne 1780.
Collection de l'éditeur; Genève IMV.

K

Œuvres complètes de Voltaire (Kehl 1784-1789), xlvii.81-106.

6. *Principes de cette édition*

Pour établir le texte de notre édition nous avons donné la préférence à l'impression genevoise G, l'auteur étant à même d'en surveiller l'exécution. Les variantes sont fournies par l'édition parisienne P, les *Œuvres* de 1770 (W70L) et l'édition de Kehl.

Si le texte G présente correctement une citation d'*Electre* (I.2), P en présente une de *Rhadamiste et Zénobie* (I.1) et une autre plus vraisemblable. Les noms des personnages ont été rétablis d'après l'édition des *Œuvres* de Crébillon faite sur les presses royales du Louvre en 1750.

Pour le texte proprement dit, on a suivi les dispositions générales qui régissent la présente édition des *Œuvres complètes*.

ÉLOGE DE M. DE CRÉBILLON

Monsieur de Crébillon avait plus de génie que de littérature; il s'appliqua cependant assez tard à la poésie dramatique. Il fut dans sa jeunesse, homme de plaisir et de bonne compagnie; et ce ne fut qu'à l'âge de 34 ans qu'il composa sa première tragédie. Il était né en 1671 à Dijon,[1] ville qui a produit plus d'un homme d'esprit et de génie. Il donna en 1705 son *Idoménée*.[2]   5

IDOMÉNÉE

Cette tragédie eut treize représentations. On jouait alors les pièces nouvelles plus longtemps qu'aujourd'hui, parce qu'alors le public n'était point partagé entre plusieurs spectacles, tels que la Comédie Italienne et la Foire: il fallait environ vingt représentations   10 pour constater le succès passager d'une nouveauté. Aujourd'hui on regarde une douzaine de représentations comme un succès assez rare; soit que l'on commence à être rassasié de tragédies, dans lesquelles on a vu si souvent des déclarations d'amour, des jalousies et des meurtres; soit parce que nous n'avons plus de ces   15 acteurs dont la voix noble comme celle de Baron, terrible comme

4   K: de trente ans
5   K: en 1674 à
11 W70L: le sujet passager

[1] Prosper Jolyot de Crébillon est né le 13 janvier 1674. Il est mort le 17 juin 1762. Il faut donc rétablir les dates et l'âge comme l'a fait K.

[2] *Idoménée* fut représentée la première fois le 29 décembre 1705. Comme le signale Voltaire, elle eut treize représentations, la dernière étant celle du 6 février 1706 (*Registres*, p.614).

celle de Baubourg, touchante comme celle de Dufresne,[3] subjugue l'attention du public; soit qu'enfin la multitude des spectacles fasse tort au théâtre le plus estimé de l'Europe.

On trouva quelques beautés dans l'*Idoménée*; mais elle n'est point restée au théâtre: l'intrigue en était faible et commune, la diction lâche, et toute l'économie de la pièce trop moulée sur ce grand nombre de tragédies languissantes qui ont paru sur la scène et qui ont disparu.

ATRÉE

En 1707, il donna *Atrée*, qui eut beaucoup plus de succès. On la joua dix-huit fois.[4] Elle avait un caractère plus fier et plus original. Le cinquième acte parut trop horrible. Il ne l'est cependant pas plus que le cinquième de la *Rodogune*; car certainement Cléopâtre en assassinant un de ses fils, et en présentant du poison à l'autre, n'ayant à se plaindre d'aucun des deux, commet une action bien plus atroce que celle d'Atrée, à qui son frère a enlevé sa femme. Ce n'est donc pas parce que la coupe pleine de sang est une chose horrible,[5] qu'on ne joue plus cette pièce; au contraire cet excès de terreur frapperait beaucoup de spectateurs, et les remplirait de cette sombre et douloureuse attention qui fait le charme de la vraie tragédie. Mais le grand défaut d'*Atrée*, c'est que la pièce n'est pas intéressante. On ne prend aucune part à une vengeance affreuse, méditée de sang-froid sans aucune nécessité.

32 K: donc point parce que

---

[3] Michel Boyron, dit Baron (1653-1729); Pierre Tronchon, dit Beaubourg (1662-1725); Jeanne-Françoise Quinault-Dufresne (1699-1783), qui avait pris sa retraite en 1741.

[4] *Atrée et Thyeste* fut représentée la première fois le 14 mars 1707. Elle eut alors dix représentations avant la clôture. Elle fut reprise en 1712 (8 représentations), en 1726 (5), en 1739 (?), et en 1751 (3); voir *Registres*, p.618, 637-38, 687, 731, 769.

[5] *Atrée et Thyeste*, V.vii (*Œuvres*, Paris 1750, i.168; *CN*, ii.835).

Un outrage fait à Atrée il y a vingt ans, ne touche personne; il faut qu'un grand crime soit nécessaire, et il faut qu'il soit commis dans   40
la chaleur du ressentiment.[6] Les anciens connurent bien mieux le cœur humain que ce moderne, quand ils représentèrent la vengeance d'Atrée suivant de près l'injure.

L'auteur tombe encore dans le défaut tant reproché aux modernes, celui d'un amour insipide. Ce qui a achevé de dégoûter à la   45
longue de cette pièce, c'est l'incorrection du style. Il y a beaucoup de solécismes et de barbarismes, et encore plus d'expressions impropres. Dès les deux premiers vers, il pèche contre la langue et contre la raison.

> Avec l'éclat du jour, je vois enfin paraître   50
> L'espoir et la douceur de me venger d'un traître.[7]

Comment voit-on paraître un espoir avec l'éclat du jour? Comment voit-on paraître la douceur? Le plus grand défaut de son style consiste dans des vers boursouflés, dans des sentences qui sont toujours hors de la nature.   55

> Je voudrais me venger, fût-ce même des dieux:
> Du plus puissant de tous j'ai reçu la naissance;
> Je le sens au plaisir que me fait la vengeance.[8]

La Fontaine a dit aussi heureusement que plaisamment:

> Je sais que la vengeance   60
> Est un morceau de roi, car vous vivez en dieu.[9]

---

61   K: en dieux.//

---

[6] En marge de I.ii, Voltaire s'exclame: 'allobroge comment veux tu quon sinteresse a ce barbare qui veut se vanger apres vingt ans!' (*CN*, ii.818).
[7] *Atrée et Thyeste*, I.i: 'Avec l'éclat du jour, je vois enfin renaître' (*Œuvres*, i.91; *CN*, ii.816, passage souligné).
[8] *Atrée et Thyeste*, I.ii (*Œuvres*, i.93; *CN*, ii.81, avec commentaire: 'fort plaisant'). Les mêmes vers seront relevés dans l'*Epître à M. d'Alembert* de 1771 (M.x.430).
[9] La Fontaine, 'Les deux perroquets, le roi et son fils', *Fables*, x.xi.

Mais une telle idée peut-elle entrer dans une tragédie?

Thieste y raconte un songe qui n'est au fond qu'un amas d'images incohérentes, une déclamation absolument inutile au nœud de la pièce: A quoi sert

$\qquad$ Une ombre qui *perce la terre?* [10]

Un songe

$\qquad$ Qui finit par un coup de tonnerre? [11]

Ce sont de grands mots qui étourdissent les oreilles. *Les songes de la nuit qui ne se dissipent que par le jour qui les suit, sont d'infortunés présages qui asservissent son âme à de tristes images.* [12] Tout cela n'est ni bien écrit ni bien pensé.

On y voit une foule d'expressions vagues, rebattues, et sans objet déterminé. Comme:

$\qquad$ Athènes éprouvera le sort le plus funeste. [13]

$\qquad$ Au milieu des horreurs du sort le plus funeste. [14]

$\qquad$ Pour venger l'affront le plus funeste. [15]

$\qquad$ Allez que votre bras à l'Attique funeste. [16]

$\qquad$ Ne comptez-vous pour rien un amour si funeste? [17]

$\qquad$ Quoi tu peux t'arrêter dans ce séjour funeste. [18]

65

70

75

80

---

[10] *Atrée et Thyeste*, II.i. Thyeste à Théodamie: 'Le flambeau s'est éteint, l'ombre a percé la terre' (*Œuvres*, i.115).

[11] *Atrée et Thyeste*, II.i: 'Et le songe a fini par un coup de tonnerre' (*Œuvres*, i.115).

[12] *Atrée et Thyeste*, II.i: 'les songes de la nuit / Ne se dissipent point par le jour qui les suit; / Malgré ma fermeté, d'infortunés présages / Asservissent mon âme à de vaines images' (*Œuvres*, i.113-14; *CN*, ii.822, avec commentaire: 'une fermeté asservie a des images').

[13] *Atrée et Thyeste*, I.ii: 'Athènes, trop longtemps l'asile de Thyeste, / Eprouvera bientôt le sort le plus funeste' (*Œuvres*, i.92; *CN*, ii.816, passage souligné).

[14] *Atrée et Thyeste*, I.ii (*Œuvres*, i.96; *CN*, ii.817, passage souligné).

[15] *Atrée et Thyeste*, I.ii (*Œuvres*, i.99; *CN*, ii.818, passage souligné).

[16] *Atrée et Thyeste*, I.iii (*Œuvres*, i.101; *CN*, ii.819).

[17] *Atrée et Thyeste*, I.vi: 'Ne comptes-tu pour rien un amour si funeste?' (*Œuvres*, i.110; éd. 1720, p.131, *CN*, ii.796).

[18] *Atrée et Thyeste*, II.i (*Œuvres*, i.114; éd. 1720, p.137, *CN*, ii.796).

Tes soupçons et ta haine funeste. [19]
Puis-je encor m'étonner d'une ardeur si funeste? [20]
Ce billet seul contient un regret si funeste. [21]
Dans un jour si funeste. [22]

Cette rime oiseuse tant de fois répétée, n'est pas la seule qui   85
fatigue les oreilles délicates. Il y a trop de rimes en épithètes: en
général, la pièce est écrite avec dureté. Les vers sont sans harmonie,
la versification négligée comme la langue. La plupart de nos
auteurs tragiques n'ont pas su toujours bien écrire et faire dire aux
personnages ce qu'ils devaient dire. Il est vrai que tous ces devoirs   90
sont très difficiles à remplir. Pour faire une tragédie en vers, il faut
savoir faire des vers; il faut posséder parfaitement sa langue, ne se
servir jamais que du mot propre, n'être ni ampoulé, ni faible, ni
commun, ni trop singulier. Je ne parle ici que du style. Les autres
conditions sont encore plus nécessaires et plus difficiles. Nous   95
n'avons aucune tragédie parfaite; et peut-être n'est-il pas possible
que l'esprit humain en produise jamais. L'art est trop vaste, les
bornes du génie trop étroites, les règles trop gênantes, la langue
trop stérile, et les rimes en trop petit nombre. C'est bien assez qu'il
y ait dans une tragédie des beautés qui fassent pardonner les   100
défauts.

ÉLECTRE

Electre jouée en 1708, eut autant de représentations qu'*Atrée*;
mais elle eut l'avantage de rester plus longtemps au théâtre. [23] Le

---

[19] *Atrée et Thyeste*, II.iii (*Œuvres*, i.122; *CN*, ii.824).
[20] *Atrée et Thyeste*, III.i: 'Et je m'étonne encor d'une ardeur si funeste?' (*Œuvres*, i.131).
[21] *Atrée et Thyeste*, IV.iv: 'Ce billet seul contient un secret si funeste' (*Œuvres*, i.154; éd. Paris 1720, p.182, *CN*, ii.796).
[22] *Atrée et Thyeste*, IV.iv (*Œuvres*, i.155; *CN*, ii.834).
[23] *Electre* fut représentée la première fois le 14 décembre 1708. Elle eut alors quatorze représentations. Elle fut reprise régulièrement au cours du siècle; voir *Registres*, p.624 *et passim*.

rôle de Palamède qui fut le mieux joué, était aussi celui qui imposait le plus. On s'aperçut depuis que ce rôle de Palamède est étranger 105 à la pièce, et qu'un inconnu obscur qui fait le personnage principal dans la famille d'Agamemnon, gâte absolument ce grand sujet en avilissant Oreste et Electre. Ce roman qui fait d'Oreste un homme fabuleux sous le nom de Thidée, et qui le donne pour fils de Palamède, a paru trop peu vraisemblable. On ne peut concevoir 110 comment Oreste, sous le nom de Thidée, ayant fait tant de belles actions à la cour de Thieste, [24] ayant vaincu les deux rois de Corinthe et d'Athènes, un héros connu par ses victoires est ignoré de Palamède.

On a surtout condamné la *partie carrée* d'Electre avec Itis fils de 115 Thieste, et de Hiphianasse avec Thidée, qui est enfin reconnu pour Oreste. Ces amours sont d'autant plus condamnables, qu'ils ne servent en rien à la catastrophe. On ne parle d'amour dans cette pièce que pour en parler. C'est une grande faute, il faut l'avouer, d'avoir rendu amoureuse cette Electre âgée de quarante ans, dont 120 le nom même signifie *sans faiblesse*, et qui est représentée dans toute l'antiquité, comme n'ayant jamais eu d'autre sentiment que celui de la vengeance de son père.

C'est le peu de connaissances des bons ouvrages anciens, ou plutôt l'impuissance de fournir cinq actes dans un sujet si noble et 125 si simple, qui fait recourir un auteur à cette malheureuse ressource d'un amour trivial.

Il y a de belles tirades dans l'*Electre* de M. de Crébillon. On souhaiterait en général que la diction fût moins vicieuse, le dialogue mieux fait, les pensées plus vraies. 130

---

112   K: cour d'Egiste, ayant
113   K: d'Athènes, comment ce héros connu
124   P, W70L, K: de connaissance des

---

[24] Dans la pièce de Crébillon, Egisthe est fils de Thyeste; c'est ce qui a déterminé sans doute les éditeurs de Kehl à remplacer le nom de Thyeste par celui d'Egisthe.

Electre commence à s'adresser à la Nuit comme dans un couplet d'opéra; elle l'appelle *insensible témoin de ses vives douleurs, elle ne vient plus lui confier ses pleurs*,[25] et elle lui confie qu'elle aime Itis: elle lui dit qu'elle veut tuer Itis, parce qu'elle l'aime, *immolons l'amant qui nous outrage*;[26] et le moment d'après elle avoue à la Nuit que le vertueux *Itis n'en a pas moins trouvé le chemin de son cœur: mais Arcas ne vient pas*,[27] dit-elle. Quel rapport cet Arcas a-t-il avec cet Itis et avec cette Nuit? il n'y a là nulle suite d'idées, nul art, nulle connaissance de la manière dont on doit sentir et s'exprimer. Arcas lui dit:

> Loin de faire éclater le trouble de votre âme,
> Flattez plutôt d'Itis l'audacieuse flamme;
> Faites que votre hymen se diffère d'un jour:
> Peut-être nous verrons Oreste de retour.[28]

Ces vers et presque tous ceux de la pièce sont trop dépourvus d'élégance, d'harmonie, de liaison. Itis se présente à Electre, et lui dit:

> Ah! ne m'enviez pas mon amour, inhumaine;
> Ma tendresse ne sert que trop bien votre haine.
> Si l'amour cependant peut désarmer un cœur,
> Quel amour fut jamais moins digne de rigueur?
> Au prix de tout mon sang je voudrais être à vous,

135

140

145

150

---

141 P, W70L: de mon âme

---

[25] *Electre*, I.i: 'Insensible témoin de mes vives douleurs, / Electre ne vient plus te confier des pleurs' (*Œuvres*, éd. 1720, p.213; *CN*, ii.797, avec commentaire: 'vers dopera que luy confies tu donc tes pleurs et ton amour?').

[26] *Electre*, I.i: 'Immoler avec lui l'amant qui nous outrage' (*Œuvres*, éd. 1720, p.215; *CN*, ii.797, avec commentaire: 'sot et furieu').

[27] *Electre*, I.i: 'Le vertueux Itis, à travers ma douleur, / N'en a pas moins trouvé le chemin de mon cœur. / Mais Arcas ne vient point' (*Œuvres*, éd. 1720, p.215).

[28] *Electre*, I.ii (*Œuvres*, éd. 1720, p.218; *CN*, ii.798, avec commentaire: 'bien tourné! bien noble bien écrit! boureau!').

> Si c'était votre aveu qui me fît votre époux.
> Ah! par pitié pour vous, princesse infortunée,
> Payez mon tendre amour par un prompt hyménée;   155
> Régnez donc avec moi, c'est trop vous en défendre.[29]

Ce ne sont pas là les vers de Sophocle. L'auteur écrit mieux quand il imite les beaux morceaux du grec, quand Electre dit à sa mère:

> Moi, l'esclave d'Egisthe! ah, fille infortunée!   160
> Qui m'a fait son esclave, et de qui suis-je née?
> Etait-ce donc à vous de me le reprocher? etc.[30]

C'était là le véritable sujet de la pièce; c'était là l'unique intérêt qu'il fallait faire paraître.

On ne peut souffrir après ces mouvements de terreur et de pitié,   165
qu'Oreste vienne faire une déclaration d'amour à Hiphianasse, et qu'il dise:

> Peut-être à cet honneur aurais-je pu prétendre
> Avec quelque bonheur et l'amour le plus tendre.
> Quels efforts, quels travaux, quels illustres projets   170
> N'ont point tenté ce cœur charmé de vos attraits;[31]
> Qui trop plein d'un amour qu'Hiphianasse inspire,
> En dit moins qu'il n'en sent, et plus qu'il n'en doit dire.[32]

Et l'autre lui répond:

---

157   w70L: là des vers

---

[29] *Electre*, I.iii: 'Payez l'amour d'Itys par un tendre hyménée' (*Œuvres*, éd. 1720, p.219-20; *CN*, ii.799, avec commentaires en marge: 'détestable', 'barbarisme', 'sot', 'dur', et pour le dernier vers: 'beau donc!').

[30] *Electre*, I.v (*Œuvres*, éd. 1720, p.225; *CN*, ii.801, avec commentaire: 'bon. parce que cela est de sophocle cest le seul endroit passable').

[31] *Electre*, II.ii: 'Peut-être à ce bonheur aurais-je pu prétendre / Avec quelque valeur et le cœur le plus tendre. / [...] / N'eut point tentés ce cœur' (*Œuvres*, éd. 1720, p.248; *CN*, ii.807, passage marqué).

[32] *Electre*, II.ii (*Œuvres*, éd. 1720, p.248; *CN*, ii.808, passage souligné).

Un amant comme vous, quelque feu qu'il inspire,   175
Doit soupirer du moins sans oser me le dire.[33]

Ces discours de roman mis en vers si lâches et si faibles,
dépareraient trop une pièce, qui serait d'ailleurs bien faite et bien
écrite. Mais quand on voit des vers tels que ceux-ci:

Ah que les malheureux éprouvent de tourments![34]   180
D'Electre en ce moment faible cœur cours l'apprendre.[35]
Est-ce ainsi que des dieux la suprême sagesse
Doit braver des mortels la crédule faiblesse![36]
J'ai fait peu pour Egiste, et de quelque succès
Sa bonté chaque jour s'acquitte avec excès.[37]   185
Ne m'arrêtez donc plus sur l'espoir des bienfaits.[38]
Connaissez-vous ce guerrier redoutable
Pour le tyran d'Argos, *rempart impénétrable*?[39]
Dans le sein d'un barbare éteindre mes transports.[40]

Quand on voit, dis-je, tant de vers ou durs, ou dénués de sens, ou   190

---

177 w70L: Ce discours de

---

[33] *Electre*, II.ii: 'Qu'un amant comme vous, quelque feu qui l'inspire' (*Œuvres*,
éd. 1720, p.248; *CN*, ii.808, avec commentaire: 'pourquoy? il ne sagit pas la de
l'audace d'un amant?').

[34] *Electre*, III.i (*Œuvres*, éd. 1720, p.259; *CN*, ii.810, avec commentaire: 'vers
niais').

[35] *Electre*, III.i (*Œuvres*, éd. 1720, p.258; *CN*, ii.810, avec commentaire: 'trop
dur').

[36] *Electre*, III.v (*Œuvres*, éd. 1720, p.269; *CN*, ii.811, avec commentaire:
'galimatias').

[37] *Electre*, II.iv (*Œuvres*, éd. 1720, p.250; *CN*, ii.808, avec commentaire: 'saquiter
d'un succez').

[38] *Electre*, II.iv (*Œuvres*, éd. 1720, p.250; *CN*, ii.809, passage souligné).

[39] *Electre*, III.v: 'Parlez, connaissez-vous ce guerrier redoutable' (*Œuvres*, éd.
1720, p.273; *CN*, ii.812, avec commentaire: 'impertinence mal ecritte').

[40] *Electre*, III.v: 'Dans le sang d'un barbare' (*Œuvres*, éd. 1720, p.278; *CN*, ii.813,
passage souligné).

languissants par des épithètes inutiles, ou défigurés par des termes impropres, on prononce avec Boileau:

> Sans la langue en un mot l'auteur le plus divin
> Est toujours, quoi qu'il fasse, un méchant écrivain. [41]

Que doit-on donc prononcer, quand une versification si vicieuse 195 dans tous les points, n'a guère d'autre mérite que de soutenir par quelques descriptions ampoulées un drame plus vicieux encore par la conduite?

Malgré ces défauts dont il faut convenir, il y avait assez de beautés pour faire réussir la pièce. Les rôles d'Electre et de 200 Palamède ont des tirades très imposantes. La reconnaissance d'Electre et d'Oreste faisait un grand effet; [42] et si le style en général n'était pas châtié, il y avait des vers d'un grand tragique qui méritait des applaudissements.

Digression

sur ce qui se passa entre les représentations d'Electre et de Rhadamiste

Tandis qu'après le succès d'*Atrée* et d'*Electre*, il semblait que 205 M. de Crébillon pût prétendre à l'Académie française, il en fut exclu par les deux brigues de la Motte et de Rousseau. Il fit contre la Motte et contre les amis de cet auteur, qui s'assemblaient souvent au café de la veuve Laurent, [43] une satire, dans laquelle chacun

204 W70L, K: qui méritaient des

[41] Boileau, *Art poétique*, i.161-162.
[42] *Electre*, IV.ii. Voltaire écrit pourtant en marge de cette scène: 'faible reconnaissance!' (*Œuvres*, éd. 1720, p.285; *CN*, ii.814).
[43] Catherine Bertaut, femme puis veuve Laurent (1655?-1735), tint un café, situé au coin des rues Christine et Dauphine, qui devint célèbre.

d'eux était désigné sous le nom de quelque animal. La Motte était la   210
taupe, parce qu'il était déjà menacé de perdre la vue. L'abbé de
Pons, disgrâcié de la nature par l'irrégularité de sa taille, était le
singe. [44] Danchet, d'une assez haute stature, était le chameau. [45]
Fontenelle, par allusion à sa conduite adroite, était le renard. Cette
satire manquait de grâce et de sel. Il la récitait volontiers chez   215
Oghere; [46] mais je ne crois pas qu'elle ait jamais été imprimée. [47]

Il fit aussi cette épigramme contre Rousseau qui sollicitait la
place de l'Académie:

> Quand poil de Roux faisant la quarantaine,
> De ses poisons le Louvre infectera;   220
> En tel mépris cetui corps tombera,
> Que Pellegrin [48] y entrera sans peine. [49]

Ce Pellegrin avait fait plusieurs pièces de théâtre avec quelque
succès passager. Deux prix remportés à l'Académie semblaient le
mettre à portée de prétendre à cette place.   225

Pour Rousseau, il n'était encore connu que par quelques odes

---

[44] Jean-François de Pons (1683-1733), auteur d'une *Lettre critique à M. de *** sur
Rhadamiste et Zénobie* (Paris 1711) et d'une *Lettre à M*** sur l'Iliade de M. de La
Motte* (Paris 1714).

[45] Antoine Danchet (1671-1748), auteur dramatique; voir Brenner 5129-5188.

[46] Voltaire fait allusion à la société des barons d'Hoeguer, banquiers parisiens
d'origine suisse, qu'il avait lui-même fréquentée. Il s'agit des frères Marx Friedrich
(1655-1731) et surtout Daniel (1659-1731), ce dernier établi dans la capitale.

[47] Nous n'en avons trouvé aucune trace. M. Dutrait, toujours soucieux de
critiquer les propos de Voltaire dans son *Etude sur la vie et le théâtre de Crébillon*
(Bordeaux 1895), n'approfondit pas la question et se contente de reproduire les
propos de Voltaire sur ce point précis (p.37-38). Voltaire a pu l'entendre dans le
cercle des Hoeguer.

[48] Simon-Joseph Pellegrin (1663-1745), ecclésiastique, auteur de nombreuses
poésies religieuses et autres, de tragédies et de ballets.

[49] Voici le texte du *Chansonnier Clairambault* (BNF 12694, p.601), cité par H. A.
Grubbs, *Jean-Baptiste Rousseau, his life and his works* (Princeton, NJ 1941), p.76:
'De certain corps que Grand Rouge fonda, / Quand poil de Juif fera la quarantaine /
En mépris tel icelui corps cherra / Que Machemerde y entrera sans peine.' Voltaire
peut avoir cité de mémoire ou d'après une autre version.

approuvées des connaisseurs, et par quelques épigrammes. La carrière du théâtre est infiniment plus difficile à remplir. Sa comédie du *Café* et celle du *Capricieux* avaient été très mal reçues: celle du *Flatteur* était froide, et n'eut qu'un succès très médiocre. Ses opéras étaient encore plus mauvais. D'ailleurs son caractère lui ayant fait beaucoup d'ennemis, la Motte eut la place, et Rousseau n'eut que deux voix pour lui. [50]

Tout cela excita la bile de Rousseau, qui fit une satire intitulée *Epître à Marot*, dans laquelle on trouve de très jolis vers parmi beaucoup d'autres qui ne sont que bizarres, et qui sont remplis d'injures grossières et de termes hasardés et impropres. Il traite tous ceux qui allaient au café de *maroufles*; et il parle ainsi de Crébillon,

> Comment nommer ce froid énergumène,
> Qui d'Hélicon chassé par Melpomène,
> Me défigure en ses vers ostrogots,
> Comme il a fait rois et princes d'Argos. [51]

Après cette satire, Rousseau n'osa plus remettre les pieds au café de la Laurent, où tous les gens de lettres qu'il avait outragés s'assemblaient. Chacun d'eux l'accabla d'épigrammes et de chansons. Toute cette guerre divertissait le public aux dépens des parties belligérantes; et c'était le seul fruit qu'on en pût retirer.

La chose devint sérieuse quand Rousseau eut fait cinq couplets atroces, sur un air d'opéra, contre la plupart de ses ennemis. Ces couplets, qu'il récita imprudemment, devinrent publics. Malheureusement pour lui, un nommé Debrie [52] qui était devenu son ami et son confident, lui conseilla de faire de nouveaux couplets, et de

---

[50] La Motte fut reçu à l'Académie le 10 février 1710.

[51] Jean-Baptiste Rousseau, *Epître à Marot*, *Œuvres* (Paris 1820), ii.33-34: 'Ce sont trop bien maroufles que Dieu fit / Maroufles? soit. Je ne veux vous dédire'. La seconde citation est correcte.

[52] De Brye, receveur des finances, romancier (*Le Duc de Guise*, 1694) et auteur de théâtre (*Les Héraclides*, 1695; *Le Lourdaut*, 1697).

les envoyer par des inconnus aux intéressés mêmes. On ne pouvait donner un conseil plus détestable; il semblait même qu'il fût dicté par la haine: car Rousseau avait fait contre ce Debrie les épigrammes les plus violentes, dans lesquelles il l'avait traité de *fesse-matthieu*. [53] Cependant il est vrai que Debrie haïssant encore plus tous ceux qui lui avaient témoigné du mépris au café de la Laurent, et s'étant réconcilié avec Rousseau, auquel même je sais qu'il prêta quelque argent, non seulement il lui conseilla de faire les couplets qui commencent ainsi,

255

260

> Que de mille sots réunis
> Pour jamais le café s'épure,
> Que l'insipide Dionis
> Porte ailleurs sa plate figure; [54]

265

mais il en porta lui-même une copie chez Oghere, qui eut la discrétion de la jeter au feu. C'est ce qui m'a été confirmé par un parent de Debrie, qui fut témoin de tout ce scandale, et qui conjura le sieur Oghere de n'en parler jamais.

270

Enfin les derniers couplets parurent. M. de Crébillon y fut attaqué dans ses mœurs d'une manière affreuse, [55] qui lui fit même assez de tort, et qui ne contribua pas peu à lui fermer encore longtemps les portes de l'Académie, tant les hommes sont injustes. Il faut remarquer que Rousseau ayant su par Debrie que le Suisse Oghere, en jetant au feu les premiers couplets, avait dit que l'auteur, quel qu'il fût, méritait le carcan et les galères, plaça Oghere lui-même dans les derniers qui firent tant de bruit. Tout cela est si vrai, que dans le procès criminel que Rousseau osa

275

---

[53] Jean-Baptiste Rousseau, *Epigrammes*, vi.2: 'L'usure et la poésie / Ont fait jusques aujourd'hui / Du fesse-mathieu de Brie / Les délices et l'ennui.' Ces vers dateraient de 1712.

[54] H. A. Grubbs en cite une version légèrement différente: 'A jamais' (p.46).

[55] Voir le *Mémoire pour servir à l'histoire des couplets de 1710. Attribués faussement à monsieur Rousseau* (Bruxelles 1752), contenant le texte fac-similé du *Véritable paquet*, et Grubbs, p.39-50, 74-100.

intenter au sieur Saurin, géomètre, de l'Académie des sciences,[56]   280
au sujet de ces couplets infâmes, Debrie fut le seul qui accompagna
Rousseau devant les juges. Ils poursuivirent ensemble l'affaire
entamée pour perdre les sieurs Saurin et la Motte; et lorsque
Rousseau fut condamné unanimement par le Châtelet et par le
parlement, ce Debrie lui prêta de l'argent pour sortir du royaume.   285
Ce sont là des faits de la vérité la plus incontestable. Je n'ai
jamais pu concevoir comment il s'est pu trouver quelques
personnes assez dépourvues de raison et d'équité, pour soutenir
que la Motte, Saurin et un joaillier nommé Malafaire,[57] avaient fait
ensemble tous ces infâmes couplets pour les imputer à Rousseau.   290
    M. de Crébillon savait à n'en pouvoir douter que Rousseau était
l'auteur de tout; Oghere lui avait enfin avoué que Debrie lui avait
apporté les premiers.
    Il est indubitable que non seulement Rousseau fut coupable de
cette infamie, mais encore du crime affreux d'en accuser un   295
innocent. La haine l'aveuglait; c'était là sa passion dominante. Il
y joignit l'hypocrisie; car dans le cours du procès même, il fit une
retraite au noviciat des jésuites sous le père Sanadon;[58] et retiré à
Bruxelles, il fit un pèlerinage à pied à Notre-Dame de Hall,[59] dans
le temps qu'il trahissait et livrait à ses créanciers le sieur Médine,   300
qui l'avait secouru dans ses plus pressants besoins.[60] Ce sont
encore des faits dont on a la preuve. Il ne cessa de faire à Bruxelles
des épigrammes bonnes ou mauvaises, contre les mêmes personnes
qu'il avait outragées à Paris; il en fit contre Fontenelle, la Motte,

---

[56] Joseph Saurin (1659-1737), ancien pasteur, mathématicien et membre de
l'Académie des sciences.

[57] Sur ce personnage, appelé exactement Malafer, voir le *Mémoire pour servir à
l'histoire des couplets de 1710*, et Grubbs, *passim*.

[58] Noël-Etienne Sanadon (1676-1733), jésuite, poète religieux néo-latin, éditeur
et traducteur de poètes latins.

[59] Hal, sanctuaire marial à 15 kilomètres au sud de Bruxelles.

[60] Banquier avec lequel Voltaire traita également. Voir le 'Mémoire' de Rousseau
du 10 avril 1738 (*Œuvres*, iv.469-73), et la lettre de Médine citée par Voltaire dans
la *Vie de M. J.-B. Rousseau* (M.xxii.354).

la Faye, Saurin, et contre Crébillon, qu'il désigne sous le nom de   305
Lycophron.[61]
 Il en fit contre l'abbé d'Olivet qui n'avait pas approuvé ses *Aïeux*
chimériques; et contre l'abbé Dubos, secrétaire perpétuel de
l'Académie. Tout cela est imprimé.[62]
 Il reste à savoir si de telles horreurs peuvent être pardonnées en   310
faveur de deux ou trois odes qui ne sont que des déclamations de
rhétorique, de quelques psaumes au-dessous des cantiques d'*Esther*
et d'*Athalie*, et de quelques épigrammes dont le fond n'est jamais de
lui, et dont presque tout le mérite consiste dans des turpitudes. Je
voudrais seulement qu'on lui eût donné le rôle de Palamède et de   315
Rhadamiste à traiter. Il aurait été infiniment au-dessous de M. de
Crébillon. Qu'on en juge par toutes ses pièces de théâtre, et en
dernier lieu par les *Aïeux chimériques* et par l'*Hypocondre*; on voit
un homme absolument sans invention et sans génie, qui n'avait
guère d'autres talents que celui de la rime et du choix des mots. Il   320
n'y a pas un vers dans tous ses ouvrages qui aille au cœur; et on peut
conclure par le froid qui règne dans tous ses drames, qu'il était
incapable de faire une scène tragique.
 Si M. de Crébillon avait plus châtié son style, je ne balancerais
pas à le placer, malgré ses défauts, infiniment au-dessus de   325
Rousseau; car si on doit proportionner son estime aux difficultés
vaincues, il est certainement plus difficile de faire une tragédie
qu'une ode. Les cantiques d'*Athalie* et d'*Esther* sont ce que nous

320 w70L: guère d'autre talent que

----

[61] *Epigrammes*, ii.31, 'Sur les tragédies du sieur ***': 'Cachez-vous, Lycophrons
antiques et modernes' (*Œuvres*, ii.298). Une confusion s'est établie dans l'index et les
notes de la correspondance de Voltaire entre les deux frères Leriget de Lafaye. Jean
Elie (1671-1718), militaire et ingénieur, fut membre de l'Académie des sciences. Son
cadet, Jean François (1671-1731) était l'ami et le correspondant de Voltaire. Militaire,
diplomate, poète, il fut élu à l'Académie française en 1730. C'est à lui que Voltaire fait
allusion dans ses propos sur Crébillon et Rousseau.
[62] Sur le refus de d'Olivet, voir la lettre de Rousseau à celui-ci en date du 12 mars
1732 (*Œuvres*, iv.449-53). D'Olivet et les autres ont été pris à partie dans le
Portefeuille de J.-B. Rousseau (Amsterdam 1751; BV3027), contenant de nombreuses
pièces apocryphes de l'avis de Voltaire lui-même (à Formey, 15 avril 1752, D4867).

avons de meilleur en ce genre: mais approchent-ils d'une seule
scène bien faite?   330

RHADAMISTE

Rhadamiste est la meilleure pièce de M. de Crébillon. L'intrigue
est tirée tout entière du second tome d'un roman assez ignoré,
intitulé *Bérénice*.[63] Cette pièce fut jouée pour la première fois en
1711, et eut trente représentations.[64] Elle est pleine de grands traits
de force et de pathétique. On trouva, il est vrai, l'exposition trop   335
obscure, et l'amour d'Arsame trop faible; Pharasmane ressemblait
trop à Mithridate amoureux d'une jeune personne, dont ses deux
fils sont amoureux aussi. C'était imiter un défaut de Racine; mais
le rôle de Pharasmane est plus fier et plus tragique que celui de
Mithridate, s'il n'est pas si bien écrit.   340

Ce que les esprits sages condamnèrent le plus dans cette pièce,
ce fut une idée puérile de Rhadamiste, qui attribue aux Romains
un ridicule dont ils étaient fort éloignés. Il suppose qu'il est choisi
par eux pour aller sous un nom étranger en ambassade auprès de
son propre père pour semer la discorde dans sa famille. Comment   345
la cour de l'empereur romain aurait-elle été assez imbécile pour
imaginer que ce fils serait toujours inconnu à la cour de Pharasmane,
et qu'étant une fois reconnu, il ne se raccommoderait point avec
lui?

Une telle extravagance n'est jamais entrée dans la tête de   350
personne, excepté dans celle de l'auteur du roman de *Bérénice*,
pour lequel M. de Crébillon a poussé trop loin la complaisance. Il
pallie autant qu'il le peut le vice de cette supposition, en disant:

Des Romains si vantés telle est la politique.[65]

---

[63] Jean Regnault de Segrais, *Bérénice* (Paris 1648-1651).

[64] *Rhadamiste et Zénobie* fut représentée la première fois le 23 janvier 1711. Elle
eut alors trente représentations. Elle resta au répertoire au cours du siècle; voir
Registres, p.631-32 *et passim*.

[65] *Rhadamiste et Zénobie*, II.i (*Œuvres*, i.288).

Mais cela même devient comique, parce que tout le monde sent 355
assez l'absurdité d'une politique pareille.

C'est en partie ce vice capital, joint à l'obscurité de l'exposition
et à la versification incorrecte de l'auteur, qui fit dire à Boileau
dans sa dernière maladie, quand on lui apporta cette pièce: *Qu'on
m'ôte ce galimatias; les Pradons étaient des aigles en comparaison de* 360
*ces gens-ci; je crois que c'est la lecture de Rhadamiste qui a augmenté
mon mal.*[66]

La mauvaise humeur de Boileau était injuste. Rhadamiste valait
mieux que les pièces des rivaux de Racine, et même que l'*Alexandre*
de Racine, auquel Boileau avait prodigué autrefois des éloges bien 365
peu mérités;[67] ce qui aurait pu excuser la bilieuse critique de
Boileau, c'était le commencement même de la pièce.

ZÉNOBIE

Laisse-moi: ta pitié, tes conseils et la vie
Sont le comble des maux pour la triste Isménie. 370
Dieu juste! Ciel vengeur, effroi des malheureux, etc.

PHÉNICE

Vous verrai-je *toujours* les yeux baignés de larmes,
Par d'éternels transports remplir mon cœur d'alarmes?
Le sommeil en ces lieux verse enfin ses pavots, 375

---

355   K: même devint comique

---

[66] Il semble que Voltaire prête trop à Boileau. Il anticipe sur l'article 'Vers et
poésie' des *Questions sur l'Encyclopédie* (1774), où, d'après lui, Boileau ne parle que
du seul Pradon considéré comme un soleil, ce qui correspond aux propos de la
neuvième satire (vers 389). Cependant Brossette attribue le propos cité par Voltaire
à Boileau dans sa lettre à Rousseau du 18 avril 1716. Celui-ci enchérit d'ailleurs sur le
mot de Boileau dans sa réponse du 30 juin; voir *Correspondance de Jean-Baptiste
Rousseau et de Brossette*, éd. P. Bonnefon (Paris 1910), i.50-51, 59-60, et J. H. Davis
Jr, 'Boileau, Brossette, J.-B. Rousseau, and the "faiseur de songes noirs"', *Romance
notes* 9 (1967-1968), p.258-59.
[67] Boileau, *Satires*, iii.185.

La nuit n'a plus pour vous ni douceur ni repos.
Cruelle, si l'amour vous éprouve inflexible, etc. [68]

C'est ainsi que la pièce débute. Les connaisseurs devinent aisément combien un homme tel que Boileau, devait être choqué de voir que *la pitié de Phénice est le comble des maux pour Zénobie*. Cela n'a pas de sens. Comment la pitié et les conseils d'une confidente, d'une amie peuvent-ils être le comble des maux? Comment les conseils et la vie sont-ils ensemble? Pourquoi *le ciel est-il l'effroi des malheureux?* Il l'est des coupables, et ce sont les malheureux dont il est le consolateur.

Pourquoi Phénice appelle-t-elle sa maîtresse *cruelle?* Cela est bon dans Œnone, à qui Phèdre cache son secret. Mais cette imitation est ridicule dans Phénice. Un amant de comédie peut appeler sa maîtresse qui le refuse, cruelle; mais une confidente tragique ne doit point lui reprocher en mauvais français, que *l'amour l'éprouve inflexible*.

Boileau pouvait-il ne pas condamner une Zénobie *remplissant toujours d'alarmes, par d'éternels transports*, le cœur de sa suivante? Qu'est-ce qu'*une nuit qui n'a point de douceur?* Quel langage faible et barbare! Boileau pouvait-il supporter une femme qui s'écrie:

Puisque l'amour a fait le malheur de ma vie,
Quel autre que l'amour peut venger Zénobie? [69]

De telles pointes sont-elles tolérables? Un homme de goût approuvera-t-il que Rhadamiste dise qu'il est *criminel sans penchant, vertueux sans dessein*. [70] Cela forme-t-il un sens? On voit bien que Rhadamiste veut dire qu'il est criminel malgré lui, qu'il aime la

---

[68] *Rhadamiste et Zénobie*, I.i: 'ta pitié, tes conseils et la vie, / Sont le comble des maux pour la triste Isménie. / Dieux justes, ciel vengeur, effroi des malheureux' (*Œuvres*, i.263-64; *CN*, ii.837, avec commentaires: 'comment la pitié est elle le comble des maux? la vie et les conseils? le ciel est leffroy des coupables', 'mauvais lieux communs platement exprimés', 'lamour qui eprouve inflexible!').

[69] *Rhadamiste et Zénobie*, I.i: 'Puisque l'amour a fait les malheurs de ma vie, / Quel autre que l'amour doit venger Zénobie?' (*Œuvres*, i.280).

[70] *Rhadamiste et Zénobie*, II.i (*Œuvres*, i.286).

vertu sans la suivre; mais il faut savoir exprimer sa pensée. Tant d'expressions louches, obscures, impropres, vicieuses, peuvent rebuter un lecteur instruit et difficile.

Rhadamiste, prétendu ambassadeur de Rome auprès de son père, veut enlever une inconnue que le jeune Arsame lui recommande, et il dit:

> D'ailleurs, pour l'enlever ne me suffit-il pas
> Que mon père cruel brûle pour ses appas? [71]

Quoi, il enlève une femme uniquement parce que le roi son père en est amoureux! de plus, comment ne voit-il pas qu'on la reprendra aisément de ses mains? Quel ambassadeur a jamais fait une telle folie? Rhadamiste peut-il heurter ainsi les premiers principes de la raison, après avoir dit: *D'un ambassadeur empruntons la prudence?* [72] Ce vers tout comique qu'il est, n'est-il pas la condamnation de sa conduite? Quelle prudence de violer le droit des gens pour s'exposer aux plus grands affronts!

Un grand défaut de conduite encore, c'est qu'à la fin de la pièce, Arsame voyant son frère Rhadamiste en péril, et pouvant le sauver d'un mot, ne révèle point à Pharasmane que Rhadamiste est son fils. Il n'a qu'à parler pour prévenir un parricide. Nulle raison ne le retient; cependant il se tait. L'auteur le fait persister une scène entière dans un silence condamnable, uniquement pour ménager à la fin une surprise qui devient puérile, parce qu'elle n'est nullement vraisemblable. [73]

C'est là une partie des défauts que tous les connaisseurs remarquent dans *Rhadamiste*. Cependant il y a dans cette pièce du tragique, de l'intérêt, des situations, des vers frappants. La reconnaissance de Rhadamiste et de Zénobie plaît beaucoup: le rôle de Zénobie est noble; elle est vertueuse et attendrissante: en

---

[71] *Rhadamiste et Zénobie*, III.iv (*Œuvres*, i.305; *CN*, ii.839).
[72] *Rhadamiste et Zénobie*, II.i: 'Et d'un ambassadeur employons la prudence' (*Œuvres*, i.289).
[73] *Rhadamiste et Zénobie*, V.ii (*Œuvres*, i.326-28).

un mot, c'est la seule de toutes les pièces de cet auteur qu'on croie devoir rester au théâtre.

XERXÈS

La tragédie de *Xerxès* donnée en 1715, ne fut jouée que deux fois. [74] Il arriva à la première représentation une chose assez singulière; tout le monde se mit à rire à ces vers d'un scélérat 435 nommé, Artaban, qui va assassiner son maître:

> Amour d'un vain renom, faiblesse scrupuleuse,
> Cessez de tourmenter une âme généreuse,
> Digne de s'affranchir de vos soins odieux,
> Chacun a ses vertus, ainsi qu'il a ses dieux. 440
> Dès que le sort nous garde un succès favorable,
> Le sceptre absout toujours la main la plus coupable:
> Il fait du parricide un homme généreux.
> Le crime n'est forfait que pour les malheureux. [75]

Ce n'était pas seulement ce galimatias qui faisait rire, c'était 445 l'atrocité insensée de ces détestables maximes trop ordinaires alors au théâtre, et que Cartouche n'aurait osé prononcer. Cette horreur était si outrée dans la tragédie de *Xerxès*, que le public prit le parti d'en rire au lieu de faire entendre des huées d'indignation. *Xerxès* est écrit et conduit comme les pièces de Cirano de Bergerac. 450 Cependant on l'a fait imprimer en 1750 au Louvre, [76] aux dépens du roi: c'est un honneur que n'ont eu ni *Cinna* ni *Athalie*.

[74] La première et l'unique représentation de *Xerxès* eut lieu le 7 février 1714 (*Registres*, p.642).

[75] *Xerxès*, IV.ii (*Œuvres*, ii.335).

[76] Elle figure dans l'édition en deux volumes in-4o des *Œuvres de M. de Crébillon* (Paris, Imprimerie royale, 1750).

SÉMIRAMIS

En 1717, M. de Crébillon fit représenter *Sémiramis*; elle n'eut aucun succès, et ne sera jamais reprise.[77] Le défaut le plus intolérable de cette pièce est que Sémiramis, après avoir reconnu   455
Ninias pour son fils, en est encore amoureuse; et ce qu'il y a d'étrange, c'est que cet amour est sans terreur et sans intérêt. Les vers de cette pièce sont très mal faits, la conduite insensée, et nulle beauté n'en rachète les défauts. Les maximes n'en sont pas moins abominables que celles de Xerxès. La diction et la conduite sont   460
également mauvaises; cependant l'auteur eut la faiblesse de la faire imprimer.

Le sieur Danchet, examinateur des livres, fut chargé de rendre compte de la pièce; il donna son approbation en ces termes:

'J'ai lu *Sémiramis*, et j'ai cru que la mort de cette reine, au   465
défaut de ses remords, pouvait faire tolérer l'impression de cette tragédie.'[78]

Cette singulière approbation brouilla vivement Crébillon et Danchet. Celui-ci adoucit un peu les termes de son approbation, mais *la mort au défaut des remords* subsista, et Crébillon fut au   470
désespoir. Il a fait retrancher les approbations dans l'édition qu'il a obtenu qu'on fît au Louvre.[79]

---

456   w70L: fils, est encore

---

[77] La première représentation de *Sémiramis* eut lieu le 10 avril 1717. Elle eut alors sept représentations. Elle fut encore jouée le 22 juillet de la même année (*Registres*, p.654-55).

[78] Texte de l'approbation d'Antoine Danchet du 28 mai 1717: 'J'ai lu par l'ordre de Monseigneur le Chancelier, la *Tragédie de Sémiramis*; cette reine y fait voir des sentiments coupables: mais son châtiment, au défaut de ses remords, peut servir d'instruction. Le public en a vu les représentations avec plaisir; et j'ai cru que l'impression lui serait agréable' (*Sémiramis*, Paris 1717).

[79] Le propos est vrai.

PYRRHUS

Pyrrhus eut quelque succès en 1729: mais ce succès baissa toujours depuis, et aujourd'hui cette tragédie est entièrement abandonnée.[80] Elle vaut mieux que *Sémiramis*; mais le style en est si mauvais, il y a tant de langueurs et si peu de naturel et d'intérêt, qu'il n'est point à croire que jamais elle soit tirée de la foule des pièces qu'on ne représente plus.

CATILINA

M. de Crébillon ayant commencé la tragédie de *Cromwel*, abandonna ce projet, et refondit des endroits des deux premiers actes dans le sujet de Catilina. Ensuite se livrant au dégoût que lui donnait le malheur attaché si souvent à la littérature, il renonça à toute société et à tout travail, jusqu'à ce qu'en 1747 une personne respectable, dont le nom doit être cher à tous les gens de lettres,[81] l'engagea par des bienfaits à finir cet ouvrage dont on parlait dans Paris avec les plus grands éloges.

M. de Crébillon, reçu enfin à l'Académie française,[82] y avait récité plusieurs fois ses premiers actes de *Catilina*, qu'on avait applaudis avec transport. Il continua la pièce à l'âge de soixante et dix ans passés. La faveur du public ne se signala jamais avec plus d'indulgence. En vain ce petit nombre d'hommes qui va toujours aux représentations armé d'une critique sévère, réprouva l'ouvrage. Rien ne prévalut contre l'heureuse disposition du public, qui

---

[80] *Pyrrhus* fut représentée la première fois le 29 avril 1726. Elle eut alors seize représentations. Elle fut jouée en 1729, 1738, 1743 et 1744; la dernière représentation eut lieu le 26 septembre 1748 (*Registres*, p.687 *et passim*).

[81] Les éditeurs de Kehl précisent qu'il s'agit de Mme de Pompadour.

[82] Crébillon fut reçu le 27 septembre 1731.

voulait ranimer un vieillard dont il plaignait la longue retraite, dont les talents avaient trouvé des partisans que le public aimait. 495

Il est vrai qu'on riait en voyant Catilina parler au sénat de Rome du ton dont on ne parlerait pas aux derniers des hommes; mais après avoir ri, on retournait à *Catilina*. On la joua dix-sept fois.[83] Rien ne caractérise peut-être plus la nation, que cet empressement singulier. Il y avait dans cette faveur passagère une 500 autre raison qui contribua beaucoup à cet étrange succès, et qui ne venait pas d'un esprit de faveur.[84]

Mais après que le torrent fut passé, on mit la pièce à sa véritable place; et quelque protection qu'elle eût obtenue, on ne put la faire reparaître sur la scène.[85] Les yeux s'ouvrent tantôt plus tôt, tantôt 505 plus tard. *Catilina* était trop barbarement écrit. La conduite de la pièce était trop opposée au caractère des Romains, trop bizarre, trop peu raisonnable, et trop peu intéressante, pour que tous les lecteurs ne fussent pas mécontents. On fut surtout indigné de la manière dont Cicéron est avili. Ce grand homme conseillant à sa 510 fille de faire l'amour à Catilina,[86] était couvert de ridicule d'un bout à l'autre de la pièce.

Lorsque l'auteur récita cet endroit à l'Académie dans une séance ordinaire et non publique, il s'aperçut que ses auditeurs, qui connaissaient Cicéron et l'histoire romaine, secouaient la tête. Il 515 s'adressa à M. l'abbé d'Olivet: *Je vois bien, lui dit-il, que cela vous déplaît. Point du tout*, répondit ce savant et judicieux académicien,

---

494-95 W70L: retraite, et dont

---

[83] Représentée pour la première fois le 20 décembre 1748, *Catilina* eut 20 représentations (*Registres*, p.760).

[84] Note des éditeurs de Kehl: 'La haine de quelques personnes puissantes contre M. de Voltaire, et l'envie des gens de lettres' (xlvii.101).

[85] Elle fut encore jouée cinq fois en 1756 (*Registres*, p.783).

[86] *Catilina*, II.iv: 'Employons sur son cœur le pouvoir de Tullie, / Puisqu'il faut que le mien jusque là s'humilie' (*Œuvres*, ii.218).

cet endroit est digne du reste, et j'ai beaucoup de plaisir à voir Cicéron le Mercure de sa fille. [87]

Une courtisane, nommée Fulvie, déguisée en homme, était encore une étrange indécence. [88] Les derniers actes froids et obscurs achèvent enfin de dégoûter les lecteurs.

Quant à la versification et au style, on sera peut-être étonné que l'Académie, à qui l'auteur avait lu l'ouvrage, y ait laissé subsister tant de défauts énormes; mais il faut savoir que l'Académie ne donne jamais de conseils que quand on les lui demande, et l'auteur était trop vieux pour en demander et pour en profiter. Ses vers ne furent applaudis dans les séances publiques, que par de jeunes gens, sur qui une déclamation ampoulée fait toujours quelque impression. Il arrive souvent la même chose au parterre, et ce n'est qu'avec le temps qu'on se détrompe d'une illusion en quelque genre que ce puisse être.

S'il est de quelque utilité de faire voir les défauts de détail, en voici quelques-uns que nous tirerons des premières scènes:

> Dis-moi (si jusque-là ta fierté peut descendre),
> Pourquoi faire égorger *Nonnius cette nuit?* [89]

La fierté de Catilina descend jusqu'à répondre à Scipion qu'il a assassiné ce sénateur, l'un de ses partisans, pour se concilier les autres: [90]

> Et l'art de les soumettre exige un art suprême
> Plus difficile encore que la victoire même. [91]

Un chef de parti, dit-il,

> Doit tout rapporter à cet unique objet.

---

[87] L'anecdote n'est pas rapportée. Voltaire a pu la recueillir de vive voix.

[88] *Catilina*, II.iv.

[89] *Catilina*, I.i: 'Dis-moi, si ta fierté jusque-là peut descendre, / De tant d'excès affreux ce que tu peux prétendre. / Pourquoi faire égorger Nonnius cette nuit' (*Œuvres*, ii.183).

[90] Voltaire attribue par erreur le rôle de Lentulus à Scipion.

[91] *Catilina*, I.i: 'Et l'art de le soumettre exige un art suprême' (*Œuvres*, ii.184).

Vertueux ou méchant au gré de son projet.
Qu'il soit cru fourbe, ingrat, parjure, impitoyable,   545
Il sera toujours grand, s'il est impénétrable.[92]
Tel on déteste avant, que l'on adore après.[93]
L'imprudence n'est pas dans la témérité.[94]

Ensuite il dit qu'il aime la fille de Cicéron par tempérament:

C'est l'ouvrage des sens, non le faible de l'âme.[95]   550

Deux vers après, il dit que cette passion

Est moins amour en lui, qu'excès d'ambition.[96]

Il avoue *qu'il a conquis ce bien*.[97]
Il dit après:

Cette flamme où tout mon cœur s'applique,   555
Est le fruit de ma haine et de ma politique.[98]

Ainsi il aime Tullie par les sens, par ambition, et par haine.

Il faut avouer qu'il est plaisant de voir après cela Tullie venir
parler à Catilina dans un temple; d'entendre Catilina qui lui dit:

Qu'il est doux cependant de revoir vos beaux yeux,   560
Et de pouvoir ici rassembler tous ses dieux![99]

A quoi Tullie répond, *que si ses yeux sont des dieux, la foudre
deviendra le moindre de leurs coups*.[100]

---

[92] *Catilina*, I.i (*Œuvres*, ii.183). Voltaire a interverti les deux premiers vers.

[93] *Catilina*, I.i (*Œuvres*, ii.183).

[94] *Catilina*, III.iv (*Œuvres*, ii.233).

[95] *Catilina*, I.i (*Œuvres*, ii.185).

[96] *Catilina*, I.i: 'Est moins amour en moi qu'excès d'ambition'. Exactement six
lignes après (*Œuvres*, ii.185).

[97] *Catilina*, I.i: 'Enfin je l'ai conquis' (*Œuvres*, ii.186).

[98] *Catilina*, I.i: 'Cette flamme, où tu crois que tout mon cœur s'applique, / Est un
fruit de ma haine et de ma politique' (*Œuvres*, ii.186).

[99] *Catilina*, I.iii: 'Qu'il m'est doux cependant de revoir vos beaux yeux, / Et de
pouvoir ici rassembler tous mes dieux!' (*Œuvres*, ii.195).

[100] *Catilina*, I.iii: 'Si ce sont là les dieux à qui tu sacrifies, [...] La foudre
deviendrait le moindre de leurs coups' (*Œuvres*, ii.195-96).

Et Catilina réplique:

> Que l'amour est déchu de son autorité 565
> Dès qu'il veut de l'honneur blesser la dignité.[101]

C'est ainsi que presque toute la pièce est écrite.

Les étrangers nous ont reproché amèrement d'avoir applaudi cet ouvrage; mais ils devaient savoir que nous n'avons fait en cela que respecter la vieillesse et la mauvaise fortune, et que cette 570 condescendance est peut-être une des choses qui fait le plus d'honneur à notre public.

LE TRIUMVIRAT

Il est difficile qu'un auteur ne croie pas qu'on lui a rendu justice, quand on a applaudi son ouvrage. M. de Crébillon encouragé par ce succès, fit le *Triumvirat* à l'âge de 81 ans; mais le temps de la 575 compassion était passé. Ce temps est toujours très court, et on ne peut obtenir grâce qu'une fois. *Le Triumvirat* se sentait trop de l'âge de l'auteur; on ne le siffla point, il n'y eut ni tumulte, ni mauvaise volonté; on l'écouta avec patience. Mais bientôt la salle fut déserte.[102] M. de Crébillon eut encore la faiblesse de faire 580 imprimer cette malheureuse pièce avec une épître chagrine, dans laquelle il se plaint de la plus horrible cabale.[103] Il y a quelquefois des cabales en effet; mais quelle cabale peut empêcher le public de revenir entendre un ouvrage, s'il en est content?

C'est une chose assez plaisante que les préfaces des auteurs de 585 pièces de théâtre: tantôt il y a eu une conspiration générale contre leur pièce, tantôt ils remercient le public d'avoir bien voulu avoir du plaisir; et lorsque cette préface si remplie de remerciements est imprimée, le public a déjà oublié la pièce et l'auteur.

---

[101] *Catilina*, I.iv (*Œuvres*, ii.197).

[102] La première représentation du *Triumvirat* eut lieu le 23 décembre 1754. La pièce eut dix représentations (*Registres*, p.779).

[103] *Le Triumvirat, ou la mort de Cicéron, tragédie* (Paris 1755). Voir l'Epître à madame Bignon' et la préface.

Comme de toutes les productions de l'esprit, les dramatiques 590
sont les plus exposées au grand jour, ce sont celles qui donnent le
plus de gloire ou le plus de ridicule. Il n'en est pas d'une tragédie
comme d'une épître, d'une ode. On ne récita point en public l'ode
de Boileau sur la prise de Namur, ni ses satires sur l'Equivoque et
sur l'Amour de Dieu, [104] devant deux mille personnes assemblées 595
pour approuver ou pour condamner.

Un ouvrage en vers quel qu'il soit n'est guère connu que d'un
petit nombre d'amateurs: il est d'ordinaire mis au rang des choses
frivoles dont la nation est inondée: mais les spectacles sont une
partie de l'administration publique; ils se donnent par l'ordre du 600
roi, sous l'inspection des officiers de la couronne et des magistrats;
ils exigent des frais immenses. C'est à la fois un objet de commerce,
de police, d'étude, de plaisir, d'instruction et de gloire. Il rassemble
les citoyens, il attire les étrangers, et par là il devient une chose
importante. Tout cela fait que le succès est plus brillant en ce 605
genre que dans tout autre; mais aussi la chute est plus ignomi-
nieuse, étant plus éclairée. C'est un triomphe, ou une espèce
d'esclavage. Il s'agit encore d'une rétribution assez honnête pour
tirer un homme de la pauvreté: ainsi un auteur dramatique flotte
pour l'ordinaire entre la fortune et l'indigence, entre le mépris et la 610
gloire.

Ce sont ces deux puissants motifs qui ont toujours produit des
haines si vives entre tous ceux qui ont travaillé pour le théâtre
depuis Aristophane jusqu'à nous. Ce fut l'unique source de ces
abominables couplets, dans lesquels M. de Crébillon fut désigné 615
si scandaleusement par Rousseau, qui ne pouvait digérer le succès
d'*Idoménée*, d'*Atrée* et d'*Electre*, tandis qu'il voyait tomber toutes

---

600-601 w70L: par ordre du roi
614 w70L: depuis Aristote jusqu'à nous

[104] Boileau, *Ode sur la prise de Namur; Satires*, xii; *Epîtres*, xii.

ses comédies; *figulus figulo invidet*, est un proverbe de tous les temps et de toutes les nations. [105]

Il est vrai que ce proverbe n'a pas eu lieu entre M. de Voltaire et M. de Crébillon; c'est même une chose assez singulière que M. de Voltaire ayant traité *Sémiramis*, *Electre* et *Catilina*, et s'étant ainsi trouvé trois fois en concurrence avec lui, l'ait loué toujours publiquement, et lui ait même donné plusieurs marques d'amitié. Ils n'ont jamais eu aucun démêlé ensemble. Cela est rare entre gens de lettres qui courent la même carrière.

[105] Hésiode, *Εργα*, 25: 'Καί κεραμεὺς κεραμεί κοτέει'.

Saül

édition critique

par

Henri Lagrave

et

Marie-Hélène Cotoni

INTRODUCTION

1. *'Saül' et la tradition*

Tout ce qui touche à la Bible a fait l'objet, depuis les origines, d'une énorme littérature. Au moment où il entreprend d'écrire *Saül*, Voltaire se trouve en face d'une quadruple tradition, religieuse, politique, philosophique et littéraire, dont il ne peut éviter de tenir compte. Sans prétendre épuiser la question, qui demanderait un interminable développement, et sans nous aventurer dans les labyrinthes de la critique biblique aux dix-septième et dix-huitième siècles, nous tenterons de retracer, à l'aide de quelques témoins, l'image des héros de la 'tragédie', telle que cette tradition a pu l'imposer aux contemporains de Voltaire.

i. *La tradition religieuse*

Il serait fastidieux et, en définitive, sans grande utilité, de rassembler les innombrables opinions des exégètes de la Bible sur l'interprétation de la vie et des actes de Saül et de David, narrés dans les deux premiers livres des Rois (correspondant pour nous aux deux premiers livres de Samuel). Au reste, le *Commentaire* de dom Calmet, dont l'orthodoxie n'est pas suspecte, les résume clairement, en insistant sur l'essentiel. L'ouvrage du célèbre bénédictin présente en outre l'avantage, à nos yeux, d'avoir été le livre de base, dont Voltaire s'est constamment inspiré pour asseoir son argumentation critique. Il possède les vingt-cinq tomes du *Commentaire littéral*, où, on le verra, il a inséré de nombreuses marques de lecture, son *Dictionnaire historique, critique, chronologique, géographique et littéral de la Bible* (1730; BV615), annoté également, ainsi que des *Dissertations* concernant l'Ecriture sainte (1720; BV616 et 617).[1]

---

[1] Sur Voltaire et sa lecture de Calmet, voir également ci-dessous, p.387-88.

Dom Calmet se situe dans un juste milieu. S'il observe le plus grand respect pour la littéralité du texte saint, quitte à se contenter parfois d'explications simplistes ou embarrassées, il donne aussi dans l'interprétation typologique ou allégorique, n'hésitant pas à voir et à affirmer le lien constant qui unit le sens littéral et le sens figuré, et allant même souvent plus loin que quiconque dans la voie des allusions christologiques, sous la forme d'allégories, d'analogies ou de symboles. Son commentaire du chapitre 1 du second livre des Rois, qui raconte la fin tragique de Saül, se termine par les conclusions suivantes:

Quand on envisage Saül des yeux de la foi, on remarque dans sa personne un des plus terribles exemples de la justice de Dieu, et une des plus expresses images de la réprobation des Juifs. Saül, choisi de Dieu pour être mis à la tête de son peuple, sacré par un prophète, rempli lui-même, pour un temps, de la justice de Dieu, et du don de prophétie, glorieux par un grand nombre de victoires, ne laisse pas après tout cela d'être abandonné de Dieu, et de tomber dans tous les excès dont un cœur rempli d'ambition, d'orgueil et de cruauté est capable; il persécuta David son bienfaiteur, son gendre, le boulevard d'Israël, la terreur de ses ennemis, et il le persécute jusqu'à armer tout Israël contre lui, et à lui vouloir donner la mort de sa propre main. [2]

La condamnation est claire; mais elle prend une importance majeure dans la suite du texte, où dom Calmet nous livre une des interprétations christologiques qui fourmillent dans son ouvrage:

Ne voit-on pas dans tout cela des traces de ce qui est arrivé aux Juifs du temps de Jésus-Christ? Ce peuple choisi et favorisé de Dieu par-dessus tous les autres peuples du monde, instruit par les prophètes, dépositaire de ses mystères, illustre par mille autres endroits, mérite enfin par son orgueil et par sa désobéissance d'être réprouvé et abandonné du Seigneur; Jésus-Christ, figuré par David, ne paraît pas plus tôt au milieu d'eux, que

[2] Calmet, *Commentaire littéral sur tous les livres de l'Ancien et du Nouveau Testament* (Paris, P. Emery, 1709-1734; BV613), 25 vol. in-4°. Voir à ce sujet Arnold Ages, 'Voltaire, Calmet and the Old Testament', *SVEC* 41 (1966), p.134-37; voir également François Bessire, 'Voltaire lecteur de dom Calmet', *SVEC* 284 (1991), p.139-77.

l'éclat de ses vertus et de ses miracles excite en même temps leur admiration et leur jalousie; animés de cette dernière passion, ils persécutent cet homme-Dieu avec un acharnement opiniâtre, et ne cessent point leurs poursuites qu'ils ne l'aient fait attacher à une croix.

Encore que l'honnête dom Calmet reconnaisse plus loin que Saül ne laisse pas 'de fournir quelques traits de ressemblance avec Jésus-Christ', le malheureux roi n'en demeure pas moins à ses yeux 'le type de la Synagogue réprouvée'.[3]

En face de Saül, coupable de désobéissance, frappé d'aveuglement et finalement possédé de 'l'esprit malin', le personnage de Samuel, dernier juge d'Israël, grand-prêtre et prophète, apparaît dans toute son élévation:

Ce grand homme, illustre dès sa naissance, et consacré à Dieu avant même que de naître, grand devant le Seigneur et devant les hommes, fut dans son temps un des plus fermes appuis de la maison de Dieu; il réforma l'Etat, fit revivre la piété, l'ordre, et la religion. Il soutint toujours avec zèle et avec force les intérêts de Dieu et de la justice; il sut acquérir et garder sur le peuple et sur le roi même une autorité toujours soutenue [...]. Il paraît partout au-dessus de la vanité, de la corruption et de l'intérêt. Modeste sans bassesse, sévère sans dureté, clément sans faiblesse, ferme sans entêtement [...]. Enfin Samuel, dans toute sa conduite, est sans doute un des plus beaux modèles que l'Ecriture nous fournisse d'un véritable prince religieux, qui se fait un devoir égal et de faire fleurir la religion, et de rendre ses peuples heureux.

Cependant, si haut qu'il soit monté, Samuel est dépassé par un homme plus près de Dieu que lui: 'Sous une autre vue, Samuel lui-même, tout parfait qu'il paraissait, devait céder la place à un plus digne, à David, cet homme selon le cœur de Dieu, qui était le type et la figure de Jésus-Christ, l'Oint et le Christ du Seigneur.'[4]

Le héros, le saint parfait, c'est David. Saül a péché par orgueil, par ambition, par cruauté; Samuel a préparé les voies. Il revenait à David de régner pendant quarante ans sur son peuple sans encourir

[3] *Commentaire littéral*, Les Livres des Rois, i.413-14.
[4] *Ibid.*, p.322-23.

la réprobation divine, et d'être l'aïeul du Sauveur. Dom Calmet en fait un éloge sans restriction, dans son commentaire sur la mort du roi:

C'est ainsi que mourut ce grand prince, et ce grand saint, qui posséda à la fois toutes les vertus royales, religieuses et politiques. Vaillant et intrépide dans le danger; juste, clément et sage dans le gouvernement; pénétré d'une crainte filiale et respectueuse, et en même temps d'un amour tendre et solide pour son Dieu; sensible aux peines et aux disgrâces de son peuple, jusqu'à offrir sa vie pour les garantir de la mort. Cet homme selon le cœur de Dieu, le modèle de tous les autres princes, qui marcha toujours dans les voies du Seigneur, et qui obéit à ses commandements d'un cœur parfait...

On ne peut reprocher à David qu'une seule faute, un seul crime, celui qu'il commit avec Bethsabée, et qui entraîna la mort d'Urie. Mais ce crime même rehausse sa sainteté: ne l'a-t-il pas expié? confessé et publié à la face de toute la terre? 'Et ne peut-on pas dire avec Saint Chrysostome que ce serait faire tort au mérite et à la vertu de David de cacher son crime, puisque la religion en a tiré tant d'avantage, pour la gloire du Seigneur, pour la confusion des méchants et pour la sanctification de David lui-même?'

Saül s'est entêté dans son erreur. David l'a avouée, s'est repenti et a crié vers le Seigneur. De ce fait, l'acte le plus répréhensible de sa vie tourne au bénéfice de Dieu: *ad majorem Dei gloriam!* Mais ce qu'il y a de plus 'consolant' pour les chrétiens dans la personne et dans la vie de ce prince, c'est qu'on y remarque 'une infinité de rapports admirables' avec celle de Jésus-Christ. [5] David est né à Bethléem comme Jésus; sa victoire sur Goliath, la jalousie de ses frères, les persécutions que Saül lui fait souffrir représentent Jésus-Christ vainqueur du démon, de la mort et du péché, puis persécuté par la Synagogue. David fuyant devant Absalom révolté, David abandonné par les siens, trahi par Achitophel, puis surmontant tous les dangers, et retrouvant sa gloire et sa puissance, ne donne-t-il pas l'image du Christ, livré par un de ses disciples, sortant de

---

[5] *Commentaire littéral*, Les Livres des Rois, ii.26-27.

Jérusalem pour aller mourir sur la Croix, et subir un supplice qui a fait sa victoire et son élévation?

Quelques autres exemples suffiront pour cerner l'opinion moyenne, telle qu'elle s'exprime au dix-huitième siècle sur les protagonistes de cette histoire sacrée. Les gens du monde et le grand public ne lisent guère le savant dom Calmet. En revanche, ils se régalent de l'*Histoire du peuple de Dieu*, entreprise par le Père Berruyer, à partir de 1728, et définitivement terminée en 1755.[6] L'auteur, qui prétend rester très près du texte biblique, en modifie pourtant l'esprit, la plupart du temps, semble-t-il, sans le vouloir: jugée infidèle et 'inconvenante', l'œuvre fut condamnée par l'assemblée du clergé, par la Faculté de théologie et même par les papes Benoît XIV et Clément XIII, ce qui ne l'empêcha pas d'être souvent rééditée jusqu'au dix-neuvième siècle. Il s'agit d'un récit, qui développe et trop souvent délaie les versets du texte biblique sous la forme d'une histoire suivie; l'auteur explique, commente et paraphrase les épisodes, soigneusement reliés entre eux, et sacrifie volontiers à l'amplification rhétorique dans les descriptions, dialogues ou discours dont il émaille son texte. Voltaire, dans la *Relation de la mort du jésuite Berthier* (1759), se moque des 'gentillesses du frère Berruyer, qui a changé l'Ancien et le Nouveau Testament en un roman de ruelle dans le goût de Clélie, si justement flétri à Rome et en France'.[7] En dépit des foudres ecclésiastiques, l'ouvrage plaisait, par son onction, par sa facilité, par ses agréments, aux esprits que pouvait rebuter la lecture directe d'un texte épineux et parfois obscur. Or cette espèce de chronique, destinée aux âmes simples et aux gens du monde, accentue encore, en les simplifiant, les caractères opposés de Saül et de David. 'Père Berruyer' n'a que des mots durs pour Saül, accusé d'avoir 'prévariqué' et d'avoir, 'par une criminelle défiance,

---

[6] Isaac-Joseph Berruyer, *Histoire du peuple de Dieu, depuis son origine jusqu'à la naissance du Messie, tirée des seuls livres saints* (éd. utilisée, Paris 1728-1755, 13 vol. in-4°).

[7] M.xxiv.98.

prévenu les moments de Dieu'.[8] Saül devait attendre les commandements divins pour lui offrir un sacrifice; certes, 'le châtiment
paraît sévère pour une faute assez pardonnable au jugement des
hommes, et surtout des grands de la terre. Mais Dieu est le maître
de ses faveurs gratuites; et comme il les avait prodiguées à Saül sans
qu'il les eût méritées, il avait pu sans injustice en attacher la
continuation à sa première fidélité.'[9]

Saül, incapable de 'se posséder', compte toujours 'un peu trop
sur les secours humains'; Saül 'se précipitait toujours': 'ce fut
toujours le caractère de Saül de connaître le bien, de le commencer
souvent, et de n'avoir jamais la constance de l'achever'. Impa-
tience, vanité, désobéissance, 'pitié mal placée', tels sont les défauts
qui ont amené Saül à enfermer les 'commandements du Seigneur
dans les bornes étroites d'une faible et orgueilleuse raison'.[10]

La 'noire mélancolie' du roi, l'esprit 'cruel et malin' dont il est
possédé, pour le châtiment de ses fautes, le poussent à la jalousie et
à la persécution. David, cependant, est exalté pour sa longue
'patience', pour son respect de la personne royale. Ses adversaires
ont toujours tort. Nabal, dont David s'apprête à tirer une cruelle
vengeance, est un 'homme débauché, violent, capricieux, emporté,
méprisant [...] un vrai fils de Bélial'. David a droit à toute
l'indulgence de l'auteur, en toutes circonstances, même quand il
faut bien le montrer criminel. C'est que David, 'incapable de
s'endurcir dans le crime [...] fournissait toujours un endroit
sensible aux impressions de la vertu.' Plein d'admiration pour les
exploits guerriers de ce saint roi, le bon jésuite évoque toujours
avec une pieuse allégresse les 'effroyables boucheries', les 'car-
nages affreux' qu'il faisait de ses ennemis, et invite ses lecteurs à
partager son attendrissement devant la conduite sublime de l'oint
du Seigneur.[11]

Notons, pour finir, les leçons morales que l'apologiste protes-

[8] Berruyer, iv.46-47.
[9] Berruyer, iv.48.
[10] Berruyer, iv.55, 60, 63, 69.
[11] Berruyer, iv.203, 216.

tant Abbadie décèle, lui aussi, dans les livres bibliques. Voltaire possède son *Traité de la vérité de la religion chrétienne*, dans l'édition de La Haye de 1750 (BV6), et il l'a lu au plus tard en 1752, puisqu'il le cite dans la *Défense de milord Bolingbroke*. L'apologiste écrivait, à propos des livres saints (i.187):

> Au lieu de flatter la volupté, on l'y détruit, on la coupe dans sa racine, aussi bien que l'injustice, l'intérêt et les autres passions, en défendant de convoiter [...] Au lieu des raffinements de la Politique, nous y trouvons une aimable simplicité de mœurs qui est proposée en exemple et recommandée partout, aussi contraire à l'habileté des hommes du siècle, que la lumière l'est aux ténèbres.

Or Voltaire raille ces réflexions générales par référence à des exemples tirés de l'histoire des Rois: 'témoin les 28 femmes de David et les 300 de Salomon – témoin deux cents assassinats', note-t-il en marge des lignes d'Abbadie. [12]

La leçon proposée est identique dans des ouvrages aussi répandus que le *Grand dictionnaire historique* de Moréri[13] que Voltaire a dans sa bibliothèque (BV2523) et le *Dictionnaire de la Bible* de Simon. [14]

ii. *La tradition politique: Bossuet*

Tous ces exégètes ou vulgarisateurs de la Bible, attachés à l'interprétation la plus traditionnelle, trouvent un commun garant dans la personne du champion de l'orthodoxie, Bossuet, dont l'œuvre continue, au dix-huitième siècle, à maintenir, contre réformés, jansénistes et déistes la solidité de la doctrine catholique. L'évêque de Meaux exalte Samuel, 'juge irréprochable, et prophète choisi de Dieu pour sacrer les rois'. Lui aussi condamne Saül, premier roi du peuple de Dieu: en dépit de ses victoires, il fut coupable, par 'sa désobéissance mal excusée par le prétexte de la

---

[12] *CN*, i.64.
[13] Edition consultée, 1759.
[14] Edition consultée, 1693.

religion', par 'sa présomption à sacrifier sans les prêtres', crimes qui entraînèrent sa réprobation et sa chute funeste. David est magnifié superbement, et, comme chez Calmet, son éloge reproduit l'argument traditionnel du repentir sanctifiant:

Après Saül, paraît un David, cet admirable berger, vainqueur du fier Goliath, et de tous les ennemis du peuple de Dieu; grand roi, grand conquérant, grand prophète, digne de chanter les merveilles de la toute-puissance divine: homme enfin selon le cœur de Dieu, comme il le nomme lui-même, et qui par sa pénitence, a fait même tourner son crime à la gloire de son créateur.

Si ce pieux guerrier ne mérite pas cependant de marquer de son nom une des 'époques' de l'histoire universelle, c'est qu'il revenait à des mains 'pures de sang', celles de Salomon son fils, de bâtir le Temple de Dieu, acte qui, aux yeux de Bossuet, fonde le 'cinquième' âge du monde. [15]

Au reste, après avoir rapidement brossé la suite des douze époques, ou des douze âges du monde, Bossuet revient beaucoup plus longuement, dans la suite de son *Discours sur l'histoire universelle*, sur le rôle important joué par David dans l'histoire du peuple de Dieu, et, par voie de conséquence, dans l'histoire de toute l'humanité. La seconde partie de son essai, intitulée 'La suite de la religion', consacre un chapitre entier, le quatrième, aux rois et aux prophètes, et il y est surtout parlé de David et de Salomon, de David plus que de Salomon. C'est qu'ici, comme le dit Bossuet, 'le peuple de Dieu prend une forme plus auguste'; la royauté s'affermit dans la maison de l'oint du Seigneur. David règne d'abord sur Juda, et ensuite est reconnu par tout Israël. Ses victoires sur les peuples voisins, longtemps dominateurs, assurent une longue paix à ses sujets. Il prend aux Jabuséens la forteresse de Sion, qui était la forteresse de Jérusalem: 'Maître de cette ville, il y établit par ordre de Dieu le siège de la royauté et celui de la religion.' Il y mène en grande pompe l'Arche d'alliance, et désigne, encore 'par ordre de

---

[15] Bossuet, *Discours sur l'histoire universelle*, dans les *Œuvres* (Paris, Coignard et Boudet, 1748, in-4°), viii.16-17. Voltaire possède une édition de 1737-1739 (BV483), portant des traces de lecture.

Dieu', le lieu du Temple; il en fait tous les dessins, et en amasse 'les riches et précieux matériaux'. David apparaît comme le véritable fondateur de la monarchie juive, et son élévation 'fut l'effet d'une élection particulière'. Mais 'cette élection divine' avait un objet plus haut que celui qui paraît d'abord: le plus grand titre de gloire de David reste d'avoir été l'ancêtre du Messie, ce 'Messie tant de fois promis', Jésus-Christ, 'fils de Dieu dans l'Eternité, fils d'Abraham et de David dans le temps'. Grâce à David et à ses successeurs, le mystère du Messie se déclare 'par des prophéties magnifiques et plus claires que le soleil'. Enfin, David, ayant réparé ses fautes 'par la pénitence', est 'comblé de biens, et proposé comme le modèle du roi accompli'.[16]

Le dessein de Bossuet, dans son *Discours*, est d'étaler devant les yeux du Dauphin le 'grand spectacle' de l'histoire de l'univers et plus essentiellement de lui faire voir, en un survol rapide, 'comme les empires se succèdent les uns aux autres, et comme la religion dans ses différents états se soutient également depuis le commencement du monde jusqu'à notre temps'. Les vues providentialistes de l'évêque l'amènent à réunir, dans une synthèse fondamentale, Dieu et l'Histoire, la Religion et les Empires, l'obéissance au Seigneur et l'exercice de la royauté. Dans cette perspective, David, élu du Seigneur, prophète et aïeul du Messie, défenseur et monarque de la nation juive, fondateur de Jérusalem – capitale à la fois politique et religieuse – poursuit et consolide l'Alliance, et brille d'un éclat particulier parmi tous les rois qui ont fait Israël. Plus encore que Salomon, coupable de bien des égarements dans sa vieillesse, David est un admirable modèle, propre à faire l'instruction de l'héritier de Louis XIV.[17]

C'est dans un autre des écrits didactiques de Bossuet, la *Politique tirée des propres paroles de l'Ecriture sainte*, que s'affirme l'importance de David en tant qu'exemple à proposer aux autres rois, à ceux-là mêmes qui règnent au dix-septième siècle. L'ouvrage,

---

[16] Bossuet, *Discours*, p.124-26, 130-31.
[17] Le *Discours* date de 1681.

reposant sur un principe identique à celui qui soutient le *Discours*, proclame tout à la fois le caractère divin de l'autorité royale et le pouvoir souverain de Dieu sur les Empires: 'Dieu est le roi des rois: c'est à lui qu'il appartient de les instruire et de les régler comme ses ministres'; 'le trône royal n'est pas le trône d'un homme, mais le trône de Dieu même.'[18] Cette *politique* est aussi une *morale* et un catéchisme à l'usage des princes. D'une manière assez surprenante, Bossuet, au lieu de partir de la conjoncture contemporaine, et de poser le problème dans l'actualité, ramène son élève à une théocratie d'autant plus éloignée et, pour ainsi dire, anachronique, que, remontant dans le temps plus haut que le message évangélique, il va chercher dans la Loi ancienne, celle de Moïse, du Deutéronome, des Rois, les exemples qu'il propose au jeune Dauphin. Cette attitude doctrinale mérite d'être analysée ici dans ses détails, car elle est probablement, au moins en partie, à l'origine de la réaction violente qui porta Voltaire à lancer son pamphlet. Le philosophe, dans ses conceptions religieuses et politiques, se situe aux antipodes de Bossuet; il est agacé, puis indigné de voir les prélats de l'Eglise et les précepteurs des princes ériger en modèles la vie et le gouvernement de David. Le fait s'était produit récemment encore, en Angleterre, où l'on vit un prédicateur de Londres comparer le roi George II à David; ce qui provoqua les protestations de Peter Annet, dont le petit livre, *The History of the man after God's own heart*, publié en 1761, apparaît, sinon comme la source, du moins comme une occasion plausible du *Saül* voltairien.[19]

Voltaire, qui a dans sa bibliothèque la *Politique tirée de l'Ecriture sainte*, dans l'édition de 1710, a coché d'une part le paragraphe relatant le passage de la théocratie à la monarchie chez les Juifs, suivi du courroux de Dieu, d'autre part le texte concernant les droits à la succession d'Adonias, aîné de Salomon.[20] En 1768, dans

---

[18] Bossuet, *Politique tirée des propres paroles de l'Ecriture sainte* (1709), dans les *Œuvres*, vii.251, 298. Voltaire possède une édition de Bruxelles de 1710 (BV485).

[19] Ci-dessous, p.392-401.

[20] *CN*, i.410.

le 'sixième entretien' de *L'A.B.C.*, il condamnera vigoureusement l'entreprise de Bossuet, en dépréciant sans indulgence les Juifs et leurs rois, que l'évêque de Meaux donnait en exemples (M.xxvii.349-50):

Assez de gens, qui n'ont pu gouverner une servante et un valet, se sont mêlés de régir l'univers avec leur plume. Ne voudriez-vous pas que nous perdissions notre temps à lire ensemble le livre de Bossuet, évêque de Meaux, intitulé *La Politique de l'Ecriture sainte*? Plaisante politique que celle d'un malheureux peuple, qui fut sanguinaire sans être guerrier, usurier sans être commerçant, brigand sans pouvoir conserver ses rapines, presque toujours esclave et presque toujours révolté, vendu au marché par Titus et par Adrien, comme on vend l'animal que ces Juifs appelaient immonde, et qui était plus utile qu'eux. J'abandonne au déclamateur Bossuet la politique des roitelets de Juda et de Samarie, qui ne connurent que l'assassinat, à commencer par leur David, lequel, ayant fait le métier de brigand pour être roi, assassina Urie dès qu'il fut le maître; et ce sage Salomon qui commença par assassiner Adonias son propre frère au pied de l'autel. Je suis las de cet absurde pédantisme qui consacre l'histoire d'un tel peuple à l'instruction de la jeunesse.

Voltaire, en attribuant *L'A.B.C.* au même auteur anglais, Huet, que sa pièce de *Saül*, répétera dans une lettre à Saurin du 28 décembre 1768, que cet auteur regarde Bossuet 'comme un déclamateur de très mauvaise foi' (D15395). Les développements édifiants que ce 'déclamateur' consacre à David, à ses rapports avec le dieu d'Israël, avec son peuple et avec ses voisins, voire avec ses ennemis, aident peut-être à comprendre les outrances exactement opposées de la présentation voltairienne. Le parallèle que Bossuet établit entre Saül et David, à l'avantage indiscutable du second, a probablement suggéré aussi à l'auteur de *Saül* le choix inverse.

En effet, tout au long des quelque 400 pages occupées par la *Politique* dans l'édition de 1748, David est souvent cité par Bossuet, à un double titre, en tant que monarque presque parfait, et en tant qu'auteur des Psaumes, où se trouvent constamment magnifiées les vertus royales et l'obéissance au Seigneur. Certains traits de sa vie sont longuement développés; bref, David constitue le personnage central de cette succession de rois, qui offrent tour à tour, selon la volonté divine, les meilleurs ou les pires des exemples.

Non seulement David se confond lui-même avec la loi, mais il l'explique au peuple et lui fait adorer cette loi qui punit et qui récompense, cette loi sacrée et inviolable, divine par essence. David reconnaît le vrai roi qui est Dieu.[21] En tête du livre second ('De l'autorité'), la deuxième proposition de l'article premier proclame que 'Dieu a exercé visiblement par lui-même l'empire et l'autorité sur les hommes'. Après avoir été le roi, le législateur et le conducteur de son peuple, après avoir envoyé les Juges, 'c'est lui qui établit les rois'. Il fait sacrer Saül et David par Samuel, mais c'est dans la maison de David qu'il affermit la royauté. Et en lui ordonnant de faire régner à sa place Salomon son fils, il l'autorise à fonder la monarchie héréditaire ('de toutes la meilleure'). Il est vrai que le droit d'aînesse, en la circonstance, fut violé, mais telle était la volonté divine.[22]

Au passage, Bossuet découvre l'existence d'un 'droit de conquête très ancien, et attesté par l'Ecriture'. Ce droit, 'établi par le droit des gens', légitime toute conquête à condition qu'elle soit 'le fruit d'une juste guerre' et qu'elle soit assortie d'une 'possession paisible'. Ainsi Bossuet justifie à l'avance les multiples guerres menées par David, sur l'ordre ou avec le consentement du Seigneur. Après quoi, il n'en sera plus parlé.[23]

Les trois livres suivants (III, IV et V) sont consacrés à la définition de la nature et des propriétés de l'autorité royale, laquelle doit être sacrée, paternelle, absolue, et soumise à la raison. De tous les rois d'Israël, David est celui qui remplit le mieux ces exigences.

La personne des rois, partout appelés les Christs, ou les oints du Seigneur, est sacrée; 'attenter sur eux est un sacrilège'. C'est ainsi que David, persécuté par Saül, épargne sa vie: 'Dieu lui met deux fois entre les mains Saül, qui remuait tout pour le perdre; ses gens le pressent de se défaire de ce prince injuste et impie; mais cette

[21] Bossuet, *Politique*, p.283.
[22] *Ibid.*, p.284, 291, 292.
[23] *Ibid.*, p.294-96.

338

proposition lui fait horreur: "Dieu, dit-il, soit à mon secours, et qu'il ne m'arrive pas de mettre ma main sur mon maître, l'oint du Seigneur".'[24] 'L'autorité royale est paternelle, et son propre caractère, c'est la bonté.' Cette bonté, véritable apanage de la grandeur, pousse les rois, persuadés qu'ils ne sont pas nés pour eux-mêmes, mais pour le 'public', à pourvoir aux besoins de leurs peuples. Ainsi agit David, choisi par Dieu pour 'paître' Israël. David, ajoute Bossuet, avait bien conçu que 'rien n'est plus royal que d'être le secours de qui n'en a point'. Ce grand guerrier était 'tendre et bon'. Nathan, le voyant, le prend par la pitié – après l'assassinat d'Urie – et 'commence par cet endroit comme le plus sensible à lui faire entendre son crime'. On peut voir, par d'autres exemples, que 'toute la vie de ce prince est pleine de bonté et de douceur'.[25]

David, en bon prince, 'épargne le sang humain'. Il refuse de boire l'eau de la citerne de Bethléem, que trois vaillants guerriers lui rapportent, après avoir percé le camp des Philistins. Il déteste les violences et les cruautés: 'Retirez-vous de moi, gens sanguinaires', disait-il; après le meurtre d'Urie, le même David, qu'un amour aveugle avait jeté contre sa nature dans cette action sanguinaire, croyait toujours nager dans le sang, et ayant horreur de lui-même, il s'écriait: 'O Seigneur, délivrez-moi du sang.'[26]

Un épisode important de la vie de David, celui de Nabal et d'Abigaïl, fournit à Bossuet l'occasion de louer hautement le roi pour sa mansuétude. Nabal, homme 'extraordinairement riche' et 'féroce', repousse brutalement les demandes des soldats de David; 'à ce coup la douceur de David fut poussée à bout'; il courait à la vengeance; mais Dieu lui envoie Abigaïl, femme de Nabal, 'aussi prudente que belle', qui sait fléchir son courroux:

Comme il goûte la douceur de dompter sa colère! et dans quelle horreur entre-t-il de l'action qu'il allait faire! Il reconnaît qu'en effet la puissance

---

[24] *Ibid.*, p.299-301.
[25] *Ibid.*, p.303, 307, 316.
[26] *Ibid.*, p.312.

doit être odieuse, même à celui qui l'a en main, quand elle le porte à sacrifier le sang innocent à son ressentiment particulier [...]. Voilà quel était David; et il n'y a rien qui fasse plus déplorer ce que l'amour et le plaisir peuvent faire sur les hommes, que de voir un si bon prince poussé jusqu'au meurtre d'Urie par cette aveugle passion. [27]

Au nom du caractère absolu de l'autorité royale, David est loué d'avoir été 'ferme' en toutes circonstances, mais son cas n'en illustre pas moins la quatrième proposition du livre IV: 'La crainte de Dieu est le vrai contrepoids de la puissance: le prince le craint d'autant plus qu'il ne doit craindre que lui.' Dieu punit David, qui lui a demandé pardon: 'Il n'épargne pas la grandeur, mais plutôt il la fait servir d'exemple. Que ne fera-t-il point contre les rois impénitents, s'il traite si rudement David humilié devant lui?' [28]

Enfin, Bossuet ne tarit pas d'éloges sur la sagesse, la prudence, voire la ruse de David; il le félicite même d'avoir mis en œuvre, contre son fils Absalon révolté, les procédés les plus habiles du renseignement et de l'espionnage. David connaît les hommes, il sait écouter, calculer et prévoir.

Bref, David 'n'était plein que de grandes choses; de Dieu et du bien public': David est l'image de la parfaite majesté. Dominant toute rancune, il pleure Saül et le venge; par un sentiment 'au-dessus des pensées vulgaires', il venge aussi son ennemi Isboseth: 'En un mot, toutes les actions et toutes les paroles de David respirent je ne sais quoi de si grand, et par conséquent de si royal, qu'il ne faut que lire sa vie et écouter ses discours pour prendre l'idée de la magnanimité.' Magnanimité couronnée par la magnificence, 'qui joint les grandes dépenses aux grands desseins'. [29]

L'article III du même livre traite à part de 'deux difficultés tirées de l'Ecriture: de David, et des Macchabées'. C'est la première proposition qui intéresse un des épisodes les plus controversés de l'existence du jeune héros, au moment où, pour fuir la persécution

[27] *Ibid.*, p.310-12.
[28] *Ibid.*, p.536-37.
[29] *Ibid.*, p.393-95.

de Saül, il se réfugie auprès du roi Achis; David fut-il sur le point, à l'heure où s'engageait la bataille entre les Philistins commandés par Achis et les Israélites, de tourner ses armes contre sa patrie? Bossuet lave David d'une accusation aussi grave et trouve même dans son attitude une bonne raison d'admirer son adresse. Quant à la question essentielle, Bossuet y répond avec une imperturbable confiance dans la loyauté du futur roi et dans la sagesse divine:

Il faut tenir pour certain que dans cette dernière rencontre il n'eût pas plus combattu contre son peuple qu'il avait fait jusqu'alors [...] De savoir ce qu'il eût fait dans la mêlée, si le combat fut venu jusqu'au roi Achis, c'est ce qu'on ne peut deviner. Ces grands hommes abandonnés à la Providence divine apprennent sur l'heure ce qu'ils ont à faire; et après avoir poussé la prudence humaine jusqu'où elle peut aller, ils trouvent, quand elle est à bout, des secours divins, qui, contre toute espérance, les dégagent des inconvénients où ils semblaient devoir être inévitablement enveloppés.[30]

Pour ce qui est des 'devoirs particuliers de la royauté', dont il est parlé dans les deux livres suivants, David n'est pas moins irréprochable aux yeux de son panégyriste, qui loue sa piété, son ardeur à défendre les institutions religieuses, sa libéralité, sa résignation aux volontés divines, sa pénitence, son esprit de justice, et sa clémence (peu s'en faut qu'il ne le blâme pour quelques traits d'une 'indulgence' excessive).

David était 'un saint roi, et le modèle des princes'.[31] Et Bossuet ne peut faire mieux, pour donner à son livre une pieuse conclusion, que de faire parler David lui-même, par le truchement de deux de ses plus beaux psaumes.

David, ou le roi selon le cœur de Bossuet...[32] L'opposition,

---

[30] *Ibid.*, p.413.

[31] *Ibid.*, p.530.

[32] Par comparaison, on peut se demander ce que Voltaire penserait aujourd'hui de la place que certains, en Israël, accordent encore à ce modèle. Bertram Eugene Schwarzbach a fait allusion, en renvoyant au *Jerusalem Post*, international edition, du 24 décembre 1994, à une séance houleuse de la Knesseth: on y débattait 'pour savoir si les sentiments anticolonialistes du ministre des affaires étrangères, M. Shimon Pérès,

traditionnelle, entre Saül et son successeur, grandit encore ce dernier. Certes Bossuet reconnaît à Saül de hautes vertus: le courage, la grandeur, le dévouement à son peuple; mais il ne cesse de le présenter comme l'opposé de David, utilisant même parfois le procédé du parallèle pour mieux accentuer l'aspect négatif et sombre du personnage. La 'réprobation' divine le marque d'une tache indélébile. Saül a commis la plus grande des fautes, celle de la désobéissance. 'Le Prince', affirme Bossuet, 'ne doit craindre que de faire mal', c'est-à-dire de déplaire au Seigneur. La clémence de Saül à l'égard des Amalécites et du roi Agag est une fausse vertu; la faiblesse criminelle du roi le rend indigne de régner. Aussi bien Saül n'a-t-il pas compris que le gouvernement 'est un ouvrage de raison et d'intelligence'? 'Le contraire d'agir par raison, c'est agir par passion, ou par humeur. Agir par humeur ainsi qu'agissait Saül contre David, ou poussé par la jalousie, ou possédé par sa mélancolie noire, entraîne toute sorte d'irrégularité, d'inconstance, d'inégalité, de bizarrerie, d'injustice, d'étourdissement dans la conduite.'[33]

La sagesse est donc refusée à Saül. En une longue et minutieuse analyse, Bossuet examine les rapports entre Saül et David, et la conduite des deux grands personnages l'un envers l'autre; puis il conclut:

Vous voyez Saül et David tous deux avisés et habiles; mais d'une manière bien différente. D'un côté une intention perverse; de l'autre, une intention droite. D'un côté, Saül, un grand roi, qui, ne donnant nulles bornes à sa malice, emploie tout sans réserve pour perdre un bon serviteur dont il est jaloux. De l'autre côté, David, un particulier abandonné et trahi, se fait une nécessité de ne se défendre que par les moyens licites, sans manquer à ce qu'il doit à son prince et à son pays. Et

---

représentaient la morale juive ou si, comme le soutenaient les partis religieux, c'était la conduite du roi David avec ses voisins [...] qui devait servir de modèle aux citoyens de l'Etat d'Israël dans leurs relations avec les Palestiniens et leurs autres voisins' ('Voltaire et les Juifs, bilan et plaidoyer', *SVEC* 358, 1998, p.90, n.154).

[33] Bossuet, *Politique*, p.325, 326, 338.

cependant la sagesse véritable, renfermée dans des bornes si étroites, est supérieure à la fausse, qui n'oublie rien pour se satisfaire.[34]

Tandis que David rend à Dieu ce qui est à Dieu, et comble les prêtres de ses présents, Saül eut le malheur de faire massacrer Abimélech et les autres sacrificateurs 'pour avoir favorisé David'. De ce fait, 'il est en abomination devant Dieu et devant les hommes'. Bossuet, en prélat soucieux de défendre les intérêts de l'Eglise, rapporte ce trait sous un titre bien propre à impressionner le Dauphin: 'Réflexion que doivent faire les rois à l'exemple de David sur leur libéralité envers les Eglises; et combien il est dangereux de mettre la main dessus.'[35]

Marqué par la malédiction divine, Saül, la veille même de sa mort, pèche encore gravement. Bossuet consacre tout un article (livre V, ch.3) aux 'curiosités et connaissances dangereuses'; le prince doit éviter 'les consultations curieuses et superstitieuses': telles sont les 'consultations des devins et des astrologues, chose que l'ambition et la faiblesse des grands leur fait si souvent rechercher'. Il y a sacrilège et idolâtrie à se fier aux paroles de ceux qui, se vantant de prédire les événements incertains, 'se font semblables à Dieu'. Ceux qui veulent savoir l'avenir, pour pénétrer le secret de Dieu, 'tomberont dans la malédiction de Saül'. Et Bossuet rappelle alors comment une devineresse, au soir de la bataille décisive, fit apparaître l'ombre de Samuel, qui lui prédit sa mort prochaine. Voltaire fera des gorges chaudes de cette 'sorcière'; d'autres ont remarqué qu'après tout elle ne s'était pas trompée; d'autres encore y ont vu l'intervention du diable. Bossuet, se fiant une fois de plus à son inébranlable certitude, donne de la chose l'explication la plus simple:

Il n'était pas au pouvoir d'une enchanteresse d'évoquer une âme sainte; ni au pouvoir du démon, qui a paru selon quelques-uns sous la forme de Samuel, de dire si précisément l'avenir. Dieu conduisait cet événement, et voulait nous apprendre que, quand il lui plaît, il permet qu'on trouve la

[34] *Ibid.*, p.384.
[35] *Ibid.*, p.452.

vérité par des moyens illicites, pour la juste punition de ceux qui s'en servent.[36]

Saül, élu de Dieu pour être roi, succombe à la tentation de la puissance, en désobéissant aux ordres de Dieu. Aveuglé, rongé par la mélancolie, et finalement réprouvé par le Seigneur, il reçoit le châtiment de son crime. Vaincu par les Philistins, comme il avait été prédit: 'ce roi aussi malheureux qu'impie se tua lui-même de désespoir, pour ne point tomber entre les mains de ses ennemis, et passa ainsi de la mort temporelle à l'éternelle'.[37] Retrouvant le ton de la prédication, Bossuet développe 'les inconvénients et tentations qui accompagnent la royauté'; il énumère quelques exemples de 'châtiments rigoureux' encourus par les coupables: le premier est celui de Saül, suivi de ceux de Balthazar, roi de Babylone, et d'Antiochus, roi de Syrie. Le jugement est sévère et sans nuances.

iii. *La tradition philosophique*

Bien avant Voltaire, certains écrivains ont refusé cette représentation totalement élogieuse et sans réserves de David. Le premier est évidemment Pierre Bayle. C'est en effet l'article 'David' qui constitue, en 1697,[38] la première offensive publique largement diffusée contre l'interprétation traditionnelle dont jouissait l'ancêtre du Christ. Ce fut d'ailleurs l'occasion d'une belle dispute entre Bayle, Jurieu et les théologiens hollandais; Bayle dut corriger son article et l'amender. Il ne reparut sous sa première forme que dans l'édition de 1720; et l'auteur le signala dans une note.

Selon sa méthode, Bayle se montre assez circonspect dans le corps de son article, tout en émettant un certain nombre de réserves abondamment développées dans les notes. Son début est significatif: 'David, roi des Juifs, a été un des plus grands hommes du monde, quand même on ne le considérerait pas comme un roi

---

[36] *Ibid.*, p.384-85, 387.
[37] *Ibid.*, p.599.
[38] Bayle, *Dictionnaire historique et critique* (1697), p.575-80.

344

prophète, qui était selon le cœur de Dieu.' Suit un résumé plutôt élogieux de la vie du grand roi, terminé par une conclusion où s'exprime, avec objectivité, un jugement sévère. Bayle insiste sur cinq points:

(1) Les exactions de David sur les terres du roi de Geth (note D). David, réfugié avec ses 'braves aventuriers' auprès du roi Achis, courait le pays, faisait du butin, et tuait sans miséricorde hommes et femmes, 'afin qu'aucun prisonnier ne pût découvrir le mystère au roi. Franchement, cette conduite était fort mauvaise.' Et Bayle poursuit, non sans ironie:

Je sais bien que les plus illustres héros et les plus fameux prophètes du vieux Testament ont quelquefois approuvé que l'on passât au fil de l'épée tout ce que l'on trouverait en vie; et ainsi je me garderais bien d'appeler inhumanité ce que fit David, s'il avait été autorisé des ordres de quelque prophète, ou si Dieu par inspiration lui eut commandé à lui-même d'en user ainsi: mais il paraît manifestement par le silence de l'Ecriture, qu'il fit tout cela de son propre mouvement.

(2) L'épisode de Nabal (suite de la note D). La violence de David y est condamnée clairement (non sans que 'l'historien' tienne compte des circonstances, de la 'brutalité' de Nabal, etc.): 'Parlons de bonne foi: n'est-il pas incontestable que David allait faire une action très criminelle?' N'était-il pas prêt à 'replonger le monde dans l'affreuse confusion de l'état qu'on appelle de nature, où l'on ne reconnaissait que la seule loi du plus fort'?

(3) David traître à son pays (note E). Bayle ne doute pas des intentions de David au moment de la bataille entre les Philistins et ses compatriotes: 'David et ses braves aventuriers se joignirent à l'armée d'Achis et se seraient battus comme des lions contre leurs frères, si les Philistins soupçonneux n'eussent contraint Akis de les renvoyer [...]. Je laisse aux bons casuistes à juger si ces sentiments étaient dignes d'un véritable Israélite.'

(4) La 'jolie famille' de David (note F). Père trop indulgent, David néglige de châtier les crimes de ses enfants: 'David eut la destinée de la plupart des grands princes, il fut malheureux dans sa

famille. Son fils aîné viola sa propre sœur, et fut tué par l'un de ses frères à cause de cet inceste; l'auteur de ce fratricide coucha avec les concubines de David. Quel scandale pour les bonnes âmes, que de voir tant d'infamies dans la famille de ce roi!'

(5) Polygamie de David (note H). Bayle reproche à David de n'avoir guère pris de soin 'de mécontenter la nature'. Sans doute la polygamie était-elle tolérée en ce temps-là; cependant 'il ne faut pas croire qu'on pût l'étendre bien loin sans lâcher un peu trop la bride à la sensualité'.

Le tableau, encore qu'assez sombre, n'est pas complet. Une conclusion, nuancée, mais sévère, vient l'achever:

La piété de David est si éclatante dans ses Psaumes, et dans plusieurs de ses actions, qu'on ne la saurait assez admirer. Il y a une autre chose qui n'est pas moins admirable dans sa conduite: c'est de voir qu'il ait su mettre si heureusement d'accord tant de piété avec les maximes relâchées de l'art de régner. On croit ordinairement que son adultère avec Bethsabée, le meurtre d'Urie, le dénombrement du peuple, sont les seules choses qu'on lui puisse reprocher: c'est un grand abus, il y a bien d'autres choses à reprendre dans sa vie (note H). C'est un soleil de sainteté dans l'Eglise; il y répand par ses ouvrages une lumière féconde de consolation et de piété, que l'on ne saurait assez admirer; mais il a eu ses taches: et il n'est pas jusqu'à ses dernières paroles où l'on ne trouve les obliquités de sa politique.

La note H ajoute, à l'accusation de polygamie, quelques autres griefs. La 'ruse' de David, envoyant Chusaï espionner auprès d'Absalon, n'est pas digne d'un 'prophète, d'un saint, d'un homme de bien'; non plus que les manœuvres du successeur de Saül, encourageant la trahison d'Abner pour récupérer la partie du royaume tenue par Isboseth. 'J'avoue', dit Bayle, 'qu'il n'y a rien là qui ne soit conforme aux préceptes de la politique et aux inventions de la prudence; mais on ne me prouvera jamais que les lois exactes de l'équité, et de la morale sévère d'un bon serviteur de Dieu puissent approuver cette conduite.'

Deux traits d'indécence, soigneusement mis en valeur par la malice de Voltaire, étaient déjà relevés par Bayle. David décou-

346

vrant sa nudité, tandis qu'il dansait devant l'arche, se rendait 'méprisable par ses postures': imprudence, et non pas crime, concède l'historien. En revanche, il n'est point pardonnable à un roi, à un vieillard, de requérir la plus belle fille du royaume pour 'réchauffer' ses membres perclus par l'âge: 'Peut-on dire que ce soit l'action d'un homme bien chaste?'

Il y a bien pis: David fut un guerrier cruel, massacrant des peuples entiers, suppliciant les vaincus; Bayle, au passage, condamne, en même temps que la conduite de David, le principe même des guerres de conquête, le pillage, les sévices inutiles; et la référence à l'actualité ne laisse pas d'émouvoir: 'Si une infinité de petits livrets crient tous les jours contre des exécutions militaires de notre temps, dures à la vérité et fort blâmables, mais douces en comparaison de celles de David, que ne diraient pas aujourd'hui les auteurs de ces petits livres, s'ils avaient à reprocher les scies, les herses, les fourneaux de David, et la tuerie générale de tous les mâles grands et petits?' Sur son lit de mort, David ordonne à son fils, par testament, de faire mourir Joab et Semeï, ajoutant la fausseté à l'esprit de vengeance. Cet homme selon le cœur de Dieu est un 'homme de sang': n'est-ce pas pour cette raison que le Seigneur ne voulut pas lui permettre de bâtir le Temple?

Certains manuscrits philosophiques clandestins vont faire écho, sans qu'on puisse affirmer qu'ils ont subi l'influence de Bayle, à cette représentation du roi juif. Les *Difficultés sur la religion proposées au Père Malebranche*, rédigées autour de 1711 et attribuées aujourd'hui à Robert Challe, reviennent sur David à plusieurs reprises. Déjà dans le 'Deuxième Cahier', l'auteur, en affirmant qu'il faut préférer l'évident à l'incertain, et qu'aucun livre n'est l'ouvrage de Dieu, juge librement des textes et choisit donc d'inverser l'image habituelle du roi juif: 'Croyez-vous aussi sûr que Dieu ait appelé David un homme selon son cœur, qu'il est sûr qu'un homme tel que David n'était point selon le cœur de Dieu.'[39]

---

[39] Robert Challe, *Difficultés sur la religion proposées au Père Malebranche*, éd. F. Deloffre et M. Menemencioglu, *SVEC* 209 (1982), p.79. Les références dans le texte renvoient à cette édition.

Toutefois, c'est surtout dans le 'Troisième Cahier', dont la première section traite 'Des livres des Juifs', que la critique est développée. L'auteur montre en David un avare, un voluptueux, un hypocrite qui agit pour être utile à sa famille. Il rappelle sa conduite contradictoire envers Saül et ses descendants. Et il conclut un rappel des horreurs ou des impertinences de la Bible en rangeant parmi les actions les plus pernicieuses et indignes 'les brigandages de David, ses massacres et ses vengeances inhumaines'.[40]

Mais l'auteur des *Difficultés* réagit non seulement devant l'Ecriture, mais encore devant les commentaires édifiants qui en ont été donnés, par Bossuet en particulier. La diatribe la plus violente part d'une allusion à la *Politique tirée de l'Ecriture sainte*. Alors que l'évêque de Meaux faisait de l'histoire d'Israël, et du roi David surtout, un modèle, sans tenir aucun compte de l'évolution des mœurs et des mentalités, Challe ne voit que dangers dans une application contemporaine de l'histoire des Hébreux et surtout de leurs rois (p.152 et suiv.):

Ce doit être bien pis que Machiavel: on y trouvera que les peuples appartiennent aux rois, comme les chiens et les chevaux à leurs maîtres, qu'il est permis de tout sacrifier à son ambition, jusqu'à sa promesse et sa foi, qu'on peut employer les trahisons, les mensonges, les impostures, qu'on peut assassiner un roi avec lequel on est en paix, qu'un particulier peut massacrer son voisin qui enfreint une loi ecclésiastique, qu'un roi peut priver ses enfants légitimes de la couronne pour la mettre sur la tête d'un bâtard, et d'un bâtard que l'on a d'une femme arrachée par force à son mari; on y trouvera non seulement la polygamie, mais l'usage légitime des concubines en quelque qualité que ce soit; les rois peuvent fonder sur plusieurs passages le droit de tout usurper et d'exercer leur tyrannie.

Et puisque Dieu punit le crime de David par la mort de trente mille de ses sujets, il faut bien que les sujets soient un autre genre d'hommes que le roi. C'est sur ces livres que Cromwell s'appuyait pour colorer sa tyrannie; il couvrait toutes ses injustices de leurs décisions et de leur autorité.[41]

---

[40] Challe, *Difficultés*, p.146.
[41] Nous citons le manuscrit M. Le manuscrit S, parfois plus insistant, ne comporte cependant pas de différences fondamentales.

Les allusions à la conduite de David sont assez nettes. A la suite, l'auteur juge qu'il y a folie et orgueil à vouloir expliquer la peste, sous son règne, par un châtiment divin, injustifié de surcroît. Déraison, invention d'un Dieu injuste: ces écrits ne peuvent paraître qu'absurdes et dangereux à un déiste épris de morale, à la recherche d'un Etre Suprême qui en soit la caution.

Voltaire n'a peut-être pas connu ce texte avant sa publication par d'Holbach et Naigeon, en 1767. En revanche, il a connu des versions plus ou moins longues, sinon complètes, du *Mémoire* du curé Meslier. Or le curé d'Etrépigny, à plusieurs reprises, revient sur l'épisode du dénombrement et ses conséquences. Dans la 'deuxième preuve', il s'interroge sur la vraisemblance et la finalité de tels prodiges: 'Il est marqué que Dieu fut un jour tellement irrité de ce que le roi David avait fait nombrer son peuple pour un motif de vaine gloire, qu'il fit mourir plus de soixante et dix mille personnes de son peuple par une peste qu'il envoya exprès pour punir cette faute.' A ses yeux cela montre 'que Dieu aurait effectivement, dans ces occasions-là, plus particulièrement voulu employer sa toute puissance à faire du mal qu'à faire du bien'.[42]

Meslier reprend le même exemple dans sa 'cinquième preuve' quand il veut montrer les erreurs de doctrine et de morale de la religion chrétienne. Le dieu biblique se montre vindicatif et injuste (p.482): 'Dieu punirait rigoureusement et très rigoureusement des fautes légères dans les uns, pendant qu'il ne punirait point ou qu'il ne punirait que légèrement de très grands crimes dans les autres.' Le critique estime, en effet, que le dénombrement ne constituait qu'une 'vaine curiosité', une 'vaine gloire qui ne nuisait à personne': 'Cette faute n'était pas comparable à celle que ce même roi commit en faisant tuer Urie pour avoir sa femme' (p.483).

Dans la 'quatrième preuve', consacrée à la 'vanité et fausseté des prétendues prophéties de l'Ancien Testament', Meslier cite des

---

[42] *Œuvres* de Jean Meslier, éd. R. Desné (Paris 1970-1972), i.164-65. Les références dans le texte renvoient à cette édition.

textes du premier Livre de Samuel qui montrent la communauté en train de prophétiser, puis Saül lui-même pris de délire. Il conclut: 'ces troupes de prophètes n'étaient véritablement que des troupes de fanatiques' (i.253). Un peu plus loin, se référant aux Psaumes, il raille les 'belles prétendues prophéties' du roi David (i.258). Il ironise également sur les visions nocturnes et la manière dont Dieu apparaît dans des songes.

Il y a donc là des analyses critiques qui, faisant appel au bon sens et à la morale, concluent à la caducité des textes bibliques. Elles sont proches des critiques voltairiennes. En revanche, à l'opposé du philosophe de Ferney qui voit plutôt dans 'l'encensoir' une menace contre le 'trône', Meslier, dans sa 'sixième preuve', portant sur la tyrannie des Grands, prend appui sur les discours de Samuel pour rejeter l'institution monarchique: 'Le prophète Samuel avait bien raison de reprocher au peuple d'Israël son aveuglement et sa folie lorsqu'ils lui demandaient qu'il leur donnât un roi pour les gouverner' (ii.93). Et il enchaîne sur une diatribe contre les rois qui, aujourd'hui, 'se rendent comme des petits dieux les maîtres absolus de toutes choses' (ii.94).

Après Bayle se répand donc, à travers la littérature clandestine, une représentation de Saül et de David bien différente de l'image véhiculée par dom Calmet ou Bossuet. On pourrait certainement trouver des critiques éparses dans d'autres traités. Ainsi l'impureté des origines du Christ, puisqu'il est issu d'une lignée provenant de David et Bethsabée, est mentionnée dans *L'Analyse de la religion* attribuée à Du Marsais: le fils de Dieu prend naissance de l'adultère de David.[43] Cette tradition critique va se poursuivre, en dehors de Voltaire, chez les philosophes les plus acharnés dans la polémique anti-chrétienne, en particulier le baron d'Holbach.

D'Holbach, en effet, ne se borne pas à traduire l'ouvrage anglais concernant 'l'homme selon le cœur de Dieu', pas plus qu'à rééditer le *Saül* de Voltaire. Il publie la même année, en 1768, la *Théologie portative* et, en 1770, le *Tableau des saints*, qui comportent de fortes

---

[43] Aix, Bibliothèque Méjanes, ms. 63, p.38.

charges contre les personnages bibliques. Mais déjà, dans son *Christianisme dévoilé*, en 1761, il s'en était pris à la 'férocité judaïque', en privilégiant les exemples tirés de l'histoire des Rois, rappelant, dans une note de la page 20:

les ordres que le Dieu des armées donne à Samuel dans le 1er *Liv. des Rois*, *ch. XV. v. 23 et 24*, où ce Dieu ordonne de tout exterminer, sans en excepter les femmes et les enfants. Saül fut rejeté pour avoir épargné le sang du Roi des Amalécites. David seconda les fureurs de son Dieu, et tint envers les Ammonites une conduite qui révolte la nature. V. *le Liv. des Rois*, ch. XII, v. 31. C'est pourtant ce David que l'on propose encore pour le modèle des Rois. Malgré sa révolte contre Saül, ses brigandages, ses adultères, sa cruelle perfidie pour Urie, il est nommé *l'homme selon le cœur de Dieu*. Voyez *le Diction. de Bayle, à l'art*. David.

Voltaire a lu cet ouvrage, qu'il a dans sa bibliothèque (BV1649) et il a écrit en marge de ces lignes: 'Voyes plustot langlais hute' (*CN*, iv.423). Dès le mois d'août 1767, il s'est intéressé aussi à la *Théologie portative*, qui circula d'abord en manuscrit. Ce livre se trouve également dans la bibliothèque de Ferney (BV1663). Dans cette 'plaisanterie continuelle par ordre alphabétique', le patriarche trouvera 'des traits si comiques que plusieurs théologiens mêmes ne pourront s'empêcher d'en rire' (D14474). En effet, la représentation des personnages qui nous intéressent est comique par ses paradoxes et sa concision: David est 'le vrai modèle des rois', 'rebelle, paillard, adultère, assassin', mais dévot et soumis aux prêtres. Samuel est un 'prophète hargneux et juif [...]. Il mettait en hachis les rois des autres pays.'[44]

Le *Tableau des saints* est différent, puisque beaucoup moins lapidaire, mais les critiques qui y sont développées sont du même type. Nous retrouvons nos personnages dans la première partie traitant 'des saints du judaïsme et de l'Ancien Testament'. 'Samuel sut habilement profiter des dispositions de ses concitoyens'; il 'devint le Juge ou plutôt le souverain absolu d'Israël', après s'être

[44] D'Holbach, *Théologie portative ou dictionnaire abrégé de la religion chrétienne* (Londres 1768), p.93, 214.

fait connaître par des songes et des révélations. Mais devant les abus de ses deux fils, 'le peuple irrité pressa Samuel de lui donner un roi' et persista dans sa demande, malgré l'opposition du prophète: 'Le Devin, obligé de céder, fit tomber le sort sur Saül, sous le nom duquel il espéra continuer à régner. En conséquence il le sacra roi d'Israël.' Mais Saül voulant régner par lui-même, Samuel fit échouer ses entreprises les plus utiles à la nation et 'sacra un nouveau roi secrètement', suscitant ainsi un rival dangereux à son maître' en la personne de David. Toutefois 'cet usurpateur ne parvint à régner qu'après la mort de Saül'. Samuel est donc présenté comme 'un fourbe qui usurpa le pouvoir suprême sur sa nation'. D'Holbach s'attarde sur le meurtre d'Agag, jugeant Saül 'plus humain que le prophète' qui était 'animé d'une férocité vraiment hébraïque'. Et il condamne à la fois ce peuple barbare et son dieu: 'L'homme de Dieu, soutenu par un peuple aussi féroce que superstitieux, se rendit lui-même l'exécuteur de sa sentence contre ce roi malheureux, le hacha en pièces aux yeux du Seigneur.' Or ce dieu se courrouça contre Saül, à cause de son action 'louable et conforme à l'humanité'. [45]

On voit que ce texte, certes postérieur à *Saül*, mais contemporain d'autres attaques voltairiennes sur le même sujet, est animé d'un esprit comparable se caractérisant par la désacralisation la plus totale et donc l'analyse du texte biblique comme s'il s'agissait d'un texte profane, par l'anticléricalisme et par la défense des valeurs humanistes. Aussi Saül est-il préféré à David, 'un des monstres les plus odieux qui ait déshonoré l'espèce humaine'. [46]

L'auteur résume certains épisodes de sa vie, s'attarde sur d'autres, les relations avec Achis, par exemple: 'David le récompense de ses bienfaits et de son hospitalité par les trahisons les plus noires et par des cruautés et des brigandages infâmes.' Après avoir rappelé que David feint de pleurer Saül mais se fait couronner roi

---

[45] D'Holbach, *Tableau des saints, ou examen de l'esprit, de la conduite, des maximes et du mérite des personnages que le Christianisme révère et propose pour modèles* (Londres 1770), p.36-37.
[46] *Ibid.*, p.41.

au préjudice de son fils Isboseth, d'Holbach ne manque pas d'évoquer sa barbarie avec les vaincus, en mentionnant à son tour herses et fours à briques. Comme Meslier, il s'étonne de la manière dont 'l'Ecriture nous dépeint la justice divine'. En effet, alors que Dieu laisse le meurtre d'Urie impuni, il tire une vengeance éclatante d'une action sensée, le dénombrement du peuple. A la suite de Bayle, l'auteur du *Tableau des saints* dénonce les dernières fautes du roi juif, qui prend Abisag pour le réchauffer, déshérite Adonias, met Salomon sur le trône et lui ordonne les meurtres de Joab, qui lui avait rendu les plus grands services, et de Semeï, à qui il avait juré de pardonner.[47]

Là encore, les commentateurs sont également visés quand l'auteur analyse le 'tissu de crimes de celui que les Juifs ont regardé comme le plus grand, le plus saint de leurs monarques, et que les Docteurs chrétiens proposent comme modèle aux souverains'. Ce faisant, ils les encouragent aux 'crimes qu'un repentir stérile et tardif pourra toujours effacer'. Aussi d'Holbach accumule-t-il, pour faire contrepoids, les définitions les plus dégradantes du roi juif: 'fourbe favorisé par les prêtres', 'hypocrite détestable', 'usurpateur odieux', 'adultère infâme', 'lâche assassin', 'ingrat abominable'.[48]

Il nous a semblé utile de rappeler de telles invectives pour montrer que Voltaire n'est pas isolé, même dans ses polémiques les plus violentes. Il existe un courant de pensée très hostile à Samuel et David. On en retrouverait des traces dans le *Tableau philosophique du genre humain* que Charles Bordes, a fait paraître en 1767. Quand il traite de l''an du monde 2820', il présente 'l'illustre Samuel, cet homme de Dieu par excellence, qui sacrifie le malheureux Agag [...], qui cabale contre son souverain'. Saül, pour sa part, a une 'étincelle de générosité' et 'le fanatisme l'en punit'. En évoquant son successeur, David, l'auteur rappelle sobrement, après avoir fait mention de 'divers exploits détestables', que les grands hommes

---

[47] *Ibid.*, p.42-43, 45, 46, 47.
[48] *Ibid.*, p.47-48.

des livres juifs sont très différents de ceux de l'histoire grecque ou romaine.[49]

On pourrait, évidemment, déceler dans ces derniers textes une influence de Voltaire, qui s'acharne depuis longtemps sur les mêmes sujets. Mais ces rappels montrent, du moins, que dans son long combat il n'est pas solitaire.

iv. *La tradition théâtrale*

Le théâtre sacré

Très tôt, dans la chrétienté, la fête religieuse et la liturgie revêtent une forme théâtrale. Au Moyen Age, au seizième siècle et encore aux dix-septième et dix-huitième siècles, l'Ancien Testament fournit maint sujet aux auteurs de mystères, puis aux jésuites, qui entretiennent, dans leurs collèges, le goût du théâtre sacré, du ballet allégorique et de la comédie morale.

On ne sera pas étonné de constater que, par la forme comme par le contenu, les œuvres qui traitent de Saül et de David demeurent très près de l'esprit biblique et même de la lettre du texte sacré.

Le *Mistère du Viel Testament*, qui date du milieu du quinzième siècle, ne fait qu'accentuer le caractère religieux du sujet, délaissant ses aspects historiques et proprement humains. L'auteur suit pas à pas la Bible, et expose le point de vue traditionnel de l'orthodoxie sur la faute de Saül, coupable de 'convoitise et de faiblesse', exaltant au contraire la grandeur et les vertus de David. A ce degré – l'œuvre est faible de composition et de style – la tradition théâtrale n'offre qu'un reflet fidèle et sans grand intérêt dramatique de l'interprétation chrétienne la plus officielle.

Une fidélité comparable caractérise les tragédies que les jésuites faisaient jouer, une ou deux fois l'an, dans les grands collèges dirigés par leur ordre. Du moins est-ce l'hypothèse que l'on peut émettre, connaissant la nature de ces exercices dont le cadre mondain ne pouvait en aucune manière faire oublier le but

---

[49] *Tableau philosophique du genre humain* (Londres 1767), p.28-29.

moralisateur et édifiant; la *Ratio studiorum*, règle de conduite des jésuites, le précise avec autorité: 'Que le sujet des tragédies et des comédies, lesquelles doivent être latines et très rares, soit sacré et pieux, qu'il n'y ait entre les actes aucun intermède qui ne soit en latin et décent; qu'aucun personnage ou costume de femme n'y soit introduit.'[50]

Certes le français, assez vite, reçut droit de cité dans les représentations scolaires (sans d'ailleurs en chasser le latin); mais l'élévation morale des pièces jouées par les écoliers devant parents et amis ne s'en trouva point abaissée; les tragédies latines ou françaises du P. Porée ou du P. de La Sante, au début du dix-huitième siècle, ne sont pas des plaisanteries.

Il est néanmoins fort malaisé d'en juger sur pièces, les textes étant perdus; quant aux programmes, qui contenaient notamment le résumé des tragédies, ils sont devenus très rares; aucun n'a subsisté de l'époque qui nous intéresse le plus, c'est-à-dire des années passées par Voltaire au Collège Louis-le-Grand de 1704 à 1710. Peu importe au demeurant, s'il est vrai que l'image que les bons Pères se faisaient de Saül et de David ne pouvait être que parfaitement conforme au portrait qui en est donné par la Bible.

Ce que l'on peut affirmer au moins, c'est la permanence du sujet au sein des programmes dramatiques offerts par les différents collèges. Depuis le *Saulem cum filiis ab Achi superatum*, joué en 1628 au Collège du Mont, à Caen, les *Saül* et les *David* n'y sont pas rares. Si l'on se borne au répertoire du Collège Louis-le-Grand à Paris, on notera le retour périodique du thème ainsi que la reprise de certaines pièces; voici la liste de ces représentations:[51]

1651 (7 août), *Saül*, tragédie
1661 (18 août), *Justitia Saulis filios immolantis*, tragédie avec ballet du P. Darroüy
1688 (25 février), *Saül*, tragédie, avec *David et Jonathas*, tragédie en musique

[50] Cité par L. V. Gofflot, *Le Théâtre au collège du Moyen Age à nos jours* (Paris 1907), p.92.
[51] D'après Gofflot, p.286 et suiv.

355

1706 (12 août), *Saül*, tragédie
1709 (25 février), *David Sauli reconciliatus*, tragédie
1735 (23 mai), *Jonathas ou le triomphe de l'amitié*, tragédie du P. Desbillons
1739 (10 juin), *Jonathas et David*, du même
1750 (5 août), *David reconnu roi d'Israël*, tragédie
1753 (6 juin), *David et Jonathas* (reprise)
1754, *David reconnu roi d'Israël*, tragédie

Comme on le voit, Voltaire a pu assister – et peut-être même participer – à deux de ces représentations, en 1706 et en 1709. En a-t-il gardé un quelconque souvenir? Ce n'est pas impossible, encore qu'il n'en ait point parlé. En l'absence de témoignages précis à ce sujet, contentons-nous de constater l'existence, dans la vie des collèges, d'une tradition théâtrale où les personnages de David et de Saül sont bien représentés, et d'admettre comme infiniment probable que la tradition religieuse ne s'y trouve ni offensée, ni même modifiée.

Le théâtre profane

Il n'en sera pas de même lorsque, détachés de la solennité religieuse, les personnages sacrés monteront sur les planches des théâtres publics. Certes la Bible a été, du Moyen Age jusqu'à la moitié du dix-septième siècle, une source vive d'inspiration pour les poètes et pour les dramaturges. La tradition religieuse se reflète donc dans une tradition littéraire qui en fixe fidèlement l'image. Mais au fur et à mesure qu'on se rapproche du dix-septième siècle, on voit les auteurs déformer à leur manière les traits de leurs héros. En France et en Italie, la liste est longue des pièces qui jouent le drame de Saül, ou présentent les actions les plus marquantes du règne de David;[52] une étude attentive de ces œuvres sortirait du

---

[52] Cette liste, à notre connaissance, n'a jamais été dressée complètement. En ce qui concerne les productions dramatiques de l'époque qui va du Moyen Age au romantisme, on pourra se contenter de celle qui est donnée par Brunet dans sa *Table du Catalogue Soleinne*. On trouvera, sur Saül et sur David, des indications intéressantes dans le livre de R. Trousson, *Un problème de littérature comparée, les*

cadre de ce travail et n'offrirait pas d'ailleurs d'utilité évidente, Voltaire, dans ce cas précis, ne se souciant guère des ouvrages qui, avant lui, ont traité de son sujet, et se plaçant en fait dans une perspective qui n'est rien moins que littéraire. Il importe cependant de cerner les traits essentiels des 'personnages' tragiques que sont devenus, au fil des ans, David et Saül, de mesurer la place qu'ils ont pu occuper dans le patrimoine culturel du dix-huitième siècle, et de se demander si l'interprétation, par les dramaturges successifs, de ces grandes figures bibliques n'en a pas modifié le caractère originel, favorisant ainsi, dans l'opinion commune, un certain courant de pensée assez éloigné de l'orthodoxie catholique, auquel Voltaire ne pouvait que se laisser entraîner. Pour répondre à ces questions, il conviendra donc de passer rapidement en revue les œuvres les plus marquantes, en nous efforçant de noter les étapes d'une évolution qui nous mène de la tragédie humaniste à la tragédie pseudo-racinienne de l'abbé Nadal.

Mal dégagé encore de la forme médiévale, ou plutôt tiraillé entre le mystère et la tragédie humaniste qui prend corps au seizième siècle, Des Masures échoue dans une tentative de synthèse qui n'est qu'un compromis. Les *Tragédies saintes* qu'il présenta en 1566, *David combattant*, *David triomphant* et *David fugitif*, ne réussissent pas en effet à fondre dans une même unité le caractère 'épique' du sujet et la concentration de l'action autour de trois moments privilégiés qui fonde la structure de la trilogie. De plus, Des Masures, fasciné par le personnage 'sublime' de David, lui sacrifie son adversaire, en suivant lui aussi l'interprétation biblique habituelle d'une manière servile. Sa ferveur protestante l'entraîne même à expliquer la faute de Saül par la doctrine calviniste de la prédestination et du péché originel, et à voir en David l'ennemi et le vainqueur des catholiques. C'est dire que l'auteur, accablant

études de thèmes: essai de méthodologie, Situations 7 (Paris 1965), et une étude plus approfondie dans la thèse de M. A. Thiel, *La Figure de Saül et sa représentation dans la littérature dramatique française* (Paris, Amsterdam 1926); le développement qui suit doit beaucoup à cet excellent ouvrage.

Saül, accentue l'opposition entre le roi et son successeur, insiste sur la jalousie et sur la cruauté du premier, et le montre en définitive entièrement livré au pouvoir de Satan. Rien de surprenant dans cette interprétation à une époque où un autre auteur dramatique, J. de Coignac, représente Goliath comme l'incarnation du papisme opprimant les protestants.

Drame théologique, drame partisan, la trilogie de Des Masures, allant plus loin que la Bible, met l'accent sur la générosité et la clémence de David, et consacre sa sainteté. A peine la souffrance de Saül, le désespoir qui déchire l'âme du roi réprouvé, sont-ils évoqués en quelques vers, tandis que David, en paix avec le ciel, ne cesse d'entonner des chants d'actions de grâces.

Il revenait à Jean de La Taille, qui était tout le contraire d'un fanatique – nul n'a jamais su s'il était catholique ou huguenot – d'être le premier à donner une vie dramatique à l'histoire de Saül, et à la dégager de la théologie. Sa pièce, *Saül le furieux*, n'est que de peu postérieure à l'œuvre de Des Masures (elle fut imprimée en 1572). La coupe en cinq actes, le resserrement de l'action, qui commence la veille de la mort de Saül, tirent vers la forme classique un ouvrage qui reste encore fidèle à l'imitation de Sénèque; au moins est-ce un gage de force et de pathétique. L'ouvrage n'en manque pas, se voulant, à la manière des émules du Romain, le 'spectacle d'une belle misère'. Il y a là une approche du sujet et un angle de vue tout à fait nouveaux. S'efforçant de saisir la vérité de son héros, d'approfondir son portrait psychologique, Jean de La Taille passe tout naturellement de la compréhension à la sympathie. Il abandonne la perspective théologique, et n'en est que plus à l'aise pour développer l'aspect purement humain du drame. Pour la première fois, se trouvent exaltés l'angoisse du malheureux roi, son courage, son héroïsme, et même sa révolte. Le chœur a beau condamner les actes de Saül, et surtout son 'suicide', le monarque réprouvé de la Bible acquiert ici la noblesse d'un héros trop sévèrement frappé, qui attend vainement le pardon d'un Dieu méchant. Saül va jusqu'à reprocher à Dieu la mort de ses fils, et à la fin, David, qui ne joue dans le drame qu'un rôle épisodique, prononce l'éloge du roi mort. De l'affabulation de la pièce, deux traits sont à souligner, que retiendront les successeurs et qui pourront intéresser Voltaire. L'un appartient au domaine de la dramaturgie – du moins si l'on fait abstraction de sa portée religieuse: il s'agit de l'apparition de l'ombre de Samuel, évoquée par la pythonisse d'Endor. L'autre, de nature psychologique, touche au fond même de la tragédie: Saül, désobéissant aux commandements de Dieu, qui lui avait ordonné de massacrer sans aucune exception tous les Amalécites, épargne leur roi Agag. Cet acte de clémence, qui attire sur lui la vengeance divine, est rappelé et mis en relief; Saül ose se plaindre d'une telle injustice:

> O que sa Providence est cachee aux humains!
> Pour estre donc humain j'esprouve sa cholere,
> Et pour estre cruel il m'est donc debonnaire![53]

La tragédie de *David* par Montchrestien (1610) marque encore un pas en avant vers la désacralisation du thème. Dans la vie mouvementée de 'l'homme selon le cœur de Dieu', l'auteur retient l'épisode le plus pénible, celui qui servira précisément de base au réquisitoire de Voltaire. Peu sensible à l'aspect psychologique du sujet, et encore moins à sa portée théologique, Montchrestien développe en cinq actes l'adultère de David et de Bethsabée, et en fait un drame d'amour, où éclate, magnifiée par un langage précieux et alambiqué, la toute-puissance de la passion dans le cœur d'un roi qui oublie ses devoirs. Certes, David est présenté comme coupable; au cinquième acte, les prophéties de Nathan annoncent les malheurs dont Dieu frappera le roi adultère; certes David se repent à la fin, développant en beaux vers le 'Peccavi' de la Bible; mais la pièce, qui abonde en longues tirades et en monologues d'un lyrisme exalté, ainsi qu'en évocations mythologiques, est tout entière, par l'action et par le ton, un hymne à l'amour profane.

Dans la pièce de Claude Billard de Courgenay, *Saül*, qui, bien qu'elle date de la même année 1610, se rattache plutôt aux tragédies

---

[53] La Taille, *Saül le furieux*, éd. E. Forsyth (1968), v.311-13.

de la Renaissance, on ne retrouve pas la sympathie pour le héros qui donnait son caractère à l'œuvre de Jean de La Taille. La tragédie de Claude Billard souffre à la fois d'un excès de rhétorique et d'une excessive fidélité à la tradition: Saül est un orgueilleux qui a osé s'élever contre l'ordre de Dieu et qui reçoit sa juste punition.

Représenté en 1639, imprimé en 1642, le *Saül* de Du Ryer marque avec éclat l'adaptation du drame biblique au moule de la tragédie classique. Du Ryer utilise le même cadre et le même temps que son prédécesseur Jean de La Taille, mais avec beaucoup plus d'adresse et de force, abandonnant rhétorique et lyrisme pour privilégier l'action, accumulant les éléments spectaculaires (apparition de l'ombre, bataille du cinquième acte) avec beaucoup de réussite. Quant à Saül, il n'est plus le dément, le 'furieux' du seizième siècle; emporté par une fatalité plus forte que lui, résigné à son sort, il abaisse son orgueil devant Dieu; loin de se révolter, il cède au châtiment qui le frappe. Honnête, chevaleresque, père tendre, pécheur en proie aux remords, il accepte les coups qui le frappent avec un courage tout stoïcien. Personnage héroïque, mais humain, sachant souffrir sans blasphémer, Saül a conservé les traits sympathiques du héros de La Taille, tout en perdant la violence impulsive de ce dernier.

Dans l'exemplaire du *Saül* de Du Ryer que possédait Voltaire, un signet se trouve placé à la scène ii de l'acte III, au moment où Saül s'obstine à consulter un devin, malgré les arguments contraires de Jonathas. L'auteur nous montre un personnage tourmenté, réduit à l'impuissance, commettant malgré lui un sacrilège:

> Tu blâmes mon dessein, moi-même je le blâme,
> Il porte dans mon sein une juste terreur,
> Il me couvre de honte, il me comble d'horreur,
> Je reconnais mon mal, et ce qui m'en délivre;
> Bref je sais mon devoir, mais je ne puis le suivre;
> Un pouvoir que le mien ne saurait ébranler
> M'entraîne avec horreur où j'ai honte d'aller.
> Il faut, il faut aller, fût-ce à mon précipice.

Voltaire a pu marquer ce passage soit parce qu'il annonce la consultation de la pythonisse d'Endor, à laquelle il donnera lui-même, toutefois, une tonalité burlesque, en n'y voyant que charlatanisme, soit parce qu'il nous montre en Saül un homme déchiré et malheureux. A la scène viii, l'ombre de Samuel lui annoncera sa mort, celle de ses enfants et le règne de son rival David, en ajoutant:

> Souviens-toi des forfaits qui souillèrent ta vie
> Et tu verras l'horreur dont elle est poursuivie.

Saül mourra en s'écriant, à la dernière scène:

> Le Ciel m'a combattu, le Ciel m'a surmonté.

La pièce de Du Ryer eut du succès, et la figure tracée par lui s'imposa dans les mémoires. Puis les personnages bibliques se taisent pour un temps sur la scène classique, jusqu'au moment où, à l'imitation de Racine, quelques-uns de ses contemporains ou successeurs s'efforcent de ranimer les héros issus de l'Ancien Testament.

C'est ainsi qu'un nouveau *Saül* fut représenté, par les soins de l'abbé Nadal, en 1705. L'auteur moderne n'a pas de peine à surpasser son prédécesseur dans la fabrication d'une intrigue complexe et savamment nouée, inventant, pour les besoins de la cause, un personnage qui n'existe pas dans la Bible, afin de renforcer l'action secondaire que constituent les amours de David et de Michol, fille de Saül. Moins hardi cependant, il n'ose représenter sur la scène l'évocation de Samuel par la pythonisse – il reviendra à Voltaire d'imposer, plus tard, les ombres au théâtre; tout cet épisode est mis en récit. Quant au personnage principal, l'abbé Nadal pense qu'il est très conforme aux canons de la psychologie classique au théâtre: le sujet de *Saül*, comparable à celui d'*Œdipe*, présente toutes les qualités qu'Aristote demande pour la perfection du poème dramatique:

Saül, en effet, ne nous paraît d'abord ni juste ni méchant dans un souverain degré, et à ne regarder que dans une première vue ce qui a donné lieu à sa réprobation, il serait difficile de le condamner jusqu'à lui refuser sa pitié. Il entre même dans sa désobéissance je ne sais quelle religion et quelle vertu; et s'il tombe ensuite dans une infinité de crimes, c'est comme involontairement et comme emporté par l'effet d'une justice terrible. [54]

Sans doute David, qui est présent dans la pièce (non sans y créer quelque invraisemblance), se voit-il excusé et lavé de tout soupçon; sans doute apparaît-il comme un homme d'honneur, soucieux de sa 'gloire'; mais son adversaire n'en est pas pour autant diminué; l'auteur garde la balance égale entre les deux héros, qui se combattent, mais s'estiment à leur juste prix. Dans la perspective racinienne qui est celle de l'abbé Nadal, Saül est à peine coupable 'des vengeances du Ciel déplorable victime' (acte I, scène ii), comme le rappelle sa fille Michol. Son 'crime' consiste en un acte de clémence; il a sauvé Agag: 'Est-ce là le forfait qui vous trouble aujourd'hui?' Mais Saül doute, en butte à l'ambition de David et à la révolte du camp (acte I, scène iii):

> Des jugements d'un Dieu qui peut percer l'abîme?
> Cette même clémence à ses yeux est un crime.

Les paroles prononcées par l'ombre de Samuel, et rapportées à la scène ii de l'acte IV, confirmeront la vengeance divine:

> Du Dieu vivant la colère t'assiège
> Et ce sang qu'épargna ta pitié sacrilège
> [...]
> Sur le sang innocent doit même retomber.

La folie de Saül, ses soupçons envers David s'expliquent par cette crainte du courroux divin (acte IV, scène iv):

> Un esprit éternel de trouble et de ténèbres
> Sans cesse offre à ses yeux mille images funèbres.

Quand il se tue, à la dernière scène, il s'écrie:

---

[54] Nadal, *Œuvres mêlées* (Paris, Briasson, 1738), t.iii, Préface, s.p.

C'en est fait, l'Eternel est vengé
Ma faute est expiée et mon cœur soulagé.

Puis il recommande sa fille Michol à David et annonce, en quelque
sorte, l'avenir glorieux de son rival:

Sous la main qui m'accable, enfin, tremblez sans cesse
Seigneur, et profitant de cet exemple affreux,
Vivez aussi puissant et mourez plus heureux.

Malgré cette conclusion édifiante, le spectateur est moins pénétré
par la terreur sacrée que par la pitié pour un homme qui souffre sans
l'avoir pleinement mérité.

A ce point de l'évolution du personnage, nous pouvons dire,
avec M. A. Thiel: 'Ainsi donc l'idée de la faute et de la Providence
divine châtiant le coupable, source du tragique dans les pièces
étudiées jusqu'ici, s'est affaiblie de plus en plus depuis l'œuvre de
Des Masures où elle était dominante.'[55]

En passant du drame biblique à la tragédie classique, le sujet de
Saül et de *David* s'est dégagé de la théologie et progressivement
humanisé; c'est l'homme et non plus Dieu qui en est le protagoniste. Désormais sensible aux souffrances des héros, les dramaturges, en dépit du respect qu'ils professent pour les grandes leçons
de l'Ancien Testament, ramènent sur la terre le lieu de l'action et
tendent à en donner, parfois maladroitement, une interprétation
profane. D'où l'importance que prennent, dans la vie des héros, des
épisodes significatifs comme la clémence de Saül et l'adultère de
David, et, au niveau dramaturgique, l'évocation de l'ombre de
Samuel, qui apparaît plus, aux yeux des spectateurs modernes,
comme une machine de théâtre que comme la manifestation d'une
puissance surnaturelle.

Or ce sont là les trois 'situations' qui dominent toute la structure
de la pièce de Voltaire, les trois pointes de son schéma dramatique
(actes I, II, III). Faut-il en conclure que Voltaire a été influencé
directement par la tradition théâtrale qui le précédait? Ce serait

[55] Thiel, p.65.

sans doute imprudent; du moins convient-il de nuancer la réponse. On peut affirmer tout d'abord que Voltaire, dont la culture dramatique était quasiment universelle, n'était pas ignorant des œuvres de ses prédécesseurs, du moins en ce qui concerne Du Ryer et Nadal. La tragédie du premier est insérée dans une collection du *Théâtre français* qui faisait partie de sa bibliothèque;[56] quant à Nadal, Voltaire le connaissait de longue date, notamment pour avoir rompu quelques lances avec lui à propos de la *Mariamne* de l'abbé, en 1725; ce dernier avait pu aussi se rappeler à son attention en composant une virulente parodie de *Zaïre* (*Arlequin au Parnasse*, Comédie-Italienne, 1732); enfin nous savons que Voltaire possédait les *Œuvres mêlées* de Nadal (BV2544), comprenant un volume de théâtre, de cet écrivain de dixième ordre.[57] Cependant, aucune allusion précise, aucun témoignage direct de Voltaire ou d'autres ne permet de conclure que Voltaire se soit inspiré, de près ou de loin, de modèles appartenant à la littérature dramatique. Au demeurant, faut-il le répéter encore, le propos de Voltaire était tout autre. Bornons-nous donc à dire que Voltaire, en se donnant pour fin d'écrire une espèce de parodie de la Bible, se trouvait amené, dès l'abord, à désacraliser l'histoire sainte, pour la ramener à des proportions humaines; dans cette visée, il ne pouvait que rencontrer le courant représenté par les auteurs tragiques qui depuis longtemps avaient fait porter l'éclairage, non plus sur la présence du divin, mais sur les actes et les sentiments des hommes. Il est évident que Voltaire incline ici tout à fait naturellement à rejoindre une attitude préexistante, sans pour autant en avoir conscience, et sans avoir besoin de suivre personne dans un

---

[56] BV3270. La tragédie de Du Ryer se trouve au tome iii de la collection citée. Le signet se trouve p.156-57.

[57] Nadal avait attribué l'échec de sa *Mariamne* à une cabale montée par Voltaire et avait dirigé ses attaques contre Thiriot. Aussi Voltaire lui a écrit sous le nom de Thiriot, en ironisant méchamment sur ses pièces à sujet biblique: 'Quelques mauvais plaisants qui se ressouvenaient que vous étiez l'auteur des Machabées, d'Hérode et de Saül, disaient que vous aviez mis l'Ancien Testament en vers burlesques; ce qui est véritablement horrible et scandaleux' (20 mars 1725, D226).

mouvement qui d'ailleurs l'entraîne infiniment plus loin, et sur d'autres chemins que ceux qui ont frayé la voie.

Au reste, la tradition dramatique ne s'arrête pas à l'abbé Nadal. Il existe à la Bibliothèque nationale de France plusieurs manuscrits de tragédies de *Saül* (qui n'offrent pas le moindre intérêt); la Bibliothèque Mazarine en possède également un. En ce qui concerne David, outre un *David sacré par Samuel*, dont on n'a conservé que le programme, les contemporains de Voltaire ont pu entendre parler – en dépit de leur caractère confidentiel – de deux œuvres mineures, qui portent sur le même sujet, et dont Voltaire a peut-être eu connaissance.

Ces deux tragédies seraient sans doute tombées dans l'oubli sans cette mauvaise langue de Grimm. C'est lui qui, dans sa *Correspondance littéraire*, en date du 1er août 1755, raconte tout du long la piquante histoire du curé de Mont-Chauvet en basse Normandie, l'abbé Petit, lequel, se prenant pour un émule du grand Corneille, vint solliciter un jour l'avis de Diderot et de ses amis. [58] 'Phénomène littéraire' qui donna lieu à l'un de ces 'canulars' auxquels aimait à se livrer la compagnie du 'philosophe de la montagne', surtout quand il s'agissait de s'amuser pendant les jours gras, comme ils en éprouvèrent l'envie en l'an 1754. Comment le pauvre abbé fut loué, encensé, critiqué le plus sérieusement du monde, et enfin berné par les joyeux philosophes, c'est ce qui n'importe guère ici. Toujours est-il que le chef-d'œuvre de l'abbé Petit fut imprimé la même année, peu de temps après cette mémorable lecture, sous le titre de *David et Bethsabée*: c'est en effet l'épisode le plus scabreux de la vie de l'oint du Seigneur qui avait sollicité la muse du curé de Mont-Chauvet; celui-ci n'en resta pas là, puisqu'il fit encore paraître, l'année suivante, une seconde tragédie, *Balthazar*. On ne trouve aucune allusion à cette aventure dans la correspondance de Voltaire; il semble pourtant improbable qu'il n'en ait pas eu vent, par le canal d'un quelconque de ses amis parisiens.

L'autre tragédie parut, coïncidence amusante, en même temps

---

[58] Grimm, *Correspondance littéraire*, iii.59-71.

que le *Saül* manuscrit de Voltaire, et Grimm en rend compte dans l'article de sa *Correspondance litteraire* daté du 1ᵉʳ mai 1763, où il parle aussi de la facétie voltairienne, non sans évoquer le souvenir de l'abbé Petit:[59]

Il ne faut pas confondre avec l'auteur de la tragédie de *Saül* un avocat qui vient de faire imprimer une tragédie de *Judith* et une autre de *David*.[60] Cela n'est pas assez bête pour être plaisant, cela n'est que plat. La tragédie de *David et Bethsabée*, dont le curé de Mont-Chauvet en Normandie nous fit présent il y a dix ans, était bien autrement plaisante. On ne soupçonnera point notre avocat de malin vouloir; cependant sa tragédie de *David* pourrait servir comme pièce justificative à la tragédie de *Saül*. Elle commence par le récit du viol de Thamar, que cette innocente colombe fait elle-même à son frère Absalon, qui, dans un premier mouvement d'indignation, couche avec toutes les femmes de son père.

Et Grimm ne manque pas de piquer malicieusement une citation de la pièce, dont Voltaire aurait pu en effet se prévaloir:

L'Homme selon le cœur de Dieu y fait assez ingénument son portrait, qui n'est pas flatté:

> Ton bras, ô Dieu puissant! s'appesantit sur moi;
> J'ai semé le scandale et méprisé ta loi:
> Des rois j'ai profané l'auguste caractère;
> Je confesse mon crime. Assassin, adultère,
> Faux et perfide ami, par les plus noirs forfaits
> J'ai reconnu tes dons et payé tes bienfaits (II, ii).

Au demeurant le plus joli garçon du monde.

Fréron, qui prend la peine d'analyser la pièce dans l'*Année littéraire*,[61] l'exécute en quelques mots: 'Nul caractère, nulle énergie, nul talent.' Aussi faible qu'elle fût, la pièce témoignait cependant d'un certain changement dans l'opinion, et apportait de l'eau au moulin de Voltaire.

---

[59] *CL*, v.281.
[60] Amsterdam et Paris, Guillyn, 1763, in-12. L'auteur était un certain Lacoste.
[61] Lettre 8, 17 mars 1763.

Inclinant, d'un strict point de vue littéraire et moral, à une interprétation plus humaine et plus équitable des faits, Voltaire adopte, à l'égard de la tradition religieuse, une attitude radicalement hostile.

Voltaire tient le texte biblique pour suspect, et, d'instinct (avant d'en faire une méthode), il s'efforce de trier les éléments légendaires et les éléments historiques du récit ancien. La légende flatte David, l'histoire justifie Saül. Indifférent aux symboles christologiques, soucieux de 'vérité', l'historien Voltaire rétablit les faits. Samuel est un 'fanatique', de l'espèce de Mahomet; il complote contre son roi, en s'alliant à son adversaire, au nom du Seigneur, dont il prétend connaître les volontés; quant à l'image idéalisée du jeune héros cruellement persécuté par le roi jaloux de son succès, épargnant son ennemi quand il le tient en son pouvoir, et pleurant sa mort, elle devient, réduite à sa vérité 'historique', celle d'un traître, d'un rebelle ambitieux, parcourant le pays à la tête de cinq cents brigands 'perdus de dettes et de débauches', trompant son protecteur, traitant les riches paysans, comme Nabal, en seigneur de la guerre, tout prêt enfin à trahir son pays.

Désacralisant, démythifiant un texte qu'on prétend révélé, Voltaire met l'accent sur ses invraisemblances.[62] La 'grandeur' de David et des 'roitelets' qui lui succédèrent est ramenée à sa juste dimension. Le critique met à profit les contradictions entre les différents livres (Rois et Paralipomènes) pour souligner les évaluations fantaisistes de la population d'Israël et de la fortune que David aurait laissée à Salomon. Il ridiculise enfin les prophéties (ce ne sont que 'vapeurs'), et raille les miracles par l'intermédiaire de la pythonisse d'Endor, qui prétend soumettre les lois naturelles aux pouvoirs de la sorcellerie – n'entre-t-elle pas en scène avec un balai entre les jambes?

L'histoire de Saül et de David apparaît ainsi au philosophe comme un moyen privilégié de mettre en lumière les truquages et les absurdités du texte biblique. Voltaire ne trouvera pas de

---

[62] Voir Bertram Eugene Schwarzbach, *Voltaire's Old Testament criticism* (Genève 1971), p.95 et suiv.

meilleur terrain pour attaquer l'Ancien Testament et prendre ainsi
le contrepied de la tradition chrétienne.

2. *Un thème voltairien*

Victime de la méthode de classement suivie par Moland dans son
édition des *Œuvres*, *Saül* reste méconnu, sinon inconnu des
lecteurs de Voltaire. Assez arbitrairement rangé dans le *Théâtre*,
il n'intéresse que peu les spécialistes de l'art dramatique, enclins à
négliger une bouffonnerie bizarre, qui de surcroît n'était pas
destinée à la scène. Inversement, ceux qui s'attachent à l'étude
des pamphlets ou facéties visant, avec d'autres œuvres plus
importantes, à 'écraser l'infâme', et qui emplissent les dix volumes
de *Mélanges* de l'édition Moland, omettent parfois de se reporter
au tome v – tome iv du *Théâtre* – où cette 'tragédie' d'un genre très
particulier se trouve reléguée, loin des ouvrages qui lui sont à la
fois contemporains et consubstantiels.

Et pourtant le sujet de *Saül*, beaucoup plus étendu que le titre ne
le laisserait supposer, puisqu'il inclut aussi toute l'histoire de
David, reflète une des préoccupations majeures de Voltaire, et
constitue peut-être son terrain de prédilection dans le combat
qu'il livra pendant plus de vingt ans contre la tradition biblique.
Il suffit, pour s'en convaincre, de procéder à une étude thématique
de la cinquantaine de textes consacrés pendant cette période à la
critique de la Bible; ce travail a été mené à bien, dans un article très
documenté, par Arnold Ages.[63] Il en ressort qu'en ce qui concerne
l'Ancien Testament, les thèmes qui reviennent le plus souvent sous
la plume de Voltaire sont précisément ceux qui sont liés aux
épisodes les plus marquants des règnes de Saül et de David, si l'on
met à part les réflexions sur Moïse et sur les livres qui lui sont
attribués. A l'exception des histoires du prophète Osée, d'Oolla et
Ooliba, les deux prostituées, et de la tartine puante d'Ezéchiel, les

---

[63] A. Ages, 'Voltaire's biblical criticism: a study in thematic repetitions', *SVEC*
30 (1964), p.205-21.

allusions les plus fréquentes concernent le meurtre du roi Agag par Samuel, l'apparition de l'ombre de ce prophète, lors de la consultation par Saül de la pythonisse d'Endor, la conduite équivoque de David envers le roi Achis, son adultère avec Bethsabée suivi de l'assassinat de son mari. Ces faits constituent précisément les supports de l'action de *Saül*. Nous verrons dans les notes les nombreux développements suscités par ces sujets dans d'autres œuvres.

Car d'une manière générale, Voltaire s'est beaucoup intéressé à la période relatée dans les deux livres de Samuel et les deux livres des Rois (correspondant pour lui aux quatre livres des Rois), ainsi que dans les Chroniques. Il y fait ample moisson d'assassinats sacrés, de massacres et de meurtres divers, comme en fait preuve l'article 'Histoire des rois juifs, et Paralipomènes' du *Dictionnaire philosophique*. Or en se limitant à l'histoire des deux premiers rois et aux débuts du troisième, il peut déjà successivement montrer les meurtres d'Agag, d'Abner, d'Isboseth, d'Urie, d'Amnon, d'Absalon, de Joab, de Séméï, d'Adonias. Il peut mettre en lumière, avec l'épisode d'Agag, l'existence, chez les Juifs, de sacrifices humains, tout autant qu'avec l'histoire de la fille de Jephté. Il peut développer, avec l'adultère Bethsabée, le thème de l'impureté des femmes dont on fait descendre le Christ, tout aussi bien qu'en évoquant Rahab la prostituée. *Saül* tient donc une place privilégiée dans la stratégie voltairienne. Cette pièce permet à son auteur de concentrer en une œuvre unique, cohérente et suivie, la plupart des traits dont il accable l'Ancien Testament. Or, on sait combien le polémiste du *Sermon des cinquante* ou des *Questions de Zapata* apprécie les effets de masse.

Au reste, si l'on fait abstraction du Pentateuque, de toute la période qui va de la Genèse à l'établissement des Juifs sur la Terre promise, ce moment de l'histoire du peuple élu présente une particulière importance. C'est l'époque à laquelle, las du gouvernement des juges, les Israélites réclament un roi, au risque de déplaire à la divinité qui les protège et qui les guide, passant ainsi d'une longue théocratie au régime monarchique. Premier roi d'Israël,

Saül faillit à sa mission. Mais son successeur, David, réussit à concilier l'obéissance au maître divin et les exigences du gouvernement. Il est, et sait rester 'l'homme selon le cœur de Dieu', fait de Jérusalem sa capitale, laisse à son fils Salomon le soin – et les moyens – de bâtir le Temple. Surtout, il engendre une descendance dont, plus tard, naîtra le Christ. Par ses actes mêmes, il annonce Jésus. D'où la prééminence des deux livres de Samuel, entièrement occupés par l'histoire de Samuel, de Saül et de David,[64] où Voltaire trouvait suffisamment de matière, dans le domaine religieux comme dans le domaine politique ou moral, pour alimenter une insatiable machine de guerre.

L'intérêt de Voltaire pour la Bible date de son adolescence. Son éducation religieuse le familiarise avec l'Ecriture sainte, dont la connaissance, à cette époque, fait partie du bagage culturel de tout homme passablement instruit. En outre, au collège Louis-le-Grand, Voltaire a pu voir représenter plusieurs tragédies bibliques: un *Jonas*, un *Josephus Aegypti praefectus*, un *Josephus venditus*, un *Josephus agnoscens fratres*, et même un *Saül*.[65]

Dès lors, le Livre sacré est pour Voltaire un compagnon qui ne le quitte plus tout au long de son 'pèlerinage' à travers l'existence. Bien avant qu'il ne songe à s'y intéresser d'un point de vue critique et philosophique, il en fait, pour son usage personnel, une source de lectures assidues, et de réflexions morales qui s'expriment, à partir des années 1730 surtout, à travers les nombreuses citations contenues dans la correspondance. Il peut même tirer des maximes de portée universelle des Psaumes, des Proverbes et de l'Ecclésiaste.[66] Mais il fait également des réminiscences bibliques un usage ludique, puis de plus en plus souvent polémique.[67]

[64] La mort de David n'intervient en fait qu'au chapitre ii du premier livre des Rois.
[65] René Pomeau, *La Religion de Voltaire* (Paris 1969), p.45.
[66] Voir Ages, 'Voltaire and the Old Testament: the testimony of his correspondence', *SVEC* 55 (1967), p.43-63.
[67] Voir M.-H. Cotoni, 'Présence de la Bible dans la correspondance de Voltaire', *SVEC* 319 (1994), p.357-98; et François Bessire, *La Bible dans la correspondance de Voltaire*, *SVEC* 367 (1999).

Vu les nombreuses références données dans les notes, nous n'analyserons pas ici en détail les ouvrages où, la critique biblique étant prépondérante, on trouve des échos de tel ou tel passage de *Saül*. Rien d'étonnant à rencontrer dans le *Dictionnaire philosophique*, *La Philosophie de l'histoire*, l'*Examen important de milord Bolingbroke*, dans les *Questions de Zapata*, dans *Dieu et les hommes* qui reprend des passages de l'*Examen*, dans *La Bible enfin expliquée*, où l'histoire de Samuel, de Saül et de David occupe quarante-cinq pages sur trois cents de l'édition Moland, des critiques comparables à celles de l'œuvre théâtrale. D'ailleurs Voltaire, pour faire bonne mesure dans sa démarche polémique, parsème sa pièce d'allusions critiques à d'autres passages de l'Ancien Testament, comme la rivalité des magiciens de Pharaon avec Moïse, ou l'histoire de Samson. Les rapprochements possibles seraient donc sans fin, et nous avons préféré les disperser dans les notes. Mais nous allons mentionner les premières marques d'intérêt pour la période des Rois, avant d'évoquer les œuvres antérieures à *Saül*, traitant de l'Ancien Testament, qui énoncent déjà les critiques dans leur ensemble. Nous ne négligerons pas les ouvrages portant sur d'autres thèmes, où l'apparition des personnages bibliques est plus inattendue, mais parfois révélatrice de certaines orientations de l'auteur. Enfin nous ne pourrons omettre de rappeler rapidement l'accumulation de textes postérieurs à *Saül*, où l'insistance de Voltaire sur le même sujet va jusqu'au rabâchage.

Les *Notebooks* révèlent que Voltaire s'est intéressé très tôt à certains épisodes de la vie de David. Le *Cambridge notebook*, rédigé à partir de 1727, contient une copie d'un poème satirique anglais, répandu dans de nombreuses collections privées, qui relate en trente-cinq vers la rencontre et les relations de David et Bethsabée. En voici le début:

> 'Twas in the merry month of May
> That Good King David on a day
> Was walking on his terrass
> From whence he spyed fair Bethsabea

Washing of her bare arse.
The more he look'd the more he liked...[68]

Les *Leningrad notebooks*, par ailleurs, rédigés de 1735 à 1750, mentionnent déjà les 'assassinats sacrés': 'Judith assassine Holopherne, Aod le roi des Philistins, Samuel le roi Agag prisonnier de Saül.'[69]

Dès 1738, la correspondance montre également que l'histoire des rois juifs est assez familière à Voltaire pour qu'il y fasse allusion par jeu. Déjà, il souligne des traits essentiels et peu flatteurs quand il ébauche un portrait du roi David, dans une lettre au prince royal de Prusse. Après avoir remercié et loué son correspondant pour une Epître qu'il lui a envoyée, il ajoute, en effet: 'Il n'est pas bien sûr que Moïse soit l'auteur de deux beaux cantiques, ni que le meurtrier d'Urie, l'amant de Bethzabée, le roi traître aux Philistins et aux Israélites, etc. ait fait ses psaumes; mais il est sûr que l'héritier de la monarchie de Prusse fait de très beaux vers français' (D1430). La comparaison sera renouvelée, entre Frédéric II et 'ce roi berger, et poète et soldat', en juillet 1742, à l'avantage du premier, évidemment; mais l'écrivain y ajoute une allusion aux effets des sons de la lyre sur 'la rigueur intraitable' de Saül (D2627), qui sera reprise dans sa pièce. En juin 1740, lors de l'avènement de Frédéric, Voltaire avait soulevé ironiquement la question de l'onction, ajoutant: 'Je sçai bon gré à Samuel d'avoir versé de l'huile d'olive sur la tête de Saül puisque les oliviers étaient fort communs dans leur pays' (D2240). On sait que ce geste, détaché de toute signification symbolique, deviendra un sujet de plaisanterie dans son œuvre polémique.

Ces allusions confirment que l'étude approfondie des textes bibliques date de la période de Cirey. Nul doute que les terribles histoires des rois d'Israël aient particulièrement préoccupé les commensaux de la marquise Du Châtelet, lisant chaque matin, pendant le déjeuner, si l'on en croit la *Correspondance littéraire* de

---

[68] *OC*, t.81, p.74-76. On trouve le même texte, avec de légères différences, p.242-43.
[69] *OC*, t.82, p.610; cf. *OC*, t.81, p.401.

Grimm, 'un chapitre de l'Histoire Sainte, sur lequel chacun faisait ses réflexions' (xi.348). Mme Du Châtelet, auteur d'un *Examen* des deux Testaments, dont nous reparlerons, exploite le *Commentaire littéral*, source inépuisable d'érudition. Voltaire participe activement aux travaux de la compagnie, prend des notes, engrange des souvenirs qui lui serviront, plus tard, pour ses œuvres de combat, et commence à rédiger des textes qui constitueront les premières escarmouches.[70]

Ainsi 'Des Juifs', publié en 1756 mais composé à Cirey, comme le prouve la documentation réunie par Voltaire au début des années 1740, comporte déjà, malgré son apparente neutralité, des critiques et des dénonciations que nous retrouverons plus tard: l'auteur affirme qu'on immolait, chez les Juifs, ceux qu'avait frappés l'anathème, comme le montre l'exemple d'Agag 'que le prophète Samuel coupa par morceaux' (M.xix.513). Il émet des doutes sur la puissance de Saül, le premier roi, puisqu'il n'avait, dans toute son armée, qu'une épée et une lance. En conséquence les chiffres des immenses richesses du troisième roi, Salomon, paraissent bien suspects. L'auteur ne manque pas de rappeler, simultanément, ses sept cents femmes et trois cents concubines. Il reviendra, en une boutade, dans la *Défense de milord Bolingbroke* (1752), sur les concubines de David et de Salomon.

Or, également en 1752, à Berlin, le *Sermon des cinquante* circulait au moins en manuscrit, même si les premières éditions ne datent que de 1762.[71] Malgré sa concision, ce texte dénonce déjà tous les

[70] Voir René Pomeau, *La Religion de Voltaire*, 2e partie, ch.3, 'L'examen de la Bible'.

[71] Sur les hypothèses concernant ce texte et son histoire, voir Jan Lavicka, 'La genèse du *Sermon des cinquante*', *SVEC* 256 (1988), p.49-82; Patrick Lee, 'The textual history of Voltaire's *Sermon des cinquante*', *SVEC* 304 (1992), p.1080-83, et, du même, 'The publication of the *Sermon des cinquante*: was Voltaire jealous of Rousseau?', *Voltaire et ses combats* (Oxford 1997), i.687-94. L'auteur, qui a localisé douze manuscrits, se réfère à divers témoignages montrant que ce texte était connu en 1752 et 1753; et il indique que c'est à lui et non à l'*Anti-Sénèque* de La Mettrie que Voltaire faisait allusion dans ses lettres de mai-juin 1752 en parlant d'une 'espèce de sermon philosofique' courant à Berlin, manuscrit et imprimé (D4900 et D4921).

crimes commis par Samuel, Saül et David contre la charité, la bonne foi et la raison. Le prédicateur de ce *Sermon* s'indigne contre une histoire qui n'est qu'un 'tissu de meurtres, de vols d'assassinats, d'incestes' en précisant que 'le premier roi juif renouvelle la coutume d'immoler des hommes', puisqu'il aurait sacrifié son fils si le peuple ne s'y était pas opposé. Il cite ensuite 'l'action la plus détestable et la plus consacrée', le meurtre d'Agag. Il énumère enfin les méfaits du 'saint roi David', à l'égard de Nabal, d'Achis, d'Urie, qui ne l'empêchent pas de devenir 'l'aïeul de Dieu', alors qu'il est puni pour la seule action sage qu'il ait faite, le dénombrement de son peuple (M.xxiv.442-43).

Les principaux éléments de la pièce sont déjà là avec leur couleur propre. L'Ancien Testament apparaît comme une farce sanglante. Saül et David sont parfois risibles et le plus souvent odieux. Il suffira de les montrer tels qu'ils sont, tels, du moins, que Voltaire les voit, avec leurs 'barbaries sans nombre', leurs meurtres 'toujours mêlés de contes ridicules', mais où le ridicule 'est toujours sanguinaire' (M.xxiv.444).

Toutefois, si ces personnages bibliques sont plutôt atroces d'après le *Sermon des cinquante*, le lecteur de *La Pucelle* les découvre çà et là sous un jour étrangement bouffon. On peut être surpris de les voir surgir de façon épisodique dans ce poème burlesque auquel son auteur a travaillé à partir de 1730, et pendant une trentaine d'années. Ainsi quelques vers du chant II racontent comment David épargna Saül (vers 308-309):

> Et lui pouvant ôter très bien la vie,
> De sa chemise il lui coupa partie.

Le chant IV montre la sorcière d'Endor montée sur un balai, qui fait voir 'l'âme d'un revenant' au 'preux Saül' (vers 544-47). Le chant XII convoque rapidement 'la belle Bethsabée', David et son sérail, ainsi que 'son vaillant fils', Absalon (182-87). Ce même chant rappelle les 'trois cents maîtresses' de Salomon, ou les 'sept cents', selon les éditions (199). Et Voltaire s'amuse à ajouter une note mentionnant un oubli de 'trois cents femmes' (ou sept cents), en indiquant: 'Mais en cela nous ne pouvons qu'applaudir à la retenue de l'auteur et à sa sagesse.'[72] Enfin, même l'horrible sacrifice humain est raconté, au chant XVI, de façon burlesque (132-35):

> Et Samuel qui d'une main divine
> Prend sur l'autel un couteau de cuisine
> Et bravement met Agag en hachis
> Car cet Agag était incirconcis.

Là encore, nouvelle note de Voltaire, ajoutée en 1762: 'Samuel coupa en morceaux le roi Agag que Saül avait mis à rançon.'[73]

Le côté burlesque de *Saül* s'explique mieux quand on a à l'esprit ces brèves évocations dans *La Pucelle*. Il faut faire rire de ce qu'on doit juger invraisemblable. Voltaire applique à l'Ecriture la raillerie qui, depuis longtemps, s'exerçait aux dépens de la mythologie païenne. Mais le rire n'a plus alors la seule fonction ludique inhérente à un simple exercice littéraire. Il s'accompagne d'une visée démystificatrice et subversive. Ainsi s'expliquent, dans *Saül*, la réécriture, la parodie, l'invention de scènes triviales entre les femmes de David. Cependant, par moments, l'auteur, saisi d'horreur s'il pense aux crimes commis par l'Infâme, est tenté de prendre au sérieux les précédents bibliques, de réexaminer gravement une histoire qui est à l'origine du christianisme: il ajoute alors une note 'historique' à *La Pucelle* et il infléchit ses polémiques bibliques en gommant les joyeusetés pour souligner les atrocités.[74]

'On est tantôt en colère, et on a tantôt envie de pouffer de rire quand on lit l'histoire des Hébreux', écrira Voltaire à Moultou, le 9 janvier 1763 (D10897). L'hésitation entre le tragique et le burlesque explique la réapparition de David et Bethsabée, après tant d'indignation exprimée à leur propos, du *Dictionnaire philosophique*

---

[72] *La Pucelle*, *OC*, t.7, p.455.

[73] *Ibid.*, p.510.

[74] Il semble de même que, sommairement, la présence de la Bible dans la correspondance de Voltaire tient d'abord du jeu culturel, avant d'avoir une fonction polémique, surtout dans les lettres écrites de Ferney.

à l'*Examen important*, dans l'épopée héroï-comique de *La Guerre civile de Genève* (1767). Dès le premier chant, l'auteur s'amuse à rapprocher l'aventure de Robert Covelle et de Catherine Ferboz de ces illustres personnages de l'Ecriture:

> Ainsi David vainqueur du Philistin,
> Vit Bethsabée; et lui planta soudain,
> Sans soupirer, dans son pudique sein
> Un Salomon, et toute son engeance. [75]

La *vis comica* l'emporte ici, de toute évidence, sur le souci de vérité historique, puisque l'auteur sait bien que le châtiment divin s'exerça sur David par la mort de son premier enfant, et que Salomon fut engendré plus tard.

Mais, quelles que soient les variations postérieures, déjà au seuil de 1762, ému dans sa sensibilité par les réminiscences des massacres et supplices bibliques, tout autant qu'amusé par le merveilleux et les prodiges invraisemblables des récits, Voltaire porte en lui *Saül*. Il en a assimilé la fable, il a refait à son usage l'histoire de ces deux rois, rejetant, au crible de son examen, le surnaturel et l'héroïque, ne retenant que le vulgaire, l'odieux et l'absurde. Dans la *Lettre de M. Clocpicre à M. Eratou sur la question si les Juifs ont mangé de la chair humaine, et comment ils l'apprêtaient*, l'auteur, dans ce même temps, établit un lien entre sacrifices humains et anthropophagie, et il traite un sujet horrible sous un titre bouffon.

Les circonstances, une nouvelle orientation de ses activités, les hasards d'une lecture, vont l'inciter à satisfaire la profonde envie qui le tient depuis quelques années de faire monter Samuel, Saül, David et consorts sur des tréteaux imaginaires, où ils seront à même de jouer leurs rôles de pantins grotesques.

Voltaire commence pourtant l'année 1762 dans des préoc-cupations qui semblent l'éloigner de l'Infâme. Toujours attelé au grand œuvre, l'édition de Corneille assortie de ses commentaires, il y travaille avec beaucoup de suite, sinon d'enthousiasme. Il

---

[75] Vers 68-71, *OC*, t.63A, p.82.

continue à se passionner pour le théâtre, s'intéresse, pour s'en irriter, à la réunion du Théâtre Italien et du Théâtre de la Foire, suit de près les représentations à Paris, sous le titre de *L'Ecueil du sage*, de son *Droit du seigneur*, publie l'*Eloge de Crébillon*, et surtout use ses forces et ses yeux à reprendre éternellement, corriger et rapetasser ce *Cassandre*, qui deviendra *Olympie*. Il prend aussi le temps d'être malade, de recevoir Lekain, d'animer le théâtre de Ferney, de se remettre à l'espagnol, pour traduire 'l'*Héraclius*' de 'Scaramouche-Calderon' – sans oublier d'égratigner son compère, 'Gilles-Shakespeare' – de bâtir un parc d'une lieue de circuit, de poursuivre son 'Essai sur l'histoire générale', ses recherches sur Pierre le Grand, de critiquer l'*Emile* et son auteur, de discuter des mésaventures des jésuites, de songer à l'établissement de mademoiselle Corneille.

Cependant la guerre sévit toujours, cette guerre de Sept ans qui va bientôt, enfin, s'achever, non sans lourdes pertes pour la France. Voltaire gémit sur les défaites des Welches, sur la perte de la Martinique; le vieil homme est bien affligé des butorderies de cet univers; il n'est pas loin de penser comme d'Alembert: 'Quel atroce et ridicule monde que ce meilleur des mondes possibles!' (D10398). Enfin, la nouvelle du supplice de Calas vient, dès le mois de mars, aigrir sa bile et le confirmer dans sa volonté de lutter contre le fanatisme. Bouleversé par tant d'injustice, déçu par les hommes et désespérant du progrès, malade et amer, le philosophe est tout près de céder au découragement; il écrit à Fyot de La Marche, le 25 avril 1762: 'Si mon mal de poitrine me joue un mauvais tour, je partirai ayant vu honnêtement d'horreurs dans ce monde. L'avanture des jésuites pourait être consolante, mais on va être livré aux jansénistes, qui ne valent pas mieux. Je ne sçais quel est le plus grand fléau du fanatisme, de la guerre, de la peste, et de la famine' (D10427).

Mais le vieux lutteur reprend vite le dessus, et repart à l'attaque. On le voit occupé, dans les mois qui suivent, à répandre le *Sermon des cinquante* et le *Testament de Jean Meslier*; il dit à Damilaville, en septembre: 'Je désire chrétiennement que le testament du curé se multiplie comme les cinq pains, et nourrisse les âmes de quatre à cinq mille hommes; car j'ai plus que jamais l'infâme en horreur' (D10698).

Son activité redouble, il gourmande sans cesse ses 'frères', accusés de lenteur, de tiédeur ou de paresse. Surtout il travaille de plus en plus à ce qui va devenir 'l'affaire Calas'. Son 'roué' l'afflige maintenant bien plus que la Martinique. A partir du mois de mai, il ne vit plus que pour Calas; presque toutes ses lettres ont rapport à la défense de la malheureuse famille. Les missives se font de plus en plus pressantes et détaillées. Après l'*Extrait du Testament de Jean Meslier*, il ne s'occupe plus que de ses persécutés (*Mémoire de Donat Calas*; *Pièces originales concernant la mort des sieurs Calas*; *Requête au roi en son conseil*). Tendu vers le but à atteindre, il se livre tout entier à son obsession: écraser l'infâme, détruire cette religion qui a fait tant de mal, lutter contre le fanatisme. C'est dans cet état d'âme, mobilisant toutes ses forces, que Voltaire travaille à *Saül*, au *Traité sur la tolérance*, et au *Catéchisme de l'honnête homme*. C'est *Saül* qui sera diffusé le premier: il court en manuscrit dès la fin de l'année 1762.

Cependant, pour violente qu'elle fût, cette éruption de colère et d'ironie mordante ne calma point le philosophe; David et Saül continuèrent à le tourmenter, excitant sa hargne et son dégoût, et réveillant son ardeur à lutter contre l'Infâme. Dans le cadre de la bataille antibiblique qui ne se terminera qu'à sa mort, mais que des scandales judiciaires comme le supplice du chevalier de La Barre rendront, par moments, plus acharnée, les différents thèmes traités dans *Saül* n'ont pas fini de lui fournir des armes.

On peut constater que le philosophe reste, au fil des années, assez imprégné par ces textes pour les mêler à l'actualité, dans ses lettres, comme s'il s'agissait d'événements encore proches. 'Il ne faut pas ressembler au bon roi David qui pillait également les Juifs et les Philistins', conseillait-il en octobre 1760 à un correspondant inconnu (D9316). Evoquant la peste qui menace Constantinople, il écrira à Catherine II, le 6 novembre 1770: 'Il faut que Moustapha ait fait le dénombrement de son peuple; car Dieu d'ordinaire envoie la peste aux rois qui ont voulu savoir leur compte. Il en coûte soixante et dix mille Juifs au bon roi David, et il n'y avait pas grande perte' (D16747). Un an plus tard, comme on parle aussi de disette, il se réfère aux mêmes versets, auprès de la même correspondante: 'C'en serait trop que d'éprouver à la fois les trois faveurs dont le prophète Gad en donna une à choisir à votre prétendu petit confrère David, pour avoir fait le dénombrement de sa chétive province' (D17443). Même réminiscence quand il écrit à Pierre-Michel Hennin en 1772: 'Nous n'aurons donc point la peste comme le bonhomme David' (D17540). Sa familiarité avec l'Ecriture le porte aussi aux calembours. En mars 1763, il affirme aux d'Argental: 'Tous ces David me déplaisent, à commencer par le roi David, et à finir par David le libraire' (D11116). Beaucoup plus tard, en février 1774, il présentera La Harpe ainsi à d'Alembert: 'ce jeune homme qui porte le nom de l'instrument du roy juif' (D18819). C'est dire combien les épisodes bibliques sont, en toute circonstance, présents à son esprit.

Aussi évoque-t-il à nouveau l'assassinat d'Agag quand il lutte contre la barbarie en écrivant son *Traité sur la tolérance*, même si sa stratégie l'amène alors à trouver également des exemples de tolérance chez les Juifs et chez leur Dieu. Aussi répète-t-il brièvement dans *Le Catéchisme de l'honnête homme* que 'l'histoire des Rois est un tissu de cruautés et d'assassinats qui fait saigner le cœur' (M.xxiv.527), où l'abomination le dispute à l'invraisemblance. Mais c'est évidemment dans des sommes comme le *Dictionnaire philosophique* que la passion le dressant contre un dieu tribal, qui ne correspond en rien aux exigences de sa raison et de sa morale, et contre un peuple ignorant et barbare qui prétend être, dangereusement, le peuple élu, va l'amener à ressasser les mêmes exemples.

Sans redonner ici les précisions que le lecteur trouvera dans les notes, mettons en lumière quelques répétitions significatives. En 1764, l'article 'Fanatisme' lie cette 'maladie épidémique' aux exemples sanguinaires donnés par Aod, Judith, Samuel.[76] Dans

---

[76] *Dictionnaire philosophique*, *OC*, t.36, p.109.

la même édition, 'Histoire des rois juifs, et Paralipomènes' revient sur les contradictions des livres bibliques mentionnés, sur les positions antimonarchistes du prophète Samuel et surtout sur les si nombreux assassinats perpétrés au temps des Rois. 'Jephté', la même année, rappelle également le meurtre d'Agag par Samuel, évoqué aussi dans la sixième question de 'Religion'. En 1765, 'Philosophe' résume en quelques lignes les horribles méfaits de David, qui seront plus longuement analysés en 1767, dans l'article consacré au roi juif. 'Salomon', dans l'édition Varberg de 1765, avant d'indiquer les invraisemblances de certains récits qui le concernent et de dénoncer sa propre responsabilité dans le meurtre de son frère Adonias, avait encore rappelé l'adultère de David et Bethsabée, suivi du meurtre de son mari.

Or, simultanément, *La Philosophie de l'histoire* (1765) reprend aussi un certain nombre de thèmes ou de traits propres à *Saül* dans le cadre plus large d'une vision universelle du devenir des hommes: nécromancie évoquée au chapitre 35, victimes humaines, parmi lesquelles Agag est en bonne place, rappelées au chapitre 36, massacres énumérés au chapitre 42, traitant des Juifs depuis Saül, auxquels font écho, au chapitre 44, des citations extraites des prières de ce peuple charnel et sanguinaire. L'*Examen important de milord Bolingbroke* (1766), en son chapitre 9, comme les XLIᵉ, XLIIᵉ et XLIIIᵉ des *Questions de Zapata* (1767), répète les constats déjà mentionnés à propos des invraisemblances et des atrocités que contient l'histoire des premiers rois d'Israël.

A côté de ces accumulations, Voltaire effleure tel ou tel thème, en fonction des objectifs qu'il se propose dans certains de ses ouvrages. Sous couleur de prouver historiquement que le mariage était autorisé entre frère et sœur chez les Juifs, l'auteur de la *Défense de mon oncle* (1767) et du *Dîner de Boulainvilliers* (1767) en profite pour citer un passage du chapitre relatant l'inceste d'Amnon et Thamar. Afin de conseiller benoîtement à ses lecteurs d'adoucir leurs mœurs, l'auteur de l'*Homélie sur l'Ancien Testament* n'hésite pas, la même année, à leur rappeler le meurtre d'Urie commandé par David et celui d'Adonias par Salomon. Ce sont toujours les sacrifices humains, liés parfois à la magie, ce sont les listes des assassins et des assassinés qui reviennent, en 1768, des *Conseils raisonnables à M. Bergier* à la *Profession de foi des théistes*, de l'*Homélie du pasteur Bourn* à l'*Instruction à Frère Pédiculoso* et à *L'A.B.C.* Il s'agit toujours de réduire les livres bibliques à une histoire purement humaine, de montrer, par conséquent, comme le suggère *Le Pyrrhonisme de l'histoire*, malgré un feint respect pour les leçons de l'Eglise, que Dieu ne peut avoir dicté un récit contenant tant d'absurdités et de scandales.

Faut-il rappeler qu'en 1769 *Dieu et les hommes* réutilise les violentes critiques formulées dans l'*Examen important* et que, en 1771, les *Questions sur l'Encyclopédie* répètent et complètent certains articles du *Dictionnaire philosophique?* Ainsi 'Histoire', dans sa section V, reprend 'Histoire des rois juifs, et Paralipomènes'; mais l'auteur ajoute une sixième section où après avoir déploré les attaques dont Bayle fut victime à cause de son article 'David', il revient sur les actions criminelles du roi juif. Même type de suppléments dans l'article 'David' remanié en 1771. En opposant à nouveau la liberté d'expression anglaise et les ennuis causés à Bayle, Voltaire, tout en rappelant complaisamment les supplices infligés par David à ses ennemis, souligne sa préoccupation personnelle, morale et non plus théologique: 'Ce qui intéresse le genre humain, n'est-ce pas que l'on ne consacre jamais le crime?' (M.xviii.318). Enfin l'article 'Juifs' reprend, dans sa section I, le texte 'Des Juifs' publié en 1756. Mais la section II, consacrée à la loi des Juifs, revient sur l'existence des sacrifices humains, en citant le vœu de Saül prêt à immoler son fils. La cinquième lettre de la section IV redit sur les assassinats commis par les 'roitelets' juifs, en particulier David, tout ce qu'on avait déjà pu lire, dans *Saül* et ailleurs, et reparle des sacrifices humains, illustrés par Agag et la fille de Jephté, et de l'anthropophagie. Enfin dans la sixième lettre, Voltaire cite les propos de saint Jérôme témoignant de la surface limitée et de la pauvreté de la Judée, qui étaient évoquées également dans sa facétie anti-judaïque.

Toutefois le ludique retrouve ses droits quand la pythonisse d'Endor devient un personnage du *Taureau blanc*. Mais les polémiques avec les apologistes amènent aussi l'écrivain à reprendre, parfois avec violence, comme dans *Un chrétien contre six Juifs* (1776), ses dénonciations des atrocités répandues dans l'Ecriture, tel le supplice d'Agag, sacrifié au Seigneur. Enfin, la même année, dans *La Bible enfin expliquée*, il utilise ses prête-noms, Huet, Bolingbroke, Boulanger, Fréret, pour donner un commentaire systématique du texte biblique, à la manière de dom Calmet, dont des extraits sont cités ironiquement, puisque à ses éloges et à son indulgence pour les rois juifs sont substituées des condamnations sans appel. Mais la critique voltairienne, si elle reste vigoureuse, ne se renouvelle pas, sinon en ce que l'auteur analyse des épisodes parfois négligés jusque-là, comme le combat entre David et Goliath. Dans son dernier travail de cette nature, l'*Histoire de l'établissement du christianisme*, publié après sa mort, il ne pourra s'empêcher de consacrer un chapitre, le cinquième, aux superstitions juives, en mentionnant encore la pythonisse d'Endor, et Saül possédé par un esprit mauvais.

Tant d'insistance pendant plus de trente ans montre l'importance qu'avaient, pour Voltaire, les épisodes relatés dans les livres de Samuel, des Rois et des Chroniques. Les raisons en sont nettes:

(1) Aucun endroit de la Bible, sans doute, n'est plus vulnérable. En passant de la théocratie à la monarchie, les Juifs entrent dans l'histoire. On peut douter que Dieu ait vraiment inspiré les récits des Rois. Par voie de conséquence, s'ils ne présentent qu'un caractère historique, rien n'est plus aisé que de leur appliquer la méthode historique. Tâche combien plus facile que de poser la question de l'authenticité du Pentateuque. La critique voltairienne pénètre dans le corps du texte – non sans utiliser aussi les contradictions entre les livres des Rois et les Paralipomènes – au défaut de la cuirasse.

(2) En cette période historique, les merveilles cèdent la place aux petitesses, aux ambitions, aux bassesses, aux vices, aux passions d'une humanité sans héroïsme. Voltaire est plus à l'aise pour passer

au crible de la raison et de la morale naturelle les fautes et les faiblesses des 'roitelets' juifs.

(3) Si les 'absurdités' incroyables ne manquent pas dans les livres des Rois, ce qui y domine pourtant, c'est la violence, la méchanceté, la trahison, la cruauté. Générosité, amour du prochain, sont trop souvent bafoués par les puissants. Le pouvoir s'exerce dans la tyrannie, les conquêtes, les massacres. Un dieu vengeur tire les ficelles, et fait régner l'injustice. Sombre tableau, auquel il est si simple d'opposer l'idéal de la religion universelle: aimer Dieu et son prochain!

Le thème de David – qui réunit ceux de Saül et de Samuel – présente l'immense avantage de rassembler l'essentiel de la critique biblique, au moins en ce qui concerne l'Ancien Testament; il est au cœur de toutes les démonstrations, revenant sans cesse au long d'une entreprise obstinée de harcèlement, qui implique redites et répétitions continuelles, reprises acharnées, combat cent fois recommencé avec les mêmes armes. David est une véritable machine de guerre, soigneusement pointée une fois pour toutes, et qui décoche avec entêtement toujours les mêmes coups. De cela, Voltaire est parfaitement conscient; c'est lui qui a inventé – et l'usage qu'il fait de David en est un bon exemple – ce qu'à notre époque de *mass-media* nous appelons 'matraquage'.

Aussi s'est-on souvent interrogé sur les raisons de cet acharnement, certains identifiant même antijudaïsme religieux et antisémitisme racial. Après Jacob Katz,[77] P. Aubery,[78] Arnold Ages,[79] et Charles Porset, qui a recensé accusateurs et défenseurs de Voltaire,[80] Bertram Eugene Schwarzbach vient de proposer une

---

[77] J. Katz, 'Le judaïsme et les Juifs vus par Voltaire', *Dispersion et unité* 18 (1978), p.135-49.

[78] P. Aubery, 'Voltaire and antisemitism', *SVEC* 217 (1983), p.177-82.

[79] A. Ages, 'Tainted greatness: the case of Voltaire's antisemitism. The testimony of the correspondence', *Neohelicon* 21.2 (1994), p.357-67.

[80] Ch. Porset, 'Voltaire et les Juifs', *L'Affaire Dreyfus. Juifs en France. Symposium international de Mulhouse* (Besançon 1994), p.79-104.

synthèse.[81] Sur le sujet qui nous concerne, il reprend l'idée déjà défendue par Norman L. Torrey[82] ou Roland Desné:[83] 'abaisser les titres de gloire du judaïsme et des Juifs bibliques abaissait, par voie de conséquence, ceux de l'Eglise'.[84] Voltaire adjoint, alors, à sa critique nombre d'extensions rhétoriques; il ne se prive pas d'interpréter littéralement des textes métaphoriques, mais les Juifs ne sont que des cibles 'accessoires', car, dans ses textes 'l'association du judaïsme superstitieux et cruel avec le christianisme superstitieux et persécuteur est trop constante pour permettre une autre interprétation'.[85]

Cette association n'existe évidemment pas à l'intérieur de la pièce de *Saül*. Mais en 1762 et 1763, les publications d'ouvrages dirigés contre l'Infâme suffisent à confirmer ce lien, sans parler même de la reprise constante du sujet dans les sommes antichrétiennes. S'il le ressasse tant, c'est que Voltaire lui-même en est littéralement obsédé.

Plus qu'un sujet de réflexion, plus qu'un lieu de polémique l'histoire de David représente pour lui une sorte d'idée fixe, devenue consubstantielle, qui ne cesse de le tourmenter. R. Pomeau a fort bien analysé, en étudiant les années d'enfance et de jeunesse de Voltaire, l'attitude du jeune Arouet face à la religion et à l'idée de Dieu.[86]

La crainte du père – vivante image de la divinité – l'aversion pour le dieu-tyran du jansénisme, le besoin d'amour qui le 'fixe' à sa mère poussent l'enfant, puis l'adolescent à préférer au juge puissant

---

[81] B. E. Schwarzbach, 'Voltaire et les Juifs: bilan et plaidoyer', *SVEC* 358 (1998), p.27-91.

[82] Norman L. Torrey, *Voltaire and the English deists* (New Haven, Conn. 1930; rééd. 1967), p.122-24.

[83] Roland Desné, 'Voltaire et les Juifs', *Pour une histoire qualitative. Etudes offertes à Sven Stelling-Michaud* (Genève 1975), p.131-45.

[84] Schwarzbach, 'Voltaire et les Juifs', p.79.

[85] *Ibid.*, p.80-81.

[86] *La Religion de Voltaire*, 1re partie 1, ch.1 ('La famille Arouet') et 3 ('Le Dieu terrible et le prêtre cruel'). Le développement qui suit s'appuie sur ces deux chapitres.

et inexorable, le 'père tendre et compatissant' chanté par Chaulieu, le dieu de douceur et de charité qu'adore Fénelon. Sa sensibilité le porte, par cette pente, à la religion naturelle, à la tolérance et à l'humanité. Toute cruauté lui est intolérable, plus encore chez Dieu que chez les hommes. 'L'implacable dieu' d'*Œdipe* punit des héros innocents, victimes d'un destin stupide. L'angoisse du Dieu terrible, haïssant l'homme qu'il a mis sur la terre, frappant sa créature de châtiments arbitraires et absurdes, ne cesse de le hanter. Ce Dieu, qui prenait la forme de Jupiter, dans sa première tragédie, c'est celui de l'Ancien Testament, c'est Adonaï, qui tue, affame les hommes de son peuple ou les abandonne à l'esclavage. Œdipe, coupable sans le vouloir, c'est Saül, condamné pour un acte de clémence, aveuglé, comme Œdipe, mais par la folie, et contraint au suicide. Autre obsession, liée à la première: celle du prêtre fourbe, traître à son roi, fidèle exécuteur des volontés de son Dieu, et bourreau de ses frères: le type même du fanatique, si vigoureusement dessiné dans *La Henriade*, où il se nomme Jacques Clément. L'image du prêtre assassin, du 'boucher', brille d'un aussi sombre éclat dans le personnage de Samuel. Voltaire en est hanté. S'il est vrai que les anniversaires de la Saint-Barthélemy le plongeaient, jusqu'à sa mort, dans un abattement fébrile, jamais sans doute il ne songea à l'abominable supplice du malheureux Agag sans un frisson: or il ne cesse d'y penser, d'en parler, cachant sous le burlesque ou sous l'humour, au plus profond de lui-même, une blessure toujours sensible, brutalement rouverte par les juges de Calas.

Pareillement, dans *Le Fanatisme ou Mahomet*, qui apparaît, bien avant *Saül*, comme une 'œuvre délibérément polémique', un 'drame noir et cruel' selon la formule de Christiane Mervaud,[87] en mettant en scène le fondateur de l'islam, Voltaire dénonçait tous les crimes commis sous des prétextes religieux, et l'écrasement de l'homme au nom de Dieu. Les scies, les herses de David, le

[87] Christiane Mervaud, *Voltaire en toutes lettres* (Paris 1991), p.71.

poignard dont l'imposteur a armé le bras du jeune Séide, les haches de la Saint-Barthélemy, la roue sur laquelle gémit le pauvre huguenot, toutes ces images de torture vivent en lui confondues.[88] *Saül*, ou l'obsession du supplice. Voltaire n'en sera jamais délivré.

3. *Les sources de 'Saül'*

Nous avons vu quels courants de pensée avaient pu favoriser l'éclosion de *Saül*. Il existe, en outre, des influences directes, mentionnées ou non par l'auteur, que nous devons nous efforcer de mesurer.

Dans les premières éditions de sa pièce, Voltaire fait figurer en note de fréquentes références aux livres bibliques dont il transpose le récit, afin de montrer combien il suit fidèlement la Sainte Ecriture. Certes, il connaît parfaitement le texte. Il possédait plusieurs exemplaires de la Bible; c'est surtout l'exemplaire de la traduction de Le Maistre de Sacy dans sa bibliothèque[89] qui nous intéresse. C'est là, en effet, que se trouvent des marques de lecture concernant l'histoire des Rois, dont nous verrons le détail dans les notes: un signet pour le livre I des Rois (correspondant pour nous à I Samuel), quatre pour le livre II, un pour le début du livre III (I Rois pour nous), si nous nous arrêtons à ce qui est relaté à la fin de la pièce de Voltaire. Deux seulement de ces signets, dans le livre II des Rois, marquent des passages non exploités (la crucifixion des descendants de Saül par les Gabaonites et les psaumes chantés par David au chapitre 22).[90]

---

[88] Cf. en 1766, après l'affaire du chevalier de La Barre: 'Les Despinas, les Calas, les Sirven m'environnent. Ce sont des roues, des potences, des galères, des confiscations, et les chevaliers de La Barre ne m'ont pas mis de baume dans le sang' (D13560).

[89] *La Sainte Bible, contenant l'Ancien et le Nouveau Testament*, traduite en français sur la Vulgate par Le Maistre de Sacy (2 vols, Paris 1730; BV397).

[90] Voir *CN*, i.331-32.

Contrairement à certains de ses prédecesseurs qui, sur le mode tragique, lyrique, voire épique, développaient leur modèle plus ou moins fidèlement, Voltaire suit de près le texte biblique, attentif à la lettre plutôt qu'à l'esprit. Mais une lecture rigoureuse de sa pièce montre, comme on le verra, qu'il choisit, retranche et surtout procède à des raccourcis ou à des déplacements temporels qui modifient la signification des événements ou des discours. Néanmoins la Bible reste bien le support de son ouvrage. Mais il a eu également l'occasion de lire et relire la Sainte Ecriture, agrémentée d'explications érudites et édifiantes, dans le *Commentaire littéral* de dom Calmet.

Mme Du Châtelet connaissait personnellement ce bénédictin ordonné prêtre en 1696, nommé abbé de Senones en 1728, qui avait appris la philosophie et l'hébreu, outre la théologie, le latin et le grec. Voltaire, en 1748, pensa même aller étudier auprès de ce savant. C'est finalement en 1754 qu'il passa plusieurs semaines à l'abbaye de Senones. Mais à Cirey, on exploitait déjà assidûment son *Commentaire*. C'est, parmi tous les ouvrages de la bibliothèque de Voltaire conservés à Saint-Pétersbourg, un de ceux qui portent le plus de marques de lecture et d'annotations, dont on ne peut malheureusement connaître la date. Et les livres relatant l'histoire des rois juifs n'ont pas été négligés. A partir du règne de Saül, le premier livre des Rois (pour nous, I Samuel) inclut cinq signets; les passages concernés seront précisés dans les notes, un seul n'étant pas exploité dans la pièce de Voltaire. Le second livre (pour nous, II Samuel) renferme, outre des traits marginaux soulignant certains passages, dix-sept signets, dont dix au moins concernent des passages précisément exploités. Enfin, pour ne mentionner que ce qui correspond aux thèmes abordés dans *Saül*, un signet se trouve dans la *Dissertation sur les richesses que David laissa à Salomon* et deux dans le début de l'histoire de Salomon, au troisième livre des Rois (pour nous, I Rois). L'ensemble vise à souligner les invraisemblances du récit biblique, l'appétit de pouvoir des prêtres, la violence de David, sa cruauté, son excessive sensualité, ainsi que les fautes graves de ses fils. Dans les

Paralipomènes, Voltaire a également souligné des passages concernant la peste ou les incroyables richesses de David, thèmes notés aussi dans les livres des Rois, et exploités dans sa pièce.[91]

Ces très nombreuses marques de lecture révèlent donc l'attention portée au texte sacré et à son commentaire. Voltaire exploite l'érudition de dom Calmet quand le savant bénédictin expose, par exemple, les contradictions numériques entre les livres des Rois et les Chroniques (ou Paralipomènes). Mais l'obstination du commentateur à absoudre David, même quand il le reconnaît coupable des pires sévices infligés à ses ennemis, ne peut que renforcer l'indignation voltairienne devant les crimes du roi juif. De plusieurs manières, le *Commentaire* est donc un support essentiel de *Saül* et, plus largement, des ouvrages antibibliques de Voltaire. Il lui fournit une base solide, une somme de références, une analyse complète des récits de l'Ecriture, en même temps qu'une occasion d'exercer son ironie ou de laisser éclater sa colère.

A Cirey la lecture de l'érudit bénédictin et les entretiens ont laissé d'autres traces. On sait que Mme Du Châtelet est l'auteur, selon toute vraisemblance, d'un *Examen*, resté manuscrit, des deux Testaments.[92] Elle consacre quarante pages de son second volume aux règnes de Saül et de David. Selon R. Pomeau, elle 'pille' dom Calmet 'sans le nommer'.[93] On a pu se demander quelle était la part

[91] *CN*, ii.60-72.

[92] Des copies non autographes se trouvent à la bibliothèque municipale de Troyes, sous la cote 2376, pour l'examen de l'Ancien Testament, et 2377, pour l'examen du Nouveau. Voir, sur l'attribution de ces textes, Ira O. Wade, *Voltaire and Mme Du Châtelet: an essay on the intellectual activity at Cirey* (Princeton, N.J. 1941). Sur les doutes concernant l'attribution à Mme Du Châtelet, voir Bertram Eugene Schwarzbach, 'Une légende en quête d'un manuscrit, le *Commentaire sur la Bible* de Mme Du Châtelet', *De bonne main*, éd. François Moureau (Paris 1993), p.97-116. Néanmoins, certaines allusions à Voltaire et son œuvre, et certains rapprochements incitent à faire de Mme Du Châtelet l'auteur de ces *Examens*. B. E. Schwarzbach, après l'étude d'autres manuscrits du même texte, semble se rallier maintenant à cette hypothèse. Voir 'La critique biblique dans les *Examens de la Bible* et dans certains autres traités clandestins', *La Lettre clandestine* 4 (Paris 1995), p.577-612.

[93] Voir *La Religion de Voltaire*, p.165-67, où sont comparés les deux textes. Voir également *Voltaire en son temps*, 2e éd. (Oxford et Paris 1995), i.306-308.

prise par Voltaire dans cet *Examen* puisque, simultanément, l'hôte de Mme Du Châtelet accumule la documentation qui lui servira, plus tard, dans ses attaques contre la Bible, rédige 'Des Juifs', et ébauche peut-être le *Sermon des cinquante*.

L'*Examen* utilise aussi les arguments des déistes anglais, lus par Voltaire, et probablement de certains manuscrits clandestins. En particulier, pour ce qui concerne notre sujet, Matthew Tindal, dans *Christianity as old as the creation*, en s'en prenant à l'inspiration divine des Ecritures, s'étonne que Dieu ordonne à Saül de massacrer tous les Amalécites pour venger une faute vieille de quatre cents ans. Or Mme Du Châtelet note dans son *Examen* que 'Dieu garde une rancune de quatre cents ans contre les Amalécites', et s'indigne de l'ordre cruel donné à Saül, qui sera puni pour avoir épargné le roi Agag.[94] On sait la place que Voltaire donne, dans *Saül* et plus tard, à l'anathème qui aboutit au sacrifice du roi des Amalécites par le prêtre-bourreau Samuel. Par ailleurs, bien que l'auteur anglais soit assez bref sur David, Voltaire a placé une marque dans son ouvrage, portant 'crimes de David et de Salomon'.[95] Les crimes de David constituent l'étoffe même de sa pièce. Mais, on le verra, l'*Examen* dénonce aussi la violence de cet aventurier dans l'épisode de Nabal, son double jeu avec le roi Achis, sa cruauté, et surtout le meurtre d'Urie, relaté dans un chapitre 'qui est assurément un des plus révoltants qui soient dans les livres saints [. . .]. Il y a une noirceur, un prémédité, une barbarie dans cette action de David, qui l'aggravent si possible.'[96]

Mme Du Châtelet et Voltaire lisent la Bible et le *Commentaire* de dom Calmet dans le même esprit. Les similitudes entre *Saül* et l'*Examen*, on le verra au fil du texte, sont donc fréquentes. La manière dont Saül trouve un royaume, sa folie et son délire prophétique d'une part, les ruses, la tyrannie, la mort peu exemplaire de David d'autre part sont des thèmes communs aux deux œuvres. L'interprétation des faits est strictement identique.

---

[94] *Examen de la Bible*, II.52-53.
[95] Torrey, p.113.
[96] *Examen de la Bible*, II.67-68.

L'opposition traditionnelle entre les deux rois est profondément modifiée, Saül apparaissant comme une victime, et David comme un rebelle, un débauché et un bourreau. Samuel, quant à lui, endosse son rôle de prêtre fourbe et cruel. Les rapports qui unissent les personnages de la pièce de Voltaire sont déjà fixés dans l'*Examen*. Mme Du Châtelet esquisse le portrait d'un Saül craignant Samuel, obligé de partager avec lui l'autorité et d'accepter de sa bouche les reproches de Yahvé, qui le condamne et le réprouve injustement: 'David et Saül se repentirent tous deux, l'un d'un crime effroyable, et l'autre d'une action pleine de générosité dont il plut à Dieu de se fâcher. Cependant Saül est rejeté, et David est élu.'[97]

Aussi la tournure ironique 'l'homme selon le cœur de Dieu' résonne tel un refrain chez Mme Du Châtelet comme chez Voltaire, de même, on le verra, que d'autres formules. Il existe entre les deux auteurs une communauté de points de vue et de langage, même si on exclut une collaboration directe de Voltaire à l'*Examen*. Cela confirme encore que l'origine de sa critique biblique date de Cirey. L'analyse systématique faite par Mme Du Châtelet et communiquée, au moins, à son hôte, a pourvu ce dernier de tous les arguments critiques exploités dans *Saül*.

Mais, à Cirey, on ne lit pas que la Bible et dom Calmet. Nous avons fait allusion précédemment à des ouvrages d'orientation philosophique. Parmi ceux-là le *Dictionnaire* de Bayle, où, selon Voltaire, on apprend à penser, tient une grande place, avec son article 'David' qui a mis en lumière les actes les plus odieux du roi juif. Voltaire y a attaché assez d'importance pour déplorer que l'*Extrait du Dictionnaire historique et critique* réalisé par Frédéric et envoyé au philosophe à la fin de novembre 1765 (D13004) ait été fait sur la deuxième édition de Bayle et que l'article 'David', où il a placé un signet,[98] ait été expurgé. 'C'est bien dommage', commente-t-il, 'de ne pas rendre à ce David toute la justice qui lui est

---

[97] *Examen de la Bible*, II.69.
[98] *CN*, i.235.

due; c'était un abominable Juif, lui et ses psaumes' (D13148). Mais l'édition de 1697 d'un texte qu'il connaît depuis longtemps se trouve aussi dans sa bibliothèque. L'auteur de l'article 'Philosophe', dans l'édition du *Dictionnaire philosophique* de 1765, s'indignera des persécutions subies par 'l'immortel Bayle, l'honneur de la nature humaine', ajoutant: 'Bayle ne rendait-il pas service au genre humain en disant que Dieu qui a sans doute dicté toute l'histoire juive, n'a pas canonisé tous les crimes rapportés dans cette histoire?'[99] Il revient sur le même thème en 1767, à la fin de son article 'David': 'Je ne demande pas maintenant comment Jurieu a eu l'insolence de persécuter le sage Bayle pour n'avoir pas approuvé toutes les actions du bon roi David, mais je demande comment on a souffert qu'un homme tel que Jurieu molestât un homme tel que Bayle?'[100]

En reprenant son article dans les *Questions sur l'Encyclopédie*, en 1771, Voltaire détaillera davantage ses griefs contre ceux qui défendaient 'à un historien d'être impartial et à un philosophe d'être raisonnable' (M.xviii.316).

On voit comment sont liés, dans l'esprit de Voltaire, le roi juif et le philosophe de Rotterdam, qui, le premier, a osé montrer ses fautes. Nous avons rappelé les reproches formulés par le sage Bayle. La plupart, comme le préciseront les notes, se retrouvent dans la pièce de Voltaire. Remarquons, toutefois, que toute une part de l'histoire sacrée est laissée dans l'ombre, puisqu'il n'y a pas d'article 'Saül' dans le *Dictionnaire* de Bayle. L'opposition traditionnelle entre les deux premiers rois n'apparaît donc pas.

En revanche, Voltaire ne se contente pas d'emprunter à Bayle le dossier volumineux des charges accumulées contre David. Il prend aussi chez lui la méthode qui lui permettra de dresser son réquisitoire. Il suffit de relire la fin de la note I, où Bayle justifiait son attitude, revendiquant le droit de dire son sentiment 'sur quelques actions de David comparées avec la morale naturelle' et

[99] *OC*, t.36, p.440, 443.
[100] *Ibid.*, p.8.

de juger d'un point de vue historique 'les faits contenus dans l'Ecriture, lorsqu'ils ne sont pas expressément qualifiés par le Saint-Esprit'.[101] Comme Bayle, Voltaire condamnera les cruautés de l'Ancien Testament et se référera aux mœurs modernes pour flétrir les horreurs d'un lointain passé. La Bible cesse dès lors d'être un domaine interdit au 'philosophe' et à l''historien'. Bayle a ouvert une brèche dans la citadelle de la Tradition. Voltaire s'y engouffre et il l'élargira.

Mais, à partir de 1761, il va comparer l'article de Bayle à un ouvrage anglais qui vient de paraître, *The History of the man after God's own heart*, et juger bien modéré le philosophe de Rotterdam. Ce livre, attribué aujourd'hui à Peter Annet, l'avait été aussi à Peter Noorthouck. L'exemplaire de la bibliothèque de Ferney porte comme nom d'auteur Archibald Campbell. Voltaire avait déjà eu connaissance du livre en octobre 1761. Le 18 de ce mois, il écrit en effet à Le Bret (D10078):

Je suis très fâché que votre Bayle ne soit pas encore imprimé: on craint peut-être que ce livre, autrefois si recherché, ne le soit moins aujourd'hui. Ce qui paraissait hardi ne l'est plus. On avait crié par exemple contre l'article David, et cet article est infiniment modéré en comparaison de ce qu'on vient d'écrire en Angleterre. Un ministre a prétendu prouver qu'il n'y a pas une seule action de David qui ne soit d'un scélérat digne du dernier supplice, qu'il n'a point fait les psaumes, et que d'ailleurs ces odes hébraïques, qui ne respirent que le sang et le carnage, ne devraient faire naître que des sentiments d'horreur dans ceux qui croient y trouver de l'édification.

Un peu plus tard, Voltaire s'était procuré – ou allait se procurer – l'ouvrage, comme le prouve une autre lettre, adressée à George Keate, le 10 février 1762: 'Vous me feriez un grand plaisir, Monsieur, si vous vouliez bien me dire quel est l'auteur de la petite histoire de David, intitulée, *The Man after god's own heart*' (D10322).

---

[101] Bayle, *Dictionnaire*, p.580, 581.

La réponse de Keate manque malheureusement dans la correspondance de Voltaire. En revanche, les allusions au livre anglais seront nombreuses dans les œuvres à venir du philosophe, et, premièrement, dans *Saül*, présenté, dès l'abord, comme une *traduction*. De propos délibéré, Voltaire affirme et ne cesse de répéter que l'original de la 'tragédie' qu'il désavoue est un ouvrage anglais. [102] Telle est la source déclarée de *Saül*: reste à savoir si la source déclarée est bien la source véritable.

Le premier texte – en dehors des lettres de Voltaire – qui fasse état d'une origine anglaise de la pièce se trouve dans la *Correspondance littéraire* de Grimm. Ce témoignage ne manque pas d'intérêt, puisqu'il date du 1er mai 1763, époque à laquelle *Saül* n'est pas encore imprimé, c'est-à-dire bien avant que Voltaire n'ait eu à intervenir pour protester contre l'attribution qui lui était faite de la brochure nouvelle:

Un évêque ou chapelain de l'église anglicane avait prêché au sacre du roi d'Angleterre d'aujourd'hui. Il avait choisi, parmi les héros de l'Ancien Testament, le roi et prophète David comme un modèle à proposer à tous les rois, et particulièrement au jeune monarque qui commençait son règne. C'était l'objet des trois points de son sermon, dont la conclusion fut que tout souverain devait ambitionner de porter le titre de David, que Dieu appela *l'homme selon son cœur*. Un profane ayant étudié, pour son édification particulière, la vie de ce roi selon le cœur de Dieu, y trouva des faits fort extraordinaires. Pour en former le tableau, il les rapprocha les uns des autres dans un livre adressé au chapelain, à qui il fit sentir qu'une imitation trop fidèle du fils de Jessé pourrait être très répréhensible dans le fils de Georges. Son livre a fait beaucoup de bruit en Angleterre. Un profane du royaume de France en a pris occasion de faire une tragédie qui porte ce titre: *Saül et David, ou l'homme selon le cœur de Dieu*. Cette tragédie n'a pas été imprimée; on ne peut l'avoir qu'en manuscrit, et elle est excessivement rare. On prétend que ce singulier ouvrage vient des Délices. [103]

---

[102] Voir, ci-dessous, l'histoire du texte, p.406 et suiv.
[103] *CL*, v.279.

On retrouve ici, fidèlement résumées, les circonstances de la composition du livre (exposées au début de la préface de P. Annet), et les intentions de l'auteur. Grimm a-t-il eu l'ouvrage en mains? ou plutôt, 'frère Voltaire' ne l'a-t-il pas alerté, et peut-être même mis dans la confidence? Peu importe. Ce qui compte, c'est que, d'ores et déjà, Voltaire a son plan. Dans un premier temps, il s'agira d'accuser tel 'forban de libraire', tel 'faquin de lettres' (comme Fréron) d'avoir traduit, ou édité, un livre venu d'outre-Manche. Puis, redoublement de précaution, Voltaire précisera l'origine de l'ouvrage anglais. C'est le trait qui marque la seconde phase de l'histoire des éditions de *Saül*. Les exemplaires inclus dans *L'Evangile de la raison* portent, après le titre, *Saül et David, tragédie*, le sous-titre: 'D'après l'anglais, intitulé, The man after God's own heart. Imprimé chez Robert Freeman, in Pater-Noster-Row, 1760.' Ce genre de mention ne disparaîtra que plus tard. Il y a plus: Voltaire a dû songer un moment à remplacer, dans une édition projetée, l'Avis qui précède le texte de sa tragédie par un autre avis rappelant, comme le faisait déjà Grimm, le point de départ et l'esprit du livre de l'anonyme anglais. On trouve en effet, dans la Bibliothèque de Voltaire à Saint-Pétersbourg, un exemplaire de l'édition antidatée de 1755, dont la page de titre comporte des corrections et une addition de la main de Voltaire. La page de titre et le verso sont ainsi modifiés:[104]

SAÜL, / TRAGÉDIE / TIRÉE / DE L'ECRITURE SAINTE / traduite de l'anglais.

Avertissement

Un predicateur a Londres ayant comparé le Roy George second a david dans une de ses déclamations mr hute gentilhome anglais indigné d'une comparaison si déplacée fit imprimer son livre intitulé *the man after Gods own heart* chez robert freeman in pater noster Row 1760. Mr hute en digne anglais a le courage de condamner dans david ce qu'il jugerait digne des

---

[104] La brochure a été reliée, avec le *Sermon prêché à Bâle*, *Le Dîner du comte de Boulainvilliers*, *Les Questions de Zapata*, le *Testament de Jean Meslier* et l'*Examen de la religion*, dans un exemplaire du *Pot-pourri* (n° 101, BV, p.997). On en trouve la description BV3771, p.934, ainsi qu'une reproduction de la page de titre, p.935.

plus grands chatiments dans tout autre homme, il croit que ce serait insulter le genre humain et la divinité de n'oser dire qu'un juif est un scelerat quand il est un scelerat, la conduitte perfide et feroce de david, ses cruautez et ses debauches sont mises dans tout leur jour, les faits sont si palpables et l'écriture est si fidèlement citée qu'aucun pretre n'a osé entreprendre de le refuter; c'est dapres ce livre qu'on fit la tragedie dont nous donnons la traduction tout ce qui est tiré du livre des rois est cité avec exactitude.[105]

Enfin, car il s'agit maintenant de donner un auteur à l'original anglais, Voltaire a inventé un personnage mystérieux, Mr Hute, ou Mr Hut, ou Mr Huet, dont le nom paraîtra dans certaines éditions, et sur qui Voltaire se complaira à donner quelques détails. Le catalogue manuscrit de la bibliothèque de Voltaire, dressé par Wagnière, porte: 'huet, hist de david en anglais, of the man after gods'.

D'où vient ce pseudonyme? Il servit de prête-nom à *L'A.B.C.*, 'dialogue curieux, traduit de l'anglais de Monsieur Huet'. Il est cité à plusieurs reprises par Voltaire, notamment dans les *Questions sur l'Encyclopédie* (article 'David'). Il réapparaît dans l'Avis que les éditeurs de Kehl crurent bon de substituer à celui de l'édition de 1775; on nous y apprend – mais Voltaire l'avait déjà dit – que ce Mr Huet était 'petit-neveu de M. Huet, évêque d'Avranches';[106] Voltaire lui accorde aussi le titre de 'membre du Parlement d'Angleterre'.

[105] La suscription 'traduite de l'anglais' remplace 'Par Mr de......', biffé. De même la date de 1755 est biffée et remplacée par le mot 'Avertissement'. En bas de la seconde page, Voltaire a ajouté de sa main une de ces notes dont il censure parfois ses propres ouvrages: 'On manque trop de respect dans cette piece a ce qu'on doit respecter.' Dans le texte ci-dessus, Voltaire laisse croire que le livre anglais n'a pas été directement adapté, mais qu'il a donné naissance à une 'tragédie' dont sa pièce ne serait qu'une traduction.

[106] Huet, évêque d'Avranches (1630-1721), avait été sous-précepteur du grand Dauphin sous le règne de Louis XIV. C'est lui qui avait dirigé les éditions célèbres 'ad usum Delphini'. Polygraphe impénitent, il s'était signalé par ses attaques contre la philosophie cartésienne et ses commentaires sur les questions bibliques. Il y avait quelque malice à mettre le nom d'un défenseur aussi ardent de la tradition en tête d'une *Histoire de David* digne d'être brûlée de la main du bourreau.

Comme Roland Mortier l'a suggéré dans une note à *Dieu et les hommes* et dans son introduction à l'*Examen important de milord Bolingbroke*, ce nom peut être associé à un des visiteurs de Ferney, l'Anglais William Hewett (1696-1766).[107] Avant d'aller voir Voltaire, en décembre 1758, il lui écrit: 'I have passed many years in compiling an epitome on religion. It is a honey I have abstracted from the essence of all flowers' (D7961).

Ce texte intitulé *Le Vray* et prenant moins d'une heure de lecture a dû être soumis au philosophe de Ferney. Une seconde visite aura lieu en 1763. Selon des contemporains comme Tobias Smollett, Hewett passait pour un excentrique, allant à Genève 'that he may have a conference with his friend Voltaire, about giving the last blow to the Christian superstition'.[108]

Une convergence dans l'argumentation antichrétienne, même si William Hewett n'a rien publié, a pu inciter le patriarche de Ferney à lier son nom, comme celui de Bolingbroke, à la polémique antibiblique la plus violente.

Voici donc avouée, proclamée, la source d'un ouvrage que Voltaire continue à désavouer publiquement, tout en le laissant imprimer dans ses œuvres. Il y reviendra plusieurs fois, notamment dans les *Nouveaux Mélanges*, en 1765, et dans l'article 'David' des *Questions sur l'Encyclopédie* en 1771. En tête du premier texte, intitulé *Des mauvaises actions consacrées ou excusées dans l'histoire*, Voltaire rappelle la polémique suscitée par l'article 'David' du *Dictionnaire* de Bayle, et résume à nouveau le livre de Peter Annet. En opposant ces deux exemples, il vise surtout à démontrer que, bien qu'il aille 'infiniment plus loin que Bayle', et qu'il 'traite David avec plus de sévérité que Tacite ne traite Domitien, ce livre n'a pas excité en Angleterre le moindre murmure'. Il y a donc, conclut Voltaire, 'plus de raison en Angleterre qu'il n'y en avait en Hollande du temps de Bayle. On sent aujourd'hui qu'il ne faut pas donner pour modèle de sainteté ce qui est digne du dernier

[107] *OC*, t.69, p.497, n.24, et *OC*, t.62, p.138.
[108] Voir Gavin de Beer et André-Michel Rousseau, *Voltaire's British visitors*, *SVEC* 49 (1967), p.39-40 et 67.

supplice; et on sait que si on ne doit pas consacrer le crime, on ne doit pas croire l'absurdité.'[109]

L'article 'David' remanié en 1771 évoque encore Bayle et Mr Hut, souligne que ce dernier 'examine toute la conduite de David beaucoup plus sévèrement que Bayle', et énumère une fois de plus les fautes et les crimes de l'oint du Seigneur, tels qu'ils sont exposés dans la 'dissertation anglaise'. Et sa conclusion reprend celle du texte précédent.[110]

Ainsi l'on peut dire que l'étiquette anglaise appliquée au produit de l'officine de Ferney sert à deux fins: simple précaution à l'usage du pouvoir et de sa police, elle permet de faire passer pour une traduction anonyme un ouvrage qui sort bel et bien de la plume du patriarche; en outre – et surtout – elle offre à l'auteur une occasion d'exalter la liberté de penser anglaise, en se situant une fois de plus sur le terrain privilégié des *Lettres philosophiques*, qui autorise les comparaisons les moins flatteuses pour l'absolutisme français.[111]

Est-ce une raison pour prendre Voltaire au mot, et considérer *Saül* comme une simple traduction, une adaptation fidèle du livre de Peter Annet? Peu s'en faut que N. L. Torrey n'aille jusque-là, quand il déclare qu'il est difficile de trouver un ouvrage dramatique adapté d'un récit, qui suive de plus près l'original, et que Voltaire ne mentait qu'à demi lorsqu'il disait que *Saül* était 'traduit de l'anglais de Mr Hut'.[112] Il nous semble que, sur ce point, Torrey cède à l'illusion de l'apparence, et, d'autre part, se laisse entraîner par le souci de souligner l'influence importante exercée sur Voltaire par les déistes anglais, notamment par P. Annet. Voyons les choses, c'est-à-dire les textes, de plus près.

La 'couleur anglaise' (dont Torrey, d'ailleurs, ne fait pas état)

---

[109] M.xix.370.

[110] M.xviii.315-16.

[111] En 1768, d'Holbach traduit le pamphlet de P. Annet, et fait suivre sa version d'une nouvelle édition de *Saül* (voir ci-dessous, l'histoire du texte, p.421). Voltaire ne parle pas, dans sa correspondance, de ce regain d'actualité dont son ouvrage a profité.

[112] Torrey, *Voltaire and the English deists*, p.188.

est entièrement plaquée, pour rappeler le prétendu 'original', et actualiser la fable. Que ses sujets appellent David 'milord', que les drachmes et les talents suivent le cours du change et se convertissent en livres sterling, qu'il soit fait allusion aux gens de 'l'Echiquier', que dans certaines notes même l'auteur prétende citer les termes propres du texte anglais, comme pour 'le cri de la populace anglaise', ou pour l'ébauche dépréciative, en deux mots, de certains protagonistes, il ne s'agit là que de fausse couleur, source d'un comique facile. Au demeurant, le procédé n'est pas absent de l'*History* de P. Annet. [113]

Que dire des 'rapprochements' opérés par Torrey et qui tendraient à prouver que Voltaire a *emprunté* maint passage important à l'anglais, et même a souvent renchéri sur le texte original? L'auteur se contente de faire allusion à de 'nombreux passages directement traduits', mais il n'en cite aucun, et nous n'avons trouvé, en fait, que des réminiscences. Les détails de l'exécution d'Agag, cités par Torrey, n'apparaissent guère dans l'ouvrage anglais. [114] La note de Voltaire rappelle le texte anglais, 'Heu [*sic*] him into pieces before the Lord', pour 'He hewed him'. Mais Annet se borne à traduire lui-même le texte de la Vulgate ('Et in frusta concidit eum Samuel coram Domino': 'et il le coupa en morceaux devant le Seigneur', I Rois xv.33); texte que Voltaire connaît fort bien (et qui se trouve déjà cité dans l'*Examen* de Mme Du Châtelet).

Il n'est pas exact de dire que l'acte II de *Saül* suit 'étroitement' le récit d'Annet. Ce second acte, en réalité, condense des développements beaucoup plus amples dans la Bible, et dans le texte d'Annet dont certains sont purement et simplement abandonnés. Les actes III et IV seraient tout 'entiers' empruntés à P. Annet. Nous verrons

[113] Le polémiste anglais y a recours lui aussi, lorsqu'il appelle, par exemple, la fille de Saül 'miss Michal', et la veuve de Nabal, future femme de David, 'mistress Abigail'. Semblables truquages sont pareillement destinés à donner une couleur anglaise à l'*Examen important de milord Bolingbroke*. Pensons aux 'dissenters', à 'notre grand Newton', aux 'écrivains de Grubstreet' et au 'sir revérend' qu'Ezéchiel mangeait sur son pain (*OC*, t.62, p.167, 174, 205, 207).

[114] Torrey, *Voltaire and the English deists*, p.190, 191.

qu'il n'en est rien, et que le dénouement (le testament de David) n'est pas davantage dû au déiste anglais.

Une confrontation plus attentive des deux textes montre: (1) que Voltaire est très loin de suivre pas à pas l'ouvrage anglais; (2) qu'il n'a pas eu à 'emprunter' à P. Annet ce qui, de longue date, faisait partie de son patrimoine intellectuel.

(1) Les 70 pages du texte anglais présentent un raccourci quasiment complet de l'existence de David. P. Annet suit de très près la Bible, respecte l'ordre chronologique et la liaison des événements. Voltaire, au contraire, néglige résolument des traits ou des thèmes longuement développés dans 'l'original'. Par exemple, il ne dit mot de la jeunesse de David, de l'épisode de Goliath, des rapports compliqués entre Saül et son successeur, de l'épisode d'Achimelech, du 'raid' contre les Amalécites, des guerres menées par David devenu roi, de l'histoire de Miphiboseth, de la rébellion de Sébah, de la crucifixion des fils de Saül, du complot d'Adonias; il traite par allusions rapides de la rivalité entre David et Isboseth et accumule les déplacements temporels pour l'histoire d'Absalon. Plus exhaustif dans *La Bible enfin expliquée*, il sera peut-être alors plus proche du pamphlet anglais. Inversement, Voltaire donne une valeur particulière à des événements ou à des thèmes pratiquement négligés par P. Annet: il en est ainsi de l'exécution d'Agag et surtout de la consultation de la pythonisse, qui dominent l'acte I et l'acte II, des intrigues féminines complaisamment développées par Voltaire et qui occupent une grande partie des actes III et IV, du dénombrement des richesses et des hommes d'Israël qui prennent la moitié de l'acte V. Donc, du strict point de vue de l'affabulation, *Saül* est fort éloigné de l'*Histoire de David*. Aussi, bien que Voltaire, comme Annet, multiplie les références à la Bible, les versets mentionnés sont souvent différents. Les deux textes, toutefois, ont en commun les références qui correspondent au récit des actes les plus sanguinaires.

(2) A l'exception des 'psaumes' sanguinaires chantés par David à la fin de l'acte IV, et qui semblent bien inspirés directement de la traduction anglaise, l'ensemble des traits, des actes et des thèmes

qui constituent la trame de *Saül* se retrouve dans Bayle, dans l'*Examen* de Mme Du Châtelet, et, à plus forte raison, dans la Bible. Il y a bien longtemps que Voltaire a puisé à ces sources la matière et même l'esprit de sa tragédie, sans attendre jusqu'à 1761 pour 'emprunter' à une nouveauté les éléments nécessaires à un ouvrage qu'il portait en lui. Le schéma très précis de *Saül* est déjà tout entier dans le *Sermon des cinquante*. Torrey semble oublier que Voltaire a lu, marqué et annoté les pages du *Commentaire littéral*, qu'il se réfère constamment à Bayle, et que sa part dans l'*Examen* de la marquise dut être considérable.

Il n'est guère plus légitime de prétendre que Voltaire découvre dans le pamphlet anglais les caractères de ses personnages et le ton général de la pièce. Rien de nouveau sur ces points dans l'ouvrage de P. Annet: l'éloge relatif de Saül pour mieux condamner David, la peinture de prêtres à l'ambition effrénée, tel Samuel, les rapports entre les personnages préexistent à l'intervention du polémiste britannique. Certes Voltaire cite sa définition de David, 'the Nero of the Hebrews'. Cependant, si les deux auteurs portent les mêmes condamnations, si Annet, comme Voltaire, ôte à la danse de David tout sens sacré pour en souligner le caractère obscène, en revanche il reconnaît le chagrin sincère du roi, à la mort d'Absalon, alors que le dramaturge français tire de cet épisode une scène de farce.

Quant au 'ton général' de la pièce, il nous paraît assez éloigné de celui qui règne dans l'*History*. Sans parler des différences de construction entre une 'dissertation' et une pièce de théâtre, qui orientent l'écriture dans des sens fort divergents, Voltaire n'a rien à emprunter, en matière de polémique, à un quelconque modèle. La vigueur rude, la chaleur d'indignation qui font le prix du pamphlet anglais ne se retrouvent guère dans *Saül*, où dominent ironie et burlesque, où l'horreur et la dérision se mêlent dans les vertiges de l'absurde.

Notre opinion est donc que Voltaire – quelques détails mis à part – n'a pas beaucoup emprunté à P. Annet, ni dans le fond, ni dans la forme. Il lui doit néanmoins beaucoup. D'abord, le livre paraît au moment où Voltaire, depuis deux ans, s'est engagé dans la bataille contre l'Infâme. C'est pour lui un exemple et un réconfort, une preuve supplémentaire – s'il en était besoin – que les Anglais n'ont pas fini de donner des leçons à la France en matière de liberté de pensée. C'est aussi, en quelque sorte, le détonateur qui met le feu aux poudres, qui fait éclater la bombe longtemps gardée secrète, dans l'attente d'une amorce assez puissante pour en libérer la force explosive. C'est enfin, nous l'avons vu, une couverture commode, à la fois pour se préserver des atteintes de la censure, et pour donner à la facétie nouvelle le poids et la garantie du 'label' anglais. Après quoi, le pamphlet de P. Annet fait corps avec Voltaire, qui s'y reconnaît: esprit philosophique, attitude historique, recours à la morale naturelle, rationalisme, rien là que Voltaire ne possédât déjà. Si, comme l'affirme Torrey, Voltaire préfère P. Annet à Bayle – ce que Voltaire lui-même n'a jamais dit – c'est que soixante ans séparent les deux prises de position, et que la dernière lui plaît infiniment par une violence et une sévérité qui ne pouvaient s'exprimer impunément en 1697.

4. *Histoire du texte*

i. *'Saül' manuscrit*

Dès la fin de l'année 1762, *Saül* commence à circuler en manuscrit. Voltaire avait sans doute confié quelques exemplaires de sa pièce à de très rares amis, en leur recommandant, comme à l'accoutumée, une discrétion totale; quoi qu'il en soit, il n'en est point parlé dans la correspondance jusqu'au 22 décembre, date à laquelle le duc de La Vallière y fait allusion dans une lettre expédiée à son ami: 'Saül m'a fait un très grand plaisir à lire, mais je vous avoue que le pauvre David qui a besoin d'être réchauffé m'a rappelé trop vivement l'état où je suis maintenant réduit pour n'en pas être humilié' (D10854).

C'est seulement le 3 février 1763 que les *Mémoires secrets* signalent *Saül*: 'Il court manuscrite une tragédie de M. de Voltaire, intitulée *Saül*.' Quelques jours plus tard, le 17, les *Mémoires* soulignent le succès de la nouveauté: 'On continue à parler du

Saül de M. de Voltaire [...]. Cette tragédie est toujours très recherchée et très peu répandue; elle ne court que manuscrite.' Très vite les copies se multiplient à Paris et *Saül* se répand, au grand scandale des âmes pieuses. Voltaire s'en réjouit certainement, puisqu'il écrit à un destinataire inconnu, dans une lettre non datée mais probablement du 28 février (D11052):

Je voudrais que nous fussions tous comme les Roses-Croix et que nous ne communiquassions qu'aux adeptes. J'ai vu, par exemple, des ouvrages édifiants et utiles, comme le *Sermon des cinquante*, le *Testament de Jean Meslier*, le Drame Anglais de Saül et de David, circuler entre deux ou trois cents personnes, tout auplus, et faire un très bon effet pour la plus grande gloire de Dieu

Mais il feint de s'en inquiéter et gronde sans doute La Vallière, puisque celui-ci, vers la mi-février 1763, se défend d'une quelconque imprudence (D11016):

Vous m'imputez une faute qui certainement vient de Geneve et nullement de Montrouge. Je sçais trop tout le respect qu'on doit avoir pour tout ce qui peut avoir trait à l'Ancien Testament pour n'avoir pas regardé comme une relique le thrésor précieux que vous m'avez confié. Il n'est sûrement pas sorti de mes mains. Je l'ay lu, il est vrai, à des âmes pénétrées des sublimes beautés renfermées dans ces livres sacrés. Je les ay vu avec satisfaction partager mes sentimens de respect et d'admiration, je les ay édifié, et je crois en cela avoir suivi les intentions de l'auteur. Ainsi si cet ouvrage se trouve actuellement en des mains profanes, j'en gémis sans doute, mais je n'ay pas à m'en repentir.

Pendant tout le printemps, *Saül* continue à faire du bruit et à donner du travail aux copistes. Le 1er avril, les *Mémoires secrets* nous apprennent que, quoique le *Saül* de Voltaire ne soit pas imprimé, les manuscrits s'en multiplient. Grimm, que nous avons déjà cité à ce propos, en parle longuement dans sa lettre du 1er mai 1763.[115]

Saül est donc assez largement connu, au moins du public parisien, avant même d'avoir été imprimé.

[115] *CL*, v.279.

ii. 'Saül' imprimé

Les premières éditions

L'histoire des éditions de *Saül* commence par une énigme. Dans sa *Bibliographie* des œuvres de Voltaire, Bengesco décrit sommairement les deux premières éditions de la pièce, parues, selon lui, l'une comme l'autre en 1763:

245. SAUL, tragédie tirée de l'écriture sainte, par M. de V..., s.l. et s.n. 1755. In-8 de 48pp.

246. SAUL, tragédie tirée de l'écriture sainte, par M. de Voltaire. Genève, s.n. 1763. In-8 de 61 pp. [116]

Or, rien ne permet d'affirmer que l'édition datée de 1755 soit effectivement la première, ni même qu'elle ait paru en 1763. Le simple fait qu'elle soit évidemment antidatée n'autorise pas le bibliographe à lui assigner la priorité par rapport à l'autre édition, datée, elle, de 1763. De plus, comme nous le verrons, les documents contemporains, les lettres recueillies dans la correspondance de Voltaire ne font jamais état, au cours de l'année 1763, de deux éditions distinctes. Il y a là un problème difficile à élucider, mais dont il convient d'exposer au moins les données.

Premier aspect du problème: la date exacte de la sortie de la première édition (quelle qu'elle soit). Elle est en général fixée au mois d'août 1763. De fait, le 17 août, les *Mémoires secrets* signalent que 'le *Saül* de M. de Voltaire, malgré la défense et la sévérité de la police, est imprimé'. Mais, dès le 1er août, Grimm, le premier, avait averti ses lecteurs de la sortie de l'opuscule. Parlant de la superbe édition que Le Franc de Pompignan proposait alors de ses *Poèmes sacrés*, Grimm note qu'elle ne se vend pas, 'tandis qu'on payerait au poids de l'or cette affreuse tragédie de *Saül et David*, qu'un forban de libraire vient d'imprimer à ses risques et profits, avec le nom de M. de Voltaire tout de son long sur le frontispice'. [117] Un document

[116] *Voltaire. Bibliographie de ses œuvres* (Paris 1885), i.60-61.
[117] *CL*, v.357.

précieux, utilisé par Th. Besterman pour le commentaire d'une lettre de Voltaire à Damilaville (D11346, août 1763), confirme le témoignage précédent. Le 8 août 1763, Pierre Hallé, relieur à Paris, qui, en 1757, avait été condamné 'au caveau et banni pour trois ans, pour avoir imprimé des ouvrages impies et scandaleux', fut emprisonné parce qu'il avait en sa possession 62 copies 'de la tragédie de *Saül* par Voltaire'.[118]

La première édition de *Saül* était donc sortie dès le mois de juillet. Enfin la correspondance même de Voltaire offre des renseignements intéressants, sans pour autant apporter une réponse définitive à la question posée, certaines lettres concernant *Saül* n'étant pas datées, et ne pouvant l'être avec exactitude: il s'agit des lettres D11293 et D11334, que, faute de références précises, Th. Besterman classe dans la période juin-juillet et juillet-août 1763. Dans la première, Voltaire autorise les Cramer à imprimer la pièce; la seconde est du duc de La Vallière. Le duc – un des premiers qui furent mis dans la confidence – mande à Voltaire:

Vous n'avez donc plus d'inquiétude sur le *Catéchisme d'un honnête homme*, et vous ne pouvez douter que je l'aie reçu, mais ce qui vous en causera peut-être, c'est qu'on le vend à Paris, ainsi que *Saül*. Vous me chargez[119] de m'élever contre l'impression de cette tragédie tirée de l'Ecriture sainte. Vous ignorez en me le demandant combien j'y suis engagé, puisque l'on prétend que c'est moi qui en suis l'éditeur, moi qui ai refusé de la laisser sortir de Montrouge lorsqu'elle n'était encore que manuscrite. Vous voyez que je me dois joindre à vous pour crier à l'injustice.

Ainsi, la négligence des correspondants – bien irritante en l'occurrence! – nous prive des moyens de dater exactement et la mise en train de l'édition, et les premiers jours de sa diffusion. Enfin, dans une lettre datée, celle-là, du 17 juillet, Voltaire écrivait à Henri Rieu: 'Vous voilà donc hollandais [...] Si vous avez du

[118] Paris, Bibliothèque de l'Arsenal, ms. 12.185, f.69.
[119] La lettre de Voltaire ne figure pas dans l'édition définitive de sa correspondance préparée par Th. Besterman.

loisir, amusez-vous à lire la tragédie sainte de *Saül* et de David'
(D11312).

Rien ne porte à croire, dans les termes de cette lettre, qu'il
s'agisse ici du manuscrit de *Saül*, répandu, rappelons-le, depuis la
fin de l'année 1762, et dont l'envoi paraîtrait assez inopportun à un
moment où la pièce s'imprime, et même est imprimée. Nous
pensons donc que Voltaire invite ici son ami à se régaler de la
lecture d'une nouvelle facétie, tout récemment sortie des presses, et
déjà sans doute en vente aux Pays-Bas. Ce qui nous amènerait à
faire remonter la première édition de la pièce au début de juillet,
hypothèse que Th. Besterman, fort judicieusement, n'excluait pas
lui-même, lorsqu'il datait les lettres D11334 et D11293, respectivement, de juillet-août et de juin-juillet 1763.

Abordons maintenant le problème de fond. Des deux éditions
mentionnées par Bengesco, et parfaitement connues l'une et
l'autre, laquelle est la première? laquelle fut imprimée à Genève,
si l'une d'elles le fut? ou bien toutes les deux sortirent-elles des
ateliers de Cramer? Il faut ici laisser parler les faits, et en déduire au
moins des hypothèses.

Une évidence s'impose tout d'abord: c'est qu'il n'est jamais
question, d'une manière précise, dans aucun des documents dont
nous disposons, de l'édition antidatée.

Il paraît fort étrange que personne ne se soit étonné, surtout s'il
s'agit de la première édition, que celle-ci porte la date de 1755. C'est
une première constatation, qui a son importance. Ajoutons que,
tout au long de l'année 1763, chaque fois que Voltaire, Grimm ou
d'autres parlent de *Saül*, il n'est jamais question que d'une seule
édition. Ici encore, on pourra s'étonner que Voltaire, jouant
l'indignation et protestant contre ce qu'il appelle un abus de
confiance, n'ait pas fait état de deux éditions parues la même
année – qu'il devait désavouer toutes deux – et n'ait pas trouvé
dans cette offensive redoublée des 'forbans de libraires' un
argument de plus pour soutenir son innocence.

Enfin et surtout, les allusions que comportent certains textes
renvoient très clairement à l'édition dite de Genève. Grimm, dans

sa lettre, déjà citée, du 1ᵉʳ août, précise que la pièce est imprimée *'avec le nom de M. de Voltaire tout de son long sur le frontispice'*:[120] seule l'édition 'de Genève' comporte le nom de l'auteur écrit en entier sur la page de titre, tandis que celle de 1755 se borne à l'évoquer par une abréviation, d'ailleurs fort transparente: 'M. de V…'.

Dès le mois d'août, Voltaire entame une vigoureuse campagne, désavouant de la manière la plus énergique l'édition qui vient de paraître sous son nom. Le 13, il écrit à son neveu d'Hornoy (D11360):

Mon cher neveu, je ne doute pas qu'avec votre minois et votre ventre également rebondis vous n'ayez un furieux crédit au parlement. Je mets entre vos mains l'affaire la plus importante. Il s'agit d'une farce anglaise indignement tirée de la sainte écriture, qu'on dit faite par ces coquins d'Anglais. Quelque polisson s'est avisé d'imprimer à Paris, et de débiter sous mon nom cette facétie anglicane.

Le lendemain 14, s'adressant à Damilaville, Voltaire fait allusion au pouvoir expédié la veille à son neveu, pouvoir que d'Hornoy était prié de bien vouloir donner de sa part au sieur Pinon Du Coudray, procureur, chargé 'de poursuivre criminellement les auteurs de cette manœuvre et de cette calomnie' (D11365). La lettre à Damilaville contient encore une allusion au 'titre qui porte Genève'. En même temps Voltaire faisait parvenir à son ami une 'déclaration' à publier dans les papiers publics, dont les termes répètent encore les deux détails caractéristiques de l'édition 'de Genève', le nom de l'auteur et le lieu de l'impression: 'Ayant appris qu'on débite à Paris sous mon nom, et sous le titre de Genève, je ne sais quelle farce, intitulée *Saül et David*, je suis obligé de déclarer que l'éditeur calomnieux de cette farce abuse de mon nom, qu'on ne connaît point à Genève cette rhapsodie, qu'un tel abus n'y serait pas toléré, et qu'il n'y est pas permis de tromper ainsi le public' (D11364).

---

[120] C'est nous qui soulignons.

Le texte de cette déclaration est communiqué le même jour, 14 août, aux d'Argental, avec commentaires à l'appui (D11364). 'Pour sauver l'honneur de la philosophie', comme il le dit à Damilaville, Voltaire alerte ses fidèles, notamment Pierre Rousseau, prétendant une fois de plus qu'on a imprimé à Paris, et sous son nom, la tragédie de *Saül* (D11366). Plus tard encore, au moment où Voltaire, changeant de tactique, accuse cette fois un libraire de Rouen, J. B. Besongne, de la 'friponnerie' dont il est victime, il insiste sur le même point: 'Le scélérat [...] ne s'est pas contenté d'y mettre mon nom tout du long' (D11457).

En résumé, Voltaire, comme les autres, ne parle que d'une seule édition, qu'il déclare sortie des presses françaises, et cette édition est celle qui porte, sur la page de titre, le nom entier de l'auteur et le lieu de l'impression, Genève. Il apparaît donc qu'il s'agit bien là de la première édition, sortie ou non des presses de Cramer. Le laisseraient supposer les termes de la lettre, citée plus haut, que Voltaire envoyait à l'imprimeur, sans doute en juin 1763: 'Imprimez Saül si vous l'osez, mais il n'y a que les noms de plaisants. Nous en parlerons' (D11293).

De fait, l'audace est extrême; mais, à y réfléchir, n'était-ce pas le comble de l'habileté que de faire paraître, sous son nom 'tout du long', et, nommément, à Genève, une aussi 'abominable' pièce? Qui pourrait soupçonner et Voltaire et les Cramer d'avoir 'osé' un tel coup et couru un tel risque? Au reste, Voltaire ne dévoilerait-il pas, non sans humour, ses batteries, lorsqu'il écrit à 'frère Damilaville', le 14 août, dans une lettre que nous avons mentionnée plus haut: 'voicy un nouvau procè que vous m'annoncez, au sujet d'une farce anglicane. S'il y avait une étincelle de justice dans messieurs de la justice, ils verraient bien que l'affectation de mettre mon nom à la tête de cet ouvrage est une preuve que je n'en suis point l'éditeur, ils verraient que le titre qui porte Geneve est encor une preuve qu'il n'a pas été imprimé à Genève' (D11365). Autrement dit, si l'on veut bien suivre le raisonnement de Voltaire, le meilleur moyen de désavouer ultérieurement l'ouvrage était d'y laisser mettre son nom et l'adresse de Genève.

Mais que faire alors de l'édition antidatée, et comment expliquer le silence qui règne autour d'elle? Personne n'en a parlé en 1763; il nous semble donc arbitraire d'assigner la date de 1763 à une édition qui est passée totalement inaperçue cette année-là, au moment où *Saül* défrayait l'actualité. Sauf erreur de notre part, cette fameuse édition dont personne ne dit mot n'a pas éveillé plus d'échos au cours des années qui suivent; mais *Saül* cesse de faire du bruit, après avoir causé quelque émotion à Genève, dès la fin de 1764. Dans sa correspondance, Voltaire cesse lui-même d'en parler, à deux exceptions près, à cette date-là. Rien n'empêche de supposer que l'édition de '1755' soit sortie en fait en 1765, ou qu'il s'agisse d'une édition pirate, mal diffusée, ou encore d'une édition autorisée en secret par Voltaire, mais dont, pour des raisons obscures, celui-ci n'aurait pas voulu parler.

D'autres faits viennent compliquer le problème: d'abord il apparaît que Voltaire ne possédait dans sa bibliothèque qu'une édition de *Saül*, précisément celle qui est datée de 1755, et qu'il a corrigée de sa main; mais Voltaire était loin de posséder toutes les éditions de ses œuvres.

D'autre part, il laisse entendre que *Saül* a été imprimé ailleurs qu'à Genève; il écrit à d'Hornoy le 13 août 1763: 'Quelque polisson s'est avisé d'imprimer à Paris, et de débiter sous mon nom cette facétie anglicane' (D11360). Désormais, et jusqu'au 11 octobre, ce sont les libraires parisiens que Voltaire accuse de cette 'calomnieuse' édition. Il fallait découvrir un responsable: il était tout trouvé en la personne de Fréron, mis en cause, dès le 14 août, dans la lettre aux d'Argental (D11364):

On prétend que notre ami Fréron, très attaché à l'ancien testament, a fait imprimer la facétie de Saül et de David, qui est dans le goût anglais et qui ne me paraît pas trop faite pour le théâtre de Paris. Ce scélérat, plus méchant qu'Achitophel, a mis bravement mon nom à la tête; c'est du gibier pour Omer. Je n'y sais autre chose que de prévenir Omer, et de présenter requête, s'il veut faire réquisitoire. Je me joins d'esprit et de cœur à messieurs, au cas qu'ils veuillent poser sur le réchaud Saül et David, au pied de l'escalier du May.

Les libraires parisiens sont encore accusés, dans la lettre à P. Rousseau du 14 août (D11366); un peu plus tard, Fréron revient sur le tapis: Voltaire semble craindre ses menées lorsqu'il écrit aux d'Argental, le 23 août (D11378):

On a imprimé mon pauvre droit du seigneur tout délabré. Cela joint à la publication de la pièce sainte de Saül et David qu'on dit aussi ridiculement imprimée, est une mortification que je mets aux pieds de mon crucifix. Je pense que le petit avis ci-joint est l'unique remède que je doive employer pour ce petit mal, et je suppose que ma lettre à mon gros cochon de neveu est inutile. Je soumets le tout à votre prudence, et à la grande connaissance que vous avez de votre ville de Paris.

Je ne peux du pied des Alpes diriger mes mouvements de guerre, je peux seulement dire en général, si Omer avance de ce côté-ci, lâchons-lui mon procureur. Si Fréron marche de ce côté-là, tenons nous en à notre petit Avis au public.[121]

Mais une semaine après, Fréron paraît oublié, et Voltaire ne songe plus à le charger. Il écrit à Damilaville le 1er septembre: 'J'ai reçu la Tragédie hébraïque dont mon cher frère a bien voulu me régaler. Cet ouvrage est sans doute de quelque jeune prêtre gaillard tout plein de sa sainte Ecriture, lequel a travaillé dans le goût du révérend père Berruyer' (D11393).

Le dernier coupable est encore un libraire: 'Maître Besogne de Rouen est un fripon, comme la pluspart de ses confrères. La Tragédie anglaise de Saül et de David lui était tombée entre les mains, et celà n'est pas bien étonnant. On en avait fait à Paris trop de copies à la main. Le scélérat l'a imprimée, il ne s'est pas contenté d'y mettre mon nom tout du long, vous m'aprenez que ce Besogne

---

[121] Voir aussi la lettre à Damilaville, datée du même jour (D11379). En ce qui concerne le 'petit avis', il ne s'agit pas du pouvoir envoyé précédemment, mais d'une annonce portant la date du 23 août 1763 et imprimée dans le *Mercure de France* de septembre. Voltaire informe les souscripteurs des œuvres de Corneille publiées avec ses *Commentaires* qu'il a achevé son édition. Il fait savoir également qu'on débite sous son nom plusieurs ouvrages dont il n'a pas connaissance, ainsi qu'une version déformée du *Droit du seigneur*. Ce texte a été publié à nouveau par Emile Lizé, 'Deux lettres inédites et un texte oublié de Voltaire', *Annales historiques de la Révolution française* (Paris 1974), xlvi.400.

a eu l'impudence d'écrire à Amsterdam que je lui avais envoié le manuscrit. Cette friponerie est digne d'un Libraire normand' (D11457; 11 Octobre 1763, à Henri Rieu).

Selon sa tactique habituelle, Voltaire attaque pour se défendre, accuse tantôt l'un tantôt l'autre, multiplie les plaintes pour se mettre hors de cause, brouille les cartes en mêlant le vrai et le faux. L'ennui avec Voltaire, c'est qu'on ne sait jamais quand il ment véritablement. Au reste on aura pu remarquer que dans ces allusions à une édition parisienne, ou rouennaise, il est encore fait état du nom de Voltaire écrit 'tout du long' en première page. Comment croire qu'il ne s'agisse pas là, une fois de plus, de l'édition 'de Genève'?

A plusieurs reprises, Voltaire réclame qu'on lui envoie la brochure: s'agirait-il d'une édition que Voltaire réellement ne connaîtrait pas? C'est toujours Damilaville qui en est prié, entre le 17 et le 29 août: 'Je me flatte que mon cher maître voudra bien m'envoier pour mon édification ce Saül et David dont on parle tant, et que je ne connais pas' (D11370); 'J'espère que mon cher frère aura la charité de m'envoier cette pièce édifiante que je ne connais point du tout' (D11376); 'Je serais curieux de voir ce Saül qu'on a la méchanceté de mettre sous mon nom' (D11389).

Mais c'est un procédé coutumier à Voltaire: ces lettres peuvent être montrées, et plaider pour son innocence une fois le livre reçu, Voltaire s'amuse beaucoup à répandre, toujours par le canal de Damilaville, ses impressions de lecteur découvrant une appétissante 'nouveauté': ce 'jeune prêtre gaillard' est aussi un plaisant; 'les noms des personnages sont à faire mourir de rire. La pithonisse, fameuse sorcière en Israël, etc'.

Et pour plus de vraisemblance, Voltaire, après avoir ri, feint de reconnaître quelque vérité dans cette caricature du roi David, et de se ranger, très objectivement, du côté de 'l'éditeur' (D11393, 1er septembre 1763):

Je voudrais bien savoir si Lefranc De Pompignan, a traduit en vers magnifiques la belle chanson de l'oint du seigneur, Beatus qui tenebit et alidet parvulos ad petram. L'oint du seigneur était furieusement vindicatif. [...] J'ai grand peur que cette Tragédie de Saül ne fasse grand tort à l'ancien testament. Car enfin, tous les traits raprochés du bon Roy David, ne forment pas le tableau d'un Titus ou d'un Trajan. Mr Hut, qui a fait imprimer à Londre l'histoire de David, l'appelle sans façon le Néron de la Palestine; personne ne l'a trouvé mauvais; voilà un bien abominable peuple.

Même attitude déjà dans la lettre aux d'Argental du 14 août 1763: 'C'étaient, je vous jure, deux grands polissons que ce Saül et ce David, et il faut avouer que leur histoire et celle des voleurs de grand chemin se ressemblent parfaitement' (D11364).

Au terme de cette analyse, tout nous incite à croire que l'unique édition dont il est fait état à propos de *Saül* est celle qui porte à la fois le nom de Voltaire et celui de Genève. Reconnaissons que le mystère reste entier en ce qui concerne l'édition antidatée, qui parut peut-être en 1765, initialement avec une erreur typographique (voir ci-dessous, p.442), pendant une période où *Saül* cesse d'occuper la chronique, et où Voltaire, lui-même, se tait.

Du reste, cette lacune dans nos informations n'entraîne pas de conséquences graves touchant le texte même. En effet, qu'elles soient concomitantes ou que l'une – comme nous le croyons – soit antérieure à l'autre, les deux éditions sont visiblement inspirées l'une de l'autre, ou bien reproduisent fidèlement le même manuscrit. Un examen des deux textes révèle leur quasi-identité. Abstraction faite de la ponctuation et de l'orthographe – qui ne présentent d'ailleurs que de très légères différences – l'édition de '1755' et celle de 1763 sont a peu près identiques, [122] à l'exception de quelques petites variantes, dont la moitié sont insignifiantes, et dont les autres consistent dans des fautes de l'ouvrier imprimeur. D'autres fautes caractéristiques, que Voltaire corrigera plus tard, sont communes aux deux textes.

Le manuscrit B, conservé à la Bibliothèque publique et

[122] Encore un argument qui ferait pencher en faveur de notre hypothèse: l'édition de 1763 est la plus correcte, et aussi la mieux imprimée.

universitaire de Genève, est probablement celui qui a servi – ou appartient à la même famille que celui qui a servi – aux deux éditions ou à l'une d'entre elles. [123] Le texte qu'il présente offre une concordance assez frappante avec le texte imprimé 'à Genève'. La seule différence véritable réside dans l'appel des notes se référant à la Bible: disposition qui a pu être modifiée par l'auteur lui-même au moment de la correction des épreuves, en même temps qu'il modifiait aussi, très légèrement, quelques mots ou tournures du texte même.

Il nous reste à examiner, pour en terminer avec la première époque de l'histoire du texte imprimé, d'abord l'édition de 1764.

Depuis octobre 1763, le silence s'était fait sur *Saül*. Il en est de nouveau question, à Genève, au mois de juillet 1764. En effet, le 16 de ce mois, Jean-Robert Tronchin écrit à Lullin de Châteauvieux une lettre qu'il faut citer tout entière (D11992):

J'appris hier, à n'en pouvoir douter, qu'il se répandait une Brochure qui me paroit mériter l'attention du conseil; c'est une Tragédie en prose, tirée de l'Ecriture, intitulée *Saül*, portant le nom de m^r de Voltaire, et *Geneve* pour lieu d'impression, quoi que vraisemblablem^t elle n'y ait pas été imprimée; Je n'ai pû encore m'en procurer d'Exemplaires, J'ignore par conséquent à quel point elle peut exciter l'animadversion publique, mais j'ai lieu de croire sur de bons mémoires, que cet ouvrage, est une plaisanterie scandaleuse digne de flétrissure, s'il est public, et dont il seroit plus heureux de prévenir le scandale si on y est encore à tems; J'ai crû, monsieur, devoir recommander cet objet à la vigilance et à la sagesse du m. conseil, en me réservant une intervention ultérieure suivant la nature et la publicité de cet Imprimé.

Ce texte appelle deux remarques. Tout d'abord, l'absence d'allusion à l'une quelconque des deux éditions antérieures semble prouver que *Saül*, jusqu'ici, n'avait point été débité à Genève et qu'il y était ignoré. Ensuite, tout porte à croire, comme Bengesco en émet l'hypothèse, que le texte de *Saül*, répandu pour la première

---

[123] Voir A. Brown, 'Calendar of Voltaire manuscripts other than correspondence', *SVEC* 77 (1970), p.38.

fois à Genève, est celui de la réédition de 1764, telle qu'elle est décrite dans l'ouvrage du bibliographe:

247. SAUL, tragédie tirée de l'écriture sainte, par M. de Voltaire. Genève, s.n. 1764. In-12 de 59 pp. [124]

L'hypothèse est probable, mais rien, en l'absence de documents extérieurs et de témoignages de la part de Voltaire, ne permet de la muer en certitude.

Le jour même où Tronchin informa Châteauvieux, sa lettre était lue au conseil, lequel décidait de saisir les exemplaires qui seraient trouvés dans la ville et d'en interdire la vente (D11992). [125] Alerté – par qui? – Voltaire, dès le 19 juillet, proteste et prend les devants en envoyant à François Tronchin une requête déférant à la justice un 'libelle' qu'il déclare fait contre lui, et visiblement imprimé pour lui nuire. La tactique n'a pas changé: 'Il est clair par l'intitulé que c'est un tour qu'on me joue', affirme Voltaire. Le patriarche est inquiet: les 'ministres du saint évangile' ne vont-ils pas fatiguer la prudence du conseil? Le mieux serait 'd'ensevelir dans son obscurité cette sottise qui ne mérite pas qu'on luy donne de l'importance', mais 's'il arrivait que des brouillons insistassent auprès du conseil?' (D11997).

Par retour, Tronchin rassure son ami: 'Vous pensés bien que je n'ai jamais soupçonné que l'ouvrage dont vous me parlés pût être de vous' (D11998). Le surlendemain, Voltaire alerte Marin, censeur royal; car le *Saül* nouveau se débite aussi à Paris; vite il faut donc désavouer, désavouer toujours, en continuant à accuser le malheureux 'Besogne, de Rouen', coupable de cette 'insolence' et de cette 'malice'. Ces supercheries de libraires sont comme 'des crimes de faux', qu'il faudrait punir des galères: 'on est aussi coupable de mettre sur le compte d'un auteur un ouvrage dangereux que de contrefaire son écriture' (D12001, à Damilaville).

---

[124] Bengesco, *Bibliographie*, i.61. L'édition de 1764 reproduit la page de titre de l'édition 'de Genève' 1763.

[125] La décision du Conseil est reproduite par Th. Besterman, vol.112, p.29.

Naguère encore, Voltaire, mi-sérieux, mi-railleur, s'épanchait auprès de son ami Thiriot: 'Le brigandage est par tout', se plaignait-il, 'les gens sont bien méchants' (D11380, 23 août 1763); aujourd'hui c'est Damilaville, pourtant bien au fait de la question, qui reçoit les doléances du philosophe; le couplet, à vrai dire, n'est pas écrit pour lui (D12001, 21 juillet 1764):

Je me trouve dans des circonstances épineuses, où ces odieuses imputations peuvent me faire un tort irréparable, et empoisoner le reste de ma vie. Je veux bien être confesseur, mais je ne veux pas être martir. Je vous prie, mon cher frère, au nom de l'amour de la vérité qui nous unit, de vouloir bien faire parvenir cette Lettre à M. Marin. Il me semble qu'il vaut mieux s'adresser à ceux qui sont à portée de parler aux gens en place, que de fatiguer par des désaveux dans des journaux un public qui ne vous croit pas. C'est un triste métier que celui d'homme de Lettres, mais il y a quelque chose de plus dangereux, c'est d'aimer la vérité.

Par-dessus Marin, le même jour – 21 juillet – Voltaire sollicite 'les gens en place', en la personne des ducs de Praslin et de Choiseul. Il en avise François Tronchin, espérant que son nom ne sera pas 'compromis'. Le philosophe a trouvé le ton de son rôle, à la fois indigné et dolent: cette malheureuse 'rapsodie', imprimée à Rouen (par un fripon de libraire), et dont il n'existe que deux exemplaires à Genève, va-t-elle assombrir son existence? 'Cette affaire est très désagréable. Il est triste de perdre son repos dans une retraitte qui doit le donner' (D12003).

Théodore Tronchin, le 'cher Esculape', est lui aussi prévenu, le 21 juillet; Voltaire, maintenant, veut faire croire à un complot (D12004):

On a imprimé je ne sçais quelle traduction d'une pièce anglaise très peu ortodoxe sous mon nom et sous celuy de Geneve. Un certain parti que vous connaissez en a fait venir deux ou trois exemplaires pour soulever les esprits contre moi. Dès que j'en ay été averti, j'ay dénoncé moy même au conseil cette impertinence calomnieuse. Je vous prie de le dire à vos amis afin que les ennemis soient confondus.

Quel est ce 'parti' qui en veut tant à Voltaire? Le philosophe s'en explique le lendemain, dans une nouvelle lettre à François Tronchin (D12007):

> Cette petite manœuvre est un tour de la faction qui a prétendu que c'était à Fernex qu'on avait résolu de condamner Jean Jaques. Depuis ce temps presque toutes les remontrances ont roulé en partie sur la sévérité exercée contre J. J., et sur le silence observé à mon égard [...]. Le fonds de l'affaire est qu'un certain nombre de vos citoyens est outré qu'un citoyen soit exclu de sa patrie, et qu'un étranger ait un domaine dans votre territoire. Voylà la pierre d'achopement.

Telle est, dorénavant, l'explication à laquelle s'en tient Voltaire, et qui peut contenir une part de vérité. Là-dessus paraît le *Dictionnaire portatif*, qui fait du bruit; Voltaire craint d'être décrété par le Parlement. [126] Il n'en est rien, le tumulte s'apaise, et il n'est plus guère question de *Saül*, au moment où il connaît sa quatrième édition.

Celle dont nous venons de parler, et qui suscita quelques remous au sein de la ville de Genève, ne pose pas moins de problèmes que les deux autres. Fut-elle autorisée par Voltaire? Est-elle sortie de chez Cramer? Est-ce une contrefaçon, ou une simple réédition? Ce n'est pas Voltaire, ici encore, qui permettra de résoudre le problème. Peu importe au demeurant, du moins en ce qui concerne le texte même, puisque l'édition de 1764 ressemble comme une sœur à celle de 1763 et à celle de '1755'. Encore une fois, même titre, mêmes notes, mêmes fautes caractéristiques. Certes on ne peut dire que les trois éditions soient rigoureusement identiques. Cependant les différences sont minimes; le texte original, auquel Voltaire reviendra pour l'édition définitive, s'y trouve contenu, à de rares fautes et à quelques petites différences près. A ce groupe appartiennent encore une édition postdatée, 1858, qui date peut-être de 1765, et une édition de 1767. Cette dernière, portant

---

[126] Voir D12210, aux d'Argental, le 27 novembre 1764.

'London, chez Pierre Marteau', peut-être faite à l'insu de Voltaire, a le même nombre de notes que les éditions mentionnées ci-dessus. Celle datée de 1858 en diffère peu. Elle ajoute quelques erreurs et est moins soignée. Certaines notes manquent, malgré la présence d'un appel de notes. D'autres sont incomplètes. [127]

En guise de transition paraît encore, très probablement à Nancy et en 1764 – selon l'hypothèse de Barbier – une édition ainsi décrite par Bengesco:

248. SAÜL, hyperdrame héroï-comique en cinq actes, par M. de V. s.l.s.n. et s.d. In-8 de 57 pp. [128]

Par son titre et ses caractéristiques, cette édition séparée annonce – ou accompagne – la réédition de *Saül* qui paraîtra en novembre 1764 dans le recueil intitulé *L'Evangile de la raison*. Elle ne comporte ni liste de personnages, ni indication de lieux, ni Avis liminaire; elle est privée des notes portant référence à la Bible; elle abonde en fautes parfois grossières; elle présente un certain nombre de variantes qui, bien que portant sur des détails, n'en ont pas moins quelque incidence sur le sens du texte; elle contient enfin trois ou quatre interpolations manifestes, qui ne sont pas du meilleur goût et qu'on a peine à attribuer à Voltaire. Cependant, le titre même – ou une partie du titre – caractérisant diverses rééditions contenues dans *L'Evangile de la raison*, recueil composé par Voltaire ou avec son accord, on ne saurait prétendre que l'auteur soit totalement étranger à cette édition; en revanche, on peut affirmer qu'il ne l'a pas revue.

Les éditions de 'L'Evangile de la raison'

Peu de temps après les incidents de Genève, paraît un des recueils les plus célèbres dans la bataille philosophique, *L'Evangile de la raison*. Il dut sortir à la fin d'octobre ou au début de novembre 1764,

---

[127] José-Michel Moureaux a bien voulu relever pour nous les caractéristiques de cette édition. Nous l'en remercions vivement.

[128] Bengesco, *Bibliographie*, i.61-62.

puisque la première mention connue de cette publication est du 12 novembre. A cette date, les *Mémoires secrets* notent en effet:

> Il paraît sourdement une brochure sous trois titres consécutifs: 1° *Collection complète des œuvres de M. de Voltaire*; 2° *Ouvrages philosophiques pour servir de preuves à la religion de l'auteur*; 3° *L'Evangile de la raison*, ouvrage posthume de M. de M....y.

Par la suite, c'est sous le dernier titre que le recueil parut toujours, et connut plusieurs éditions. La première contenait, outre *Saül et David*, placé en tête, le *Testament de Jean Meslier*, le *Catéchisme de l'honnête homme*, le *Sermon des cinquante*, et l'*Examen de la religion*. Voici la description du recueil par Bengesco:

> 1897. *L'Evangile de la raison, ouvrage posthume de M. D. M....y* (Du Marsay). s.l.n.d. [Amsterdam? 1764]. In-8 de 2 ff. 43 et 207 pp. (BNF D² 7246).[129]

Bengesco n'a pas tort de considérer Voltaire comme l'éditeur de *L'Evangile de la raison*. Il apporte, comme preuves à l'appui de sa thèse, le témoignage de Voltaire lui-même (lettre à Damilaville, fin décembre 1763; au même, août 1764). Nous le compléterons en évoquant les termes assez explicites d'une lettre encore plus reculée dans le temps, puisqu'elle date du 17 juillet 1763, lettre que Voltaire adressa à son ami Rieu, arrivé depuis peu en Hollande, et dont nous n'avons cité plus haut qu'une partie: 'Si vous avez du loisir, amusez-vous à lire la tragedie sainte de Saül et de David. Si vous aimez à gratifier le public, faites un recueil pour l'édification des saintes âmes, et croyez que la mienne est à vous bien tendrement.'

S'il est à peu près certain que *L'Evangile de la raison* fut édité pour la première fois en Hollande, voilà qui laisse à penser que Rieu pourrait avoir joué, avec l'accord de Voltaire, un rôle important dans l'élaboration et dans l'impression du recueil.[130]

---

[129] Bengesco, *Bibliographie*, ii.386; notre ER64, voir p.442.
[130] L'exemplaire de la première édition de *L'Evangile de la raison* conservé à Saint-Pétersbourg est orné de l'ex-libris de Rieu.

Mais la preuve la plus forte de la participation de Voltaire au recueil est fournie par l'existence d'un second manuscrit de *Saül*, spécifiquement élaboré en vue d'une nouvelle édition. Ce manuscrit, copié par Wagnière et Bigex, est conservé à Saint-Pétersbourg, dans la collection des manuscrits appartenant à la bibliothèque de Voltaire. [131] Son titre est le même que celui de l'édition, et il présente un texte presque rigoureusement identique à celui de *L'Evangile*, si l'on fait abstraction de quelques fautes de copie, corrigées à l'impression ou à la révision des épreuves. Il s'agit donc, à l'évidence, d'un texte expressément remanié, par rapport au manuscrit B et au groupe constitué par les éditions précédentes, en vue d'une publication nouvelle. Dans la première édition de *L'Evangile*, *Saül et David*, placé en tête du recueil, fait l'objet d'une pagination séparée (43 p.), tandis que les autres pièces, du *Testament de Jean Meslier* à l'*Examen de la religion*, sont paginées, d'une manière continue, de 1 à 207. Sans doute le texte de *Saül et David*, préparé et imprimé pour un tirage à part, fut-il joint à *L'Evangile* au dernier moment.

Par la suite, la pièce se retrouve dans la seconde édition du même recueil, et dans les éditions suivantes. Si sa place varie dans la composition des différents volumes, elle ne se distingue plus, sauf exceptions, par une pagination séparée.

Le nouveau texte ne présente pas de profonds bouleversements par rapport à l'ancien. Certaines fautes ont été corrigées, certains tours améliorés ou changés, quelques erreurs nouvelles introduites. Deux différences, dont l'une est fondamentale, distinguent cependant les deux versions. Tout d'abord, quelques additions accentuent l'aspect 'bourgeois' des scènes de ménage qui opposent David à ses femmes. Mais il y a plus important. Déjà l'édition précédente (*Saül* hyperdrame, 1764) supprimait les nombreuses notes portant référence au texte biblique que contenaient les premières éditions.

---

[131] C'est le manuscrit A, selon la nomenclature du 'Calendar of Voltaire manuscripts', p.38 (notre MS 1).

Voltaire ici en ôte plus de la moitié. L'abondance de ces notes répondait mieux au caractère prêté à la pièce par son titre primitif: *Saül, tragédie tirée de l'Ecriture sainte*; il supprime dans la tragédie 'd'après l'anglais' les notes renvoyant aux versets que son propre texte trahit le plus. Mais il élimine aussi les références neutres, confirmant la localisation, par exemple, pour maintenir les renvois concernant les critiques les plus violentes. Les notes bibliques disparaîtront complètement dans les éditions définitives.

En même temps, et peut-être par compensation, Voltaire veille à accentuer 'l'anglicisme' de sa pièce. Durant la période qui va d'août 1763 à juillet 1764, Voltaire donnait presque toujours à la pièce qui porte le nom de *Saül* dans les diverses éditions, le titre, plus exact, et rappelant mieux ses 'origines' anglaises, de *Saül et David*, qu'il adopte maintenant pour le nouveau recueil. De plus, le sous-titre présente désormais la pièce comme une simple traduction ou adaptation d'un auteur anonyme d'outre-Manche: 'D'après l'anglais, intitulé, The man after God's own heart. Imprimé chez Robert Freeman, in Pater-Noster-Row 1760.' Enfin, apparaissent dans la présente édition les notes anglaises qui demeureront désormais dans le texte, tandis que les notes bibliques y seront de moins en moins nombreuses. Ces notes visent toutes à citer, en quelques occasions, le prétendu 'original' anglais, comme le ferait un traducteur lorsque gêné par quelque tour intraduisible ou une expression trop forte pour les bienséances françaises, il en est réduit à renvoyer le lecteur au texte étranger.

Les textes des éditions de 1765 et de 1768 de *L'Evangile de la raison* sont à peu près identiques à celui dont nous venons de parler, sauf quelques fautes en plus ou en moins, et quelques variantes insignifiantes.

Les éditions de 1768

Certaines éditions, datées de 1768, de *L'Evangile de la raison*, se présentent sous la forme de recueils factices; c'est le cas des exemplaires qui se trouvent dans la bibliothèque de Voltaire à

Saint-Pétersbourg (n° 3590 et n° 3591). La pièce y reprend son titre primitif, *Saül*, accompagné du sous-titre qu'elle portait aussi à l'origine. La raison de ce nouveau changement est fort simple. Dans l'un des deux exemplaires (n° 3591), c'est un tirage (ancien ou nouveau?) de l'édition de '1755' qui est inséré dans le recueil: même titre, mêmes signatures, mêmes réclames, même nombre de pages, mêmes caractères, les quelques rares différences étant dues à des erreurs ou à des variations légères dans le dispositif typographique. Dans l'exemplaire n° 3590, qui porte le même titre, se trouve relié avec les autres pièces du recueil une édition datée par erreur de 1858 Il s'agit de l'édition séparée, parue en 1765 vraisemblablement, dont nous avons pu consulter deux exemplaires identiques à Genève et à la Bibliothèque nationale à Paris. Les trois textes sont à peu près les mêmes, et reproduisent notamment une erreur de 1763.

Les *Nouveaux Mélanges philosophiques, historiques, critiques, etc., etc.* paraissent chez Cramer, en 19 parties, de 1765 à 1776. On y retrouve *Saül*, dans la cinquième partie (1768), avec *La Princesse de Navarre, Le Temple de la gloire, Charlot*, et quelques pièces diverses. Cette fois il a perdu jusqu'à son nom, puisqu'il est intitulé *Drame...* Bien que Voltaire ait désavoué cette publication, comme tant d'autres, il est évident qu'elle n'a pas paru, comme le prouve Bengesco, sans son consentement, 'et, presque toujours, avec sa participation'. [132] En dépit du titre, qui ramène l'attention sur l'origine 'anglaise' de l'ouvrage, Voltaire est revenu définitivement au texte primitif, celui des *Nouveaux Mélanges* n'offrant guère, excepté la correction de quelques fautes, de différences avec celui des premières éditions, en dehors de la suppression des notes.

La même année, d'Holbach, à la suite de sa traduction du pamphlet de Peter Annet (*alias* mr Hut), réimprime la pièce sous le titre qui lui avait été donné lors de la première édition de *L'Evangile de la raison* en 1764: *Saül et David*, tragédie en

---

[132] Bengesco, *Bibliographie*, iv.236-39.

5 actes, d'après l'anglais intitulé...[133] L'examen du texte révèle d'ailleurs sa quasi-similitude avec le texte de cette édition.

L'édition encadrée

Enfin paraît en 1775 la célèbre édition dite 'encadrée', que Voltaire, attaqué sur ses écrits anti-religieux, dut désavouer. Cette 'détestable collection' contient *Saül*, accompagné du dernier titre donné à la pièce: *drame traduit de l'anglais de Mr Hut*. Voltaire – ou Cramer – avait eu l'audace de placer cette fois *Saül* à la suite du *Théâtre*, sans toutefois le mêler aux pièces régulières. A la suite des huit tomes de tragédies et de comédies, l'édition présente un tome ix contenant, outre les *Commentaires sur Corneille*, l'*Héraclius* espagnol et la *Vie de Molière*. Un dixième tome, intitulé *Supplément au tome IX et dernier du théâtre*, contient *Don Pèdre* accompagné des textes qui lui sont relatifs; et *Saül* se trouve à la fin, formant un second supplément, à pagination séparée, de 49 pages. On avait dû, pour faire paraître l'édition, y mettre maint carton. Il n'y en eut pas, semble-t-il, pour le tome x.[134]

Nous n'avons pas retrouvé trace d'une édition séparée de *Saül* en 49 pages. Il est probable que l'idée d'ajouter à part, au tome x du Théâtre, cette pièce très spéciale, a été dictée par la prudence. Cette hypothèse est confirmée par la lecture de l'Avis imprimé p.2: 'AVIS. Quoique cette traduction ait été attribuée à Mr de......, nous savons qu'elle n'est pas de lui: cependant, pour répondre à l'empressement du public, nous croyons devoir l'insérer ici, comme elle l'a été dans un si grand nombre d'éditions de ce même Recueil.'

Quant au texte, on ne sera pas étonné de constater qu'il est extrêmement proche des textes primitifs, dont il reproduit même un certain nombre d'erreurs.

---

[133] Les *Mémoires secrets* signalent l'ouvrage le 26 décembre 1768.
[134] Bengesco, *Bibliographie*, iv.102.

Même Avis, même texte et mêmes erreurs dans la réimpression de *Saül* que contient l'édition in-4°, publiée par Cramer à partir de 1770, et dont le tome xxvi parut en 1777, avec *Saül*.

Les corrections de Voltaire

Dans le courant de cette même année 1777, Panckoucke, en vue d'une nouvelle édition des *Œuvres*, avait persuadé le patriarche de revoir et de corriger l'édition encadrée, celle de 1775. Voltaire, dès la fin de l'année et dans le début de 1778, travailla beaucoup à cette tâche; la mort lui interdit de l'achever. Le 30 mai 1778, quand il cessa de vivre, il n'avait revu qu'un quart environ de son œuvre. *Saül* était compris dans la partie révisée. On sait que Panckoucke céda plus tard ses droits à Beaumarchais, qui disposa des corrections de Voltaire pour l'édition dite de Kehl (1784-1789).

Nous avons pu consulter sur place, à Saint-Pétersbourg, l'exemplaire de l'édition de 1775 où Voltaire porta ses corrections.[135] Il s'agit d'un volume non interfolié; les corrections autographes sont portées en marge ou en bas de page. En 1777 encore, Voltaire continue à user de précautions: *Saül* ne doit pas être placé parmi les œuvres de l'auteur. On lit (p.2) la note suivante: 'Cette piece doit être mis [*sic*] à la fin des pieces de société attribuées à l'auteur.' Voltaire conserve le titre donné à l'ouvrage depuis l'édition des *Nouveaux Mélanges* (1768): *Drame traduit de l'anglais de Mr Hut*. Toujours soucieux de brouiller les pistes et de tricher sur les dates, il rédige un nouvel Avis qui remplace intégralement l'Avis de 1775. Quant au texte même, il est l'objet de 16 corrections, dont la portée n'est pas considérable. Voltaire se borne à corriger, sur le texte de 1775 – très proche, rappelons-le, des éditions originales – des fautes dont certaines

---

[135] S. S. B. Taylor, qui a colligé toutes les corrections portées par Voltaire sur l'exemplaire de l'édition encadrée conservé à Saint-Pétersbourg, avait bien voulu communiquer à H.L. la liste des corrections concernant *Saül*. Nous l'en remercions bien cordialement.

avaient été effacées antérieurement, mais qui avaient reparu dans l'édition encadrée. Les corrections ne présentent d'intérêt véritable que dans trois cas, une substitution et deux additions. Au début de l'acte V (scène i), furieux de constater qu'il est volé par 'les gens de l'échiquier' et par 'les fournisseurs de l'armée', David s'écrie: 'Je les ferai scier en deux.' Ici, Voltaire ajoute une note: 'nb. Cet ainsi que le saint roi david en usait avec tous ses prisoniers excepté quand il les fesait cuire dans des fours.' Note parfaitement inutile et qui constitue une redite, puisqu'à la scène i de l'acte II, David s'explique longuement sur les supplices qu'il faisait subir aux malheureux agriculteurs dont il pillait les troupeaux, quand ils manifestaient quelque résistance. Une autre note est ajoutée (IV.v) à la réplique où David dit: 'Je danserai, oui je danserai [...] et ce me sera gloire devant les filles': 'nb. presque touttes les paroles que les acteurs prononcent sont tirées des livres judaiques, soit croniques soit paralipomenes, soit pseaumes.' Cette note unique remplace donc désormais toutes celles, fort nombreuses, qui renvoyaient le lecteur avec précision au texte biblique.

Enfin, Voltaire, sans doute en veine de facétie ce jour-là, s'amuse à remplacer l'apostrophe 'petit drôle', lancée par David à son cher fils Salomon (V.iii), par une parole plus énergique et plus significative – puisqu'elle est dite en présence de la mère: 'petit fils de putain'. C'est la seule correction de la main de Voltaire que l'édition de Kehl ait omis de reproduire.

Les tribulations du texte sont terminées. Il est inutile en effet de décrire en détail l'édition dite 'Collection complète des Œuvres de ***' (Genève 1770), dont le tome xxvi, paru en 1777, contient un *Saül* presque conforme à celui de l'édition encadrée.

Après la mort de Voltaire, il ne subit, de Beaumarchais à Moland, en passant par Beuchot et les innombrables éditions du dix-neuvième siècle, que peu de modifications. Le lecteur trouvera les principales variantes dans l'apparat critique. Toutefois, par souci de clarté et d'allègement, c'est par le tableau qui suit que nous indiquons les variations des références bibliques selon les différentes éditions.

Saül, notes bibliques

Le tableau montre que les références bibliques qui apparaissent dans l'édition de 63 (voir les trois premières colonnes) sont reprises pour la plupart dans les éditions antidatée et postdatée, et supprimées en partie dans les éditions de *L'Evangile de la raison*. Les références qui restent dans les éditions de *L'Evangile de la raison* renvoient principalement aux mêmes phrases du texte, avec un appel de note placé différemment. Les notes disparaissent avec l'édition des *Nouveaux Mélanges*.

		63	65AD	65PD	ER	68L
Sommaire1	R. I. ch. 11 v. 15.21.33	*	ch. 9	*		
2	R. I. ch. 26	*	*			
3	R. II. ch. 1 v. 1.2 et suiv.	*	1.2./	*		
4	R. II. ch. 5 v. 1.3.	*	*	v. 1-3. ch. 2		
	II. ch. 2 v. 1.3.4					
5	R. II. ch. 5 v. 9. II. ch. 20	*	*	v. 9 ch. 20		
	v. 3.					
	R. III. ch. 2 v. 10.11					
Acte I						
13 (royaume)	R. I. ch. 10 v. 1.	*	*	*		
	I. ch. 19, v. 3.4					
27 (les dès)	R. I. ch. 10 v. 10.20.21	*	*	*		
31 (Saül)	R. I. ch. 10 v. 6. I. ch. 19	*	*	*	*	
	v. 23					
33 (malheur)	R. I. ch. 10				*	*
38 (prisonnier)	R. I. ch. 15 v. 8	*	*	*		
50 (jours)	R. I. ch. 15 v. 9	*	*	v. 11		
63 (repenti)	R. I. ch. 15 v. 11	*	*	*		
75 (roi des)	R. I. ch. 15 v. 23	*	*	*		
78 (mamelle)	R. I. ch. 15 v. 3.16	*	*	*		
86 (mains)	R. I. ch. 28 v. 16.17.19	*	*	*		
100 (table)	R. I. ch. 15 v. 32	*	*	*		
109 (amère)	R. I. ch. 15 v. 32	*	*	ch. 15 v.		
				ibid.		
110 (gras)	R. I. ch. 15 ibid.	*	ch. 15. v. 32	ch. 15 ibid.		
119 (tandis que)	R. I. ch. 15 v. 33	*	*			
121 (morceau)	R. I ch. 15 v. 22				ch. 15./	ch. 15./
128 (sacrifice)	R. I. ch. 15 v. 22	*	*	*		
132 (brigands)	R. I. ch. 30 v. 8.9	*	*	*		
Acte II						
7 (prépuces)	R. I. ch. 18 v. 25	*	*	v. 15		ch. 18./
8 (noces)	R. I. ch. 18				*	
18 (manteau)	R. I. ch. 24 v. 5. R. I. ch.	*	*	*		
	26 v. 12					
27 (tête)	R. I. ch. 26[16] v. 13	*	*	ch. 22 v. 2		
28 (roi)	R. I. ch. 16				*	*
30 (Akis)	R. I. ch. 22				*	*
31 (malfaiteurs)	R. I. ch. 22 v. 2	*	*			
37 (tuais)	R. I. ch. 27 v. 8.9.10.11	*	*	*		
39 (Akis)	R. I. ch. 27				*	*

Acte II (*cont.*)		63	65AD	65PD	ER	68L
44 (scier)	R. II. ch. 12 v. 31	*	*	R. II		
46 (briques)	R. II ch. 12				*	*
56 (attend)	R. I. ch. 28 v. 1	*	*	*		
72 (brigands)	R. I. ch. 25	*	*	*		
73 (avait)	R. I. ch. 25				*	*
74 (brutal)	R. I. ch. 25 v. 3	*	*	*	*	
75 (tendre)	R. I. ch. 25 v. 3.23.24.25 et 5. Ibid. ch. 25 v. 18.19	*	24.25.5. I ch. 25 v.	25 et 5 ibid. v. 18-16		
79 (veuve)	R. I. ch. 25 v. 39.40.42	*	*	*		
98 (balancer)	R. I. ch. 28 v. 2 ch. 29. v. 2	*	*	v. 2		
110 (Alchinoam)	R. I. ch. 25 v. 43	*	*	ch. 28 v. 2		
125 (contre un)	R. I. ch. 14 v. 24	*	*	*		
129 (déjeunerait)	R. I. ch. 14 v. 27	*	*	*		
131 (mourir)	R. I. ch. 14				*	*
150 (diable)	R. I. ch. 6 v. 25	*	*	*	ch. 16/	ch. 16./
158 (harpe)	R. I. ch. 16 v. 23. ch. 18. v. 10	*	*	*		
169 (Gelboé)	R. I. ch. 28 v. 4	*	*	*		
174 (plus)	R. I. ch. 16. v. 14	*	*	*		
174 (d'Endor)	R. I. ch. 28 v. 7	*	*	*		
177 (Python)	R. I. ch. 28 v. 1	*	v. 7	*		
180 (Samuel)	R. I. ch. 28 v. 8	*	*	*		
202 (la terre)	R. I. ch. 28 v. 13	*	*	*	ch. 28/	ch. 28./
215 (perdu)	R. I. ch. 28 v. 20	*	*	ch. 29 v. 11		
217 (approchent)	R. I. ch. 29 v. 11	*	*	ch. 28 v. 20		
Acte III						
1 (tué)	R. I. ch. 31 v. 2.3.4. R. II. ch. 1. v. 4.5.67.8.9.10	*	*	R. II ch. 1 v.6.7.8.9.10		
4 (celui)	R. II. ch. 1. v. 15	*	*	*		
5 (mort)	R. II. ch. 1				*	*
9 (tribus)	R. II. ch. 2. v. 8.9.10	*	*	R. I		
10 (coquins)	R. Rechab et Baana. R. II. ch. 4. v. 5.6.7	*	*	Caana		
18 (rouillés)	R. I. ch. 13. v. 19.20.21	*	*			
23 (raisins)	R. I. ch. 13				*	*
53 (abandonné)	R. II. ch. 4	*	*	*		
54 (avec lui)	R. II. ch. 4				*	*
72 (servantes)	R. II. ch. 5. v. 13	*	*	*		
86 (grosse)	R. II. ch. 11. v. 15	*	*	R. I		
93 (dorment)	R. II. ch. 11. v. 11	*	*	*		
99 (écrire)	R. II. ch. 11. v. 14	*	*	*		
104 (missive)	R. II. ch. 11.				*	*
106 (rang)	R. II. ch. 11. v. 15	*	*	*		

		63	65AD	65PD	ER	68L
Acte IV						
34 (connaissez)	R. II. ch. 13				*	*
35 (Thamar)	R. II. ch. 13 v. 17.18	*	*	R. II v. 14.		
				13 v. 18		
40 (tuer)	R. II. ch. 13 v. 28.29	*	*	*		
45 (oint)	R. II. ch. 16				*	*
46 (couché)	R. II. ch. 16 v. 22	*	*	*		
50 (jamais)	R. II. ch. 14				*	*
51 (au moins)	R. II. ch. 14 v. 26	ch. 14	ch. 11	ch. 14		
67 (ha.)	R. II. ch. 11 v. 26	*	*	R. III		
78 (dards)	R. II. ch. 18 v. 14	*	*	*		
79 (hi.)	R. II. ch. 18 v. 33	*	*	ch. 10		
87 (possédait)	R. II. ch. 12 v. 1.2.3.4 et 5	*	*	*		
94 (j'ai peché.)	R. II. ch. 12 v. 13.14	*	*	*		
95 (transféré)	R. II. ch. 7 v. 12	*	*		ch. 12/	ch. 12./
98 (Israël)	R. II. ch. 12 et 7				*	*
note a	Ps. 67. v. 25	*			*	
note b	Ps. 136. v. 12	*			*	
128 (méprisable)	R. II. ch. 6				*	*
130 (filles.)	R. II. ch. 6. v. 20.21	*	*			
Acte V						
14 (table)	R. II. ch. 4	*	*	*	*	*
26 (cent)	*Paralipomènes* ch. 29	*	*	*		*
	v. 4.7					
27 (d'or)	*Paralipomènes* ch. 25				*	
	v. 4.7					
37 (onze)	*Paralipomènes* ch. 21 v. 5	*	*	*	*	*
59 (bon)	R. II. ch. 24				*	*
60 (famine)	R. II. ch. 4	*	*	*		
71 (sur-le-champ)	R. II. ch. 24	*	*	*	*	*
74 (charbon)	R. II. ch. 24	*	*	R. II ibid.		
109 (rien)	R. III. ch. 1				*	*
122 (autel)	R. III. ch. 3				*	*
126 (couronne?)	R. III. ch. 2				*	*
127 (assassiner)	R. III. ch. 2	*	*	*		
133 (attendez)	R. III ch. 2				*	*
134 (Semeï)	R. III. ch. 2	*	*			

5. 'Saül' et l'opinion

Le nombre des éditions, ainsi que, avant et encore après la première édition imprimée, la circulation de copies manuscrites, indique l'importance de la diffusion de *Saül*. Outre les manuscrits déjà mentionnés, sont conservés aujourd'hui une copie à Karlsruhe

(Badisches Generallandesarchiv, ms 655), une copie à la Bibliothèque nationale (à Genève, s.d., Z Beuchot 802) et une copie figurant dans un recueil de la bibliothèque Mazarine (Recueil 1192).

Cette copie de ii-68 pages qui, en dehors des interpolations grossières déjà mentionnées, semble avoir beaucoup de points communs avec le texte publié en 64H (pas d'indication de lieux, pas d'avis liminaire, pas de notes et liste des personnages retranscrite par une autre main), se caractérise par un nombre important de négligences et de déformations. Mais il est intéressant de voir *Saül* voisiner, dans ce recueil, avec des textes qui ne sont pas tous de Voltaire, mais qui ont dû être tous copiés entre 1760 et 1763: *Les Caractères de la religion chrétienne, Système de religion purement naturelle, Les Doutes, Essai sur les facultés de l'âme et Sermon du rabin Akib, Titre Impudicité, Parité de la vie et de la mort, Conversation de M. l'Intendant des Menus avec M. l'Abbé Grisel.* *Saül* côtoie, en particulier, des manuscrits clandestins, déistes ou athées et matérialistes, du premier quart du siècle: une version abrégée des *Difficultés sur la religion* de Challe (*Système de la religion purement naturelle*), les *Doutes* qui font partie de la famille de *l'Examen de la religion*, et *Parité de la vie et de la mort*, qui est un extrait d'un imprimé paru en 1714. Geneviève Artigas-Menant s'est interrogée sur la tactique du regroupement et sur la nature, factice ou non, de ce recueil. Elle a conclu, malgré les changements de ton, à sa cohérence offensive.[136]

Mais si *Saül* fait grand bruit à Paris, il ne provoque pas de réactions durables, et ne laisse guère de traces dans l'opinion écrite, notamment dans les papiers publics, journaux, périodiques ou gazettes. C'est là au reste le sort de la plupart des pamphlets et facéties antibibliques de Voltaire. Le *Traité sur la tolérance* est pris

---

[136] On consultera son article, 'Questions sur les recueils de manuscrits philosophiques clandestins', *Materia Actuosa, Antiquité, Age classique, Lumières, Mélanges en l'honneur d'Olivier Bloch* (Paris 2000), p.569-86. Nous remercions vivement Geneviève Menant des indications qu'elle nous a données sur le Recueil 1192 et sur sa copie manuscrite de *Saül*.

au sérieux, discuté et contesté; *Saül* est traité par le mépris. Au plus fort de la lutte philosophique, ni dans un camp ni dans l'autre, on ne semble désireux de défendre ou de condamner la pièce. La défendre ouvertement était dangereux, face au pouvoir, et risquait d'attirer sur soi les foudres ecclésiastiques; le *Journal encyclopédique* n'en dit mot, les philosophes ne souhaitent pas qu'il y ait une affaire *Saül*. La condamner dans les formes risquait de donner trop de publicité à une attaque dont il était plus habile de laisser s'amortir d'elle-même la virulence; prudemment, les périodiques au service de l'Infâme, comme les *Mémoires de Trévoux*, restent muets: contre ce genre d'agression, rien ne vaut la conspiration du silence.[137] Le grand public enfin, qui satisfait ses goûts mondains et sa frivolité dans la lecture du *Mercure de France*, ne saurait s'intéresser à de telles polémiques: le *Mercure* se tait donc.

En définitive, on ne trouvera trace de *Saül* – en dehors de la correspondance de Voltaire – que dans des écrits dont la diffusion se veut discrète, comme la *Correspondance littéraire* de Grimm, voire même 'secrète', comme les *Mémoires secrets*. A une exception près cependant, celle de Fréron, incapable de se retenir quand l'occasion lui est offerte de donner un coup de plus à son éternel adversaire.

Le 17 mars 1763, *L'Année littéraire* consacre quelques pages à la critique de *Judith* et de *David*, tragédies de l'avocat Lacoste dont il a été parlé plus haut. Fréron n'est pas tendre pour l'auteur; mais il ajoute à la fin de l'article: 'Il est vrai qu'on pardonne encore plus de tels drames qu'un certain *Saül* qui se répand dans cette capitale, manuscrit infâme de quelque scélérat sans génie, qui excite l'indignation et comme ouvrage contraire aux mœurs, et comme production sans esprit et sans jugement.'[138]

Notons qu'à cette époque, il y avait plusieurs mois que *Saül* circulait en manuscrit, et que la voix publique l'attribuait à

---

[137] En janvier 1765, les *Mémoires de Trévoux* donnent pourtant un long compte rendu (annoncé en novembre 1764) du *Catéchisme de l'honnête homme* (2° vol. de janvier, p.209-38).
[138] 1763, Lettre viii, p.186.

Voltaire. Les *Mémoires secrets*, nous l'avons vu, se faisaient l'écho du bruit général dès le mois de janvier: 'Il court manuscrite une tragédie de M. de Voltaire, intitulée *Saül*.' Le jugement des *Mémoires secrets* est d'ailleurs aussi sévère – du moins sur le plan moral – que celui de Fréron: 'Ce n'est point une pièce ordinaire, c'est une horreur dans le goût de *La Pucelle*, mais beaucoup plus impie, plus abominable. On n'en peut entendre la lecture sans frémir.'[139]

L'émotion du rédacteur est aussi grande, deux semaines après: 'On continue à parler du *Saül* de M. de Voltaire, comme un tissu d'impiétés rares, d'horreurs à faire dresser les cheveux. Cette tragédie est toujours très recherchée et très peu répandue; elle ne court que manuscrite.'[140]

Néanmoins, si les *Mémoires secrets* soulignent l'impiété, les 'abominations' de la pièce, sa valeur artistique n'est pas mise en cause; tout simplement il n'en est pas parlé. Un peu plus tard, le premier émoi passé, le rédacteur – mais s'agit-il bien du même individu? – semble avoir retrouvé son sang-froid et en vient à un jugement de caractère proprement littéraire:

Quoique le *Saül* de M. de Voltaire ne soit pas imprimé, les manuscrits se multiplient. Ce drame est dans le goût, pour la forme constitutive, du *François second* du Président Hénault: il embrasse une partie de la vie de Saül et tout le règne de David. Les actions ridicules ou cruelles de ces princes y sont rapprochées sous le jour le plus pittoresque. Si le but de l'auteur a été de prouver que le dernier surtout, si fort selon le cœur de Dieu, le prophète-roi, le saint prophète, était cependant capable de toutes

---

[139] *MS*, 3 février 1763. Quelques années plus tard, dans son *Examen des Mémoires de Bachaumont*, Wagnière cite ce passage, qu'il accompagne du commentaire suivant: 'Belle comparaison d'un drame satirique en prose avec le poème de *La Pucelle*! de deux sujets qui ne se ressemblent ni par le fond ni par la forme! Du reste, s'il y a dans ce drame des horreurs, des abominations, elles sont extraites de la Bible elle-même; on n'a, pour s'en convaincre, qu'à lire et à confronter les textes qui sont cités; ce drame a été imprimé dans l'édition encadrée de Genève, dans un des volumes des *Pièces attribuées à l'auteur*' (Longchamp et Wagnière, *Mémoires sur Voltaire*, Paris 1826, i.211).

[140] *MS*, 17 février 1763.

sortes d'abominations, il a réussi. Au reste, nul coloris étranger; c'est le simple historique de ces deux vies; ce sont le style et les figures de L'Ecriture sainte.[141]

Jugement intéressant, et assez complet, le plus complet en tous cas de ceux qui nous sont parvenus sur *Saül*. Il s'agit là d'un avis personnel, l'opinion étant plus partagée, si l'on en croit l'article suivant, qui évoque les discussions provoquées par la lecture de la pièce, récemment publiée:

Le *Saül* de M. de Voltaire, malgré la défense et la sévérité de la police, est imprimé. On y trouve peu de changements. Les avis sont fort partagés: les uns trouvent cet ouvrage détestable, et dans le fond et dans la forme; ils en réprouvent le style emphatique et simple tour à tour; les autres le regardent comme un chef-d'œuvre d'impiété, mais en même temps comme un ouvrage pittoresque et philosophique.[142]

On regrettera que Grimm, qui parle longuement de *Saül* et de sa 'source anglaise', dans sa lettre du 1er mai 1763, n'ait songé à renseigner ses correspondants que sur la genèse de la pièce. Il nous prive ainsi d'un de ces excellents articles de fond qui abondent dans la *Correspondance littéraire*: sans doute n'eût-il pas été opportun. La conclusion du texte – qui s'adresse à des initiés – désigne assez clairement l'auteur, sans insister sur les vertus de l'œuvre autres que son originalité: 'On prétend que ce singulier ouvrage vient des Délices; mais cette opinion ne peut être admise que pour les fidèles disposés à le lire avec fruit et édification. Ceux qui n'y chercheront que le scandale doivent en ignorer la source.'[143]

En 1764, *L'Evangile de la raison* est signalé par les *Mémoires secrets*, qui, à propos de *Saül*, renvoient aux articles précédents, et se bornent à conclure: 'On ne peut regarder que comme très

---

[141] 1er avril 1763. Dans son *Examen des Mémoires de Bachaumont*, déjà cité, Wagnière note, à propos de ce passage: 'Le rédacteur des *Mémoires* confirme ici ce que nous avons remarqué plus haut, au sujet de ce drame' (i.211).

[142] 17 août 1763.

[143] *CL*, v.279.

redoutable un recueil d'autorités et de raisonnements aussi forts contre la religion.'

Le bruit fait autour de *Saül* s'apaise vite. La pièce perd de sa nouveauté, et par conséquent de son attrait: d'autres 'rogatons' venus après elle répètent les mêmes critiques. Si les journaux se sont tus sur l'apparition de la 'tragédie', ils ont encore moins de raisons d'en parler, un an, deux ans, trois ans après. Grimm lui-même, en septembre 1766, écrit, à propos du *Recueil nécessaire*: 'Il faut convenir que voilà une furieuse nuée de flèches qu'on tire sur cette pauvre infâme de tous côtés, et que si elle ne succombe pas à la longue, il sera bien manifeste que les portes de l'enfer ne prévaudront jamais.'

En somme, la critique refuse de répondre – du moins sur le même terrain – à la provocation incessante, au pilonnage intensif de Voltaire. Le silence est une arme efficace. Et Grimm, dans une lettre postérieure, se demande si Voltaire a raison de persévérer dans une tactique dangereuse:

Le grand défaut du *Recueil nécessaire*, c'est le rabâchage: chaque morceau dont il est composé n'est pour ainsi dire que la répétition du même fond d'idées qui se trouve dans les autres. Le zèle apostolique dont le grand patriarche est possédé lui fait regarder toutes ces répétitions comme très utiles au progrès de la raison, parce qu'il est des esprits lents qui ne sentent la force d'un argument qu'à force de le remâcher; mais en ce cas il ne faut pas ramasser tous ces morceaux dans le même recueil, sans quoi la lecture en devient à la longue fastidieuse. [144]

L'année 1768 donne à *Saül* un regain d'actualité, à la faveur de la traduction, par d'Holbach, du livre de Peter Annet. Les *Mémoires secrets* signalent l'ouvrage à la fin du mois de décembre. Le jugement qui clôt le compte rendu est assez sévère; il vise, naturellement, l'*Histoire de David*, mais ne manque pas de nous intéresser aussi dans la mesure où *Saül* prête le flanc au reproche qui est fait au déiste anglais:

[144] *CL*, vii.128 (septembre 1766), vii.148 (octobre 1766).

431

Il est vrai que les faits articulés sont tirés des Livres saints, et ne présentent même que des mémoires très incomplets, auxquels l'écrivain n'a osé ajouter ni liaisons ni transitions: ce qui rend l'ouvrage décharné et absolument sec. Mais le fond est infiniment plus abominable, et ce qui n'offre que des traits d'un ordre extraordinaire à ceux qui les lisent dans la simplicité de cœur qu'exige l'Ecriture sainte, forme, ainsi isolé, un tissu d'horreurs et de cruautés, dont se prévalent les impies pour peindre le Saint Roi comme un assemblage de tous les crimes.

Cependant, l'auteur des *Mémoires*, qui, déjà, à plusieurs reprises, avait reconnu les qualités littéraires de la tragédie, ne manque pas de souligner ici la maîtrise de Voltaire, qui s'affirme aux dépens de l'auteur anglais:

On a réimprimé à la suite de cet ouvrage la tragédie de *Saül et David*, connue depuis longtemps, et d'une main bien supérieure; car la première production est très médiocre, écrite avec force quelquefois, mais sans élégance, et dénuée absolument de ce ridicule qui donne la vogue à ces sortes d'ouvrages, et que M. de Voltaire sait répandre avec tant d'art sur les matières qui en sont les moins susceptibles en apparence.[145]

Grimm, peu de temps après, signale aussi la traduction publiée par d'Holbach. Il revient longuement sur les circonstances qui amenèrent P. Annet à écrire son pamphlet, et s'engage avec beaucoup de résolution dans le parti du déiste anglais et de Voltaire. Comme le rédacteur des *Mémoires secrets*, il estime que 'l'auteur anglais n'a pas tiré parti de son sujet', et il ajoute:

Si le patriarche de Ferney l'avait traité, c'eût été un peu différent: l'idée était bien heureuse. Au reste, le patriarche en a tiré un assez bon parti, puisque c'est cet écrit qui a fait faire la tragédie de *Saül*, qu'on trouve imprimée ici à la suite de *L'Homme selon le cœur de Dieu*. Cette tragédie est une des choses les plus originales qui aient été faites de notre temps.

C'est peu décidément, et Grimm nous laisse sur notre faim. Néanmoins la suite du texte insiste à juste titre sur un aspect totalement négligé dans les rares textes critiques qui viennent

---

[145] *MS*, 26 décembre 1768.

d'être passés en revue. La tragédie de *Saül* n'a jamais été destinée à la représentation – sur des scènes publiques s'entend; et Voltaire y prend toutes sortes de libertés, dans le domaine de la dramaturgie, avec les règles en vigueur.

L'auteur, en effet, a indiqué lui-même, après avoir précisé les lieux où se déroulent les cinq actes de sa pièce, qu'il n'a pas respecté la règle des unités de lieu, de temps, d'action. Mais il n'observe pas non plus la règle des bienséances, en particulier en faisant supplicier Agag sur scène. Enfin il n'hésite pas, faisant fi de la pureté des genres, à faire alterner l'horrible et le bouffon. On peut se demander si cette recherche de dissonances, à l'intérieur de la pièce et par rapport à la pratique habituelle, ne s'inspire pas de réminiscences du théâtre élisabéthain. Pour représenter un temps de barbarie et de violence, pour peindre des hommes qui se situent en dehors des règles et des valeurs acquises par la civilisation, pour exprimer à la fois répulsion et dérision, il faut nécessairement s'écarter des règles du théâtre classique. Voltaire s'autorise alors les licences qu'il a tant reprochées à Shakespeare, dont il avait admiré la puissance, avant de déplorer la grossièreté de son siècle. [146]

S'agirait-il alors d'une pièce injouable, réservée à la lecture, d'un simple pamphlet auquel la forme dramatique n'apporterait qu'un piment de plus? Non, car à en croire Grimm, la pièce fut effectivement présentée à un public, au moins une fois: 'Le roi de Prusse la fit jouer, il y a quelques années, sur le Théâtre royal de Berlin, et y fit inviter la synagogue juive, laquelle, à ce qu'on m'a assuré, se divertit beaucoup à ce spectacle.' [147]

---

[146] Voir M.-H. Cotoni, 'Une tragédie de Voltaire en marge de toute règle, *Saül*', dans *Mélanges C. Martineau. La marginalité* (Paris 2001).

[147] On serait enclin à douter du témoignage de Grimm, s'il n'était corroboré par celui de Voltaire lui-même. Ecrivant à Mme Du Deffand, le 7 août 1769 (D15805), le patriarche écrit: 'Avez-vous jamais lu, madame, la tragédie de Saül et de David? On l'a joué devant un grand roi. On y frémissait et on y pâmait de rire, car tout est pris mot pour mot de la sainte écriture.' En tout cas Frédéric II se remémore encore la pièce en 1781, puisqu'il cite à d'Alembert, le 12 août, les deux vers fameux de l'Acte IV: 'Et nos chiens s'engraisseront / De leur sang qu'ils lécheront' (*Œuvres de Frédéric le Grand*, éd. Preuss, t.xxv, Berlin 1854, p.196).

Au reste, Grimm pense – et il est le seul à le dire – que *Saül* est un ouvrage de théâtre parfaitement viable:

Cette pièce doit infiniment intéresser à la représentation, surtout par ses frappants coups de théâtre, comme celui où Samuel coupe le roi Agag par morceaux, et celui où David danse tout nu devant les filles de Sion. Mais on parle de remettre *Le Siège de Calais* à la Comédie-Française, et je n'ai pas ouï dire que le gouvernement ait donné d'ordre pour jouer la tragédie de *Saül*. [148]

Si la correspondance de Voltaire est relativement abondante en lettres où il est plus ou moins longuement question de *Saül*, presque toutes ces lettres sont signées de Voltaire. [149] Seul parmi ses correspondants, le duc de La Vallière, qui aida à la diffusion de la pièce, prend nettement position – dans le langage subtil commun aux 'frères' – en faveur de cette tragédie sainte. [150] *Saül* devait être à l'honneur dans certaines lettres probablement perdues, de Damilaville, du marquis d'Argence, peut-être de d'Alembert et de Mme Du Deffand. Quant au président de Brosses, depuis longtemps en froid avec Voltaire, il émet à propos de *Saül*, dans une lettre du 31 décembre 1764, un jugement sans appel; il écrit en effet au baron

---

[148] *CL*, viii 250 (janvier 1769).

[149] Comme il le fait souvent pour diffuser ses ouvrages, quand il ne peut pas procéder directement à des envois, Voltaire incite quelques correspondants privilégiés à se procurer sa pièce. Il est intéressant, dans ce cas, de remarquer que ses exhortations se poursuivent pendant plusieurs années. En octobre 1763, il invite Mme Du Deffand à se procurer cette tragédie 'traduite, dit-on, de l'anglais' et 'fort rare': 'Elle vous amusera un quart d'heure, surtout si vous vous souvenez de l'histoire hébraïque qu'on appelle la Sainte Ecriture' (D11455). Or, près de six ans plus tard, le 7 août 1769, il demandera à la même correspondante si elle a lu cette pièce (D15805). Entre temps, en janvier 1767, il a proposé à Jean-François-René Tabareau de lui déterrer cette 'tragédie comique' (D13867) et il a suggéré, en juillet, au prince de Ligne de faire venir le *Recueil nécessaire* qui contient cette pièce (D14285). En juin 1769, il termine une lettre à Mme d'Epinay, qui doit l'avoir lue, par la citation fameuse: 'Et les chiens s'engraisseront / De ce sang qu'ils lécheront' (D15677).

[150] Voir D10854, D11016 et D11334.

de Gemeaux (D12277): 'Ne regrettez pas le *Saül*, c'est le plus plat et le plus mauvais de tous ses ouvrages.'[151]

Diversement apprécié par ses lecteurs, *Saül*, à Paris comme à Genève, attira sur lui les foudres des autorités civiles et ecclésiastiques. Interdit et saisi dès le mois d'août 1763 à Paris, l'ouvrage fut censuré et condamné deux ans plus tard par le Vatican, sur proposition de la Sacrée Congrégation de l'Index. L'*Index librorum prohibitorum*[152] l'inclut en effet dans sa liste, sous le titre: *Saül et David*, hyperdrame d'après l'anglais intitulé... Le décret, daté du 8 juillet 1765, englobe dans la même condamnation le *Sermon des cinquante*, le *Catéchisme de l'honnête homme* et *L'Evangile de la raison*.

6. *Manuscrits, éditions, traductions*

Manuscrits[153]

MS1: copie contemporaine, par Wagnière (actes I et II) et Bigex (actes III-V). St Pétersbourg, Bibliothèque publique d'Etat, Manuscrits Voltaire, i.370-404. Texte presque identique à celui de *L'Evangile de la raison*.

MS2: copie contemporaine. Genève, Bibliothèque publique et universitaire. Texte presque identique à celui de 63.[154]

MS3: copie, Paris, BNF, Z Beuchot 802 (à Genève, s.d.)

MS4: copie, Paris, Mazarine, Recueil 1192 (*Saül Tragédie en 5 actes*).

---

[151] Dans la même lettre, faisant allusion au *Dictionnaire philosophique*, de Brosses dit de Voltaire: 'Il passe sa vie à lire le commentaire de Calmet, où il prend son érudition et ajuste ses épigrammes.'

[152] Edition utilisée, Vatican 1948.

[153] Voir 'Calendar of Voltaire manuscripts', p.38.

[154] Nous sommes reconnaissants à M. Charles Wirz de sa vérification soigneuse de ce manuscrit.

Editions[155]

63 (1763)

SAÜL, / *TRAGÉDIE*, / TIRÉE / *DE L'ECRITURE SAINTE.* / PAR M. DE VOLTAIRE. / [*ornement typographique*] / A GENEVE, / [*double filet*] / M. DCC. LXIII.

pp. 61 [i bl.]; sig. A-C^8, D^7.

Titre [1], personnages 3-4, sommaire 4, texte accompagné de 74 notes 5-61.

Imprimé sur papiers moyen et fin auvergne de A. Micare 1742. Lettrine et bandeau typographique p.5; culs-de-lampe typographiques de 3 espèces: (a) p.14, 20; (b) p.31; (c) p.40. Le type de signature (chiffres romains décentrés), et la récurrence des réclames à la page incitent à croire qu'il s'agit d'une impression française. C'est cette édition que le 'Journal de la librairie' signale le 4 août 1763 mais en parlant d'un format in 12°: 'imp. sans permission' (Paris, BNF, ms fr. 22163, f° 31).

Bengesco 246.

Paris, BNF Z Beuchot 76 (2), 799, 800 (1); Z Bengesco 90; 8Y Yth 16152, 16153, 16154, 16155; Arsenal: 8° BL 10752; Oxford, Taylor V3 S3 1763.

64G (1764)

SAÜL, / *TRAGÉDIE*, / TIRÉE / *DE L'ECRITURE SAINTE.* / PAR M. DE VOLTAIRE. / [*ornement*] [*double filet*] / *A GENEVE,* / [*double filet inégal*] M. DCC. LXIV.

pp. 59; sig. A-E^6.

---

[155] Section préparée par Henri Lagrave, completée et mise au point par Jeroom Vercruysse.

Titre [1], personnages [3], sommaire [4], texte accompagné de 75 notes 5-59.

Imprimé sur papier filigrané au raisin C [cœur] 1742. Deux types d'ornements typographiques: (a) p.14; (b) p.39. Le type de signature (chiffres romains décentrés par demi cahier) suggère une impression française réalisée en province. Signalée par Bengesco (i.61, n° 247) sur la foi de la *Bibliothèque dramatique de Point de Vesle* (Paris 1846, p.122, n° 1190) qui mentionne deux exemplaires de *Saül* dont un imprimé à Genève sans nom en 1764.

Bordeaux, BM 5359 (2).

64H (1764?)

SAUL, / HYPERDRAME / HÉROÏ-COMIQUE / *EN CINQ ACTES.* [*double filet*] / *Par M. de V.* / [*double filet*].

pp. 57 [i bl.]; sig. A-C⁸, D⁵.

Titre [1], texte sans notes 3-57.

Imprimé sur papier non identifié (rognage à la reliure). Culs-de-lampe typographiques de 3 espèces: (a) p.11, 12; (b) p.28, 42; (c) p.43. Les caractères de facture française, la récurrence des réclames à la page, la signature (chiffres arabes centrés) suggèrent une impression de province.

L'exemplaire de Jamet (Paris, BNF Rés. Yf 4697) porte la mention manuscrite: 'à Nanci De l'imprimerie de Jean batiste hiacinthe Leclerc. 1764'. Cette information a été reprise par Barbier et Bengesco.

Bengesco 248.

Paris, BNF Z Bengesco 91, Rés. Yf 4697: Arsenal 8° B 13586 (8).

SAÜL,

TRAGÉDIE,

TIRÉE

DE L'ÉCRITURE SAINTE.

PAR M. DE VOLTAIRE.

A GENEVE,

M. DCC. LXIII.

1. Edition 'à Genève' 1763. Cliché BNF.

SAÜL,

TRAGÉDIE.

TIRÉE

DE L'ECRITURE SAINTE.

PAR Mr. DE V.......

MDCCLV.

(16)

2. Edition antidatée de '1755'. Cliché BNF.

SAUL

ET

DAVID.

TRAGÉDIE.

D'après l'Anglais, intitulé, *The man after God's own heart.* Imprimé chez Robert Freeman, in Pater-Noster-Row 1760.

A

S A U L,

T R A G É D I E,

TIRÉE

DE L'ÉCRITURE SAINTE.

PAR Mr. DE.......

=================================

MDCCCLVIII.

=================================

fausse date — 1765.

Voltaire

4. Edition postdatée de '1858'. Cliché BNF.

ER64 (1764?)

SAUL ET DAVID. / TRAGÉDIE. / [*filet*] / D'après l'Anglais, intitulé, *The Man after God's* / *own heart*. Imprimé chez Robert Freeman, / in Pater-Noster Row 1760. /

pp. 43 [i bl.]; sig. A-B⁸, C⁶.

Titre [1], personnages [3], texte accompagné de 41 notes 3-43.

Cette édition se rencontre soit isolée, soit incluse dans *L'Evangile de la raison, ouvrage posthume de M. D. M....y* (1764-1765). A la suite viennent les mêmes pièces que ci-dessous avec une pagination continue.

Edition de Marc Michel Rey. Voir J. Vercruysse, 'Voltaire et Marc Michel Rey', *SVEC* 58 (1967), p.1722-28.

Bengesco 1897.

Bordeaux, BM D35549/2; Paris, BNF Z Bengesco 93 (exemplaire isolé), D² 7246 (avec *L'Evangile de la raison*).

65 (1765)

SAÜL, / *TRAGÉDIE.* / TIRÉE / *DE L'ECRITURE SAINTE.* / PAR Mʀ DE V....... / [*double filet inégal*] / *MDCCLXV.* / [*double filet inégal*].

pp. 48; sig. A-C⁸.

Titre 1, personnages 3, sommaire 4, texte [5]-48.

Bandeau typographique p.4. Le type de signature (chiffres romains décentrés) incite à croire à une impression à la française. L'analogie typographique avec l'édition de '1755' est frappante au point que l'on peut se demander si la date '1755' n'est pas une erreur typographique corrigée par la suite.

Inconnu à Bengesco.

Uppsala, BU Scriptores gracci (Julianus). Relié à la suite de la

Deffense du paganisme par M. le marquis d'Argens (Berlin, Chrétien Frédéric Voss, 1764).

65AD (1765?)

SAÜL, / TRAGÉDIE. / TIRÉE / *DE L'ECRITURE SAINTE.* / PAR M. DE V....... / [*double filet inégal*] / MDCCLV. / [*double filet inégal*].

pp. 48; sig. A-C⁸.

Titre [1], personnages [3], sommaire [4], texte en 5 actes accompagné de 75 notes [5]-48.

C'est cette édition que Voltaire possédait dans sa bibliothèque et qu'il a annotée: BV, p.934, n° 3771 et reproduction de la page de titre.

Imprimé sur papier médiocre filigrané au raisin et au lys, cœur C / M, de facture française. La page 34 est paginée '4'. Lettrine p.5 et bandeau orné (4 lys encadrés) signé 'O'. Les autres bandeaux (torsades) p.4, 13, 27, 34, 42 sont anonymes. Le type de signature (chiffres romains décentrés) et la récurrence des réclames à la page confirment une impression française. Cette édition présente de nombreuses analogies avec celles de 1763 et de 1765.

Bengesco 245.

Paris, BNF Z Beuchot 74 (3), Yf 12121; Bruxelles, BR FS 51A; Oxford, Bodley G. Pamph. 2699.

ER65 (1765?)

SAÜL / ET / DAVID, / *HYPERDRAME.* / [*filet*] D'après l'Anglais, intitulé, *The man after God's own / heart.* Imprimé chez Robert Freeman, in Pater- / Noster - Row, 1760.

pp. [201]-254 [ii bl.]; sig. N⁵⁻⁸, O-Q⁸.

Titre [201], personnages [202], texte accompagné de 40 notes 203-254.

Inclus dans *L'Evangile de la raison, ouvrage philosophique*, s.l. 1765. Le type de signature (chiffres arabes décentrés) et la récurrence des réclames par feuille, de même que les deux ornements typographiques identiques (6 étoiles en triangle renversé) peuvent inciter à croire qu'il s'agit d'une facture hollandaise.

Bengesco 249/1.

Paris, BNF D² 7245, Microfiche M 495.

65PD (1765?)

SAUL, / *TRAGÉDIE*. / TIRÉE / *DE L'ECRITURE* SAINTE. / PAR Mʀ DE .... / [*double filet*] *MDCCCLVIII*. / [*double filet*].

pp. 46; sig. A-B⁸, C⁷.

Titre [1], personnages 3, sommaire 4, texte accompagné de 63 notes 5-46.

Impression peu soignée: pagination 46 sur 2 niveaux; p.37 absences de marque pour la 2ᵉ note, p.39 note 'r' pour 'a', p.41 barre noire sur la note a. Fleuron p.4 (lys encadré), bandeau p.5. Le type de signature (chiffres romains décentrés) et la récurrence des réclames à la page incitent à croire à une facture française. La page de titre bandeau de la page 5 est légèrement différent.

La date MDCCCLVIII est évidemment erronée. L'exemplaire de la BNF comporte une note manuscrite ancienne 'fausse date – 1765'. Le titre présente des analogies avec le type '1755'.

Non signalé par Bengesco.

Paris, BNF Yf 12122.

67 (1767)

SAÜL / ET / DAVID, / TRAGÉDIE. / TIRÉE / DE L'ECRITURE SAINTE, / PAR Mʀ DE VOLTAIRE. / *NOU-*

VELLE EDITION. / [*ornement typographique*] / [*ligne ornée*] /
LONDON, / CHEZ PIERRE MARTEAU, CIƆIƆCCLXVII.

pp. 64; sig. A-D⁸.

Titre [1], personnages [3], sommaire [4], texte accompagné de 75
notes [5]-64.

Imprimé sur un papier médiocre filigrané à l'oiseau (aigle cou-
ronné?). Bandeau typographique et lettrine p.5. Le type de
signature (chiffres romains centrés), la récurrence des réclames à
la page, le caractère fictif évident du nom de l'imprimeur (marque
fréquente), le type de datation (millésime avec C inversés), la
facture du U majuscule de Saül, le point carré après 'Tragédie'
présentent une composition peu fréquente sortie d'un atelier non
identifié. On notera les analogies avec l'édition datée de 1755.

Bengesco 250.

Paris, BNF Z Beuchot 75 bis (7); Oxford, Taylor V3 S3 1767.

ER68 (1768)

SAUL / ET / DAVID. / *TRAGEDIE.* / D'après l'Anglais,
intitulée, / *the man after God's own heart.* / Imprimé chez Robert /
Freeman in Pater- / Noster Row 1760.

pp. 88; sig. A-C¹², D⁸.

Titre [1], personnages [2], sommaire [3]-7, texte accompagné de 40
notes 8-88.

Inclus dans *L'Evangile de la raison*, s.l. 1768. A la suite on trouve
avec une pagination continue le *Testament* de Meslier, le *Catéchisme de l'honnête homme*, le *Sermon des cinquante*, l'*Analyse de la
religion chrétienne* et la *Profession de foi du vicaire savoyard*.

Edition de Marc Michel Rey.

Bengesco 249/2.

Paris, BNF Z Beuchot 1167; Laon, BM 75 Nain.

68L (1768?)

SAÜL / ET / DAVID. / *TRAGÉDIE* / *En cinq Actes.* / [*filet*] / D'après l'Anglais, intitulé, *The man after* / *God's own heart.* Imprimé chez Robert / Freeman, in Pater - Noster - Row / 1760. pp. 56; sig. A⁴, B-D⁸.

Titre [1], personnages [2], texte accompagné de 41 notes en numérotation continue 3-56.

Imprimé sur papier filigrané aux armes d'Amsterdam du moulin Jardel. 3 bandeaux typographiques identiques p.7, 22, 24; deux types de culs-de-lampe typographiques: (a) p.6; (b) p.21, 23, 25, 51. Le type de signature (chiffres arabes centraux) et la récurrence des réclames par feuille confirment une facture hollandaise qui réunit également les caractéristiques typographiques des ouvrages édités par Marc Michel Rey.

Cette édition se rencontre souvent à la suite de *David, ou l'histoire de l'homme selon le cœur de Dieu* (Londres 1768) attribué au baron d'Holbach.

Bengesco 251.

Paris. Z Beuchot 798 (1), Z Bengesco 92 et 980, D2 5194 (1), Hz 1542; Bruxelles, BR VH 12239 A 1; Oxford, Taylor V3 S3 1768.

NM68 (1768)

DRAME / *Traduit de l'Anglais de Mr. HUT.* pp. [199]-256; sig. N⁴⁻⁸, O-Q⁸.

Titre [199], personnages [200-201], sommaire [202], texte sans notes [203]-256.

Bandeau orné (anges musiciens) p.203 signé IB; 10 culs-de-lampe différents p.205, 212, 215, 221, 227 (type p.221 inversé), 231, 236, 240, 242, 246.

Fait partie du tome v des *Nouveaux Mélanges philosophiques, historiques et critiques*, s.l. 1768 (Genève, Cramer).

Bengesco 249/3.

Paris, BNF Mcf M 1598; Z Bengesco 487 (5): exemplaire identique mais avec un bandeau (bois anonyme) différent p.203.

NM71 (1771)

DRAME / Traduit de l'Anglais de Mr. HUT.

Disposition textuelle identique à celle de 1768 NM mais avec des bandeaux et ornements typographiques différents, p.203, 205, 212, 215, 227, 231, 236, 240, 246.

Fait partie du tome v des *Nouveaux Mélanges philosophiques, historiques et critiques* (s.l. 1771).

Non signalé par Bengesco.

Paris, BNF Z 24769.

NM72 (1772)

DRAME / Traduit de l'Anglais de Mr. HUT.

Disposition textuelle identique à celle de 1768 NM mais avec des bandeaux et ornements typographiques différents, p.203, 212 (identique 236), 213 (identique 247), 215 (identique 237), 228 (identique 236), 231, 240 (identique 256), 246.

Fait partie du tome v des *Nouveaux Mélanges philosophiques, historiques et critiques* (s.l. 1772).

Non signalé par Bengesco.

Paris, BNF Z 24632.

74 (1774)

Se fondant sur A. Barbier (ii.389) Bengesco (i.63) mentionne une édition de 1774 faisant suite à *David ou l'histoire de l'homme selon le cœur de Dieu* attribué au baron d'Holbach. Nous n'avons pas rencontré d'exemplaire de cette édition, ni de celle du *David*, mais bien un autre *Saül* venant à la suite d'une édition de *David* datée de 1778. Voir ci-dessous.

W75G (1775)

[*encadrement*] / *SUPPLEMENT* / AU TOME IXe. ET DERNIER / *DU THÉATRE*. / [*double filet orné*] / SAÜL, / *DRAME*, traduit de l'anglais de Mr. Hut. / [*filet*].

pp. 49 [i bl.]; sig. A-C^8, D.

Titre [1], avis [2], personnages [3], sommaire [4], texte sans notes 5-49.

Relié à certains exemplaires du tome ix des *Ouvrages dramatiques* de l'édition dite encadrée de 1775. Voir J. Vercruysse, *Les éditions encadrées des œuvres de Voltaire de 1775, SVEC* 168 (1977), *passim*.

Paris, BNF Z 24848; Oxford, Taylor VI 1775.

W75G*

Exemplaire de l'édition W75G dans la bibliothèque de Voltaire à Saint-Pétersbourg, portant des corrections manuscrites de la main de l'auteur. Ces modifications, surimposées sur le texte imprimé de W75G, représentent le texte final corrigé par Voltaire. W75G* est donc notre texte de base.

W75X (1775)

Edition absolument identique en tous points à la précédente mais faisant partie de la contrefaçon de l'édition dite encadrée de 1775.

Paris, BNF Z 24889; Z Beuchot 801 (exemplaire détaché).

W71 (1776)

SAÜL, / *DRAME*, traduit de l'anglais de Mr. Hut. / [*double filet*] / AVIS.

pp. [142]-182; sig. F$^{11-12}$, G^{12}, H^7.

Titre [142], Avis [142], personnages [143], sommaire [144], texte accompagné de 3 notes 145-182.

Inclus dans les *Mélanges de littérature, histoire et poésie* (Genève 1776), et tome xxv de la *Collection complette des œuvres de M. de Voltaire*, dite édition de Plomteux, Liège.

Liège, BU Rés. 24191 (25).

w68 (1777)

SAÜL, / *DRAME, TRADUIT DE L'ANGLAIS*, / DE M. HUT.

pp. [89]-138; sig. M-R^4, S.

Titre [89], avis [90], personnages [91]. Première ligne en caractères ornés, texte avec note, 93-138.

Fait partie du tome iv des *Poésies mêlées* (Genève 1777) et tome xxvi de la *Collection complette des œuvres de Mr. de* **, dite édition Cramer in 4°.

Paris, BNF Z Beuchot 1882 (26), Rés. Z 1272, Rés. M Z 587 (26); Bruxelles, BR VB 7436 B (26).

78 (1778)

DAVID, / *OU* / L'HISTOIRE / *DE* / L'HOMME / *SELON LE CŒUR DE DIEU*. / TRADUITE DE L'ANGLOIS; *Suivie de* / SAÜL, / *Tragédie; par M. de* Voltaire. / NOUVELLE EDITION. / [*ornement typographique*] / *LONDRES*. / [*double filet*] / 1778.

pp. 180; sig. A-G^{12}, H^6.

Saül occupe les p.91-180 de cette édition fort rare.

Impression sur papier français filigrané au raisin. Troisième et neuvième lignes en caractères ajourés.

Inconnu à Bengesco.

Paris, Collection M. Bernstein (1971), voir J. Vercruysse,

Bibliographie descriptive des éditions du baron d'Holbach (Paris 1971), 1778 D1.

70L (1780)

SAÜL, / *DRAME, TRADUIT DE L'ANGLOIS* / DE Mr. HUT.

pp. [139]-198; sig. I^{6-8}, K-M^8, N^3.

Titre [139], avis [140], personnages [141], sommaire [142], texte 143-198.

Fait partie du tome x du *Théâtre complet de Mr. de Voltaire* et tome liv de la *Collection complète des œuvres de Mr de Voltaire*, de l'édition Grasset, Lausanne 1770, in 8°.

Bordeaux, BM 31570 (54).

k84 8° (1785)

SAÜL, / DRAME, / *Traduit de l'Anglais de M. HUT.*

pp. [315]-363; sig. V^{6-8}, X-Z^8.

Titre [315], avis [316], personnages [317-318], texte 319-363.

Fait partie du tome xlvi de l'édition in 8° des *Œuvres* dite de Kehl (dans tous ses états bibliographiques), 1785.

k84 12° (1785)

SAÜL, / DRAME, / *Traduit de l'Anglais de M. HUT.*

pp. [75]-135; sig. G^{2-8}, H^4, I^8, K^4, L^8.

Titre [75], avis [76], personnages [77-78], sommaire [78], texte [79]-135.

Fait partie du tome lx de l'édition in 12° des *Œuvres* dite de Kehl, 1785.

Traductions

Il n'existe pas de traductions de *Saül* antérieures à l'édition de Kehl.

7. *Etablissement du texte*

Nous ne suivrons, pour l'établissement du texte, ni l'édition dite de Kehl, ni celle, couramment utilisée jusqu'à nos jours, de Moland (1877).

L'édition de Kehl est correcte; elle tient compte des modifications apportées par Voltaire au texte de 1775 (à une exception près, comme nous l'avons signalé, p.423). Mais elle maintient les 'notes anglaises' ajoutées dans *L'Evangile de la raison*, et qui avaient été supprimées dans l'édition encadrée. Non sans raison, Beaumarchais et ses collaborateurs ne maintiennent pas *Saül* parmi les œuvres dramatiques, qu'elles fussent 'de sociéte' ou non. *Saül* se trouve donc détaché du Théâtre, et classé parmi les Facéties qui occupent le tome xlvi. Il y voisine avec les *Questions sur les miracles*, mais aussi avec le *Plaidoyer de Ramponeau*, dans un mélange assez hétéroclite qui mériterait le nom de 'pot-pourri'. L'Avis, substitué au précédent par la main de Voltaire, y est reproduit, mais il est complété par quelques informations touchant l'origine du pamphlet anglais. L'édition présente en outre un certain nombre d'inexactitudes de détail.

L'édition Moland, par l'intermédiaire de celle de Beuchot, suit de près l'édition de Kehl, dont elle reproduit l'Avis. Moland a pris, d'autre part, la liberté de restituer toutes les notes renvoyant à la Bible, qui avaient presque entièrement disparu dans les éditions successives de *L'Evangile de la raison* et dans l'encadrée. A cela s'ajoutent quelques inexactitudes, des erreurs de ponctuation, deux ou trois négligences, ainsi que des corrections arbitraires et une certaine confusion, parfois, dans l'attribution des notes diverses. Ces défauts n'empêchent pas le texte d'être en général fidèle, sauf dans un certain nombre de détails.

Le choix de notre texte de base ne pose aucun problème. En effet, nous disposons, pour *Saül*, d'une édition 'définitive', celle de 1775, revue et corrigée, peu de temps avant sa mort, par l'auteur lui-même. Comme, d'autre part, le texte de 1775 ne présente avec les éditions originales aucune différence essentielle, il n'y a pas lieu de donner la préférence à la première édition, comme il serait légitime de le faire dans le cas d'une œuvre de circonstance, refondue ou édulcorée au cours des ans.

L'édition choisie comme texte de base est w75g*, le 'Saint-Pétersbourg encadré', où figurent les corrections de la main de Voltaire faites sur son propre exemplaire de l'édition encadrée imprimée. Les variantes proviennent des manuscrits MS1, MS2 et les éditions suivantes: 63, 64H, 65AD, 65PD, ER64, ER65 (ER), NM, 68L, w75g imprimé, K. L'apparat critique ne présente que les variantes significatives, c'est-à-dire celles qui ont une incidence sur le sens ou sur le ton du texte. Quelques fautes instructives ou amusantes ont été également indiquées. Nous n'avons pas tenu compte des multiples différences orthographiques, sauf si elles présentent un intérêt documentaire ou sémantique.

Traitement du texte de base

On a corrigé les fautes de copiste ou d'impression suivantes: Le Pythonisse (Personnages); qu'on l'ammène (I.i.40); puissantes (I.ii.56); point d'interrogation manquant (II.vi.151); LE MESSAGER EBIND (II.v.117b); coups de pieds (IV.ii.36); De pendre (IV.v.111).

A ces exceptions près, on a respecté l'orthographe des noms propres de personnes et de lieux dans le texte de base, et on en a respecté également la ponctuation.

Le texte de base a néanmoins fait l'objet d'une modernisation portant sur la graphie, l'accentuation et la grammaire. Les particularités du texte de base étaient les suivantes:

I. *Particularités de la graphie*
1. Consonnes
– absence de la consonne *p* dans: domter, long-tems, tems
– absence de la consonne *t* dans les finales en *ents* ou en *ants* dans, par exemple, bêlans, enfans, ignorans, innocens, insolens, précédens, puissans, tourmens

– redoublement de consonnes dans: appellerait, appercevrez, apperçois, jettant, jetté, jetter, mammelle, Pythonnisse, serrail
– présence d'une seule consonne dans: falu, falut, pourait

2. Voyelles
– emploi de *y* au lieu de *i* dans: aye, ayes, yvrogne
– emploi de *i* au lieu de *y* dans: Babilone
– emploi de *a* au lieu de *e* dans: avanture

3. Graphies particulières
– emploi de l'orthographe archaïsante: bienfaicteur, bon homme, dés, dragmes

4. Le trait d'union
– il est présent dans: à-peu-près, au-lieu, corps-de-garde, par-là, Plût-à-Dieu, si-tôt, tout-à-fait, tout-à-l'heure

5. Majuscules
– la majuscule initiale est employée dans: Capitaines, Chapelain, Cour, Diable, Docteur, Empire, Général, Inspecteur, Juive, Madame, Milord, Monseigneur, Occident, Officiers, Oint, Orient, Prêtres, Prince, Princesse, Reine, Religion, Roi, Royaume, Soleil, Tribus, Voyant

II. *Particularités d'accentuation*
1. L'accent aigu
– il est employé au lieu du grave dans: créveras, dix-septiéme, premiérement, régle, régne
– il est absent dans: repliquer

2. L'accent grave
– il est absent dans: déja, hola

3. L'accent circonflexe
– il est absent dans: ame, plait
– il est employé au lieu du grave dans: anathême, blasphême, prophête
– il est présent dans: empâler, toûjours, vîte

4. Le tréma
- il est employé au lieu de l'aigu dans: Israëlite
- il est présent dans: déjeünerait, entretenuës, réjouïssons
- il est absent dans: Abigail

III. *Particularités grammaticales*
- absence de la terminaison en *s* à la 2° personne de l'imperatif dans: di, fai, vien, tai
- emploi du pluriel en *x* dans: loix
- l'adjectif numéral cardinal 'cent' est invariable.

LES PRINCIPAUX ÉVÉNEMENTS DES RÈGNES DE SAÜL ET DE DAVID

(d'après le *Commentaire littéral* de dom Calmet)

2849 (1155 avant J.C.) Naissance de Samuel.

2861 Samuel est reconnu comme prophète dans tout Israël.

2909 Le peuple, las du gouvernement des Juges, demande un roi. Saül, fils de Cis, vient consulter Samuel sur des ânesses que son père avait perdues. Onction de Saül par Samuel. Saül devient roi d'Israël.

2911 Au cours d'une guerre contre les Philistins, Saül offre des sacrifices contre l'ordre du Seigneur; Samuel lui déclare que Dieu l'a rejeté, et en a choisi un autre. Jonathas, fils de Saül, en danger de périr, pour avoir violé, sans le savoir, les ordres de son père; il est sauvé par le peuple.

2930 Guerre contre les Amalécites; Saül les défait; mais il réserve leur roi Agag, et beaucoup de butin. Samuel lui reproche sa désobéissance, et lui déclare que Dieu l'a réprouvé, et qu'il ne veut plus qu'il soit roi. Samuel met à mort Agag de ses propres mains. Il se sépare ensuite de Saül.

2934 Samuel est envoyé par Dieu à Bethléem pour sacrer David. Saül le prend pour écuyer.

2942 Guerre contre les Philistins. David tue Goliath. Jaloux de David, Saül tente de le tuer. Il lui donne Michol, sa fille cadette, en mariage.

2943 Saül, retombé dans sa manie, essaie encore de tuer David, qui se sauve et se retire auprès de Samuel.

2944 Alliance entre David et Jonathas. Saül continue à persécuter David. David se rend à Geth, chez le roi Achis; il contrefait la folie pour se tirer des mains de ses ennemis. Retraite de David dans la caverne d'Odollam, et ensuite chez le roi de Moab.

2946 Saül, dans la caverne d'Engaddi, se trouve à la merci de David, qui lui laisse la vie sauve.

2947 Mort de Samuel. David épouse Abigaïl. Il prend encore une autre femme, nommée Achinoam. Une seconde fois, David épargne la vie de Saül.

2949 Dernière guerre des Philistins contre Saül. Le roi consulte la pythonisse d'Endor, qui évoque Samuel. L'ombre du prophète menace Saül et ses fils d'une mort prochaine. David taille en pièces les Amalécites. Mort de Saül au combat. David compose un cantique de deuil en son honneur. David sacré roi de Juda. Isboseth est reconnu comme roi par les autres tribus d'Israël.

2956 Assassinat d'Isboseth. David est reconnu et sacré roi sur tout Israël.

2957 Il prend Jérusalem et s'y bâtit une maison.

2958 Victoires de David contre les Philistins.

2959 L'Arche est amenée à Jérusalem.

2960 Victoires de David sur ses ennemis.

2967 Guerre contre les Ammonites.

2969 David pèche avec Bethsabée, femme d'Urie; il donne ordre à Joab, son général, d'exposer Urie au plus grand danger: il y est tué. David épouse Bethsabée, et en a un fils.

2970 Le prophète Nathan reprend David de son péché; le roi s'en repent, et obtient le pardon divin. Mort de son fils.

2971 Naissance de Salomon, second fils de David et de Bethsabée.

2972 Ammon, fils de David, viole Thamar, sœur d'Absalon, autre fils du roi.

2974 Absalon fait tuer Ammon et se sauve chez le roi de Gessur.

2977 Retour d'Absalon à Jérusalem.

2984 Absalon, ayant gagné la faveur du peuple, se fait proclamer roi à Hébron. David s'enfuit de Jérusalem.

2985 Victoire de l'armée de David sur Absalon. Absalon, s'enfuyant, demeure suspendu par les cheveux à un arbre. Joab le perce. David pleure sa mort. Retour de David à Jérusalem.

2986 Quatre guerres contre les Philistins.

2987 Dénombrement d'Israël ordonné par David. Sa curiosité punie par la peste.

2989 Abisag est choisie pour servir et réchauffer David dans sa vieillesse. Adonias forme un parti pour se faire déclarer roi. Salomon est reconnu pour successeur de David, et est sacré roi. Adonias se réfugie près de l'autel. Salomon lui pardonne.

2990 Derniers avis de David à Salomon. Mort de David. Adonias, ayant fait demander Abisag pour femme, est mis à mort. Meurtre de Joab, tué au pied de l'autel. Mort de Semeï.

SAÜL,

DRAME,

Traduit de l'anglais de M. Hut.

AVIS

M. Huet[1] membre du parlement d'Angleterre était petit-neveu de M. Huet évêque d'Avranche. Les Anglais au lieu de Huet avec un *e* ouvert prononçaient Hut. Ce fut lui qui en 1728 composa le petit livre très curieux *The Man after* [...]

a-4 63, 65AD, NM: [absent]

65AD: Avertissement[2] / Un prédicateur à Londres ayant comparé le roi George second à David dans une de ses déclamations, M. Hute, gentilhomme anglais, indigné d'une comparaison si déplacée, fit imprimer son livre intitulé *The Man after God's own heart*, chez Robert Freeman, in Pater-Noster-Row, 1760. M. Hute, en digne Anglais, a le courage de condamner dans David ce qu'il jugerait digne des plus grands châtiments dans tout autre homme; il croit que ce serait insulter le genre humain et la divinité de n'oser dire qu'un Juif est un scélérat quand il est un scélérat. La conduite perfide et féroce de David, ses cruautés et ses débauches sont mises dans tout leur jour; les faits sont si palpables et l'écriture est si fidèlement citée, qu'aucun prêtre n'a osé entreprendre de le réfuter. C'est d'après ce livre qu'on fit la tragédie dont nous donnons la traduction. Tout ce qui est tiré du livre des *Rois* est cité avec exactitude.

W75G: Quoique cette traduction ait été attribuée à M. de ..., nous savons qu'elle n'est pas de lui: cependant, pour répondre à l'empressement du public, nous croyons devoir l'insérer ici, comme elle l'a été dans un si grand nombre d'éditions de ce même recueil.

4 K: *The Man after the heart of God, l'Homme selon le cœur de Dieu*. Indigné d'avoir entendu un prédicateur comparer à David le roi George II, qui n'avait ni assassiné personne, ni fait brûler ses prisonniers français dans des fours à brique, il fit une justice éclatante de ce roitelet juif.//

---

[1] Voltaire lui attribuera son *A.B.C.* et le fera intervenir très souvent dans ses commentaires de *La Bible enfin expliquée*. Ce nom a pu lui être suggéré par référence à un de ses visiteurs anglais, William Hewett (1693-1766), auteur de réflexions contre la religion chrétienne, qui vint le voir en 1758 et en 1763 (voir notre introduction, p.396). La parenté avec l'évêque d'Avranches est, bien sûr, ironiquement fantaisiste.

[2] Cette variante manuscrite se trouve sur un exemplaire de 65AD dans la bibliothèque de Voltaire à Saint-Pétersbourg (BV3771).

PERSONNAGES

SAÜL, fils de Cis et premier roi juif.

DAVID, fils de Jessé, gendre de Saül et second roi.

AGAG, roi des Amalécites.

SAMUEL, prophète et juge en Israël.

MICHOL, épouse de David et fille de Saül.   5

ABIGAÏL, veuve de Nabal et seconde épouse de David.

BETZABÉE, femme d'Urie et concubine de David.

LA PYTHONISSE, fameuse sorcière en Israël.

JOAB, général des hordes de David et son confident.

URIE, mari de Betzabée et officier de David.   10

BAZA, ancien confident de Saül.

ABIÉZER, vieil officier de Saül.

ADONIAS, fils de David et d'Agith sa dix-septième femme.

SALOMON, fils adultérin de David et de Betzabée.

NATHAN, prince et prophète en Israël.   15

GAG ou GAD, prophète et chapelain [1] ordinaire de David.

ABISAG, de Sunam, jeune Sunamite.

EBIND, capitaine de David.

a   ER: Acteurs
     ER, 68L: [ne donnent que les noms des personnages, et dans un ordre
différent]
a-25 64H: [absent]
16   68L: GAD
18   ER65, 68L: EBIUD

[1] Cette fonction anachronique entre évidemment dans le cadre des modernisa-
tions comiques introduites par l'auteur, en ce qui concerne, en particulier, les titres
donnés aux personnages, ou la monnaie.

ABIAR, officier de David.

YESEZ, inspecteur général des troupes de David. 20

Les prêtres de Samuel.

Les capitaines de David.

Un clerc de la trésorerie.

Un messager.

La populace juive. 25

20-23   ER   [absent]
25   ER, 68L: Soldats

PREMIER ACTE

La scène est à Calgala. [1]

DEUXIÈME ACTE

La scène est sur la colline d'Achila.

TROISIÈME ACTE

La scène est à Siceleg.

QUATRIÈME ACTE

La scène est à Hébron.

CINQUIÈME ACTE

La scène est à Herus-Chalaïm.   5

On n'a pas observé dans cette espèce de tragi-comédie l'unité d'action, de lieu et de temps. On a cru avec l'illustre la Motte [2] *devoir*

---

a-12   64H, ER, 68L: [absent]
1   63:   Galgala [avec note: R. I. ch. 11. v. 15.21.33.]
2   63:   [avec note: R. I. ch. 26.]
3   63:   [avec note: R. II. ch. 1. v. 1.2. et suiv.]
4   63:   [avec note: R. II. ch. 5. v. 1.3. II. ch. 2. v. 1.3.4.]
5   63:   [avec note: R. II. ch. 5. v. 9. ch. 20. v. 3. R. III. ch. 2. v. 10.11.]

---

[1] I Rois correspond pour nous à I Samuel, II Rois à II Samuel, III Rois à I Rois et IV Rois à II Rois. Selon les éditions il y a des erreurs de références concernant Calgala, la référence exacte étant, dans les Bibles du temps, R. I ch. 11 v. 15 et ch. 15 v. 21, 33.

[2] Antoine Houdar de La Motte (1672-1731), connu par ses positions de 'moderne' dans la 'querelle d'Homère', écrivit quatre *Discours sur la tragédie*, consacrés à ses quatre pièces tragiques, *Les Macchabées, Romulus, Inès de Castro* et *Œdipe*. Alors que les innovations sont restées très discrètes dans ses pièces, il se déclarait, dans ses *Discours*, contre les tirades, les sentences, l'emploi des vers et la règle des trois unités, prônant un théâtre spectaculaire et pathétique.

se soustraire à ces règles. Tout se passe dans l'intervalle de deux ou trois générations pour rendre l'action plus tragique par le nombre des morts selon l'esprit juif,[3] tandis que parmi nous l'unité de temps ne peut s'étendre qu'à vingt-quatre heures, et l'unité de lieu dans l'enceinte d'un palais.

10

12 65PD: du palais

[3] Voltaire procède par accumulations comparables dans des articles comme 'Histoire des rois juifs, et Paralipomènes' du *Dictionnaire philosophique* (*OC*, t.36, p.197-200).

ACTE PREMIER

SCÈNE PREMIÈRE

SAÜL, BAZA

BAZA

O grand Saül! le plus puissant des rois; vous qui régnez sur les
trois lacs dans l'espace de plus de cinq cents stades; vous vainqueur
du généreux Agag roi d'Amalec, dont les capitaines étaient montés
sur les plus puissants ânes, [1] ainsi que les cinquante fils d'Amalec;
vous qu'Adonaï fit triompher à la fois de Dagon et de Béelzébuth; [2]   5
vous, qui sans doute mettrez sous vos lois toute la terre, comme on
vous l'a promis tant de fois, faut-il que vous vous abandonniez à
votre douleur dans de si nobles triomphes et de si grandes
espérances?

a   63, 65AD, 65PD: Saül / Tragédie / Acte premier
1-2 65PD: sur trois
5   ER, 68L: Adonaï fait triompher
6   64H: doute mettiez sous
6-7 MSI, ER, 68L: on nous l'a
     64H: on nous l'avait promis

[1] Les dimensions mentionnées, comme les précisions sur les montures des chefs
ennemis, qui rappellent que l'âne était la monture ordinaire, visent à dévaloriser la
prétendue puissance de Saül.
[2] Dagon et Béelzébuth sont des dieux philistins. Or Saül a vaincu les Philistins
(I Samuel xiii-xiv). Voltaire reprend ici l'idée que chaque peuple avait, à l'origine, sa
propre divinité. Cf. *Dictionnaire philosophique*, 'Religion': 'L'antiquité attribuait à
chaque pays un dieu protecteur' (*OC*, t.36, p.476). En citant dans ce même article,
comme il le fait fréquemment, Juges xi.24 ('Vous possédez légitimement ce que
votre dieu Chamos vous a fait conquérir, vous devez nous laisser jouir de ce que
notre dieu nous a donné par ses victoires'), il suggérera que les Juifs n'étaient pas
monothéistes mais monolâtres, ce que laissent déjà entendre ici les paroles de Baza.

SAÜL

O mon cher Baza! heureux mille fois celui qui conduit en paix 10
les troupeaux bêlants de Benjamin, et presse le doux raisin de la
vallée d'Engaddy. [3] Hélas! je cherchais les ânesses de mon père, je
trouvai un royaume; [4] depuis ce jour je n'ai connu que la douleur. [5]
Plût à Dieu au contraire que j'eusse cherché un royaume et trouvé
des ânesses! j'aurais fait un meilleur marché.   15

BAZA

Est-ce le prophète Samuel, est-ce votre gendre David [6] qui vous
causent ces mortels chagrins?

11   68L: et qui presse les doux raisins
12-13 W70G: je trouvais un
13   63:   royaume; [avec note: R. I. ch. 10. v. 1. I. ch. 19. v. 3.4.]
13-14 MS1, ER, 68L: connu que le trouble et la douleur. Plût au Ciel que j'eusse
au contraire cherché

[3] Saül était fils du Benjaminite Qish (I Samuel ix.1-2). Les refuges d'Engaddi,
près du rivage de la mer Morte, sont mentionnés en I Samuel xxiv. C'est là que
David épargne Saül.

[4] Ce résumé burlesque, dans son extrême concision, de I Samuel ix-x est repris au
début de l'article 'David' du *Dictionnaire philosophique* (*OC*, t.36, p.1). L'*Examen*
attribué à Mme Du Châtelet (Bibliothèque de Troyes, ms. 2376) procède au même
rapprochement des faits (II.45). Voir aussi la note 15 du *Discours de l'empereur Julien
contre les chrétiens* (éd. J.-M. Moureaux, *SVEC* 322, 1994, p.149): 'Le prétendu roi
Saül courait après les deux ânesses de son père quand il fut oint.' La deuxième
référence (R. I ch. 19 v. 3, 4) n'est pas claire; y a-t-il confusion avec le ch.10?

[5] Après son sacre par Samuel, Saül a vaincu les Ammonites, puis a été proclamé
roi et a vaincu les Amalécites. Ce n'est qu'après avoir épargné Agag, leur roi (voir
scène ii), qu'il est rejeté par Yahvé et que le prophète Samuel le quitte. Les crises de
folie, la jalousie envers David sont postérieures.

[6] Voltaire joue avec la chronologie: le mariage de David avec Mikal, fille de Saül,
est relaté seulement en I Samuel xviii.20-27, bien après le meurtre d'Agag, l'onction
de David par Samuel, son entrée au service de Saül, puis son combat contre Goliath.

SAÜL

L'un et l'autre. Samuel, tu le sais, m'oignit malgré lui;[7] il fit ce qu'il put pour empêcher le peuple de choisir un prince, et dès que je fus élu, il devint le plus cruel de tous mes ennemis.[8]   20

BAZA

Vous deviez bien vous y attendre; il était prêtre, et vous étiez guerrier; il gouvernait avant vous, on hait toujours son successeur.

SAÜL

Eh! pouvait-il espérer de gouverner plus longtemps! il avait associé à son pouvoir ses indignes enfants, également corrompus et corrupteurs, qui vendaient publiquement la justice: toute la   25 nation s'éleva contre ce gouvernement sacerdotal.[9] On tira un roi

18   64H: Samuel (tu le sais, mais c'est malgré lui) fit
23   65PD: gouverner longtemps
26   68L: nation se souleva contre

[7] Pour mettre en relief, à travers Samuel, l'ambition des prêtres, qui ne peut que nuire au pouvoir politique (cf. le signet marqué 'priestcraft' placé dans le *Commentaire de dom Calmet* pour I Samuel xxv.1, *CN*, ii.61), Voltaire s'écarte du récit biblique: après la révélation faite par Yahvé à son prophète (I Samuel ix.15-17), Samuel, en effet, oint Saül et l'embrasse en lui disant: 'N'est-ce pas Yahvé qui t'a oint comme chef de son peuple Israël? C'est toi qui régiras le peuple de Yahvé et le délivreras de la main de ses ennemis d'alentour' (I Samuel x.1). Toutefois, précédemment, lorsque le peuple demande un roi, sont juxtaposées une version monarchiste et une version antimonarchiste (I Samuel viii et x.17-19) où Samuel énumère les graves inconvénients de la royauté.

[8] La rupture entre Samuel et Saül et le rejet, selon lui, de Saül par Yahvé sont relatés en I Samuel xiii.10-15, sans qu'on voie, à ce moment-là, quelle a pu être la faute de Saül. Les esprits philosophiques, comme Voltaire ou Peter Annet (voir Torrey, p.191), ont donc beau jeu de soupçonner entre Samuel et Saül une rivalité pour le pouvoir.

[9] Sur la corruption des fils de Samuel, voir I Samuel viii.2-5. Mais c'est surtout à cause du péril philistin grandissant qu'une partie du peuple demande un roi 'comme les autres nations' (viii.5).

au sort: les dés sacrés annoncèrent la volonté du ciel; le peuple la
ratifia, et Samuel frémit: ce n'est pas assez de haïr en moi le ciel, il
hait encore le prophète; car il sait que, comme lui, j'ai le nom de
voyant; que j'ai prophétisé comme lui; et ce nouveau proverbe   30
répandu dans Israël (Saül est aussi au rang des prophètes)
n'offense que trop ses oreilles superbes:[10] on le respecte encore;
pour mon malheur il est prêtre, il est dangereux.

BAZA

N'est-ce pas lui qui soulève contre vous votre gendre David?

SAÜL

Il n'est que trop vrai, et je tremble qu'il ne cabale pour donner   35
ma couronne à ce rebelle.[11]

27   63:   les dès [avec note: R. I. ch. 10. v. 10.20.21.]
28-29 MSI, ER, 68L: en moi le roi, il hait
31   63:   Saül [avec note: R. I. ch. 10. v. 6. I. ch. 19. v. 23.]
32-33 64H: respecte encore pour mon malheur: il est dangereux.

[10] Dans le récit biblique, c'est Samuel lui-même qui, après l'onction de Saül, lui
annonce les signes de son élection par Dieu: après la rencontre d'une bande de
prophètes, 'l'esprit de Yahvé fondra sur toi, tu entreras en délire avec eux et tu seras
changé en un autre homme. Lorsque ces signes se seront réalisés pour toi, agis
comme l'occasion se présentera, car Dieu est avec toi' (I Samuel x.6-7). Mais
Voltaire, déchiffrant derrière le texte sacré une histoire profane, ne retient de la
relation entre les deux hommes qu'une tenace rivalité. On sait comment il a défini
ironiquement le prophète dans *La Philosophie de l'histoire* (*OC*, t.59, p.193) et
comment il a raillé les prophètes juifs dans l'article 'Prophètes' du *Dictionnaire
philosophique* (*OC*, t.36, p.464-68). L'*Examen important de milord Bolingbroke* répète
qu'il ne voit en eux que fraude et fanatisme (*OC*, t.62, p.204).
[11] Selon la Bible, Saül a été rejeté par Dieu et son prophète parce que, en
épargnant Agag, il a désobéi à Yahvé qui avait voué à l'anathème tous les
Amalécites.

BAZA

Votre Altesse royale est trop bien affermie par les victoires, et
le roi Agag votre illustre prisonnier vous est ici un sûr garant de la
fidélité de votre peuple, également enchanté de votre victoire et
de votre clémence: le voici qu'on amène devant votre Altesse   40
royale.

SCÈNE II

SAÜL, BAZA, AGAG, SOLDATS

AGAG

Doux et puissant vainqueur, modèle des princes, qui savez
vaincre et pardonner, je me jette à vos sacrés genoux, daignez
ordonner vous-même ce que je dois donner pour ma rançon; je
serai désormais un voisin, un allié fidèle, un vassal soumis; je ne   45
vois plus en vous qu'un bienfaiteur et un maître: je vous dois la vie,
je vous devrai encore la liberté: j'admirerai, j'aimerai en vous
l'image du Dieu qui punit et pardonne. [12]

---

37   68L: ses victoires
38   63:   prisonnier [avec note: R. I. ch. 15. v. 8.]
      63, 64G, 64H, 65AD: est ici d'un sûr garant
41a   63, 65AD, 65PD, ER: SCÈNE SECONDE [et ainsi de suite *passim*]
48   64H: l'image de Dieu.//
      MS2, 68L: qui punit et qui

---

[12] Sans craindre les anachronismes, Voltaire oppose ici au Dieu-bourreau dont il
a horreur l'idéal humaniste d'un Dieu paternel, qui cautionnerait des relations de
fraternité entre les hommes. Cf. l'*Epître à Uranie*: 'On te fait un tyran, en toi je
cherche un père' (éd. Wade, vers 95) et la 'prière' finale du *Traité sur la tolérance*.

SAÜL

Illustre prince, que le malheur rend encore plus grand, je n'ai
fait que mon devoir en sauvant vos jours: les rois doivent respecter   50
leurs semblables: qui se venge après la victoire, est indigne de
vaincre: je ne mets point votre personne à rançon, elle est d'un prix
inestimable: soyez libre; les tributs que vous payerez à Israël seront
moins des marques de soumission que d'amitié: c'est ainsi que les
rois doivent traiter ensemble. [13]   55

AGAG

O vertu! ô grandeur de courage! Que vous êtes puissant sur
mon cœur! Je vivrai, je mourrai le sujet du grand Saül, et tous mes
Etats sont à lui.

50   63:   jours: [avec note: R. I. ch. 15. v. 9.]

50-51   MSI, ER, 68L: doivent se respecter dans leurs semblables

[13] De manière tout aussi anachronique Voltaire propose, par la bouche de son
personnage, son idéal politique de monarque éclairé et généreux. Lorsqu'il se fait le
héraut de la morale des Lumières, il raisonne sans faire de distinction entre lointaine
Antiquité et temps modernes. Ainsi, de manière comparable, évoquant le meurtre
d'Agag dans le *Sermon des cinquante*, il s'exclame: 'Que dirait-on, mes frères, si,
lorsque l'empereur Charles-Quint eut un roi de France en ses mains, son chapelain
fut venu lui dire: Vous êtes damné pour n'avoir pas tué François Ier, et que ce
chapelain eût égorgé ce roi de France aux yeux de l'empereur, et en eût fait un
hâchis?' (M.xxiv.443). Mêmes réflexions dans les *Notebooks* (*OC*, t.81-82, p.401 et
610). Il répète, dans les *Questions de Zapata*: 'Je ne sais si notre roi Philippe ayant
pris un roi maure prisonnier, et ayant composé avec lui, serait bien reçu à couper en
pièces ce roi prisonnier' (*OC*, t.62, p.395).

472

SCÈNE III

LES PERSONNAGES PRÉCÉDENTS, SAMUEL, PRÊTRES

SAÜL

Samuel, quelles nouvelles m'apportez-vous? venez-vous de la
part de Dieu, de celle du peuple, ou de la vôtre?   60

SAMUEL

De la part de Dieu.

SAÜL

Qu'ordonne-t-il?

SAMUEL

Il m'ordonne de vous dire qu'il s'est repenti de vous avoir fait
régner. [14]

SAÜL

Dieu, se repentir! Il n'y a que ceux qui font des fautes qui se   65
repentent; sa sagesse éternelle ne peut être imprudente. Dieu ne
peut faire des fautes.

---

59   68L: nouvelles nous apportez-vous
63   63:   repenti [avec note: R. I. ch. 15. v. 11.]
66   65AD   la sagesse

---

[14] Cette réaction anthropomorphique du Seigneur (I Samuel xv.11 et 35) indigne
Voltaire qui ne peut supporter l'idée d'une Sagesse suprême soumise au changement. L'*Examen* de Mme Du Châtelet, dans son développement sur le supplice
d'Agag (II.52-53), 'l'endroit le plus affreux et le plus révoltant des livres saints, et
c'est beaucoup dire', commente aussi ironiquement le fait que le dieu biblique est
sujet au repentir, en rappelant qu'il s'était également repenti d'avoir créé l'homme.

SAMUEL

Il peut se repentir d'avoir mis sur le trône ceux qui en commettent.

SAÜL

Eh! quel homme n'en commet pas? Parlez, de quoi suis-je 70 coupable?

SAMUEL

D'avoir pardonné à un roi. [15]

AGAG

Comment? la plus belle des vertus serait regardée chez vous comme un crime?

SAMUEL *à Agag.*

Tais-toi, ne blasphème point. (*A Saül.*) Saül ci-devant roi des 75 Juifs, Dieu ne vous avait-il pas ordonné par ma bouche d'égorger tous les Amalécites sans épargner ni les femmes, ni les filles, ni les enfants à la mamelle? [16]

---

75   63:   roi des [avec note: R. I. ch. 15. v. 23.]
      68L: [indication scénique absente]
78   68L: enfants mêmes à
      63:    mamelle? [avec note: R. I. ch. 15. v. 3.16.]

---

[15] Voltaire s'écarte évidemment du motif donné par Samuel dans la Bible: Saül s'est rendu coupable de rébellion en n'exécutant pas totalement les ordres de Yahvé (I Samuel xv.22-23). Un idéal humain de générosité réfléchie est ici opposé au modèle de soumission absolue à Dieu qu'avait offert, par exemple, Abraham, lors du sacrifice d'Isaac.

[16] La référence que fait Voltaire à R. I ch.15 v.16 ne peut concerner que le début de la replique de Samuel: 'Tais-toi'.

AGAG

Ton Dieu t'avait ordonné cela! tu t'es trompé, tu voulais dire
ton diable.   80

SAMUEL *à ses prêtres.*

Préparez-vous à m'obéir: et vous Saül, avez-vous obéi à Dieu?

SAÜL

Je n'ai pas cru qu'un tel ordre fût positif; j'ai pensé que la bonté
était le premier attribut de l'Etre suprême, qu'un cœur compatissant ne pouvait lui déplaire. [17]

SAMUEL

Vous vous êtes trompé, homme infidèle: Dieu vous réprouve,   85
votre sceptre passera dans d'autres mains.

BAZA *à Saül.*

Quelle insolence! Seigneur, permettez-moi de punir ce prêtre
barbare.

SAÜL

Gardez-vous-en bien; ne voyez-vous pas qu'il est suivi de tout
le peuple, et que nous serions lapidés, si je résistais; car, en effet, 90
j'avais promis...

BAZA

Vous aviez promis une chose abominable!

---

86   63:   mains. [avec note: R. I. ch. 28. v. 16.17.19.]

---

[17] Saül n'est plus ici que le porte-parole de l'auteur, lorsqu'il met en lumière les
valeurs modernes de réflexion, de libre arbitre et de bienfaisance et qu'il se réfère,
assez curieusement, à 'l'Etre Suprême'.

SAÜL

N'importe; les Juifs sont plus abominables encore; ils prendront
la défense de Samuel contre moi. [18]

BAZA, *à part.*

Ah! malheureux prince, tu n'as de courage qu'à la tête des   95
armées!

SAÜL

Eh bien donc! Prêtres, que faut-il que je fasse?

SAMUEL

Je vais te montrer comme on obéit au Seigneur: (*A ses prêtres*) ô
prêtres sacrés! Enfants de Lévi, déployez ici votre zèle; qu'on
apporte une table, qu'on étende sur cette table ce roi, dont le   100
prépuce est un crime devant le Seigneur. (*Les prêtres lient Agag sur
la table.*)

AGAG

Que voulez-vous de moi, impitoyables monstres!

SAÜL

Auguste Samuel, au nom du Seigneur.

93   68L: ils prendraient
98   ER65:   (*Aux prêtres*)
98-99   68L: montrer comment on obéit au Seigneur. (*Aux prêtres*). Sacrés
enfants
100   63:   une table, [avec note: R. I. ch. 15. v. 32.]
101-102   MS1, ER, 68L: (*Les prêtres étendent et lient Agag.*)

[18] C'est là encore l'anti-judaïsme de Voltaire qui s'exprime par la bouche de Saül.

SAMUEL

Ne l'invoquez pas, vous en êtes indigne, demeurez ici, il vous   105
l'ordonne; soyez témoin du sacrifice qui, peut-être, expiera votre
crime.

AGAG *à Samuel.*

Ainsi donc, vous m'allez donner la mort: ô mort, que vous êtes
amère!

SAMUEL

Oui, tu es gras, et ton holocauste en sera plus agréable au   110
Seigneur. [19]

AGAG

Hélas! Saül, que je te plains d'être soumis à de pareils monstres.

---

109   63:   amère! [avec note: R. I. ch. 15. v. 32.]
110   63:   es gras, [avec note: R. I. ch. 15 *ibid.*]
111a-112   64H: [la réplique d'Agag manque]
112   MS2, 68L: de tels monstres.

---

[19] Voltaire avait placé un signet aux chapitres xv-xvi de son exemplaire de la
Bible traduite par Lemaistre de Sacy (*CN*, i.331). On peut y voir une preuve de son
intérêt pour le meurtre rituel d'Agag, que l'*Examen* de Mme Du Châtelet relate
également (II.52-53). Cependant, I Samuel xv.32 ne donne pas la profusion de détails
mentionnés par Voltaire. Voici le texte dans la traduction de Lemaître de Sacy:
'Alors Samuel dit: Amenez-moi Agag, roi d'Amalec; et on lui présenta Agag, qui
était fort gras et tout tremblant. Et Agag dit: Faut-il qu'une mort amère me sépare
ainsi de tout?' L'auteur s'écarte même ici totalement du texte biblique puisque, à
Saül qui se justifiait en disant qu'il avait préservé le meilleur du bétail pris aux
Amalécites pour le sacrifier à Yahvé, Samuel avait répondu: 'Yahvé se plaît-il aux
holocaustes et aux sacrifices comme dans l'obéissance à la parole de Yahvé? Oui
l'obéissance est autre chose que le meilleur sacrifice, la docilité, autre chose que la
graisse des béliers' (I Samuel xv.22).

SAMUEL *à Agag.*

Ecoute, tu vas mourir; veux-tu être juif? veux-tu te faire circoncire?

AGAG

Et si j'étais assez faible pour être de ta religion, me donnerais-tu   115
la vie?

SAMUEL

Non, tu auras la satisfaction de mourir juif, et c'est bien assez.

AGAG

Frappez donc, bourreaux!

SAMUEL

Donnez-moi cette hache au nom du Seigneur; et tandis que je couperai un bras, coupez une jambe, et ainsi de suite morceau par   120 morceau. (*Ils frappent tous ensemble au nom d'Adonaï.*)[20]

---

117   68L: Non, mais tu aurais la
118   63-W75G: Frappez donc, bourreau!
119   68L: Seigneur! (*Aux prêtres*). et tandis que
      63:    tandis que [avec note: R. I. ch. 15. v. 33.]
121   MS1, ER, 68L: morceau. [avec note: R. I. ch. 15. v. 22. Le texte de la pièce anglaise porte: *Heu him into pieces before the lord.*]
      MS1, MS2, 63, 68L: (*Ils frappent tous ensemble.*)

---

[20] L'exécution est beaucoup plus rapide dans le récit biblique: 'Samuel lui dit: Comme votre épée a ravi les enfants à tant de mères; ainsi votre mère, parmi les femmes sera sans enfants. Et il le coupa en morceaux devant le Seigneur à Galgala' (ch. 15 v. 33, traduction de Lemaistre de Sacy). Dom Calmet emploie l'expression 'tailler en pièces' (*Dictionnaire*, art. 'Agag') pour traduire le texte de la Vulgate: 'et in frusta concidit eum Samuel'. Peter Annet, citant la Bible 'King James' I Samuel xv.33, traduit aussi: 'He hewed him into pieces before the Lord' (*The History of the man after God's own heart*, p.9). Non seulement Voltaire développe ici des images

AGAG

O mort! ô tourments! ô barbares!

SAÜL

Faut-il que je sois témoin d'une abomination si horrible?

BAZA

Dieu vous punira de l'avoir soufferte.

SAMUEL *aux prêtres.*

Emportez ce corps et cette table: qu'on brûle les restes de cet   125
infidèle, et que ses chairs servent à nourrir nos serviteurs:[21] (*à
Saül*) et vous, prince, apprenez à jamais qu'obéissance vaut mieux
que sacrifice.

126-127   68L: [indication scénique absente]
128   63:   sacrifice. [avec note: R. I. ch. 15. v. 22.]

---

horribles, mais tout au long de son œuvre il revient avec indignation sur le meurtre
d'Agag, souvent interprété comme le signe que les Juifs pratiquaient les sacrifices
humains. Voir en particulier 'Des Juifs' (M.xix.513), *La Pucelle* (*OC*, t.7, p.510), le
Sermon des cinquante (M.xxiv.443), le *Traité sur la tolérance* (*OC*, t.56c, p.201), les
articles suivants du *Dictionnaire philosophique*: 'Fanatisme', 'Idole, idolâtre, idolâtrie', 'Jephté', 'Religion, sixième question' (*OC*, t.36, p.109, 225, 242, 486), tandis que
La Philosophie de l'histoire revient sur les sacrifices humains (*OC*, t.59, p.211-15).
L'*Examen important de milord Bolingbroke* (*OC*, t.62, p.200), les *Questions de Zapata*
(*OC*, t.62, p.395), *Dieu et les hommes* (*OC*, t.69, p.357), *Un chrétien contre six Juifs*
(M.xxix.533), et bien sûr, *La Bible enfin expliquée* (M.xxx.176) évoquent aussi plus ou
moins longuement le meurtre d'Agag par Samuel.
    [21] L'anthropophagie, en outre, apparaît ici liée aux sacrifices humains. Cf. la
*Lettre de M. Clocpicre à M. Eratou sur la question si les Juifs ont mangé de la chair
humaine et comment ils l'apprêtaient* (1761): 'Quand Samuel coupa en petits morceaux
le roi Agag, qui s'était rendu prisonnier, n'était-ce pas visiblement pour en faire un
ragoût? A quoi bon sans cela couper un roi en morceaux?' (M.xxiv.237).

SAÜL *se jetant dans un fauteuil.*

Je me meurs, je ne pourrai survivre à tant d'horreurs et tant de
honte.   130

SCÈNE IV

SAÜL, BAZA, UN MESSAGER

LE MESSAGER

Seigneur, pensez à votre sûreté; David approche en armes, il est
suivi de cinq cents brigands qu'il a ramassés; vous n'avez ici
qu'une garde faible. [22]

BAZA

Eh bien! Seigneur, vous le voyez: David et Samuel étaient
d'intelligence: vous êtes trahi de tous côtés, mais je vous serai   135
fidèle jusqu'à la mort: quel parti prenez-vous?

SAÜL

Celui de combattre et de mourir.

Fin du premier acte.

129-130   63, 68L: d'horreurs et à tant de honte.
130b   68L: LES PERSONNAGES PRÉCÉDENTS, UN MESSAGER
132   63:   brigands [avec note: R. I. ch. 30. v. 8.9.]

[22] Voltaire procède par déplacements et raccourcis temporels. Le début de la vie
errante de David qui regroupe quatre cents hommes en détresse ou mécontents est
évoquée en I Samuel xxii. Si l'on se réfère à la chronologie des principaux
événements, d'après dom Calmet, donnée ci-dessus, p.455, quatorze ans séparent
la victoire de Saül contre les Amalécites (2930) du moment où David se rend chez le
roi Achis (2944) puis se retire dans la grotte d'Adullam et y rassemble ses hommes.

ACTE II

SCÈNE PREMIÈRE

DAVID, MICHOL

MICHOL

Impitoyable époux, prétends-tu attenter à la vie de mon père, de ton bienfaiteur? de celui qui t'ayant d'abord pris pour son joueur de harpe, te fit bientôt après son écuyer, qui enfin t'a mis dans mes bras?[1]

DAVID

Il est vrai, ma chère Michol, que je lui dois le bonheur de 5 posséder vos charmes; il m'en a coûté assez cher: il me fallut apporter à votre père deux cents prépuces de Philistins pour présent de noces: deux cents prépuces ne se trouvent pas si aisément, je fus obligé de tuer deux cents hommes pour venir à bout de cette entreprise;[2] et si, je n'avais pas la mâchoire d'âne de 10

---

3   MS1, ER: harpe, [avec note: L'anglais dit *harper*.]
7   63:   prépuces [avec note: R. I. ch. 18. v. 25.]
10   MS1, MS2, K: et je n'avais pas
        63-W75G: et si je n'avais

---

[1] Voir I Samuel xvi.14-23 et xviii.17-27. Mais Voltaire omet de mentionner, d'une part l'exploit de David qui triomphe du Philistin Goliath (I Samuel xvii), d'autre part la jalousie de Saül à son égard, qui va jusqu'aux tentatives de meurtre (I Samuel xviii.6-13 et xix.8-10).

[2] On pouvait dénombrer les ennemis tués en leur coupant un membre. Les prépuces prouveront que les victimes sont des ennemis incirconcis. Mais dans le récit biblique, la demande de Saül constituait un piège: 'Saül comptait faire tomber David

Samson;[3] mais eût-il fallu combattre toutes les forces de Babilone et de l'Egypte, je l'aurais fait pour vous mériter; je vous adorais et je vous adore.

MICHOL

Et pour preuve de ton amour, tu en veux aux jours de mon père.   15

DAVID

Dieu m'en préserve, je ne veux que lui succéder: vous savez que j'ai respecté sa vie, et que lorsque je le rencontrai dans une caverne, je ne lui coupai que le bout de son manteau; la vie du père de ma chère Michol me sera toujours précieuse.[4]

18   63:   manteau; [avec note: R. I. ch. 24. v. 5. R. I. ch. 26. v. 12.]

---

aux mains des Philistins' (I Samuel xviii.25). En ôtant le motif, Voltaire blanchit à nouveau Saül pour mieux noircir David. Par ailleurs, c'est alors l'aspect étrange, voire saugrenu de la demande qui frappe le lecteur moderne. La scène avec Michol a pu être suggérée à Voltaire par le pamphlet de Peter Annet. L'auteur anglais remarquait combien 'miss Michal' avait dû se réjouir si elle était présente quand David rapporta le double du butin demandé (Torrey, p.191).

[3] 'et si' = 'et néanmoins'. Voir Juges xv.15-16. Les exploits de Samson ont toujours été considérés par Voltaire comme des fables imitées de l'histoire d'Hercule. *La Pucelle* s'en moque déjà (*OC*, t.7, p.286). 'Samson est la copie d'Hercule', écrit Voltaire dans *La Défense de mon oncle* (*OC*, t.64, p.263). Le même rapprochement se trouve dans l'*Examen important* (*OC*, t.62, p.197) et *Dieu et les hommes* (*OC*, t.69, p.401) tandis que les *Questions de Zapata* raillent ces hauts faits (*OC*, t.62, p.393).

[4] Voltaire substitue des motifs liés à une affection humaine au respect éprouvé par David pour celui qui a été consacré par Dieu: 'Le cœur lui battit d'avoir coupé le pan du manteau de Saül. Il dit à ses hommes: "Yahvé me garde d'agir ainsi à l'égard de mon seigneur, de porter la main sur lui, car il est l'oint de Yahvé"' (I Samuel xxiv.6-7). L'épisode est mentionné dans *La Pucelle* (*OC*, t.7, p.290).

MICHOL

Pourquoi donc te joindre à ses ennemis? Pourquoi te souiller du   20
crime horrible de rébellion, et te rendre par là même si indigne du
trône où tu aspires? Pourquoi d'un côté te joindre à Samuel notre
ennemi domestique, et de l'autre au roi de Geth, Akis, notre
ennemi déclaré?

DAVID

Ma noble épouse, ne me condamnez pas sans m'entendre: vous   25
savez qu'un jour dans le village de Bethlehem, Samuel répandit
de l'huile sur ma tête; ainsi je suis roi, et vous êtes la femme d'un
roi:⁵ si je me suis joint aux ennemis de la nation, si j'ai fait du mal
à mes concitoyens, j'en ai fait davantage à ces ennemis mêmes: il
est vrai que j'ai engagé ma foi au roi de Geth, le généreux Akis: 30
j'ai rassemblé cinq cents malfaiteurs perdus de dettes et de
débauches, mais tous bons soldats: Akis nous a reçus, nous a
comblés de bienfaits, il m'a traité comme son fils, il a eu en moi une
entière confiance; mais je n'ai jamais oublié que je suis Juif; et
ayant des commissions du roi Akis, pour aller ravager vos terres,   35
j'ai très souvent ravagé les siennes: j'allais dans les villages les plus
éloignés, je tuais tout sans miséricorde, je ne pardonnais ni au sexe
ni à l'âge, afin d'être pur devant le Seigneur, et afin qu'il ne se
trouvât personne qui pût me déceler auprès du roi Akis, je lui

23   68L: l'autre côté au
27   63:   tête; [avec note: R. I. ch. 16. v. 13.]
31   63:   malfaiteurs [avec note: R. I. ch. 22. v. 2.]
33   65AD, 65PD: il y a eu
35-36   65PD: pour ravager vos terres, j'ai souvent
37   63:   je tuais [avec note: R. I. ch. 27. v. 8.9.10.11.]

⁵ Voltaire dissociera de même, dans l'article 'David' du *Dictionnaire philoso-phique*, le geste de l'onction et sa valeur symbolique: 'que ce petit joueur de harpe devienne roi parce qu'il a rencontré dans un coin un prêtre de village qui lui jette une bouteille d'huile sur la tête, la chose est encore plus merveilleuse' (*OC*, t.36, p.2).

amenais les bœufs, les ânes, les moutons, les chèvres des innocents   40
agriculteurs que j'avais égorgés, et je lui disais par un salutaire
mensonge que c'étaient les bœufs, les ânes, les moutons et les
chèvres des Juifs:⁶ quand je trouvais quelque résistance, je faisais
scier en deux, par le milieu du corps, ces insolents rebelles, ou je
les écrasais sous les dents de leur herse, ou je les faisais rôtir dans   45
des fours à briques.⁷ Voyez si c'est aimer sa patrie, si c'est être bon
Israélite.

44   63:   scier [avec note: R. II. ch. 12. v. 31.]
44-45   64H: rebelles, ou je les faisais rôtir
46   MSI, MS2, 65AD, 65PD, ER: briques. [L'auteur anglais confond ici les
Ammonites avec les habitants de Geth.]

⁶ Bayle, dans sa note D à l'article 'David' de son *Dictionnaire*, condamnait déjà les
exactions de David sur les terres du roi de Geth et sa fourberie à l'égard d'un roi
dont il était l'obligé. Il ajoutait qu'à la différence d'autres personnages bibliques il
commettait ses cruautés de son propre mouvement et non sur ordre de Dieu.
L'*Examen* de Mme Du Châtelet dénonce aussi la duplicité de David qui 's'enfuit
chez ses ennemis, chez les infidèles, et porte les armes contre son peuple. Ainsi il
trompait en même temps les deux partis' (II.60). Voltaire dira ironiquement dans
son article 'David', qu'il a 'quelques scrupules sur sa conduite' avec le roi Akis (*OC*,
t.36, p.4). Il avait déjà noté dans le *Sermon des cinquante*, en rappelant tous ses méfaits
(M.xxiv.443), qu'il avait mis à feu et à sang les villages de son bienfaiteur. Voir aussi
l'article 'Philosophe' (*OC*, t.36, p.441), l'*Examen important*, les *Questions de Zapata*
(*OC*, t.62, p.201,395) et *Dieu et les hommes* (*OC*, t.69, p.358 et 422) pour les
fourberies et les cruautés de David. Le *Fragment sur l'histoire générale* rappelle qu'il
trahit à la fois son pays et son bienfaiteur (M.xxix.241). Voir également l'*Homélie du
pasteur Bourn* (M.xxvii.233). *La Bible enfin expliquée* mentionne aussi ses tricheries
(M.xxx.183).
⁷ Voltaire se réfère ici à un autre épisode cité en II Samuel xii.31. Des signets ont
marqué ce passage (p.525) et le commentaire de dom Calmet (p.527) dans l'ouvrage
du bénédictin: 'Et ayant fait sortir les habitants, il les coupa avec des scies, fit passer
sur eux des chariots avec des roues de fer, les tailla en pièces avec des couteaux, et les
jeta dans des fourneaux où l'on cuit la brique. C'est ainsi qu'il traita toutes les villes
des Ammonites.' 'Commentaire: Il est à présumer que David ne suivit en cela que les
lois communes de la guerre de ce temps-là; ou que les Ammonites s'étaient attiré ce
châtiment par des actions précédentes qui ne nous sont point connues; ce qui est
certain c'est que l'Ecriture ne reproche rien sur cela à David, et qu'elle lui rend

484

MICHOL

Ainsi, cruel, tu as également répandu le sang de tes frères et
celui de tes alliés: tu as donc trahi également ces deux bienfaiteurs;
rien ne t'est sacré; tu trahiras ainsi ta chère Michol qui brûle pour   50
toi d'un si malheureux amour.

DAVID

Non, je le jure par la verge d'Aaron, par la racine de Jessé, que
je vous serai toujours fidèle.

SCÈNE II

DAVID, MICHOL, ABIGAÏL

ABIGAÏL *en embrassant David*

Mon cher, mon tendre époux, maître de mon cœur et de ma
vie, venez, sortez avec moi de ces lieux dangereux, Saül arme   55
contre vous, et Akis vous attend.

48-49   68L: tu as donc également répandu le sang de tes frères et de tes alliés: tu
as trahi également deux
56   63:   attend. [avec note: R. I. ch. 28. v. 1.]

---

même un témoignage exprès, que hors le fait d'Urie, sa conduite a été irréprochable'
(*CN*, ii.64). Voltaire citera cet extrait de dom Calmet dans *La Bible enfin expliquée*
(M.xxx.193), après avoir rappelé les supplices infligés par David dans son article du
Dictionnaire philosophique (*OC*, t.36, p.5). Bayle, à la fin de la note H, condamnait déjà
les cruautés des guerres menées par David, rappelant les scies, les herses, les
fourneaux et les tueries générales et trouvant plus d'humanité aux Turcs et aux
Tartares. Sur les supplices abominables, voir aussi l'*Examen* de Mme Du Châtelet
(II.72). Notons cependant que les Bibles modernes donnent une toute autre
traduction de II Samuel xii.31. La Bible de Jérusalem rend ainsi ce verset: 'Quant
à sa population, il la fit sortir, la mit à manier la scie, les pics ou les haches de fer et
l'employa au travail des briques.'

MICHOL

Qu'entends-je? son époux? Quoi! monstre de perfidie, vous me jurez un amour éternel, et vous avez pris une autre femme![8] Quelle est donc cette insolente rivale?

DAVID

Je suis confondu.   60

ABIGAÏL

Auguste et aimable fille d'un grand roi, ne vous mettez pas en colère contre votre servante; un héros tel que David a besoin de plusieurs femmes; et moi, je suis une jeune veuve qui ai besoin d'un mari: vous êtes obligée d'être toujours auprès du roi votre père, il faut que David ait une compagne dans ses voyages et dans   65 ses travaux; ne m'enviez pas cet honneur, je vous serai toujours soumise.

MICHOL

Elle est civile et accorte du moins; elle n'est pas comme ces concubines impertinentes qui vont toujours bravant la maîtresse de la maison: monstre, où as-tu fait cette acquisition?   70

DAVID

Puisqu'il faut vous dire la vérité, ma chère Michol, j'étais à la tête de mes brigands, et usant du droit de la guerre, j'ordonnai à

---

72   63:   brigands, [avec note: R. I. ch. 25.]

---

[8] Voltaire, qui veut insister sur la lubricité de David, s'éloigne du récit biblique: après la mort de Nabal, Abigaïl sa veuve 'partit derrière les messagers de David et elle devint sa femme. David avait aussi épousé Ahinoam de Yizréel, et il les eut toutes deux pour femmes. Saül avait donné sa fille Mikal, femme de David, à Palti, fils de Layish, de Gallim' (I Samuel xxv.42-44).

Nabal, mari d'Abigaïl, de m'apporter tout ce qu'il avait: Nabal
était un brutal qui ne savait pas les usages du monde, il me refusa
insolemment: Abigaïl est née douce, honnête et tendre; elle vola   75
tout ce qu'elle put à son mari pour me l'apporter: au bout de huit
jours le brutal mourut... [9]

MICHOL

Je m'en doutais bien.

DAVID

Et j'épousai la veuve.

MICHOL

Ainsi Abigaïl est mon égale: çà, dis-moi en conscience, brigand   80
trop cher, combien as-tu de femmes?

73-74   68L: avait. Nabal étant un brutal qui ne savait pas les usages du monde
me refusa
    74   63:   un brutal [avec note: R. I. ch. 25. v. 3.]
    75   63:   et tendre [avec note: R. I. ch. 25. v. 3.23.24.25 et 5. Ibid. ch. 25. v. 18.19.]
    77   MS1, ER: mourut... [avec note: Il y a dans l'anglais, *my Nabal a blunt rich
farmer*.]
    79   63:   la veuve. [avec note: R. I. ch. 25. v. 39.40.42.]

[9] Par un signet, Voltaire a marqué cet épisode aux p.326-27 du *Commentaire de
dom Calmet* (*CN*, ii.62). Dans la note D de son article, Bayle avait déjà blâmé le
projet d'exterminer Nabal en exerçant la loi du plus fort, propre à l'état de nature. Ni
Bayle, ni Voltaire ne tiennent donc compte du contexte historique: David, en fait,
exige la taxe que les nomades prélèvent pour protéger les bergers et les troupeaux et
écarter les maraudeurs. L'*Examen* de Mme Du Châtelet commente aussi cet épisode
en jugeant que Nabal est mort de chagrin (II.58). Voltaire reprend cet exemple des
méfaits de David dans le développement déjà mentionné du *Sermon des cinquante*,
dans les articles 'David' et 'Philosophe' (*OC*, t.36, p.3 et 441). L'*Examen important*
suggère, par une formulation ambiguë, que David a assassiné Nabal (*OC*, t.62,
p.201). Voir aussi les *Questions de Zapata* (*OC*, t.62, p.395) et *Dieu et les hommes*
(*OC*, t.69, p.358). Pour la variante, voir Annet, *The History of the man after God's
own heart*, p.33, citant la Bible, version 'King James': 'There dwelt then at Maon, a
blunt rich old farmer, whose name was Nabal.'

DAVID

Je n'en ai que dix-huit en vous comptant: ce n'est pas trop pour un brave homme. [10]

MICHOL

Dix-huit femmes, scélérat! Eh, que fais-tu de tout cela?

DAVID

Je leur donne ce que je peux de tout ce que j'ai pillé.   85

MICHOL

Les voilà bien entretenues! tu es comme les oiseaux de proie, qui apportent à leurs femelles des colombes à dévorer: encore n'ont-ils qu'une compagne, et il en faut dix-huit au fils de Jessé.

DAVID

Vous ne vous apercevrez jamais, ma chère Michol, que vous ayez des compagnes.   90

MICHOL

Va, tu promets plus que tu ne peux tenir: écoute, quoique tu en

87 MS1, ER: dévorer: [avec note: Dans l'anglais, *like kits*. [11]]
91-92 MS1, MS2, 64H, ER, 68L: écoute, puisque tu en as dix-huit

[10] Dans la note H à son article, Bayle, tout en reconnaissant que la polygamie était tolérée au temps de David, estimait que tout excès risquait de lâcher la bride à la sensualité. Dom Calmet précisait que David eut huit femmes et dix concubines. Voltaire, dans son *Commentaire*, a marqué d'un signet portant 'vieux sérail' le texte de II Samuel xx.3 évoquant les dix concubines séquestrées jusqu'à leur mort (*CN*, ii.68). Dans sa *Défense de milord Bolingbroke*, il mentionnait déjà le grand nombre de concubines de David (M.xxiii.551). Il revient dans 'Philosophe' sur sa 'prodigieuse incontinence' (*OC*, t.36, p.443). L'*Examen important* et *Dieu et les hommes* grossissent les chiffres en attribuant au roi juif 'dix-huit femmes sans compter les concubines' (*OC*, t.62, p.201, et *OC*, t.69, p.358).
[11] Sans doute faute d'impression pour *kites* (espèce de faucon).

488

aies dix-huit, je te pardonne; si je n'avais qu'une rivale, je serais plus difficile: cependant tu me le payeras.

ABIGAÏL

Auguste reine, si toutes les autres pensent comme moi, vous aurez dix-sept esclaves de plus auprès de vous.   95

SCÈNE III

DAVID, MICHOL, ABIGAÏL, ABIAR

ABIAR

Mon maître, que faites-vous ici entre deux femmes? Saül avance de l'occident, et Akis de l'orient, de quel côté voulez-vous marcher?

DAVID

Du côté d'Akis, sans balancer. [12]

MICHOL

Quoi! malheureux, contre ton roi, contre mon père!

DAVID

Il le faut bien, il y a plus à gagner avec Akis qu'avec Saül: 100
consolez-vous, Michol; adieu, Abigaïl.

98 63: balancer. [avec note: R. I. ch. 28. v. 2. ch. 29. v. 2]

[12] La réponse de David à Akish (I Samuel xxviii.2) était plus ambiguë. Peut-être comptait-il sur les circonstances pour éviter de combattre Israël. En effet, la méfiance des princes des Philistins entraîna finalement le renvoi de David (I Samuel xxix.8-9). Mais Bayle, dans la remarque E de son article, doute que ses sentiments aient été dignes d'un véritable Israélite, puisqu'il ne dut qu'aux soupçons des Philistins de n'avoir pas contribué de toute sa force à leur victoire contre ses frères.

ABIGAÏL

Non, je ne te quitte pas.

DAVID

Restez, vous dis-je, ceci n'est pas une affaire de femme; chaque chose a son temps, je vais combattre; priez Dieu pour moi.

SCÈNE IV

MICHOL, ABIGAÏL

ABIGAÏL

Protégez-moi, noble fille de Saül, je crois une telle action digne   105
de votre grand cœur. David a encore épousé une nouvelle femme
ce matin: réunissons-nous toutes deux contre nos rivales.

MICHOL

Quoi! ce matin même! l'impudent: et comment se nomme-
t-elle?

ABIGAÏL

Alchinoam, c'est une des plus dévergondées coquines qui soient   110
dans toute la race de Jacob.

MICHOL

C'est une vilaine race que cette race de Jacob, je suis fâchée
d'en être;[13] mais, par Dieu, puisque mon mari nous traite si

110 63: Alchinoam, [avec note: R. I. ch. 25. v. 43.]
110-111 MS1, MS2, 63-W75G: qui soit dans

[13] Une fois encore, contre toute vraisemblance, Voltaire n'hésite pas à exprimer
par la bouche d'un de ses personnages l'anti-judaïsme manifesté dès le texte 'Des
Juifs' (1756) et si souvent renouvelé par la suite.

indignement, je le traiterai de même, et je vais de ce pas en épouser
un autre.   115

ABIGAÏL

Allez, allez, madame, je vous promets bien d'en faire autant, dès
que je serai mécontente de lui.

SCÈNE V

MICHOL, ABIGAÏL, LE MESSAGER, EBIND

EBIND

Ah princesse! votre Jonathas, savez-vous?

MICHOL

Quoi donc! mon frère Jonathas!...

EBIND

Est condamné à mort, dévoué au Seigneur, à l'anathème.   120

ABIGAÏL

Jonathas qui aimait tant votre mari![14]

117b   ER, 68L: LE MESSAGER EBIUD
     MS1:   LE MESSAGER, EBIUD
121   MS2, 64H: Jonathas, qu'aimait tant votre mari!
     MS1, ER, 68L: tant notre mari

[14] Sur cette profonde amitié du fils de Saül pour David, voir I Samuel xviii.1-4,
puis I Samuel xix.1-7, où Jonathan intercède pour David auprès de Saül, et I Samuel
xx, où il favorise son départ pour le sauver.

MICHOL

Il n'est plus! on lui a arraché la vie!

EBIND

Non, madame, il est en parfaite santé: le roi votre père en
marchant au point du jour contre Akis, a rencontré un petit corps
de Philistins, et comme nous étions dix contre un, nous avons   125
donné dessus avec courage. Saül pour augmenter les forces du
soldat qui était à jeun, a ordonné que personne ne mangeât de la
journée, et a juré qu'il immolerait au Seigneur le premier qui
déjeunerait: Jonathas qui ignorait cet ordre prudent, a trouvé un
rayon de miel, et en a avalé la largeur de mon pouce; Saül, comme   130
de raison, l'a condamné à mourir; il savait ce qu'il en coûte de
manquer à sa parole; l'aventure d'Agag l'effrayait, il craignait
Samuel; enfin Jonathas allait être offert en victime; toute l'armée
s'est soulevée contre ce parricide; Jonathas est sauvé, et l'armée
s'est mise à manger et à boire; et au lieu de perdre Jonathas, nous   135
avons été défaits de Samuel; il est mort d'apoplexie. [15]

---

125   63:   contre un [avec note: R. I. ch. 14. v. 24.]
129   63:   déjeunerait: [avec note: R. I. ch. 14. v. 27.]

---

[15] Aux références données on préférera ch.14 v.14 et ch.14 v.24. Voltaire
amalgame ici des épisodes de dates différentes. L'abstinence imposée par Saül et
non respectée par Jonathan, par ignorance, prend place dans les débuts du règne de
Saül, lors du soulèvement contre les Philistins (I Samuel xiv.24-45). Elle est bien
antérieure à la mort d'Agag et, *a fortiori*, à celle de Samuel (I Samuel xxv.1). Si l'on se
réfère à la chronologie donnée ci-dessus, p.455, la faute involontaire de Jonathan se
situerait en 2911, le meurtre d'Agag en 2930 et la mort de Samuel en 2947. L'*Examen*
de Mme Du Châtelet commente également la conduite inconsidérée de Saül qui
interdit aux soldats de manger un jour de bataille (II.51). Voltaire fait allusion à
l'immolation manquée de Jonathan dans 'Des Juifs', en même temps qu'aux
meurtres de la fille de Jephté et d'Agag (M.xix.513), dans le *Sermon des cinquante*
(M.xxiv.443), dans le *Testament de Jean Meslier* (ci-dessus, p.135, 215), dans
'Religion, sixième question' (*OC*, t.36, p.486).

MICHOL

Tant mieux; c'était un vilain homme.[16]

ABIGAÏL

Dieu soit béni.

EBIND

Le roi Saül vient suivi de tous les siens; je crois qu'il va tenir
conseil dans cette chenevière, pour savoir comment il s'y prendra   140
pour attaquer Akis et les Philistins.

SCÈNE VI

MICHOL, ABIGAÏL, SAÜL, BAZA, CAPITAINES

MICHOL

Mon père, faudra-t-il trembler tous les jours pour votre vie,
pour celle de mes frères, et essuyer les infidélités de mon mari?

SAÜL

Votre frère et votre mari sont des rebelles: comment? manger
du miel un jour de bataille! il est bien heureux que l'armée ait pris   145
son parti; mais votre mari est cent fois plus méchant que lui; je jure
que je le traiterai comme Samuel a traité Agag.

---

137   MS1, ER: homme. [avec note: Le texte porte: *A sad dog.*]
145   63-W75G: miel en un jour

---

[16] Voltaire, certainement d'un avis opposé au savant bénédictin, avait ironiquement placé un signet portant 'Samuel/Aristide' dans le *Commentaire* de dom Calmet
où ce dernier, en rappelant ce rapprochement, faisait l'éloge de Samuel, 'un des plus
beaux modèles que l'Ecriture nous fournisse d'un véritable Prince religieux' (*CN*,
ii.62).

ABIGAÏL à *Michol.*

Ah! madame, comme il roule les yeux, comme il grince les
dents! fuyons au plus vite; votre père est fou, ou je me trompe.

MICHOL

Il est quelquefois possédé du diable. [17]   150

SAÜL

Ma fille, qui est cette drôlesse-là?

MICHOL

C'est une des femmes de votre gendre David, que vous avez
autrefois tant aimé.

SAÜL

Elle est assez jolie; je la prendrai pour moi au sortir de la
bataille.   155

ABIGAÏL

Ah! le méchant homme, on voit bien qu'il est réprouvé.

MICHOL

Mon père, je vois que votre mal vous prend; si David était ici, il
vous jouerait de la harpe; car vous savez que la harpe est un
spécifique contre les vapeurs hypocondriaques. [18]

150 63: diable. [avec note: R. I. ch. 6. v. 25.]
158 63: la harpe [avec note: R. I. ch. 16. v. 23. ch. 18. v. 10.]

[17] I Samuel xvi.15. Il est dit dans la Bible qu'un mauvais esprit, venant de Yahvé,
lui causait des terreurs (I Samuel xvi.14); en effet, les Israélites rapportaient tout à
Dieu comme à la cause première. Voltaire avait noté dans les *Notebooks*: 'Spiritus dei
Malus incedit in Saulem' (*OC*, t.82, p.435).
[18] L'ironie sur les vertus thérapeutiques des sons de la harpe se trouve aussi dans
l'*Examen* de Mme Du Châtelet (II.54).

SAÜL

Taisez-vous, vous êtes une sotte, je sais mieux que vous ce que   160
j'ai à faire.

ABIGAÏL

Ah, madame! comme il est méchant! Il est plus fou que jamais;
retirons-nous au plus vite.

MICHOL

C'est cette malheureuse boucherie d'Agag qui lui a donné des
vapeurs; dérobons-nous à sa furie.   165

SCÈNE VII

SAÜL, BAZA

SAÜL

Mes capitaines, allez m'attendre; Baza, demeurez; vous me
voyez dans un mortel embarras; j'ai mes vapeurs; il faut combattre,
nous avons de puissants ennemis; ils sont derrière la montagne de
Gelboé; je voudrais bien savoir quelle sera l'issue de cette bataille.

BAZA

Eh, seigneur! il n'y a rien de plus aisé; n'êtes-vous pas prophète   170
tout comme un autre? N'avez-vous pas même des vapeurs qui sont
un véritable avant-coureur des prophéties?

164   64-w75G: C'est une malheureuse
169   63:   Gelboé; [avec note: R. I. ch. 28. v. 4.]

SAÜL

Il est vrai, mais depuis quelque temps le Seigneur ne me répond plus; je ne sais ce que j'ai: as-tu fait venir la pythonisse d'Endor?

BAZA

Oui, mon maître; mais croyez-vous que le Seigneur lui réponde   175
plutôt qu'à vous?

SAÜL

Oui, sans doute, car elle a un esprit de Python.

BAZA

Un esprit de Python, mon maître! quelle espèce est cela?

SAÜL

Ma foi, je n'en sais rien.[19] Mais on dit que c'est une femme fort habile: j'aurais envie de consulter l'ombre de Samuel.   180

BAZA

Vous feriez bien mieux de vous mettre à la tête de vos troupes: comment consulte-t-on une ombre?

174   63:   plus; [avec note: R. I. ch. 16. v. 14.]
       63:   pythonisse d'Endor? [avec note: R. I. ch. 28. v. 7.]
177   63:   Python. [avec note: R. I. ch. 28. v. 1.]
180   63:   Samuel. [avec note: R. I. ch. 28. v. 8.]

---

[19] La raillerie sur les femmes qui ont un esprit de Python est sous-jacente dans *La Philosophie de l'histoire*, lorsqu'au chapitre 35, pour distinguer magie céleste et magie infernale (*OC*, t.59, p.208-11), l'auteur donne comme exemple de nécromancie la consultation par Saül de la pythonisse d'Endor. Il relève que le mot de 'Python' n'est donné que par la Vulgate, l'hébreu se servant du mot 'ob', traduit par 'engastrimuthon' par les Septante. Voir aussi l'*Examen important de milord Bolingbroke* (*OC*, t.62, p.200).

SAÜL

La pythonisse les fait sortir de la terre, et l'on voit à leur mine si l'on sera heureux ou malheureux.

BAZA

Il a perdu l'esprit! Seigneur, au nom de Dieu, ne vous amusez 185 point à toutes ces sottises, et allons mettre vos troupes en bataille. [20]

SAÜL

Reste ici, il faut absolument que nous voyions une ombre: voilà la pythonisse qui arrive: garde-toi de me faire reconnaître: elle me prend pour un capitaine de mon armée.

SCÈNE VIII

SAÜL, BAZA, LA PYTHONISSE
arrivant avec un balai entre les jambes. [21]

LA PYTHONISSE

Quel mortel veut arracher les secrets du destin à l'abîme qui les 190 couvre? Qui de vous deux s'adresse à moi pour connaître l'avenir?

---

187   63, 65AD: nous voyons une

---

[20] Baza fait preuve du rationalisme et du pragmatisme propres à Voltaire. Les prédécesseurs dont il possédait les tragédies, Du Ryer et Nadal, plus fidèles aux ressorts tragiques habituels, insistaient dès le début sur le trouble de Saül et sur l'aspect infernal de la consultation voulue par lui. 'L'enfer est le secours que nous devons tenter', écrit Du Ryer (*Saül*, acte II, scène i). Et Nadal: 'Et que l'enfer s'explique où le Ciel veut se taire' (*Saül*, II.vii).

[21] Même présentation de la pythonisse d'Endor, dans *La Pucelle*, sous la forme d'une sorcière 'édentée' montée sur un balai (*OC*, t.7, p.341).

BAZA *montrant Saül.*

C'est mon capitaine: ne devrais-tu pas le savoir, puisque tu es sorcière?

LA PYTHONISSE *à Saül.*

C'est donc pour vous que je forcerai la nature à interrompre le cours de ses lois éternelles? combien me donnerez-vous?   195

SAÜL

Un écu: et te voilà payée d'avance, vieille sorcière.

LA PYTHONISSE

Vous en aurez pour votre argent. Les magiciens de Pharaon n'étaient auprès de moi que des ignorants; ils se bornaient à changer en sang les eaux du Nil,[22] je vais en faire davantage; et premièrement, je commande au soleil de paraître.   200

BAZA

En plein midi! Quel miracle!

LA PYTHONISSE

Je vois quelque chose sur la terre.[23]

SAÜL

N'est-ce pas une ombre?

196 MS1, ER: sorcière. [avec note: *Old witch.*]
202 63:   la terre. [avec note: R. I. ch. 28. v. 13.]

[22] Voltaire n'a pas manqué de railler la rivalité de Moïse et des magiciens de Pharaon dans leur course aux prodiges. Voir par exemple les *Questions de Zapata*: 'Comment les magiciens de Pharaon firent-ils les mêmes miracles que Moïse, excepté ceux de couvrir le pays de poux et de vermine? Comment changèrent-ils en sang toutes les eaux qui étaient déjà changées en sang par Moïse?' (*OC*, t.62, p.387).

[23] Ces paroles banales diffèrent des propos tenus par la nécromancienne dans la Bible: 'Je vois un spectre qui monte de la terre' (I Samuel xxviii.13), c'est-à-dire du shéol, le séjour souterrain des morts.

LA PYTHONISSE

Oui, une ombre.

SAÜL

Comment est-elle faite? 205

LA PYTHONISSE

Comme une ombre.

SAÜL

N'a-t-elle pas une grande barbe?

LA PYTHONISSE

Oui, un grand manteau, et une grande barbe.

SAÜL

Une barbe blanche?

LA PYTHONISSE

Blanche comme de la neige. 210

SAÜL

Justement, c'est l'ombre de Samuel; elle doit avoir l'air bien méchant?

LA PYTHONISSE

Oh! on ne change jamais de caractère: elle vous menace, elle vous fait des yeux horribles. [24]

208   MSI, ER, 68L: une grande barbe et un grand manteau?

[24] La Bible ne parle que d'un vieillard 'drapé dans un manteau' (I Samuel xxviii.14). Les autres détails sont inventés par Voltaire pour montrer que la sorcière ne fait que répéter ce que Saül laisse échapper. Aussi, puisqu'il présente cette

SAÜL

Ah! je suis perdu.

BAZA

Eh seigneur! pouvez-vous vous amuser à ces fadaises? N'entendez-vous pas le son des trompettes? Les Philistins approchent.

SAÜL

Allons donc; mais le cœur ne me dit rien de bon.

LA PYTHONISSE

Au moins j'ai son argent; mais voilà un sot capitaine.

Fin du second acte.

---

215   63:   perdu. [avec note: R. I. ch. 28. v. 20.]
216   65PD: à ses fadaises
217   63:   approchent. [avec note: R. I. ch. 29. v. 11.]
219a   63:   Fin du deuxième acte

---

consultation comme une escroquerie, l'écrivain supprime-t-il le dialogue entre Saül et l'ombre de Samuel, où le prophète prédit au roi sa défaite face aux Philistins, ainsi que sa mort et celle de ses fils (I Samuel xxviii.15-19). Inversement, Du Ryer tirait des effets tragiques de cette rencontre (*Saül*, III.viii), tandis que Nadal, tout en évitant de représenter la scène de l'apparition, la faisait relater avec effroi par Saül (*Saül*, IV.ii). Voltaire range parmi les 'contes', dans le *Sermon des cinquante* (M.xxiv.447), cette histoire d'ombre qui paraît à la voix d'une sorcière. Aussi, transformera-t-il malicieusement en personnage de conte la pythonisse d'Endor, puisqu'il la fera réapparaître avec humour dans *Le Taureau blanc*, comme gardienne des animaux liés à des épisodes bibliques empreints de merveilleux (le serpent tentateur, l'ânesse de Balaam, le poisson de Jonas, le chien de Tobie... et le taureau blanc, avatar de Nabuchodonosor). Le conteur s'amuse également à parodier les dons que la Bible lui attribue: elle fera voir, toutes les nuits, des ombres au roi de Tanis, pour le détourner de sa funeste résolution à l'encontre du taureau blanc.

ACTE III

SCÈNE PREMIÈRE

DAVID ET SES CAPITAINES

DAVID

Saül a donc été tué, mes amis? son fils Jonathas aussi? et je suis
roi d'une petite partie du pays légitimement.

JOAB

Oui, milord; votre Altesse royale a très bien fait de faire pendre
celui qui vous a apporté la nouvelle de la mort de Saül:[1] car il n'est
jamais permis de dire qu'un roi est mort: cet acte de justice vous   5
conciliera tous les esprits; il fera voir qu'au fond vous aimiez votre
beau-père, et que vous êtes un bon homme.

DAVID

Oui, mais Saül laisse des enfants: Isboseth son fils règne déjà sur
plusieurs tribus; comment faire?

1   63:   été tué, [avec note: R. I. ch. 31. v. 2.3.4. R. II. ch. 1. v. 4.5.6.7.8.9.10.]
2   64H: roi du pays
4   63:   celui [avec note: R. II. ch. 1. v. 15.]
9   63:   tribus; [avec note: R. II. ch. 2. v. 8.9.10.]

---

[1] Le porteur de nouvelles n'a pas seulement annoncé la mort de Saül; il a ajouté
qu'il lui avait donné la mort lui-même (II Samuel i.10). Après de grandes
manifestations de douleur, David le fait abattre (et non pendre), après lui avoir
dit: 'Comment n'as-tu pas craint d'étendre la main pour faire périr l'oint de Yahvé?'
(II Samuel i.14). L'article 'David' modifie également les faits: 'David qui n'avait pas
apparemment de quoi donner la *buona nuncia* au courrier, le fait tuer pour sa
récompense' (*OC*, t.36, p.5).

JOAB

Ne vous mettez point en peine; je connais deux coquins qui   10
doivent assassiner Isboseth, s'ils ne l'ont déjà fait; vous les ferez
pendre tous deux, et vous régnerez sur Juda et Israël. [2]

DAVID

Dites-moi un peu vous autres, Saül a-t-il laissé beaucoup
d'argent? Serai-je bien riche?

ABIÉZER

Hélas! nous n'avons pas le sou; vous savez qu'il y a deux ans,   15
quand Saül fut élu roi, nous n'avions pas de quoi acheter des
armes, il n'y avait que deux sabres dans tout l'Etat, encore étaient-

---

10   63:   coquins [avec note: R. Rechab et Baana. R. II. ch. 4. v. 5.6.7.]
13   MSI, ER, 68L: Fort bien, dites-moi
15   63-W75G: le sol

---

[2] Voltaire procède par raccourci temporel. Voir II Samuel ii.10: 'Ishbaal [ou Isboseth], fils de Saül, avait quarante ans lorsqu'il devint roi d'Israël et il régna deux ans.' Le meurtre d'Isboseth n'intervient, en effet, qu'après une bataille entre la garde d'Isboseth, soutenu par Abner, et la garde de David, soutenu par Joab, puis la rupture entre Isboseth et Abner, enfin la négociation entre ce dernier et David, suivie de son meurtre par Joab. Voltaire avait marqué, dans le *Commentaire* de dom Calmet, par un signet portant 'princes des voleurs', le début du chapitre iv de II Samuel, qui mentionne les deux chefs de bandes qui tueront Isboseth (*CN*, ii.62). En fait, c'est par une entente avec Abner, et non en laissant commander le meurtre d'Isboseth, que David chercha à devenir roi. Mais Bayle, dans la remarque H de son article, jugeait déjà que s'il avait agi conformément aux préceptes de la politique en tentant de gagner un royaume par des intrigues avec le perfide Abner, on ne pouvait guère y voir les actions d'un saint. L'article 'Philosophe' suit la même voie (*OC*, t.36, p.442), tandis que 'David' et 'Histoire des rois juifs, et Paralipomènes' restent assez vagues pour suggérer la responsabilité de David dans l'assassinat d'Isboseth: 'Isbozeth succède à son père Saül, David est assez fort pour lui faire la guerre. Enfin Isbozeth est assassiné' (*OC*, t.36, p.5). 'David assassine Urie. Isboseth et Miphiboseth sont assassinés' (*OC*, t.36, p.197). L'*Examen important* et *Dieu et les hommes* reprochent seulement à David d'avoir ravi le trône à Isboseth (*OC*, t.62, p.201, et *OC*, t.69, p.358).

ils tout rouillés: les Philistins, dont nous avons presque tous été les esclaves, ne nous laissèrent pas dans nos chaumières seulement un morceau de fer pour raccommoder nos charrues;[3] aussi nos charrues nous sont-elles fort inutiles dans un mauvais pays pierreux, hérissé de montagnes pelées, où il n'y a que quelques oliviers avec un peu de raisin: nous n'avions pris au roi Agag que des bœufs, des chèvres et des moutons, parce que c'était là tout ce qu'il avait; je ne crois pas que nous puissions trouver dix écus dans toute la Judée; il y a quelques usuriers qui rognent les espèces à Tyr et à Damas, mais ils se feraient empaler plutôt que de vous prêter un denier.

20

25

DAVID

S'est-on emparé du petit village de Salem et de son château?

18   63:   rouillés: [avec note: R. I. ch. 13. v. 19.20.21.]
18-19 MS1, ER, 68L: dont nous avons toujours été esclaves
        65PD: dont nous avons tout été esclaves
20   NM, W75G: pour accomoder nos
21   MS1, MS2, 63-W70G: un maudit pays
23   ER: de raisins [avec note: R. I. ch. 13]
26   65PD: qui rongent les
29   64H: de Jérusalem et

[3] Voltaire a marqué d'un signet portant 'no iron work', dans son *Commentaire* de dom Calmet, I Samuel xiii.17-19, qui indique qu'il n'y avait pas de forgeron dans tout le pays d'Israël, car les Philistins avaient pris cette précaution pour éviter que les Hébreux ne fabriquent des épées ou des lances (*CN*, ii.61). La fin du verset 22 ajoute qu'il y en avait cependant pour Saül et son fils Jonathan. 'Des Juifs' note déjà que lors de la première bataille livrée aux Philistins sous le règne de Saül, les Juifs 'n'avaient dans toute l'armée qu'une épée et qu'une lance, et pas un seul instrument de fer' (M.xix.514). Le *Catéchisme de l'honnête homme* oppose cette pénurie aux immenses richesses du successeur, David (M.xxiv.527), tandis que l'*Examen important* et *Dieu et les hommes* la rappellent pour l'opposer à la victoire fabuleuse de Saül à la tête d'une armée de trois cent mille hommes (*OC*, t.62, p.200, et *OC*, t.69, p.357). La quarante-troisième des *Questions de Zapata* souligne aussi la difficulté à concilier les immenses richesses de David et de Salomon avec 'la pauvreté du pays, et avec l'état où étaient réduits les Juifs sous Saül, quand ils n'avaient pas de quoi faire aiguiser leurs socs et leurs cognées' (*OC*, t.62, p.396).

JOAB

Oui, milord. [4]   30

ABIÉZER

J'en suis fâché; cette violence peut décrier notre nouveau gouvernement. Salem appartient de tout temps aux Jébuséens avec qui nous ne sommes point en guerre; c'est un lieu saint, car Melchisédech était autrefois roi de ce village. [5]

DAVID

Il n'y a point de Melchisédech qui tienne; j'en ferai une bonne   35 forteresse; je l'appellerai Herus-Chalaïm; ce sera le lieu de ma résidence; nos enfants seront multipliés comme le sable de la mer, et nous régnerons sur le monde entier. [6]

JOAB

Eh, seigneur, vous n'y pensez pas! Cet endroit est une espèce de désert, où il n'y a que des cailloux à deux lieues à la ronde. On   40 y manque d'eau, il n'y a qu'un petit malheureux torrent de Cédron qui est à sec six mois de l'année: [7] que n'allons-nous plutôt sur les

---

[4] La prise de Jérusalem est relatée en II Samuel v.6.

[5] Voir Genèse xiv.18.

[6] Cf. les paroles de l'ange de Yahvé à Abraham (Genèse xxii.17): 'Je te comblerai de bénédictions, je rendrai ta postérité aussi nombreuse que les étoiles du ciel et que le sable qui est sur le bord de la mer, et ta postérité conquerra la porte de ses ennemis.' Dans 'Des Juifs' Voltaire rappelait déjà que leurs oracles ont prédit aux Juifs qu'ils seraient les maîtres du monde. 'Ils doivent donc croire, et ils croient en effet, qu'un jour leurs prédictions s'accompliront, et qu'ils auront l'empire de la terre' (M.xix.512).

[7] Pour une description comparable de la Judée, voir l'*Examen* de Mme Du Châtelet (I.117), l'article 'Judée' du *Dictionnaire philosophique* (*OC*, t.36, p.262-66) et *La Bible enfin expliquée* (M.xxx.74). En 1761, Voltaire ajouta au chapitre 53 de l'*Essai sur les mœurs* un passage soulignant la stérilité du pays, exception faite de Jéricho (éd. Pomeau, i.555-56).

grands chemins de Tyr, vers Damas, vers Babilone? il y aurait là
de beaux coups à faire.

DAVID

Oui; mais tous les peuples de ce pays-là sont puissants, nous   45
risquerions de nous faire pendre; enfin le Seigneur m'a donné
Herus-Chalaïm, j'y demeurerai et j'y louerai le Seigneur.

UN MESSAGER

Milord, deux de vos serviteurs viennent d'assassiner Isboseth, [8]
qui avait l'insolence de vouloir succéder à son père, et de vous
disputer le trône; on l'a jeté par les fenêtres, il nage dans son sang;   50
les tribus qui lui obéissaient ont fait serment de vous obéir; et l'on
vous amène sa sœur Michol votre femme qui vous avait
abandonné, et qui venait de se marier à Phaltiel fils de Saïs.

DAVID

On aurait mieux fait de la laisser avec lui; que veut-on que je
fasse de cette bégueule-là? Allez, mon cher Joab, qu'on l'en-   55
ferme; [9] allez, mes amis, allez saisir tout ce que possédait Isboseth,
apportez-le-moi, nous le partagerons: vous, Joab, ne manquez pas
de faire pendre ceux qui m'ont délivré d'Isboseth, et qui m'ont

43   MS1, ER, 68L: chemins vers Tyr
43-44   64H: là beaucoup à faire.
45   MS1, MS2, 63, ER, 65AD, 68L: de ces pays-là.
53   63:   abandonné, [avec note: R. II. ch. 4.]

[8] Les assassins, Rékab et Baana, ne font pas partie des serviteurs de David (voir
note 2).   999
[9] Voltaire s'écarte ici sensiblement du texte biblique. C'est David qui, lors de sa
négociation avec Abner, avait exigé qu'on lui amène Mikal. On l'envoya prendre
chez son mari Paltiel (II Samuel iii.13-16). La référence que fait l'auteur à R. II ch.4
concerne le meurtre d'Isboseth et l'exécution de ses assassins.

rendu ce signalé service; [10] marchez tous devant le Seigneur avec
confiance; j'ai ici quelques petites affaires un peu pressées: je vous   60
rejoindrai dans peu de temps pour rendre tous ensemble des
actions de grâces au Dieu des armées qui a donné la force à mon
bras, et qui a mis sous mes pieds le basilic et le dragon. [11]

TOUS LES CAPITAINES ENSEMBLE

(*a*) Housah! housah! longue vie à David notre bon roi, l'oint du
Seigneur, le père de son peuple. (*Ils sortent.*)   65

DAVID *à un des siens.*

Faites entrer Betzabée.

(*a*) C'est le cri de joie de la populace anglaise; les Hébreux criaient:
allek eudi ah! et par corruption *hi ah y ah.*

62   63, 65AD, 65PD: de grâce au
n.(*a*)   63:   *allech eudy ah!* et par corruption *j ah y ah!*
        MSI, ER, 68L: *alleh luh y ah*, et par contraction *y ah.*
63   64H: [avec indication scénique *David sort pour aller à ses besoins.*]
65a   64H: DAVID *revenu à un*
66   68L: Vous, faites

[10] Indigné par leur acte, bien qu'il lui soit profitable, David ordonne, en effet,
l'exécution des deux meurtriers qui ont pris l'initiative de tuer Isboseth, en leur
disant: 'Lorsque des bandits ont tué un homme honnête dans sa maison, sur son lit,
ne dois-je pas vous demander compte de son sang et vous faire disparaître de la
terre?' (II Samuel iv.11-12).

[11] Le basilic était un reptile existant en Palestine et dans le désert de Cyrénaïque,
auquel les Anciens attribuaient la faculté de tuer par le seul regard. Le Dragon, ou le
Serpent, monstres du chaos primitif dans la mythologie, incarnent la puissance du
Mal, l'être hostile à Dieu et à l'homme (voir Genèse iii, Job iii.8 et Apocalypse xii-
xiii).

SCÈNE II

DAVID, BETZABÉE

DAVID

Ma chère Betzabée, je ne veux plus aimer que vous: vos dents
sont comme un mouton qui sort du lavoir; votre gorge est comme
une grappe de raisin, votre nez comme la tour du mont Liban; [12] le
royaume que le Seigneur m'a donné ne vaut pas un de vos   70
embrassements: Michol, Abigaïl, et toutes mes autres femmes,
sont dignes tout au plus d'être vos servantes.

BETZABÉE

Hélas, milord! vous en disiez ce matin autant à la jeune Abigaïl.

DAVID

Il est vrai, elle peut me plaire un moment, mais vous êtes ma
maîtresse de toutes les heures; je vous donnerai des robes, des   75
vaches, des chèvres, des moutons, car pour de l'argent je n'en ai
point encore, mais vous en aurez quand j'en aurai volé dans mes
courses sur les grands chemins, soit vers le pays des Phéniciens,
soit vers Damas, soit vers Tyr. Qu'avez-vous, ma chère Betzabée,
vous pleurez?   80

BETZABÉE

Hélas, oui, milord!

---

72   63:   vos servantes. [avec note: R. II. ch. 5. v. 13.]
74   68L: plaire quelques moments, mais

---

[12] Parodie du *Cantique des cantiques*, dont Voltaire avait donné une 'traduction'
en vers en 1759 et qu'il commentera dans l'article 'Salomon' (*OC*, t.36, p.510-14).
Voir en particulier iv.1-4. La référence donnée par Voltaire (R. II ch.5 v.13)
mentionne simplement les nombreuses femmes de David.

DAVID

Quelqu'une de mes femmes ou de mes concubines a-t-elle osé vous maltraiter?

BETZABÉE

Non.

DAVID

Quel est donc votre chagrin?   85

BETZABÉE

Milord, je suis grosse; mon mari Urie n'a pas couché avec moi depuis un mois; et s'il s'aperçoit de ma grossesse, je crains d'être battue.

DAVID

Eh! que ne l'avez-vous fait coucher avec vous?

84-85 MSI, ER, 68L:
  Non
                    DAVID
  Etes-vous fâchée de n'avoir pas les pendants d'oreille d'Abigaïl?
                BETZABÉE
  Non.
                    DAVID
  Avez-vous des vapeurs?
                BETZABÉE
  Non.
                    DAVID
  Quel est donc votre chagrin?
86 63: suis grosse [avec note: R. II. ch. 11. v. 15.[13]]

---

[13] Pour II Samuel xi.5.

BETZABÉE

Hélas! j'ai fait ce que j'ai pu; mais il me dit qu'il veut toujours   90
rester auprès de vous: vous savez qu'il vous est tendrement
attaché; c'est un des meilleurs officiers de votre armée; il veille
auprès de votre personne quand les autres dorment; il se met au-
devant de vous quand les autres lâchent le pied;[14] s'il fait quelque
bon butin, il vous l'apporte; enfin il vous préfère à moi.   95

DAVID

Voilà une insupportable chenille; rien n'est si odieux que ces
gens empressés qui veulent toujours rendre service sans en être
priés: allez, allez, je vous déferai bientôt de cet importun: qu'on me
donne une table et des tablettes pour écrire.

BETZABÉE

Milord, pour des tables vous savez qu'il n'y en a point ici; mais   100
voici mes tablettes avec un poinçon, vous pouvez écrire sur mes
genoux.

DAVID

Allons, écrivons: 'Appui de ma couronne, comme moi serviteur
de Dieu, notre féal Urie vous rendra cette missive: marchez avec
lui sitôt cette présente reçue contre le corps des Philistins, qui est   105
au bout de la vallée d'Hébron; placez le féal Urie au premier rang,
abandonnez-le dès qu'on aura tiré la première flèche, de façon qu'il
soit tué par les ennemis; et s'il n'est pas frappé par devant, ayez

90-91   68L: veut rester toujours auprès de votre personne. Vous
93   63:   dorment; [avec note: R. II. ch. II. v. II.]
99   63:   pour écrire. [avec note: R. II. ch. II. v. 14.]
100   65PD: des tablettes vous
103   MSI, ER, 68L: écrivons: 'Notre amé [*sic*] Joab, appui
106   63:   premier rang, [avec note: R. II. ch. II. v. 15.]

[14] Résumé assez fidèle de II Samuel xi.8-11.

soin de le faire assassiner par derrière; le tout pour le besoin de
l'Etat: Dieu vous ait en sa sainte garde! Votre bon roi David.'[15]   110

BETZABÉE

Eh! bon Dieu! Vous voulez faire tuer mon pauvre mari?

DAVID

Ma chère enfant, ce sont de ces petites sévérités auxquelles on

---

110   63-w75G: l'Etat: ainsi Dieu nous soit en aide! Votre

---

[15] La lettre de David à Joab constitue le verset 15 du chapitre xi. Toutefois, il n'y
est pas question d'assassiner, au besoin, Urie par derrière. Et ni Dieu, ni la raison
d'Etat ne sont invoqués. Bayle s'est peu étendu sur l'adultère avec Bethsabée et sa
conséquence, la mort d'Urie, dans sa remarque I. En effet, il n'y avait pas là un
élément nouveau à présenter au lecteur. L'Eglise reconnaissait dans cet acte une faute
grave, dont Yahvé avait puni les auteurs en faisant mourir leur premier enfant. Tout
au plus pouvait-on juger parfois que le repentir et l'expiation de David avaient
encore rehaussé sa sainteté. En revanche, dans l'*Examen* de Mme Du Châtelet,
l'indignation s'exprime ouvertement face à cette conduite abominable et révoltante
du roi juif, qui aurait pu, du moins, essayer d'obtenir d'abord la répudiation de
Bethsabée par Urie. Et l'auteur inverse le jugement habituel dans la tradition
religieuse en écrivant: 'Saül, ce réprouvé, n'a jamais rien fait de comparable à cette
action du roi selon le cœur de Dieu' (II.67-68). Si Voltaire mentionne si souvent cet
épisode, c'est dans bien des cas pour souligner, en élargissant sa satire, que de cet
adultère homicide est issu le Messie. Voir le *Sermon des cinquante* (M.xxiv.443), *La
Pucelle* (*OC*, t.7, p.455), les articles 'David', 'Histoire des rois juifs, et Paralipomènes', 'Philosophe' et 'Salomon' du *Dictionnaire philosophique* (*OC*, t.36, p.7-8, 197,
443, 501), *Le Dîner du comte de Boulainvilliers* (*OC*, t.63A, p.362), l'*Examen important*
(*OC*, t.62, p.195 et 201), les *Questions de Zapata* (*OC*, t.62, p.390 et 395), la troisième
des *Homélies* (*OC*, t.62, p.472), *La Guerre civile de Genève* (*OC*, t.63A, p.82), *Dieu et
les hommes* (*OC*, t.69, p.354, 359), la note 13 du *Discours de l'empereur Julien* (éd.
Moureaux, p.148), l'article 'Emblème' des *Questions sur l'Encyclopédie* (M.xviii.520-
29), où Voltaire oppose la réalité de l'adultère et du meurtre commis par David et
l'interprétation figurative qu'on en a tirée, et *La Bible enfin expliquée* (M.xxx.191-92).

est quelquefois obligé de se prêter; c'est un petit mal pour un grand bien, [16] uniquement dans l'intention d'éviter le scandale.

BETZABÉE

Hélas! votre servante n'a rien à répliquer, soit fait selon votre parole. [17]   115

DAVID

Qu'on m'appelle le bonhomme Urie.

BETZABÉE

Hélas! que voulez-vous lui dire? pourrais-je soutenir sa présence?

DAVID

Ne vous troublez pas. (*A Urie qui entre.*) Tenez, mon cher Urie,   120
portez cette lettre à mon capitaine Joab, et méritez toujours les bonnes grâces de l'oint du Seigneur.

URIE

J'obéis avec joie à ses commandements; mes pieds, mon bras,

---

120   MS1, ER, 68L: troublez pas, ma bonne. (*A Urie qui entre.*)
       ER65:   troublez pas ma bonne. (*Urie entre.*)

---

[16] Clin d'œil de l'auteur aux lecteurs connaissant ce sous-titre et cette conclusion de *Cosi-Sancta*, ainsi que l'enseignement libertin de ce conte, qui met en question la valeur de la fidélité conjugale. La vertu de l'héroïne, en effet, entraîne la mort d'un homme épris d'elle, tandis que ses complaisances extra-conjugales sauvent son mari, son frère et son fils et lui valent d'être canonisée! Mais ses adultères n'étaient pas suivis d'assassinats!

[17] On peut voir là un écho sacrilège des paroles adressées par Marie à l'ange Gabriel, lors de l'Annonciation: 'Je suis la servante du Seigneur; qu'il m'advienne selon ta parole!' (Luc i.38).

ma vie sont à son service: je voudrais mourir pour lui prouver mon
zèle.   125

DAVID, *en l'embrassant.*

Vous serez exaucé, mon cher Urie.

URIE

Adieu, ma chère Betzabée, soyez toujours aussi attachée que
moi à notre maître.

BETZABÉE

C'est ce que je fais, mon bon mari. [18]

DAVID

Demeurez ici, ma bien-aimée, je suis obligé d'aller donner des   130
ordres à peu près semblables pour le bien du royaume; je reviens à
vous dans un moment.

BETZABÉE

Non, mon cher amant, je ne vous quitte pas.

DAVID

Ah! je veux bien que les femmes soient maîtresses au lit: mais
partout ailleurs je veux qu'elles obéissent.   135

Fin du troisième acte.

129a   68L: DAVID, *à Batzabée*

[18] Cette entrevue avec Urie, où l'ambiguïté des propos souligne la duplicité de
David et de Bethsabée, est, évidemment, de l'invention de Voltaire.

ACTE IV

SCÈNE PREMIÈRE

BETZABÉE, ABIGAÏL

ABIGAÏL

Betzabée, Betzabée; c'est donc ainsi que vous m'enlevez le cœur de monseigneur.

BETZABÉE

Vous voyez que je ne vous enlève rien, puisqu'il me quitte, et que je ne peux l'arrêter.

ABIGAÏL

Vous ne l'arrêtez que trop, perfide, dans les filets de votre 5 méchanceté: tout Israël dit que vous êtes grosse de lui.

BETZABÉE

Eh bien! quand cela serait, madame, est-ce à vous à me le reprocher; n'en avez-vous pas fait autant?

ABIGAÏL

Cela est bien différent, madame; j'ai l'honneur d'être son épouse.

BETZABÉE

Voilà un plaisant mariage; on sait que vous avez empoisonné 10

Nabal votre mari, pour épouser David, lorsqu'il n'était encore que
capitaine. [1]

ABIGAÏL

Point de reproches, madame, s'il vous plaît: vous en feriez bien
autant du bonhomme Urie pour devenir reine; mais sachez que je
vais tout lui découvrir.   15

BETZABÉE

Je vous en défie.

ABIGAÏL

C'est-à-dire que la chose est déjà faite.

BETZABÉE

Quoi qu'il en soit, je serai votre reine, et je vous apprendrai à
me respecter.

ABIGAÏL

Moi, vous respecter, madame!   20

BETZABÉE

Oui, madame.

---

11   68L: David, qui n'était alors que
16   64H, 65AD, NM-W75G: Je vous défie.

---

[1] Dans le récit biblique, la mort de Nabal reste mystérieuse. Grâce à l'intervention d'Abigaïl, David ne s'est pas fait justice de sa propre main. Mais quand Abigaïl
raconte à son mari comment elle est allée à la rencontre de David et lui a offert de
nombreux présents, 'son cœur mourut dans sa poitrine et il devint comme une
pierre. Une dizaine de jours plus tard, Yahvé frappa Nabal et il mourut' (I Samuel
xxv.37-38).

ABIGAÏL

Ah, madame! la Judée produira du froment au lieu de seigle, et on aura des chevaux au lieu d'ânes pour monter, avant que je sois réduite à cette ignominie:[2] il appartient bien à une femme comme vous de faire l'impertinente avec moi.   25

BETZABÉE

Si je m'en croyais, une paire de soufflets...

ABIGAÏL

Ne vous en avisez pas, madame, j'ai le bras bon et je vous rosserais d'une manière...

SCÈNE II

DAVID, BETZABÉE, ABIGAÏL

DAVID

Paix là donc, paix là: êtes-vous folles, vous autres? Il est bien question de vous quereller, quand l'horreur des horreurs est sur   30
ma maison.

BETZABÉE

Quoi donc, mon cher amant! Qu'est-il arrivé?

ABIGAÏL

Mon cher mari, y a-t-il quelque nouveau malheur?

---

[2] Voltaire profite de cette querelle pour insister encore sur la pauvreté apparemment irrémédiable de la Judée.

DAVID

Voilà-t-il pas que mon fils Ammon, que vous connaissez, s'est
avisé de violer sa sœur Thamar, et l'a ensuite chassée de sa   35
chambre à grands coups de pied dans le cul. [3]

ABIGAÏL

Quoi donc, n'est-ce que cela? je croyais à votre air effaré qu'il
vous avait volé votre argent.

DAVID

Ce n'est pas tout; mon autre fils Absalon, quand il a vu cette
tracasserie, s'est mis à tuer mon fils Ammon: je me suis fâché   40
contre mon fils Absalon, il s'est révolté contre moi, m'a chassé de
ma ville de Herus-Chalaïm, et me voilà sur le pavé. [4]

35   63:   sœur Thamar [avec note: R. II. ch. 13. v. 17.18.]
40   63:   tuer [avec note: R. II. ch. 13. v. 28.29.]

[3] Dans sa Bible, Voltaire a marqué d'un signet le chapitre xiii de II Samuel
racontant cet épisode, ainsi que le chapitre xviii relatant la mort d'Absalom (*CN*,
i.331). Voir aussi les traces de lecture dans le *Commentaire* de dom Calmet (*CN*,
ii.65). Bayle, dans sa note F, rappelait les malheurs et infamies que David connut
dans sa famille: viol incestueux de Tamar par son frère, suivi d'un fratricide, l'auteur
du fratricide couchant ensuite avec les concubines de David. Voltaire mentionne le
viol de Tamar par Amnon dans *La Défense de mon oncle* et *Le Dîner du comte de
Boulainvilliers* pour prétendre, d'après les paroles adressées par Tamar à son frère
(II Samuel xiii.12-13), qu'on pouvait épouser sa sœur chez les Juifs (*OC*, t.64, p.206,
et *OC*, t.63A, p.360). L'expression 'à grands coups de pied dans le cul' est plus proche
de la fin du premier chapitre de *Candide*, où le baron de Thunder-ten-tronckh chasse
pareillement le héros, que du récit biblique où il est dit simplement que, sur l'ordre
d'Amnon, 'le serviteur la mit dehors et verrouilla la porte derrière elle' (II Samuel
xiii.18).
[4] Voltaire procède à nouveau par raccourcis temporels. C'est seulement deux ans
plus tard qu'Absalom fait assassiner Amnon. Puis il s'éloigne pendant trois ans
(II Samuel xiii.38). Rappelé à Jérusalem, il se passe encore deux ans avant qu'il ne
soit reçu par le roi et obtienne son pardon (II Samuel xiv.33). Au bout de quatre ans,
il se révolte et organise une conjuration pour devenir roi, ce qui entraîne la fuite de

BETZABÉE

Oh! ce sont des choses sérieuses cela!

ABIGAÏL

La vilaine famille que la famille de David. Tu n'as donc plus
rien, brigand? Ton fils est oint à ta place.   45

DAVID

Hélas oui! et pour preuve qu'il est oint, il a couché sur la terrasse
du fort avec toutes mes femmes l'une après l'autre. [5]

ABIGAÏL

O ciel! que n'étais-je là? j'aurais bien mieux aimé coucher avec
ton fils Absalon qu'avec toi, vilain, voleur que j'abandonne à
jamais: il a des cheveux qui lui vont jusqu'à la ceinture, et dont il   50
vend des rognures pour deux cents écus par an au moins: il est

---

46   63:   couché [avec note: R. II. ch. 16. v. 22.]
49   MS1, MS2, 63-ER: vilain voleur
51   63:   au moins [avec note: R. II. ch. 14. v. 26.]

David (II Samuel xv.7-14). Voltaire connaît bien ces textes, puisqu'il a placé des
signets aux chapitres 14 et 15 du *Commentaire* (*CN*, ii.65-66). Bayle commentait ces
revers, dans la note G, en assurant qu'il fallait faire peu de cas de la fidélité des
peuples, puisque les intrigues d'Absalom avaient suffi à détrôner un grand roi comme
David. Le meurtre d'Amnon par Absalom et celui d'Absalom par Joab sont
mentionnés dans 'Histoire des rois juifs, et Paralipomènes' (*OC*, t.36, p.197). Et
déjà Pangloss, lorsqu'il évoquait à la fin de *Candide* les malheurs des puissants,
mentionnait Absalom 'pendu par les cheveux et percé de trois dards' (*OC*, t.48,
p.258).
   [5] Absalom, en prenant possession du harem de son père, a voulu affirmer son
droit à la succession. Voltaire prend plaisir à amalgamer parade impure et
consécration par Yahvé. Cf. *La Pucelle*: 'Son vaillant fils, fameux par sa crinière /
Un beau matin par vertu singulière / Vous repassa tout ce gentil bercail' (*OC*, t.7,
p.455).

jeune, il est aimable, et tu n'es qu'un barbare débauché qui te
moques de Dieu, des hommes et des femmes: va, je renonce
désormais à toi, et je me donne à ton fils Absalon, ou au premier
Philistin que je rencontrerai. (*A Betʒabée en lui faisant la*   55
révérence.) Adieu, madame.

BETZABÉE

Votre servante, madame.

SCÈNE III

DAVID, BETZABÉE

DAVID

Voilà donc cette Abigaïl que j'avais crue si douce! Ah! qui
compte sur une femme, compte sur le vent:[6] et vous, ma chère
Betzabée, m'abandonnerez-vous aussi?   60

BETZABÉE

Hélas! c'est ainsi que finissent tous les mariages de cette espèce:
que voulez-vous que je devienne si votre fils Absalon règne; et si
Urie, mon mari, sait que vous avez voulu l'assassiner, vous voilà
perdu et moi aussi?

DAVID

Ne craignez rien; Urie est dépêché; mon ami Joab est expéditif.   65

---

56   68L: [avec indication scénique (*Elle sort.*)]

---

[6] Réflexion peut-être inspirée par quelque verset des Livres sapientiaux.
L'Ecclésiastique, en particulier, contient de nombreux propos sur les femmes.

BETZABÉE

Quoi! mon pauvre mari est donc assassiné; hi, hi, hi, (*elle pleure.*) oh, hi, ha. [7]

DAVID

Quoi! vous pleurez le bonhomme?

BETZABÉE

Je ne peux m'en empêcher.

DAVID

La sotte chose que les femmes; elles souhaitent la mort de leurs   70
maris, elles la demandent; et quand elles l'ont obtenue, elles se
mettent à pleurer.

BETZABÉE

Pardonnez cette petite cérémonie.

66-67 MS1, ER:

BETZABÉE

Quoi! mon pauvre mari est donc assassiné?

DAVID

Oui, ma chère bonne.

BETZABÉE

Hi, hi, hi...

67   63:   oh, hi, ha. [avec note: R. II. ch. 11. v. 26.]

[7] Effets comiques sans rapport avec la formule biblique mentionnée par Voltaire (R. II ch. 11 v. 26): 'Elle fit le deuil de son mari'.

SCÈNE IV

DAVID, BETZABÉE, JOAB

DAVID

Eh bien, Joab, en quel état sont les choses? Qu'est devenu ce coquin d'Absalon? 75

JOAB

Par Sabaoth, je l'ai envoyé avec Urie; je l'ai trouvé qui pendait à un arbre par les cheveux, et je l'ai bravement percé de trois dards.

DAVID

Ah! Absalon mon fils! hi, hi, ho, ho, hi.

BETZABÉE

Voilà-t-il pas que vous pleurez votre fils, comme j'ai pleuré mon 80 mari: chacun a sa faiblesse.

DAVID

On ne peut pas dompter tout à fait la nature, quelque juif qu'on soit;[8] mais cela passe, et le train des affaires emporte bien vite ailleurs.

78 63: dards. [avec note: R. II. ch. 18. v. 14.]
79 63: ho, ho, hi. [avec note: R. II. ch. 18. v. 33.]

[8] Encore un trait d'anti-judaïsme mis dans la bouche d'un Juif. Dans le récit biblique, la douleur de David qui sanglote, crie et se lamente paraît d'autant plus sincère que le roi, avant la bataille, avait ordonné à tous les chefs de ménager son fils (II Samuel xviii.5). Rappelons la traduction selon Lemaistre de Sacy du verset auquel Voltaire renvoie (R. II ch. 18 v. 33): 'Le roi étant donc saisi de douleur, monta à sa chambre qui était au-dessus de la porte et se mit à pleurer. Et il disait en se promenant: Mon fils Absalon, Absalon mon fils, que ne puis-je donner ma vie pour la vôtre! mon fils Absalon, Absalon mon fils!'

SCÈNE V

LES PERSONNAGES PRÉCÉDENTS, ET
LE PROPHÈTE NATHAN

BETZABÉE

Eh! voilà Nathan le voyant, Dieu me pardonne! Que vient-il   85
faire ici?

NATHAN

Sire, écoutez et jugez: il y avait un riche qui possédait cent
brebis, et il y avait un pauvre qui n'en avait qu'une; le riche a pris la
brebis et a tué le pauvre; que faut-il faire du riche?

DAVID

Certainement il faut qu'il rende quatre brebis.   90

NATHAN

Sire, vous êtes le riche, Urie était le pauvre, et Betzabée est la
brebis.

BETZABÉE

Moi, brebis!

DAVID

Ah! j'ai péché, j'ai péché, j'ai péché.

84b 68L: DAVID, BETZABÉE, JOAB,
87   63: possédait [avec note: R. II. ch. 12. v. 1.2.3.4 et 5.]
88   68L: n'en possédait qu'une
94   63: j'ai péché. [avec note: R. II. ch. 12. v. 13.14.]

NATHAN

Bon, puisque vous l'avouez, le Seigneur va transférer votre   95
péché: c'est bien assez qu'Absalon ait couché avec toutes vos
femmes:[9] épousez la belle Betzabée, un des fils que vous aurez
d'elle régnera sur tout Israël:[10] je le nommerai aimable, et les
enfants des femmes légitimes et honnêtes seront massacrés.[11]

95   MS1, MS2, ER: le Seigneur a transféré votre
      63:    transféré [avec note: R. II. ch. 7. v. 12.]

[9] Les reproches de Nathan sont bien antérieurs aux épisodes concernant Amnon,
Tamar et Absalom. Or, non seulement il a annoncé la mort du premier-né de David
et Bethsabée, mais encore il a prédit les malheurs ultérieurs: 'Tu as frappé par l'épée
Urie le Hittite, sa femme tu l'as prise pour ta femme, lui tu l'as fait périr par l'épée
des Ammonites. Maintenant l'épée ne se détournera plus jamais de ta maison, parce
que tu m'as méprisé et que tu as pris la femme d'Urie le Hittite pour qu'elle devienne
ta femme. Ainsi parle Yahvé: Je vais, de ta propre maison, faire surgir contre toi le
malheur. Je prendrai tes femmes sous tes yeux et je les livrerai à ton prochain, qui
couchera avec tes femmes à la vue de ce soleil. Toi, tu as agi dans le secret, mais moi
j'accomplirai cela à la face de tout Israël et à la face du soleil!' (II Samuel xii.9-12).
Voltaire a coché ce passage dans son exemplaire du *Commentaire* (*CN*, ii.63-64).
Mais il n'en tient pas compte dans sa pièce. La mort d'Amnon et d'Absalom, comme
la conduite de ce dernier avec les concubines de son père est, en effet, inscrite dans
un plan divin, destiné à faire expier ses fautes à David. En inversant l'ordre des
épisodes, Voltaire supprime ce rapport de causalité et ôte évidemment toute
signification spirituelle aux épreuves subies par le roi. Les aventures de ses fils ne
s'expliquent plus que par des passions tout humaines: désir amoureux ou volonté de
puissance. Absalom n'est plus l'instrument de la vengeance divine.
[10] Pour cette prédiction, Voltaire se réfère à II Samuel vii.12: 'Quand tes jours
seront accomplis et que tu seras couché avec tes pères, je maintiendrai après toi le
lignage issu de tes entrailles et j'affermirai sa royauté.' Mais ces paroles de Yahvé
communiquées à David par Nathan sont bien antérieures à sa faute avec Bethsabée.
Après cette faute et la mort d'Urie, les paroles de Nathan sont bien différentes,
puisqu'il annonce: 'L'enfant qui t'est né mourra' (II Samuel xii.14). Néanmoins, la
naissance, un peu plus tard, de Salomon, 'aimé de Yahvé', sera l'assurance du pardon
du Seigneur.
[11] Nathan annonce déjà le meurtre d'Adonias, quatrième fils de David, qu'il a eu
avec Haggit. Pour les fils de David nés à Hébron, voir II Samuel iii.2-5.

BETZABÉE

Par Adonaï, tu es un charmant prophète, viens çà que je   100
t'embrasse.

DAVID

Eh! là, là, doucement: qu'on donne à boire au prophète;
réjouissons-nous nous autres; allons, puisque tout va bien, je veux
faire des chansons gaillardes; qu'on me donne ma harpe. (*Il joue
de la harpe.*)   105

> Chers Hébreux par le ciel envoyés, (*a*)
> Dans le sang vous baignerez vos pieds;
> Et vos chiens s'engraisseront
> De ce sang qu'ils lécheront. [12]
>
> Ayez soin, mes chers amis, (*b*)   110

(*a*) *Ut intingatur pes tuus in sanguine, lingua canum ex iniicis ab ipso.*
(*b*) *Beatus qui tenebit et allidet parvulos ad petram.*

104-105   68L: (*Il se met à jouer de la harpe et chante.*)
n.(*a*)   63, 65AD, 65PD, ER65:   *canum tuorum ex inimicis ab ipso.*
          63:   *ipso.* [avec note: *Psaumes* 67. v.25.]
n.(*b*)   63:   *petram.* [avec note: *Psaumes* 136. v.12.]
          ER65:   *parvulos tuos ad*

[12] Le Psaume 67 évoque l'histoire glorieuse du peuple de Dieu. Le verset cité fait
allusion à la mort d'Achab, de Joram et de Jézabel. Voir I Rois xxi.23-24 pour la
malédiction lancée par Elie contre Achab et sa femme Jézabel, qui a fait lapider
Nabot dont Achab convoitait la vigne: 'Contre Jézabel aussi Yahvé a prononcé une
parole: Les chiens dévoreront Jézabel dans le champ d'Yizréel. Celui de la famille
d'Achab qui mourra dans la ville, les chiens le mangeront, et celui qui mourra dans la
campagne, les oiseaux du ciel le mangeront.' Pour la réalisation de la prophétie, voir
I Rois xxii.35-38 et II Rois ix.33-36. Pour Joram, fils d'Achab, voir II Rois viii.29 et
ix.25. Voltaire détache évidemment le chant de David de tout contexte historique.
Ces versets étaient ainsi traduits dans le pamphlet de Peter Annet: 'And make them
dip their feet in blood / Of those that hate thy name; / The tongues of dogs they
shall be red / With licking of the same' (Torrey, p.194).

De prendre tous les petits
Encore à la mamelle,
Vous écraserez leur cervelle
Contre le mur de l'infidèle;[13]
Et vos chiens s'engraisseront
De ce sang qu'ils lécheront.

115

BETZABÉE

Sont-ce là vos chansons gaillardes?

DAVID *en chantant et dansant.*

Et vos chiens s'engraisseront
De ce sang qu'ils lécheront.

BETZABÉE

Finissez donc vos airs de corps de garde; cela est abominable: il
n'y a point de sauvage qui voulût chanter de telles horreurs: les
bouchers des peuples de Gog et de Magog en auraient honte.[14]

120

121   64H: sauvage de l'Amérique qui
        MSI, ER: horreurs [avec note: C'est à cette occasion que l'auteur appelle
David *The Nero of the Hebrews*, p.87.[15]]

[13] Ce Psaume 136 évoque le souvenir de la chute de Jérusalem en 587 et de l'exil
de Babylone, d'où l'imprécation finale: 'Fille de Babel, ô dévastatrice / heureux qui
te revaudra / les maux que tu nous valus, / heureux qui saisira et brisera / tes petits
contre le roc' (v.8-9). Voltaire mentionne les deux versets cités ici au chapitre 44 de
La Philosophie de l'histoire, et le dernier dans *André Destouches à Siam* (*OC*, t.62,
p.124). *Dieu et les hommes*, dans le chapitre consacré aux sacrifices humains, fait
allusion au même texte: 'Presque tous les cantiques juifs que nous récitons
dévotement, (et quelle dévotion!) ne sont remplis que d'imprécations contre tous
les peuples voisins. Il n'est question que de tuer, d'exterminer, d'éventrer les mères
et d'écraser les cervelles contre les pierres' (*OC*, t.69, p.374). On trouve des
formules très comparables dans la note 19 du *Discours de l'empereur Julien* (éd.
Moureaux, p.153). L'insistance et l'exagération témoignent de l'horreur éprouvée
par l'auteur.

[14] Pour Gog, roi de Magog, voir Ezéchiel xxxviii.
[15] Annet, *The History of the man after God's own heart*, p.98.

524

DAVID *toujours sautant.*

Et les chiens s'engraisseront
De ce sang qu'ils lécheront.

BETZABÉE

Je m'en vais, si vous continuez à chanter ainsi, et à sauter   125
comme un ivrogne: vous montrez tout ce que vous portez: fi!
quelles manières!

DAVID

Je danserai, oui je danserai; je serai encore plus méprisable, je
danserai devant des servantes; je montrerai tout ce que je porte, et
ce me sera gloire devant les filles. (c)[16]   130

(c) Presque toutes les paroles que les acteurs prononcent sont tirées des
livres judaïques, soit Chroniques,[17] soit Paralipomènes, soit Psaumes.

122a   68L: *toujours chantant*
130   63:   filles. [avec note: R. II. ch. 6. v. 20.21.]
        MS1, MS2, 63-W75G: [sans note]

[16] Voltaire s'inspire ici du passage où David danse lors du transport de l'arche à
Jérusalem, qui devient ainsi la capitale religieuse d'Israël. Le roi, qui vient de
sacrifier et va bénir, porte un costume de prêtre: 'David dansait en tournoyant de
toutes ses forces devant Yahvé, il avait ceint un pagne de lin' (II Samuel vi.14). C'est
Mikal qui le méprise, parce qu'il 's'est découvert aujourd'hui au regard des servantes
de ses serviteurs comme se découvrirait un homme de rien' (II Samuel vi.20). Mais
David réplique en affirmant sa confiance et sa reconnaissance envers le Seigneur:
'Par la vie de Yahvé, qui m'a préféré à ton père et à toute sa maison pour m'instituer
chef d'Israël, le peuple de Yahvé, je danserai devant Yahvé et je m'abaisserai encore
davantage. Je serai vil à tes yeux, mais auprès des servantes dont tu parles, auprès
d'elles je serai en honneur' (II Samuel vi.21-22). On voit comment Voltaire, en
supprimant toute référence à Dieu, tout en reprenant presque textuellement les
paroles de l'Ecriture, leur ôte tout caractère sacré. Bayle, de son côté, à la fin de sa
remarque H avait mis en lumière l'étrangeté du comportement de David, par des
rapprochements faisant fi du contexte historique: il assimilait le roi juif à des rois
européens qui, un jour de procession du Saint-Sacrement, danseraient dans les rues
en ne portant qu'une petite ceinture sur le corps.
[17] Le récit du transport de l'arche se trouve aussi en I Chroniques xv. Les

JOAB

A présent que vous avez bien dansé, il faudrait mettre ordre à vos affaires.

DAVID

Oui, vous avez raison, il y a temps pour tout: retournons à Herus-Chalaïm.

JOAB

Vous aurez toujours la guerre; il faudrait avoir quelque argent 135
de réserve, et savoir combien vous avez de sujets qui puissent
marcher en campagne, et combien il en restera pour la culture des
terres.

DAVID

Le conseil est très sensé: allons, Betzabée, allons régner,
m'amour. (*Il danse, il chante.*) 140
 Et les chiens s'engraisseront
 De ce sang qu'ils lécheront.

Fin du quatrième acte.

140   68L: (*Il danse et chante.*)

Chroniques correspondent au titre hébreu des livres que la Bible grecque et la Vulgate appellent Paralipomènes.

ACTE V

SCÈNE PREMIÈRE

DAVID *assis devant une table, ses* OFFICIERS *autour de lui.*

DAVID

Six cent quatre-vingt-quatorze schellings et demi d'une part, et de l'autre cent treize un quart, font huit cents schellings trois quarts: c'est donc là tout ce qu'on a trouvé dans mon trésor; il n'y a pas là de quoi payer une journée à mes gens. [1]

UN CLERC DE LA TRÉSORERIE

Milord, le temps est dur.   5

DAVID

Et vous l'êtes encore bien davantage: il me faut de l'argent, entendez-vous?

JOAB

Milord, votre Altesse est volée comme tous les autres rois: les gens de l'échiquier, les fournisseurs de l'armée pillent tous; ils font bonne chère à nos dépens, et le soldat meurt de faim.   10

2-3   ER65, 68L: huit cent sept schellings et trois quarts. C'est donc tout ce qu'on a trouvé dans mon trésor? Par Sabaoth, il
3   MSI, ER: trésor; par Sabaoth, il

---

[1] La Bible insiste, au contraire, sur les quantités d'or, d'argent et de bronze réunies à Jérusalem, qui provenaient du butin pris aux nations subjuguées, puisque Yahvé donnait toujours la victoire à David (II Samuel viii.7-12).

DAVID

Je les ferai scier en deux; (*a*) en effet, aujourd'hui nous avons
fait la plus mauvaise chère du monde.

JOAB

Cela n'empêche pas que ces fripons-là ne vous comptent tous
les jours pour votre table trente bœufs gras, cent moutons gras,
autant de cerfs, de chevreuils, de bœufs sauvages et de chapons;   15
trente tonneaux de fleur de farine, et soixante tonneaux de farine
ordinaire. [2]

DAVID

Arrêtez donc, vous voulez rire; il y aurait là de quoi nourrir six
mois toute la cour du roi d'Assirie, et toute celle du roi des Indes.

JOAB

Rien n'est pourtant plus vrai, car cela est écrit dans vos livres. [3]   20

DAVID

Quoi! tandis que je n'ai pas de quoi payer mon boucher?

(*a*) C'est ainsi que le saint roi David en usait avec tous ses prisonniers, excepté quand il les faisait cuire dans des fours.

14   63:   votre table [avec note: R. II. ch. 4.]
n.*a*   MS I, MS 2, 63-W75G: [sans note]

[2] Voltaire emprunte ces détails à I Rois iv (soit III Rois iv, dans les Bibles de son
temps, et non II Rois iv, comme l'indique sa note). Ils concernent la table de
Salomon: 'Salomon recevait chaque jour comme vivres: trente muids de fleur de
farine et soixante muids de farine, dix bœufs d'engrais, vingt bœufs de pâture, cent
moutons sans compter les cerfs, gazelles, antilopes et coucous engraissés.'
[3] L'ambiguïté du terme 'livres', qui peut désigner les livres de comptes mais aussi
les livres saints, permet de suggérer les invraisemblances des textes scripturaires,
dont la prétendue vérité s'efface à partir du moment où on les soumet à la même
critique que l'histoire profane.

JOAB

C'est qu'on vole votre Altesse royale, comme j'ai déjà eu
l'honneur de vous le dire.

DAVID

Combien crois-tu que je doive avoir d'argent comptant entre les
mains de mon contrôleur-général?   25

JOAB

Milord, vos livres font foi que vous avez cent huit mille talents
d'or; deux millions vingt-quatre mille talents d'argent, et dix mille
dragmes d'or; ce qui fait au juste, au plus bas prix du change, un
milliard trois cent vingt millions cinquante mille livres sterling. [4]

24-25   MSI, MS2, 63-W75G: d'argent comptant.//
26   63:   avait cent [avec note: *Paralipomènes* ch. 29. v. 4.7.]

---

[4] Voltaire a marqué d'un signet le chapitre xxii du premier Livre des Paralipomènes, portant sur les préparatifs faits par David pour bâtir le temple. Il y a
inscrit un résumé du verset 14: 'dans ma pauvr[e]té c[ent] m[ille] tal[ens]' (*CN*,
ii.60). Il a marqué d'un autre signet, portant 'Riches[ses] david' la Dissertation de
dom Calmet *Sur les richesses que David laissa à Salomon* (*CN*, ii.72). Il s'inspire ici
des calculs du commentateur qui tient compte de la valeur des monnaies et des
dépenses exigées par la construction du temple, mais il s'éloigne évidemment de lui
quand le naïf bénédictin se dit sûr qu'il n'y a ni altération ni exagération dans les
livres sacrés. 'Des Juifs' suggérait déjà 'quelque erreur de chiffre dans les copistes'
en mentionnant la somme de 'vingt-cinq milliards six cent quarante-huit millions de
livres de France au cours de ce jour, en argent comptant' laissée par David à
Salomon (M.xix.514-15). Le *Catéchisme de l'honnête homme* prend appui sur ces
invraisemblances pour crier à l'imposture, puisque 'Dieu ne peut mentir'
(M.xxiv.527). L'article 'Salomon' du *Dictionnaire philosophique* reprendra, plus ou
moins longuement selon les éditions, des chiffres d'une énormité aussi incroyable,
en soulignant qu'il aurait été difficile à David d'amasser ce trésor dans le petit pays
de Palestine, alors qu'il n'y avait pas autant d'argent comptant dans toute la terre
(*OC*, t.36, p.500-503). Voir aussi les *Questions de Zapata* (*OC*, t.62, p.396) et une
brève allusion dans *Dieu et les hommes* (*OC*, t.69, p.405).

DAVID

Tu es fou, je pense: toute la terre ne pourrait fournir le quart de   30
ces richesses: comment veux-tu que j'aie amassé ce trésor dans un
aussi petit pays qui n'a jamais fait le moindre commerce?

JOAB

Je n'en sais rien; je ne suis pas financier.

DAVID

Vous ne me dites que des sottises tous tant que vous êtes: je
saurai mon compte avant qu'il soit peu; et vous, Yesès, a-t-on fait   35
le dénombrement du peuple?

YESÈS

Oui, milord; vous avez onze cent mille hommes d'Israël et
quatre cent soixante-dix mille de Juda d'enrôlés pour marcher
contre vos ennemis.

DAVID

Comment! j'aurais quinze cent soixante-dix mille hommes sous   40
les armes? cela est difficile dans un pays qui jusqu'à présent n'a pu
nourrir trente mille âmes: à ce compte, en prenant un soldat par dix
personnes, cela ferait quinze millions six cent soixante-dix mille
sujets dans mon empire: celui de Babilone n'en a pas tant. [5]

30   65PD: je pense que toute
37   63:   onze [avec note: *Paralipomènes* ch. 21. v. 5.]

[5] Voltaire se réfère au chiffre donné en I Chroniques xxi.5. Il diffère de celui
donné en II Samuel xxiv.9: 'Israël comptait huit cent mille hommes d'armes tirant
l'épée, et Juda cinq cent mille hommes.' Il a placé un signet dans son *Commentaire* de
dom Calmet, portant 'Dénombrement / 3 denombr[ements] / nombres' (*CN*, ii.70).
Le bénédictin admettait que la disproportion entre les divers nombres donnés par les
deux livres bibliques et par Théodotion les rendait inconciliables. Il préférait choisir
celui donné dans le livre des Rois (pour nous II Samuel), estimant vraisemblable

JOAB

C'est là le miracle. 45

DAVID

Ah! que de balivernes! je veux savoir absolument combien j'ai
de sujets; on ne m'en fera pas accroire; je ne crois pas que nous
soyons trente mille.

UN OFFICIER

Voilà votre chapelain ordinaire, le révérend docteur Gag, qui
vient de la part du Seigneur parler à votre Altesse royale. 50

DAVID

On ne peut pas prendre plus mal son temps; mais qu'il entre.

SCÈNE II

LES PERSONNAGES PRÉCÉDENTS, LE DOCTEUR GAG

DAVID

Que voulez-vous, docteur Gag?

47   63, 65AD, 65PD: fera pas à croire
51b   68L: LE PROPHÈTE GAD
52-69   ER, 68L: [GAD *passim*]

---

qu'un pays de soixante lieues de long et trente de large, fertile et bien cultivé, puisse
nourrir six à sept millions d'hommes. Il déduisait, en effet, cette population totale du
nombre d'hommes, treize cent mille, capables d'aller à la guerre, en supposant un
soldat pour cinq habitants. On voit que Voltaire, d'une part, choisit le texte des
Chroniques, qui donne les chiffres les plus élevés, donc les plus invraisemblables.
D'autre part, il démarque le raisonnement de dom Calmet, en changeant chiffres et
proportions, pour aboutir à une conclusion inverse. Cf. *La Bible enfin expliquée*
(M.xxx.200).

GAG

Je viens vous dire que vous avez commis un grand péché.

DAVID

Comment! en quoi, s'il vous plaît?

GAG

En faisant faire le dénombrement du peuple. 55

DAVID

Que veux-tu donc dire, fou que tu es? Y a-t-il une opération plus sage et plus utile que de savoir le nombre de ses sujets? un berger n'est-il pas obligé de savoir le compte de ses moutons? [6]

GAG

Tout cela est bel et bon, mais Dieu vous donne à choisir de la famine, de la guerre ou de la peste. [7]

60

60   63: famine, [avec note: R. II. ch. 4.]

[6] C'est déjà l'argumentation de l'auteur du *Sermon des cinquante*: 'David [...] est puni pour la seule bonne et sage action qu'il ait faite. Il n'y a pas de prince bon et prudent qui ne doive savoir le nombre de son peuple, comme tout pasteur doit savoir le nombre de son troupeau' (M.xxiv.443). Dom Calmet au contraire, dont Voltaire a souligné le commentaire du verset 10 (*CN*, ii.71), voyait dans l'acte de David orgueil, ambition, enflure de cœur, folle curiosité.

[7] Le chapitre xxiv de II Samuel, qui, dans son exemplaire du *Commentaire* porte de nombreuses traces de lecture (*CN*, ii.70-71), avait certainement marqué l'auteur du *Dictionnaire philosophique*. Les trois fléaux laissés par Yahvé au choix de David sont mentionnés au début de l'article 'Guerre' comme 'les trois ingrédients les plus fameux de ce bas monde', famine et peste étant qualifiés de 'présents' qui nous viennent de la Providence (*OC*, t.36, p.185). Voltaire a marqué de traits marginaux, dans le *Commentaire*, les versets 14-16 de II Samuel xxiv (et non iv comme indiqué en note), où David choisit de tomber dans les mains de Yahvé plutôt que dans celles des hommes. Mais les mobiles anticléricaux du protagoniste de sa tragédie sont évidemment de l'invention de Voltaire. *La Défense de mon oncle* mentionne ironiquement le châtiment divin, par la peste, de la prétention du roi à connaître la population de son pays (*OC*, t.64, p.196). Voir aussi *La Bible enfin expliquée* (M.xxx.200).

DAVID

Prophète de malheur, je veux au moins que tu puisses être puni de ta belle mission: j'aurais beau faire choix de la famine, vous autres prêtres vous faites toujours bonne chère; si je prends la guerre, vous n'y allez pas: je choisis la peste; j'espère que tu l'auras, et que tu crèveras comme tu le mérites.   65

GAG

Dieu soit béni! (*b*) (*Il s'en va criant la peste; et tout le monde crie, la peste, la peste.*)

JOAB

Je ne comprends rien à tout cela: comment la peste, pour avoir fait son compte?

SCÈNE III

LES PERSONNAGES PRÉCÉDENTS, BETZABÉE, SALOMON

BETZABÉE

Eh! milord! il faut que vous ayez le diable dans le corps pour   70
choisir la peste; il est mort sur-le-champ soixante-dix mille personnes, et je crois que j'ai déjà le charbon: je tremble pour moi et pour mon fils Salomon que je vous amène.

(*b*) Il y a dans l'original: *Pox, pox!*

62   63: famine [avec note: R. II. ch. 4.]
66-67   68L: *va en criant la peste, la peste et tout le monde crie dehors la*
71   63: sur-le-champ [avec note: R. II. ch. 24.]
n.(*b*)   MS1, MS2, 63-K: [sans note]

DAVID

J'ai pis que le charbon, je suis las de tout ceci: il faut donc que
j'aie plus de pestiférés que de sujets: écoutez, je deviens vieux, 75
vous n'êtes plus belle, j'ai toujours froid aux pieds, il me faudrait
une fille de quinze ans pour me réchauffer. [8]

JOAB

Parbleu, milord, j'en connais une qui sera votre fait; elle
s'appelle Abisag de Sunam.

DAVID

Qu'on me l'amène, qu'on me l'amène, qu'elle m'échauffe. 80

BETZABÉE

En vérité, vous êtes un vilain débauché: fi! à votre âge, que
voulez-vous faire d'une petite fille?

JOAB

Milord, la voilà qui vient, je vous la présente.

DAVID

Viens çà, petite fille, me réchaufferas-tu bien?

74 63: charbon, [avec note: R. II. ch. 24.]
80 64H: m'échauffe; avec mes cheveux gris je redeviens amant!

[8] Dans le texte biblique, c'est de leur propre initiative que les serviteurs du roi
vont chercher une jeune fille pour l'assister, le soigner et le réchauffer (I Rois i.2-3).
Le verset 4 précise: 'Cette jeune fille était extrêmement belle; elle soigna le roi et le
servit, mais il ne la connut pas.' Cependant, Bayle, dans sa note H, jugeait que ce
n'était pas là l'action d'un homme bien chaste. Dans l'article 'Salomon', elle est
présentée comme 'la concubine' de David (*OC*, t.36, p.501).

ABISAG

Oui-dà, milord, j'en ai bien réchauffé d'autres.   85

BETZABÉE

Voilà donc comme tu m'abandonnes; tu ne m'aimes plus! et que
deviendra mon fils Salomon à qui tu avais promis ton héritage?

DAVID

Oh, je tiendrai ma parole; c'est un petit garçon qui est tout à
fait selon mon cœur, il aime déjà les femmes comme un fou:
approche, petit fils de putain, que je t'embrasse: je te fais roi,   90
entends-tu?

SALOMON

Milord, j'aime bien mieux apprendre à régner sous vous.

DAVID

Voilà une jolie réponse; je suis très-content de lui: va, tu
régneras bientôt, mon enfant: car je sens que je m'affaiblis; les
femmes ont ruiné ma santé, mais tu auras encore un plus beau   95
sérail que moi. [9]

---

87   64-W75G: promis un héritage
90   MSI, MS2, 63-K: petit drôle, que

---

[9] 'Il eut sept cents épouses de rang princier et trois cents concubines' selon I Rois
xi.3. Certains apologistes en faisaient le reproche au roi juif, les femmes étrangères
ayant entraîné, de surcroît, l'introduction de cultes étrangers. Déjà 'Des Juifs'
mentionne ces sept cents femmes et trois cents concubines' de Salomon (M.xix.514-
15). Dans La Pucelle, Voltaire s'amuse à jouer, dans les différentes versions, avec ces
nombres (OC, t.7, p.455). Voir aussi 'Salomon' (OC, t.36, p.505), l'Examen
important (OC, t.62, p.202) où l'auteur ajoute, comme preuve de son manque de
continence, le caractère érotique de certains des livres qu'on lui attribue, ce qu'il
reprend dans Dieu et les hommes (OC, t.69, p.359), et les Questions de Zapata (OC,
t.62, p.393).

SALOMON

J'espère m'en tirer à mon honneur.

BETZABÉE

Que mon fils a d'esprit! je voudrais qu'il fût déjà sur le trône.

SCÈNE IV

LES PERSONNAGES PRÉCÉDENTS, ADONIAS

ADONIAS

Mon père, je viens me jeter à vos pieds.

DAVID

Ce garçon-là ne m'a jamais plu.   100

ADONIAS

Mon père, j'ai deux grâces à vous demander; la première, c'est de
vouloir bien me nommer votre successeur, attendu que je suis le fils
d'une princesse, et que Salomon est le fruit d'une bourgeoise
adultère, auquel il n'est dû par la loi qu'une pension alimentaire tout
au plus: ne violez pas en sa faveur les lois de toutes les nations. [10]   105

BETZABÉE

Ce petit oursin-là mériterait bien qu'on le jetât par la fenêtre.

102-103   MS1, ER: le fils d'une bourgeoise, et

[10] La Bible dit, en effet, qu'Adonias 'jouait au prince, pensant qu'il régnerait'
(I Rois i.5) et qu'il se cherchait des partisans.

DAVID

Vous avez raison; quelle est l'autre grâce que tu veux, petit
misérable?

ADONIAS

Milord, c'est la jeune Abisag de Sunam qui ne vous sert à rien; je
l'aime éperdument, et je vous prie de me la donner par testament.[11]   110

DAVID

Ce coquin-là me fera mourir de chagrin: je sens que je
m'affaiblis, je n'en puis plus: réchauffez-moi un peu, Abisag.

ABISAG *lui prenant la main.*

Je fais ce que je peux, mais vous êtes froid comme glace.

DAVID

Je sens que je me meurs, qu'on me mette sur mon lit de repos.

SALOMON *se jetant à ses pieds.*

O roi! vivez longtemps.   115

BETZABÉE

Puisse-t-il mourir tout à l'heure, le vilain ladre, et nous laisser
régner en paix!

112a   68L: *prenant les mains.*
113   63, MS1, ER: J'y fais
   MS2, 63, 64G, 64H, 65AD, 65PD, NM-W75G: comme la glace.
   MS1, ER: comme de la glace.

---

[11] Dans le récit biblique, ce n'est qu'après la mort de son père qu'Adonias vient
demander Abishag de Shunem à Bethsabée (I Rois ii.13-17).

DAVID

Ma dernière heure arrive, il faut faire mon testament, et pardonner, en bon Juif, à tous mes ennemis: Salomon, je vous fais roi juif; souvenez-vous d'être clément et doux; ne manquez 120 pas, dès que j'aurai les yeux fermés, d'assassiner mon fils Adonias, quand même il embrasserait les cornes de l'autel. [12]

SALOMON

Quelle sagesse! quelle bonté d'âme! mon père, je n'y manquerai pas, sur ma parole.

DAVID

Voyez-vous ce Joab qui m'a servi dans mes guerres, et à qui je 125 dois ma couronne? je vous prie au nom du Seigneur, de le faire assassiner aussi, car il a mis du sang dans mes souliers. [13]

118   68L: heure approche, il
120   65PD: fais le roi
121   63, ER65, 68L: mon fils [avec note: Salomon fit assassiner Adonias son frère.]
127   63:   assassiner [avec note: R. III. ch. 2.]
        MSI, ER: dans ses souliers.

[12] Dans son exemplaire de la Bible et dans le *Commentaire de dom Calmet*, Voltaire a marqué de signets le chapitre ii, correspondant au testament et à la mort de David (*CN*, i.332 et ii.72). Il a cité ces paroles de David dans *La Bible enfin expliquée* (M.xxx.202). Mais David, s'il a désigné Salomon comme successeur (I Rois i.28-40), ne lui a pas ordonné d'assassiner Adonias. Néanmoins ce dernier prit peur, après l'onction de Salomon, et 's'en alla saisir les cornes de l'autel' (I Rois i.50). Salomon lui promet la vie sauve 's'il se conduit en honnête homme' (v.52). Il ne le fait mettre à mort que lorqu'Adonias se présente en rival en demandant pour femme Abishag de Shunem; car posséder une des femmes du roi mort conférait un titre à la succession (I Rois ii.23-25). Sur l'assassinat d'Adonias par Salomon, voir 'Salomon' (*OC*, t.36, p.501-502), les *Questions de Zapata* (*OC*, t.62, p.393), *Dieu et les hommes* (*OC*, t.69, p.281 et p.359), qui reprend l'*Examen important* (*OC*, t.62, p.202).
[13] Joab avait tué deux chefs de l'armée d'Israël, Abner et Amasa. Il avait ainsi souillé l'honneur militaire de David qu'on avait pu accuser d'être l'instigateur de ces crimes. Une vengeance de sang pèse donc sur la descendance du roi, qui ne

JOAB

Comment, monstre! je t'étranglerai de mes mains; va, va, je
ferai bien casser ton testament, et ton Salomon verra quel homme
je suis.   130

SALOMON

Est-ce tout, mon cher père? n'avez-vous plus personne à
expédier?

DAVID

J'ai la mémoire mauvaise: attendez, il y a encore un certain
Semeï, qui m'a dit autrefois des sottises, nous nous raccommo-
dâmes; je lui jurai, par le Dieu vivant que je lui pardonnerais; il   135
m'a très bien servi, il est mon conseil privé; vous êtes sage, ne
manquez pas de le faire tuer en traître. [14]

134   63:   Semeï, [avec note: R. III. ch. 2.]
136   MS1, ER: mon conseiller privé. Vous

---

s'éteindra que par la mort du vrai coupable. Ainsi s'expliquent les paroles de David:
'Il a vengé pendant la paix le sang de la guerre et taché d'un sang innocent le
ceinturon de mes reins et la sandale de mes pieds; tu agiras sagement en ne laissant
pas ses cheveux blancs descendre en paix au shéol' (I Rois ii.5-6). En simplifiant une
situation complexe, comme dans l'exemple suivant, Voltaire souligne la barbarie des
rois juifs.

[14] Lors du conflit entre David et Absalom, Shimeï avait maudit David (II Samuel
xvi.5-8). Mais après la mort d'Absalom, il avait imploré son pardon, que David avait
accordé (II Samuel xix.16-24). Cependant, le roi se réserve une vengeance
posthume; car la malédiction de Shimeï pèse sur sa descendance. Pour la rendre
vaine, il faut en supprimer l'auteur, ce que David ne pouvait pas faire, puisqu'il était
lié par son serment. Là encore les motifs de cette condamnation, liée à tout un
contexte de croyances et de craintes, sont passés sous silence. Dans sa note I, Bayle
avait déjà relevé, dans les dernières paroles de David, les obliquités de la politique.
Mme Du Châtelet relevait aussi son 'joli testament de mort' (II.81). Dans la première
des *Homélies* Voltaire doute que ce prince juif ait eu une véritable notion de la
Divinité puisque, à l'article de la mort, au lieu de demander pardon, 'il persiste dans

SALOMON

Votre volonté sera exécutée, mon cher père.

DAVID

Va, tu seras le plus sage des rois, et le Seigneur te donnera mille femmes pour récompense: je me meurs! que je t'embrasse encore! 140 adieu.

BETZABÉE

Dieu merci, nous en voilà défaits.

UN OFFICIER

Allons vite enterrer notre bon roi David.

TOUS ENSEMBLE

Notre bon roi David, le modèle des princes, l'homme selon le cœur du Seigneur.

145

ABISAG

Que deviendrai-je, moi? qui réchaufferai-je?

SALOMON

Viens çà, viens çà, tu seras plus contente de moi que de mon bonhomme de père.

Fin du cinquième et dernier acte.

---

145 MS1, ER: Seigneur [avec note: *The man after God's own heart: l'homme selon le cœur de Dieu.*]
148a 68L: *Fin.//*

---

la soif du sang et dans la fureur atroce des vengeances; quand d'une bouche prête à se fermer pour jamais, il recommande à son successeur de faire assassiner le vieillard Semeï son ministre, et son général Joab' (*OC*, t.62, p.440).

Poetry 1762

critical edition

by

Simon Davies

Impromptu sur l'aventure tragique d'un jeune homme de Lyon[1]

Eglé, je jure à vos genoux
Que s'il faut, pour votre inconstance,
Noyer ou votre amant ou vous,
Je vous donne la préférence.   10

---

1   MS: Boirou, je

---

[1] Manuscript: BNF N2776, f.14. Editions: *Almanach des muses* (1771), p.24; K, xiv.356. Base text: K.

This quatrain is contained in a letter from Thiriot to Damilaville in August 1762 and offered as being by 'notre père prieur' (D10649). Thiriot recounts the circumstances of its genesis: 'Le pauvre garçon libraire de Lyon vient de finir ses jours d'une manière fort tragique en se noyant dans le Rhône pour une inhumaine qui mérite une fin plus funeste encore. On la nomme Mlle Boirou.' The details surrounding the drowning and evidence of the date when Thiriot received the poem are unavailable.

The poem in the letter begins with an address to Boirou. However, in the two published versions that we have located, the conventional Eglé has been substituted. The change of addressee apart, the text remains the same. The quatrain appears to have been first printed in the *Almanach des muses* in 1771. We reproduce the Kehl text.

LISTE DES OUVRAGES CITÉS

Abbadie, Jacques, *Traité de la vérité de la religion chrétienne* (La Haye 1750).

Açarq, Jean-Pierre d', *Observations sur Boileau, sur Racine, sur Crébillon, sur monsieur de Voltaire et sur la langue françoise en général* (Paris 1770).

Ages, Arnold, 'Tainted greatness: the case of Voltaire's antisemitism. The testimony of the correspondence', *Neohelicon* 21.2 (1994), p.357-67.

– 'Voltaire and the Old Testament: the testimony of his correspondence', *SVEC* 55 (1967), p.43-63.

– 'Voltaire, Calmet and the Old Testament', *SVEC* 41 (1966), p.134-37.

– 'Voltaire's biblical criticism: a study in thematic repetitions', *SVEC* 30 (1964), p.205-21.

Alembert, J. Le Rond D', *Œuvres complètes* (Paris 1821-1822).

Annet, Peter, *The History of the man after God's own heart* (1761).

Apollonius de Rhodes, *Les Argonautiques*.

Armogathe, Jean-Robert, 'Duclos auteur d'un extrait du *Mémoire* de Jean Meslier', *Rhl* 76 (1976), p.75-78.

Artigas-Menant, Geneviève, 'Quatre témoignages inédits sur le *Testament* de Meslier', *Dix-huitième siècle* 24 (1992), p.83-94.

Aubery, Pierre, 'Voltaire and antisemitism: a reply to Hertzberg', *SVEC* 217 (1983), p.177-82.

Aublet de Maubuy, Jean Zorobabel, *Histoire des troubles et démêlés littéraires* (Amsterdam, Paris 1779).

[Bachaumont, Louis Petit de], *Mémoires secrets pour servir à l'histoire de la république des lettres en France depuis 1762 jusqu'à nos jours* (Londres 1777-1789).

Barbier, Antoine-Alexandre, *Dictionnaire des ouvrages anonymes* (Paris 1874).

Bayle, Pierre, *Dictionnaire historique et critique*, art. 'David'.

Bengesco, Georges, *Voltaire. Bibliographie de ses œuvres* (Paris 1885).

Berruyer, Isaac-Joseph, *Histoire du peuple de Dieu, depuis son origine jusqu'à la naissance du Messie, tirée des seuls livres saints* (Paris 1728-1755).

Bessire, François, *La Bible dans la correspondance de Voltaire*, *SVEC* 369 (1999).

– 'Voltaire lecteur de dom Calmet', *SVEC* 284 (1991), p.139-77.

Besterman, Theodore, *Voltaire* (Londres 1969).

Bidou, Henry, 'La tragédie: Crébillon, Voltaire', *Conferencia* (1921), xv.265-77.

Borde, Charles, *Tableau philosophique du genre humain depuis l'origine du monde jusqu'à Constantin, traduit de l'anglois* (Londres 1767).

Bossuet, Jacques-Bénigne, *Discours sur l'histoire universelle*, dans *Œuvres* (Paris, Coignard et Boudet, 1748), viii.16-17.

– *Politique tirée des propres paroles de l'Ecriture sainte* (1709), dans *Œuvres*, vii.251, 298 (Bruxelles 1710).

Boulliot, Jean-Baptiste-Joseph, *Biographie ardennaise, ou Histoire des Ardennais qui se sont fait remarquer par leurs écrits, leurs actions, leurs vertus ou leurs erreurs* (Paris 1830).

Bourassa, André G., 'Polémique et propagande dans *Rome sauvée* et *Les Triumvirs*', *SVEC* 60 (1968), p.73-103.

Brenner, Clarence D., *The Théâtre-Italien: its repertory 1716-1794* (Berkeley, Calif. 1961).

Brown, Andrew, *Calendar of Voltaire manuscripts other than correspondence*, *SVEC* 77 (1970), p.11-101.

– et Ulla Kölving, 'Voltaire and Cramer?', *Le Siècle de Voltaire. Hommage à René Pomeau* (Oxford 1987), p.149-83.

Brunet, Charles, *Table des pièces de théâtre décrites dans le Catalogue de la bibliothèque de M. de Soleinne* (Paris 1914).

Bulletin du bibliophile 13 (janvier 1835).

Calmet, Augustin, *Commentaire littéral sur tous les livres de l'Ancien et du Nouveau Testament* (Paris 1707-1716).

Catalogue des livres de Paulin Paris (Paris 1881).

Challe, Robert, *Difficultés sur la religion proposées au Père Malebranche*, éd. F. Deloffre et M. Menemencioglu, *SVEC* 209 (1982).

Charrot, Charles, 'Quelques notes sur la correspondance de Voltaire', *Rhl* 19 (1912), p.653-92.

Chaudon, Louis-Mayeul, *Dictionnaire anti-philosophique* (Avignon 1769), art. 'Meslier', i.176-77.

– *Nouveau Dictionnaire historique* (Paris 1772).

Cloots, Anacharsis, *Discours prononcé à la tribune de la Convention nationale*, 27

brumaire, an II [17 novembre 1793] Paris an II de la République.

Collé, Charles, *Journal et mémoires*, éd. H. Bonhomme (Paris 1868).

Conlon, Pierre M., *Voltaire's literary career from 1728 to 1750* (Genève 1961).

Cotoni, Marie-Hélène, *L'Exégèse du Nouveau Testament dans la philosophie française du dix-huitième siècle*, *SVEC* 220 (1984).

– 'Présence de la Bible dans la correspondance de Voltaire', *SVEC* 319 (1994), p.357-98.

Courgenay, Claude Billard de, *Saül* (1610).

Crébillon, Prosper Jolyot de, *Œuvres* (Paris 1720).

– *Œuvres* (Paris 1750).

Davis, J. H., Jr, 'Boileau, Brossette, J.-B. Rousseau, and the faiseur de songes noirs', *Romance notes* 9 (1967-1968), p.258-59.

de Beer, Gavin, et André-Michel Rousseau, *Voltaire's British visitors*, *SVEC* 49 (1967).

Delon, Michel, et Pierre Malandain, *Littérature française du XVIIIe siècle* (Paris 1996).

Denesle, *Examen du matérialisme* (Paris 1754; 1765).

Deprun, Jean, 'Meslier et l'héritage cartésien', *SVEC* 24 (1963), p.443-55.

– 'Meslier philosophe', dans Meslier, i.lxxxviii-xcv.

Deschanel, Emile, *Le Théâtre de Voltaire* (Paris 1888).

Desessarts, Nicolas-Toussaint, *Siècles littéraires de la France* (Paris 1801).

Des Masures, Louis, *David combattant* (1566).

– *David fugitif* (1566).

– *David triomphant* (1566).

Desné, Roland, 'Helvétius fermier général', *Beiträge zur französischen Aufklärung* [Mélanges Werner Krauss] (Berlin 1971), p.65-69.

- 'Le curé Meslier au théâtre. Une pièce d'Arthur Fitger', *Studies in the French eighteenth century presented to John Lough*, éd. D. J. Mossop, G. E. Rodmell et D. B. Wilson (Durham 1978).

- 'Les lectures du curé Meslier', *Mélanges* [...] *René Pintard* (Strasbourg, Paris 1975), p.613-28.

- 'Le titre du manuscrit de Jean Meslier: "Testament" ou "Mémoire"?', *Approches des Lumières* [Mélanges Jean Fabre] (Paris 1974), p.155-68.

- 'Voltaire et les Juifs', *Pour une histoire qualitative. Etudes offertes à Sven Stelling-Michaud* (Genève 1975), p.131-45.

Desnoiresterres, Gustave, *Voltaire à la cour* (Paris 1871).

Des Sablons, *Les Grands hommes vengés* (Amsterdam 1769).

Diogène Laërce, *De la vie des philosophes*.

Dommanget, Maurice, *Le Curé Meslier* (Paris 1964).

Dubois, Joseph (alias Sélis), *Relation de la maladie, de la confession, de la fin de M. de Voltaire, et de ce qui s'ensuivit* (Genève 1761).

Dubosc, Y. Z., *Le Livre français et son commerce en Hollande* (Amsterdam 1925).

Du Cange, Charles Du Fresne, sieur, *Glossarium* (Parisiis 1733-1736).

Du Châtelet, Gabrielle Emilie Le Tonnelier de Breteuil, marquise, *Examen de la Bible* (Troyes BM, 2376-7).

Dufresnoy, M.-L., *L'Orient romanesque en France* (Montréal 1946).

Du Marsais, César Chesneau, *Analyse de la religion chrétienne*.

Dumolard-Bert, Charles, *Lettre d'un académicien de province* (s.l. 1749).

Dupuy-Demportes, Jean-Baptiste, *Parallèle de Catilina et Rome sauvée* (s.l. 1752).

Du Ryer, Pierre, *Saül* (1642).

Dutrait, Maurice, *Etude sur la vie et le théâtre de Crébillon (1674-1762)* (Bordeaux 1895).

Encyclopédie des sciences religieuses, dir. F. Lichtenberger, ix, art. 'Meslier' (Paris 1880).

Eusèbe, *Chronique*.

- *Histoire de l'Eglise* (ou *Histoire ecclésiastique*).

Favart, Charles-Simon, *Mémoires et correspondances littéraires* (Paris 1808).

Feller, François Xavier de, *Dictionnaire historique* (1781).

Fénelon, Bertrand de Salignac de La Mothe, *Démonstration de l'existence de Dieu; Réflexions du père Tournemine, jésuite, sur l'athéisme*, dans *Œuvres philosophiques* (Paris 1718).

Féraud, Jean-François, *Dictionnaire critique de la langue française* (Marseille 1787).

Fitger, A., *Jean Meslier. Eine Dichtung* (Leipzig 1894).

Flavius Josèphe, *Histoire des juifs*, trad. Arnauld d'Andilly (1666; Amsterdam 1681).

Fontaine, Léon, *Le Théâtre et la philosophie au XVIIIe siècle* (Versailles 1879).

Fontius, Martin, 'Une nouvelle copie du *Testament* de Meslier', *Etudes sur le curé Meslier* (Paris 1966), p.27-32.

Frédéric II, 'Préface', *Extrait du Dictionnaire historique et critique de Bayle* (Berlin 1765; 1767).

– *Œuvres de Frédéric le Grand*, éd. Preuss (Berlin 1854).

Fréron, Elie-Catherine, *L'Année littéraire* (1754-1776).

Gaillard, Gabriel-Henri, *Parallèle des quatre Electres* (La Haye 1750).

Goethe, Johann Wolfgang von, *Correspondance entre Schiller et Goethe*, éd. L. Heer (Paris 1923).

Goflot, L. V., *Le Théâtre au collège du Moyen Age à nos jours* (Paris 1907).

Graetz, Heinrich, *History of the Jews*, t.iv (Philadelphia 1949).

Grimal, Pierre, *Dictionnaire de la mythologie grecque et romaine* (Paris 1969).

Grimm, Friedrich Melchior, *Correspondance littéraire, philosophique et critique*, éd. M. Tourneux (Paris 1877-1882).

Grubbs, H. A., *Jean-Baptiste Rousseau, his life and his works* (Princeton 1941).

Helvétius, Claude-Adrien, 'Procès-verbal de tournée', *Dix-huitième siècle* 3 (1971), p.6-40.

Hewett, William, *Le Vray*.

Holbach, Paul Henri Thiry, baron d', *Le Christianisme dévoilé* (1761).

– *Le Bon Sens* (1791).

– *Tableau des saints, ou examen de l'esprit, de la conduite, des maximes et du mérite des personnages que le Christianisme révère et propose pour modèles* (Londres 1770).

– *Théologie portative* (1768).

Horace, *Art poétique*.

Houssaye, Arsène, *Galerie du XVIIIe siècle* (Paris 1858).

Huit philosophes errants (s.l. 1754).

Index librorum prohibitorum (Vatican 1948).

Jerusalem post, international edition, 24 décembre 1994.

Jewish encyclopedia (New York 1910), art. 'Cremona'.

Journal de la Librairie, 19 mai 1763.

Journal encyclopédique.

Katz, Jacob, 'Le judaïsme et les Juifs vus par Voltaire', *Dispersion et unité* 18 (1978), p.135-49.

Kellenberger, H., 'Voltaire's treatment of the miracle of Christ's temptation in the wilderness', *Modern language notes* 46 (1936), p.17-21.

Lachèvre, Frédéric, *Le Libertinage au XVIIe siècle*, vii. *Mélanges* (Paris 1920).

Lacoste, *David* (Amsterdam, Paris, Guillyn, 1763).

– *Judith* (Amsterdam, Paris, Guillyn, 1763).

L'Affichard, Thomas, *Caprices romanesques* (Amsterdam 1745).

La Harpe, Jean François de, *Commentaire sur le théâtre de Voltaire* (Paris 1814).

– *Cours de littérature* (Paris 1880).

– *Eloge de Voltaire* (Genève, Paris 1780).

– *Lycée* (Paris 1817).

– *Œuvres* (Paris 1778).

La Mettrie, Julien Offray de, *Anti-Sénèque, ou le souverain bien* (Paris 1750).

– *Ouvrage de Pénélope* (Berlin 1748).

La Morlière, Charles-Jacques-Louis-Auguste Rochette de, *Réflexions sur la tragédie d'Oreste; où se trouve placé naturellement l'essai d'un parallèle de cette pièce avec l'Electre de M. de C**** (s.l.n.d.).

Lanson, Gustave, 'Questions diverses sur l'histoire de l'esprit philosophique en France avant 1750', *Rhl* 19 (1912).

Larcher, Pierre-Henri, *Mélange litté-raire* (Rome 1752).

Larousse universel (1923).

Larroumet, G., 'Le théâtre de Crébil-lon', *Revue des cours et conférences* (1900), viii.641-49, 777-85.

La Taille, Jean de, *Saül le furieux* (1572), éd. E. Forsyth (Paris 1968).

Laujon, Pierre, *Œuvres choisies* (Paris 1811).

Lavicka, Jan, 'La genèse du *Sermon des cinquante*', *SVEC* 256 (1988), p.49-82.

LeClerc, Paul O., *Voltaire and Crébillon père: history of an enmity*, *SVEC* 115 (1973).

Lee, Patrick 'The publication of the *Sermon des cinquante*: was Voltaire jealous of Rousseau?', *Voltaire et ses combats* (Oxford 1997), i.687-94.

– 'The textual history of Voltaire's *Sermon des cinquante*', *SVEC* 304 (1992), p.1080-83.

Le Franc de Pompignan, Jean-Georges, *La Religion vengée de l'incrédulité par l'incrédulité elle-même* (Paris 1772).

Le Franc de Pompignan, Jean-Jacques, *Poèmes sacrés*.

Le Maistre de Sacy, *La Sainte Bible, contenant l'Ancien et le Nouveau Testament*, traduite en français sur la Vulgate par Le Maistre de Sacy, 2 vols (Paris 1730).

Leroy, Maxime, *Histoire des idées sociales en France* (Paris 1946).

Ljublinski, S. J., *Voltaire Studien* (Berlin 1961).

Longchamp, Sébastien G., et Jean-Louis Wagnière, *Mémoires sur Voltaire* (Paris 1826).

Luchet, Jean-Pierre-Louis de La Roche du Maine, marquis de, *Histoire litté-raire de monsieur de Voltaire* (Cassel 1780).

Luynes, Charles-Philippe d'Albert, duc de, *Mémoires du duc de Luynes sur la cour de Louis XV*, éd. L. Dussieux et E. Soulié (Paris 1863).

Marmontel, Jean-François, *Œuvres* (Paris 1819).

[Meermans, P. J. A.], *Rudolf Charles d'Ablaing van Giessenburg* (Amsterdam 1904).

Melo, Antonio, 'Un extrait manuscrit inconnu du *Mémoire* de Meslier', *Dix-huitième siècle* 13 (1981), p.417-20.

Mémoire pour servir à l'histoire des couplets de 1710. Attribués faussement à monsieur Rousseau (Bruxelles 1752).

Mémoires de Mlle Clairon, de Lekain, de Préville, de Dazincourt, de Molé, de Garrick, de Goldoni, éd. F. Barrière (Paris 1878).

Mercure de France (1672-1791).

Mervaud, Christiane, *Voltaire en toutes lettres* (Paris 1991).

Meslier, Jean, *Œuvres complètes*, éd. R. Desné (Paris 1970-1972).

– *Testament* (Amsterdam 1864).

Métra, Louis-François, *Correspondance secrète, politique et littéraire*

Mistère du Vieil Testament.

Montaigne, Michel de, *Essais*, éd. François Gébelin et Pierre Villey (Bordeaux 1906).

Montchrestien, *David* (1610).

Morehouse, A., *Voltaire and Jean Meslier* (New Haven, CT, Londres 1936).

Moréri, Louis, *Grand dictionnaire historique* (éd. consultée Paris 1759).

Nadal, Augustin, *Arlequin au Parnasse* (Paris 1732).

– *Mariamne* (Paris 1725).

– *Œuvres mêlées* (Paris 1738), t.iii, Préface.

– *Saül* (Paris 1705).

Naudé, Gabriel, *Apologie pour tous les grands personnages qui ont été faussement soupçonnés de magie* (Paris 1625).

Naves, Raymond, *Le Goût de Voltaire* (Paris 1938).

Observations sur Catilina et Rome sauvée (s.l.n.d.).

Perey, Lucien, et Gaston Maugras, *La Vie intime de Voltaire* (Paris 1885).

Petit, abbé, *Balthazar* (1755).

– *David et Bethsabée* (1754).

Philostrate, Flavius, *Vie d'Apollonius de Tyane*.

Pitou, Spire, 'The players' return to Versailles, 1723-1757', *SVEC* 73 (1970), p.7-145.

Pline, *Histoire naturelle*.

Plutarque, *Œuvres morales* (*Parallèles des histoires grecques et romaines*, 14).

Pomeau, René, *La Religion de Voltaire* (Paris 1969).

– *Voltaire en son temps*, 2e éd. (Oxford, Paris 1995).

Pons, Jean-François de, *Lettre à M*** sur l'Iliade de M. de La Motte* (Paris 1714).

– *Lettre critique à M. de *** sur Rhadamiste et Zénobie* (Paris 1711).

Porset, Charles, 'Voltaire et les Juifs', *L'Affaire Dreyfus. Juifs en France. Symposium international de Mulhouse* (Besançon 1994), p.79-104.

Proust, Jacques, 'Meslier prophète', *Etudes sur le curé Meslier* (Paris 1966), p.107-21.

Quantin, Jean-Louis, 'La constitution d'un recueil de textes clandestins', *Dix-huitième siècle* 26 (1994), p.349-64.

Ravaisson, François, *Les Archives de la Bastille* (Paris 1881).

Richard, François, *Relation de ce qui s'est passé de plus considérable à Saint Erini* (Paris 1657).

Ridgway, Ronald S., *La Propagande philosophique dans les tragédies de Voltaire* (Genève 1961).

Rousseau, Jean-Baptiste, *Epître à Marot*, dans *Œuvres* (Paris 1820).

– *Correspondance de Jean-Baptiste Rousseau et de Brossette*, éd. P. Bonnefon (Paris 1910).

– *Portefeuille de J.-B. Rousseau* (Amsterdam 1751).

Saulem cum filiis ab Achi superatum (1628).

Schlobach, Jochen, *Correspondance inédite de Fréderic Melchior Grimm* (Munich 1972).

Schnelle, K., *Aufklärung und klerikale Reaktion* (Berlin 1963).

Schwarzbach, Bertram Eugene, 'La critique biblique dans les *Examens de la Bible* et dans certains autres traités clandestins', *La Lettre clandestine* 4 (1995), p.69-86.

– 'Une légende en quête d'un manuscrit, le *Commentaire sur la Bible* de Mme Du Châtelet', *De bonne main*, éd. François Moureau (Oxford, Paris 1993), p.97-116.

– 'Voltaire et les Juifs, bilan et plaidoyer', *SVEC* 358 (1998), p.27-91.

– *Voltaire's Old Testament criticism* (Genève 1971).

Simon, Richard, *Dictionnaire de la Bible* (Lyon 1693).

Soboul, Albert, 'Le critique social devant son temps', dans Meslier, i.cxvii-cxx.

Strauss, J. F., *Voltaire. Sechs Vorträge*

(Leipzig 1870). Traduction française par L. Narval (Paris 1876).

Taxil, Léo, *Confessions d'un ex-libre-penseur* (Paris 1887).

Testament de monsieur de Voltaire trouvé dans ses papiers après sa mort (Genève 1762).

Théologie portative ou dictionnaire abrégé de la religion chrétienne (Londres 1768).

Thiel, Maria Arendina, *La Figure de Saül et sa représentation dans la littérature dramatique française* (Amsterdam 1926).

Tilladet, Jean Marie de La Marque de, *Dialogue du douteur et de l'adorateur* (1768).

Tindal, Matthew, *Christianity as old as the creation* (London 1730).

Torrey, Norman L., *Voltaire and the English deists* (New Haven, Conn., London 1930; rééd. 1967).

Trousson, Raymond, *Un problème de littérature comparée, les études de thèmes: essai de méthodologie*, Situations 7 (Paris 1965).

Vallin, P., 'Un témoin de la diffusion clandestine des idées philosophiques en France', *Dix-huitième siècle* 5 (1973), p.417-20.

Vercruysse, Jeroom, *Les Editions encadrées des œuvres de Voltaire de 1775*, *SVEC* 168 (1977).

– *Bibliographie descriptive des écrits du baron d'Holbach* (Paris 1971).

– 'Voltaire et Marc-Michel Rey', *SVEC* 58 (1967), p.1722-30.

Voisenon, Claude-Henri de Fusée de, *Œuvres complètes* (Paris 1781).

Volksstaat-Erzähler (Leipzig), n°s 1, 2, 3, 4, 5 et 6 (7 décembre 1873-1818 janvier 1874).

Voltaire, *A Warburton* (1767).

– *La Bible enfin expliquée* (1776).

– *Catéchisme de l'honnête homme* (1763).

– *Cinquième homélie prononcée à Londres* (1769)

– *Collection d'anciens évangiles* (1769).

– *Conseils raisonnables à M. Bergier* (1768).

– *De la paix perpétuelle* (1769).

– *Les Dernières paroles d'Epictète à son fils* (1766).

– *Dictionnaire philosophique* (1764; 1765; 1767).

– *Dieu et les hommes* (1769).

– *Le Dîner du comte de Boulainvilliers* (1767).

– *Discours de l'Empereur Julien* (1769).

– *Eléments de la philosophie de Newton* (1741).

– *L'Epître aux Romains* (1768).

– *Essai sur les mœurs*, éd. R. Pomeau (Paris 1963).

– *Examen important de Milord Bolingbroke* (1767).

– *La Henriade* (1716).

– *Histoire de Jenni* (1775).

– *Homélies prononcées à Londres* (1767).

– *Homélie du pasteur Bourn* (1768).

– *Idées de La Mothe Le Vayer* (1766).

– *Instruction du gardien des capucins de Raguse à frère Pédiculoso* (1768).

– *Instructions à Antoine-Jacques Rustan* (1768).

– *Lettres à S. A. Mgr le Prince de **** [Brunswick] ([1767]).

– *Lettres philosophiques* (1730).

– *Notebooks*, éd. Theodore Besterman, *OC*, t.81-82 (1968).

– *Œuvres complètes de Voltaire*, éd. Beuchot-Perroneau (Paris 1817-1821).

– *Œuvres complètes de Voltaire*, éd. Renouard (Paris 1819).

– *La Philosophie de l'histoire* (1764).

– *Profession de foi des théistes* (1768).
– *Les Questions de Zapata* (1767).
– *Questions sur l'Encyclopédie* (1771), art. 'Contradictions', art. 'Foi'.
– *Questions sur les miracles* (1765).
– *Sermon des cinquante* (1759).
– *Sermon du rabbin Akib* (1761).
– *Sermon prêché à Basle* (1768).
– *Traduction d'une lettre de Milord Bolingbroke* (1767).
– *Traité sur la tolérance* (1762), *OC*, t.56c.

Wade, Ira O., *The Clandestine organization and diffusion of philosophical ideas in France from 1700 to 1750* (Princeton, NJ, Londres 1938).
– 'The manuscripts of Jean Meslier's *Testament* and Voltaire's printed *Extrait*', *Modern philology* 30 (1933).
– *Voltaire and Mme Du Châtelet: an essay on the intellectual activity at Cirey* (Princeton, NJ 1941).

INDEX

Miracles, 130n; – Philosophe, 242n, 380, 391, 484n, 487n, 488n, 502n, 510n; – Religion, 380, 467n, 479n, 492n; – Résurrection, 128n; – Salomon, 109n, 380, 507n, 510n, 529n, 534n, 535n, 538n; – Transsubstantiation, 157n; *Dictionnaire portatif*, 415; *Dieu et les hommes*, 57, 130n, 146n, 151n, 154n, 156n, 158n, 371, 381, 396, 479n, 482n, 484n, 487n, 488n, 502n, 503n, 510n, 524n, 529n, 535n, 538n; *Dîner du comte de Boulainvilliers*, 146n, 157n, 158n, 380, 510n, 516n; *Discours de l'Empereur Julien contre les chrétiens*, 57, 132n, 468n, 510n, 524n; *Discours de M. de Voltaire en réponse aux invectives et outrages de ses détracteurs*, 272; *Discours de réception à l'Académie*, 272; *Discours en vers sur les événements de l'année 1744*, 288; *Dissertation sur les principales tragédies anciennes et modernes qui ont paru sur le sujet d'Electre*, 278; *Don Pèdre*, 421; *Le Droit du seigneur*, 288, 377, 409n; *L'Ecossaise*, 288; *Eléments de la philosophie de Newton*, 11n, 12n, 120n; *Eloge de Crébillon*, 377; *Epître à Boileau*, 273; *Epître à M. d'Alembert*, 276, 279n, 284, 299n; *Epître à Uranie*, 471n; *Epître aux Romains*, 130n; *Essai sur les mœurs*, 21, 241n, 242n, 243n, 244n, 245n, 504n; *Essay upon the civil wars of France*, 245n; *Examen important de Milord Bolingbroke*, 20, 37, 71, 94n, 107n, 124n, 139n, 140n, 146n, 151n, 154n, 156n, 157n, 371, 376, 380, 381, 396, 398n, 470n, 479n, 482n, 484n, 487n, 488n, 496n, 502n, 503n, 510n, 535n, 538n; *Factum pour la nombreuse famille de Rapterre*, 281; *Fragment sur l'histoire générale*, 484n; *La Guerre civile de Genève*, 376, 510n; *La Henriade*, 50, 237, 272n, 385; *Histoire de Jenni*, 109n, 120n; *Histoire de l'établissement du christianisme*, 382; *Histoire du parlement de Paris*, 243n, 244n, 245n, 260n; *Homélie du pasteur Bourn*, 92n, 156n, 381, 484n; *Homélies prononcées à Londres*, 70, 71, 139n, 380, 510n, 539n; *Idées de La Mothe Le Vayer*, 70, 71; *Instruction [...] à frère Pediculoso*, 139n, 381; *Instructions à Antoine-Jacques Rustan*, 57, 139n; *Lettre à l'Académie française*, 277; *Lettre à messieurs les auteurs des Etrennes de la Saint-Jean*, 283; *Lettre de Charles Gouju à ses frères*, 30-31, 39; *Lettre de M. Clocpicre à M. Eratou sur la question si les Juifs ont mangé de la chair humaine*, 376, 479n; *Lettres à S. A. Mgr le Prince de *** [Brunswick], 8n, 56, 92n, 156n; *Lettres philosophiques*, 32, 110n, 146n, 237, 397; *Lettre sur les Français*, voir *Lettres à S. A. Mgr le Prince de ***; *Mahomet*, 273, 287, 385; *Mandement du révérendissime père en Dieu Alexis*, 242n; *Mémoire de Donat Calas*, 378; *Métaphysique de Newton*, 120n; *La Mort de César*, 286; *Notebooks*, 12, 20n, 130n, 242, 273, 278, 282, 371, 472n, 494n; *Nouveaux Mélanges*, 420; *Œdipe*, 385; *Olympie*, 377; *Oreste*, 269, 278-79, 288; *L'Orphelin de la Chine*, 288; *Pandore*, 287; *Les Pélopides*, 279; *La Philosophie de l'histoire*, 101n, 102n, 136n, 146n, 371, 380, 470n, 479n, 496n, 524n; *Pièces originales concernant la mort des Sieurs Calas*, 290, 378; *Plaidoyer de Ramponeau*, 451; *Pot-pourri*, 253n; *Précis du siècle de Louis XV*, 243n; *La Princesse de Navarre*, 420; *Profession de foi des théistes*, 135n, 158n, 381; *La Pucelle*, 253n, 374-75, 429, 479n, 482n, 497n, 510n, 517n, 535n; *Le Pyrrhonisme de*